“十二五”普通高等教育本科国家级规划教材

新编21世纪法学系列教材

总主编 曾宪义 王利明

保险法

第六版

Insurance Law

贾林青 著

中国人民大学出版社

·北京·

作 者 简 介

贾林青 中国人民大学法学院教授，中国保险法学研究会副会长，中国商法学研究会理事。自1982年任教以来，从事民商法的教学和科研工作，先后为本科生、研究生和博士生讲授民法、商法、公司法、信托法、保险法、海商法、破产法、律师实务等课程。同时，在从事民商法的研究中，独立或者与他人合作撰写民法、商法、保险法、信托法、海商法等领域的数十本（套）著作，发表有关合同法、公司法、保险法、海商法、信托法、破产法等领域的论文百余篇。代表作有《保险法》（普通高等教育“十一五”国家级规划教材、普通高等教育“十二五”本科国家级规划教材）、《海商法》、《信托法》、《中国信托市场运行规制研究》、《中国保险市场的法律调控》、《中国企业兼并与破产的法律规制研究》等，主持完成中国社会科学基金项目“中国信托市场的法律调控”的研究，参与完成教育部优秀青年教师基金项目“中国保险市场的法律调控”、国家社会科学“七五”规划项目“社会主义商品经济的法律调整”、国家社会科学“七五”规划青年基金项目“市场竞争的法律调整与对策”、中国人民银行“九五”科研项目“中国保险法理论与实务”等课题的研究。

内 容 提 要

保险法是我国现代民商法体系中专门以保险市场作为其调整对象的独立法律部门，体现保险市场的诸多特点，具有自身独特的制度体系，在民商法领域占有一席之地。本书专门就保险法进行了制度介绍和规则内容分析，以便读者全面把握保险法的制度体系和诸多规则；力求适应广大读者学习和理解保险法律制度的实际需要，以保险法理论研究和解读我国保险立法为主线，深入浅出地阐述相关保险法理论；同时，结合我国保险市场的实践，针对各项保险法知识重点，选择介绍相关的保险案例，用以帮助读者解决学习保险法过程中的难点问题。此外，为满足读者扩大保险法知识面的需要，本书逐章选择介绍我国保险实践中出现的相关新制度、新问题和新现象，使读者能够用宏观的视角观察我国保险市场的发展走向。

总　序

曾宪义

在人类文明与文化的发展中，中华民族曾作出过伟大的贡献，不仅最早开启了世界东方文明的大门，而且对人类法治、法学及法学教育的生成与发展进行了积极的探索与光辉的实践。

在我们祖先生存繁衍的土地上，自从摆脱动物生活、开始用双手去进行创造性的劳动、用人类特有的灵性去思考以后，我们人类在不断改造客观世界、创造辉煌的物质文明的同时，也在不断地探索人类的主观世界，逐渐形成了哲学思想、伦理道德、宗教信仰、风俗习惯等一系列维系道德人心、维持一定社会秩序的精神规范，更创造了博大精深、义理精微的法律制度。应该说，在人类所创造的诸种精神文化成果中，法律制度是一种极为奇特的社会现象。因为作为一项人类的精神成果，法律制度往往集中而突出地反映了人类在认识自身、调节社会、谋求发展的各个重要进程中的思想和行动。法律是现实社会的调节器，是人民权利的保障书，是通过国家的强制力来确认人的不同社会地位的有力杠杆，它来源于现实生活，而且真实地反映现实的要求。因而透过一个国家、一个民族、一个时代的法律制度，我们可以清楚地观察到当时人们关于人、社会、人与人的关系、社会组织以及哲学、宗教等诸多方面的思想与观点。同时，法律是一种具有国家强制力、约束力的社会规范，它以一种最明确的方式，对当时社会成员的言论或行动作出规范与要求，因而也清楚地反映了人类在各个历史发展阶段中对于不同的人所作出的种种具体要求和限制。因此，从法律制度的发展变迁中，同样可以看到人类自身不断发展、不断完善的历史轨迹。人类社会几千年的国家文明发展历史已经无可争辩地证明，法律制度乃是维系社会、调整各种社会关系、保持社会稳定的重要工具。同时，法律制度的不断完善，也是人类社会文明进步的显著体现。

由于发展路径的不同、文化背景的差异，东方社会与西方世界对于法律的意义、底蕴的理解、阐释存有很大的差异，但是，在各自的发展过程中，都曾比较注重法律的制定与完善。中国古代虽然被看成是“礼治”的社会、“人治”的世界，被认为是“只有刑，没有法”的时代，但从《法经》到《唐律疏议》、《大清律例》等数十部优秀成文法典的存在，充分说明了成文制定法在中国古代社会中的突出地位，唯这些成文法制所体现出的精神旨趣与现代法律文明有较大不同而已。时至20世纪初叶，随着西风东渐、东西文化交流加快，中国社会开始由古代的、传统的社会体制向近现代文明过渡，建立健全的、符合现代理性精神的法律文明体系方成为现代社会的共识。正因为如此，近代以来的数百年间，在西方、东方各主要国家里，伴随着社会变革的潮起潮落，法律改革运动也一直呈方兴未艾之势。

从历史上看，法律的文明、进步，取决于诸多的社会因素。东西方法律发展的历史均充分证明，推动法律文明进步的动力，是现实的社会生活，是政治、经济和社会文化的变迁；同时，法律内容、法律技术的发展，往往依赖于一大批法律专家以及更多受过法律教育的社会成员的研究和推动。从这个角度看，法学教育、法学研究的发展，对于法律文明的发展进步，也有着异常重要的意义。正因为如此，法学教育和法学研究在现代国家的国民教育体系和科学研究体系中，开始占有越来越重要的位置。

中国近代意义上的法学教育和法学研究，肇始于19世纪末的晚清时代。清光绪二十一年（公元1895年）开办的天津中西学堂，首次开设法科并招收学生，虽然规模较小，但仍可以视为中国最早的近代法学教育机构（天津中西学堂后改名为北洋大学，又发展为天津大学）。三年后，中国近代著名的思想家、有“维新骄子”之称的梁启超先生即在湖南《湘报》上发表题为《论中国宜讲求法律之学》的文章，用他惯有的富有感染力的激情文字，呼唤国人重视法学，发明法学，讲求法学。梁先生是清代末年一位开风气之先的思想巨子，在他辉煌的学术生涯中，法学并非其专攻，但他仍以敏锐的眼光，预见到了新世纪中国法学研究和法学教育的发展。数年以后，清廷在内外压力之下，被迫宣布实施“新政”，推动变法修律。以修订法律大臣沈家本为代表的一批有识之士，在近十年的变法修律过程中，在大量翻译西方法学著作、引进西方法律观念、有限度地改造中国传统的法律体制的同时，也开始推动中国早期的法学教育和法学研究。20世纪初，中国最早设立的三所大学——北洋大学、京师大学堂、山西大学堂均设有法科或法律学科目，以期“端正方向，培养通才”。1906年，应修订法律大臣沈家本、伍廷芳等人的奏请，清政府在京师正式设立中国第一所专门的法政教育机构——京师法律学堂。次年，另一所法政学堂——直属清政府学部的京师法政学堂也正式招生。这些大学法科及法律、法政学堂的设立，应该是中国历史上近代意义上的正规专门法学教育的滥觞。

自清末以来，中国的法学教育作为法律事业的一个重要组成部分，随着中国社会的曲折发展，经历了极不平坦的发展历程。在20世纪的大部分时间里，中国社会一直充斥着各种矛盾和斗争。在外敌入侵、民族危亡的沉重压力之下，中国人民为寻找适合中国国情的发展道路而花费了无穷的心力，付出过沉重的代价。从客观上看，长期的社会骚动和频繁的政治变迁曾给中国的法治与法学带来过极大的消极影响。直至70年代末期，以“文化大革命”宣告结束为标志，中国社会从政治阵痛中清醒过来，开始用理性的目光重新审视中国的过去，规划国家和社会的未来，中国由此进入长期稳定、和平发展的大好时期，以这种大的社会环境为背景，中国的法学教育也获得了前所未有的发展机遇。

从宏观上看，实行改革开放以来，经过二十多年的努力，中国的法学教育事业所取得的成就是辉煌的。首先，经过“解放思想，实事求是”的思想解放运动的洗礼，在中国法学界迅速清除了极左思潮及苏联法学模式的一些消极影响，根据本国国情建设社会主义法治国家已经成为国家民族的共识，这为中国法学教育和法学研究的发展奠定了稳固的思想基础。其次，随着法学禁区的不断被打破、法学研究的逐步深入，一个较为完善的法学学科体系已经建立起来。理论法学、部门法学各学科基本形成了比较系统和成熟的理论体系和学术框架，一些随着法学研究逐渐深入而出现的法学子学科、法学边缘学科也渐次成型。1997年，国家教育主管部门和教育部高校法学学科教学指导委员会对原有专业目录进行了又一次大幅度调整，决定自1999年起法学类本科只设一个单一的法学专业，按照一个专业招生，从而使法学学科的布局更加科学和合理。同时，在充分论证的基础上，确定了法学专业本科教学的14门核心课程，加上其他必修、选修课程的配合，由此形成了一个传统与更新并重、能够适应国家和社会发展需要的教学体系。法学硕士和博士研究生及法律硕士专业学位研究生的专业设置、课程教学和培养体系也日臻完善。再次，法学教育的规模迅速扩大，层次日趋齐全，结构日臻合理。目前中国有六百余所普通高等院校设置了法律院系或法律本科专业，在校本科学生和研究生已达二十余万人。除本科生外，在一些全国知名的法律院校，法学硕士研究生、法律硕士专业学位研究生、法学博士研究生已经逐步成为培养的重点。

众所周知，法律的进步、法治的完善，是一项综合性的社会工程。一方面，现实社会关系的发展，国家政治、经济和社会生活的变化，为法律的进步、变迁提供动力，提供社会的土壤。另一方面，法学教育、法学研究的发展，直接推动法律进步的进程。同时，全民法律意识、法律素质的提高，则是实现法治国理想的关键的、决定性的因素。在社会发展、法学教育、法学研究等几个攸关法律进步的重要环节中，法学教育无疑处于核心的、基础的地位。中国法学教育过去二十多年所走过的历程令人激动，所取得的成就也足资我们自豪。随着国家的发展、社会的进步，在21世纪，我们面临着更严峻的挑战和更灿烂的前景。“建设世界一流法学教育”，任重道远。

首先，法律是建立在经济基础之上的上层建筑，以法治为研究对象的法学也就成为一门实践性很强的学科。社会生活的发展变化，势必要对法学教育、法学研究不断提出新的要求。经过二十多年的奋斗，中国改革开放的前期目标已顺利实现。但随着改革开放的逐步深入，国家和社会的一些深层次问题，比如说社会主义市场经济秩序的真正建立、国有企业制度的改革、政治体制的完善、全民道德价值的重建、环境保护和自然资源的合理利用等等，也已经开始浮现出来。这些复杂问题的解决，无疑最终都会归结到法律制度的完善上来。建立一套完善、合理的法律制度，构建理想的和谐社会，乃一项持久而庞大的社会工程，需要全民族的智慧和努力。其中的基础性工作，如理论的论证、框架的设计、具体规范的拟订、法律实施中的纠偏等等，则有赖于法学研究的不断深入，以及高素质人才特别是法律人才的养成，而培养法律人才的任务，则是法学教育的直接责任。

其次，21世纪是一个多元化的世纪。20世纪中叶发生的信息技术革命，正在极大地改变着我们的世界。现代科学技术，特别是计算机网络信息技术的发展，使传统的生活方式、思想观念发生了根本的改变，并由此引发许多人类从未面对过的问题。就法学教育而言，在21世纪所要面临的，不仅是教学内容、研究对象的多元化问题，而且还有培养对象、培养目标的多元化、教学方式的多元化等一系列问题，这些问题都需要法学界去思考、去探索。

中国人民大学法学院建立于1950年，是新中国诞生后创办的第一所正规高等法学教育机构。在半个多世纪的岁月中，中国人民大学法学院以其雄厚的学术力量、严谨求实的学风、高水平的教学质量以及丰硕的学术研究成果，在全国法学教育领域处于领先地位，并开始跻身于世界著名法学院之林。据初步统计，中国人民大学法学院已经为国家培养法学专业本科生、硕士生、博士生一万余人，培养各类成人法科学生三十余万人。经过多年的努力，中国人民大学法学院形成了较为明显的学术优势，在现职教师中，既有一批资深望重、在国内外享有盛誉的法学前辈，更有一大批在改革开放后成长起来的优秀中青年法学家。这些老中青法学专家多年来在勤奋研究法学理论的同时，也积极投身于国家的立法、司法实践，对国家法制建设贡献良多。

有鉴于此，中国人民大学法学院与中国人民大学出版社经过研究协商，决定结合中国人民大学法学院的学术优势和中国人民大学出版社的出版力量，出版一套“21世纪法学系列教材”。自1998年开始编写出版本科教材，包括按照国家教育部所确定的法学专业核心课程和其所颁布印发的《全国高等学校法学专业核心课程基本要求》而编写的14门核心课程教材，也包括法学各领域、各新兴学科教材及教学参考书和案例分析在内，到2000年12月3日在人民大会堂大礼堂召开举世瞩目的“21世纪世界百所著名大学法学院院长论坛暨中国人民大学法学院成立五十周年庆祝大会”之时，业已出版了50本作为50周年院庆献礼，到现在总共出版了80本。为了进一步适应高等法学教育发展的形势和教学改革的需要，最近中国人民大学法学院与中国人民大学出版社决定将这套教材扩大为四个系列，即：“本科生用书”、“法学研究生用书”、“法律硕士研究生用书”以及“司法考试用书”，总数将达二百多本。我们设想，本套教材的编写，将更加注意“高水准”与“适用性”的合理结合。首先，本套教材将由中国人民大学法学院具有全国影响的各学科的学术带头人领衔，约请全国高校优秀学者参加，形成学术实力强大的编写阵容。同时，在编写教材时，将注意吸收中国法学研究的最新的学术成果，注意国际学术发展的最新动向，力求使教材内容能够站在21世纪的学术前沿，反映各学科成熟的理论，体现中国法学的水平。其次，本套教材在编写时，将针对新时期学生特点，将思想性、学术性、新颖性、可读性有机结合起来，注意运用典型生动的案例、简明流畅的语言去阐释法律理论与法律制度。

我们期望并且相信，经过组织者、编写者、出版者的共同努力，这套法学教材将以其质量效应、规模效应，力求成为奉献给新世纪的精品教材，我们诚挚地祈望得到方家和广大读者的教正。

2006年7月1日

序　言

法学教育是高等教育的重要组成部分，是建设社会主义法治国家、构建社会主义和谐社会的重要基础，并居于先导性的战略地位。在我国社会转型的新世纪、新阶段，法学教育不仅要为建设高素质的法律职业共同体服务，而且要面向全社会培养大批治理国家、管理社会、发展经济的高层次法律人才。近年来，法学教育取得了长足的进步，法科数量增长很快，教育质量稳步提高，培养层次日渐完善，目前已经形成了涵盖本科生、第二学士学位生、法学硕士研究生、法律硕士研究生、法学博士研究生的完整的法学人才培养体系，接受法科教育已经成为莘莘学子的优先选择之一。随着中国法治事业的迅速发展，我们有理由相信，中国法学教育的事业大有可为，中国法学教育的前途充满光明。

教育的基本功能在于育人，在于塑造德才兼备的高素质人才。法学教育的宗旨并非培养只会机械适用法律的“工匠”，而承载着培养追求正义、知法懂法、忠于法律、廉洁自律的法律人的任务。要完成法学教育的使命，首先必须认真抓好教材建设。我始终认为，教材是实现教育功能的重要工具和媒介，法学教材不仅仅是法学知识传承的载体，而且是规范教学内容、提高教学质量的关键，对法学教育的发展有着不可估量的作用。

第一，法学教材是传授法学基本知识的工具。初学法律，既要有好的老师，又要有好的教材。正如冯友兰先生所言：“学哲学的目的，是使人作为人能够成为人，而不是成为某种人。其他的学习（不是学哲学）是使人能够成为某种人，即有一定职业的人。”一套好的教材，能够高屋建瓴地展示法律的体系，能够准确简明地阐释法律的逻辑，能够深入浅出地叙述法律的精要，能够生动贴切地表达深奥的法理。所以，法学教材是学生学习法律的向导，是学生步入法律殿堂的阶梯。如果在入门之初教材就有偏颇之处，就可能误人子弟，学生日后还要花费大量时间与精力来修正已经形成的错误观念。

第二，法学教材是传播法律价值理念的载体。好的法学教材不仅要传授法学知识，更要传播法律的精神和法治的理念，例如对公平、正义的追求，尊重权利的观念。本科、研究生阶段的青年学子，正处在人生观、价值观形成的阶段，一套优秀的法学教材，对于他们价值观的塑造和健全人格的培养具有重要意义。

第三，法学教材是形成职业共同体的主要条件。建设社会主义法治国家，有赖于法律职业共同体的生成。一套好的法学教材，向法律研习者传授共同的知识，这对于培养一个接受共同的价值理念、共同的法律思维、共同的话语体系的法律共同体，具有重要的作用。

第四，法学教材是所有法律研习者的良师益友。没有好的教材，一个好的教师或可弥补教材的欠缺和不足，但对那些没有老师指导的自学者而言，教材就是老师，其重要作用是显而易见的。

长期以来，在我们的评价体系中，教材并没有获得应有的注重，对学术成果的形式优先考虑的往往是专著而非教材。在不少人的观念中，教材与创新、与学术精品甚至与学术无缘。其实，要真正写出一部好的教材，其难度之大、工作之艰辛、影响之深远，绝不低于一部优秀的专著，它甚至可以成为在几百年甚至更长的时间内发挥作用的传世之作。以查士丁尼的《法学阶梯》为例，所谓法学阶梯，即法学入门之义，就是一部教材。但它概括了罗马法的精髓，千百年来，一直是人们研习罗马法最基本的著述。日本著名学者我妻荣说过，大学教授有两大任务：一是写出自己熟悉的专业及学术领域的讲义乃至教科书；二是选择自己最有兴趣、最看重的题目，集中精力进行终生的研究。实际上，这两者是相辅相成的。写出一部好教材，必须要对相关领域形成一个完整的知识体系，还要能以深入浅出的语言将问题讲清楚、讲明白。没有编写教材的基本功，实际上也很难写出优秀的专著。当然，也只有对每一个专题都有一定研究，才能形成对这个学术领域的完整把握。

虽然近几年我国法学教育发展迅速，成绩显著，但是法学教育也面临许多挑战。各个学校的师资队伍和教学质量参差不齐，这就更需要推出更多的结构严谨、内容全面、角度各有侧重、能够适应不同需求的法学教材，为提高法学教学和人才培养质量、保障法学教育健康发展提供前提条件。

长期以来，中国人民大学法学院始终高度重视教材建设。作为新中国成立后建立的第一所正规的法学教育机构，中国人民大学法律系最早开设了社会主义法学教学课堂，编写了第一套社会主义法学讲义，培养了新中国第一批法学本科生和各学科的硕士生、博士生，产生了新中国最早的一批法学家和法律工作者。中国人民大学法律系因此被誉为“新中国法学教育的工作母机”。半个多世纪以来，中国人民大学法学院为社会主义法制建设培养了大批优秀的法律人才，并为法学事业的振兴和繁荣作出了卓越贡献，也因此成为引领中国法学教育的重镇、凝聚国内法律人才的平台和沟通中外法学交流的窗口，并在世界知名法学院行列中崭露头角。为了对中国法学教育事业作出更大的贡献，我们有义务也有责任出版一套体现我们最新研究成果的法学教材。

承蒙中国人民大学出版社的大力支持，我们组织编写了本套教材，其中包括本科生用书、法律硕士研究生用书、法学研究生用书和司法考试用书四大系列，分别面向不同层次法科教育需求。编写人员以中国人民大学法学院教师为主，反映了中国人民大学法学院整体的研究实力和学术视野。相信本套教材的出版，一定能够为新时期法学教育的繁荣发展发挥应有的作用。

是为序。

2006年7月10日

第六版修订说明

本书作为中国人民大学出版社组织编写的“21世纪法学系列教材”和普通高等教育“十一五”国家级规划教材，从第一版至第四版，始终伴随着中国保险市场的发展脚步。本书第五版更是针对2009年《中华人民共和国保险法》规范调整我国保险市场5年所出现的新现象、新做法和新问题作出修订，为读者学习保险法理论提供了引导和学术帮助。本教材的第五版因此入选“十二五”普通高等教育本科国家级规划教材。

众所周知，保险市场是现代社会经济的组成部分，它以向社会公众提供保险保障为职能而存在于众多经济领域之中；保险法则是以保险市场作为其调整对象所形成的具有相对独立性的法律规范体系，为保险市场的健康有序发展发挥着规范调整的作用。需要强调的是，保险市场的生命力就在于市场创新，这不仅表现为用保险产品的创新来满足社会公众的保险消费需求，更表现为需要用保险组织形式的创新、保险经营运作模式的创新来促进保险市场领域的扩大和保险市场深度的加强。现行《中华人民共和国保险法》从2009年适用至今已经步入第11个年头，诸多方面的创新给中国保险市场带来勃勃生机，像电子保单的适用、在线保险公司的获准登记营业、大型企业成立的自保公司、保险保障基金公司专职进行保险保障基金的运行等均已成为事实。当然，保险市场上的这些新事物亦带来一系列亟待解决的新问题，诸如互联网金融影响到《保险法》的制度适用以及对保险监管提出新的需要、保险市场上的反垄断等。保险立法应当为此建立相应的规范制度，为中国保险市场的健康发展提供有利的法律环境。鉴于此，我国保险监管机关发布了一系列新的监管规章，最高人民法院也相继发布了有关《保险法》的三个司法解释。

这些均成为修订本教材第六版所需要解决和完成的任务。一方面，修订后的本教材第六版应当保持前五版形成的保险法基本理论体系，确保大家学习掌握保险法的诸多特点和各项基本制度，系统性地学习和掌握保险法理论；另一方面，将中国保险市场出现的新现象、新问题和新制度等吸收于本教材之中，以确保本教材的时效性和新颖性。本教材第六版的具体变化如下。

1. 将保险监管机关新发布的监管规章的精神和最高人民法院发布的《关于适用〈中华人民共和国保险法〉若干问题的解释》（二）、（三）和（四）的新精神、新规定融入本教材的相关章节之中，以便读者及时掌握我国新的保险立法、保险政策的精神实质。

2. 增加了一部分［实例枚举］，这不仅可以填补本教材第五版中的空白处，更能够通过相应的提示语或者简要分析来帮助大家理解和应用相关的保险法理论。

3. 增加和更新了一部分［知识链接］，介绍保险领域有关的新现象、新问题和新制度，以便大家了解中国保险市场的发展走向和未来趋势，扩大读者的学习视角，提升本教材的趣味性和知识深度。

著者相信，本教材第六版的修订和出版，能够在保持本教材理论水平的同时，进一步提升其实践性和新颖性，从而提高大家学习保险法的效率和兴趣。

著　者

2020年5月

编写说明

保险法作为现代法律体系中的独立法律部门，是因适应保险市场的产生和发展而形成和确立的，它以其特定的适用范围和调整对象在各国民商法领域内占有一席之地，成为民商法的必要组成部分。

保险法是商品经济发展的产物。究其原因，人类社会生产和经济交往达到一定历史阶段，具备了形成独立的保险行业的社会条件，始得出现专门经营保险商品的保险业，而作为规范和调整保险商品交换活动的行为规则，保险法必然适应保险业的发展并不断完善。

保险法适用于特定的社会经济关系范畴，即保险商品交换关系。这使得保险法成为独立的法律部门，而不能被其他法律规范所替代。首要表现就是围绕着保险经营活动，着眼于维护保险经营活动的正常秩序、促进保险业发展，建立了其特有的保险法律制度——保险合同制度与保险业监督管理制度，形成了保险法独特的法律规范体系。

同时，保险法又是实践性极强的法律部门，目的是切实实现保险业的保险保障职能。其所适用的各项法律制度和具体的法律规范，均应当反映一国的经济发展的客观要求和保险业的实际状况。因此，只有结合保险市场活动的实践，才能够切实理解保险法的立法精神和立法内容。

保险法也是具有很强的专业技术性的法律部门。这不仅体现在保险法所调整的保险法律关系本身的复杂性和多样性上，更表现在保险法所调整的保险经营活动所特有的经济学内容和数理基础方面。因此，学习和研究保险法在适用过程中的法律特点，了解保险经营活动的特殊原理和运作技术，就成为保险法立法和理论研究的重要组成部分。

我国的保险立法和理论研究起步较晚，与我国保险市场的高速发展紧密相连。所以，大家有志于学习和研究保险法是非常可喜的事情。但是，鉴于保险法立法和理论的诸多特点，在学习保险法的过程中，应当对症下药，注意理论和实践的结合，尤其是应当在对我国社会主义市场经济条件下的保险市场与国际保险市场进行比较的基础上进行研究。

本书作为21世纪法学系列教材的组成部分，在编写上力求适应大家学习保险法的实际需要，以理解和研究我国保险立法为主线，深入浅出地讲解有关的保险法理论；同时，在保险法理论的讲解中，穿插相应的保险实例进行必要的分析，帮助学生解决学习中的难点问题。此外，为了扩大学习的知识面，在每章中选取相关的资料或者知识点，予以阐述和介绍。总之，通过阅读本书能够掌握保险法理论，理解现行保险法律规范的精神和内容，了解保险市场的实践情况，便达到了著者的初衷。

著　者

2005年10月20日

目　录

第一编　保险法导论

第二编　保险合同总论

第三编　保险合同分论

第四编　保险业法

第一编

保险法导论

第一章 保险法概述

本章概要

在现代法律制度中，保险法既是民商法的组成部分，又以自身的特有内容体系成为一个独立的法律部门，无论是大陆法系国家，还是英美法系国家皆如此。本章以保险和保险法的基本概念为切入点，阐述保险和保险法的内涵、法律特征，并适当引入必要的保险学知识进行诠释，目的是让读者掌握保险和保险法的法律本质、保险法的地位和适用范围等基本问题，故本章是全教材的理论基础。

第一节 保险的概念

一、保险的概念和特征

“保险”一词是来自西方国家的舶来品，英文为 insurance。那么，何为保险？

在现代社会生活条件下，保险作为一项独立的社会经济制度，具有特定的含义。从经济学的角度讲，它是指面临同类危险的众多的社会单位或个人，集中一定的资产建立保险基金，以此对于因该危险事故的发生而造成的特定社会单位或个人的经济损失予以补偿的经营性活动。它已经成为现代经济社会不可或缺的、以向其他社会领域提供保险保障为任务的特定社会领域。甚至可以说，保险活动具有衡量现代社会经济发展水平的尺度作用，社会经济发展水平愈高，其保险发展的深度和密度必然就愈先进。而从法律的角度讲，保险则是指投保人与保险人之间建立的一种保险合同关系，即根据保险合同约定，投保人向保险人支付保险费，而保险人对于约定的保险事故发生所造成的承保财产的损失或被保险人的生、老、病、死、残等承担保险责任的法律行为。

《中华人民共和国保险法》（以下简称《保险法》）着眼于保险合同关系和保险运作的实际内容，将保险定义为：“投保人根据合同约定，向保险人支付保险费，保险人对于合同约定的可能发生的事故因其发生所造成的财产损失承担赔偿保险金责任，或者当被保险人死亡、伤残、疾病或者达到合同约定的年龄、期限等条件时承担给付保险金责任的商业保险行为。”（第 2 条）

理解《保险法》所表述的“保险”概念，应当把握三个层次。

1. 保险是发生在保险人与投保人、被保险人或受益人之间的权利义务关系（经济关系）。因为，保险关系得以建立的条件，首先是面临风险的社会单位（组织或个人）为了减少或者避免风险发生造成的经济损失而期望以相应的成本支出（保费）为代价，将相应的风险转移、分散而实施的投保行为。其次是由专门经营保险业务的保险人用全体投保人交纳的保险费组织保险基金，集中承担风险后果，使被保险人或受益人在遭受损失时，能够从保险基金中获得经济补偿。所以说，保险关系是发生在特定的保险人和投保人、被保险人或受益人彼此之间的，并表现为保险法上的权利和义务关系。

2. 保险的适用范围涵盖着财产保险和人身保险两大类型。前者是以财产及其有关利益为保险标的的保险关系，当保险合同约定的可能发生的保险事故真实发生并造成财产损失之时，保险人承担向被保险人支付保险赔偿金的责任。后者则是以被保险人的寿命或身体作为保险标的的保险关系，当发生保险事故或者具备了保险给付条件——被保险人死亡、伤残、患病或者被保险人生存到约定的年龄、期限时，保险人承担向被保险人或受益人支付人身保险金的责任。应当指出，保险人在财产保险中的保险责任是补偿性的，而在人身保险中的保险责任则是返还性和给付性的。

3.《保险法》规定的保险限于商业保险。就是说，我国《保险法》仅适用于调整商业保险行为，即保险人按照经营的有偿性、公开性和自愿性的商业原则，从事以营利为目的的保险经营活动。其突出特点是保险人履行保险责任的对价是投保人交纳保险费，同时保险人追求在履行保险赔付责任后获取一定的赢利。因此，社会保险不属于《保险法》的规范调整范围。

上述法律规定，表明保险作为独立的社会经济制度，具有如下的法律特征。

（一）保险是以约定的危险作为对象的

保险是对于危险而言的。正因为社会生活中存在相应的危险，才产生了用于处置这些危险的保险制度。现实社会生活中，人力不可抗拒的、不可预料的危险事故是广泛存在的，诸如各种自然灾害、环境污染、因人类的各种过失行为引起的火灾、交通肇事等意外事故，正所谓“天有不测风云，人有旦夕祸福”。而且，与社会经济的发展程度和科学技术的进步水平相适应，危险的具体范围也会有所变化。因为，伴随着社会经济的发展和科学技术的进步，人类抵御原有危险的能力必然不断增强，但又会产生新的危险。例如，伴随核能的利用，飞机、汽车等代步工具的使用，出现了核泄漏事故、交通事故等。由此可见，保险正是针对危险而建立的一种经济制度。离开了危险，保险就失去了存在的意义。

当然，保险并非涉及社会生活中存在的所有危险，而仅仅是针对保险当事人所约定范围内的、将来可能发生的纯粹性危险①，从而，将来确定发生的危险、已经发生的危险事故或者投机性危险等，均不被列入保险的处置和保障的范围。

---

① 危险管理制度按照危险的损失性质，分为纯粹性危险和投机性危险。前者是指只有损失发生与否之结果的危险；后者则是指损失和获利的两种可能性并存的危险，如股票投资的风险。

（二）保险是以危险的集中和转移作为运行机制的

人类在社会生活环境中所面临的各种各样的危险，均是客观存在的。从微观角度讲，这些危险是否发生、在何时何地发生都是不确定的，但从宏观角度上看，这些危险的发生则是确定的。因此，人们才有寻求相应保障的需要，并为此设计出了保险制度，将其运行机制定位在危险的集中和转移上。就保险人来讲，保险是将社会中大量存在的、分散的、每个社会单位（社会组织、家庭或个人）所面临的分散的危险集中到保险人处，由其作为机构对于集中到名下的这些危险实施专业化管理和处置。而对于投保人（被保险人）来讲，则是将本应由其独立承受的危险转移给保险人，并通过保险人的经营行为，转移给全体投保人（被保险人），由大家来分担危险后果。

（三）保险是以科学的数理计算为依据的

保险人经营保险业务并不是盲目的蛮干，更不能仅凭主观臆断，而必须是以科学的数理计算为依据的，具体来讲，保险人经营的保险业务是运用概率理论和大数法则，对个别危险事故发生的偶然性，进行科学的总结，发现其发生的必然性，并将其所掌握的这种客观规律作为确定保险业务的科学依据。因为，概率论是通过研究可能发生也可能不发生的随机现象所包含的必然规律性，为保险活动奠定科学性的数理基础。而“大数法则”（又称“平均法则”）作为概率论的主要内容，是保险业赖以建立的数理依据。其基本内容是，个别事件的发生是不规则的，但若集合众多的同类事件来观察，其具有相应的规律性。保险业根据这一法则，将个别危险发生及其损失的不确定性，变为众多的同类危险发生及其损失的可预知性。保险人因此可以合理地厘定保险费率。保险业借助这些数理科学，可以把握各类危险的发生规律，预测保险责任范围以及可能造成的损失后果，以此为依据确定保险险种、保险责任范围以及与危险发生的频率、与损失程度相适应的保险费率，实现保险活动科学、有序地运行和发展。

【知识链接】

概率论（大数法则）在保险业务中的运用①

在自然界和人类社会中，与确定性现象并存的是不确定性现象，即在相同的条件下进行一系列的试验或者观察，每次的结果可能不止一个，无法预知确切的结果。典型例子是往空中抛掷一枚硬币，其落地结果可能是花面向上，也可能是数字面向上，而在每次抛掷之前无法肯定其结果。但在相同条件下，抛同一枚硬币的次数越多，其花面和字面朝上的可能性（概率）越接近于1/2这个常数，两者的差额几乎为零。

此类不确定性现象，又称随机现象，通过一系列试验或者观察，可以发现其具有内在必然的规律性。上述抛掷硬币现象即属于随机现象。概率论是研究和揭示随机现象的规律性的一门数学学科，著名的贝努里大数法则（又称大数定律）则是概率论的重要组成部分。

上述随机现象经常出现于保险领域内。保险针对的是风险，风险的发生与否具有不确定

---

① 魏原杰，吴申元．中国保险百科全书．北京：中国发展出版社，1992：68.

性，但是，大量的同类风险现象存在大数法则所揭示的内在规律性。因此，概率论在保险业务中的运用具有重要意义，成为保险赖以存在的数理基础。具体地讲：(1) 概率论可以应用在保险费的厘定中，使保险费率尽量准确、合理。(2) 运用概率论（大数法则）进行风险的分析和观察，可以正确地达到分散和转移风险的效果。(3) 运用概率论，可以平均每一危险单位的风险责任，加强和完善保险公司的风险管理工作，促进防灾防损工作。

(四) 保险是以社会成员之间的互助共济为基础的

保险是一种具有社会成员之间互助共济性质的社会活动，体现着“人人为我，我为人人”的思想意识。因为，各个保险关系并非彼此孤立存在的，而是借助保险人的保险经营行为形成了全体参与者在整体上的互助共济关系，即不论每一个参与保险活动的社会成员是否有意追求这种互助共济关系，只要他与保险人之间建立了保险关系，就成为这种互助共济关系的一部分来接受保险保障。这意味着他将自己面对的危险转移给全体投保人（被保险人），同时，也分担着其他投保人（被保险人）所面临的危险。因此，参加保险活动的社会成员越多，则危险及其损失后果越分散，其互助共济的作用越明显。

(五) 保险是以经济补偿作为保险手段的

保险人经营保险业务，得以向投保人（被保险人）提供保险保障，并非是要消除危险，而仅仅是在保险事故发生后，采用货币方式对被保险人给予经济补偿，以便被保险人能够迅速地恢复正常的生产或生活。当然，保险制度的这一经济补偿功能，在财产保险和人身保险中的体现不尽相同。因财产保险针对的是可以用货币衡量其价值的财产及其有关利益，所以保险人可以用保险赔偿金弥补被保险人遭受的损失；而人身保险的对象则是人的寿命和身体，无法直接用货币衡量其价值，故其保险保障作用只能通过根据双方当事人事先约定的数额给付保险金来表现。

(六) 保险是一种商品经营活动

在现代社会生活中，广义上的保险涵盖了商业保险和社会保险。其中，商业保险是由《保险法》加以规范和调整的，具有平等自愿、等价有偿性质的以营利为目的的保险经营活动，从而区别于由国家的社会保险法规范和调整的、具有强制适用效力的、非营利性的社会保险。本书的内容即限于商业保险。

保险人作为专营保险商品的经营者，遵循平等自愿、等价有偿的商品经营原则，利用与投保人（被保险人）签订保险合同的形式，确立双务的保险关系。即投保人（被保险人）获取的保险保障，是以按照保险人根据科学计算所确立的保险费率来收取的保险费互为代价的，构成保险关系的核心内容，俗称“买保险”。该保险费足以抵补保险人因保险事故所支出的保险赔付和保险经营所需费用开支，它是保险人开展的保险经营活动稳定发展的物质条件。

二、保险与相近概念的区别

保险作为意外风险的保障手段，具有诸多特点和独特功能。因此，应当将保险与相近的法律制度加以区别比较，以利于深入理解和把握保险的内涵和性质。

(一) 保险与救济

救济是指国家、社会组织或个人向陷入经济困境的特定人或不特定人无偿提供物质帮助而使其维持生活的制度。它与保险都具有补偿人们因意外灾害事故所致损失的功能。但二者是两种完全不同的社会保障手段，其区别表现如下。

1. 两者的法律性质不同。救济在法律性质上，是一种单方的无偿的赠与行为，救济方和被救济方之间不存在双向的权利义务的制约，更无等价有偿的对价条件。即救济方在实施救济之前并不负有提供救济的义务，而被救济方亦无有债权性质的给付请求权。而保险则属于双务有偿的保险合同行为，双方之间基于保险合同的约定存在着具有法律约束力的权利义务关系，并且，被保险人（受益人）实现保险请求权，要求保险人履行保险责任的对价条件，就是投保人依照合同约定向保险人交付的保险费。

2. 两者的参与者不同。救济活动中的救助人一方可以是国家、社会组织或公民个人，只要其自愿就可以成为救助人，法律对其资格一般并无其他限制。在西方国家，救济被称为慈善事业，而依照我国有关的法律政策，国家提供的救济，是谓社会救济；社会组织或个人提供的救济，则称为捐赠。[①] 而保险活动中的保险人则必须是具备特定经营保险业务资格的法律主体，是依法经过审核，批准其经营保险业务的经济组织，且保险人从事保险经营的过程中，还必须接受保险监管机关的监督和管理。

3. 两者的适用对象不同。救济的适用对象（被救济人）是不特定的，不受限制。不论是本国的还是外国的、是单位还是个人，只要因意外灾害事故造成困难的，均可成为被救济人。而保险的保障对象则只能是保险合同约定的特定的被保险人或者受益人。

4. 两者的适用内容不同。救济的内容可以是实物或者金钱，具体内容和数量决定于救济人自身的财力，也不需被救济人支付对价。而保险的保障内容一般限于货币，由保险人用货币作为履行保险责任的内容，并要以投保人交纳的保险费形成的保险基金为前提，保险人依据保险合同的约定从中提取相应的货币数额向被保险人或者受益人支付保险赔偿金或人身保险金。

5. 两者的适用数量和范围不同。救济的数量和范围是由救济人自愿决定的。一般情况下，只有在意外灾害事故造成的经济困难达到一定程度时，救济人方才提供救济。并且，救济的效果是以被救济人能够解脱困境、维持基本的生活水平为目的。而保险的补偿条件则是保险合同约定的支付条件，保险的补偿范围是以保险合同约定的保险金额为限，超过保险金额的损失部分，保险人是不承担保险责任的。

(二) 保险与储蓄

储蓄是指社会组织或公民个人将其拥有的货币或有价证券的使用权在约定的时间范围内让渡给银行一方，并从中依法获取利息的行为。它与保险都具有以现有财产应对未来风险，用以保证未来正常生产和生活的善后功能，但却是两种不同的理财手段，区别如下。

1. 两者的适用范围不同。储蓄是财产所有人依靠自己的财产积累，应付各种不时的需要，

---

① 孙光德，董克用．社会保障概论．北京：中国人民大学出版社，2000：28；《中华人民共和国公益事业捐赠法》。

包括补偿意外事故的损失，或者用于其他各种情况。而保险的适用范围仅限于补偿保险合同约定的意外事故造成的损失。

2. 两者的法律性质不同。储蓄是储蓄人单独实施的具有个体单位性质的自助行为。原因是储蓄人以自己单独的财力积累，自行承担风险。而保险则是多数社会单位共同实施的互助共济行为，即众多投保人通过保险将各自面临的风险转移给全体投保人来共同承担，依靠全体投保人共同的财力（各自交纳保险费构成的保险基金）来应对意外事故造成的损失。

3. 两者的实施条件不同。储蓄的适用是以存款自愿、取款自由为原则，储蓄人只要符合约定的时间，且不需支付代价，便可在其存款范围内提取所存款项和获得利息。而在保险关系中，保险人所需履行的保险责任则具有不确定性，并且，一般情况下，保险人支付保险赔偿金或人身保险金所需的条件，都是被保险人或受益人必须具备的、保险合同约定的赔付条件，并以支付了保险费作为代价。

应当注意的是，随着保险业的发展，为了适应经济活动多样性的需要，兼有储蓄性质的保险险种日益增多，例如被保险人在保险期内死亡或生存至保险期满均为给付条件的两全人寿保险，但其仍然保持保险所特有的本质属性，是与储蓄完全不同的。

（三）保险与赌博

赌博是指一种用财物作为赌注，以约定的不确定的偶然事件的发生与否作为给付条件来决定输赢的娱乐活动。在很多西方国家，以赌博为内容的行业称为博彩业，是其国民经济的组成部分。一般认为赌博与保险都属于射幸行为，带有偶然性。而且，两者的活动内容均表现为货币价值的非对等性（保险是保险费数额与保险赔付金额的不对等，赌博是赌本与获利结果的不对等）。但是，两者在本质上是不同的。

1. 两者的法律性质不同。保险在任何国家或地区均是合法的经营活动，故为法律所保护。而赌博，除了在个别国家和地区以外，为大多数国家的法律所禁止。

2. 两者的目的不同。保险适用的目的是保险人向被保险人或受益人提供保障。并且，这种保障是必然的——不论保险事故发生与否，其保障功能均应存在，只是表现形式不同而已，并非偶然性的射幸行为。而赌博的目的则是一味地追求侥幸情况下产生的巨大利益。

3. 两者的适用条件不同。保险的适用结果——被保险人或受益人获取保险赔付是有条件的，即投保人（被保险人）应当对保险标的具有保险利益，用以防止牟取不当利益的道德危险。而赌博的适用结果——赢取巨大利益的不确定性是不受限制的，这恰恰是其吸引力所在。

4. 两者的作用不同。保险通过危险的集中和转移的运作机制，将不确定的危险（偶然事件）变为必然的保障结果，达到分散危险、消除恐惧、消化损失、实现社会安定的效果。而赌博的客观效果则是将一定的事件（赌注）变为不定的结果（收益的不确定性），是典型的投机行为，只能创造和增加危险，给社会带来的是消极作用。

由此可见，保险与赌博泾渭分明，迥然不同。特别要强调的是，保险作为一种保障性经济行为，是绝对不包含赌博（射幸）内容的。

（四）保险与保证

保证是一种担保方法，表现为主债务人以外的第三人作为保证人，与主债权人签订保证合同，由保证人向主债权人保证主债务人的履行债务行为。当主债务人不履行债务时，保证人按照约定向主债权人履行债务或者承担法律责任的行为。从共性角度讲，保证与保险都是针对一定风险，由一方当事人（保证人或保险人）向另一方当事人（主债权人或被保险人）提供保障的合同行为。但是，两者的区别也十分明显。

1. 两者适用的风险范围不同。保险可适用于各种自然灾害和意外事故造成的损失或被保险人死亡、伤残、患病等风险。当然，在具体的保险合同中，取决于双方约定的风险范围。而保证则仅仅适用于主债务人不履行债务的信用风险。

2. 两者适用的地位不同。保险是独立的合同行为，包括保证保险在内的各种保险合同，均是以保险人与投保人、被保险人之间对应的双务关系为内容的，而不依附于其他法律关系。而保证则是从合同行为，是一种依附于被担保的主债的从债。保证合同的成立是以主债务的存在为前提，保证人是否履行保证责任亦取决于主债务的履行与否。

3. 两者的适用基础不同。保险的适用前提是众多投保人实施的互助共济行为，而保险人履行保险责任的物质基础是全体投保人交纳保险费构成的保险基金。保证则是保证人实施的个别行为，保证人履行保证责任的物质基础是保证人的自有财产。

4. 两者的权利义务内容不同。保险关系是双务内容的，并且，保险人履行保险责任是以投保人交付保险费为对价条件的，属于有偿行为。而保证则是单务内容的，保证人履行保证责任是没有对价条件的，属于无偿行为。

（五）商业保险与社会保险

我国《保险法》的调整范围限于商业保险，因此，应当将商业保险与社会保险加以区别。

社会保险是以国家或者国家授权机构作为运行社会保险的保险人，依法向公民强制征收社会保险费而建立社会保险基金，用以对于社会公众中因年老、疾病、生育、伤残、死亡或失业而丧失劳动能力或失去工作机会的公民提供基本生活保障的社会保障制度，是用以克服社会风险的一种社会保障制度。

商业保险与社会保险都属于社会保障体制的组成部分。两者都是以提供经济保障为目的，均是具有保障作用的互助共济行为，并且，两者都是以风险的转移和集中作为运行机制。但是，它们的性质截然不同。当前，随着我国《劳动合同法》的颁布和用工制度的改革，社会保险已与广大劳动者利益攸关，因此，需要将商业保险与社会保险区别开来，这两类保险的性质是有明显差异的。商业保险解决的是保险人与投保人（被保险人）之间的保险商品交换关系，是一种等价有偿的商事合同。而社会保险则属于社会福利制度，是运用社会保险基金，向劳动者提供基本经济帮助，以实现其社会保障作用。

实例枚举

现年 56 岁的魏甲原在乙服装厂工作，从 1990 年 4 月开始参加了社会养老保险，每月按照工资总数的 5%交纳相应部分的保险费，其余的保险费则按照国家有关企业职工养老保险的规定，由政府和用人单位负担。1992 年 4 月，魏甲在外地工作的儿子考虑到母亲日渐年老，身边无人照顾，于是，为魏甲向丙保险公司投保了保险金额为 20 000 元的长寿保险合同，趸交了 15 006 元保险费。1994 年，乙服装厂被政府主管部门宣布解体，2002 年 4 月，魏甲根据地方政府有关社会保障的规定，将档案转到职业介绍中心，并办理了社会保障金的“接续”手续，按照工资总额的18%补交了自乙服装厂解体至2001年年底其个人应承担的保险费部分。于是，魏甲领取了退休证，每个月从银行领取269元养老金。同时，乙保险公司根据长寿保险合同的规定，向被保险人魏甲支付了第二个5年期的人身保险金5 000元。

通过本实例，大家可以理解商业保险与社会保险之间的诸多区别，并且，能够准确区分两者的法律功能。

第二节　保险的本质

理解保险的本质，就应当从其社会地位和本身具备的社会属性进行分析。

一、保险是危险管理体系的组成部分

保险是现代社会生活的必要组成部分。纵观世界各国，市场经济越发达、社会经济发展水平越高的国家，其保险业的发达程度也就越高。究其原因，就在于保险是与社会经济活动和社会成员的关系极为密切的一种经济活动。

保险之所以存在于社会生活中，就是因为有危险的存在。在人类社会生活中，危险就是在一定的生产力条件下，人们所不可预见却又不可避免并可能遭受损害的事故或意外事件。应当说，人类社会的生存发展过程也就是不断地与大自然斗争的过程。在各种社会生产和社会生活中，人们始终面临着各种各样的危险。其中，既有诸多的自然灾害，也有人为原因导致的各种意外事故。这些危险的存在和发生是必然的，不以人的意志为转移。当然，随着社会生产力的日益进步，人类利用科学技术与自然灾害和意外事故进行斗争的能力亦不断提高，可以在一定程度上降低各种自然灾害和意外事故发生的概率，防止或减轻其造成的损害后果，但却不可能完全避免其发生、也不可能消除所有的危险。同时，社会经济的发展和科学技术的进步，又不断增加新的危险因素，例如，汽车的利用在改变代步工具和运输手段的同时，也在世界范围内带来交通事故、环境污染等危险。又如，核能的利用结果，则是劳动生产率的提高与核事故的并存，企业生产风险、经营销售风险、家庭生活风险、法律责任风险、商业信用风险、社会和自然环境风险等，不一而足，可以说，如今的危险已经涉足现代社会的各个领域。

相应地，各个国家均在国民经济中建立了相对独立的危险管理体系，专门从事危险研究和管理，从中认识危险发生的规律，采取必要的控制和处置危险的手段。概括地讲，这些手段包括如下几类。

1. 预防措施，着眼于认识危险发生的规律，采取有效措施防止或减少危险的发生及其产生的损害后果。但此类措施依赖于社会经济的发展水平和危险防范能力。

2. 抢救措施，它将已有的物资储备用于弥补危险发生后造成的损害后果，以维持社会生活的稳定。但其抢救效果取决于物资储备的规模。

3. 经济补偿措施，此类措施是前两类措施的结合，其内容是基于对危险发生规律的认识，建立相应的科学的储备基金，在危险发生后将其用于必要的经济补偿。可见，经济补偿措施的突出特点是既防患于未然，又可在危险发生之后有效地进行补偿损失，避免了一味依赖被动盲目的物资储备的弊端。保险正是此类经济补偿措施的具体表现之一，即保险人根据对危险发生规律的认识，加以科学的计算，设计相应的保险险种，以收取的保险费建立保险基金，用于补偿因保险事故发生所造成的经济损失的经济补偿制度。

实例枚举

阳光农业相互保险公司——中国农业保险经营模式的有益尝试

阳光农业相互保险公司于 2005 年 1 月 11 日正式开业，成为我国保险市场首家以互助方式专营农业保险业务的保险组织。

应当说，阳光农业相互保险公司承担着国家农业保险试点及中国保险制度创新的任务。它是在黑龙江垦区 14 年农业风险互助基础上，获国务院同意，经中国保监会批准，在国家工商管理总局登记注册的相互制保险公司，是国家一级法人金融机构。

该相互保险公司出现在中国保险市场完全决定于其市场发展需要，因为，面对中国农民需要农业保险保障而商业保险公司按照市场需要经营农业保险的价格水平农民们承受不起的矛盾，亟待为中国农业保险寻求合适的经营模式。因此，阳光农业相互保险公司成立伊始就把服务于“三农”作为公司运营和发展的基本定位，按照中国保监会批准该相互保险公司时确立的“先农险、后商险，先局部、后放大”的经营原则，积极开展农业保险业务。借此实例，可以进一步理解保险之互助共济的本质。

阳光农业相互保险公司为开展农业保险经营，建立了以公司统一经营为主导，以保险社互助经营为基础，统分结合，双层治理，双层经营的管理体制。在公司与会员之间建立起利益共享、风险共担的运营机制，形成服务“三农”的保险体系。为此，阳光农业相互保险公司已在黑龙江领域内设立 10 家分公司，其下又设立了 94 家保险社。目前，阳光农业相互保险公司主要经营种植业、养殖业的保险，经营财产损失保险、机动车辆保险、责任保险、信用保险、短期健康保险和意外伤害保险以及再保险业务等。

显然，阳光农业相互保险公司开业，是中国保险市场多样化发展的一种探索。借助其不同于一般商业保险公司的经营模式，对于我国农业保险正常运营、摆脱现有的窘迫境地具有重要意义，当然，上述社会价值能否充分实现，还有待实践的检验。特别是，此类相互保险组织在我国保险立法上获取明确的主体地位更是必要的法律前提。

二、保险是具有双重属性的社会关系

各国保险界对于保险的本质众说纷纭，莫衷一是。概括这些观点，可将之归纳为三种主要流派。

（一）损失说

此类观点，就是将损失赔偿作为保险的本质，其中，代表性的学说如下。

1. 损失赔偿说

其代表学者为英国的 A. 马歇尔和德国的 E. A. 马休斯。其基本思想认为保险的本质是赔偿保险事故造成的损失。当然，需要注意的是，"损失赔偿说"产生于现代保险制度形成的 18 世纪，与当时的保险局限于海上保险和火灾保险等财产保险的状况相适应。故其对于此后产生并日益发展的人身保险的本质就无法予以解释了。故有的保险学者对其持否定态度，认为损失赔偿说存在明显的逻辑错误。①

2. 损失分担说

按此观点的解释，保险是将保险事故受害者遭受的损失，由众多受到同类危险威胁却尚未受到损害的人们共同分担的活动。德国的 A. 华格纳在 19 世纪末期首创此学说，对此后的保险业产生了较大影响，尤其为当代美国保险业界所接受。其中，华格纳赋予"损失"以较广泛的含义，试图解决"损失赔偿说"在财产保险与人身保险之间的矛盾。② 不过，此观点侧重于从经济学角度，阐明保险的经营机制，但就损失分担是否成为保险的本质属性则存在歧义。

3. 危险转移说

此观点产生于美国的当代保险业，为 A. H. 魏兰脱、休布纳等学者所倡导。按照此观点的思路，保险的性质是众多的被保险人将其面临的危险转移给保险人。显然，该学说是由损失分担说演变而来的。③ 但它仅强调了保险人在损失赔偿中的作用，却不能用此学说来解释人身保险，故该学说的缺陷与损失赔偿说相同。

（二）非损失说

此类观点认为保险的本质不在于损失赔偿，而应从其他方面加以论证。其中，主要有如下学说。

1. 保险技术说

这是由意大利商法学家费芳德提出的，主张以保险的技术特性作为保险的本质。即保险的本质是在技术（概率论）的基础上，根据偶然事件发生的概率来计算保险费，科学地建立保险基金，而在偶然事件发生时支付保险金额的一种制度。其目的在于试图以财产保险和人身保险都具有的技术（概率论）为基础将二者予以统一，以便克服损失说存在的缺陷。但此学说仅强调保险的数理基础，忽略了保险的经济价值和社会职能。④

2. 经济需要满足说

此学说最早由意大利学者戈比于 1894 年提出，后为德国学者马纳斯所发展。它认为保险的本质在于满足人们因意外事故造成经济损失或资金困难而产生的需要。可见，功利主义色彩在此学说中得到充分的表现。⑤

3. 相互保险机构说

日本学者米谷隆之是其代表者，此学说认为保险是一种相互合作基础上的金融机构。因

① 宋国华．保险大词典．沈阳：辽宁人民出版社，1989：5－9.
② 同①.
③ 同①.
④ 同①.
⑤ 同①.

为，金融的实质是货币交换，而保险作为金融机构的保险人，其所从事的保险活动本身体现的正是货币的供求关系，具有金融融资的作用。①

4. 经济保障说

奥地利学者胡布卡1910年提出此观点。认为保险的本质是提留经济后备，而对可能遭受的事故损失提供经济保障。但有学者提出质疑，即保险的保障仅限于承保范围内的危险，不能等同于一切的经济保障。②

（三）二元说

其基本思想是主张财产保险与人身保险具有不同的本质，应分别予以确认。前者是损害赔偿，后者是给付预定金额，故而不能一并解释。“二元说”为德国学者爱伦贝堡首倡，此后逐渐反映为在德国、日本、法国、瑞士等国的立法上，分别给财产保险和人身保险来下定义。但也有学者认为财产保险和人身保险还是有共同属性的，应有统一认定其本质。

上述各种学说均从某个具体方面来探讨保险的本质，各有所长。在保险实践中，因危险管理已成为独立的科学管理制度，对国民经济具有重要影响，故损失赔偿说仍被普遍接受，不过，需要指出的是，上述各种观点所论证的只不过是保险职能和作用的表现，而未能揭示保险的本质。

从20世纪50年代到十一届三中全会之前，中国保险界关于保险本质的认识，主要有两种：一是保险基金说，即保险是聚集财政资金的手段，通过收取保险费形成的保险基金是财政预算的组成部分。这种认识明显是受苏联财政型保险理论的影响。二是保险福利说，提出保险是一种社会互助制度，可以增进人们的福利。故社会主义保险应具有福利性质而不以营利为目的，是劳动保险的补充。③

应当说，上述两种观点的存在，对于中国保险业的发展均产生过消极作用。因为它们同样未能正确地解释保险的本质。

（四）笔者的观点

笔者认为，应着眼于保险所包含的社会关系，看到保险的本质在于其具有的两重社会属性。

1. 保险的经济属性

保险是一种商品经济关系。因为，在市场经济条件下，各种产品的生产都是为了进入市场来参与交换，满足他人的需求（使用价值），同时，实现生产经营者追求的交换价值。不过，参与市场交换的商品是有多种形态的，诸如实物商品、技术商品、劳务商品等，保险就属于劳务商品（服务商品）的一种。

当然，保险商品的出现是人类社会发展到一定阶段的产物。如前所述，自然灾害和意外事故等危险的存在，是产生保险的前提条件，但这仅是一种可能性。因为，一种产品必须有进行

---

① 宋国华．保险大词典．沈阳：辽宁人民出版社，1989：5-9.

② 同①.

③ 同①.

交换的供需双方才能成为商品。所以，将这种可能性转变为现实性的根本条件是社会生产力的发展。人类社会的进化和发展，逐渐为保险商品的出现奠定了相应条件，尤其是多次社会分工——农牧业的分工、手工业的分工及运输业独立的完成，形成了彼此之间的商品生产和商品交换关系。同时，每个商品生产者和所有者基于独立经济利益，出现了私有观念和私有制。这成为产生保险商品的社会基础。而在物质条件上，社会劳动生产率的提高，导致社会产品的增加，使生产者有了剩余。相应地，各个商品生产者和所有者针对其所有的剩余产品，有了寻求防灾防损保障的需要。可见，社会经济的发展为建立保险基金提供了物质前提，由此构成保险商品交换关系的需方。同时，伴随社会分工和商品经济的发展，人类劳动（包括社会生产活动和服务性劳动）得以用货币价值予以表现，于是，出现了专门经营劳务商品的保险人，他作为独立的商品经营者，成为保险商品交换关系的供方。

运用上述理论考察保险的历史沿革，可以看到，在前资本主义社会中，社会生产力低下，商品经济较为落后，尤其是在上古时期，产品没有剩余，人们尚无寻求保险保障的需要，加之，当时人类抵御危险的能力薄弱，只能望灾兴叹。及至自然经济为主体的中世纪，也仅是在一些作为手工业和商业中心的城市存在着保险商品的原始形式，而且，用于预防灾害事故的后备基金多属于国家储备或社会公众互助性质的，不同于现代意义的保险基金。

只是在进入资本主义时期之后，社会化大生产促进了商品经济空前发展，也创造了上述产生保险商品所需的社会条件。主要根源是日益激烈的资本主义竞争导致众多的资本主义生产企业在商品生产和商品流通领域中面临的风险更多、更复杂，从而产生了日益强烈的经济保障需要。而企业自行提取的后备基金，既数量有限，又不稳定，更增加了企业的预付资本。所以，为了稳定企业的经营规模，维持资本主义社会的经济秩序和商业信用，获取更多的剩余价值，从产业资本和商业资本中便分离出一种独立的保险资本，形成了专门收取保险费来积聚保险基金、经营保险商品的保险行业。从经济学意义上说，保险资本是用于补偿保险事故造成的经济损失的，它与商业资本一样，不会创造价值，更不产生剩余价值，只能是分享产业资本的剩余价值，但它又是现代社会经济生活中的必要组成部分。如今，在西方经济发达的国家中，社会成员为了保护其私有财产的安全和经济效益的稳定，纷纷求助于保险。从财产到人身，从物质损失到法律责任的承担，从投资风险到信用风险，可以说，在现代经济社会中保险是无所不在的。

在中国社会主义市场经济条件下，自然灾害和意外事故同样客观存在，各个企业作为独立的商品生产者和经营者，各个家庭作为基本的社会生活单位，均面临因自然灾害和意外事故遭受损失的危险，仅靠自身储备是难以弥补的，也不可能完全由国家统包统补。因此，保险商品是必然存在的，经营保险商品的保险行业当然就不可或缺。

2. 保险的法律属性

从法律角度分析，保险又是一种法律活动，表现为保险法律关系，即存在于保险人与投保人、被保险人之间的权利义务关系，它是保险商品交换活动的高级表现形式，而并存于保险制度中。因为，保险商品的社会职能是对被保险人予以经济补偿或经济给付，它决定了保险人与投保人、被保险人之间既有相互依赖的商品供需关系，又存在彼此对立的经济利益。从而，为了维持保险商品交换关系的正常发展，实现保险商品的社会职能，必然需要法律的调整和保护。这意味着保险既是商品经营活动，又是一种法律活动。立法者用法律手段，确立保险人与投保人、被保险人各自在保险商品交换活动中的权利和义务，确认和保护双方追求的保险商品交换目的的有效实现。显然，法律的调控作用使得保险人与投保人、被保险人之间的保险商品交换关系获得平衡和协调。这是保险活动得以正常进行的必然要求。

站在投保人、被保险人的立场上理解保险的话，它是其生产和生活中所能够利用的一种转移风险的有效方法，同时又是其必须支付代价（保险费）才能获取的保障措施。但保险的经济补偿和给付职能又极易导致投保人、被保险人产生投机心理，期望借助保险谋取非法利益。因为，危险发生是具有偶然性和不可预见性的，投保人、被保险人在保险中支付的代价能否实际产生回报——得到保险赔偿或人身保险金在投保之时只是一种或然状态。而一旦确定保险人应当承担保险责任，则回报的金额——保险赔偿数额或人身保险金额往往高于保险费数额。为此，有可能出现投保人、被保险人采取各种非法手段，向保险人“骗赔”；或者投保人、被保险人为达到投保的目的而掩盖事实真相，骗取保险人的保险保障。诸如此类的行为，在保险业中统称为“道德危险”，其结果必然是损害保险人的合法权益。所以，为了防止保险领域中的“道德危险”，保护保险人的合法权益，必须用法律规范投保人的行为，在确认被保险人获取保险赔偿或给付之权利的同时，规定投保人、被保险人所应承担的各项义务。其中，最大诚信原则和保险利益原则作为保险法律规范调整保险市场的法律精髓，贯穿于各项具体的保险法律规则之中。诸如强调投保人承担的如实告知义务、被保险人的通知义务和施救义务等，将投保人、被保险人的行为规范在诚实信用的范围，使其明白无误地知道保险仅仅是对保险事故所致损失的补偿或给付手段，而非牟利方法，最终达到防止“道德危险”的发生，保护保险人合法权益的目的。

与此相对应，作为专营保险商品的保险人追求赢利是无可厚非的。但是，由于保险人经营的保险商品属于风险行业，其保险经营活动具有典型的负债经营特点。保险人用于保险经营的资金主要来源于保费收入，而其销售的保险商品不仅具有复杂的专业技术性，并且要求保险人相应地承担着在未来一定期间内因保险事故造成保险标的损失予以赔偿或给付的责任。这一责任所涉及的货币支出金额因危险发生的不确定性而具有不稳定性，直接影响着保险人的盈利水平。那么，处理好保险人的保险责任项下的货币支出与盈利水平此消彼长的矛盾，除了依靠保险人提高自身的经营管理和资金运用的水平以外，法律调控也是不可缺少的手段。保险法以确保保险业特有的社会职能——经济补偿职能的实现为宗旨，强制性地规定了保险人的各项经营规则。从保险人的成立到经营保险产品的范围，从保险资金运用到保险合同条款的制定及保费收入比率，从保险责任的履行到保险人的整顿和破产，均有具体的法律规则加以规范，将保险人的经营活动置于法律的强制监管范围之内。

应当强调的是，法律立足于公平、公正，维护保险商品交换关系双方之间的平等地位，用法律手段协调保险人掌握保险专业技术而投保人、被保险人对保险知识知之较少，甚至一无所知，而导致双方当事人之间实际上的信息不对称的不平等地位。诸如赋予保险人的条款说明等法定义务，保险条款的解释上适用有利于投保人、被保险人的解释规则等，从而确保双方真正的平等地位，充分发挥保险业的保障价值，同时使保险人能够获取应得的经营利润。

由此可见，在现代社会生活中，不论是专营保险商品的保险人，还是需要获取保险保障的社会公众，对于参与保险商品交换过程中所追求的物质性供需关系，都应当依照法律的调整规则予以实施，并上升为双方当事人思想意识上的法律关系，即彼此在思想意识上知道自己所处的法律地位、享有的各项权利和应承担的各项义务，彼此权利和履行义务的法律标准，以及违约时应承担的法律责任。各方当事人受其法律理念支配而依法实现此法律关系的过程，也就是完成保险商品交换活动的过程。从而，借助法律关系这种思想意识性的社会关系所特有的国家强制力，确保保险人与投保人、被保险人从事平等、自愿、等价有偿的保险商品交换活动，实现保险商品的经济补偿职能，最终维持社会生产和生活的连续性和稳定性。

综上所述，保险作为一种社会关系，具有双重属性。在经济基础领域，保险活动是一种商品交换关系，属于物质社会关系。而从上层建筑角度讲，保险又上升为法律关系，属于思想社会关系。两者相互依存，不可分离。前者是保险的经济本质，而后者则是法律对保险予以调整以后所产生的法律后果。它决定于和服务于前者，又对前者具有保护和促进作用。认识保险的这种双重性质，才能真正理解保险的本质。

【知识链接】

漫谈中国军人保险

军人保险一词，对中国大众来讲是比较陌生的，但是，它在中国已经存在了 13 年。中国的军人保险，是根据中共中央、国务院关于加快社会保障制度改革的要求和中央军委的有关决定，依据《中华人民共和国国防法》关于“国家实行军人保险制度”的规定于 1997 年 3 月以解放军三总部联合组建中国人民解放军军人保险办公室为标志正式建立的。

军人保险就是国家政府通过设立专项保险基金，在现役军人遇到死亡、伤残、年老、退役等情况时，依据有关立法向其本人或者其家属给予一定经济补偿的社会保障制度。目前，已经形成军人伤亡保险、退役医疗保险和退役养老保险为内容的基本险种体系。这意味着中国军人保险就是以全体现役军人作为保障对象而向其提供保险保障的保险制度，具有分散和转移军人在从军期间面临的各种社会风险、维护军人合法权益、实现中国军队社会化的制度功能，是中国军队在新形势下的一项重大改革举措。

中国军人保险在实质上属于社会保险，应当纳入中国军人社会保障体系的范畴之内。其与商业保险公司经营的商业保险的典型区别在于，中国军人保险是以国家为主体，由作为政府部门的军队以追求社会安全与稳定为目标，按照国家统一的军人保险政策，在军队范围内强制组织实施的社会保险制度。同时，军人保险要求全体现役军人必须参与，享受国家统一规定水平的保险待遇。从经济学角度讲，军人保险是以国家为责任主体，“依据法律规定，通过国民收入再分配”①，向其被保险人——现役军人提供的保险保障。

可见，军人保险与商业保险都具有保障功能，又表现出不同的法律特性。

第一，各自的适用目标存在差别。社会保险作为社会保障制度的组成部分，其基本功能“在于为整个社会经济的正常运行创造良好的环境，增加社会经济的有序性，使国民经济和整个社会有机体得以持续、稳定、均衡、协调地发展”②。其中的军人保险的保障功能具有双重属性，除了上述保障社会稳定功能以外，还是维护国家安全的需要。而商业保险的基本保障功能限于促进社会稳定。

---

① 孙光德，董克用．社会保障概论．北京：中国人民大学出版社，2000：4.

② 同①34.

第二，各自的适用性质不尽相同。作为社会保险范畴的军人保险是构建于国家义务和社会互助基础上的，以我国的《国防法》及有关军人保险的法律法规为依据实施的、不以营利为目的政府行为，具有突出的强制性，即由国家立法推行，全体现役军人均应当参加；而商业保险则是典型的保险商品经营活动，除强制保险外，其适用上强调当事人的意思自治。

第三，各自的保险对象范围不同。军人保险由社会保险的保险功能决定，其适用对象限于特定的社会成员，即向现役军人提供相应的保险保障；至于商业保险的保险对象，则因其保险险种众多而涉及全社会的各类社会成员，具有普遍的适用意义。

第四，各自的保障程度不一样。军人保险基于社会保险的性质，体现着满足被保险人基本生活需求的目标，强调与我国社会生产力发展水平和社会公众的正常生活水平相适应的"保障"效果，用以维持其基本的生存权，因此，军人保险的适用效果在于维持每个现役军人正常的生存所需的生活水平，并形成统一的法定标准；而商业保险的保障程度则与投保人缴纳保险费成正比关系，强调与具体的商业保险险种相适应的"补偿"和"给付"，《保险法》对其不做统一的硬性规定。

第五，各自适用上的灵活性存在差异。出于降低社会保险过高的执行成本的需要，军人保险的险种类型为有关立法统一确定，其基本保险限于军人伤亡保险、退役军人养老保险和医疗保险等，相对于商业保险较为单一，并且其适用标准亦严格以统一规定为准；而商业保险的险种设计则由保险市场的客观需要决定，适用标准是以双方当事人的意思表示一致为根据，具有较大的灵活性。

不过，对中国军人保险的运营模式，笔者则认为应当确立以国家组织主持的社会保险为基础，以商业保险为补充的互补机制。

我国军队自 1998 年 7 月启动实施的军人保险是中国军队在新时期的新形势下实现的一项重大改革，具有解决军人后顾之忧、维护军人合法权益的意义。不过，中国军人保险究竟采取何种模式，才能够充分发挥其保障军人利益的功能则需要探讨。其中，商业保险公司能否介入军人保险以及介入程度，即商业保险公司在中国军人保险运营中的地位和法律规制是亟待解决的法律问题。中国军人保险以社会保险为基础，确保国家作为组织主持者和责任主体的地位，维持军人保险的正常运营秩序。这已为美国、俄罗斯等西方国家的成功经验所证实。同时，允许商业保险公司适度介入中国军人保险，可以充分发挥商业保险公司在保险经营和保险资金运作方面的经验和优势，进一步提升军人保险的保障功能。

三、保险市场是市场经济的必要组成部分

市场经济是社会分工与商品生产者和经营者的独立性达到一定程度时，商品生产者和经营者以市场竞争方式，进行商品生产和商品交换的经济体制。从人类历史的发展轨迹来看，市场经济是社会生产力发展到一定水平，具备了相应条件的情况下产生的，它对社会发展起到重要的推进作用。可以说，当今世界各国，绝大多数都是以市场经济作为基本经济形式的。而在不同的国家和地区，因历史文化传统、民族习惯以及本国政治制度、社会经济水平、自然条件等诸多因素的影响，市场经济的具体适用情况存在差异，形成不同的模式，出现了以日本为代表的社团式市场经济，以美国、英国为代表的自由企业式市场经济和以德国等欧洲大陆国家为代

表的社会市场经济。①

不论是哪种市场经济的模式，都具有如下特点。

（一）市场经济是以市场法则调节市场行为作为核心内容

在市场经济条件下，公平、等价交换、竞争等原则都是通行的市场法则。因为，市场经济存在的首要条件就是承认市场主体的独立利益。鉴于彼此之间的利益冲突，市场主体只有按照公平、等价有偿等市场法则从事商品生产和商品交换，才能实现各自最大化利益。但是，鉴于追求最大化利益的目的与各个市场主体之间存在的个体能力差异的矛盾，促使市场主体在公平竞争的环境下实施市场行为。可见，市场经济的实践创造了上述市场法则，反之，市场经济又是在各项市场法则的调节作用中不断进步和发展。

（二）任何市场经济模式都包含着国家调节的成分

现在各国的市场经济都具有很高的生产社会化程度，市场竞争日益激烈，仅仅依靠市场法则的自发调节，难以充分实现社会资源的最佳配置和有效使用，故而，还需要国家对市场活动加以干预和调节。尽管在不同的市场经济模式之下，国家干预和调节的程度不同，但是，国家根据宏观发展战略的要求，制定相应的方针、政策和法律规范，通过政府职能部门的调控手段，贯彻到市场经济活动中，引导市场经济的发展方向和良性循环，实现公平竞争，维护市场经济的正常秩序，则是普遍性的。

（三）现代各国市场经济的构成都表现为健全、复杂的市场结构体系

在现代经济条件下，商品生产是社会生产的基本形式。广泛存在的商品作为市场活动的客体，因其各自具有不同的使用价值，则每类具体的商品，都会形成特定范围内的供需主体群。该主体群从事市场活动时，不仅要遵守市场运行的共同法则，还需要适用相应主体群之间从事商品运作的特殊规则和方法，因此，形成了具有相对独立性的市场形态。那么，从市场经济的整体角度讲，围绕着各类商品，表现为一系列相对独立的市场形态。诸如生产资料市场、生活资料市场、资金市场、技术市场、信息市场、房地产市场、运输市场、保险市场等。这些彼此相对独立存在的市场形态相互之间基于内在的必然联系，统一构成市场经济整体，这意味着市场经济是诸多市场形态统一构成的市场体系。通过市场经济的统一协调，实现对各种社会资源的优化配置，而任何一个单独的市场形态都无力发挥这一协调功能。②

保险商品作为一种特殊的市场交换客体，具有独特的使用价值和交换规则，从而，围绕着保险商品交换构成一个相对独立的保险市场，成为市场经济体系中的一个重要环节。

首先，保险活动本身就是一个独立的市场形态，具备市场形态的各项构成要素。其中，保险市场是以特定的商品形态，即表现为服务形态的保险商品作为其市场客体；而保险市场的主体便是追求保险商品特定的使用价值和交换价值，参与保险商品交换活动的特定社会群体。包括经营保险商品的保险人和作为保险商品需求者的投保人、被保险人。

---

① 丁云本，王新建．社会主义市场经济实现论．北京：中共中央党校出版社，1993：12.

② 同①13.

其次，保险市场是市场经济不可缺少的一个环节。前文已经论证市场经济是一系列既独立存在又彼此联系的市场形态的统一整体，保险市场便是这些市场形态中的一个。从而，我们不仅要考察保险市场的独立性，更应当重视保险市场与其他各个市场形态之间的联系和影响。因为，保险市场的存在不是绝对的，保险商品交换也并非孤立的市场活动。纵观市场经济的历史和现状，保险市场的产生和发展均与其他各个市场形态的运作需要及市场经济的总体发展相联系。

一方面，保险市场服务于其他各个市场形态。众所周知，人类的发展史就是与各种危险进行斗争的历史，社会成员之间在从事商品交换活动的过程中，都会面临着这样或那样的可能发生的危险的威胁，为此，人类社会也在不断地摸索各种各样防御危险灾害的措施和方法，更渴望能有一种消灾避难、解除后顾之忧的神奇力量。经过漫长的摸索和反复实践之后，人们发现保险是实现这一目标的最佳方案。

保险的优势在于，它通过危险的集中和转移的方法为其他各个市场形态中的参与者解除后顾之忧。每个社会成员只要愿意，都可以作为投保人向保险人交纳一定的保险费，集中起来构成保险人控制的保险基金。当其中某个或某几个被保险人因保险事故的发生遭受损害的时候，保险人就从该保险基金中按照约定提取相应的数额向受害的被保险人进行保险赔付。根据危险管理学的理论，保险的这一运作过程，就是危险的集中和转移的过程，即每个被保险人将本应由其个体承担的危险，以交纳一定的保险费为条件转移到保险人那里，也就将分散的危险集中于保险人处，当某个被保险人因保险事故遭受损害时从保险人那里获取的保险赔偿便源自保险基金，实质上是由全体被保险人以交纳保险费的方式分担了该被保险人的危险结果。出于这一原因，构成现代市场经济的各个市场形态均离不开保险市场。参与商品交换的需方或供方都会考虑通过与其信赖的保险人签订保险合同，将其在相应的商品交换中可能面临的危险转移给保险人，以保证其商品交换活动的安全，避免或减少因危险发生所造成的损害后果。

显而易见，保险已成为商品交换的参与者乐于接受并普遍适用的危险处置手段。因此，保险市场的存在和发展，为其他各个市场形态的发展提供了有效的保障作用，有利于建立正常稳定的商品交换秩序。因此，人们将保险称为社会经济活动的“稳压器”。

另一方面，保险市场的发展规模和经营水平又决定于其他市场形态的需求。由于保险市场是以其他各个市场形态中的商品交换活动作为服务对象的，所以，其他各类商品交换行为对保险需求的大小，也就直接关系到保险市场的发展水平。当然，影响保险需求的因素是很复杂的，诸如，其他市场形态中的商品交换规模、国民收入水平的高低、社会公众风险意识和保险意识的高低、保险费率和银行利率水平、保险人的服务质量等均影响着保险需求。

总之，保险市场作为市场经济体系中的一环，只有充分把握其与各个市场形态之间的联系和影响，才能发挥其应有的社会职能，在促进其他市场形态发展的同时，加快保险市场自身的进步。

【知识链接】

建立我国巨灾保险制度已是刻不容缓

巨灾保险，是指针对因突发性的、无法预料、无法避免且危害后果特别严重的，诸如地震、飓风、海啸、洪水、冰雪等所引发的灾难性事故造成的财产损失和人身伤亡，给予保险保障的风险分散制度。此类巨灾风险的存在是客观的、不可避免的。例如，按国际风险评估机构预测，2011 年 3 月 11 日的日本大地震可能导致最高 2.8 万亿日元（约合 350 亿美元）的保险损失，几乎相当于 2010 年全年全球保险行业的全部保险赔偿额。

巨灾保险的特点极为明显，首先，巨灾保险往往依据有关立法直接予以规定。目前，已经建立巨灾保险制度的 12 个国家，大多是用法律形式确立了巨灾保险制度的基本框架，并对巨灾保险的运作模式、损失分摊机制、保障范围、政府支持政策等作出具体规定。例如，美国就于 1973 年颁布《洪水巨灾保护法案》，1968 年通过《全国洪水保险法》，1994 年和 2004 年两次出台的《洪水保险改革法案》，促进了洪水保险的发展。日本为地震多发国家之一，其自 1966 年起建立的巨灾保险制度就是以该年发布的《地震保险法》等相关法律规定为基础的。法国亦于 1982 年颁布《自然灾害保险补偿法》，并历经多次修订完善，成为巨灾保险运行的法律依据。

其次，巨灾保险涉及面广泛，参与的权责主体呈现出多样性。国际上比较完善的巨灾风险补偿机制，通常涉及灾区的灾民、地方政府、商业保险公司、再保险人、证券市场、国际再保险市场以及中央财政等七类主体。尤其是再保险、证券市场和中央财政支持等构成巨灾保险用来分散风险、控制风险的有力机制，对巨灾保险的适用发挥着重要作用。

再次，巨灾保险的可保性具有明显的相对性。与一般保险产品相比较，巨灾保险承保的巨灾是各种灾害中级别较高或者最高的，具有低概率、高损失的特征，难以用传统的大数法则来分散风险、转移损失，因而往往被排除在一般保险的可保风险以外。不过，风险的可保性是具有相对性的概念，其在保险业的发展过程中表现出逐步扩张的趋势。尤其是现代保险精算技术的发展和多家保险公司组成共保体来共同承保方式的出现，可以使得巨灾风险转变成可保风险。

最后，巨灾保险属于准公共产品的性质。由于巨灾保险所涉及的巨灾一般都是高损失的、波及灾民的范围广泛，与此相对应，巨灾保险的适用结果带有高赔付特色，但收取保险费的水平又属于低水平，具有保障民生的社会效果。从而，巨灾保险的适用离不开再保险和政府的大力支持。

特别应当注意的是，巨灾保险的运行模式要与各国的经济发展水平和保险理念、保险传统相适应，故而各国所采用的运行模式不尽相同。概括各国的巨灾保险实践，可以归纳为三大类：一是政府主导模式。美国是典型的以政府为主导的非营利性巨灾运行体制。美国是当前设立巨灾保险项目最多的国家，涉及地震、洪水、飓风等自然灾害，以及战争、恐怖袭击等人为灾害，可以分为联邦政府巨灾保险项目和各州政府的巨灾保险项目。例如，美国的洪水保险，政府主导保险费补贴，强制投保，而由政府和商业保险公司合作运营，商业保险公司负责保险销售，所得保险费全部建立保险基金，用于赔付洪水损失和代理销售费用，政府是最终的风险承担者。“9·11”事件给美国保险业带来巨大冲击，保险公司为此支付了约 360 亿美元的赔款，政府的支出也达到数百亿美元，随之引发美国风险管理制度的变革。美国联邦航空管理局在“9·11”之后的两周内就制定了《航空战争风险保险计划》，直接对美国航空公司因战争和恐怖袭击引发的第三者责任提供保障。二是政府与保险公司合作管理模式。日本和新西兰是较为成功的实例。前者的地震保险，居民向商业保险公司投保，然后，商业保险公司向再保险公司分保，再保险公司向政府再次分保，政府提供再保险责任的分担和支持。而后者的地震保险属于强制投保，当居民购买财产时就强制征收保险费，由商业保险公司承保，由政府担保而向国际再保险市场进行分保。三是商业化运作模式。英国的巨灾保险可为例证，其由商业保险公司经营，政府不参与，也不提供财政补贴，投保人自愿选择投保。但因其保险市场和再保险市场发达，巨灾保险的参保率仍然很高。

我国是公认的地震、洪水、台风等自然灾害发生频繁的国家，每年为此遭受的经济损失都在 1 000 亿元以上，而保险赔偿仅占损失的 5%，远低于 36%的全球平均水平。例如，四川汶川地震的直接经济损失是 8 451 亿元，但保险赔偿仅为 20 多亿元，占比为 0.2%。随着中国保险业的快速发展，其行业规模、市场结构、服务质量和监管水平都实现了大进步、大提升。但我国作为一个新兴的保险大国，缺少有效可行的巨灾保险制度是明显的制度漏洞。因此，尽快建立符合我国国情的巨灾保险制度就成为完善我国防灾减灾体系的必要课题。正是在此意义上，国务院在 2014 年 8 月发布的《关于加快发展现代保险服务业的若干意见》（新“国十条”）中将“建立巨灾保险制度”纳入“完善保险经济补偿机制，提高灾害救助参与度”的内容之中，提出建立“以制度建设为基础，以商业保险为平台，以多层次风险分担为保障”的巨灾保险制度。研究建立巨灾保险基金、巨灾再保险、巨灾风险管理数据库，并制定巨灾保险法规。鼓励诸如深圳、云南等各地根据各自的地方风险特点，探索对台风、地震、滑坡、泥石流、洪水、森林火灾等灾害的有效保障模式。

第三节 保险法的概念和地位

一、保险法的概念

保险法是专门规范和调整保险关系的法律规范体系的总称。在此，保险关系是指基于保险合同而在各方当事人之间产生的权利义务关系以及国家对保险业实施管理监督过程中所产生的各种社会关系。

保险法有广义和狭义之分。广义的保险法，包括保险公法和保险私法。其中的保险公法是指公法性质的保险法律规范，即国家用于调整社会公共保险关系的保险业法和社会保险法。而保险私法，则是指私法性质的保险法规，即调整保险活动当事人之间平等保险关系的保险合同法和保险特别法。①

在我国保险法理论上，有关保险法概念的界定不尽相同。第一种观点认为：广义的保险法是指一切有关保险的法律规范总称，包括冠有“保险”的保险立法和其他相关的法律规范，又称为实质意义上的保险法。而狭义的保险法仅指冠有“保险”之名的保险立法，又称为形式意义上的保险法。② 第二种观点认为：凡是规范和调整保险行为和调整保险业组织及其活动的法

① 李玉泉．保险法．北京：法律出版社，1997：18.

② 庄咏文．保险法教程．2 版．北京：法律出版社，1993：34；徐卫东，杨勤活，王剑钊．保险法．长春：吉林人民出版社，1994：26.

律、法规和规章构成广义的保险法，包括公法范畴的保险业法、社会保险法和民商法范畴的保险契约法、保险特别法等。而狭义的保险法，则专指保险契约法。① 第三种观点认为：广义保险法包括专门的保险立法和其他法律中有关保险的法律规范以及保险习惯、判例和法理等。而狭义的保险法则指保险法典或民商法中关于保险业和保险合同的法律规范。② 另有学者认为：广义的保险法是指以保险关系为调整对象的法律规范的总称，包括商业保险法和社会保险法。而狭义的保险法仅指以民商保险关系为调整对象的法律规范，即商业保险法。③ 本书亦在此意义上解释保险法的内涵，并且，以狭义保险法作为本书内容的基础。

二、保险法的地位

保险法的地位，即保险法在整个法律体系中所处的地位。对此，世界各国基于各自的立法技术和不同法律文化的影响，尤其是不同的法理学派存在不同的理论观点，分歧的焦点在于，保险法能否作为一个独立的法律部门立于法律体系之中，相应地产生了不同的立法体例。应当强调的是，不论采取何种立法体例，亦不论是大陆法系国家还是英美法系国家，保险立法都采取了成文法的形式。

首先，西方国家基于其法律分类上的公法与私法理念，根据保险法律规范的适用内容，将保险合同法列入私法之列，而将保险业法归入公法范畴。中国的法律体系没有公法与私法的分类，因此，确认保险法的地位也就不涉及公法或私法问题。

其次，民商法的历史发展直接影响到保险法的地位。在大陆法系国家中，凡私法上实行“民商分立”立法体例的国家，如法国、德国、日本等，民法与商法是普通法与特别法的关系，而保险法与公司法、票据法、海商法等同属于商法的组成部分；凡私法上实行“民商合一”立法体例的国家，如瑞士、泰国等，保险法与民法是特别法与普通法的关系。而在英美法系国家，受其法系特点的影响，没有大陆法系国家使用的“民法”和“商法”概念。但是，用于调整和规范各类商事活动的习惯法、判例法和成文法却极受重视，甚至成为英美法系国家法律体系中的精华。其中，涉及保险活动的保险法律制度，与保险活动对于现代经济生活日益突出的影响相适应，在英美法中的地位愈来愈重要，并成为自成一体的法律规范体系。当然，与保险法在各国法律体系中的地位相对应，保险法的立法技术不尽相同，并在西方国家形成了三种主要的立法体例。

1. 制定单行保险法，并纳入商法典。自法国在 19 世纪初开创“民商分立”的法律模式之后，诸如法国、德国等一些较早采取“民商分立”体制的国家，保险法律制度虽被归入商法范畴，但因当时社会经济发展水平的局限和影响，其在民法典之外另行颁行的商法典中有关保险的规定仅限于海上保险。此后，这些国家又根据需要，单独颁行专门的保险法。如 1930 年的法国保险合同法、1908 年的德国保险契约法。而英美法系各国的成文保险法，均表现为单行的保险法规，例如英国所颁行的 1774 年人寿保险法、1906 年海上保险法和 1958 年保险公司

① 覃有土．商法学．北京：中国政法大学出版社，1999：426.
② 李嘉华．涉外保险法．北京：法律出版社，1991：20.
③ 范健．商法．北京：高等教育出版社，北京大学出版社，2000：310.

法等。[①]

2. 将保险法纳入商法典之中。有些大陆法系的国家，按其“民商分立”的立法体制，将保险法律制度作为商法的组成部分，直接纳入商法典中。例如，1899 年的日本商法典即如此。该商法典第三编第十章将保险作为商行为的一种加以规定，包括损害保险[②]和生命保险。

3. 将保险法纳入民法典之中。有些“民商合一”的国家，因将保险制度看作属于民法范畴，故将其列入民法典中。例如，1942 年的意大利民法典即将保险作为合同的具体类型，规定在第四编“债”的第三章“各类契约”之中。

在中国的法学界，与各种关于保险法的法律内涵的观点相适应，对其法律地位的看法亦不尽相同：第一种观点认为，保险法属于经济法的范畴。[③] 理由是：保险法调整的保险关系具有经济法的特征，既有国家对保险业的管理和监督，又有当事人之间平等自愿的保险活动关系。第二种观点认为，保险法是民商法中的一项法律制度。[④] 理由是：保险法所调整的保险法律关系本质上是一种民事法律关系，属于民法的调整对象。而保险法的调整方法和原则也不过是民法调整方法和原则在保险领域中的运用和延伸。第三种观点认为，保险法是一个独立的法律部门。[⑤] 理由是：保险法有特定的调整对象，包括保险当事人之间的保险合同关系和保险业的经营与监管关系，形成一个特定的整体，相应地，保险法成为适用于整个保险领域，由具有行业性质的保险基本法和规范具体保险活动的特别法所组成的法律部门体系。同时，保险法的调整方法也具有自身特点。中国目前的保险立法即采取了单行保险法典的体例，将保险合同法与保险业法统一规定于《保险法》之中。笔者亦持此观点，认为保险法是以商业保险为调整对象的法律部门，应当在商法领域中占有独立的一席之地。

第四节　保险法的调整对象和内容体系

一、保险法的调整对象

保险法作为规范保险市场活动的法律规范体系，是以保险关系及与保险关系有关的社会关系为调整对象的。

保险法所调整的保险关系本质上是一种物质社会关系。因为，此种保险关系所体现的是社会成员针对客观存在的各种风险，寻求保险人为其财产或身体、寿命提供保险保障的物质需求。此类物质需求的存在是客观的、普遍的，不仅直接关系到各个社会单位——公民个人、家庭或社会组织正常生活或生产的稳定，而且，影响到社会政治、经济活动的正常秩序的建立和

① 英国 1958 年的保险公司法已于 1982 年修订。

② 在日本保险业内，损害保险是指除了人寿保险（生命保险）以外的各种保险，包括财产保险、意外伤害保险和健康保险。

③ 庄咏文．保险法教程．北京：法律出版社，1993：38.

④ 李玉泉．保险法．北京：法律出版社，1997：22.

⑤ 关浣非．保险与保险法．长春：吉林人民出版社，1990：38.

发展。

同时，保险法调整的保险关系又是一种商品交换关系。由于保险保障是一种专业的技术性突出的行业经营活动，需要由具有相应专业知识和经营经验的保险人从事经营。而且，保险业作为国民经济的一个重要环节，构成相对独立的保险市场。在此市场环境中，保险人按照平等、自愿、等价有偿的市场法则从事保险经营。因此，平等性、自愿性和等价性就成为保险关系的基本属性。所谓平等性，是要求社会成员在参与保险关系时，应与保险人之间基于平等的法律地位建立和实现彼此的权利和义务。自愿性，是要求社会公众是否投保商业保险、与哪个保险人签订保险合同、签订何种保险合同，均由当事人自行决定。除了依据有关法律法规规定必须投保的强制保险以外，任何单位和个人都不得干涉或强制当事人投保商业保险。而对价性则意味着被保险人要获取保险保障，必须支付作为对价条件的保险费。该对价条件是保险人经营商业保险活动所追求的利益体现。

进一步分析，保险法调整的保险关系，属于财产关系，是人们在市场经济条件下，从事商品生产、分配、交换和消费过程中所形成的具有相应经济利益的社会关系。其中，财产保险所保障的，是被保险人基于保险财产所具有的经济利益，同样，人身保险虽然是以被保险人的身体或寿命作为保险标的，但保险人如约向被保险人支付人身保险金所保障的仍然是被保险人或受益人的经济利益——为维持其正常生活的稳定性和连续性提供物质保障。

从保险实践的角度讲，保险法予以调整的保险关系具体表现为以下内容。

（一）保险合同关系

在市场经济条件下，合同是人们从事商品交换的典型法律形式，最能体现商品流通的平等性、自愿性和等价有偿性的要求。因此，各类商业保险关系都采取保险合同的形式予以确立。保险法运用保险合同法律规则，规范参与保险活动的各方当事人的行为，依法建立和履行保险合同关系，实现保险保障的目的。因此，与保险业务活动的范围相适应，保险合同关系的适用范围最为广泛。

（二）保险中介关系

保险经营特有的专业技术性及特有的经营机制，决定了各种保险合同的建立和履行，往往需要借助各种保险中介人实施的中介服务行为。诸如，保险公司的保险展业活动，难以离开保险代理人的保险代理行为，甚至形成了相对独立的保险中介市场。而社会公众作为投保人，为了与保险人建立有效的保险合同关系，切实获得保险保障，又经常需要保险经纪人提供风险评估、保险咨询、代为投保、协助索赔等保险经纪服务。不论是保险人还是被保险人均会因履行保险合同的需要，委托保险公估人办理保险标的的查勘、鉴定、检验、估价、赔款理算等公估行为。因此，保险中介关系与保险合同关系密不可分，是保险关系的重要组成部分。

（三）保险监管关系

保险业的监督管理关系本身并非直接的保险关系，而是发生在国家保险监管机关与保险人及其他各类保险中介人之间的监督管理关系。由于保险人从事的保险经营活动关系到国民经济的整体稳定，与各行各业之间的发展关系密切，尤其是保险业作为金融领域的重要组成部分，其经营活动和运作秩序关乎社会经济的整体发展水平，因而各国均对保险业实施专门的监督和管理体制。保险监管关系的存在是保险关系得以建立和实现的必要条件。故而保险监管关系被纳入保险法的调整范围。

实例枚举

甲实业公司于 2004 年 5 月 15 日以其固定资产和流动资产为保险标的向乙保险公司投保了一份“财产保险综合险合同”。按照约定，保险金额为 300 万元，保险责任期限自 2004 年 5 月 16 日至 2005 年 5 月 15 日。同年 11 月 25 日夜间，与其相邻的某塑料制品厂的锅炉工处置炉渣不当引起大火，火灾殃及甲实业公司，其资产付之一炬，损失共计 380 万元。

数日后，甲实业公司向乙保险公司递交了索赔申请书，要求乙保险公司赔偿 380 万元，乙保险公司表示只能按照保险合同约定的保险金额进行赔偿。由于双方不能达成一致意见，甲实业公司以乙保险公司和某塑料制品厂为被告向法院提起诉讼。双方在诉讼中的争议焦点是：乙保险公司是否应按照被保险人的实际损失 380 万元进行赔偿；某塑料制品厂是否应当承担民事赔偿责任。

法院的判决结论：一是驳回原告要求保险公司赔偿 380 万元的诉求。理由是本案所涉及的财产保险合同约定的保险金额是 300 万元，则乙保险公司的保险责任应以该保险金额为限。二是驳回原告对某塑料制品厂的请求。某塑料制品厂不是本案所涉及的财产保险合同的相对人，原告对其提出的赔偿诉求与本案无关。

本案有助于大家理解保险法特定的调整对象和内容体系。因为，本案原告的诉求涉及保险合同的保险赔偿和民事赔偿两部分，而原告将其一并在保险合同纠纷案中提出，则其对某塑料制品厂的民事赔偿诉求当然不能在本案中获得支持。

二、保险法的内容体系

针对上述调整对象所包含的各类保险关系，保险法出于有效规范和调整保险市场的立法目的，应当具备完备的法律制度，形成统一协调的保险法律体系。一般而言，保险法的制度内容包括以下各部分。

（一）保险合同法律制度

保险合同法律制度是专门针对各类保险合同关系所适用的保险法律规范，是保险法的核心部分。具体包括有关保险合同的订立、履行、变更、解除的法律规范和有关保险合同各方当事人之权利义务的法律规范。并且，财产保险合同关系和人身保险合同关系均列入保险合同法律制度的调整范围。在中国现行的保险立法中，1995 年 6 月 30 日通过、并经 2002 年和 2009 年两次修改的《保险法》不仅规定了保险合同制度的一般法律规则，还分别对财产保险合同和人身保险合同作了系统性的规定，从整体上确立了中国的保险合同法律制度，而 1992 年 11 月 7 日通过的《海商法》第十二章则专门就海上保险合同予以规定，亦成为我国保险合同制度的组成部分。

（二）保险业法律制度

保险业法律制度，又称保险业监管法律制度。它以保险监管关系作为适用对象，而与保险合同法律制度并存，成为保险法的又一重要内容。各国政府出于维护保险市场正常秩序、保护当事人合法权益、促进保险业健康发展的需要，均赋予保险业法律制度在其保险法中一席之地。虽然，各国的保险业监督管理模式不同，具体的法律规范千差万别，繁简不一，但一般都涉及保险业的组织形式、保险组织的设立、经营管理、财务管理、资金运用及保险组织的解散和清算等内容。关于中国的保险业监管法律制度，首先是现行《保险法》的第三章至第七章全面规定了保险业监督管理的制度内容，分别从保险公司（其形式和设立）、保险经营规则、保险业的监督管理以及保险代理人和保险经纪人等方面加以规定，成为中国政府对保险市场实施保险业监督管理的基本法律依据。

（三）保险特别法律制度

保险特别法律制度是相对于保险合同法律制度和保险业监管法律制度而言的，它是指专门用于规范某一类保险关系或调整某一特定保险法律问题的保险法律规定。例如，英国《1906年海上保险法》和各国海商法中有关海上保险合同的规定，就属于保险特别法。目前，与我国迅速发展的保险市场对法律调整的客观需要相适应，我国有关保险的特别立法必然日益增加。例如，由国务院颁布的《机动车交通事故责任强制保险条例》《农业保险条例》《存款保险条例》，由国务院保险监督管理机关颁行的《保险公司管理规定》《保险专业代理机构监管规定》《保险经纪机构监管规定》《保险公估机构监管规定》等单行法规亦可列入保险特别法律制度，成为我国保险法律体系的组成部分。

【知识链接】

存款保险——金融保护网的三大成员之一

在我国保险法领域，“存款保险”是一个全新的概念。顾名思义，该保险的适用对象是人们作为存款人借助储蓄方式存在银行的款项，表现为存款保险人在被保险银行无法履行其基于储蓄合同而向存款人支付存款义务时，先行在保险责任限额内向存款人予以赔付，然后依法向被保险银行进行追偿或者对其组织实施破产清算、重整以及其他资产处置行为的制度。

从社会实践角度讲，存款保险应当是我国金融安全网的重要组成部分，因为存款保险的保障功能直接体现在其保障价值和根本的保障目标。存款保险的直接保障价值在于保险人依照存款保险合同而保障的是被保险人——金融机构向存款人支付存款本息的能力，确保银行系统的稳定经营，维持银行业的社会信用度。而存款保险的根本保障目标，则是存款人的存款利益，提升社会公众对金融业的信心。分析存款保险的法律结构，我们不仅要看到其在适用中的直接效果是提升了银行作为付款义务人的支付能力，维护了银行的商业信誉和市场形象；更应当认识到存款保险的最终适用效果在于保护广大金融消费者的合法权益。因为，各国政府设计和运用存款保险的初衷，就在于借助保险人在存款保险中向存款人履行保险赔偿责任来弥补存款人因银行无力支付存款本息而遭遇经济损失，避免让广大金融消费者承受银行经营过程中所面临的市场风险，从而实现保护广大金融消费者权益的目标。可见，通过存款保险在金融市场上的适用，能够让社会公众对我国金融业树立信心，创造良好的金融市场环境。应当说，这才是建立存款保险的根本价值所在。

然而，要实现保护广大金融消费者权益的目标，就应当对应我国的金融市场构建金融安全网。总结各国金融市场运作发展的经验，受诸多因素的影响，其面临的市场风险是不可避免的。因此，出于抵御市场风险的消极影响，减少甚至避免市场风险有可能造成的经济损失，以维持金融市场良好稳定的经营秩序，建立金融安全网就成为必要的防范举措。各国的实践证明了由存款保险与审慎的金融监管、中央银行的最后贷款人职能“三道防线”构成的金融安全网对于维护金融市场稳定和保持社会公众对金融体系的信心确实具有重要作用。仅用美国联邦存款保险公司近 80 年的运行经验就可予以证明。2008 年的金融危机中，美国共有 42 家银行倒闭，依赖其金融安全网却没有发生大规模的挤提现象。

而就我国的情况来讲，在当今的中国金融市场上，承担最后贷款人功能的中央银行成立于 20 世纪 80 年代中期，2003 年又成立了负责审慎监管职责的银监会，但我国的金融安全网中尚缺少存款保险机构专司的存款保险制度。其实，我国由四大国有银行为主的银行体系实行的是用国家信用担保的隐性存款保险的长期存在却是不争的事实，不过，这所掩盖的银行系统不良贷款巨大，资本充足率严重不足的弊端在我国社会主义市场经济的发展中日渐暴露，并显现了潜在的银行破产的风险。例如，1998 年海南发展银行因兑付危机而被关闭、2005 年青海省格尔木市的昆仑信用社等 8 家农村信用社因严重的支付危机而被撤销等就是最好的例证。在无存款保险制度的情况下，国家处置这些事例中的风险后果，只能采取以中央银行再贷款垫付款项来兑付个人储蓄存款本息的形式。有鉴于此，国务院早在 1993 年的《关于金融体制改革的决定》中提出，要建立我国的存款保险制度。此后，不仅于 1997 年成立了存款保险课题组，负责存款保险制度的论证和设计，还将《存款保险条例》的制定工作列入国务院立法计划。可以预见，随着党的十八届三中全会通过的《关于全面深化改革若干问题的决定》明文将“建立存款保险，完善金融机构市场化退出机制”[①] 作为完善我国金融市场体系的一项具体内容，我国的存款保险制度必然伴随着利率市场化的实现和银行业市场退出机制的建立而成为现实，盖缘于存款保险对我国经济生活的影响。因此，建立存款保险制度就成为健全中国金融保险网的关键步骤。一俟存款保险制度出台，则可与中央银行的最后贷款人功能和银监会的审慎监管相互分工、相互配合，共同实现金融安全网的社会功能，保障我国金融市场的安全高效运行和整体稳定发展。正是在此意义上，建立存款保险制度将使我国金融安全网变成现实，其与金融监管机关的审慎监管、中央银行的最后贷款人功能等构成的“三道防线”将为稳定我国金融市场秩序“保驾护航”。

存款保险的制度定位在于：实现银行业间“互助共济”的政策性保证保险。之所以将存款保险纳入保险范畴，是因为存款保险虽然带有明显的政策性，但其作为保险的类型之一，具体的运行本质仍然是建立在银行业诸多投保人“互助共济”来转移各自市场经营过程中面临的支付风险。同时，存款保险又因自身固有的特点而区别于一般商业保险，应当属于政策性保证保险。《存款保险条例》已经由国务院于 2015 年 2 月 17 日予以发布，并于 2015 年 5 月 1 日起施行，为我国调整存款保险活动，实现其稳定金融市场、防范存款风险提供了法律依据。

---

① 中共中央关于全面深化改革若干重大问题的决定．北京：人民出版社，2013：14.

问题与思考

1. 什么是保险？
2. 商业保险与社会保险有哪些区别？
3. 如何理解保险的本质属性？
4. 什么是保险法？
5. 如何理解保险法的地位？
6. 保险法的调整对象是什么？
7. 保险法包括哪些内容？

第二章

保险制度和保险法的历史沿革

本章概要

保险制度是商品经济发展到一定阶段的产物。纵观保险制度的历史轨迹，它起源于海上保险，成长于火灾（陆上）保险，扩展于人寿保险，完善于以责任保险为核心的工业保险。如今，现代保险制度正向国际化发展。而以规范调整保险活动为己任的保险法也势必要适应保险市场的发展演变对于法律调整的客观要求而产生和不断完善。了解和把握保险制度和保险法的发展脉络，就可以进一步理解保险的本质、保险与社会生活的联系，掌握保险法的法律价值。因此，学习本章的目的，在于了解保险制度的形成和发展、保险立法的产生和发展，尤其是掌握我国保险制度和保险法的历史，透过历史认识保险制度和保险法对我国社会主义市场经济的影响。

第一节　保险制度的形成和发展

由于自然灾害和意外事件的客观存在，人类社会早在古代时期，为了对付灾害损失，谋求社会生活的稳定，就采用过类似保险的做法。诸如，古巴比伦的《汉谟拉比法典》规定的商队对被劫货物的补偿制度①就类似于后来的财产保险，而古罗马的“格雷吉亚”② 组织形式则类似于后来的人身保险。不过，这些只能说是保险的萌芽，现代意义的保险制度则形成于欧洲中世纪，并随着资本主义市场经济的发展而逐步成熟和完善。其基本的历史轨迹是财产保险先于人身保险，海上保险先于陆上保险。

---

①　公元前18世纪古巴比伦国国王汉谟拉比颁布了著名的《汉谟拉比法典》，其中规定，如果商队的马匹、货物等在中途被劫或发生损害，经宣誓并无过失的，可免除个人债务，而由全体商队成员予以补偿。

②　公元1世纪，在古罗马存在一种被称为“格雷吉亚”的共济组织，它是从最初的宗教团体发展而来的。该组织向会员征收会员费，在会员死亡时由其遗属向该组织领取一定的丧葬费。

一、保险制度形成的社会条件

保险作为一种社会经济活动，是社会经济发展到一定水平，具备了保险所需的社会条件时始得产生，并逐步完善而成为独立的社会经济制度。这些社会条件包括以下几个方面。

（一）寻求保险保障需方的存在

寻求保险保障的需方得以出现的前提条件，便是私有观念和所有权制度的形成。因为，在劳动生产率十分低下的原始社会阶段，人们以原始氏族模式开展的劳动活动只能是为自己提供生存必需的产品，除了满足简单生活需要以维持生存之外，难有剩余。随着社会生产力的不断发展和提高，人类的劳动生产率水平日益增强，即在同样的单位时间内可以生产出更多的劳动产品，这意味着生产必要产品的劳动时间缩短了，从而可以在必要产品之外形成剩余产品。这表明社会劳动产品数量的增加，人们所持有的劳动产品在用于生产和生活消费之后亦有剩余。

应当说，剩余产品的出现，是人类逐步进入阶级社会的一个重要标志，继而产生了私有观念，这促使剩余产品的占有者基于私有观念而产生了保护其私有财产利益的要求。国家、法律等专政工具也应运而生。不过，国家和法律等专政手段并不能防止自然灾害、战争等各类危险事故的发生以及由此造成的私有财产的损失，因此，私有财产的所有者便希望有一种能够在其私有财产因危险事故遭受损失时提供经济补偿的服务。显然，这是社会公众寻求保障的需求，并且，在人类社会发展到一定水平时，该潜在的保障需求就转变为现实的保险保障需求，形成了保险保障的需方。

（二）保险服务成为独立的商品类型

自从人类最初在原始共同体之间通过氏族首领进行以畜产品和纺织物为内容的商品交换活动后[①]，商品经济得以出现，成为社会经济的必要组成部分，它在各个历史阶段均发挥着应有的作用。而商品作为同时具有使用价值和交换价值的劳动产品，正是人们在商品经济条件下进行交换的对象。随着社会经济的不断发展和社会分工的完成并呈现多行业并存的形式，商品也逐步突破了实物形态的范围，出现了独立的服务商品，即可以通过一定的社会活动形式来满足消费者需要的（使用价值），并且，可以用货币计算其交换条件（交换价值）的服务商品。相应地，也就形成了专门提供服务商品的服务业。随着社会经济的日益发展，服务商品涉及的范围不断扩大，包括文化、教育、艺术、卫生、旅游、商业、金融、保险等各个部门。

保险服务是服务商品的具体种类之一。它以满足社会公众追求的保险保障的需要而创造一定的经济效用，构成其独特的商品使用价值，成为保险活动所指向的内容，这使得保险业的出现成为可能。

---

① 许涤新．政治经济学辞典：上．北京：人民出版社，1980：58.

（三）专门提供保险商品的供应方的形成

社会生产力的不断发展，社会分工的日益细化，各类商品生产和经营活动日益专门化。其中，第一次社会大分工，使游牧部落从其他部落中分离出来，促使最初商品交换的形成；第二次社会大分工，使手工业从农业中独立出来，出现了直接以交换为目的的商品生产；而第三次社会大分工的结果，则是出现了专门从事商品交换的商人阶层。商人阶层的出现进一步促进商品的生产和交换，不仅便利了商品生产者的商品买卖活动，扩大了商品生产者的商品销售范围，同时，也为商品购买者提供了满足其需要、并能够用货币计算的服务活动，故服务商品的形成与商人阶层的出现有着密切的联系。

因此，服务商品的独立和商人阶层的出现就为保险业的确立创造了客观条件。一些货币所有者为了实现手中货币增值的目的，针对社会公众面对各种危险所产生的寻求保障的需要，从提供冒险借贷开始，专门经营以经济补偿为内容的服务活动，即向投保人（借贷人）提供具有经济补偿功能的服务商品——保险商品。所以说，保险商品供应方的出现，是保险形成的最终条件。时至今日，经过长期的发展完善过程，保险业已经成为各国国民经济中不可或缺的重要组成部分。

二、现代保险起源于海上保险

概括现代保险的历史，与海上通商贸易的发展相适应，海上保险是发展最早的保险种类。其中，海上贸易的共同海损为海上保险的形成奠定了基础，而海上借贷（又称为冒险借贷，Bottomy）则是海上保险的前身。

公元前2000年，因海上运输抵御海上风险的能力较低，地中海一带产生了一种做法：为了共同的安全而抛弃船上的一部分货物，该货损由船、货、运费的各方受益人共同分摊。后来，该做法为《罗德海商法》所确认①，成为当今海商法的共同海损制度。它为海上保险的形成奠定了基础。所谓海上借贷，本来是一种商业抵押方法，即船东或货主在航海之前，与放款人约定，将船或货作为抵押向放款人借取航海资金，如果船或货在航海中受损，则依损失程度免除船东或货主返还本息的责任。如果航海安全完成，则船东或货主向放款人偿还本金及高于一般借款的利息。这一海上借贷方法最早出现于公元前700年的希腊，11世纪末在意大利的伦巴德、比萨、佛罗伦萨、热那亚等沿海港口城市发展起来，并因教会的干涉而逐步演变为"无偿借贷"（Mutuumgratiseta）。其特点是资本所有人根据借款人的地位向航海贸易者借取款项，若船、货安全抵达目的港，则资本所有人不必偿还借款（相当于收取保险费）；反之，船、货在途中遭受海难的，资本所有人向航海贸易者履行偿还义务（相当于保险金）。可见，无偿借贷正与此前的海上借贷相反，显然构成了现代海上保险的雏形。而最早见诸文字记载的无偿借贷是1347年意大利热那亚商人为一艘船舶所作的公证书。

至于现代意义的海上保险，一般认为产生于意大利，即1384年意大利人为从法国阿尔兹

① 公元前916年《罗德海商法》规定："为了全体利益，减轻船只载重而抛弃船上货物入海的，其损失由全体受益方分摊"。

到意大利比萨的货物运输所制作的海上保险单。该保险单明确规定了保险标的、保险责任等内容，其承保范围已包括海难事故、天灾、火灾、海盗和抛弃等。此时的海上保险虽然已在意大利商人中间流行，却是商人经营的副业，作为其商业经营的一部分。海上保险成为保险人的专营事业，则形成于英国。15 世纪，海上贸易中心因大部分海运商品取道大西洋的新航线而从地中海转向大西洋。海上保险亦于 16 世纪由意大利传入英国，并迅速发展。在 17 世纪的资产阶级革命中，英国奠定了作为世界贸易中心、航海中心的地位，同时，保险商出卖海上保险单的活动也十分活跃。为此，1574 年英国伊丽莎白女王批准组建保险公司专营海上保险的法案，改变了自 1290 年以来，由意大利的伦巴德商人操纵伦敦的金融和海上保险业务的局面。[①] 1601 年英王又签署了成立保险法庭的法律，从而形成了独立的保险业。这促进了英国海上保险业的发展，孕育出当今世界上最大的保险垄断组织——伦敦劳合社。1871 年，伦敦劳合社取得法人资格，成为英国海上保险业的中心。

三、现代保险成长于火灾（陆上）保险

海上贸易的发展，促进了商业资本的形成和积聚，商品也日渐集中，增强了商品所有者对火灾保险的需要。因为，火灾是一种能够造成极大损害的意外事故。为此，曾出现的一些救济方法，例如教皇利用宗教权力收取教徒捐款对遭受火灾损失的人施予教廷救济，或是商人行会或公众组织的会员以交纳会费的方式来弥补火灾所致财产损失的办法等，都不足以满足此类需要。于是，16 世纪的德国出现了专门承保火灾损失的互助保险组织——“火灾基尔特”，继而互助性质的火灾救灾协会制度兴盛起来。1676 年由 46 个“火灾基尔特”合并成立的汉堡火熔炉保险社，可视为火灾保险组织的雏形。

火灾保险得以大规模发展的起因，是 1666 年 9 月 2 日的英国伦敦大火，正是这场持续 5 天、几乎将全城烧毁的特大火灾，促成了人们期望的火灾保险出现。次年，牙科医生尼古拉斯·巴蓬独资承保房屋的火灾保险，又于 1680 年与他人成立了一个合伙性的火灾保险公司，并按照房屋情形分类收取保险费（比如木制房屋较砖瓦房屋的保险费增加 1 倍），开创了现代火灾保险的差别费率。至 18 世纪 20 年代，完成工业革命的英国又相继出现政府批准成立专营火灾保险业务的太阳火灾保险公司[②]、伦敦保险公司、皇家交易保险公司等多家保险公司，刺激了同业竞争，促使火灾保险日趋完善，保险费率更加合理。此后，火灾保险的承保对象又从建筑物（不动产）扩展到货物、设备等其他动产，承保的危险范围也从单一的火灾危险，扩大到风暴、地震、暴雨、偷窃等危险。

与此同时，在相继完成工业革命的法国、德国等国，火灾保险因机器生产取代手工业生产致使物质财富大量集中而经历了同样的发展过程，其被确立为当时陆上保险的重要内容，标志

---

① 公元 11 世纪末十字军东侵后，意大利商人控制了东方和西欧的中介贸易，其足迹遍及欧洲。其中，意大利的伦巴德城的商人将海上保险引入英国伦敦，并与犹太人共存，经营海上贸易、金融和海上保险业务。1290 年犹太人被驱赶出英国后，伦敦的金融、海上保险业务就由伦巴德人所操纵。后在伊丽莎白时代苛刻的法令迫使伦巴德人无法经营而离开英国。

② 1710 年，以发明灭火器而闻名的查理士·波文创立了“伦敦保险人公司”，承保房屋及屋内的动产，后更名为太阳火灾保险公司，是英国现存的最古老的保险公司，也被称为现代火灾保险初始组织。

着现代保险的形成。

实例枚举

1666 年 9 月 2 日凌晨，位于英国伦敦旧城中心的约翰·法理诺面包房起火，火苗引燃了附近的斯塔客栈的干草堆，熊熊大火冲上天空。大火不断地向周围的木结构建筑物蔓延，并引起了泰晤士河畔储满木材、油料、煤炭的仓库发生爆炸。而猛烈的西风助长着大火掠过泰晤士河，烧着了对岸的房屋，作为伦敦金融中心的皇家交易所化为灰烬、圣保罗大教堂被烧毁……当伦敦市民试图扑灭大火的时候，已经无济于事，整个伦敦城人们纷纷夺路逃命。

大火整整燃烧了 5 天，伦敦城毁于一旦。据统计，伦敦市区的 448 亩地区，有 373 亩化为瓦砾，13 200 户住宅被焚毁，财产损失达 1 200 多万英镑，20 多万人流离失所、无家可归。

灾后余生的伦敦人不仅对大火仍然心有余悸，也产生了寻求一种针对火灾造成的损失提供保险保障的渴望。1667 年，一位名叫尼古拉斯·巴蓬的医师以房屋火灾为内容推出了火灾保险，开了近代火灾保险的先河。1680 年，巴蓬医生与好友集资 4 万英镑，成立了经营火灾保险的“火灾营业所”，发明了形似凌空欲飞的凤凰的火险标志作为识别投保房屋的标记，并成立了第一支专门从事救火的消防队。1705 年，为了与继其之后的诸多火险公司相区别，营业所改为凤凰火险公司。自此以后，不仅有了专门经营火险的保险公司，原先专营水险业务的公司也纷纷兼营火险业务。火险业务成为与水险业务并存的新保险领域。

借助本实例，大家可以深刻体会到保险制度产生和发展所依赖的社会原因，理解保险本身具备的双重属性是社会经济生活的客观要求。

四、现代保险扩展于人寿保险

人寿保险的出现，大大扩展了现代保险的适用范围，丰富了现代保险的适用内容。不过，与海上保险和火灾保险相比，人寿保险的发展，曾由于被认为无异于以生命进行赌博而经历了曲折的过程，并且，它是从互助共济的救济活动逐步演变为以科学计算为基础的现代保险业务。

12 世纪至 16 世纪的欧洲盛行基尔特（Guild）制度，即一种互助共济性质的行会组织。这类组织在保护同业会员共同的职业利益的同时，对会员的死亡、疾病、火灾、被盗等造成的损害，共同出资救济，进而逐步分化出专门以救济为职能的保护性基尔特（Protectiue Guild），如英国的“友爱社”、德国的“救济金库”、法国的“相互救济”等。

15 世纪后期，欧洲的奴隶贩子把贩往美洲的奴隶作为货物投保，后来，船员也可以投保，若因危险事故造成意外损失的，由保险人给予补偿。这可以说是人身意外伤害保险的早期形式。

同样是中世纪欧洲的年金制度则与现代人身年金制度有着密切联系。12 世纪至 14 世纪，意大利境内的威尼斯、佛罗伦萨、罗马、那不勒斯等城的市政府为解决战争带来的财政困难而发行公债，强制公众购买。但鉴于民众的不满情绪，政府每年向公债购买者发放一定金额的“酬金”，直至购买者本人死亡，则停止发放“酬金”，本金也不予返还。显然，这是人身年金的开端。

随着资本主义制度在欧洲的建立，商品经济得以发展，也促进了保险业的完善。其中，随着工业革命的完成，城市经济取代了封建自然经济，都市家庭和市民的生活对于人身保险的需求日益普遍。相应地，应付人身危险的保障方法也就逐步由互助共济的方式转化为独立的保险商品形式。例如，16 世纪中叶，德国出现适用于各阶层的儿童强制保险，具体做法是，父母在子女出生时，负有每年储蓄一个太勒（德国古代银币单位）的义务，当子女成年结婚时，可得到三倍于本金的给付。1689 年，法国国王路易十四接受了意大利人洛伦佐·佟蒂的建议，以立法方式[①]施行联合养老年金制度，即以发行国债的方式，规定每个认购者交纳 30 里弗尔（法国古货币单位）给国库，国库每年支付 10%的利息，而不退还本金，并按年龄把认购人分为 14 个群体。年龄高的群体所付利息更高。某认购人死亡的，其应得利息付给其所在群体的其他生存者。某群体的认购人全部死亡的，停止支付利息。虽然，这种联合养老年金制度因存在赌博性等弊端而被禁止，但是，它将人的寿命与投资相结合的做法以及体现出的利息计算和生命概率等问题，对现代人寿保险制度产生了较大影响。

将人寿保险建立在科学基础之上的，是英国天文学家埃德蒙·哈雷（Edmund Halley）。1693 年，哈雷根据德国西里西亚的不列斯城的城市居民从 1687 年至 1691 年间的死亡和出生统计资料，运用数学推理的方法，按照以不同年龄和性别分类的死亡人数和出生人数编制了世界上第一张人口生命表，提示了每一个年龄的死亡率都不同，年龄越高的人死亡率越高的客观规律。此人口生命表将自然科学理论导入了人身保险原理，它经过计算所得的生存数、死亡数、生存率、死亡率及平均余命等成为人身保险经营中计算保险费率的理论依据，因而，确立了现代人身保险制度的科学理论基础。

18 世纪中期，英国的托马斯·辛普森（Thomas Simpson）根据哈雷的生命表作成因人的死亡率变化而递增的保险费率表，詹姆斯·多德森（James Dodson）又根据人的年龄差异设计了保险费率表，并提出“均衡保险费”理论，增强了人寿保险的科学性。1762 年，两人创办了相互保险组织性质的公平人寿保险公司，首次将人的死亡统计运用到人寿保险的费率计算上，标志着现代人寿保险制度的形成。

五、现代保险完善于以责任保险为核心的工业保险

进入 19 世纪，相继完成工业革命的英、德、法、美等资本主义国家中，大机器生产代替了手工操作，为工商业的大发展提供了条件，但也在大工业生产过程中带来了工伤事故等新的危险。因此，在财产保险领域内，除了传统的海上保险和火灾保险以外，开始出现了以责任保险为核心的工业保险。

进入大机器生产年代，保险人针对工厂的蒸汽锅炉承保爆炸险；针对发电机、电动机，设立机器安装保险、机器损坏保险等新险种，使工业保险得到广泛发展。其中，1858 年出现于英国的锅炉保险便揭开了工业保险的序幕。

与此同时，工业危险的增加，也促使责任保险的产生，并使其成为工业保险的核心内容。

---

① 1689 年法国国王路易十四颁布联合养老保险法，简称“佟蒂法”。

责任保险最早产生于英国[①]，后在欧美各国发展起来，而且，承保的保险责任已不限于工业生产过程中资方对劳动者的赔偿责任，责任保险险种亦由最初的雇主责任保险发展为公众责任保险、职业责任保险、汽车责任保险等，甚至还出现以法律手段要求各种公众责任保险硬性适用的强制保险。汽车的第三者责任保险可以说是其代表。自 1894 年第一辆汽车问世后，汽车作为新型运输工具在第一次世界大战期间被大量生产，并投入公路运输。而交通事故的不断增加就成为其负面结果。于是，欧美各国纷纷在公路法或交通法中对受害的第三者实行强制责任保险，形成既保汽车车身损失、又保其对第三者的赔偿责任的汽车保险。

不仅如此，随着资本主义商业信用发展的客观要求，信用保险也成为一个新兴险种。它起源于 1702 年英国的主人损失保险，到 19 世纪中叶，信用保险在欧美各国主要是由私营保险公司承保国内贸易的商业信用。此后，其适用范围不断扩大，出现了出口信用保险、雇员忠诚保险等众多新型险种。

可见，资本主义经济在 19 世纪的迅速发展，促进了保险制度的发展，奠定了其财产保险与人身保险并存的格局。但也刺激了保险业的投资欲望，导致保险公司大量出现，甚至是滥设。至 19 世纪末，全世界的保险公司由 19 世纪初的三十多家，增长至近 1 200 家，形成了保险业的恶性竞争，许多保险公司破产倒闭。为此，各国政府采取相应措施，加强对保险业的监督和管理，恢复正常的保险经营秩序，为现代保险的进一步发展创造所需的市场环境。

实例枚举

18 世纪初期，盛行于英国和欧洲大陆的股票投机热，引发后人熟知的“南海泡沫”。这种股票投机热的流行，对于火灾保险业的发展产生重大影响。自 1720 年股票暴涨的泡沫破灭之时，以投机为目的而设立的火灾保险公司，其资本总额已达到 200 万英镑的惊人数额，其公司股票成为交易的热点。但结果是这种以投机为目的而设立的火灾保险公司先后归于失败。反之，1721 年特许设立的不以投机为目的的 The Royal Exchange 和 The London Assurance 等火灾保险公司则处于良性经营的状态。而已有的火灾保险公司也改变经营方式，以便适应市场竞争的需要，例如，The Sun File Office 就变成正规的股份有限公司。截至 1780 年，英国 21 家主要的火灾保险公司尚能继续经营的不过 9 家。

上述史料充分证明火灾保险是一种提供保险保障的事业，绝不是投机的手段。因此，为了确实维持保险事业的正常发展，必须通过有效的监督管理，排除保险领域中的任何投机行为，防止道德危险的出现。

六、当代保险的繁荣和国际化发展

进入 20 世纪，尤其是第二次世界大战之后，现代工业化生产的发展和社会经济的日益繁

---

① 1855 年英国的铁路专业保险公司首次向铁路承运人提供承运人责任保险，1875 年英国的沃顿保险公司签发了第一张公众责任保险单，1880 年英国的雇主责任保险公司签发了第一张雇主责任保险单，汽车责任保险则于 1895 年始创于英国。邹海林．责任保险论．北京：法律出版社，1999：46.

杂，使人们对于保险保障的需求日益扩大，同时，现代科学技术的发展，不仅促进了保险技术和保险经营水平的提高，而且，为保险范围的扩大提供了条件。因此，保险在世界各国的经济生活中获得了长足发展。主要表现在以下几个方面。

（一）保险保障的范围不断扩大

具体表现在两方面：其一，适应着社会经济发展亦使危险增加的特点，传统的海上保险或火灾保险等得到进一步的发展，其承保的危险范围已从传统的单一性海上风险或火灾风险，扩展到一切自然灾害和意外事故。其二，针对新兴科学技术带来的新风险，具有专业性、综合性的新险种也不断出现，诸如航空保险、卫星保险、核电站保险、计算机保险、石油综合保险、利润损失保险等。

（二）人寿保险和责任保险发展速度最快，信用保险日益受到重视

随着社会生活水平的提高，人们投保的动机逐步由过去单纯的转移风险来获取保险赔偿或保险金给付，转向换取安全、舒适的保险服务、获取投资收益等，因此，人寿保险日益成为投保的重点，如今，它已发展成为与财产保险相匹配的重要险种，并且，出现了与投资分红、储蓄、信托等理财手段相结合的趋势。同时，责任保险基于为被保险人转移法律风险和为受害的第三人提供经济保障的双重功效，为社会各界所青睐，并涉及众多领域，出现众多的责任保险险种。此外，高度发达的商品经济，需要运用多种支付手段。这离不开发达有效的信用制度，因此引起人们对于信用保险的重视。

（三）保险运营机制不断完善

首先，防灾防损的意识不断提高，基于投保动机的多样性变化，保险人的保险经营亦由单纯的保险事故发生后的保险赔付走向防灾防损、减少损失与保险赔付并重。例如，设置专门机构或专项资金，用于危险预防的研究和防灾工作。其次，团体保险促进了保险业务的发展。1912年，美国的公平人寿保险公司开始推出团体人寿保险，被认为是对保险营销方法的一大革新。①

（四）保险业趋向于国际化

随着市场经济发展水平的不断提高，全球经济一体化进程日益加快。各国经济生活都与国际经济密不可分，相应地，保险业的经营范围也不可能局限于一个国家或一个地区，各国保险公司在国际范围承保保险业务的比例多呈上升态势。同时，随着现代社会化大生产规模的不断扩大和高新科学技术的发展和应用，保险标的的金额也不断增加，造成个别保险公司难以独立承担巨额保险责任，因此，再保险业务作为保险公司之间分散危险的手段已成为各国保险公司从事保险经营不可缺少的组成部分。虽然，再保险基本上是与现代保险相伴而生，历经六百多年的历史②，但是，长期以来基本上是以临时再保险方式存在，只是在1846年世界上第一家专

---

① 马永伟，林中杰，马明哲．保险业务全书．北京：中国社会出版社，1997：21.

② 一般认为，1347年10月23日意大利商人乔治·勒克维伦签发的保险单是现代保险的起始。而1370年意大利一位名叫 Gustav Cruciger 的保险商签发的一份保险单则是迄今最早的一笔再保险业务。

营再保险业务的保险公司成立后，再保险业务才逐步进入专业经营的正轨。20 世纪后，再保险的适用日益普遍，其经营范围从国内拓展到国外，各个保险公司间相互分保，或直接向专业再保险公司分保，并且，形成了伦敦、美国、欧洲大陆等若干著名的再保险市场，不仅促进了保险业的发展，也增强了保险业的国际性。

第二节　保险立法的产生和发展

一、保险立法的产生

保险法的产生和发展与保险业的历史进程大体同步。虽然，早在古代欧洲，针对已经形成的互助共济制度，出现了约定俗成的习惯法，甚至有的国家或地方政府颁行过相应的法令。例如，公元前 2 世纪至公元 3 世纪适用于爱琴海上的罗德岛（Rhodos）的《罗德海法》就规定了共同海损制度，为海上保险法奠定了基础。而公元前 18 世纪的《汉谟拉比法典》和公元 6 世纪的《查士丁尼法典》中均包含了冒险借贷的内容。但是，这些习惯法或政府法令仅仅是散见的保险法律规范，不构成完整独立的保险法。

现代意义的保险法产生于 14 世纪。当时，以地中海为中心的海上贸易兴盛发达，促使海上保险迅速发展，需要有专门的法律对海上保险活动加以规范。位于地中海沿岸的各个海上贸易和海上保险发达的城市为此颁布了有关海上保险的法律。最早的是 1369 年由热那亚政府颁布的《热那亚法令》，继而出现的 1468 年《威尼斯法令》规定了有关保险单实施及防止欺诈的内容，而 1523 年的《佛罗伦萨法令》总结以往海上保险经验而制定了标准的保险单格式，明确了保险商与船东及货主之间的权利和义务，并拟定了船东向保险商索赔的程序。西班牙国王雅克一世于 1435 年颁布的《巴塞罗那法令》则规定了海上保险的承保规则和损失赔偿手续以及防止欺诈、禁止赌博等问题，因此，这些成文化的保险法律规范就构成了现代意义的海上保险法规的最初内容。

二、保险立法的发展

随着哥伦布发现新大陆[①]，海上贸易中心逐步从地中海地区转向大西洋沿岸，海上保险业和海上保险法得到进一步的发展。1556 年西班牙国王菲力普二世颁布法令确立保险经纪人制度，对保险经纪人实施管理。1681 年法国国王路易十四颁布《海事条例》[②]，其第三编为“海上保险”，具体规定了海上保险规则，后被编入 1807 年的《法国商法典》。1563 年，菲力普二

---

① 哥伦布于 1492 年奉西班牙统治者之命，率船西行，探索通往东方印度和中国的海上航路，结果横渡大西洋，到达巴哈马群岛、古巴、海地等岛，后又三次西航（1493 年、1498 年、1502 年）到达牙买加、波多黎各诸岛及中美、南美洲大陆的沿海地带。

② 1681 年《海事条例》首创将海上保险制度列入海商法的立法体例。

世又颁布了由航海法令和海上保险两部分内容构成的《安特卫普[①]法典》，1701 年德意志汉堡市颁布了《海损及保险条例》。这些都使保险法日益得到完善。不仅如此，比利时的安特卫普、荷兰的阿姆斯特丹等还先后设立了专门处理海上保险纠纷的海上保险法院。

作为判例法国家的英国，虽然其优越的地理位置，使其成为新的海上贸易和海上保险中心，但是，其成文的保险法却出现得较晚，该国在很长时期内是运用商业习惯法处理海上保险纠纷。从 1756 年到 1778 年，英国首席法官着手收集、整理欧洲各国的海上保险案例及国际惯例，并将商业实务和普通法相结合，编订了海上保险法草案。1906 年英国颁布了海上保险法，并附有劳合社的船、货保险单格式样本。该法此后成为世界各国海上保险法的蓝本，对海上保险产生了极大的影响。

当海上保险法在各国逐步形成并完善的同时，以火灾保险为中心的陆上保险法规及保险业法规也在一些国家出现。1701 年德国为发展各城市的火灾保险合作社，发布了法令，例如有关在普鲁士全境实施强制火灾保险的特别条例。1901 年颁布的《民营保险业法》对德国当时保险业的发展产生了重要作用。英国也在保险业法方面制定了较多的法规。1769 年英国政府以法规形式批准了劳合社的规章制度后，又于 1779 年批准劳合社保险单正式启用。1862 年英国政府颁布了《保险公司法》，对于各类保险公司注册登记的内容和程序均予以明确规定。同时，为适应责任保险的发展，英国于 1846 年颁布《致命事故法令》，1880 年颁布《雇主责任法令》，成为当时雇主保险的适用依据。1774 年英国政府颁布的《人寿保险法》，确立了人身保险行业的经营规则和监督管理制度。

而在再保险方面，随着再保险事业的发展，欧洲各国亦多有相应的保险法规。诸如 1731 年德国的《汉堡法令》、1737 年西班牙的《贝尔堡法》和 1750 年瑞典政府的法令等，均准许本国保险公司经营再保险业务。唯独英国因认为再保险的词义不明确，为避免与重复保险相混淆，于 1746 年颁布法律予以禁止，直到 1864 年才开始解除。

综上所述，保险法的发展经历着海上保险法规先于陆上保险法规、财产保险法规先于人身保险法规的过程。

三、现代各国的保险法

20 世纪以后，迅速发展的现代工业和科学技术，促使世界各国的保险市场迅速发展，这导致相应的保险立法不断完善，在各国法律体系中的地位日渐重要。由于各国在法律传统、法律渊源和立法技术等方面存在的差异，各自的保险立法在内容和形式上就各有特色。根据它们的特点，归纳为以下三大保险法体系。

（一）法国法系

保险法的法国法系，是以法国的保险立法为代表。其特点是民法典（陆上保险适用民法典）与商法典（海上保险和保险业适用）分立。其中，法国的海上保险法被编入 1807 年的《法国商法典》。陆上保险，因最初的规模较小，适用 1804 年《法国民法典》有关“射幸契约”

① 安特卫普现为比利时港口城市，原为西班牙的殖民地。

的规定，后改为适用《保险合同法》(法国政府为了满足保险市场的发展需要于 1904 年着手拟订《保险合同法》，于 1930 年 7 月公布施行，适用于除了再保险以外的各种陆上保险)。至于保险业法，则主要内容规定在《法国商法典》之中，另以单行保险业法为补充。

西班牙、比利时、葡萄牙、土耳其等国的保险立法基本上采取了法国的上述立法体例，属于法国法系。

(二) 德国法系

保险法的德国法系，是以德国的保险立法为代表。其特点是立法体例采取保险合同法与保险业法并重。两相比较，德国保险立法晚于法国，其海上保险制度纳入了 1897 年的《德国商法典》，而陆上保险制度则适用 1908 年的《保险合同法》。同时，德国于 1901 年另行公布的《保险业监督法》和 1931 年的《再保险监督条例》一并构成独立的保险业法。

日本、瑞士、奥地利、瑞典、意大利等国的保险立法采取德国式保险法体例。值得一提的是日本和意大利的保险立法。日本的保险立法始于 19 世纪末期。1890 年的《日本商法典》分别规定了陆上保险合同和海上保险合同，后由 1899 年新商法典予以完善。至于保险业法，更为日本政府所注重。其 1900 年公布《保险业法》(1939 年修订后适用至今)，并颁布适用于保险展业的《保险募集收缔法》(1948 年) 和适用于外国保险业的《外国保险人法》(1949 年)。而原属于法国法系的意大利保险立法，后吸收德国法系特色。主要表现在制定 1942 年民法典时，吸纳商法典内容，并参考德国、瑞士的保险法体例，将陆上保险写入债权编，将海上保险纳入 1942 年航行法。至于保险业的监督管理，则适用 1923 年的《保险业法》。

(三) 英美法系

英美法系的保险法，是以英国和美国为代表的。同属判例法国家的英国和美国，在保险立法范围内，制定一系列成文法。与法国法系和德国法系相比较，英美保险立法的特点是保险业方面的成文法十分完善。

英国的保险市场形成较早，不过，初期是由习惯法加以调整，自《1906 年海上保险法》颁布，始运用成文法规范保险活动，此后，英国相继颁布了《简易人寿保险法》(1923 年)、《保险公司法》(1958 年)。目前，英国施行的《保险公司法》是经 1982 年修订的，同时，英国 1969 年的《公司法》第二部分亦对保险公司作出规定。1975 年的《保单持有人保护法》、1977 年的《保险经纪人法》等，均从各自的角度对保险业实施监督和管理。不过，英国保险业法的特点在于侧重行业自我管理的宽松监管模式。只是自 20 世纪 70 年代以来，政府对保险业的监管力度明显加强。当然，除了成文法，判例法仍然是英国保险法 (尤其是除海上保险以外的财产保险) 的重要组成部分。

美国因其与英国在历史上的特殊联系，其法律接受了英国的立法体系，也成为判例法系的代表。但是，美国的保险立法却与英国的保险法存在诸多区别：一是采用联邦政府和州政府的双重立法体制；二是其保险业法不同于英国，强调政府对保险市场实施严格的监督管理。根据美国 1945 年 15 号法令的规定，对保险业的监管和课税属于各州政府的职权，从而，其保险法的立法权归于各州政府，故美国至今尚无全国统一的保险立法，而各州订立的保险法的具体内容不尽相同。但共同点是从保护消费者利益的观念出发，强调对被保险人的保护，并以对保险业实施严格监管为内容。与此相适应，各州均设立了保险监督官，对各州的保险业行使行政监管权。不过，经美国全国保险监督官协会[①]的协调，在保险业法范围内制定和适用全国性的保险费率制定法、公平交易法等，各州法院则从保险单的解释及裁判保险纠纷的角度对保险业实施司法监管。

当然，相比较而言，美国的加利福尼亚、北达科他、南达科他和蒙大拿等四州的保险立法具有保险合同法的性质。而纽约州的保险法则是各州中最为完备的保险业法。

【知识链接】

颇具影响力的英国1906年《海上保险法》

1906年12月21日，英国政府颁布了《海上保险法》，并于1907年1月1日施行，并命名为1906年《海上保险法》。该《海上保险法》是对此前普通法领域内有关海上保险规则的完整总结。由于其立法体系的严密和定义的准确，其在国际海上保险界产生了巨大的影响，被各国视为海上保险的范本而纷纷仿效或者援用。因此，该《海上保险法》虽然是英国的国内法，但却具有国际意义，是国际海上保险界处理海上保险事宜的重要依据。

英国1906年《海上保险法》共计94条，分为17个部分，主要内容是对海上保险的定义、基本原则、保险内容和赔偿标准等予以准确的规定和详尽的解释。具体而言，该法第1条至第3条明确规定了海上保险的定义；第4条至第15条全面解释了可保利益的内涵和外延；第16条规定了保险价值的计算问题；第17条至第21条确立了海上保险所应当遵循的最大诚信原则以及告知和陈述规则；第22条至第31条全面阐述了海上保险单的作用和内容；第32条专门规定了双重保险的定义和处理规则；第33条至第41条对于海上保险所涉及的保证的定义、种类以及各自的适用规则加以规定；第42条至第49条规定的是有关航程保险单中的航程问题；第50条和第51条分别规定了海上保险单的转让和禁止转让；有关保险费的规定，则是第52条至第54条的内容；从第55条至第63条全面阐述了海上保险的损失种类以及实际全损、推定全损的定义和委付的适用规则；而第64条至第66条则分别规定了海上保险所涉及的单独海损、救助费用和共同海损问题；第67条至第78条具体规定了各类损失的赔偿方法和计算数额；第79条至第81条规定的是保险人在赔偿后的权利；第82条至第84条则规定了保险费的退还问题；第85条专门规定了相互保险的定义和适用规则；第86条至第94条作为补充条款，则分别对于有关的术语、生效、保留、撤销等问题加以规定。

英国1906年《海上保险法》的贡献是，在总结实践中形成的海事规则的基础上，对于海上保险的主要概念和基本制度予以准确和科学的定义和规则，构建了完善的海上保险法律体系。主要表现在：（1）明确规定了海上保险合同的定义，是“保险人按照约定的方式或者金额，对被保险人遭受的与航海冒险有关的海事损失负赔偿责任”的合同。（2）明确规定了可保利益的定义，尤其是明文规定用做赌博的海上保险合同无效。（3）分别规定了船舶保险、运费保险和货物保险的可保价值及其计算规则。（4）确立了最大诚信原则，并在此基础上规定了告知、陈述和保证的适用规则。（5）详细规定了海上保险单的内容和分类。（6）明确规定了重复

① 美国的全国保险监督官协会成立于1871年，由各州的保险监督官组成。该协会每半年召开一次会议，负责协调各州保险法规和保险监管行为。

保险的定义和处理方法。(7) 规定了海上保险单的转让规则。(8) 全面规定了海上保险的损失种类及其适用规则。(9) 规定了委付制度的适用规则。(10) 规定了保险人履行海上保险的赔付责任后的代位求偿权问题。

此外，英国1906年《海上保险法》还附有劳氏船货保险单作为立法者推荐使用的海上保险单的范本，使其在国际海上保险市场上持续影响了近一百年。

第三节　中国保险业与保险立法

一、1949年10月之前的中国保险业

产生于欧洲的保险，对于中国来讲，是伴随着西方殖民主义者的经济入侵所传入的舶来品。而在中国的历史发展进程中，虽然自古即有"积蓄备灾"的保险思路，官方有朝廷建立的名为"委积"的后备仓储制度，兴办"义仓""常平仓"等振恤救济机构，民间有长生会、太监养老义会、思豫堂等同业范围内的互助共济组织；但因长期处于自给自足的自然经济和封建政权的闭关锁国政策下，中国缺少产生现代保险制度的社会基础，上述互助共济现象充其量只能算是保险的萌芽。

1805年，英国商人在中国广州开设的"广州保险公司"[①]，是中国的第一家保险机构，1835年英国商人又在香港开设"保安保险公司"[②]，使得现代保险制度进入了中国。1840年鸦片战争之后，外国商人又相继在中国各沿海开放口岸开办保险业务，其范围已扩大到寿险业务。[③] 同时，还有"太古"和"怡行"等洋行设立保险部，代办外国保险公司的保险业务，可说是中国大地上最早的保险中介人。外资保险公司在中国发展的同时，1865年5月开业的"义和保险公司"成为我国民族保险业建立[④]的标志，1876年开设的"仁和水险公司"[⑤] 和1878年开设的"济和水火险公司"则是官督商办保险机构出现的标志。截至1935年，中国有外商保险公司166家，民族保险公司48家[⑥]，可见，此阶段的中国保险业为西方列强所控制。抗日战争期间，中国的保险市场被官僚资本所控制，形成官僚资本独占保险业的局面。随着抗日战争的结束，退出中国保险市场的外商保险公司又先后返回，重新控制了中国保险市场。在此期间，国民党政府颁布了《保险法》《保险业法》和《简易人寿保险法》等保险法规。

---

① 广州保险公司，又译为"广东保险公司"或"广东保险会社"，是主要经营与英国商人有关的货物运输保险业务的财产保险公司。

② 保安保险公司，又称"友宁保险公司"或"于仁洋面及水险保安股份有限公司"，主要经营水险、火险、汽车保险和信用保险等业务。

③ 1846年，英国商人在上海开办了经营人身保险业务的永福人寿保险公司和大东方人寿保险公司，成为中国境内最早的外资寿险保险公司。

④ 义和保险公司，即上海义和公司保险行，于1865年开设在上海华商德盛号内。

⑤ 仁和水险公司是李鸿章授意兴办的、由原保险招商局于1876年改组成立的保险公司，后又于1886年与保险招商局设立的另一家保险公司"济和水火险公司"合并为"仁济和保险有限公司"。

⑥ 该统计数字摘自1935年《中国保险年鉴》。

二、1949 年 10 月以后的中国保险业

1949 年 10 月是中国保险业历史发展的重要分水岭。因为，1949 年 10 月 1 日成立的中华人民共和国，使中国保险业进入了一个新的发展时期。

（一）新中国保险业的建立时期

新中国成立初期，人民政府在保险领域内的工作重点，在于改造旧保险市场，建立新中国的保险事业。

首先，为建立适应社会主义建设需要的保险业，人民政府对旧中国保险业实施全面的清理、整顿和改造。一方面是由人民政府对原官僚资本保险机构，或予以停业，或予以监理。① 另一方面是改造私营保险公司，具体的管理办法是，对于私营保险公司重新登记，经批准后方可复业②，由此淘汰一批投机性保险机构，制止了保险业内的投机行为。而且，为了提高私营保险公司的经营能力，改变民族保险业在分保上对外商保险公司的依赖性，1949 年 7 月，人民政府鼓励华商私营保险公司自愿成立“民联分保交换处”③，主要经办火险的分保业务，增强华商私营保险公司的承保能力。继而，人民政府对于私营保险公司实施社会主义改造，1951 年和 1952 年，在私营保险公司自愿合并和国家投入部分资金（中国人民保险公司参股）的基础上，先后成立公私合营的“太平保险公司”和“新丰保险公司”，其业务范围限于指定地区和行业，经营上取消佣金制度和经纪人制度。1956 年，该两家公司再次合并，称为“太平保险公司”，专门经营国外保险业务，不再办理国内保险业务，中国保险业以此为标志完成了社会主义改造。

其次，人民政府对外商保险公司采取限制和利用并重的政策，即允许其继续营业，对其业务范围和经营活动实施必要的限制和监管。至 1952 年年底，61 家重新登记的外商保险公司因其垄断地位和特权被取消而失去了高额利润和业务来源，陆续申请停业，退出中国保险市场。

同时，经中央人民政府批准，中国人民保险公司于 1949 年 10 月 20 日成立，其成为新中国第一家国有独资保险公司。中国人民保险公司成立后，陆续在全国建立分支机构，并依托中国人民银行的各地分支机构，建立了全国范围内的保险代理体系。中国人民保险公司开业后，先后开办火灾保险、企业财产强制保险、货物运输保险、运输工具保险、旅客意外伤害强制保险、团体和个人人寿保险，并在农村试办牲畜保险、棉花保险和渔业保险等农业保险业务，为促进新中国的国民经济的恢复和发展发挥了积极的作用。其间，中央政府颁布《关于实行国家机关、国营企业、合作社财产强制保险及旅客强制保险的决定》（1951 年）、《公民财产自愿保险办法》（1957 年）等法规，对新中国保险业的建立和发展产生了积极作用。

---

① 新中国成立之时，上海的官僚资本的保险机构最为集中，从 1949 年 5 月 28 日起至 10 月 23 日止，人民政府接管的 21 家官僚资本的保险机构被停业，而中国产物保险公司和中国航联意外责任保险公司经批准恢复营业，人民政府予以监理。

② 当时，仅上海一地，重新登记并交纳保险金的华商私营保险机构为 63 家，外商保险公司为 41 家。

③ “民联分保交换处”由上海 47 家华商私营保险公司联合组成。其成员公司将其分保业务全部由该处接受，按约定份额向各成员公司分保。该交换处因各私营保险公司先后进行公私合营而于 1952 年 4 月宣告结束。

但到1958年，随着中国城镇工商业社会主义改造的完成和农村人民公社的建立，在保险功能因公有制所替代而无必要的思想支配下，国内保险业务继1953年基本停办农业保险之后①，全面停办。此后，中国人民银行国外业务管理局下设保险处，负责处理进出口保险业务，统一办理国际分保业务和对外保险业务。而在对外保险业务中，使用"中国人民保险公司"、"中国保险公司"② 或"太平保险公司"的名义。1966年至1976年，受"左"的思潮影响，中国人民保险公司在停办国内保险业务的同时，国外保险业务和国际再保险业务也基本上处于停滞状况，这意味着中国人民保险公司此时实际上已是"名存实亡"。

（二）新中国保险业的全面恢复时期

1979年，在党的十一届三中全会确立的改革开放政策的指导下，全国工作重点转移到以经济建设为中心的社会主义现代化建设上。相应地，国务院于同年4月批准《中国人民银行分行行长会议纪要》，作出"逐步恢复国内保险业务"的重大决策。中国人民银行立即颁布《关于恢复国内保险业务和加强保险机构的通知》，具体部署恢复国内保险业务和设置保险机构的工作内容。当年5月至6月，中国人民保险公司便先后推出企业财产保险、货物运输保险和家庭财产保险三个险种。同时，着手筹建保险机构，到1980年年底，除西藏以外，中国人民保险公司在全国各地的分支机构均已恢复，它们接受中国人民保险公司和中国人民银行的双重领导。1983年9月，根据国务院批转的《关于中国人民银行专门行使中央银行职能的决定》中有关保险体制改革的规定，中国人民保险公司与中国人民银行分设，升格为国务院直属的局级经济实体。从1984年1月开始，中国人民保险公司各分支机构均脱离中国人民银行，由总公司统一领导。

在对外开放政策和国内保险业务全面恢复的影响下，中国保险业的国外业务也迅速发展起来，服务范围不断扩大。1980年以后，中国在港澳地区增设35家国外保险机构，使港澳地区形成了管理比较健全、业务门类比较齐备的中国保险集团。同时，中国的保险公司还向东南亚和欧美地区扩展保险业务。到1990年年底，通过独家投资或参股投资等方式，中国的国外保险机构已达60余家，主要分布于英国、新加坡、美国、日本、德国、加拿大等国家，并与100多个国家和地区的1 200多家保险公司或再保险公司建立了分保关系。

（三）中国多元化保险市场的形成和发展

面对迅猛发展的中国社会主义市场经济，源于计划经济的垄断经营体制亟须改革，其中当然包括中国的保险业（尤其是国内保险业务），长期以来由中国人民保险公司一统天下的垄断局面也应当予以打破。因为，自从太平和新丰两家保险公司于1956年退出国内保险市场，专营国外保险业务后，国内保险业务一直为中国人民保险公司"独家经营"，导致中国保险业的发展缺乏竞争力和发展动力。

"新疆生产建设兵团农牧业生产保险公司"（后更名为"中华联合财产保险公司"，现发展

① 1953年年底，农业保险因受行政命令干预和内部管理混乱的影响而产生失误和偏差，故而在各地基本停办。

② 中国保险公司是于1931年11月成立于上海的一家华商保险公司，上海解放后，被上海军管会接管，1949年6月20日复业。1951年9月由上海迁至北京，改组为中国人民保险公司领导下的专业公司，与太平保险公司一样，专营国外保险业务。

为“中华联合保险集团”)[①] 于 1986 年 2 月获准成立，这是向中国多元化保险市场形成迈出的第一步。1985 年 3 月国务院颁布的《保险企业管理暂行条例》是中国第一个保险业法律文件，它从保险业监管的角度，对保险企业的设立条件和设立程序及从事保险经营所需的偿付能力和保险准备金等作出规定，为中国多元化保险市场的形成，促进和规范保险业的竞争和发展提供了重要的法律条件。以此为依据，中国人民银行相继批准成立了平安保险公司（1988 年）[②] 和太平洋保险公司（1991 年）[③]，从而，与中国人民保险公司形成了中国保险市场上“三足鼎立”的局面。

此后，中国保险市场迈向多元化的步伐不断加快。1994 年 10 月和 1995 年 1 月，中国人民银行分别批准成立天安保险股份有限公司和大众保险股份有限公司两家区域性保险公司。1996 年，根据《中华人民共和国保险法》有关产寿险分业经营的规定，中国保险市场又发生重大变化。其一是中国人民保险公司于该年 7 月经国务院批准改组为中国人民保险（集团）公司，下辖三个各具独立法人资格的专业子公司，即中保财产保险有限公司、中保人寿保险有限公司和中保再保险有限公司。1998 年 10 月 7 日，根据金融体制改革的整体需要，国务院批准了《撤销中国人民保险（集团）公司实施方案》，原中保财产保险有限公司更名为中国人民保险公司，专营财产保险业务（现发展为“中国人民保险集团股份有限公司”）；原中保人寿保险有限公司改名为中国人寿保险公司，专营人身保险业务（现发展为“中国人寿保险集团”）；原中保再保险有限公司更名为中国再保险公司，专营再保险业务（现发展为“中国再保险集团股份有限公司”）；中国人民保险（集团）公司所属的其他海外经营机构则全部划归香港中国保险（集团）有限公司管理。其二是中国保险市场又添新成员。仅此一年时间，中国人民银行又批准设立新华人寿保险股份有限公司、泰康人寿保险股份有限公司、华泰财产保险股份有限公司三家全国性保险公司和永安财产保险股份有限公司、华安财产保险股份有限公司两家区域性保险公司。

同时，改革开放之后，中国保险市场的巨大发展潜力对众多外国保险公司产生极大的吸引力。早在 20 世纪 80 年代初，外国保险公司便纷纷在中国的上海或北京设立保险代表处，截至 1999 年年底，共有 17 个国家和地区的外资保险机构在我国设立了 196 个代表处。不仅如此，自中国 1992 年开始在上海实施保险市场对外开放试点后，外国保险公司亦经批准在上海设立分公司。泰康人寿保险公司和新华人寿保险公司更于 2000 年引进外资参股，实现了股权国际化。据统计，中国保险市场截止到 2019 年 12 月，已有 178 家保险公司参与市场经营活动，其中，中资的保险公司为 128 家（含 16 家保险资产管理公司），外资保险公司为 50 家（含 21 家外资财险公司和 29 家外资寿险公司），以及涉及 21 个国家和地区的 127 家外资保险公司在华设立了 147 个代表处。

---

① 新疆生产建设兵团农牧业生产保险公司成立之初是以新疆生产建设兵团农场内部的种植和养殖两业的保险作为主要业务内容。1992 年，该公司更名为“新疆兵团保险公司”，由单一的农业保险公司发展成为办理各类保险业务的综合性保险公司。其于 2002 年 9 月再次更名为“中华联合财产保险公司”。

② 平安保险公司 1988 年 3 月成立于深圳蛇口，由招商局、中国工商银行、中国远洋运输公司和深圳市财政局合资兴办。1992 年 9 月，该公司更名为“中国平安保险公司”，成为第三家全国综合性保险公司。

③ 1987 年，中国人民银行批准交通银行及其分支机构设立保险部。1991 年，根据保险业与银行业分业经营、分业管理的要求，交通银行在其保险部的基础上组建中国太平洋保险公司，成为继中国人民保险公司之后的第二家全国综合性保险公司。1995 年，中国太平洋保险公司增资扩股，成为由交通银行控股，有 287 家全国大中型企业和地方财政单位参股（股东）的全国性股份制商业保险公司。

作为保险市场组成部分的保险中介机构也随着中国多元化保险市场的发展而日臻完善，除了原有的兼业代理机构经重新核准后继续从事保险代理业务，因 1992 年 9 月，美国友邦保险有限公司获准在上海设立的分公司将人身保险的营销新方式——代理人制度引进到中国，个人保险代理人在中国保险市场上异军突起，成为各家保险公司进行保险展业的重要力量。并且，在此基础上出现了保险代理公司。同样，保险经纪人和保险公估人也从 1993 年起在中国保险市场上产生。此后，各类中介机构呈现出蓬勃发展的局面，截止到 2019 年 12 月，全国的专业保险中介机构共计 2 672 家，其中，5 家保险中介集团，专业保险代理公司为 1 794 家，保险经纪公司为 498 家，保险公估公司为 390 家，以及有超过 3 万家的兼业保险代理机构和约 900 万名的保险营销员（个人保险代理人）。

综上，中国保险市场已颇具规模，形成了全国性和区域性保险公司以及外资保险公司并存的多层次、多元化的竞争性保险经营体系。各保险公司在依法经营、公平竞争的基础上，不断增强自身的活力，管理水平日益提高，既发展了原有保险业务，又设计了新的保险险种，并为参与良性竞争而开辟了新的销售和服务渠道。2001 年 12 月中国完成加入 WTO 的进程，意味着中国社会主义经济与世界经济实现了“接轨”，使得中国可以在世界经济全球化和国际贸易自由化的环境下，公平地参与 WTO 调整范围内的货物贸易、服务贸易和相关的知识产权贸易活动。同时，也必须履行 WTO 成员的义务，兑现其所作出的有关开放中国市场的承诺。其中，中国政府根据 WTO 协定在金融服务领域内确立的“推进公平、自由的服务贸易，削减服务贸易壁垒”的宗旨，在保险业领域所涉及的诸多方面作出了逐步开放的承诺。如今，中国政府在加入 WTO 之时作出的开放保险市场的承诺已得到兑现，这意味着中国保险市场具有更强的活力和竞争力。

这集中表现在，中国保险市场上国有保险公司先后完成股份制改造，以适应现代企业制度的要求，规范所有者与经营者之间的关系，完善公司治理结构，提高资本运作和风险控制水平。首先是 2002 年 10 月 18 日，创立于 1986 年 7 月 15 日、以生产建设兵团范围内的“种、养”两种保险业务为经营范围的“新疆生产建设兵团农牧业生产保险公司”，继 2001 年年底获准在国内 9 省、市设立分公司后，第四次更名为“中华联合财产保险公司”。该公司的股改目标是，吸引其他企业投资入股，实现公司的股份制经营。其次是我国三大国有保险公司，即中国人民保险公司、中国人寿保险公司和中国再保险公司的股份制改造成为 2003 年中国保险市场的最大热点。其中，由中国人民保险公司分拆出的中国人民财产保险股份有限公司于 2003 年 11 月 6 日在香港联合交易所上市，成为中国内地第一家在境外上市的金融企业。中国人寿保险股份有限公司则于同年 12 月 17 日和 18 日分别在香港、美国纽约上市。而中国保险市场目前唯一的专业再保险公司——中国再保险公司则选择建立集团公司的经营模式，为了达到防范和化解经营风险的目标，其变原有的产寿混业经营模式为国际通行的分业经营，组建集团公司，其下控股设立中国财产再保险股份有限公司、中国人寿再保险股份有限公司和中国信安财产保险股份有限公司。

上述市场经营主体的组织体改造给中国保险市场带来巨大的发展活力，这可以通过其保险费收入略见一斑。根据瑞士再保险公司 Sigma 研究报告《2008 年全球保险状况》的统计，受世界性金融危机的影响，各工业化国家 2008 年的保费收入下降 2%，而中国保险市场的保费收入则保持 31.3%的强劲增长，使其在全球保险市场的排名从 2007 年的第十位跃升至第六位。

【知识链接】

“新国十条”确定的由保险大国向保险强国转变的发展目标和工作内容

所谓“新国十条”是我国保险界对国务院于2014年8月10日以国发［2014］29号文发布的《关于加快发展现代保险服务业的若干意见》的别称。为了让处于初级阶段的我国保险业适应我国全面深化改革和经济社会发展的需要，“新国十条”在一定的时间内成为指引我国保险业完善发展的纲领性文件，这仅凭“新国十条”的内容就可见其端倪。

“新国十条”的内容包括了十个方面，其中，第一个方面是“总体要求”，它从总体上明确了发展我国现代保险服务业的指导思想和基本原则，确立了其发展目标是，“到2020年基本建成保障全面、功能完善、安全稳健、诚信规范，具有较强服务能力、创新功能和国际竞争力，与我国经济社会发展需求相适应的现代保险服务业，努力由保险大国向保险强国转变”。同时，另外九个方面则是阐述了实现这一目标而需要实施的26项具体工作内容，包括：（1）构筑保险民生保障网，完善多层次社会保障体系，为此需要做好三项工作：①把商业保险建成社会保障体系的重要支柱；②创新养老保险产品服务；③发展多样化健康保险服务。（2）发挥保险风险管理功能，完善社会治理体系，为此需要做好两项工作：①运用保险机制创新公共服务提供方式；②发挥责任保险化解矛盾纠纷的功能作用。（3）完善保险经济补偿机制，提高灾害救助参与度，为此需要做好两项工作：①将保险纳入灾害事故防范救助体系；②建立巨灾保险制度。（4）大力发展“三农”保险，创新支农惠农方式，为此需要做好两项工作：①积极发展农业保险；②拓展“三农”保险的深度和广度。（5）拓展保险服务功能，促进经济提质增效升级，为此需要做好四项工作：①充分发挥保险资金长期投资的独特优势；②促进保险市场与货币市场、资本市场的协调发展；③推动保险服务经济结构调整；④加大保险业支持企业“走出去”的力度。（6）推进保险业改革开放，全面提升行业发展水平，为此需要做好五项工作：①深化保险行业改革；②提升保险业对外开放水平；③鼓励保险产品服务创新；④加快发展再保险市场；⑤充分发挥保险中介市场作用。（7）加强和改进保险监管，防范化解风险，为此需要做好三项工作：①推进监管体系和监管能力现代化；②加强保险消费者合法权益保护；③守住不发生系统性区域性金融风险的底线。（8）加强基础建设，优化保险业发展环境，为此需要做好三项工作：①全面推进保险业信用体系建设；②加强保险业基础设施建设；③提升全社会保险意识。（9）完善现代保险服务业发展的支持政策，为此需要做好五项工作：①建立保险监管协调机制；②鼓励政府通过多种方式购买保险服务；③研究完善加快现代保险服务业发展的税收政策；④加强养老产业和健康服务业用地保障；⑤完善对农业保险的财政补贴政策。可见，“新国十条”的规定内容是宏观的发展目标与全方位的微观工作内容的有机结合，为我国现代保险服务业的深化发展指明了稳步发展的道路。

（四）中国的保险立法与保险监管制度的发展

1. 保险立法不断完善

随着中国保险业务的恢复和中国保险市场的发展，中国保险市场已经步入深度发展的阶段，这决定着需要保险制度的“保驾护航”。因此，我国的保险立法从最初的分散薄弱逐步走向健全完善，呈现出如下的历史轨迹。

1982年7月施行的《中华人民共和国经济合同法》专门规定了财产保险合同。这是新中国首次颁行的有关保险业务的实质性法律规范。此后，与《经济合同法》配套的《财产保险合同条例》由国务院于1983年9月颁布并实施，它对财产保险合同的订立、变更和转让，投保人和保险人的义务等全面加以规定。

1985年3月国务院颁布的《保险企业管理暂行条例》是新中国的第一个有关保险业的法律文件，对于加强保险业监管、促进保险业的健康发展具有重要意义。

1992年11月第七届全国人大常委会通过的《中华人民共和国海商法》专章规定"海上保险合同"，成为调整中国的海上保险活动的主要法律依据。

1995年6月第八届全国人大常委会颁布的《中华人民共和国保险法》是中国保险法体系得以确立的标志。该法作为中国保险立法的基本法，不仅确立了中国保险法律制度的基本原则，而且对保险合同制度和保险业监管制度进行全面规定，成为规范中国保险市场经营活动，保护保险当事人合法权益，促进中国保险业健康发展的重要保障。此后，为了充分发挥《保险法》的调整和规范作用，有关政府机关相继颁布一系列保险法规，补充和完善保险法律规范体系，包括《保险管理暂行规定》（1996年7月中国人民银行发布）、《保险公司管理规定》（2004年5月中国保险监督管理委员会发布）、《向保险公司投资入股暂行规定》（1999年12月中国保险监督管理委员会发布）、《外资保险公司管理条例实施细则》（2004年5月中国保险监督管理委员会发布，与此前由国务院于2001年12月通过、2002年2月1日起施行的《外资保险公司管理条例》相配套）、《外资保险机构驻华代表机构管理办法》（2004年1月中国保险监督管理委员会发布）、《保险公司财产制度》（1999年2月财政部颁布）、《保险公司会计制度》（1998年12月财政部颁布）、《保险公司高级管理人员任职资格管理规定》（2002年3月中国保险监督管理委员会发布），又在中国人民银行于1997年11月和1998年2月发布的《保险代理人管理规定（试行）》和《保险经纪人管理规定（试行）》、中国保险监督管理委员会于2001年11月发布的《保险公估人管理规定（试行）》的基础上，于2001年11月发布《保险公估机构管理规定》，于2004年12月发布《保险代理机构管理规定》《保险经纪机构管理规定》，与中国保险监督管理委员会于2000年8月发布的《保险兼业代理管理暂行办法》构成了我国的保险中介法律制度。进入21世纪以后，针对保险中介业务迅速发展的需要，中国保险监督管理委员会的规范调整也走向不断完善和专业化。这不仅表现在专门就规范保险营销员群体从事保险营销活动的需要，于2006年3月13日发布了《保险营销员管理规定》，并于2013年1月6日加以修改，更名为《保险销售从业人员监管办法》予以公布。相应地，又于2009年9月25日发布了用于调整保险代理公司的保险代理业务活动的《保险专业代理机构监管规定》，并于2013年4月27日修订后重新发布施行。同时，中国保险监督管理委员会于2009年9月25日公布了新的《保险经纪机构监管规定》和《保险公估机构监管规定》，取代原有的管理规定，该两个监管规定又经修订而分别于2013年4月27日、9月29日重新发布施行，从而形成对保险中介市场较为科学的监管体系。而第九届全国人大通过的《中华人民共和国合同法》作为合同法律制度的基本立法，对于《保险法》中的保险合同制度具有指导意义，使其更加全面完善。同样，第八届全国人大修订《中华人民共和国刑法》规定的"金融诈骗罪"一节所增加的保险诈骗罪对于中国保险市场的正常发展意义重大。

2009年2月28日经第十一届全国人大常委会第七次会议修订通过新《保险法》，这是继

2002 年 10 月 28 日第一次修订《保险法》后的第二次重大修改（2014、2015 年全国人大常委会为与相关制度的改革相配套又对其进行局部修正）。此次对 1995 年《保险法》的修订篇幅较大，原因之一是为了适应中国保险市场发展变化的需要，原因之二是回应由 2008 年集中爆发的世界性金融危机引起的加强金融监管的呼声。具体表现在：对于《保险法》的保险合同部分的篇幅大体不动的前提下，就其规定内容有较大修改，而对其保险业法部分，不仅增加了条文篇幅，更是颁布了一系列有关保险业监管的部门规章，完善了我国的保险监管制度体系。诸如，中国保监会于 2010 年 2 月通过的《保险资金运用管理暂行办法》、5 月 21 日发布的《再保险业务管理规定》、2015 年 7 月 22 日发布的《互联网保险业务监管暂行办法》、2018 年 1 月发布的《保险资金运用管理办法》、2019 年 10 月由中国银保监会公布的修订后的新版《健康保险管理办法》等都是与此相配套的部门规章。

2010 年 10 月 28 日，第十一届全国人大常委会第十七次会议通过《中华人民共和国社会保险法》（2011 年 7 月 1 日起施行，2018 年修正）。同年 4 月 27 日第十一届全国人大常委会第二十六次会议通过的《中华人民共和国军人保险法》（2012 年 7 月 1 日生效），对于我国广大军人及其家属而言是一件意义重大的事情，它使得我国的现役军人可以依法获取相应的社会保险保障。

2012 年 11 月 12 日，国务院发布《农业保险条例》（2013 年 3 月 1 日起施行）。同年 12 月 17 日，国务院第二次修订的《机动车交通事故责任强制保险条例》（继该年 3 月 30 日第一次修订），进一步增强了该条例的严谨性，充分表明政府对于交强险有效适用的高度重视。

而在司法审判领域，最高人民法院针对现行的 2009 年《保险法》在保险审判中的适用需要，分别于 2009 年 9 月 21 日发布《关于适用〈中华人民共和国保险法〉若干问题的解释（一）》，2013 年 5 月 31 日发布《关于适用〈中华人民共和国保险法〉若干问题的解释（二）》，2015 年 9 月 21 日发布《关于适用〈中华人民共和国保险法〉若干问题的解释（三）》，2018 年 5 月 14 日发布《关于适用〈中华人民共和国保险法〉若干问题的解释（四）》，这些都为保险审判活动提供了具体的裁判依据。

2. 保险监管体系日益加强

总结各国保险市场的实践经验，可以看到保险监督体制的完善与否，是影响保险市场正常发展的一个重要因素。中国现行的保险监管体制也是几经演变发展而来的。20 世纪 50 年代初，中国人民银行是保险业的主管机关。自 1952 年开始则转由财政部负责保险业的监管。而从 1959 年停办国内保险业务后，中国人民保险公司在行政上成为中国人民银行国外业务局的一个处，直至 1984 年由中国人民银行分出成为独立经济实体的 25 年间，中国人民银行既经营货币业务，又负责保险业的领导和管理。根据 1985 年 3 月《保险企业管理暂行条例》规定，中国人民银行重新执行保险监管职能。1998 年 11 月 14 日，为了适应中国金融体制改革的深化和中国保险业的发展需要，落实银行、保险、证券分业经营、分业管理的方针，国务院决定成立中国保险监督管理委员会。它是全国商业保险的主管部门，作为国务院的直属事业单位，根据国务院的授权履行统一监督管理中国保险市场的职能。具体任务是依法对保险企业的经营活动进行监管，维护保险市场秩序，保护被保险人利益，培育和发展保险市场，促进保险业的公平竞争，防范和化解保险业风险，完善中国保险市场体系。这一作用已为中国保险监督管理委员会成立以来的实践所证明。

时至今日，我国的保险监管体系得到明显的提升和加强。这集中表现在三个方面。

一是保险监管职能进一步强化。为了适应中国金融体制改革的深化和中国保险业的发展需要，落实银行、保险、证券分业经营、分业管理方针的需要，1998 年 11 月 14 日，国务院决定成立中国保险监督管理委员会，由其取代中国人民银行专司对保险市场的监督管理职能。如今，出于实现国家治理体系和治理水平现代化的需要，2018 年 3 月 13 日，国务院机构改革方案提请第十三届全国人大一次会议审议，决定将银监会和保监会的职责整合，组建中国银行保险监督管理委员会，不再保留银监会和保监会。同年 4 月 8 日，中国银保监会正式挂牌，其主要职责就是维持银行业和保险业的正常经营秩序，用以整合监管资源，提高监管效率和监管水平，适应我国金融市场的发展需要。

二是保险监管模式的科学性在不断提高。借鉴国外实施以偿付能力监管为核心的现代保险监管的成功经验，我国的保险监管实质上自 2003 年启动了偿付能力监管制度体系建设工作，到 2007 年年底，基本上搭建起了具有中国特色的第一代偿付能力监管制度体系，推动了保险公司处理资本管理理念，提高经营管理水平，防范风险，促进了我国保险业的科学发展。随着国际金融保险监管改革的不断深化和我国保险市场的快速发展，中国保监会于 2012 年 3 月 29 日以［2012］24 号印发《中国第二代偿付能力监管制度体系建设规划》，决定以我国国情为基础，借鉴国际经验，坚持风险导向，完善偿付能力监管制度，增强保险业防范化解风险的能力，启动中国第二代偿付能力监管制度体系（简称“偿二代”）的建设工作，构建资本充足要求（主要是定量监管要求）、风险管理要求（主要是与偿付能力相关的定性监管要求）和信息披露要求（主要是与偿付能力相关的透明度监管要求）的“三支柱”监管制度体系。

三是与保险市场实施政府监管的同时，中国保险业的自律制度得以建立和逐步完善。全国各地区基本上都成立了保险业自律组织——保险行业协会，而全国性的中国保险行业协会作为自愿结成的非营利性社会团体则于 2001 年 2 月 23 日经中国保监会同意并在民政部登记注册成立。其在我国保险领域制定全保险行业的自律规则，规范同业间竞争，沟通保险信息，在全行业范围内履行自律、维权、服务、交流、宣传的职责。同时，2015 年，中国保监会发布的《关于深化保险中介行业协会市场改革的意见》明确确立了尚处于筹备状态的中国保险中介行业协会承担的自律管理职能。应当说，自律制度的建立和发展，对于维持中国保险市场和保险中介市场的建设和正常发展秩序，促进保险同业之间共同发展，保证公平竞争发挥了独特的作用，其已成为中国保险监管体制的重要组成部分。

【知识链接】

中国保险市场大事记

1949 年 10 月 20 日，中国人民保险公司成立。1949 年 9 月 25 日至 10 月 6 日，在北京召开全国保险工作会议，决定设立中国人民保险公司，总公司暂设在上海，中国人民银行拨给资金 300 亿元。同时，总公司下设华北、东北、中南、西北和西南 5 个区公司。

1950 年 11 月 21 日，中国人民银行总行转发国务院批准的《中国人民银行试行组织条例》，明确规定领导专业银行和国营保险公司是中国人民银行的主要任务之一。

1952 年，中国人民保险公司改由财政部领导，使其成为国家财政体系中的一个独立核算的单位组织。

1953 年，随着我国各大行政区的撤销，中国人民保险公司下属各区公司由各省、市、自治区分公司所取代，接受总公司的领导。

1958 年 10 月，在人民公社化以后，财政部决定逐步停办中国人民保险公司的国内保险业务，短期不能结束的，交由中国人民银行接办。

1959 年 1 月召开全国保险工作会议落实停办国内保险业务，除了上海外，全国范围全面停办国内保险业务。

1967 年，上海的国内保险业务被迫停办。

1979 年 4 月 25 日，中国人民银行下发《关于恢复国内保险业务和加强保险机构的通知》，同年 11 月，中国人民银行召开全国保险工作会议，决定从 1980 年起，恢复停办二十余年的国内保险业务。

1981 年 4 月 13 日，中国人民保险公司发布《关于保险公司管理体制的通知》，明确规定中国人民保险公司行政建制改为专业公司，接受中国人民银行的领导，实行独立核算。各级分支公司接受同级人民银行和总公司的双重领导。

1982 年 12 月 17 日国务院批复中国人民银行《关于成立中国人民保险公司董事会的报告》，并且批准了《中国人民保险公司章程》。该章程规定，中国人民保险公司是国营企业，是专门经营保险业务的专业公司。其经营范围为各种财产保险、人身保险、责任保险、信用保险、农业保险以及再保险业务。

1983 年 12 月，中国人民保险公司升格为国务院直属局级经济实体。

1984 年 1 月 1 日，中国人民保险公司从中国人民银行分离出来，成为具有独立人格的企业法人开展经营。

1985 年 3 月 31 日，国务院发布《保险企业管理暂行条例》，规定国家保险管理机关是中国人民银行。

1986 年 2 月，由中国人民保险公司和中国银行伦敦分行合资兴办的中国保险（英国）股份有限公司在英国注册，这意味着中国人民保险公司跻身国际保险市场。

1986 年 7 月 15 日，新疆生产建设兵团农牧业生产保险公司成立，成为新中国保险业的第二家具有独立法人资格的国有保险公司，打破了中国长期以来中国人民保险公司独家办保险的垄断局面。如今，该保险公司的业务范围，已经从初期的农业保险扩展到各类财产保险和人身保险。

1988 年 3 月 21 日，中国第一家股份制保险公司——平安保险公司在深圳成立（1992 年 6 月 4 日，该保险公司被批准冠以“中国”，从区域性保险公司变为全国性保险公司）。

1991 年 4 月 26 日，中国太平洋保险公司在上海成立。自此，中国保险市场形成了中保、平安、太平洋公司三足鼎立的竞争局面。1994 年和 1995 年，中国太平洋保险公司分别扩股，成为拥有 287 家股东的股份有限保险公司。

1992 年 9 月，美国友邦保险有限公司获准在上海设立分公司，经营财产和寿险业务。这标志着中国的保险市场开始向国际开放。

1994 年 10 月和 1995 年 1 月，天安、大众两家区域性的股份制财产保险公司在上海获准成立。

1995 年 6 月 30 日，中国第一部《保险法》经第八届全国人民代表大会常务委员会第十四次会议通过后正式颁布，使得中国保险市场走向法制化、规范化。

1995 年 10 月，国务院批准中国人民银行制定的《关于中国人民保险公司机构体制改革方案》，为了适应产、寿险分业经营的要求，决定中国人民保险公司改为中国人民保险（集团）公司，该集团公司是国有独资公司，下设财产、人寿和再保险三个独立的子公司。同时，兼并 17 家地方性人身保险公司。

1996 年，我国发布第一张《中国人寿保险业经验生命表（1990—1993）》，由此结束了我国自 1982 年恢复人寿保险业务以来，一直使用日本经验生命表的局面。

1996 年，新华、泰康两家人寿股份制保险公司和华泰、华安、永安三家财产股份制保险公司相继成立。

1996 年，第一家中外合资的保险公司——中宏人寿保险公司在上海成立。

1998 年 11 月，国务院按照银行、证券和保险分业经营，分业监管的要求，批准成立中国保险监督管理委员会，取代中国人民银行行使保险业监督管理的职权。

2000 年 8 月，新华人寿保险公司分别与瑞士苏黎世保险公司、国际金融公司、日本明治生命保险公司和荷兰金融发展公司签订招股协议。该 4 家国外保险公司和金融公司经过参股，在新华人寿保险公司的股份占其总股本的 24.9%，新华人寿保险公司实现了对外增资扩股的目的。

2000 年 11 月，泰康人寿保险公司实施外资募股工作，其外资股东包括瑞士丰泰人寿保险公司、苏黎世洛易银行、新政泰达投资有限公司和日本软库银行集团等国际著名金融企业。

2001 年 12 月 11 日，中国加入了 WTO，成为其正式成员。根据中国政府对 WTO 所做的承诺，中国的保险市场将在“入世”后的 5 年内逐步对外开放。

2001 年年底，新疆生产建设兵团农牧业生产保险公司获准在国内的上海、北京等 9 省市设立分公司，使其成为跨省经营财产保险业务和健康险及短期人身保险业务的保险公司。

2002 年 5 月，同属美国 ACE 集团旗下的 ACE 天平再保险公司、ACE 北美洲保险公司和 ACE 美国公司通过股权受让形式，取得我国第一家全国性股份制财产保险公司——华泰财产保险公司——22.13%的股权，成为中国加入世贸组织后外资保险企业通过股权转让，以较大比例参股中国保险企业的第一例。

2002 年 10 月 18 日，新疆生产建设兵团农牧业生产保险公司第四次更名为中华联合财产保险公司。

2002 年 10 月 28 日，第九届全国人民代表大会常务委员会第三十次会议通过第一次修订的新《保险法》。

2003 年 7 月，经中国保监会批准，中国人民保险公司更名为中国人保控股公司，并独家发起设立中国人民财产保险股份有限公司，由其承继原中国人民保险公司的全部商业保险业务。

2003 年 11 月 6 日，中国财产保险股份有限公司的股票——中国财险（2328HK）正式在香港联合交易所上市挂牌交易，成为内地金融机构海外上市“第一股”，拉开内地金融业进军海外资本市场的序幕。

2003 年 12 月 17 日、18 日，中国人寿保险股份有限公司的股票在美国纽约证券交易所和香港联交所成功上市，成为首家在美国和香港两地同步上市的中国内地金融企业。至此，分别占据中国财险市场、寿险市场半壁江山的中国财产保险股份有限公司和中国人寿保险股份有限公司相继在海外上市，对中国保险市场的重大影响在于其进入转型期。

2004 年 6 月，中国平安保险（集团）股份有限公司在香港顺利挂牌交易。

2005 年 1 月 11 日，第一家全国性专业的农业保险公司——阳光农业相互保险公司在黑龙江垦区 14 年农业风险互助的基础上，经国务院同意、中国保监会批准，由国家工商行政管理总局注册为相互制保险公司。

2005 年 2 月，经中国保监会批准开业的，由中国再保险（集团）公司发起设立（占 51.1%股份）的，并有瑞士再保险资产管理（亚洲）有限公司参资入股（占 10%股份）的中再资产管理公司举行挂牌仪式。它是继中国人保资产管理公司、中国人寿资产管理公司、华泰保险资产管理公司之后，获准开业经营的第四家保险资产管理公司，对于我国保险市场上万亿元①的保险资产实现专业化运作意义重大。而且，中再资产管理公司作为第一家外资参股的股份制保险资产管理公司，显示了我国保险资产管理组织模式的多元化。

2005 年年底，中国保监会以［2005］117 号令，正式发布《中国人寿保险业经验生命表(2000—2003)》，并于 2006 年 1 月 1 日起适用。这是我国公布的第二张寿险业生命表。

2006 年 3 月 21 日，国务院根据《道路交通安全法》和《保险法》的规定，颁布《机动车交通事故责任强制保险条例》，作为规范适用机动车交通事故责任强制保险的法律依据。随着该条例于 2006 年 7 月 1 日施行，我国首个全国范围内统一适用的强制保险进入实际适用阶段。

2006 年 5 月 31 日，国务院发布《关于保险业改革发展的若干意见》，明确了我国保险业在构建社会主义和谐社会和完善社会主义市场经济体制中的定位问题，在认识上有利于提升保险制度的功能和作用。该《意见》从十个方面阐述了保险业的社会价值，故被保险业内称为“国十条”。它具有统领保险业在一定时期的改革发展的纲领性作用。

2007 年 1 月 9 日，中国人寿保险股份有限公司在上海证券交易所挂牌上市，成为第一家分别在纽约、香港和上海三地上市的中国保险企业。

2007 年 6 月 27 日，中国保监会根据《机动车交通事故责任强制保险条例》第 8 条的规定，制定《机动车交通事故责任强制保险费率浮动暂行办法》，确定自 2007 年 7 月 1 日起签发的机动车交通事故责任强制保险单，按照该办法实行保险费率与道路交通事故联系浮动。

2008 年，中国保险业已有中国人保、中国人寿、中国平安、中国太保以及在香港地区的国有控股公司中保国际、民安控股等 6 家保险企业在境内外上市。

2008 年 9 月 11 日，中国保监会、财政部、中国人民银行三部门共同发布《保险保障基金管理办法》，自发布之日起施行。

2008 年 9 月，根据中国保监会、财政部、中国人民银行三部门发布实施《保险保障基金管理办法》的规定精神，中国保险保障基金有限责任公司在京正式挂牌成立，其经营范围包括：筹集、管理和运作保险保障基金；监测、评估保险业风险；参与保险业风险处置；管理和处分受偿资产；以及国务院批准的其他业务。

2009 年 2 月 28 日，第十一届全国人民代表大会常务委员会第七次会议通过第二次修订的新《保险法》。

---

① 根据中国保监会的统计数据，截至 2004 年年底，我国保险市场上的保险资产总额达到 1.18 万亿元，保险资金运用余额达到 1.03 万亿元。

2009年9月21日，最高人民法院发布法释［2009］12号公告，公布最高人民法院审判委员会第1473次会议于9月14日通过的《关于适用〈中华人民共和国保险法〉若干问题的解释（一）》，主要解决新旧保险法适用上的衔接事宜。

2009年9月25日，中国保监会以2009年第6号令，公布《保险经纪机构监管规定》；以2009年第7号令，公布《保险公估机构监管规定》。

2009年10月1日，中国保监会发布的《保险专业代理机构监管规定》施行，此前于2004年12月1日以保监会［2004］14号令颁布的《保险代理机构管理规定》随之废止。

2010年5月21日，中国保监会以［2010］8号令公布《再保险业务管理办法》，自2010年7月1日起施行，用以规范和发展再保险市场，加强再保险业务的管理。保监会2005年10月14日发布的《再保险业务管理规定》（保监会［2005］2号令）同时废止。

2010年8月，中国保监会根据《保险法》第106条的规定，制定颁布《保险资金运用管理暂行办法》。它是《保险法》修订实施后的关于保险资金运用的重要的基础性规章。

2010年10月28日，第十一届全国人民代表大会常务委员会第十七次会议通过《中华人民共和国社会保险法》（2011年7月1日起施行）。

2012年4月27日，经第十一届全国人大常委会第二十六次会议通过《中华人民共和国军人保险法》（2012年7月1日起施行），对于我国的广大军人及其家属而言是一件意义重大的事情，它使得我国的现役军人可以依法获取相应的社会保险保障。

2012年11月12日，国务院发布第629号国务院令，公布国务院第222次常务会议通过的《农业保险条例》，其自2013年3月1日起施行。

2012年12月17日，国务院根据《关于修改〈机动车交通事故责任强制保险条例〉的决定》对该条例进行第二次修订，进一步增强了该条例的严谨性。这是继2012年3月30日第一次修订该条例之后的又一次修订工作，充分表明政府对于交强险有效适用的高度重视。

2013年1月6日经修改并更名的《保险销售从业人员监管办法》公布，取代此前于2006年3月13日发布的《保险营销员管理规定》。

2013年1月15日，中国保监会直属企业——中国保险信息技术管理有限责任公司（简称中国保信）正式营业，实现了我国保险市场上保险信息服务的专业经营。

2013年4月27日，中国保监会发布修订后的《保险经纪机构监管规定》。

2013年5月31日，最高人民法院发布法释［2013］14号公告，公布最高人民法院审判委员会第1577次会议于5月6日通过的《关于适用〈中华人民共和国保险法〉若干问题的解释（二）》，主要明确了《保险法》的保险合同部分具体的适用规则。

2013年9月29日，中国保监会发布修订后的《保险公估机构监管规定》。

2013年9月29日，我国国内第一家互联网保险公司——众安在线财产保险股份有限公司获得中国保监会批准开业。该保险公司作为一家创新型保险公司，其业务范围包括：企业、家庭的财产保险、货运保险、责任保险、信用保证保险以及上述业务的再保险分出业务和国家法律法规允许的保险资金运用业务等。

2014年8月10日，为了让处于初级阶段的我国保险业适应我国全面深化改革和经济社会发展的需要，国务院发布《关于加快发展现代保险服务业的若干意见》。该《意见》不仅从总体上明确发展我国现代保险服务业的指导思想和基本原则，确立了发展目标：到2020年基本建成保障全面、功能完善、安全稳健、诚信规范，具有较强服务能力、创新能力和国际竞争力，与我国经济社会发展需求相适应的现代保险服务业。同时，该《意见》从九个方面阐述了实现这一目标所需进行的工作内容，被保险业界称为“新国十条”。

2015年7月22日，中国保监会以保监发［2015］69号印发《互联网保险业务监管暂行办法》，用于规范互联网保险经营行为，保护保险消费者合法权益，促进互联网保险业务的健康发展。此前于2011年9月发布的《保险代理、经纪公司互联网保险业务监管办法（试行）》（保监发［2011］53号）随之废止。

2015年9月21日，最高人民法院发布法释［2015］21号公告，公布最高人民法院审判委员会第1661次会议通过的《关于适用〈中华人民共和国保险法〉若干问题的解释（三）》，于2015年12月1日起施行。其主要内容是，根据我国《保险法》《合同法》《民事诉讼法》等法律规定，结合审判实践，就保险合同一章的人身保险部分有关的法律适用问题作出解释。

2016年11月8日，最高人民法院发布法释［2016］22号公告，公布最高人民法院审判委员会第1696次会议通过的《关于人民法院办理财产保全案件若干问题的规定》，自2016年12月1日起施行。该《规定》对于近年来司法实践中出现的新的财产保全担保方式予以吸收，明确规定当事人可以通过购买财产保全责任保险，由保险公司为其财产保全提供担保。

2016年1月1日，中国保监会发布《保险公司偿付能力监管规则（第1号—第17号）》，决定自此正式实施“偿二代”。此前，中国保监会于2012年3月29日印发《中国第二代偿付能力监管制度体系建设规划》，决定启动中国第二代偿付能力监管制度体系（简称“偿二代”）的建设工作，用以加强偿付能力的监管，更加有效地提高保险行业防范风险的能力。

2016年12月28日，中国保监会以［2016］107号令，正式发布《中国人寿保险业经验生命表（2010—2013）》，这是中国的第三张人身保险业经验生命表。

2018年1月，中国保监会以［2018］1号令，公布由保监会第5次主席办公会审议通过的《保险资金运用管理办法》，自2018年4月1日起实施。此前，保监会于2010年7月30日发布的《保险资金运用管理暂行办法》同时废止。

2018年3月13日，国务院机构改革方案提请第十三届全国人大一次会议审议，将银监会和保监会的职责整合，组建中国银行保险监督管理委员会，不再保留银监会和保监会。同年4月8日，中国银保监会正式挂牌，其主要职责是维持银行业和保险业的正常经营秩序，用以整合监管资源，提高监管效率和监管水平，适应我国金融市场的发展需要。

2018年5月14日，最高人民法院发布法释［2018］13号公告，公布最高人民法院审判委员会第1738次会议通过的《关于适用〈中华人民共和国保险法〉若干问题的解释（四）》，于2018年9月1日起施行。其主要内容是，根据我国《保险法》《合同法》《民事诉讼法》等法律规定，结合审判实践，就保险法中的财产保险合同部分有关的法律适用问题作出解释。

2019年12月1日，中国银保监会公布新版《健康保险管理办法》，于2019年12月1日起实施。这是该《办法》自2006年颁行13年来的首次修订。新《办法》的施行，突出了健康保险的保障属性，着力满足人民群众日益增长的健康保障需求，有利于健康保险更好地服务于国家医药卫生体制改革和健康中国战略的实施。

2020年5月28日第十三届全国人民代表大会第三次会议通过了《中华人民共和国民法

典》，该法于 2021 年 1 月 1 日起施行。它成为指导我国《保险法》完善保险制度和有效适用的上位立法。

问题与思考

1. 阐述保险制度的历史发展过程。
2. 比较三大保险法系的特点。
3. 总结中国保险市场的形成过程和现状。
4. 阐述中国保险立法的现状。

第三章 保险法律关系

本章概要

基于保险法的调整作用，保险活动上升为思想意识性的保险法律关系，故保险法律关系是贯穿于整个保险领域的法律现象。保险法律关系是将保险法的各项法律制度加以系统化的基本线索。因为，在保险市场上，每一个具体的保险活动都可以归纳为相应的保险法律关系，它通过当事人享有的权利和承担的义务，将各种保险活动统一起来。保险法律关系理论是学习保险法的关键，掌握保险法律关系，有助于理解各种保险活动的共性问题。为此，学习本章时，首先应当了解保险法律关系的含义和法律属性，引起保险法律关系产生、变更和消灭的法律事实，尤其应当重点掌握构成保险法律关系的主体、客体和内容三个要素。

第一节 保险法律关系的概念和性质

一、保险法律关系的概念

保险法律关系是指由保险法律规范确认和调整的，以保险权利和保险义务为内容的社会关系。

人类社会在地球上得以生存和发展，离不开彼此之间的交往。通过人与人相互之间的社会交往，形成各种各样社会关系，满足了人们在生产和生活中的各种需求，实现了生产力水平的提高和科学技术的发展以及思想文化的进步。而为了实现社会关系的有序进行，人们运用法律规范予以调整。其中，在保险领域内，被保险法律规范所调整的那些社会关系才属于保险法律关系。可见，保险法律关系是保险法调整社会关系的法律表现形式。

人们从事的保险活动是一种商品交换活动。其内容是以投保人交纳保险费作为对价条件，换取保险人提供的保险保障，从而维持被保险人从事生产和生活的连续性和稳定性。此类保险商品交换活动，一经保险法律规范加以调整，即形成以保险权利和保险义务为内容的保险法律关系。针对已建立的保险法律关系，保险法律规范要求其当事人应当依法履行各自的义务，依法行使各自的权利，以此保证实现当事人进行保险商品交换的目的，保险法律规范调整社会关系的目的由此实现。显然，保险法律关系的建立和实现正是保险法调整社会关系之作用的具体体现。因此，保险市场上的各种活动无不以保险法律关系的形式予以表现，以便实现保险法的调整机制。

二、保险法律关系的特性

保险法律关系是经保险法律规范对于保险商品交换关系进行调整后存在于保险市场中的社会关系，因此，它以自身具有的诸多法律特性在各类社会关系中自成一体，区别于其他法律部门所涉及的法律关系。具体表现如下。

（一）保险法律关系是一种思想社会关系

社会关系可以划分为物质社会关系和思想社会关系两大类，从法律角度上讲，它们之间既有质的区别，又密切相连。具体到保险市场，物质社会关系就是社会成员寻求保险保障的经济需求，不论是对财产的保险保障，还是对人身的保险保障，均属于物质内容的保险商品交换，成为保险法的调整对象。而保险法律关系则是保险法对于物质性的保险商品交换进行调整所产生的法律后果，表现为从事保险商品交换的当事人之间在思想意识上为追求特定的法律目的而享有的保险权利和承担的保险义务，属于思想社会关系。保险法律关系的当事人正是基于这种保险法律观念，履行相应的义务，行使相应的权利，将其预期的法律目的变成实际的法律后果。可见，各个思想性的保险法律关系，是实现物质性保险商品交换关系的必然法律途径。

（二）保险法律关系是由国家强制力保证实现的社会关系

保险法作为体现国家调整保险市场意志的行为规范，具有国家强制力的效力。这一国家强制效力的作用集中表现为保险法律关系的法律约束力，即当事人之间依据保险法所建立的保险法律关系，由国家强制力保障其得以实现。也就是说，保险法律关系一经生效，即对各方当事人产生法律约束力。当事人应当依法履行义务和行使权利，不得擅自变更或解除相应的保险法律关系。如果当事人不自觉履行其在保险法律关系中承担的义务，司法机关或仲裁机关就会依据保险法和其他相关法律强制其履行该义务。

（三）保险法律关系中存在多重主体身份，而且，至少有一方是保险人

一般来讲，保险法律关系是由保险人作为一方当事人，只有相应法定资格和条件的保险组织才能成为保险人。与此相对应，作为非保险人的另一方当事人则存在着投保人、被保险人和受益人三种彼此独立的当事人的主体身份（再保险法律关系除外①）。这三种主体身份各居独立的法律地位，在保险法律关系中所起的作用各不相同，各自依法所应具备的条件也相互区

---

① 再保险法律关系中的再保险分出人和再保险接受人双方均为保险人，即原保险人和再保险人。

别。当然，在保险实务中，这三种主体身份可以根据实际情况，形成不同的组合，以便适应保险活动本身的复杂性和多样性。

（四）保险法律关系是以保险权利和保险义务为内容的社会关系

既然保险法律关系反映参与保险活动的各当事人在保险领域内追求保险保障的经济需求，那么，其内容当然围绕着该经济目的而由相应的保险权利和保险义务所构成。进而，基于保险法律关系各方当事人履行保险义务和行使保险权利，以实现当事人追求的保险商品交换的目的。

按照民商法理论，保险法一般意义上的保险权利和保险义务是具有普遍适用意义的客观权利和客观义务，当其被固定到具体的保险法律关系之中，便转化为特定的保险法律主体所享有或承担的主观权利和主观义务，用以体现保险法律关系主体在具体的保险法律关系中追求的特定化的经济内容。所以，保险权利和保险义务就是区别保险法律关系与其他法律部门所涉及的法律关系，以及区分此保险法律关系与彼保险法律关系的重要标志，并成为保险法律关系不可或缺的内容。

实例枚举

1999 年 9 月 5 日，甲中学在乙保险公司给本校的 280 名一年级学生办理了每人保险金额 5 000 元的学生平安保险附加意外伤害医疗费保险，9 月 30 日，学校召开联欢会庆祝国庆节，当晚会餐后，却发生了食物中毒，导致住校的教职工和住校学生 126 人入院治疗。最终，重症学生每人平均支付医疗费用 3 500 元，轻症学生每人平均支付医疗费用 1 000 元。学生家长在获得学校的民事赔偿之后，向保险公司提出了保险索赔。对此，案件中存在着不同的看法：一是认为中毒的学生不应获得双倍赔偿，故在其获得学校赔偿后，应将保险索赔权益转移给学校；二是认为学校支付民事赔偿，不影响中毒学生向保险公司的保险索赔权。但是，在索赔学生名单中，有一位 58 岁的门卫，原因是校方在投保时，将其一并写入学生花名册，对此保险公司应拒绝保险给付。

本案有助于大家理解和正确运用保险法律关系的理论。因为，本案首先涉及民事赔偿法律关系与保险法律关系的联系和区别；其次涉及意外伤害保险合同关系的法律性质；再次涉及在学生平安保险关系中学校、学生、学生家长、保险公司各自的主体地位等问题，尤其是学校职工能否投保学生平安保险。

第二节　保险法律关系的分类

为了深入研究保险法理论，完善保险法律体系，保险法从不同角度对保险法律关系予以分类，进一步反映保险活动的特点。

一、财产保险法律关系与人身保险法律关系

这是以保险标的为标准对保险法律关系所作的划分。它是我国《保险法》第 2 条对保险法律关系的基本分类。国外的保险法亦多适用此分类。①

财产保险法律关系，是指以财产及其有关利益作为保险标的的保险法律关系（《保险法》第 12 条第 4 款）。在保险实践中，作为财产保险法律关系之保险标的的财产及其有关利益，既包括有形的物质财产（如房屋、机器设备、家庭用具等），也包括财产权利（如债权）、财产责任（如产品责任）、商业信用或其他经济利润（如预期利润）。这些财产及其有关利益可以是静止状态的，也可以是动态的（如营运中的船舶、车辆，在途运送的货物等）。

基于上述财产及其有关利益具体种类的不同，与财产保险具体险种相适应，财产保险法律关系进一步分为财产损害保险法律关系、农业保险法律关系、交通运输工具保险法律关系、运输货物保险法律关系、责任保险法律关系、信用保险法律关系和保证保险法律关系等。

人身保险法律关系，是指以人（被保险人）的寿命或身体作为保险标的的保险法律关系（《保险法》第 12 条第 3 款）。以人的寿命或身体作为保险标的是为了在被保险人因发生保险事故而生命结束或因意外事故、疾病、衰老而丧失劳动能力时对其提供相应的保险保障。可见，人身保险法律关系可以针对人（被保险人）的生命的存续或终结，也可以针对人（被保险人）的身体机能因意外事故而遭受损害（致伤、致残）或因患病而遭受影响。相应地，人身保险法律关系包括人寿保险法律关系、意外伤害保险法律关系和健康保险法律关系等三大种类。

上述保险标的的区别，导致财产保险法律关系与人身保险法律关系间存在诸多差异。具体表现如下。

1. 两者的保险保障功能不同

财产保险法律关系在其保险标的——财产及其有关利益，因保险事故遭受损害时，通过保险人提供保险赔偿金实现保险保障作用。而人身保险法律关系在其保险标的——被保险人的生命或身体，因保险事故而死亡或伤残、丧失劳动能力、患病、抑或达到合同约定的年老退休年龄时，通过保险人给付人身保险金，达到保险保障的目的。

2. 两者的保险金额确定方法不同

财产保险法律关系的保险金额是根据投保财产的实际价值（生产成本或市场价格）来确定保险金额，故财产保险范围内，禁止超过投保财产实际价值的超额保险。与此不同，人身保险法律关系的保险标的——被保险人的生命或身体不能用金钱来衡量其价值，故多由双方协议确定。则人身保险法律关系不存在超额保险，同一个投保人可以就同一被保险人的人身或生命投

---

① 保险立法采用财产保险关系和人身保险关系的分类方法始见于 1947 年的美国。此前，美国各州的保险立法多将保险关系分为四类，即火灾保险关系、海上保险关系、人寿保险关系和意外保险关系（前三种保险关系以外的所有涉及人身伤害或财产损害的保险关系之和）。自 1947 年美国保险监督官联合会建议废除这种四类分法后，各州立法多采用财产保险关系和人身保险关系的分类法。其他国家的保险立法亦有相似的分类法，如德国的保险立法（如 1908 年的《德国合同法》）和法国的保险立法（如 1930 年的《法国保险合同法》）分为损失保险关系和人身保险关系，而日本的保险立法则将保险活动划分为产物损害保险、人寿保险和由意外伤害保险、健康保险构成的第三类保险，与此相对应，保险法律关系就包括了产物损害保险关系、人寿保险关系和第三类保险关系等。

保多份人身保险。很多西方国家的人身保险公司采用美国保险学家休布纳[①]根据潜在财产计算人的生命价值的“生命价值法”确定人身保险的保险金额。在我国保险实务中，人身保险法律关系的保险金额是根据投保人依其需要提出的金额，并参考投保人的经济负担能力等因素来确定。

3. 两者的保险期限不同

财产保险法律关系基本上是以一年作为保险期限，到期续保。而人身保险的多数险种（人寿保险），其保险标的（被保险人的生命或身体）存在长期性而成为长期性保险，长达几年、几十年，当然，有些人身保险险种（如健康保险和意外伤害保险）则是短期保险。

4. 两者保险利益的认定不同

保险合同是向被保险人提供保险保障的法律形式，并非获利手段，而保险利益是其保险保障的对象，故保险利益是各种保险法律关系得以建立和实现的前提条件。没有保险利益的人不能投保，保险公司也不会与其建立保险法律关系。财产保险法律关系所需的保险利益，既存在于投保之时，也存在于索赔之时。尤其是强调“财产保险的被保险人在保险事故发生时，对保险标的应当具有保险利益”（《保险法》第 12 条第 2 款）。与此不同，建立人身保险法律关系所需的保险利益是为保险法所规定的血缘关系（如投保人与被保险人之间存在着配偶、子女、父母关系）或社会关系（如债权人以其债务人作为被保险人而以自己作为受益人投保人寿保险），故而强调投保之时，投保人与保险标的之间具有保险利益，一般并不刻意要求在保险人给付保险金之时存在保险利益。

5. 两者所涉及危险事故的性质不同

此区别不仅表现在人身保险法律关系与财产保险法律关系各自承保的危险事故不同，更在于，它们各自的危险性质截然不同。具体表现在：(1) 人身保险的危险具有变动性，即随着被保险人年岁的增长，其死亡率也逐年增高。而财产保险中的危险性一般是稳定的，不存在逐年增高的规律。(2) 人身保险的危险，诸如死亡、伤残、丧失工作能力的情况便于调查记录，各个国家可以依此制订死亡率表，从而以此为根据把握人身保险的危险的规律性。而财产保险所涉及的危险，比如洪水、地震、爆炸、火灾、战争、车船和飞机失事的发生是不确定的，其发生的随机性远大于规律性。

6. 两者保险费率的确定方法不同

对于人身保险法律关系来说，其保险费率是依据预定的死亡率（生存率）、预定利率和预定费率来计算确定的；意外伤害保险的保险费率则根据被保险人在不同地区、不同职业和工种的意外事故发生的概率来确定；而健康保险的保险费率则依据门诊率、住院率进行计算。并且，基于人身保险的危险的变动性，人身保险费率也要逐年上涨。不过，为了避免被保险人因保险费率逐年递增而中途停保的“逆选择”，保险实务中一般采取“均衡保费法”。与此相区

---

① 美国保险学家 S. S. 休布纳于 1924 年提出关于人寿保险性质的学说——生命价值说，亦称“新损害说”其认为，人的生命价值可以根据个人的潜在财产计算出来。所谓潜在财产，就是一个人每个月的赚钱能力或者工资收入减去本人生活费用后的净余部分的资本化价值，而资本化是指把该净余部分存入银行或者通过其他途径所获取的增值。因此，一个人的每月收入仅仅够维持生活就谈不上资本化，也就无所谓生命价值。而且，休布纳还认为，一个人的生命价值表现为其拥有的两种财产，一种是“已获得财产”（人们已经获得的物质财产），另一种是“潜在财产”（人们作为经济力量可能存在的货币价值）。李伟民．金融大辞典．哈尔滨：黑龙江人民出版社．2002：11.

别，财产保险法律关系的保险费率，一般是根据承保财产的种类、用途、危险性大小、损失率高低和经营费用等因素制订。而且，由于财产保险法律关系的危险一般是稳定的，故其保险费率也是不变的。

二、补偿性保险法律关系与给付性保险法律关系

这是根据保险保障功能的不同对保险法律关系所作的划分。

补偿性保险法律关系，是指此类保险法律关系的目的在于当保险标的因发生保险事故而遭受损害时，保险人按照事先约定，在保险金额范围内支付保险补偿金，用以弥补被保险人因此实际遭受的经济损失，帮助其尽快恢复生产或生活。换言之，补偿性保险法律关系的实现是以保险标的因保险事故所致的实际损失的存在为前提，并以双方约定的保险金额为限度。因此，如果保险标的在保险期限内没有受到损失或超过双方约定保险金额的损失，则保险人不支付保险补偿金。可见，补偿性保险法律关系的保障功能是用保险补偿金来补偿被保险人因保险事故而遭受的经济损失，这种补偿性的保险保障功能具有一次性的特点。保险实务中的财产保险法律关系属于补偿性保险法律关系。基于补偿性，财产保险法律关系中的被保险人只能获得一次性赔偿。与此相适应，财产保险法律关系的适用中存在着代位求偿和委付等制度。这是与给付性保险法律关系的区别之一。同时，有些人身保险法律关系也属于补偿性保险法律关系，诸如意外伤害保险法律关系、疾病保险法律关系则可以根据约定而成为补偿性关系，即在被保险人因发生意外事故而受到伤害或患有约定的疾病而支出医药费用或失去工作收入时，保险人按约定予以补偿。

给付性保险法律关系，是指此类保险法律关系的目的在于通过保险人向享有给付请求权的被保险人或受益人支付人身保险金，以便维持其生活的稳定性和连续性。因此，给付性保险法律关系实现的条件限于保险事故的发生或双方约定的保险期限的届满，而不以被保险人遭受实际损失为前提，也不论被保险人或受益人是否能够从其他途径得到补偿。大多数人身保险（尤其是人寿保险法律关系）属于受益性保险法律关系，即人身保险的投保人交纳的保险费作为储金存在保险人那里，保险人在保险合同期满时以人身保险金的名义返还给被保险人或受益人。由于人身保险法律关系的保险标的（人的寿命或身体）不能以货币价值来衡量，难以用货币评价其损失后果，所以，人身保险法律关系的适用，一般都是根据被保险人的特殊需要和交付保险费的数额，确定一个固定的保险金额。投保人可以同时投保若干个人身保险，不受法律限制，也不存在代位求偿问题。即在第三人侵权行为致使被保险人死亡、伤残时，被保险人或受益人从第三人（责任人）处获得侵权赔偿的同时，仍有权要求保险人依法支付人身保险金。

三、自愿保险法律关系与强制保险法律关系

以保险法律关系的建立根据为标准，可以划分为自愿保险法律关系与强制保险法律关系。

自愿保险法律关系，是指基于投保人与保险人双方自愿协商签订保险合同而建立的保险法律关系，可见，其基础是投保人和保险人双方的自愿意志。在保险实践中，多数保险合同属于自愿保险法律关系。它的订立与否取决于当事人的意思表示。其中，投保人有权决定是否投保

和选择保险人，他人不得干涉，相应地，保险人有权决定是否承保。自愿保险法律关系的适用取决于社会公众寻求保险保障的需求，体现了保险市场的固有属性和规律。

强制保险法律关系，是指根据相关法律的规定，双方当事人必须签订保险合同而建立的保险法律关系。因为，法定范围内的社会成员依法负有投保特定险种的义务，而保险人负有承保的责任。可见，强制保险法律关系的特殊之处在于，其订立与否不取决于当事人的意志，却为法律所强制。强制保险法律关系在各国保险市场均有存在，目的是落实各国统治者发展本国经济、实现进出口、稳定社会经济关系等政策。比如，根据我国有关法律的规定，私营企业必须为其雇用的职工投保人身意外伤害保险；各个旅行社在从业过程中必须投保责任保险等。又如，根据《机动车交通事故责任强制保险条例》的规定，拥有机动车辆的单位或公民个人必须投保机动车交通事故责任强制保险。当然，强制保险法律关系的强制力在于保险合同的签订环节，而其内容仍然是当事人协商约定的。

四、原保险法律关系与再保险法律关系

保险法理论以危险转移的方式为标准，将保险法律关系划分为原保险法律关系与再保险法律关系。

原保险法律关系是由保险业以外的社会成员作为投保人，与保险人之间建立的保险法律关系。从而，原保险法律关系的保险人所承保的危险，来自保险业以外的单位或公民个人在社会生产和生活中因保险事故发生造成的损失。保险人接受这种危险的转移，为此承担直接的保险责任。从事各类生产经营活动的经济实体和各个城乡居民均可与保险人签订保险合同，将相应的危险转移给保险人。这些保险法律关系相对于再保险法律关系而言，均为原保险。按其危险转移方式，又叫第一保险法律关系。

再保险法律关系，是指原保险法律关系中的保险人，为避免或减轻其在原保险合同中承担的保险责任，将其承保危险的全部或一部分再转移给其他保险人所建立的保险法律关系。可见，再保险法律关系实际上是承保危险在保险人之间再次转移的法律形式。其中，原保险法律关系的保险人在再保险法律关系中处于投保人的地位，分出其承保危险的全部或部分，又称为分保业务，该保险人又叫分出人；接受分保的保险人就是再保险人，又叫分入人，对于其接受的再次转移的危险，向分出人承担相应的保险责任。正如我国《保险法》第 28 条第 1 款规定的："保险人将其承担的保险业务，以分保形式部分转移给其他保险人的，为再保险。"

由于再保险法律关系是以危险的再次转移为内容的，故它的建立应当以原保险法律关系的存在为前提，故又叫做第二次保险。鉴于各国保险市场的迅速发展，承保危险日益扩大，保险责任的金额不断提高，再保险业务在国际保险市场上备受青睐，成为保险人分散危险、提高赔付能力、稳定保险市场的重要手段。

需要明确的是，原保险法律关系与再保险法律关系作为具体的危险转移方式，是两种相互独立的保险法律关系。因此，它们各自的保险人均独立地承担保险责任，即原保险法律关系中的原保险人向其相对的被保险人或受益人承担保险责任，而再保险法律关系中的再保险人则向其再保险分出人（原保险法律关系的保险人）承担保险责任。从而，"原保险的被保险人或者受益人不得向再保险接受人提出赔偿或者给付保险金的请求"。同时，"再保险接受人不得向原

保险的投保人要求支付保险费”。相应地，“再保险分出人不得以再保险接受人未履行再保险责任为由，拒绝履行或者迟延履行其原保险责任”（《保险法》第 29 条）。

再保险法律关系作为一种独立的保险法律关系，是再保险业务活动在保险法上的表现形式。它最初仅适用于海上保险。19 世纪以后，随着保险市场的发展，再保险法律关系的适用范围已扩展到其他财产保险和人身保险领域。如今，再保险业务已成为国际保险市场的重要组成部分，也是各国保险公司一项重要的经营业务。而在我国，基于保险市场发展的现状，除了中国再保险公司以外的多数保险公司尚无再保险业务的经营资格。不过，根据《保险法》第 103 条和第 105 条的规定，“保险公司对第一危险单位，即对一次保险事故可能造成的最大损失范围所承担的责任，不得超过其实有资本金加公积金总和的百分之十；超过的部分应当办理再保险”。并且，“保险公司应当按照国务院保险监督管理机构的规定办理再保险，并审慎选择再保险接受人”。因此，再保险法律关系的存在范围必然十分广泛。

【知识链接】

热那亚人对保险的“创举”——再保险的由来

在保险领域内，再保险被誉为保险人的保险，那么，再保险产生于何时呢？据史料记载，所知最早的一笔再保险业务于 1370 年在意大利热那亚产生，它萌芽于海上保险。该年 7 月 12 日，意大利热那亚保险商格斯特·克鲁西杰（Gustav Cruciger）承保了自意大利的热那亚至荷兰的斯卢斯之间的海上货物运输保险，并为此签发了海上保险单。由于该航程中所涉及的地中海航段较为安全，而从西班牙南端的加地斯至斯卢斯航段则风险较大，于是，热那亚保险商将其所承保的该航程中的地中海段的保险责任留给自己，而将加地斯至斯卢斯段的保险责任分给其他保险人承保。上述内容被其用拉丁文明确地记载于海上保险单中。对于热那亚保险商在该海上保险单中分出部分航段风险的创举，保险界普遍认为是再保险的“先驱”。不过，作为保险业的新生事物，再保险直到 17 世纪才逐渐为人们所承认，并为有关的保险法规所认可。

第三节　保险法律关系的主体

保险法律关系的主体包括保险人一方和由投保人、被保险人及受益人构成的另一方。[①] 这些当事人在保险法律关系中各自具有独立的法律地位，享有相应的权利，承担具体的义务，但是，必须具备法律规定的资格条件。

一、保险人

保险人是指依法经营商业保险业务，与投保人建立保险法律关系，并承担赔偿或给付保险

① 在保险法理论界，另一种观点认为，保险法律关系的主体限于投保人和保险人，而被保险人和受益人则是保险法律关系的关系人。

金责任的人。即“与投保人订立保险合同，并按照合同约定承担赔偿或者给付保险金责任的保险公司”（《保险法》第 10 条第 3 款）。在我国现阶段的保险市场上，保险人依法以保险公司为主，也开始确认相互制、合作制等形式的保险组织。

基于保险经营的行业特点，各国保险法对保险人的主体资格作出严格规定，主要概括为两个资格条件：一是按法定程序，经金融监督管理部门批准设立，取得经营保险业务许可证和工商营业执照而取得保险人资格。二是其与投保人订立保险合同的内容属于该保险人获准经营的保险业务范围之内。因为，根据我国《保险法》第 95 条第 2 款规定的分业经营的原则，“保险人不得兼营人身保险业务和财产保险业务”。即，一般情况下，人寿保险公司只能经营人身保险业务，财产保险公司只能经营财产保险业务。但是，经营财产保险业务的保险公司可以在保险监督管理机构的批准范围内经营短期健康保险业务和意外伤害保险业务。所以，在具体的保险法律关系中，保险公司必须符合该项法律规则，才能成为合格的保险人。

二、投保人

投保人又称要保人，是指与保险人订立保险合同，并按照合同约定负有支付保险费义务的人（《保险法》第 10 条第 2 款）。在保险实践中，投保人可以是公民个人、法人或其他组织。投保人可以是为自己的利益或为他人的利益与保险人订立保险合同。可见，投保人是与保险人相对应的签约人，其行为是产生保险合同的必备前提，并且，投保人在保险合同中承担着交纳保险费的义务。

投保人必须具备相应的资格条件：(1) 应当具备相应的民事行为能力。由于订立保险合同是一种民事法律行为，会引起相应的法律后果。因此，法律要求投保人必须具有民事行为能力，能够正确地分析判断其所实施的投保行为的性质及后果。衡量此条件是否满足的标准，同样适用我国《民法通则》有关公民、法人的民事行为能力的法律规定。从而，年满 18 周岁或 16 周岁以上不满 18 周岁并以自己的劳动收入作为主要生活来源的公民，可依法律赋予的完全民事行为能力，而成为投保人进行投保。而社会组织或团体作为投保人的，则必须具有法人资格或法律认可的独立法律地位。(2) 投保人应当与保险标的之间具有保险利益。即作为投保人的自然人或法人组织在投保之时，应当与投保的对象（投保的财产或利益，被保险人的生命、健康、劳动能力）之间存在着一定的经济利害关系。特别是“人身保险的投保人在保险合同订立时，对被保险人应当具有保险利益”（《保险法》第 12 条第 1 款）。没有这种保险利益的自然人或法人组织不能向保险人投保，也就不能成为保险合同的投保人，这样可以防止在保险领域中出现投机行为（道德危险）。正如我国《保险法》第 31 条第 3 款所规定的：订立人身保险合同时，“投保人对被保险人不具有保险利益的，合同无效”。

实例枚举

2010 年 4 月初，某公司的法定代表人顾某为施某等多名公司员工购买了 W 保险公司“特惠保”自助保险卡，并将其中 1 张交给施某。后施某委托他人以自己为保险人激活了该卡，打印出的电子保单载明：保险责任期间自 2010 年 4 月 4 日起至 2011 年 4 月 3 日；意外伤害最高保险金额 30 000 元。保险金额＝最高保险金额×职业类别赔付比例；被保险人职业类别与赔付比例对应为：1～3 类 100％，4 类 80％，5 类 40％，6 类 20％；依据被保险人出险时所从事的工作或活动确定其职业类别，并按规定的比例进行相应保险金的给付。

2010 年 12 月 21 日，施某在安装维修塔机过程中不慎坠落，经抢救无效死亡。施某出险时从事的工作，对应《团体保险职业分类表》中的 4 类人员即建筑公司水电工。顾某为其垫付医疗费用 290 000 元，并向其家属支付 590 000 元后，取得其继承人签字的权益转让承诺书，受让其人身意外险所接受理赔款的权益。顾某据此向被告索赔未果，遂诉至法院，请求法院判令被告赔偿保险金 30 000 元。

法院在审理过程中存在三种意见。

第一种意见：购卡人是投保人，投保人有交纳保费义务，顾某付款后，保险合同已经成立并生效。

第二种意见：激活人是投保人，保险人收取保险费后，保险合同并不一定成立或生效。激活自助卡，才能确定具体的被保险人，保险合同的内容才完整，在激活的过程中，保险人在其公司网站上设定的投保流程才能启动，相应的保险人说明义务和投保人的告知义务才得以履行。所以，只有激活保险卡，保险合同方成立和生效，激活人才是投保人。

第三种意见：自助保险卡的购买者通常是投保人，保险合同自保险人收到保费时成立并生效。在该保险卡被转让的情况下，受让人通过激活或委托他人激活自助保险卡成为投保人。

可见，认定投保人成为本案的焦点问题，需要从理论上研究认定投保人的条件。

三、被保险人

被保险人是指其财产或者人身受保险合同保障，享有保险金请求权的人（《保险法》第 12 条第 5 款）。可见，被保险人是保险事故损害后果的承担者，也是保险人提供保险保障的直接承受者。诸如财产保险合同中投保财产的所有权人或经营权人，人身保险合同中以其寿命或身体作为承保对象的人。所以，被保险人是保险法律关系中不可缺少的当事人。当然，保险实践中，根据投保的不同情况，投保人可以同时是被保险人，也可以投保人与被保险人分别为不同的民事主体。

被保险人资格的取得，必须符合法律规定或者保险合同所要求的如下条件。

1. 被保险人应当对保险标的具有保险利益。由于被保险人是保险保障的直接承受者，因此，他必须对于保险标的具有保险利益，诸如，对投保财产享有一定的权益，或被保险人的生命、健康就是保险人承保的对象，才能在保险事故发生并造成保险标的损害时，实现保险合同的保障职能，获取保险赔偿或保险金。这是防止利用保险谋取不当利益的必然要求。

2. 被保险人应当符合具体险种险别规定的特定要求。保险人在不同的险种险别中所承保的范围不尽相同，故社会公众必须符合保险人的具体要求，才能成为相应险种险别的被保险人。例如，（企业）财产保险的被保险人应当是领有工商营业执照的全民所有制企业、集体所有制企业、各类联营企业、个人独资企业以及国家机关、事业单位和社会团体。而个体工商户和中外合资经营企业、中外合作经营企业、外资独资企业则不能成为该险种的被保险人。而家庭财产保险的被保险人则限于城乡居民。

3. 被保险人资格的取得不得违反《保险法》或保险合同条款的禁止性规定。例如，我国《保险法》第 33 条第 1 款规定："投保人不得为无民事行为能力人投保以死亡为给付保险金条件的人身保险，保险人也不得承保。"从而，在此情况下，即使投保人进行投保，相应的无民事行为能力人也不能成为被保险人。不过，父母为其未成年子女投保人身保险，不受上述规则的限制。

四、受益人

受益人是指在保险法律关系中，由被保险人依法指定的，享有保险金请求权的人。笔者认为，受益人是存在于保险法律关系中具有独立主体地位的当事人，而且，其适用范围涉及财产保险和人身保险。[①] 但根据我国《保险法》的规定：受益人是"人身保险合同中由被保险人或者投保人指定的享有保险金请求权的人"（第 18 条第 3 款）。可见，我国现行保险立法只承认受益人适用于人身保险合同。

受益人在保险合同关系中是独立的当事人。[②] 只要受益人依法行使其享有的保险金请求权，就可以获取保险金。但是，受益人故意造成被保险人死亡、伤残、疾病的，或者故意杀害被保险人未遂的，依《保险法》第 43 条第 2 款的规定丧失受益权。

受益人的资格条件，就是经被保险人依法指定。笔者认为，保险金请求权本是被保险人的固有权利，受益人取得该权利实际是保险合同的债权转移，当然，只有其权利人（被保险人）指定受益人，才能体现其转移该权利给他人的真实意思。我国《保险法》虽然规定：人身保险受益人的指定权，由被保险人或投保人行使（第 39 条第 1 款）。但又要求："投保人指定受益人时须经被保险人同意"（第 39 条第 2 款）。可见，《保险法》仍然确认受益人的指定权最终归属于被保险人。若被保险人为无民事行为能力人或限制民事行为能力人的，依据《保险法》规定，"可以由其监护人指定受益人"（第 39 条第 3 款）。

保险合同的受益人，根据被保险人的指定，可以是一人或者数人。若受益人为数人的，被保险人可以确定其受益顺序和受益份额；未确定受益份额的，各个受益人按相等的份额享有受益权（《保险法》第 40 条）。

如果非保险人一方的各位当事人相互之间就指定受益人事宜存在不同意见，经过投保人与被保险人协商仍然不能形成一致意见的，就应当按照最高人民法院《关于适用〈中华人民共和国保险法〉若干问题的解释（三）》［以下简称《解释（三）》］第 9 条第 2 款的规定来认定："当事人对保险合同约定的受益人存在争议，除投保人、被保险人在保险合同之外另行有约定外，按以下情形分别处理：（一）受益人约定为'法定'或者'法定继承人'的，以继承法规定的法定继承人为受益人；（二）受益人仅约定为身份关系，投保人与被保险人为同一主体的，根据保险事故发生时与被保险人的身份关系确定受益人；投保人与被保险人为不同主体的，根据保险合同成立时与被保险人的身份关系确定受益人；（三）受益人的约定包括姓名和身份关系，保险事故发生时身份关系发生变化的，认定为未指定受益人"。

---

① 文中有关受益人的定义、法律地位、适用范围、产生途径仅是笔者个人看法，与现行保险法存在差异。

② 笔者认为，不应将受益人作为保险法律关系的关系人，同时，他也不是利他合同的第三人，因为，其具有独立的主体地位和独立的经济利益。

在保险合同有效期限内，被保险人可以变更受益人，而投保人欲变更受益人时须经被保险人同意。受益人的变更意味着受益权归属的改变，故《保险法》要求被保险人在变更受益人时，应当书面通知保险人。由保险人在保险单或者其他保险凭证上进行批注或者附贴批单，才产生法律效力（第41条）。当然，投保人与被保险人之间处理变更受益人的问题上，理应优先考虑被保险人的意愿，对此，《解释（三）》第10条规定："投保人变更受益人未经被保险人同意，人民法院应认定变更行为无效"（第3款）。不仅如此，投保人或者被保险人变更受益人的，还应当通知保险人才发生变更的法律效力，所以，"投保人或者被保险人变更受益人未通知保险人，保险人主张变更对其不发生效力的，人民法院应予支持"（第2款）。

应当注意，投保人、被保险人、受益人作为一方当事人中的三种独立的主体身份，可根据当事人意志而形成不同的排列组合，最典型的是投保人、被保险人、受益人三种主体身份集于一人；或者是投保人为一人，而被保险人和受益人合于另一人，反之，被保险人为一人，投保人和受益人合于另一人；也可以是投保人、被保险人和受益人分别是三个独立的人。

【知识链接】

互联网大潮拓展了中国保险市场的空间范围

2013年以来，互联网金融在我国金融市场范畴内形成了波澜壮阔的金融大潮，逐步改变着社会大众和各个行业经营实体的贷款、储蓄、理财和保险等诸多金融消费模式，以至于"互联网金融"成为2013年在各种新闻传媒体使用频率很高的"新搜词"。其间，互联网闯入保险市场的大动作已经成为坊间谈论的热门话题。并引起传媒界的关注。它意味着在互联网金融作为新兴金融业态促进我国金融市场不断深化发展的过程中，保险业不可能置身事外，保险业必须考虑在互联网大潮中求得进一步的发展。

究其原因，保险业属于我国大金融领域的组成部分，其以销售保险产品的方式向社会公众提供保险保障的独特功能而独立其间，构成相对独立的保险市场。不过，我国保险业长期以来大多采用传统的面对面的纸本方法来经营保险业务，这成为保险产品供需双方普遍接受的交易模式。然而，随着现代信息技术逐步渗透我国金融领域，尤其是保险业所采用的保险运营模式和提供的保险服务均建立在信息消费基础之上，这表明保险业对于信息化具有高度的依赖性，故其被纳入互联网金融的波及范围是不言而喻的，由此为我国保险业拓展了新的适用领域。其初级形式是保险公司借助网络平台来销售电子保单，进一步的方式是保险公司与互联网企业联手销售保险产品，依法获得保险监管机关批准的网络保险牌照而设立的众安在线财产保险公司更是2013年互联网金融发生在保险市场上的更高形式，是互联网行业与保险业之间的深度融合。

鉴于此，我国保险企业必须顺应互联网大潮的作用和影响，借2014年即将出现的互联网金融爆发年之机，实施"华丽转身"以求得新的发展。原因是，中国保险市场历经三十余年的发展，已经步入成熟阶段，其主要表现之一就是近140家保险企业长期以来大多在传统经营模式的基础上形成较为稳定的市场格局和公平的竞争秩序，在此前提下，各家保险企业要想获取更为明显的突破性发展确实难度较大。如今，互联网金融可以被看作是保险企业在中国保险市场步入成熟期得到的一次获取突破性发展的新机遇和新挑战。

互联网金融向保险业提供了保险业务发展和保险营销的新空间，是保险业发展的新机遇，源于互联网经济运行发展对保险业的客观需要。时至今日，互联网作为现代信息技术的标志已经融入社会的各个方面，已经与人民大众的社会生活形成密不可分的关系，并在衣、食、住、行、玩等诸多环节为社会公众提供高效率的便利的信息服务，以至于构成了新兴的互联网经济。不过，互联网经济在我国市场经济环境中的运行，尤其是作为互联网金融的金融网销、互联网小贷、理财App（应用软件）等新型服务等也必然存在相应的有别于传统经济活动领域的风险因素，例如，互联网信息服务环境下的欺诈风险、消费者的信息安全风险以及互联网业务经营中的竞争风险等。而电商的信用因非面对面的网上交易方式更加引人关注，凸显信用风险的意义重大。这些无疑对保险保障提出了需求，应当成为保险业提供保险服务的新领域，由此拓展了我国保险企业的业务范围。

同时，互联网金融也是保险业要获取发展所面对的新挑战，因为，互联网技术的信息数据“大集中”性、高效性和共享性等特点，对于保险企业在互联网时代的新经济形态环境下的经营管理水平提出了更高的要求。由于我国的互联网金融已经从单纯的保险企业与互联网平台在保险产品销售环节的合作逐步转入两业之间的深度融合，保险企业只有针对互联网经济的诸多特点来健全和改进自身有关互联网保险业务活动的经营管理制度，以利于互联网保险高效率运用其所拥有的大数据和巨大销售能力的优势，才能够适应互联网保险的运行而获得发展，实现保险资源和保险服务的优化配置。反之，保险企业维持传统营销模式下的经营管理，势必降低或者难以发挥互联网保险的优势，失去借互联网金融求得发展的机会。

第四节　保险法律关系的内容

各方当事人享有的权利和承担的义务之总和，为保险法律关系的内容。虽然，具体的保险法律关系的内容不尽相同，但在共性角度上，下述的权利和义务则普遍存在于各个保险法律关系。

一、保险人的义务

保险人在保险法律关系中承担的基本义务包括两项：一是保险责任，二是承担施救费用。

（一）保险人的保险责任

保险责任是保险人在法律关系中承担的基本义务，其性质与民事责任是泾渭分明的。其内容就是在发生保险事故而致保险标的损害或保险合同约定期限届满时，保险人向被保险人或受益人支付保险赔偿金或人身保险金。因为，保险人是“按照约定的时间开始承担保险责任”（《保险法》第14条）。

当然，保险人履行保险责任必须具备以下条件。

1. 发生了保险事故。如前所述，保险针对的是危险，但是，保险人在具体保险合同中承担的保险责任并非囊括所有危险，而是限于保险合同约定范围内的危险，即保险责任条款所列举的危险事故。该范围内的危险事故依法称为保险事故（《保险法》第 16 条第 7 款）。只有发生了保险事故，保险人才可能承担保险责任。该范围以外的危险事故发生时，保险人则不承担保险责任。

2. 保险事故的发生造成保险标的损害后果。除了人寿保险合同的生存险是以合同约定期限届满作为给付人身保险金的条件以外，其他各种保险合同的保险人履行保险责任均是以保险事故的发生造成保险标的损害为前提。所以，即使发生保险事故，但未造成保险标的损害的，保险人也不承担保险责任。同时，保险事故所致损害属于保险合同之保险标的以外的财产或人身的，保险人亦无须承担保险责任。

3. 保险事故发生于保险责任期间内。这就是说必须是在保险责任期间发生了保险事故，并造成保险标的损失的，保险人才承担保险责任。反之，在保险责任期间开始之前或者终止之后，即使发生保险事故，并造成保险标的损害的，也不产生保险人的保险责任。

4. 被保险人或受益人依法行使索赔权。若符合上述各项条件，要让保险人履行保险责任，还必须由依法享有索赔权的被保险人或受益人按法定程序在法定的索赔时效①期间内，行使该索赔权，才能产生保险人的赔付结果。依我国《保险法》第 26 条②的规定，该时效期间分别是 2 年（适用于人寿保险以外的其他各类保险，从被保险人或受益人知道保险事故发生之日起计算）和 5 年（适用于人寿保险，从被保险人或受益人知道保险事故发生或者保险合同约定期限届满之日起计算）。

（二）保险人承担施救费用的义务

该项义务的内容是指被保险人在履行施救义务，对保险标的进行抢救过程中支付的合理的施救费用，由保险人承担。该项义务是与保险人承担的保险责任并存的又一独立义务，是与被保险人承担的施救义务相对应的。被保险人在保险事故发生时，有责任尽力采取必要措施，对保险标的进行抢救，不得任由损害后果的发生或扩大。但是，被保险人在履行施救义务过程中，会发生相应的费用支出，或因施救而遭受损害形成相应费用。在保险实务中，这些费用支出统称为施救费用，依保险法规定是由保险人承担，但限于必要的、合理的费用。该费用不超过保险金额的数额，在保险标的损失赔偿金额以外另行计算（《保险法》第 57 条第 2 款）。

二、投保人、被保险人或受益人的权利义务

与保险人的义务相对应，投保人、被保险人、受益人承担着如下各项义务，并享有相应权利。

（一）支付保险费的义务

保险费是获取保险保障的对价条件，因此，支付保险费在保险法律关系中至关重要。从保险法律关系结构讲，保险费是由投保人承担。正如我国《保险法》第 14 条规定的：“保险合同成立后，投保人按照约定交付保险费”。从而，投保人应当按照保险合同约定的数额、时间、

---

① 笔者认为，该时效应当是除斥期间，而不是诉讼时效。

② 该条将索赔时效规定为诉讼时效，值得商榷。

地点、结算方式，一次或分期向保险人缴纳保险费。

不过，考虑到现实生活的复杂多样性，也应当允许他人代为缴纳保险费，只要是投保人主观上知道或者应当知道他人代交费的事实，并对比无异议，就应当视同投保人履行了缴纳保险费义务。《解释（三）》即规定："当事人以被保险人、受益人或者他人已经代为支付保险费为由，主张投保人对应的交费义务已经履行的，人民法院应予支持"（第7条）。

实例枚举

2010年5月28日，S保险公司与A旅行社签订旅游保险合作协议一份，约定：在协议有效期内，A旅行社作为投保人，为其承办的旅游团人员（包括游客及随团的旅行社雇员）向S保险公司投保旅游人身意外伤害保险，并将《安心旅游意外险条款》作为协议附件一；其中，医疗给付特别条款规定，本公司按如下约定承担医疗费用：(1) 被保险人在国内二级以上（含二级）医院接受治疗所支出的、符合当地社会保险主管部门规定可报销范围的医疗费用，本公司扣除约定免赔额后，在本合同保险凭证上所载医疗保险金额范围内，按约定比例给付医疗保险金。……(3) 保险期间届满被保险人治疗仍未结束的，本公司所负给付保险金的期限可按下列情况延长：门诊治疗者，自保险期间届满次日起计算，最多延长15日；住院治疗者，在保险期间届满次日起计算至出院之日止，最多延长90日。(4) 若被保险人的医疗费用已从任何其他途径（包括社会医疗保险机构、工作单位）取得补偿，本公司仅对被保险人未受偿的剩余部分医疗费用按本条规定进行赔付。旅游保险合作协议附件二《团体旅游意外伤害保险方案》规定。保险人承担医疗费用应扣除约定免赔额100元。但在《安心旅游意外险条款》及电子保单中未载明免赔额的内容。合作协议还约定，A旅行社有将本协议及各附件内容（如保险责任、责任免除）等各项重要事宜如实告知每一位被保险人的义务。

2011年4月3日，原告毛某与A旅行社签订旅游合同一份，约定：毛某参加厦门土楼四日游，时间为同年4月12日至15日，并委托A旅行社购买S保险公司的旅游人身意外险1份，旅游费用中包括了相应的保险费。A旅行社未能举证证明其向毛某说明了保险条款内容。A旅行社接受毛某委托后，通过其与被告之间对接的网上操作系统，以网上点击操作自动生成的电子保单形式，代毛某投保了安心旅游意外险1份。保险公司网站显示，涉案的电子保单，其投保人为A旅行社员工蔡某，医疗保险金额为12 000元，意外伤害保险金额为88 000元，保险责任期间自2011年4月12日起至2010年4月15日止。同年4月14日，毛某在A旅行社组织的厦门旅游过程中，发生交通事故，致毛某眼部受伤，地接社为其支付了在厦门期间住院产生的医疗费11 044元。毛某回南京后自行就医产生费用1 199元，其中，自保险期限届满次日起15日内的医保范围内用药金额为341.70元；之后的医保范围内用药金额为544元。毛某向S保险公司索赔未果，遂诉至法院，请求判令S保险公司赔偿保险金12 000元。

审理中，S保险公司认为A旅行社是投保人，而毛某和A旅行社都认为毛某是投保人，A旅行社是毛某投保时委托的代理人。

法院在审理过程中，存在三种意见。

第一种意见认为，投保人是作出订立保险合同的意思表示之人，是保险合同的当事人，从本案保险合同的订立过程和电子保单的记载来看，通过网上操作系统与保险公司签订合同的是A旅行社，保险合同中载明的投保人亦是保险公司的员工蔡某。毛某只出了保费，并不因此而成为投保人，这是为第三人利益的保险，应当认定旅行社为投保人。

第二种意见认为，旅行社是保险兼业代理人，毛某是投保人，也是被保险人。

第三种意见认为，旅行社未按其与保险公司的协议执行，而是将该网上对接系统用于游客投保的保险合同之中，故毛某是投保人，也是被保险人。

借助本案，可以理解保费义务的承担与投保人的联系，进而把握保险关系当事人的权利义务构成。

（二）维护保险标的安全的义务

这是《保险法》赋予投保人、被保险人及受益人的一项法定义务。例如，财产保险法律关系的“被保险人应当遵守国家有关消防、安全、生产操作、劳动保护等方面的规定，维护保险标的的安全”（第 51 条第 1 款）。而人身保险合同的投保人、受益人故意造成被保险人死亡、伤残、疾病的，会引起保险人不承担保险责任或受益人丧失受益权的结果，至于被保险人自杀的，除法定情况外，保险人不承担保险责任（《保险法》第 43、44 条）。确立该义务的宗旨，在于防灾防损，防止出现道德危险。保险人对于未按保险合同约定履行其对保险标的安全应尽的责任的投保人、被保险人，有权增加保险费或者解除合同。

与此相对应，保险人有权对保险标的的安全状况进行检查，及时向投保人、被保险人提出消除不安全因素和隐患的书面建议。而投保人、被保险人应当接受保险人的检查，并根据保险人的书面建议采取相应的措施消除不安全因素和隐患。显然，对保险标的的安全漠不关心和放任危险存在都是未履行上述义务的表现，要承担相应的法律责任。

另外，笔者认为，维护保险标的安全的义务的适用不应当局限于财产保险法律关系，而应当扩大适用于人身保险法律关系，即除了当事人另有（例如自杀条款）约定以外，投保人、被保险人均应承担维护被保险人之身体或者生命安全的义务，不得任意剥夺。这是维护社会关系的稳定、保护公民（特别是处于弱势地位的未成年人、精神病人）的生命安全的客观需要。

（三）通知义务

这是保险法律关系的被保险人依法承担的义务，依《保险法》规定，包括以下两项通知内容。

1. 危险程度显著增加的通知义务。被保险人在保险法律关系有效期内，对于保险标的的危险程度显著增加的，有义务及时通知保险人。比如，本用于生产成衣的厂房改而用于生产烟花爆竹，其危险程度显著增加。对此，《保险法》要求被保险人应当及时通知保险人，以便保险人决定是否增加保险费或解除合同。被保险人未履行上述义务时，因保险标的危险程度显著增加而发生保险事故的，保险人不承担保险责任（第 52 条）。

至于认定被保险人履行该项通知义务所需的“危险程度显著增加”之条件的，最高人民法院《关于适用〈中华人民共和国保险法〉若干问题的解释（四）》［以下简称《解释（四）》］第 4 条给出了法律标准：“人民法院认定保险标的是否构成”《保险法》第 52 条规定的“危险程度显著增加”时，“应当综合考虑以下因素：（一）保险标的用途的改变；（二）保险标的使用范围的改变；（三）保险标的所处环境的变化；（四）保险标的因改装等原因引起的变化；（五）保险标的使用人或者管理人的改变；（六）危险程度增加持续的时间；（七）其他可能导致危险程度显著增加的因素。”不过，上述认定标准排除了如下情况，即：“保险标的危险程度虽然增加，但增加的危险属于保险合同订立时保险人预见或者应当预见的保险合同承保范围的，不构成危险程度显著增加。”

2. 出险通知义务。投保人、被保险人或受益人知道保险事故发生后，有义务及时通知保险人，以便保险人及时派员查勘，确定保险事故发生的原因和评估损害后果（《保险法》第21条）。这有利于保险人及时、正确地赔付。若上述义务人故意或因重大过失未及时通知保险人，致使保险事故的性质、原因、损失程度等难以确定的，保险人对无法确定部分，不承担赔偿或给付保险金责任。

（四）施救义务

这是保险法律关系的被保险人承担的又一项义务。其内容是被保险人在保险事故发生时，有责任尽力采取必要的措施，对保险标的进行抢救，防止或减少损失（《保险法》第57条第1款）。这意味着被保险人面对保险事故正在损害保险标的的局面，有能力抢救的就应当尽力抢救，不得任由损害后果的发生或扩大，否则，保险人有可能对于能够防止或减少而未能防止或减少的损害，免除赔付责任。

当然，被保险人履行该项义务，是在其力所能及的范围之内，即被保险人根据具体情况有能力并且可以实施抢救措施。超出该限度时，也不能强求被保险人进行力所不能的施救。而且，被保险人履行施救义务并不以产生实际的施救效果为前提，因此，保险人只要在力所能及范围内采取了必要的施救措施就构成履行《保险法》第57条规定的施救义务，被保险人“请求保险人承担为防止或者减少保险标的的损失所支付的必要、合理费用”，而“保险人以被保险人采取的措施未产生实际效果为由抗辩的，人民法院不予支持”[《解释（四）》第6条]。

（五）指定受益人的权利

这是保险合同中被保险人享有的权利。① 由于受益人是享有保险金给付请求权的独立合同主体，与被保险人利益攸关。从而，受益人的选择应当符合被保险人意志，故各国保险法均确认被保险人指定受益人的权利。我国《保险法》第18条第3款虽然规定被保险人和投保人均可以指定受益人，但是，投保人指定或变更受益人时须经被保险人同意，表明其立法精神仍然是确认指定受益人的权利最终为被保险人享有。而且，《解释（三）》第9条第1款也依据该规定精神，优先保护被保险人之受益人指定权，明文规定：“投保人指定受益人未经被保险人同意的，人民法院应认定指定行为无效”。

（六）保险金请求权

这是与保险人的保险责任相对应的权利，其性质属于债权。享有和行使该权利是保险保障目的的直接体现，也是投保人、被保险人或受益人承担和履行各项义务的对价回报。财产保险合同中，保险金请求权就是要求保险人按保险合同约定支付保险赔偿金的权利。而人身保险合

---

① 笔者的此观点与现行《保险法》第18条第3款和第61条第1款的规定存在差异。

同中，该权利就是要求保险人按保险合同约定给付人身保险金的权利。一般情况下，《保险法》确认保险金请求权归属于被保险人（第12条第5款）。被保险人行使该项权利必须符合保险合同约定的程序，并依约提供必要的文件材料。但是，能否得到保险金，则取决于保险人审核是否符合承担保险责任的条件。

受益人作为独立当事人，基于被保险人转移权利的意志而在保险合同中享有保险金请求权（《保险法》第18条第3款），其行使此权利的条件和程序，除了符合有关受益人资格的法律规定外，与被保险人行使该权利时相同。受益人为数人时，应按照被保险人确定的受益顺序和受益份额行使该权利。如果未确定受益份额的，各个受益人应按照相等份额行使各自的保险金请求权。

实例枚举

2001年2月5日，甲农场就其所有的75辆机动车辆，与乙保险公司签订了机动车辆保险合同，保险期限1年，并交纳了94 600元保险费。同年5月，保险公司会同交通管理部门对甲农场的机动车辆进行安全检查，发现10辆车超过了大修期限，处于“带病”行驶状态。为此，乙保险公司就该10辆车向甲农场发出停产大修的书面建议。但是，甲农场并未采纳。此后，其中2辆“带病”行驶的货运卡车肇事，造成车身全损共计14万元。甲农场向乙保险公司提出保险索赔，然而，得到的是一纸拒赔通知书。理由是被保险人甲农场未接受保险公司的停产大修建议，违反了保险合同义务。但是，甲农场却认为是否修理车辆是企业的经营管理问题，与保险合同无关，所以，保险公司对于其车辆损失应当予以赔偿。遂形成了保险纠纷。

借助本实例，可以全面理解保险法律关系当事人的权利和义务。各方得以行使权利的对应条件是依约履行各项义务。而且，各项义务有各自特定的适用范围和适用条件，它们是衡量当事人是否履行各项义务的法律标准。

第五节　保险法律关系的客体

一、保险法律关系客体的含义

保险合同的客体是构成保险法律关系的要素之一，它是保险合同的各方当事人的权利和义务共同指向的对象。那么，保险合同的客体是什么？学术上观点不尽相同。有的认为，保险法律关系的客体就是保险标的[①]；有的认为，保险人向被保险人提供的保险保障行为是保险法律关系的客体[②]；有的认为，保险法律关系的客体是保险标的和体现一定物质利益的行为的统一

① 胡文富．保险法通论．北京：中国检察出版社，1998：96.

② 李嘉华．涉外保险法．北京：法律出版社，1991：98.

体①；笔者认为，保险合同的客体应当是保险利益。

保险利益，是指投保人或被保险人与保险标的之间存在的法律上认可的经济利害关系。这种经济利害关系体现着投保人或被保险人因保险标的的存在而享有的经济利益。它通过保险合同的适用，可以得到保险保障，故称为保险利益。我国《保险法》第12条第6款将其定义为“投保人或者被保险人对保险标的具有的法律上承认的利益”②。笔者认为应当表述为投保人或被保险人对保险标的具有的法律承认的经济利害关系。

保险利益作为保险合同的客体区别于保险标的。因为，保险标的是指作为保险对象的人的寿命和身体或者财产及其有关利益（《保险法》第12条第3款和第4款），它是保险合同确认保险利益的物质载体，也是保险事故所致损害后果的对象。不同险种的保险合同，其保险标的各不相同，但是，被保险人通过保险人的保险赔偿或给付保险金来保障其保险利益的目的则是一致的。同时，投保人或被保险人在保险合同中，并非孤立地追求保险人实施的保险行为本身，而是以保险利益的保险保障作为其参与保险的目的。这是保险合同之保障特性的要求。因此，以保险利益为保险合同的客体，可以统一保险活动的保障价值。

各国保险立法均重视保险利益，我国《保险法》第12条亦有规定，原因在于，保险利益的存在与保险合同保障职能的实现直接相关。财产保险投保人投保的目的在于通过保险人的保险赔偿获取保险利益的保障，故保险赔偿的范围是以保险利益为准的。因此，“财产保险的被保险人在保险事故发生时，对保险标的应当具有保险利益”（《保险法》第12条第2款）。而人身保险的投保人同样要借助保险金的给付来保障其保险利益，则保险利益的存在也是必不可少的前提，如果没有保险利益，则法律禁止其投保，保险人也不予以承保，故“人身保险的投保人在保险合同订立时，对被保险人应当具有保险利益”（《保险法》第12条第1款）。这样可以防止社会成员利用保险合同，牟取额外利益，预防道德危险的发生。

二、保险法律关系客体的法律条件

作为保险合同客体的保险利益，必须具备下述法律条件。

1. 保险利益必须是合法利益，即法律认可的利益，才为法律所保护。否则，即使存在着经济利害关系，也会因其不合法而不能成为保险合同的客体。

2. 保险利益应当是确定的、能够实现的经济利益。诸如财产保险中保险标的的损坏导致的经济损失；责任保险中因被保险人承担法律责任而支出的货币；人身保险的被保险人因死亡、伤残而丧失劳动能力所失去的劳动收入等。因此，仅凭推论而可能获得的利益就不能成为保险利益。

3. 保险利益必须具有经济价值，即可以用货币加以衡量和计算，不能用货币衡量的损害后果不能列为保险利益。

作为保险合同客体，保险利益应依附于投保人或被保险人。如果该保险利益在保险合同有效期限内发生变化，与投保人或被保险人发生分离的，例如，依《保险法》第49条规定，财

① 黄华明．中国保险法理论与实践．北京：经济科学出版社，1996：54.

② 笔者认为，《保险法》第12条定义的“保险利益”存在逻辑上的疏漏，应当加以修改。

产保险的保险标的转让给他人的，由受让人承继被保险人的权利和义务。但保险人或者受让人应当及时通知保险人。不过，法律或保险合同另有规定的，保险利益转移的，保险合同的效力直接及于新的保险利益享有者，不必经保险人同意。上述法条有关货物运输保险合同的规定即属此种情况。

【知识链接】

魏源，在中国传播西方保险思想的第一人①

曾与龚自珍等人并称为“薇垣五名士”的魏源（1794—1857）是我国近代宣扬富国强兵和“师夷长技以制夷”思想的爱国主义思想家，也是在中国最早传播西方保险思想的人。具体表现在其代表作《海国图志》之中。

《海国图志》是魏源于1842年对林则徐主持翻译的西方资料《四洲志》和历代史志的增补本，1842年有50卷问世，1847年补成60卷，1852年刊行百卷本。该书全面介绍了西方文明，是涉及世界地理、历史、政治、经济、历法、宗教的百科全书。其中，《海国图志》在中国历史上首次介绍了西方的保险思想和实务。魏源在该书中，将“保险”译为“担保”，“保险公司”译为“担保会”，“海上保险”译为“船担保”，“生命保险”译为“命担保”，“火灾保险”译为“宅担保”。在该书第五十三卷《夷情备采·三·贸易通史》中，魏源介绍了西方国家的水险、火险和寿险等三个险种：所谓“船担保”，由于“舟航大洋难保沉覆。假如船价二万元载货五万元出海，每月纳会中银二三两。假使船三月到岸平安无失，所纳银存为会中公费。如船货有失，视其损失之分数，如仅桅折货湿，会中如数补偿；如全船沉溺，则会中即偿其半，但必实报实验”。所谓宅担保，因为“城市稠密，回禄堪虞。假如本屋价银二千，每年纳会中银二十元，不幸被灾，则会中亦代偿其半”。所谓“命担保”，则“假如老妻弱子，身后恐无生计，每年于会中入银五十元。死后，如后嗣成立，无需周恤则已，如贫不能自存，则会中赡其家每年一千元”。同时，魏源还指出当时的中国尚无“担保会”（保险公司）组织，“中国以农立国，西洋以商立国，故心计之工，如贾三倍，其国所立规制，以利上下者，一曰银票，二曰银馆，三曰挽银票，四曰担保会。此四者皆西国恤商之政……此三者中国皆有此例，唯担保会则中国无之”。根据史料记载，中国的第一家华商保险组织义和保险行在魏源死后8年的1865年创建于上海。

问题与思考

1. 保险法律关系有哪些法律特点？
2. 财产保险法律关系与人身保险法律关系的区别有哪些？
3. 保险法律关系的主体有哪些？各自的法律条件是什么？
4. 谈谈保险法律关系的客体。
5. 保险法律关系的各方当事人享有哪些权利？承担哪些义务？

---

① 魏原杰，吴申元．中国保险百科全书．北京：中国发展出版社，1992：667.

第四章

保险法的基本原则

本章概要

保险法的基本原则是贯穿整个保险法律规范体系，指导诸多保险法律制度适用的根本性行为规则。保险法的各项基本原则是人们对于保险制度适用经验的总结，是保险的基本性质和社会功能的总结。因此，保险法基本原则的价值在于指导性。保险市场上的各个具体的保险活动都必须符合保险法基本原则的要求。保险法的各项基本原则既是以民法诸多法律原则为基础，又反映着保险活动的特殊规律和特殊需要。这些基本原则都体现着正义、公平等社会道德理念，它们为保险法所确立和适用，有助于克服保险法律条文因立法技术的不周延而导致的局限性，弥补成文法的不足，充实保险法的调整内容。可以说，理解保险法的基本原则也就把握了保险法律体系的总纲。学习本章的目的，在于了解各项保险法基本原则的法律内涵以及适用内容，确定规范保险活动的法律标准，并关注这些基本原则对相关保险法律规则的影响。

第一节　最大诚信原则

一、最大诚信原则的概念和法律内涵

众所周知，诚实信用是市场经济活动正常进行的基本条件之一，并成为民商事法律的首要原则，但是，保险市场的特殊性，决定着该领域较之一般民事活动所需要的诚信程度更高，更为严格，以至于很多国家的保险立法将民商法上的诚实信用原则加以强化，提升为最大诚信原则，又称为“绝对诚信原则”。

从市场经济角度讲，诚实和信用原本是社会公众从事商品交易活动所应当遵守的道德准则。不过，将上述道德准则纳入民商法领域内，便上升为法律规则，其中，所谓“诚实”，是要求合同的任何一方当事人在签订合同和履行合同的过程中，对另一方当事人不得有隐瞒、欺骗行为。所谓“信用”，则要求参与商品交易的任何一方当事人都必须以信为本，认真地、善

意地、全面地履行其所承担的义务。应当说，民商法的诚实信用原则是高度抽象的概念，其着眼于调整民事活动参与者间的经济利益，要求民事主体在真实、守信的基础上从事商品交易活动，达到平衡当事人之间的利益以及当事人的个体利益与社会整体利益的效果。由此可见，诚实信用是较为抽象的道德理念在民商法上的具体化、法律化的结果，因此，诚实信用原则在民商法体系中处于具有强制适用效力的、统领所有法律规范的“一般条款”地位，被尊称为“帝王条款”而君临该全部法域之基本原则。[①] 遵守该原则，对于市场经济的健康发展具有重要意义。

保险市场作为市场经济的组成部分，同样应当接受诚实信用原则的约束，甚至上升演变为“最大诚信原则”。在此最大诚信原则可以表述为：保险合同的各方当事人在签订保险合同时都必须最大限度地按照诚实的精神，将各自知道的有关事实告知对方，如实陈述，不得不予告知、隐瞒、伪报或诈欺；而在保险合同生效后各方当事人应当按照信用的精神，认真行使各自的权利和履行各自的义务。不论何方当事人违反“最大诚信原则”，对方当事人都有权依法解除保险合同。

作为诚实信用原则的具体表现，最大诚信原则亦具抽象性，因此，把握其法律内涵，对于正确理解和运用该原则具有重大意义。其法律内涵如下。

1. 该原则要求各方当事人应本着真实无欺的态度设立、变更或消灭保险法律关系，不得损害他人或社会利益。

2. 该原则要求各方当事人应按照诚实守信的规则，行使权利，履行义务，用以平衡彼此之间的利益关系。对于当事人在保险交易过程中所为的不诚实、不守信行为则予以抵制和纠正，以防止当事人之间的利益平衡由此被破坏。

3. 该原则通过具体法律规则的适用，针对实质上不平衡的保险关系，重新在当事人之间进行权利义务再分配，矫正因保险交易活动的专业技术性、掌握市场信息和有关事实情况的不对称性、保险合同格式性和附和性等因素所造成的利益失衡状态，最终实现真正平衡的利益关系。诸如，约束投保人的如实告知义务与赋予保险人的合同解除权，保险合同条款报请中国保监会审批或备案的义务和法定的保险合同条款解释规则，无不反映出最大诚信原则的精神。

【知识链接】

简介海上保险制度的雏形——海上船舶抵押借贷（海上冒险借贷）

如前所述，现代保险制度起源于海上保险[②]，至于海上保险的起源则存在多种说法，比较普遍的是，认为海上船舶抵押借贷是近现代海上保险的雏形。海上船舶借贷作为古代借贷关系的具体方式，表现为，借款人以出海航行的船舶和船载货物作为抵押物而向放款人借款，约定高于普通借贷的利率（甚至高出1倍）。如果船舶和货物安全抵达目的地，则借款人应当向放款人如数偿还借款的本金加上约定的利息；如果船舶以及货物在航行途中遭遇海上风险而蒙受损失，则借款人根据受损程度，免除全部或者部分借款债务的偿还责任。可见，该类船舶抵押贷款实质上是一种当事人实施风险转移的手段，不过，其高额利息意味着赢利与风险责任的比

① 史尚宽．民法总论．台北：正大印书馆，1980：300.

② 参见本书第二章第一节。

例悬殊，致使双方都承受着很大的风险，故素有“海上冒险借贷”之称。

海上船舶抵押借贷最早出现在地中海地区，一般认为，公元前 2500 年的《汉谟拉比法典》中有关海上冒险借贷的规定是最早的保险法律规定。公元 533 年，罗马国王查士丁尼颁布法典承认了海上冒险借贷，这只是简单的保险法律萌芽。其确认的海上冒险借贷具备了保险的基本特征，放款人相当于保险人，借款人相当于被保险人，被抵押的船舶以及货物成为保险标的，所收取的高于一般借贷的利息部分就是保险费。直至中世纪，海上冒险借贷在意大利和地中海沿岸的海运各国十分盛行，于是，被 12 世纪适用于地中海沿岸的《康苏拉度海事法例》所吸收。如今，海上保险已经被广泛适用于海上运输。同时，海上船舶抵押借贷也存在于海上运输市场中。考虑到海上船舶抵押借贷所包含的远期信用风险的理念，1973 年，学者 Robert Goshay 和 Richard Sandor 提出将海上船舶抵押，甚至是海上再保险的风险转移到资本市场，借助保险证券化来解决再保险市场承保能力不足之问题，由此引发一系列保险证券化的尝试，以适应保险业发展的需要。

由此可见，保险制度与民法之借贷制度的关系十分密切，其中，海上保险作为现代保险的最初渊源，直接是由民法的借贷制度演变而来。因此，民法上的诚实信用等诸多基本原则都应当为保险制度所采纳吸收。尤其是，保险制度作为一种保障手段是借助风险转移机制来实现的，更需要强调诚实信用原则对其正常运行的指导意义。

二、最大诚信原则的适用意义

自从最早为英国《1906 年海上保险法》以立法形式予以确立起，最大诚信原则至今已经存在一个多世纪，成为调整保险业的基本准则。在现实社会生活中，人们基于参与社会生产或日常生活所面临的风险而产生投保需求。从投保人角度说，其对投保的保险标的的情况及相关的危险情况最为了解，保险人只能根据投保人的陈述来决定承保与否和确定所需适用的保险费率，为此，我国《保险法》第 5 条明文规定：“保险活动当事人行使权利、履行义务应当遵循诚实信用原则”。而该法第 16 条则全面规定了投保人承担的如实告知义务。而从保险人角度说，保险合同条款大多是由其事先单方拟订的，专业性较高、技术性较强，非从事保险业务的人难以掌握，所以，保险人基于诚实信用原则，亦应如实向投保人履行保险条款说明义务（《保险法》第 17 条）。此外，诚实信用原则还要求保险活动当事人在参与保险活动时，应如实向保险监管部门申报经营状况，提供各类资料。

由此可见，保险法适用最大诚信原则，要求双方必须依诚实和信用原则签约和履约，以求实现预防保险领域的诈欺行为（诸如陈述不实、隐瞒、伪报）等道德危险，确保保险合同真实有效，保护当事人合法权益，充分实现保险职能，维持保险市场正常秩序。最大诚信原则的适用意义由此可见一斑。

三、最大诚信原则的适用内容

最大诚信原则的产生是出于保险人约束投保人的需要，故该原则在保险实务中，主要表现为投保人应当履行法定义务，至于保险人在最大诚信范围内的义务，各国保险立法却鲜有规定。但是，从公平角度讲，最大诚信原则同样适用于投保人和保险人。具体而言，最大诚信原则的适用内容，包括投保人应如实告知和履行保证，也要求保险人应遵循弃权与禁止反言等规则。

（一）告知

告知，在国际保险市场上又称为“披露”，是指保险活动各方当事人应就法定范围内的事项如实向对方当事人予以陈述。保险合同所要求的告知涉及双方当事人。其中，投保人在签订保险合同时，应将其知道或应该知道的有关保险标的的重要情况如实向保险人进行陈述。因为，如实告知的情况是保险人判断是否接受承保和确定保险费率的重要依据。相应地，保险人在签订保险合同过程中，应将保险合同的条款内容和办理保险的有关事项，如实告知被保险人及其代理人。尤其是对于只有其知道的保险标的之不可能因保险事故而遭受损失的情况（如船舶保险合同所涉及的保险船舶已经安全到达目的地），保险人应及时告知被保险人，并且不得签订保险合同。否则，被保险人有权解除合同，收回已支付的保险费。

由此可见，告知是最大诚信原则的基本内容之一，为各国法律所确认。我国《保险法》第16条和《海商法》第222条均规定了投保人承担的告知义务。当然，也有学者提出，在保险合同的投保人和被保险人分别是两个主体的情况下，应当将承担告知义务的义务人扩大到被保险人。[①] 而保险人的告知责任，则被我国《保险法》第17条规定为条款说明义务。

在保险实务中，保险人决定是否予以承保以及如何收取保险费完全取决于投保人在投保时所作的陈述。此一陈述是保险人进行风险判断和评估的基础。因此，各国保险法将告知义务的适用重点放在投保人处，特别强调投保人承担的如实告知义务。不过，应当注意的是，投保人为履行如实告知义务而作出的陈述，仅仅是保险合同得以订立的前提条件，并非保险合同的内容。其法律性质属于缔约义务，与保险合同的效力无关。投保人不履行如实告知义务的法律结果，是产生保险合同的解除权，而不导致保险合同无效。

实例枚举

王某于2007年8月24日在某保险公司为其女儿王小某购买了一份保险，主险为两全保险，附加险为长期重大疾病保险。2008年3月27日，王小某在医院被确诊为先天性心脏病，遂向保险公司提出理赔申请。保险公司经过理赔调查，发现王某曾于2006年6月至2008年1月期间带王小某至医院进行过四次治疗，且从医院提供的出院记录来看，四次就诊原因均为“先天性心脏病”。但是，王某在为王小某购买长期重大疾病保险时，在“人身保险投保单”健康风险声明一栏中对“是否患有先天性心脏病”的病史作出否定答复。保险公司认为王某未履行如实告知义务，且王小某所患疾病属于保险合同免责范围，因此拒绝理赔。王小某遂诉至法院。

法院认为，原、被告存在合法有效的人身保险合同。原告于2006年6月在某县人民医院住院治疗，即确诊为先天性心脏病，后经多次住院治疗，其症状仍确诊为先天性心脏病。因

---

① 尹田．中国保险市场的法律调控．北京：社会科学文献出版社，2000：122.

此，投保人在向被告投保之前，已经明确知悉原告患有先天性心脏病的事实。但投保人和被保险人即原告在“人身保险投保单”健康风险声明一栏中对“是否患有先天性心脏病”的病史作出否定的答复。显然，投保人在明确被保险人患有先天性心脏病的情况下，故意隐瞒其病情而投保长期重大疾病保险。根据《保险法》第16条规定，投保人故意不履行如实告知义务的，保险人对于保险合同解除前发生的保险事故，不承担赔偿或者给付保险金的责任，并不退还保险费。现投保人购买的附加长期重大疾病保险的合同期限已届满，投保人已停止支付保险金，故原、被告之间有关长期重大疾病保险合同已终止履行。投保人故意隐瞒投保前已身患疾病的事实，不履行告知义务，被告依法不承担保险责任。原告的起诉，没有事实和法律依据，本院不予支持。

本案涉及投保人在订立保险合同时承担的如实告知义务及其违反的后果，进而表明诚实信用原则在保险领域的指导意义。

（二）保证

构成最大诚信原则内容的保证，一般适用于投保人，其特定内容是指投保人向保险人作出的履行某种特定义务的承诺。诸如，海上保险合同的投保人承诺投保船舶不超越规定航区的“航区保证”；承诺投保时申报的投保船舶的船级无误的“船级保证”；承诺其船舶在开航时具有适航性的“适航保证”等。保证在法理上是从属于保险合同的附随义务，是保险合同的组成部分，因此，如果承诺方违反保证义务的，相对方有权提出赔偿要求。又如，财产损害保险合同的投保人承诺在保险合同有效期限内不改变保险标的的用途，交通运输工具保险合同的投保人承诺为维持其正常技术状态而保养保险标的，盗窃险的投保人承诺用于保险标的的防盗设施齐全有效等。

保证的适用源于18世纪英国的海上保险，后由美国在19世纪引入，并扩大适用于火灾保险和人寿保险。根据其表现形式，保证分为明示保证和默示保证，前者是以保证条款的形式列入保险合同中，后者则是指投保人按照法律或惯例应当予以承诺。虽然，默示保证未在保险合同中载明，但是，投保人基于保险合同的适用而一并承诺。明示保证与默示保证具有同等的法律效力。

由于保险人无法直接控制保险标的的使用情况，只有在保险事故发生时才能了解事故发生的始末、保险标的的受损原因和受损状况，因此，为了保护保险人的合法权益，防止保险领域中的道德危险行为，各国法律确认保证为最大诚信原则的组成部分。我国保险实务中同样加以运用。

（三）弃权和禁止反言

在保险法上，弃权是指保险合同的一方当事人以明示或默示的意思表示放弃其得以行使之权利的行为。而禁止反言原本是英美衡平法的原则，同样适用于保险领域。其内涵是指已经放弃权利的合同一方当事人不得再向对方主张此权利。例如，投保人在投保时填写的“健康告知书”告知患有高血压病，但是，保险人因疏忽而未严格审查便按照一般条件予以承保，并签发了保险单。这意味着保险人放弃了其在签约过程中享有的加费承保或拒绝承保的权利。基于禁止反言规则，保险人不得在出险时主张加费或解除合同，即保险人因其此前的弃权而放弃了其针对对方当事人本应享有的合同解除权、终止权等抗辩权利。禁止反言又被称为禁止抗辩。

显然，弃权和禁止反言是相互对应的两个概念，弃权是禁止反言的前提，禁止反言则是弃权引起的法律后果。弃权和禁止反言是建立在最大诚信基础之上的，通过弃权和禁止反言的适用，体现保险法的最大诚信原则。当然，弃权和禁止反言的着眼点不同于告知和保证，因为，放弃权利的一方当事人丧失抗辩权利，可以确保另一方当事人基于善意信赖而与其建立保险关系的目的不致落空。笔者认为，我国《保险法》第 16 条第 6 款的规定便是弃权和禁止反言规则的体现。①

在保险实务中，弃权的适用条件包括：(1) 投保人存在违反义务的行为；(2) 保险人知道该违反义务行为的存在；(3) 保险人知道其享有因该违反义务行为而解除保险合同等抗辩权；(4) 保险人有以明示或默示方法放弃其享有的抗辩权利的意思表示。与此相对应，禁止反言的适用条件包括：(1) 保险人明知享有保险合同解除权等抗辩权而作出不实的意思表示；(2) 该不实意思表示使得投保人或被保险人相信保险合同具有法律效力；(3) 投保人或被保险人的相信是建立在其不知保险人为不实意思表示的善意基础上；(4) 投保人或被保险人因此善意而实施相应行为导致自身利益受到损害。例如，因相信保险合同有效而向保险人交纳保险费。

从平等角度讲，弃权和禁止反言对于保险活动的双方当事人均应适用，不过，保险实务更为强调弃权和禁止反言对于保险人的约束力。因为，保险人出于疏忽大意或为了扩大保险业务而有意放弃权利的，理所当然应由其承担禁止反言的法律后果，用以保护投保人、被保险人的合法权益。

实例枚举

2008 年 6 月 3 日，A 保险公司向 69 岁的徐某推销一份驾驶人员人身意外保险，收取徐某 100 元保险费并出具保险凭证一份，被保险人、受益人均为徐某本人，保险金额为 60 000 元。同年 11 月 14 日，徐某在某木制品厂做锅炉司工时，因锅炉爆炸不幸身亡。双方引起诉争后，A 保险公司拒绝向被保险人徐某的近亲属支付保险金，理由是徐某在投保时已 69 周岁，超出了保险合同规定的 16 周岁至 64 周岁年龄界限，且徐某并非驾驶员，其因锅炉爆炸引起的意外身亡，不属保险事故，双方订立的保险合同无效。

某县法院经审理认为，原、被告双方签订的保险合同系双方真实意思表示，没有违反法律规定，属有效合同。投保人徐某在与 A 保险公司签订保险合同时，如实提交了身份证明，并未隐瞒其真实身份，对徐某的年龄及身份审查均属于 A 保险公司的义务范围。A 保险公司在明知投保人投保时已满 69 周岁和不具有驾驶员资格的情况下，仍然向其出售保险凭证，应当恪守诚信，依法履行保险合同确定的给付保险金义务。根据我国《保险法》第 5 条等法律规定，判决被告向原告支付保险金 60 000 元。判决后，当事人双方均服判未上诉。

---

① 与笔者的看法不同，目前不少学者认为《保险法》第 16 条第 6 款的规定为不可抗辩规则。

本案是一个典型的违反弃权与禁止反言原则的案例。本案中，保险公司的代理人明知被保险人不符合投保条件，但仍然承保，应视为保险公司放弃了对被保险人的职业资格要求，那么其后就不得以被保险人不符合投保条件为由拒绝给付保险金。

第二节　保险利益原则

一、保险利益原则的概念和法律内涵

保险利益原则是保险法特有的基本原则。所谓保险利益，“是指投保人对保险标的具有的法律上承认的利益”。笔者认为，该规定尚未最终指出保险利益的实质，应当明确为投保人或被保险人对保险标的具有的为法律承认的经济利害关系，换言之，保险标的因保险事故遭受损毁灭失时，投保人享有的相应经济利益必然遭受损害。按照英国学者约翰·T. 斯蒂尔的解释：“保险利益是产生于被保险人与保险标的物之间的经济联系，并为法律所承认的、可以投保的一种法定权利”①。只有存在着保险利益，保险人提供的保险保障才可产生积极作用，否则，会使投保人获取非法利益，故保险利益又被称为可保利益。

因此，各国保险法普遍将保险利益原则作为保险合同订立和履行的法律依据。根据我国《保险法》第 12 条有关投保人或者被保险人应当对保险标的具有保险利益的规定，可以将该条概括为保险利益原则。而且，我国《保险法》将其纳入“保险合同”一章，其就成为直接调整保险合同关系的一项法律原则。

适用保险利益原则，应当具备如下条件。

1. 保险利益应当是法律承认的经济利益。即必须是法律承认的合法利益。投保人或被保险人作为保险合同当事人，依法可以主张的经济利益才属于保险利益。而违反法律的利益、通过不正当手段获取的利益，不构成保险利益。

2. 保险利益是确定存在的经济利益。一般衡量标准是能够运用货币予以计量的、确定的、客观存在的、合法的经济利益，并非主观臆断、推测可能获得的利益。

3. 保险利益的存在是与保险合同直接相关的。它既是保险合同生效的依据，更是保险人履行保险责任的前提。

4. 我国《保险法》强调投保人或者被保险人应当依法具有保险利益，从而，防止保险领域中出现道德危险和投机行为。

【知识链接】

保险利益原则的由来

作为保险法特有的保险利益原则，源于 18 世纪的英国海上保险实务。当时，被保险人投

① 斯蒂尔．保险的原则与实务．孟兴国，等译．北京：中国金融出版社，1992：3.

保海上保险并不需要证明自己对投保的货物拥有所有权或者存在其他能被法律认可的利益关系。这导致赌徒有机可乘，以保险之名行博彩之实，对船舶是否完成航程进行押宝，根据当时的英国文献记载："在17世纪，有不少所谓的保险公司纷纷成立……以保单和合同形式进行的赌博现在已经成为保险业的一环……"① 由此产生的巨大诱惑，促使不法之徒为了获取赔付而恶意阻碍船舶完成航程。为了遏制这类欺诈之风，英国国会于1746年颁布成文法，要求被保险人对投保的货物、商品或其他物品，必须拥有利益，将其作为海上保险单生效的前提条件。如果只具备可有可无的利益，或除了保单以外不具备任何利益证据，或只为赌博或博彩之目的等而投保的，此等保险自始无效。此后，1906年的英国《海上保险法》将1746年成文法这一制止赌博的宗旨进一步明确为："任何以赌博或博彩为目的而签发的海上保险保单无效"，由此形成了保险法上的保险利益原则。

同时，18世纪英国的寿险中也存在着类似的赌博现象。根据当时资料记载，有的人出于赌博的目的而为遭到死刑起诉的犯罪嫌疑人的生命投保寿险，以其是否会定死罪设赌。另一类赌博就是为年迈之人投保人寿险，赌注是被保险人是否罹患疾病。由于这些所谓人寿险的投保人对被保险人并无保险利益，有可能危及被保险人的生命。为了禁止这些赌博，英国国会在1774年颁布了成文法，规定："凡无保险利益的人，或以赌博、博彩为目的的人，不得以他人的生命投保，或为任何事件投保；不得以他人的用益、利益或身份要求保险人签发保单"②，以此禁止法院强制执行缺乏保险利益的保险合同。这意味着该法将保险利益原则扩大到寿险领域，该法至今在英格兰仍然有效。

自此以后，保险利益原则作为保险法的基本原则之一沿用至今，其意义就在于防止保险沦为加速致富的工具。如今，保险利益原则的适用目的与当初毫无二致：一是防止保险变成赌博的工具；二是防止保险领域的道德风险，消除投保人毁坏保险标的（人的生命或者财产）的诱因。

二、保险利益原则的适用意义

保险利益原则为大多数国家的保险立法所确认，将其作为保险合同成立的法定条件，当事人不得协商变更。我国《保险法》第12条和《海商法》第224条的规定均体现了这一精神，我国保险实务也遵循着该项法律原则。

保险利益原则的确立由来已久，时至今日已成为国际保险市场的通用原则之一。这取决于保险利益原则在保险领域中具有的重要意义。

1. 保险利益原则限制着保险人的保险赔偿责任范围，防止超额保险，有利于充分实现保险合同的保障作用。与财产保险合同的损失补偿原则相联系，保险人的赔偿责任是以被保险人在保险责任存在期间因保险事故遭受的实际损失为对象，最终目的是补偿被保险人的保险利益，从而，保险利益是保险人履行赔偿责任的依据，是实施保险赔偿的最高限额。如果保险合同的保险金额超过保险利益，则超过部分应当无效。

---

① F. J. MacLean, The Human Side of Insurance 36 (c. 1929).

② The Life Assurance Act of 1774, 14 Geo. 3, c. 48 (Eng). Merkin, "Gambling by Insurance —A Study of the Life Assurance Act of 1774", 9 Anglo - Am. L. Rev. 331 (1980).

2. 保险利益原则杜绝利用保险进行赌博，防止出现道德危险，有利于维持保险秩序，促进保险市场良性发展。如果投保人对保险标的始终没有保险利益而能获得保险赔付的话，实质上是一种赌博行为。而被保险人在保险合同订立之后，为图谋保险赔偿而故意损坏保险标的或在保险事故发生时人为扩大损失程度的行为，必然直接损害保险制度的宗旨和功能，构成道德危险。在保险业发展初期，因缺乏保险利益原则的制约，利用保险合同进行赌博的行为和追求不法利益的不道德行为屡见不鲜。鉴于此，为了消除保险领域内的消极因素，保险利益原则便应运而生。比如英国《1906 年海上保险法》规定，不能证明存在保险利益的保险单无效，从而，可以有效地防止保险领域的赌博行为和道德危险。

通过上述意义，可知保险利益原则的着眼点在于防止假借保险合同牟取不当利益，维持保险活动的保障功能。因此，保险利益原则实为诚信原则在保险领域中的具体表现。

实例枚举

2002 年 3 月 12 日，广东省珠海市某区人民法院审理了 A 实业有限公司与王 B 的债务纠纷案，并调解结案。调解书明确，将王 B 所有的车牌号为 A00554 的奥斯莫比牌小轿车的所有权转让给 A 实业有限公司用以抵偿王 B 所欠债务。A 实业有限公司又于 2002 年 7 月 8 日将该车的所有权以向其股东退还股权的方式转给 C 造船公司。C 造船公司未及时办理该轿车的过户登记手续。2002 年 11 月 14 日，C 造船公司的工作人员到 D 保险公司的北京代办处办理该轿车的投保事宜，将该轿车所有权的上述变更情况向 D 保险公司如实讲明后，双方商定以该轿车行驶证上所登记的车主王 B 作为投保人，并签订了机动车辆保险合同。在 D 保险公司向 C 造船公司签发的保险单上载明：投保人王 B；保险期限从 2002 年 11 月 14 日中午 12 时起至 2002 年 12 月 14 日止；保险险别：车辆损失险、第三者责任险。保险合同还特别约定：加保北京—上海的临时保险。同年 12 月 5 日，C 造船公司的工作人员驾驶该辆小轿车在河北省 112 线行驶中因判断失误而与对面驶来的车辆相撞。交通管理部门认定 C 造船公司应对该交通事故负主要责任。于是，C 造船公司及时向 D 保险公司报了案，又将该轿车送往 D 保险公司指定的某汽车技术服务中心进行修理，修理费共计 161 122 元。因 C 造船公司拖欠修理费，汽车技术服务中心诉至法院。法院审理后认定 C 造船公司是该辆奥斯莫比牌小轿车的实际所有权人，判决 C 造船公司给付汽车技术服务中心汽车修理费 161 122 元，并支付滞纳金。在此期间，王 B 向 D 保险公司提出索赔要求，而 D 保险公司却以王 B 并非该轿车的所有权人，对保险标的没有保险利益为由，向王某发出了“拒赔通知书”。于是，王 B 以保险公司为被告，提起了诉讼。诉讼中，法院追加 C 造船公司为第三人。开庭时，C 造船公司提出，本公司的工作人员在与 D 保险公司办理投保时，明确告知了该轿车没有办理过户等情况，取得 D 保险公司同意后，以王 B 的名义与保险公司签订了保险合同，并交纳了保险费，故该保险合同真实、合法、有效，因此，保险公司理应向其履行保险责任。

显然，本案充分反映了保险利益原则的法律内涵和适用价值。只有对于保险标的具有保险利益的人，才能享有保险赔偿请求权。

三、保险利益原则的运用

基于保险合同的特殊性，保险利益原则的适用也就具有诸多特色。

（一）保险利益原则在保险领域的适用时间

保险利益原则适用于各种保险合同，但是，财产保险与人身保险分别具有的补偿性和给付性特点，决定着保险利益原则在适用过程中的时间限制不尽相同。其中，保险利益原则适用于财产保险合同时，要求被保险人在保险事故发生时应当对于保险标的具有保险利益。若保险事故发生时，被保险人对保险标的不具有保险利益，不得对保险人行使保险赔偿请求权。与此不同，保险利益原则适用于人身保险合同时，强调投保人在签订保险合同时必须具有保险利益。否则，投保人在签约时对被保险人不具有保险利益的，会影响保险合同效力，至于保险事故发生时是否存在保险利益在所不论。我国《保险法》第 12 条第 1 款和第 2 款正是基于上述法理基础而分别规定了财产保险合同和人身保险合同适用保险利益原则的时间标准。前者强调人身保险合同订立之时，投保人“对被保险人应当具有保险利益”，反之，人身保险合同无法律效力。但是，从公平角度出发，“人身保险中，因投保人对被保险人不具有保险利益导致保险合同无效，投保人主张保险人退还扣减相应手续费后的保险费的，人民法院应予支持”[最高人民法院《关于适用〈中华人民共和国保险法〉若干问题的解释（二）》[以下简称《解释（二）》] 第 2 条]。正因为如此，投保人在人身保险合同订立之后丧失对被保险人的保险利益的，并不影响该人身保险合同的效力，故而，《解释（三）》明确指出：“保险合同订立后，因投保人丧失对被保险人的保险利益，当事人主张保险合同无效的，人民法院不予支持”（第 4 条）。后者则突出了以保险事故发生之时为标志来确定保险人是否要承担保险责任，即便是有可能不存在保险利益，在“财产保险中，不同投保人就同一保险标的分别投保，保险事故发生后，被保险人在其保险利益范围内依据保险合同主张保险赔偿的，人民法院应予支持”[《解释（二）》第 1 条]。

（二）保险利益原则在保险领域的适用范围

在保险领域中，不论是有形的保险标的，还是无形的保险标的，它们的损失或支出都会影响到被保险人的合法利益，构成保险合同所要求的保险利益。按照国际保险市场的惯例，纳入保险利益原则适用范围的保险利益包括：现实利益、期待利益和责任利益。我国《保险法》和保险实务，亦认可上述三类保险利益。

凡具有上述保险利益的人均可向保险人投保，订立合法有效的保险合同。诸如，企业对其厂房、设备，船东对船舶，货主对货物，承租人对承租物，抵押权人对抵押物，承运人对其应收运费，侵权人对于自己依法承担的法律责任，投保人对于自己或法定范围内的亲属和其他家庭成员的寿命和身体等。同样，保险人对其在经营保险中所承担的保险责任，也具有保险利益，可以将此向再保险人分出投保，皆为保险利益原则所确认。

（三）保险利益原则的适用效力

作为一项法律原则，保险利益原则的适用必然产生相应的法律效力，主要表现在三个方面。

1. 保险利益是保险合同生效的依据。原则上，只有对保险标的具有保险利益的人，才能取得投保人资格而与保险人签订保险合同，双方当事人所签订的保险合同才具有法律效力。反之，投保人对保险标的不具有保险利益的，不能与保险人签订保险合同。即使是在保险人不知情的情况下，与不具有保险利益的人签订保险合同，该保险合同也归于无效，但法律另有规定除外。

2. 保险利益是保险人履行保险责任的前提。对于财产保险合同而言，当保险标的因保险事故致损时，被保险人应当对该保险标的具有保险利益的，才有权向保险人提出索赔，保险人才向其履行保险赔偿责任。否则，被保险人的索赔权丧失，保险人不予赔偿。当然，被保险人据以索赔的保险利益，应当属于该保险合同承保的风险范围。超出承保范围的危险事故造成的保险标的损失，被保险人也不具有向保险人要求保险赔付的权利。

3. 保险利益的转让与保险合同的效力。保险利益是被保险人对于保险标的具有的一种客观存在的经济利益。它经被保险人投保，并且为保险人同意承保后成为保险利益，而不予投保时，则仍然是一种客观经济利益，所以，在现实生活中，保险利益的转让与保险单的转让不能相提并论，两者可以并存，也可以相互分离，从而，对于保险合同的效力会产生不同的影响。第一，凡法律规定可以转让的保险单，在其转让的同时，标的物的保险利益一并转移给保险单受让人，则保险合同因保险利益仍然并存而继续有效至保险期限届满。我国《保险法》第49条正是在此意义上规定，财产保险合同的“保险标的转让的，保险标的的受让人承继被保险人的权利和义务”（第1款）。第二，凡法律规定或合同约定不能转移的保险单，保险标的一经转移，意味着相应的经济利益转归受让人，而保险单不能随之转让，原被保险人具有的保险利益即行消失，保险合同的效力也就随之终止。我国《海商法》第229条和第230条正是保险利益原则在此问题上的表现。

实例枚举

2007年8月3日，某省交通高级技工学校为2 578人向某保险公司集体投保短期健康保险和意外伤害保险。投保书的“投保人声明”一栏有如下内容：“我们已经认真阅读并理解产品说明书、投保须知、所投保险种条款、确认对其中各项内容尤其是免责条款、合同解释条款均已完全理解并同意遵守。”并加盖了某省交通高级技工学校学生工作部的印章。2007年9月12日，某保险公司将保险单交给某省交通高级技工学校。回执中注明，本投保人已经收到保险合同，并确认保险人已经说明合同条款内容。该保险单的主要条款为：某省交通高级技工学校为2 578人集体投保，保险险种为学生意外伤害保险、附加学生意外伤害医疗保险、学生幼儿住院医疗保险，保险期限自2007年9月1日起一年，学生意外伤害保险的保险金为每人5 000元。

李某生于1988年3月14日，2007年8月到某省交通高级技工学校就读，系本案保险合同的被保险人之一。2007年9月10日，李某因交通事故死亡，县交警大队作出的事故责任认定结论为李某无证驾驶摩托车，醉酒驾车，未戴安全头盔，对事故负全部责任。李父李某乙向某保险公司提出保险理赔申请。2007年11月20日，某保险公司认为李某的本次保险事故是醉酒驾车，无证驾驶，不属于保险责任范围。李某乙诉至法院。

法院认为：李某2007年8月25日到学校报到，当天交纳了保险费。当时李某已年满18岁，具有完全民事行为能力，其提供保险费的行为表明同意某省交通高级技工学校为其订立保险合同。某省交通高级技工学校对李某具有保险利益，本案的保险合同合法有效。某省交通高级技工学校和李某均未指定受益人，现李某已死亡，根据《保险法》第42条第1款第1项的规定，被保险人死亡后，没有指定受益人的，保险金作为被保险人的遗产，由保险人向被保险人的继承人履行给付保险金的义务。原告是李某的父亲，是李某遗产的第一顺序继承人，有权要求被告支付保险金。因此被告关于原告不是合同当事人，无权请求保险金的主张不能成立。

第三节　损失补偿原则

一、损失补偿原则的概念和法律内涵

损失补偿原则，是指保险人对于保险标的因保险事故造成的损害在保险金额范围内进行保险赔偿用以补偿被保险人遭受的实际损失。显然，损失补偿原则是保险制度的保障职能的法律表现。因为，保险补偿的目的，是使被保险人得到的保险赔偿基本能够弥补其因保险事故遭受的保险金额范围内的实际损失，借此及时恢复其正常的生产或生活，保障被保险人原有状态不变。

理解损失补偿原则的法律内涵，应把握如下三个要点。

1. 保险人的保险赔偿是以被保险人遭受实际损失为前提，因此，无实际损失，则无保险赔偿。

2. 保险人的保险赔偿是以保险责任为根据，从而，保险责任是界限，无保险责任的损失部分，则无保险赔偿。

3. 保险人的保险赔偿是以保险金额为限度。由于保险金额是保险费的对价条件，保险人作为保险商品的提供者，对保险金额范围内的保险利益提供保险保障。从而，保险人在保险金额范围内进行保险赔偿，意味着被保险人在保险金额范围内所损失的保险利益可以获得补偿，但是，不能觊觎通过保险取得不当利益。

上述各点表明损失补偿原则的着眼点是平衡保险人与投保人、被保险人的利益冲突，维持保险制度的保障职能。具体而言，一方面，通过损失补偿原则，确保投保人、被保险人获得充分有效的保险保障；另一方面，通过损失补偿原则，防止投保人、被保险人取得不当利益，保护保险人的合法权益。所以，损失补偿原则作为保险法的基本原则，集中体现了保险制度的宗旨，符合现代保险市场的客观需要，故而为各国保险立法所确认，并在保险市场上被普遍适用。

损失补偿原则亦确定了保险合同正确履行的法律条件，即保险人作为保险合同当事人依约履行保险责任，是以被保险人因保险事故而遭受实际损失为前提。不过，该实际损失并非是指保险标的本身的损失，既不是财产保险合同的保险财产的物质实体的损坏、灭失或者有关费用的支出，也不是人身保险合同所承保的被保险人的寿命结束，或其身体患病、伤残，而是指被保险人因保险事故所遭受的保险利益的实际损失。保险人在该损失存在的情况下，始得履行保险责任，保险合同的保障作用由此彰显。

【知识链接】

船东互保协会，提供海上保险保障的船东间互助性保险机构

船东互保协会，并非商业保险公司，却是船东间的互助性保险机构。它是以互助保险形式向其会员承保船东的海上经营风险，向船东提供保险保障，补偿会员船东的经济损失，以保障船东的利益为己任的社会组织。因为，船东互保协会是船员间的互助性保险机构，它参与海上保险活动，专门承保船东对第三方的船舶或者货物造成损失的责任以及诸如污染和清除船舶残骸等法定责任的保险，不过，它并不承保船东自身船舶或者货物的直接损失。

船东互保协会经过150多年的发展和经营，其在国际海运界、保险界和法律界的形象和信誉已经确立。因为，船东互保协会的组建采取会员模式，以每个会员按年度交纳会员费来预付保险费，分摊各自在海运经营中的责任风险。概括来讲，船东互保协会的保险业务范围，主要包括责任保险（保赔险）、船舶保险和一些附加保险。并附设投资业务，将赔款基金用于投资，增加协会资产，扩大协会信誉，降低会费成本。

船东互保协会不仅具有提供海上保险业务专业化的特点，更以国际化著称（会员国际化、保险业务国际化、商事案件处理国际化、投资活动国际化等）。目前，国际上有近20家船东互保协会处于运作之中，主要存在于英国、斯堪的纳维亚半岛的瑞典、挪威、丹麦、冰岛、日本和美国。近年来，国际上的船东互保协会的业务规模不断扩张，其中，共同保险组织船东互保组织（即国际船东保赔协会集团）是承保海上保险领域的责任保险的最主要承保人，其市场份额按照承保船舶总吨位计算达到95%。

经中国政府批准而成立于1984年1月1日的中国船东互保协会（简称“中船保CPI”），是中国船东的互相保险组织，是依法登记注册的全国性社会团体法人。它已经发展为有130多家会员、会员船舶总吨位超过3 200万总吨、中国最大的保赔险保险人，也是中国三家最大的船舶险承保人之一。中国船东互保协会可以同时向会员提供保赔保险（P&I Cover）、船舶保险（Mutual Hull Cover）、战争险（War P&I）、租船人责任险（TCL）和抗辩责任险（FD&D）等保险业务。在业务规模不断扩大的同时，中国船东互保协会为会员提供的业务服务种类和范围也在不断增加。当然，中国船东互保协会的规模与国际主要船东互保协会的平均水平和中国海运市场的发展需要还存在着较大差距，还应当努力向国际化推进，扩大规模，实现规模经营。

借助上述的船东互保协会具有的船东间互助性质以及其所能够向会员提供的各种保险服务，不仅能够深入理解现代保险得以建立和运行的社会基础在于参与者之间互助共济特性，更可以体会到船东互保协会向会员提供的保险均涉及会员在各自的日常经营海上业务中所面临的直接风险，故而，损失补偿原则的指导是必然的法律条件。

二、损失补偿原则的适用范围

（一）损失补偿原则在财产保险合同中的适用

一般认为损失补偿原则当然适用于财产保险合同领域，这决定于财产保险合同的补偿性。衡量保险人履行保险赔偿责任的依据，是被保险人在财产保险合同项下的实际损失，这是毋庸置疑的。但是，为了确保保险合同之保障目的的实现，当事人在保险实务中执行损失补偿原则时，应当注意与各类财产保险合同的具体特点相一致。

1. 针对定值保险合同，保险人是按照双方约定的保险金额进行保险赔偿。对此，有的学者以海上货物运输保险合同为例，提出双方当事人在签订定值保险合同时约定保险标的的保险价值，进而，以该保险价值作为保险金额，因此，如果保险人按照保险金额履行保险责任，有可能使得保险赔偿金额与被保险人的实际损失发生分离，所以，不能适用损失补偿原则。[①] 笔者的看法不同。理由是，从公平的立场出发，双方当事人在签订定值保险合同时约定的保险标的的保险价值并非盲目随意，而应考虑各种影响保险标的价值的市场因素，根据商品交换的一般规律，由双方协商后予以确定。仅以船舶保险合同为例，投保人所投保船舶存在诸多价格，包括造船时的造价、买船时的买价、投保时的市价、发生保险事故致损时的所在地时价等。但是，双方当事人经过协商之后在海上保险合同中约定的保险价值，难以与上述各类价格吻合，却是围绕着保险标的的实有价值上下浮动，所以，以该保险金额作为保险赔偿的依据完全符合损失补偿原则的精神。因为，损失补偿原则要求保险人按照实际损失进行保险赔偿，强调的是保险赔偿与实际损失基本接近，而不是两者必须绝对等额。

2. 针对不定值保险合同，保险人应按照实际损失进行赔偿，其根据是各国保险立法的规定或有关保险市场的惯例。前者例如我国《海商法》第 219 条对于当事人没有约定保险价值的海上保险合同，规定了确定保险价值的法律标准。后者例如在海上货物运输保险合同中计算被保险人的货物预期利润损失时，按照国际保险市场的惯例是以 CIF 发票价格另加 10%～30%作为标准确定赔偿金额。实际损失低于保险金额的，按照实际损失予以保险赔偿；实际损失高于保险金额的，按照保险金额进行保险赔偿。

3. 针对超额保险合同，若其保险金额大于保险标的的实际价值，其超过实际价值的部分，被保险人无保险利益，因此，遵循损失补偿原则的要求，各国均作出限制性规定。正如我国《保险法》第 55 条第 3 款规定，“保险金额不得超过保险价值。超过保险价值的，超过部分无效”。为此，保险人应当在保险价值范围内，按照实际损失进行保险赔偿。与此同理，保险人对于重复保险，也是按照保险价值承担保险赔偿责任。如果重复保险的保险金额总和超过保险价值的，各保险人按照实际损失进行保险赔偿，赔偿金额总和不得超过保险价值。而且，各保险人应按其保险金额与保险金额总和的比例承担赔偿责任（《保险法》第 56 条第 2 款）。

4. 损失补偿原则的法律精神意味着保险赔偿限于弥补被保险人遭受的实际损失，因此排除被保险人的双重受赔权。并由损失补偿原则派生出代位求偿规则和委付规则，通过被保险人向保险人转让追偿权或保险标的所有权而将损失补偿原则贯彻始终。

在保险实务中，损失补偿原则的实现方法主要包括：现金赔付、修理、更换和重置等。这些方法的适用，由保险人根据保险市场的惯例、保险合同的约定和保险个案的实际需要，加以适用。

实例枚举

2005 年 1 月 27 日，原告冯某和被告 A 保险公司签订了综合个人意外伤害保险合同，保险

---

① 胡援成．财产保险．大连：东北财经大学出版社，1999：45.

期间自2005年1月26日至2006年1月25日，意外伤害医疗保险金为5 000元，每日住院给付金额为每天20元。该保险合同第15条第7款第1项规定："被保险人因遭受本合同认定的意外事故，需经医院进行必要的治疗，本公司对其自事故发生之日起180日内支出的必须且合理的实际医疗费用100元以上部分向被保险人给付意外伤害医疗保险金。被保险人意外伤害医疗保险金的累计给付以保险单载明的意外伤害医疗保险金金额为限"。

2005年6月24日，原告冯某因交通事故受伤住院治疗，共计发生住院医疗费用6 690.41元，门诊医疗费用491.60元。公安交通管理部门认定冯某对此次事故不负责任。2005年12月7日，冯某与肇事司机黄某达成交通事故损害赔偿调解协议，该调解协议约定：冯某因涉案交通事故受伤所花费的前期治疗费（凭票据）由肇事司机承担，黄某一次性赔偿冯某误工6个月（凭证明）、陪伴第一个月2人、第二个月1人（凭证明）的相关经济损失，以及冯某因涉案交通事故受伤所必需的后期治疗费、交通费、车款费、营养费等所有损失，共计18 500元。该款项已给付。

原告冯某于2005年8月1日向被告A保险公司申请保险理赔，并于2005年9月14日就保险理赔资料事项出具声明，表示不能提供其与肇事司机签订的交通事故损害赔偿调解协议、费用收据和诊断证明，也不能提供肇事司机赔偿的金额。A保险公司分别于2005年9月21日、11月7日两次向冯某出具保险理赔通知书，明确表示冯某需提供涉案交通事故损害赔偿调解书以及相关治疗费的原件，否则暂不予保险理赔。冯某遂诉至法院。

法院认为：原告冯某与被告A保险公司之间签订的个人意外伤害保险合同合法有效。冯某因涉案交通事故受伤后，在已经获得交通事故肇事司机赔偿损失的情况下，仍然可以向A保险公司主张保险理赔，A保险公司应当给予保险理赔。

由于本案为人身保险合同，故借助本案可以让大家思考损失补偿原则的适用范围问题。

（二）损失补偿原则在人身保险合同中的适用

依保险领域的传统观点，普遍认为各类保险合同的不同特性决定了损失补偿原则的适用限于财产保险合同，而不包括人身保险合同，因为人身保险合同的给付性、返还性使然。笔者则认为，损失补偿原则同样适用于人身保险合同。因为，人身保险合同也是建立在经济补偿基础之上，只不过其补偿机制有别于财产保险合同。

人身保险合同作为保险合同的具体类型，其保险基金同样来自众多投保人交纳的保险费。而就其与财产保险合同的区别而言，应看到人身保险合同（主要是寿险）所涉及的保险基金在保险合同约定的给付条件成就或被保险人生存期达到合同约定的期限之前，长期处于保险人的掌管之中，不同于短期性、流动性较大的财产保险合同的保险基金。虽然，人寿保险合同属于双方当事人约定保险金额的定值保险合同，但是，该保险金额是以概括一定区域内人的生存和死亡规律的生命表为基础的，所以，具有客观根据。需要强调的是，保险人按人身保险合同约定的保险金额向被保险人或受益人支付的人身保险金同样是补偿性的。只不过不是补偿被保险人的寿命或身体，而是用于补偿因被保险人的生、老、病、死所损失的经济利益。

在此，不妨借鉴美国保险学家S. S. 休布纳有关人寿保险性质的"生命价值说"的思想①，

① 休布纳．人寿保险经济学．陈克勤，译．上海：商务印书馆，1934.

一人的财产包括现实财产和潜在财产两部分。前者是指一人实际拥有的房屋、汽车等财产，属于财产保险合同承保的对象；后者则表现为一人因生命的存续而可以获得的工资、其他劳动报酬等经济价值，人身保险合同保障的就是被保险人具有的潜在财产的经济利益。因为，当一人在生命结束、患病、伤残或年老而丧失劳动能力时，必然损失相应的潜在财产。这意味着被保险人对于可能损失的潜在财产存在着保险利益。从而，保险人按照人身保险合同的约定给付人身保险金，正是补偿被保险人损失的保险利益——潜在财产。当然，此类潜在财产损失的确定方法与财产保险合同相比较更为复杂。所以说，损失补偿原则也适用于人身保险合同。

第四节 近因原则

一、近因原则的概念

近因原则是为了明确事故与损失之间的因果关系，认定保险责任而专门设立的一项基本原则。其内涵是指保险人对承保范围内的保险事故作为直接的、最接近的原因所引起的损失，承担保险责任，而对承保范围以外的原因造成的损失，不负赔偿责任。对此，英国《1906 年海上保险法》第 55 条第 1 款规定为："根据本法规定，除保险单另有约定以外，保险人对于由其承保危险近因造成的损失，承担赔偿责任；但是，对于非由其承保危险近因造成的任何损失，概不承担责任"。可见，保险法上的近因，就是保险事故与损害后果之间的因果关系，英美法称之为近因原则，我国法律谓因果关系。

保险实践证明，近因原则是国际保险市场必不可少的法律原则。自从英国《1906 年海上保险法》第 55 条全面规定该原则至今，它几乎为各国保险法所接受，被确立为一项重要的法律原则。我国《保险法》并未明文规定近因原则，但是，其第 22 条至第 25 条有关保险赔付的规定和《海商法》第 251 条关于海上保险合同的保险人支付保险赔偿的规定精神，均体现了近因原则。而保险实务中，保险人确定是否承担保险责任时，普遍按照近因规则——由于承保的近因造成损失后果确定保险责任的承担。

各国保险法和保险业普遍重视近因原则，根源是它对保险活动的正常进行，对保障功能的实现具有重要的指导意义。由于保险活动涉及的风险事故多种多样，错综复杂，因危险事故导致保险标的损失的原因往往不止一个。保险人出于其保险商品经营的性质和自身利益的需要，不可能将这些致损原因全部承保。于是，保险人根据对各种危险事故的性质、发生概率及与损害后果的关系予以分类研究，设立相应的保险险种、险别，确立各自所承保的危险范围。当损失发生后，保险人从致损原因与损害后果之间的因果关系入手，认定直接造成损失或最接近损失后果的原因是否属于其承保范围，进而判断是否承担赔偿责任。因此，近因原则是确认保险人之保险责任的主要依据。通过近因原则的适用，可以使保险合同的各方当事人从复杂多变的保险案件事实中，按照法定标准排除各种非决定性因素（事实原因），寻求一条公平合理、确定无误的法律原因（近因）作为认定依据，既可以防止无限制地扩大保险人的保险责任，又可以避免保险人任意推卸应当承担的保险责任。

二、近因原则在保险领域中的适用

（一）近因的适用标准

虽然，近因原则在保险领域被广泛适用，但是，如何认定致损近因尚无统一标准，具体的论证方法多种多样，主要有三种：一是最近时间论，它将各种致损原因按发生的时间顺序进行排列，以最后一个作为近因；二是最后条件论，区别于前一方法，它是将致损不可缺少的各个原因列出，以最后一个作为近因；三是直接作用论，即将对于致损具有最直接、具有决定性作用的原因作为近因。如果保险事故是作为直接原因造成保险标的损失的，保险人须承担保险责任。如果保险事故并非造成保险标的损失的直接原因，则保险人不承担保险责任。这一方法在保险界得到普遍认可。

（二）近因的认定方法

根据近因原则的要求，认定近因的关键，在于寻找致损的因果关系。对此，各国保险实践逐渐总结出若干行之有效的规则，用于近因的认定，作为确定保险人是否承担保险责任的根据。

1. 单一原因导致的损失

若导致保险标的损失的，仅限于一个原因，该原因即为近因。那么，保险人是否承担保险责任，就取决于该致损原因是否属于保险合同约定的保险事故。答案若为是，则保险人应当承担保险责任；答案若为否，则保险人不承担保险责任。例如，某企业的库存原材料和产成品因盗窃而遭受损失，若该企业在投保（企业）财产保险时，加费特约投保了附加盗窃险，而导致企业财产损失的近因——盗窃属于保险事故，则保险人应承担保险责任；若该企业仅投保了（企业）财产保险基本险，则导致企业财产损失的近因不属于保险事故，保险人不承担保险责任。

2. 多种原因导致的损失

如果是多种原因导致保险标的损失的，就应从多种致损原因中确认处于支配地位、具有决定性作用的原因是近因。英国学者约翰·伯茨在其所著的《现代保险法》中列举的1918年雷兰得船运公司诉诺威治联合火灾保险协会一案①，对于理解多种原因导致损失的近因认定具有典型意义。

实例枚举

1918年间，处于第一次世界大战时期，雷兰得船运公司所属的一艘投保了船舶保险的船舶在驶往哈佛港的途中，被敌国军舰的鱼雷击中。为了躲避灾难，该艘船舶被拖进风平浪静的法国勒阿佛尔港。港口当局因担心该伤船沉在码头泊位上，遂令其驶往外港，故该船被移至港

① 伯茨．现代保险法．陈丽洁，译．郑州：河南人民出版社，1987：158.

口以外。由于港区以外的海面没有防护设施，海浪较大，在海浪的冲击之下，该船沉入了海底。雷兰得船运公司依据船舶保险合同向保险人诺威治联合火灾保险协会提出索赔要求，但是，得到的却是拒赔通知书，理由是保险船舶沉没的近因是被敌方军舰的鱼雷击中，属于船舶保险合同约定的责任免除事项。雷兰得船运公司则提出，导致船舶沉没的近因应是海浪冲击，属于保险责任的范围，保险人应承担保险责任。于是，雷兰得船运公司诉至法院。法院经审理后，认为导致船舶沉没的近因是被鱼雷击中而非海浪冲击。显然，导致本案的船舶沉没的原因包括被鱼雷击中和海浪冲击。从时间顺序上看，距离船舶沉没最近的原因是海浪冲击。但是，对于船舶沉没起到决定性作用的是鱼雷击中船舶，船舶被鱼雷击中后始终没有脱离危险境地，而海浪冲击则是促使船舶沉没的一个条件。因为，本案所涉及的船舶保险合同约定敌对行为属于责任免除，所以，保险人不承担保险责任。

本案完全体现出近因原则的适用对于保险责任的认定具有的法律意义。尤其是分析近因时，不能仅仅限于导致损失时原因的时间顺序，而应当立足于致损原因对损失后果的作用如何。按照这一标准分析近因，对于保险合同的双方当事人是公平的。

具体到保险实务中，认定多种原因导致损失时的近因会涉及以下几种情况。

第一，如果多种原因同时发生，就均属于致损的近因，而保险责任的认定应当区别对待。若致损的多种原因均是保险合同约定的保险事故，则保险人应承担保险责任；若致损的多种原因均属于责任免除的，则保险人不承担保险责任；若致损的多种原因中，有的属于保险事故，有的属于责任免除，从而，对于可以区分责任范围的，仅承担保险责任范围内的赔偿责任，而不能区分责任范围的，双方可协商赔付范围。

第二，如果多种原因连续发生而导致损失的，一般认定最近的具有决定作用的原因（后因）为近因。但是，后因是前因的合理延续或直接的必然结果时，则前因属于近因。从而，若多种原因均属于保险事故，则保险人承担全部保险责任；若多种原因均属于责任免除，则保险人不承担保险责任；若多种原因中的前因属于保险事故，后因属于责任免除，则前因构成近因，保险人承担保险责任；若多种原因中的前因属于责任免除，后因属于保险责任，则因构成近因的前因属于责任免除，保险人不承担保险责任。

实例枚举

1999 年 12 月 13 日高某的丈夫王某与保险公司签订定期寿险人身保险合同，被保险人、投保人均为王某，受益人为高某，保险期间为 45 年。保险合同第 5 条责任免除条款第 1 款为：因下列情形之一导致被保险人身故、身体高度残疾或患重大疾病，本公司不负保险责任，所列举的第 5 项是被保险人酒后驾驶、无有效驾驶执照，或驾驶无有效行驶证的机动交通工具。在保险合同签订时，被告已向投保人就责任免除条款内容作出解释。

合同签订后，2001 年 7 月 16 日，王某因交通事故死亡，市交警部门认定交通事故的一方汪某负主要责任，王某违反《中华人民共和国道路交通事故管理条例》（现已失效）第 7 条（遇到本条例没有规定的情况，车辆、行人必须在确保安全的情况下通行）、第 25 条（机动车驾驶员必须经考试合格，领取驾驶证，方准驾驶车辆）、第 26 条第 6 项（酒后不准驾驶车辆）等，负次要责任。

事故发生后，高某作为受益人向被告保险公司申请给付保险金，被告以王某酒后、无证驾驶为由拒绝给付。原告则认为该合同第5条第1款第5项规定的是因被保险人酒后驾驶、无有效驾驶执照这一个原因造成死亡的，被告免除保险责任。但王某的死亡并非由其酒后、无有效驾驶执照的这一个原因造成，而是因第三人汪某的原因造成，属多个原因造成的结果，保险合同对此未作出约定，故不能免除责任。

法院认为，本案保险条款第5条责任免除条款第1款约定：有下列情形之一导致被保险人身故、身体高度残疾或重大疾病，被告不负保险责任，所列举的第5项为被保险人酒后驾驶、无有效驾驶执照，或驾驶无有效行驶证的机动交通工具。该条款意思表达清楚、明确，亦不违反法律规定，且在保险合同签订时被告已向投保人作出解释，故该条款对投保人王某具有约束力。王某发生的交通事故，符合上述责任免除条款第5条第1款第5项之规定，被告应予免责。原告称王某的死亡属第三方责任造成，属一果多因，对此，保险合同免责条款未作约定，因对保险合同第5条第1款第5项的理解双方发生争议，根据《保险法》第30条规定应作出对原告有利的解释，被告不应免责。因该责任免除条款第1款第5项的约定意思表示清楚、明确，原告的理解不符合合同条款的本意，故对原告请求判令被告依约支付保险金20 000元的主张不予支持。

借助本案，大家可以加深对近因原则的内涵及其适用的理解。

第三，如果多种原因间接导致损失的，由于前因与后因是中断的，两者不相关联，后因并非前因的直接的必然结果，而是独立的原因，从而，该后因构成近因。如果该后因属于保险责任，保险人承担保险责任；如果该后因属于责任免除，保险人不承担保险责任。

当然，社会生活的复杂性和多样性，使得保险标的损失所涉及的因果关系错综复杂，这意味着保险人在认定保险事故的近因时不可能轻而易举。因此，在保险实务中，运用近因原则判定近因，确认保险责任时，应当结合保险个案的具体情况，实事求是地进行分析，并且，遵守保险市场的有关惯例，这样才能得到正确的结果。

【知识链接】

保险密度和保险深度——衡量保险业发展水平的两个指标①

保险密度和保险深度是瑞士再保险公司出版的Sigma杂志上公布的世界范围内保险费收入在亿元以上的国家和地区的保险费统计资料时使用的两个指标。

其中，保险密度是按照统计区域内的常住人口计算的人均保险费金额。保险深度则是保险费收入占国民生产总值的比率。两相比较，保险密度标志着一个国家或者地区保险业务的发达水平，也反映了该地区的经济发展状况。而保险深度所反映的是商业保险在国民经济中的地位。

根据Sigma的统计，1989年世界各国的保险业务情况是，瑞士的人均保险费是2 376美元，位居保险密度的第一名，第二名是日本（人均保险费2 150美元），第三名是美国（人均

① 中国保险年鉴（2001）．北京：中国保险年鉴编辑委员会编辑，2001：1146.

保险费 1 817 美元)。而 1989 年，中国的人均保险费为 2.4 美元。同时，1989 年，世界上保险深度居首位的是爱尔兰，保险费收入占国民生产总值的 10.42%。中国的保险费收入占国民生产总值的 0.77%，在当年全世界的 65 个保险费收入达亿元以上的国家中位居第 60 位。

时隔 10 年的 1999 年，在保险密度的排行榜中，仍然是瑞士以人均 4 642.7 美元排名第一，此后的排名依次是日本、英国、美国，而在保险深度方面的排名中，第一位是南非(16.54%)，第二位和第三位则分别是英国（13.35%）和瑞士（12.84%)，而韩国则跃居第四位。同时，根据 Sigma 的资料，中国在 1999 年的保险费收入总额为 168.3 亿美元，人均 13.3 美元，保险密度位居世界第 16 名。而保险深度则为 1.63%，排名第 58 位。到 2019 年年底，全球的平均保险密度是 595.1 美元，排名第一的是荷兰（6 554.6 美元)，第二是瑞士（6 257.6 美元)，第三是日本（3 979 美元)。全球的平均保险深度为 7.0%，列第一的是中国台湾地区(16.8%)，第二是荷兰（13.6%)，第三是英国（12.9%)。中国香港地区名列第五（11.0%)，日本作为亚洲规模最大的保险市场，其保险深度为 9.9%。进入 2000 年以后，中国保险市场迈入高速发展的过程，其保险密度和保险深度也发生了重大变化。到 2017 年年底，中国的保费收入已达 3.66 万亿元，保费增长速度为 18%，保险密度为 2 646 元（约合 384 美元)，位列全球第 46 位；保险深度为 4.57%，位列全球第 36 位。与改革初期的 1980 年相比较，38 年间，保险密度增长了 5 629 倍（1980 年为 0.47 元人民币)，保险深度从 0.1%增长到 4.57%。至 2019 年年底，中国（不含中国香港、澳门和台湾地区）的保险密度为 121.2 美元，居全球第 64 位；保险深度为 3.4%，居全球第 44 位。这说明国际保险市场的发展重心仍然在北美、西欧，而中国保险市场与国际保险市场之间的差距亦由此可见一斑。

问题与思考

1. 如何理解最大诚信原则的法律内涵?
2. 最大诚信原则适用内容有哪些?
3. 保险利益原则适用意义是什么?
4. 如何理解损失补偿原则的适用范围?
5. 近因原则的适用标准是什么?

第二编

保险合同总论

第五章 保险合同概述

本章概要

保险合同制度是保险法的核心，是各种保险商品交换活动的法律表现形式。保险合同作为合同的具体类型之一，既具有合同的共同属性，又以自身的诸多法律特点而区别于其他各种合同。因此，本章的学习在保险法体系中具有极为重要的意义。通过学习本章，大家应掌握保险合同的基本法律问题，包括保险合同的概念和法律特征、保险合同的构成和分类、保险合同的订立和效力等基本理论，为学习具体的保险合同种类建立必要的理论基础。

第一节 保险合同的概念和法律特点

一、保险合同的概念

什么是保险合同？根据我国《保险法》第10条的规定精神，保险合同，是指投保人与保险人所签订的约定保险权利义务关系的协议。其基本内容是，投保人根据保险合同的约定，向保险人支付保险费，而保险人一方在保险合同约定的保险事故发生造成保险标的损失或者具备保险期限届满等条件时，承担保险赔偿或者给付保险金的责任。

可见，保险合同是满足社会公众寻求保险保障需求的法律手段。因为在市场经济条件下社会公众存在着的保险保障需求，与保险人供应的保险产品之间，仅是物质上的商品供求关系。它虽然是客观存在的，产生于社会经济生产和生活之中，但只是驱动供需双方建立保险商品交换关系的物质前提，本身并不具备约束供需双方行为的强制力。所以，此类保险供需关系的实现，需要采取相应的法律形式，即由供需双方签订保险合同，借助其法律约束力保证实现当事人追求保险商品交换的目的。这表现在当事人应当依法签订和履行合同，不得任意变更和解除，更不得拒不履行各自所承担的义务。所以说，保险商品交换是内容，而保险合同则是其得以实现的法律手段，两者缺一不可。

由此可见，保险合同是确立保险关系当事人之间权利义务的法律形式。它将保险立法规定的当事人享有的权利和承担的义务，具体地固定在各个保险法律关系之中，并通过当事人的履约行为来实现保险保障职能，达到保险立法规范和调整保险市场的目的。因此，保险合同是保险法律体系中的重要法律制度。经过保险市场的长期发展，保险合同已经成为保险经营的必要组成部分。

【知识链接】

理解保险合同内涵涉及的合同与契约的概念辨析

保险合同是合同制度的具体类型之一，因此，掌握保险合同的概念，就需要理解合同的法律内涵。一般认为，合同就是契约，但是，细究起来，合同与契约还是存在明显差异的两个法律术语，尤其是在早期的商品经济活动中，契约是双方当事人基于相互对立的意思表示一致而成立的协议，比如买卖契约。而合同所指的是，双方或者多方当事人基于方向并行的意思表示一致而成立的协议，比如合伙合同。在中国，“契约”早在两千年前就已经存在，并被广泛使用，历经习惯法时代、奴隶制法时代、封建制法时代，一直沿用至近代。近代以来，“合同”一语逐渐流行，并最终取代“契约”一语。[①] 鉴于此，现代人们多认为合同与契约是同一概念。但也有学者认为契约和合同的含义各不相同，不主张将二者交替混用。[②] 查阅史料可见，最初的契约是以剖分的无有文字的竹签木片为信物，这种契约形式叫做判书。西周至两汉时期，根据《周礼·天官·小宰》记载，契约形式仍为判书，但因用途不同而分为三种：借贷契约用傅别，买卖契约用质剂，授予收受契约用书契。魏晋以后，纸契的使用日渐广泛，判书也起了变化。傅别、质剂之制逐渐不用，脱胎于书契的合同得以产生并发展而来，其形式是“书两札”，即将两札并起合写一个“同”字，后来是合写“合同”二字，每一札上都有“同”的半字或者“合同”的两个半字。从而，合同与契约之间的区别是十分明显的，只不过当今的社会实践中，契约的上述三种形式仅留下合同一种。在明确契约与合同之间演变过程的前提下，着眼于去繁就简，将合同一词与契约一词等同使用也未尝不可。

在西方国家，关于合同的概念同样存在着不同看法，大陆法系的学者基本上认为，合同是一种合意或者协议，英美法系的学者大都认为，合同是一种允诺。[③] 我国现行《合同法》第2条沿用了《民法通则》第85条的精神，将“合同”定义为“平等主体的自然人、法人、其他组织之间设立、变更、终止民事权利义务关系的协议”，表明合同是基于当事人的合意而产生债的原因，但又不限于债权合同。即将生效施行的《民法典》亦在此意义上，规定：“合同是民事主体、之间设立、变更、终止民事法律关系的协议”（第464条第1款）。因此，应当据此意义来理解保险合同的法律内涵。

二、保险合同的法律特点

从民商法的合同制度角度讲，保险合同属于一种独立的合同类型，它具有民商合同的一般

---

① 李双元，温世扬．比较民法学．武汉：武汉大学出版社，1998：659—660.

② 李宗锷．香港合约法与公司法．香港：商务印书馆香港分馆，1986：25—27.

③ 王利明，房绍坤，王轶．合同法．4版．北京：中国人民大学出版社，2013：3.

法律属性，即基于双方意思表示一致而成立，对双方当事人具有平等的法律约束力，其内容是发生保险债权债务关系的债权合同。[①] 同时，保险合同又以其自身存在的诸多法律特点，区别于其他各种民商合同。

（一）保险合同是典型的保障性合同

所谓保障性合同是说其根本作用在于向社会公众和社会经济生活提供保障的法律手段。保险合同就是以此作为最终目的的，反映着社会成员为抵御自然灾害或者意外事故的发生所带来的损失和困难而寻求保险保障的需求，体现了保险活动所涉及的保险商品交换的供需关系。显然，适用保险合同所追求的目标不同于体现一般商品交换目的的买卖、租赁、承揽、运输等合同类型，这些合同所表现的是需方追求的实物商品或劳务商品（如运输行为）本身的使用价值，而保险合同的目的则是通过保险人提供的保险保障服务使得被保险人的保险利益得到保障。

保险合同的保障性质通过具体保险合同的履行而得以表现，可以概括为补偿性保障和给付性保障两大类。前者是通过保险人在保险事故发生并造成保险标的损失时，以保险赔偿方式向被保险人提供保障。后者则是通过在出现保险合同约定的特定事实或者保险期限届满时，保险人向被保险人支付保险金的方式来实现保险保障目的。

保险合同的保障性质对个体的保险合同而言是相对的，但是，从保险合同总体的角度来看则是绝对的。因为，按照大数法则理论，保险标的因自然灾害或者意外事故遭受的损害应当是客观的、不可避免的，就保险经营而言，保险人必然要履行相应的保险责任，予以保险赔偿或者给付保险金，其保险保障的实现就是必然的。鉴于此，笔者认为保险合同应当属于确定合同。但具体到个体保险合同，其保险标的因保险事故而遭受损失的情况则是偶然的、事先难以预料的，保险人只在保险合同有效期限内发生保险事故造成保险标的损失时，才履行保险赔偿或者给付保险金的保险责任，反之，保险标的未发生损失的，保险人就不需履行保险责任，在此意义上，保险合同的保障性又是相对的。但是，笔者认为不能因此而视保险合同为射幸合同[②]，原因是保险合同并非是当事人追求运气的投机行为，目的是避免对社会公众产生误导，防止出现为牟取私利而进行投保的道德危险行为。

（二）保险合同是一种双方民事法律行为

保险合同作为双方民事法律行为，当然是投保人与保险人双方协商一致的法律活动。在此过程中，投保人和保险人均应有订立保险合同的想法，并就投保对象、保险费率、保险金额、保险期限、保险责任范围等基本条款形成一致的意思表示，即达成协议，才可能签订该保险合同，否则，即使一方当事人意欲订立保险合同，而另一方不同意，也不能签订保险合同。而且，投保人和保险人在签订保险合同时，应处于平等的法律地位，出于彼此的自愿，任何一方

---

① 在财产领域，根据订立合同之目的的不同，将合同划分为物权合同与债权合同。前者是指以产生、变更或者消灭物权为目的的合同；后者是指以发生相应的债权债务关系为目的的合同。

② 保险理论界和实务界大多认为，保险合同属于射幸合同（许崇苗，李仪利．中国保险法原理与适用．北京：法律出版社，2006：54）。也有学者认为保险合同兼具实定性和射幸性。（李祝用．保险合同性质新论//贾林青，许涛．海商法保险法评论：第 2 卷．北京：知识产权出版社，2007：176）。

均不得强迫对方，更不能利用权力、优势地位等不正当手段签订“霸王合同”。

当然，基于保险合同应有的保障功能，立法者有时会借助保险合同来强制落实其具体政策，因而，保险领域存在着自愿保险与强制保险的分类。如果是属于强制保险范围的保险合同，则是否签约需要服从有关法律法规的规定，而不取决于当事人的意愿，因为，适用此类保险合同的社会公众依法负有与保险人签订保险合同的法定义务，不过，其保险合同的条款内容，仍由双方当事人协商约定。当然，存在于保险市场的保险合同，大多是自愿保险，而强制保险只能适用于法律规定的特定范围内，例如，我国政府为了落实道路交通安全政策而于2006年7月在全国范围内推行的机动车交通事故责任强制保险，就是我国保险领域中首个覆盖全国的强制保险险种，其适用范围限于机动车的所有人、管理人。所以，当事人在签订保险合同时，应当注意其是否属于强制保险的范畴。

（三）保险合同是最大诚信合同

诚实信用是社会成员在市场经济活动中签订各种合同均应遵守的民商法的基本原则。不过，由于保险合同具有的提供保险保障的或然性，保险立法对于诚实信用原则在保险合同制度中的适用更为强调，以致在长期的保险实务中逐渐形成了公认的最大诚信原则，成为当事人从事保险活动的法律基础，并在诸多方面体现为当事人所应承担的保险合同义务。

由于保险经营是具有特殊风险的行业，保险人承保的范围广泛，保险的对象五花八门，不可能逐个地调查核实，而只能是对投保人或被保险人予以极大的信任，根据其提供的情况来决定是否承保和所应适用的保险费率。所以，为了避免保险人的合法权益遭受损害，防止在保险领域出现道德危险行为（如骗赔），各国保险立法均强调最大诚信原则的适用，要求投保人和被保险人在签订保险合同的过程中，应当履行如实告知的义务。如果投保人或者被保险人隐瞒事实，违反如实告知义务，保险人有权解除保险合同。我国《保险法》第16条便是在此意义上规定的投保人的如实告知义务。

与此同理，最大诚信原则亦存在于保险合同的履行过程中。仅以我国《保险法》为例，其第22条要求投保人、被保险人或者受益人在保险事故发生后，按照保险合同提出索赔时，“应当向保险人提供其所能提供的与确认保险事故的性质、原因、损失程度等有关的证明和资料”。同时，《保险法》第27条规定，“未发生保险事故，被保险人或者受益人谎称发生了保险事故”的，或者“投保人、被保险人故意制造保险事故的”，保险人有权解除保险合同，并不退还保险费。而如果在保险事故发生后，投保人、被保险人或者受益人以伪造、变造的有关证明、资料或者其他证据，编造虚假的事故原因或者夸大损失程度的，保险人对其虚报的部分不承担保险责任。

由此可见，最大诚信原则作为保险立法的基本原则之一，其在保险合同的签订和履行过程中的普遍适用，成为保险合同制度的一大特点。

（四）保险合同是具有人身属性的合同

这一点也是保险合同与其他一般民商合同所不同的，具体表现为相互联系的两个方面。

1. 在市场经济条件下，大多数合同（如买卖、租赁合同等），是为了满足商品交换者本人的需求，一般是由商品交换参与者本人为其自身利益签订，由其本人享有权利和履行义务。而保险合同基于其保障性质，适应着各种社会公众寻求保险保障的具体需要，遵循着保险立法的保险利益原则，强调保险制度的保障对象应当建立在保险利益的基础上。因此，既允许投保人为自己的利益投保，也允许投保人为第三人的利益与保险人签订保险合同，以使该第三人获取相应的保险保障。

2.《保险法》强调被保险人资格的取得应当以保险利益的存在为前提。即不论投保人是为自己的利益，还是为第三人的利益签订保险合同，获取保险保障的被保险人应对保险标的具有保险利益。该保险利益依附于被保险人的人身。我国《保险法》确认这种依附性的客观依据是当事人与保险标的之间的经济利害关系，而且，这种依附性与保险合同的效力直接相关联。例如我国《保险法》第49条有关财产保险合同的保险标的转让与保险合同效力的规定便是此依附性的典型表现，按照其规定，财产保险合同保险标的的所有权转让的，保险标的的受让人仅以其与保险标的之间的经济利害关系而“承继被保险人的权利和义务”，而原被保险人则因其丧失了与保险标的之间的经济利害关系便退出了保险合同关系。而上述保险合同当事人身份的变化，均无须保险人的批准同意，只是以保险利益原则为依据。

（五）保险合同是诺成合同

保险合同作为诺成合同，是基于投保人和保险人双方意思表示一致而成立的，即“投保人提出保险要求，经保险人同意承保，保险合同成立”，而“依法成立的保险合同，自成立时生效”（《保险法》第13条）。无可置疑，保险合同成立和生效的法定条件是投保人和保险人就投保和承保事宜达成协议，并非实践性合同，因此保险人签发保险单和投保人交纳保险费均不是保险合同成立和生效的条件。我国《保险法》的上述规定为确认保险合同的诺成性质提供了直接的法律依据。

理由在于，投保人交纳保险费是其履行保险合同基本义务的行为，因该项义务属于合同内义务。至于保险人签发保险单，则是保险人载明当事人双方约定的保险合同内容的活动，属于其履行缔约义务的行为，亦非保险合同的成立和生效条件。正如我国《保险法》第13条所规定的，“保险人应当及时向投保人签发保险单或者其他保险凭证”，“保险单或者其他保险凭证应当载明当事人双方约定的合同内容”。笔者认为，保险人签发保险单的作用是将双方当事人达成的保险合同的内容予以固定，其性质是保险人之缔约义务的延续。因此，切忌将保险单的签发作为保险合同成立的前提。

（六）保险合同是具有特殊性的双务合同

关于保险合同是双务合同，还是单务合同这一问题，我国保险理论界是存在分歧的。究其原因，是受英美国家的保险实务和保险理论的影响。[①] 因为，按照英美的契约法理论，被保险人交纳保险费的行为，是保险合同的条件，并非保险合同中的“义务”，由此构成单边合同（unilateral contract）。[②] 而大陆法系的合同法理论则视保险合同为双务合同，我国多数学者也

① 李祝用．保险合同性质新论//贾林青，许涛．海商法保险法评论：第2卷．北京：知识产权出版社，2007：172.

② 沈达明．英美合同法引论．北京：对外贸易教育出版社，1993：90；杨桢．英美契约法论：修订版．北京：北京大学出版社，2000：11；薛波．元照英美法词典．北京：法律出版社，2003：1375.

持此观点[①]，我国《保险法》关于保险合同的规定亦建立在此基础上。

因此，与其他双务合同一样，保险合同的投保人、被保险人与保险人双方在保险合同关系中均享有权利和承担义务，而且彼此的权利和义务互为条件。但是，纵观保险合同双方当事人履行各自义务的全过程，其双务性的实现属于非典型的双务合同[②]，具有如下特点。

1. 保险合同的双务内容是否实现是不确定的。在一般的双务合同中，双方当事人各自所承担的义务是必须履行的，而各自的权利相应地得以实现。否则，将构成违约。然而，在保险合同中，投保人必须履行其交纳保险费的义务。但是，保险人所承担的保险责任的履行与否，则是不确定的，完全取决于合同约定的保险事故是否发生。若保险事故发生并造成保险标的损失时，保险人始得履行保险责任。反之，在保险合同有效期限内未发生保险事故的，则保险人不履行其约定的保险责任。

2. 保险合同之双务性的实现不适用“对待履行”原则。根据我国《合同法》的规定，就一般的双务合同来说，如果合同规定了双方各自履约期限的，则当事人应当依约履行各自的义务。如果合同未约定履行期限和履行顺序的，则适用“对待履行”规则。即一方当事人要求对方当事人履行义务时，应当同时履行自己承担的义务。否则，对方当事人得以行使拒绝单方面履行义务的同时履行抗辩权。但是，保险合同作为非典型性双务合同，则不能适用该项“对待履行”原则。因为，保险合同通常只规定投保人交付保险费的方式和时间，而对保险人的保险责任，则仅规定其承担保险责任的期间，而不约定具体的履行时间。即便如此，投保人在交付保险费时，不得要求保险人同时履行保险责任。原因是，保险人承担的保险责任是以保险事故发生造成保险标的损失，并经被保险人或受益人依法索赔为条件的，故不得适用同时履行抗辩权。

（七）保险合同是具有特殊性的有偿合同

合同作为市场经济活动的法律形式，等价有偿是其应当执行的基本规则。它要求合同的一方当事人要行使其权利时，应当付出相应的对价，构成“对价履行”规则。保险合同的内容是保险商品交换，其性质当属有偿合同。具体表现为，保险人收取保险费的对价，是承担相应的保险责任；被保险人要获取保险保障，则必须以投保人交纳保险费为对价。

但是，保险合同的有偿性又具有不同于其他合同的特点。

1. 保险合同的有偿性是不可转化的。相比较而言，买卖、租赁等一般的民商合同的有偿性是可以根据当事人的意愿而转变为无偿合同的，例如，因卖方或者出租方放弃价金或者租金的真实意思，买卖合同、租赁合同可以转变为赠与合同、借用合同。而《保险法》则不允许保险合同的有偿性发生此类转化，目的是确保保险基金的规模，维持保险业的正常偿付能力。这意味着保险合同的有偿性具有强制适用的效力，不能依当事人的意思发生改变。因此，保险合同中存在的免除投保人交付保险费义务的条款应属无效。

2. 保险合同的有偿性在具体的保险合同中，并非必然实现。在保险实务上，各个保险合

① 例如，覃有土．保险法概论．2版．北京：北京大学出版社，2001：162；陈欣．保险法．北京：北京大学出版社，2000：82.

② 合同法理论根据双方当事人各自的义务是否适用对待给付规则，划分为典型性双务合同与非典型性双务合同。

同的投保人必须履行交付保险费的义务，否则，会影响到保险合同的效力。而作为其对价，保险人承担的保险责任是否履行，在保险事故未发生之时处于一种或然状态，只有在保险责任有效期内发生保险事故造成保险标的损失的，才予以履行，实现“对价履行”规则。

3. 保险合同的有偿性是不等价的。对于一般的有偿合同而言，其有偿性表现在双方当事人的权利和义务应当按照价值规律以等价交换为基础来确立。但是，保险合同的有偿性只是表现在保险经营的整体上，按照会计核算所规定的保险费率收取的保险费总和与保险人在一定时期内进行保险赔偿和支付的保险金总和基本相等，实现等价有偿的保险商品交换。不过，具体到各个保险合同，除长期人身保险合同以外，或者因合同有效期限内未发生保险事故而保险人无须履行保险责任，或者因在保险事故发生后保险人向被保险人或受益人赔付的赔偿金或保险金数额大于其收取的保险费数额而形成对价条件不对等的结果。

(八) 保险合同是不要式合同

关于保险合同是否为要式合同，在保险法理论上存在着截然不同的认识，有学者认为保险合同是要式合同①，其依据是我国《保险法》第 13 条的规定：“投保人提出保险要求，经保险人同意承保，保险合同成立。保险人应当及时向投保人签发保险单或者其他保险凭证”（第 1 款）。该条第 2 款进一步规定：“当事人也可以约定采用其他书面形式载明合同内容。”其理由是，上述《保险法》的规定，强调保险合同应当采取书面形式订立，相应地，否定了除书面形式以外的口头等形式的适用。相反的观点认为，保险合同属于不要式合同。② 其依据同样是我国《保险法》第 13 条的规定，理由是保险人在保险实务中的通常做法是签发保险单或者其他保险凭证等书面形式，不过，其作用只是对于双方达成的保险合同内容的记载，而非保险合同本身。尤其是，对比我国《保险法》第 13 条第 1 款和第 2 款的条文用语，仅仅是强调了用保险单、其他保险凭证或者约定的其他书面形式载明保险合同的内容，但这并不意味着排除口头等其他形式的适用。

笔者亦认为应当确认保险合同是不要式合同。理由之一是符合当代合同制度的发展趋势。因为，为满足现代经济生活追求商事活动便捷和高效率的需要，各国合同制度日益明显地由早期的强调合同形式转向重视合同意思，尊重当事人选择合同形式的意思，而不再过分硬性规定合同应当采取特定形式，正如英国著名保险法学者 John Birds 和 Norma J. Hird 指出的：在英国，除了一两种情况之外，法律并不要求保险合同以特殊的形式为要件。③ 故不要式合同已经成为当代合同制度的普遍类型。理由之二是符合我国现行《合同法》和即将生效施行的《民法典》的立法精神。我国现行《合同法》第 10 条反映出“以不要式为主，以要式为辅”的精神，即：“当事人订立合同，有书面形式、口头形式和其他形式。法律、行政法规规定采用书面形式的，应当采用书面形式”。《民法典》第 469 条的规定，同样体现相同的法律思想：“当事人订立合同，可以采用书面形式、口头形式或者其他形式”。作为我国合同法律制度组成部分的

---

① 魏华林．保险法学．北京：中国金融出版社，1998：165；徐卫东．保险法论．长春：吉林大学出版社，2000：195.

② 李祝用．保险合同性质新论//贾林青，许涛．海商法保险法评论：第 2 卷．北京：知识产权出版社，2007：178.

③ John Birds，Norma J. Hird. Biros Modern Insurance Law. fifth edition，London，Sweet & Maxwell，2004：81.

保险合同，其形式问题当然应当遵循上述立法思想，因此，在《保险法》第 13 条未明文禁止书面形式以外的其他形式的情况下，宜按照现行《合同法》第 10 条和即将生效施行的《民法典》第 469 条的精神理解《保险法》第 13 条的内涵。理由之三是有利于保护投保人、被保险人的合法利益，确保保险保障功能的实现。因为，根据《保险法》第 13 条的规定，确认保险合同为不要式合同，是与保险合同的诺成性相吻合的。这意味着保险合同自投保人与保险人达成协议时即行成立并生效，从而，投保人、被保险人可以据此接受保险人提供的保险保障，避免保险人借保险单或者其他保险凭证的签发而推脱保险责任。

（九）保险合同是典型的格式合同和附和合同

一般情况下，签订合同是由双方当事人在平等法律地位的基础上自愿协商约定合同条款，并在此基础上制作书面的合同文本。但是，针对特定的商品经营行业，因其经营的特殊性或者长期的商事习惯，对其经营中所适用的合同，往往是由一方当事人为了重复使用而事先拟订合同条款。此类合同条款被称为格式条款（格式合同）。在各国的保险市场上，格式化的保险合同被普遍适用，并形成了通用的保险经营惯例：即签订保险合同的过程中，保险人一方将其拟订的保险合同格式条款提供给投保人，而投保人则处于被动的地位，对于该格式条款，一般仅表示是否接受，对此，合同立法称保险合同为附和合同。①

保险合同条款的格式化的优劣分明。一方面，保险合同采用格式条款，可以免除每次保险交易时的协商过程和拟订工作，提高了签约效率，降低了交易成本，从而，能够适应现代经济生活追求商事交易活动便捷和高效的目标；另一方面，由于格式条款是提供方事先拟订的，缺乏双方的协商过程，其内容或多或少地倾向于拟订方的经济利益，往往造成双方当事人在事实上的不平等。

按照当今国际保险市场的普遍惯例，保险合同的格式化条款一般多是由保险人事先拟订并制作成格式合同文本，提供给投保人在投保之时进行审阅，再行决定是否投保。当然，根据被保险人的特殊保险需求，投保人和保险人也可以协商增加条款或修改格式合同条款。但是，这种增加或者修改的内容必须使用附加特约方式，另行签署附加条款，贴附于格式合同文本上，而不能对保险合同的格式条款直接加以改动；或者投保人与保险人双方另行就保险合同条款进行协商，签订议定的保险合同。由此可见，格式化的保险合同条款在保险领域中得到普遍适用，但并不排除双方协商议定的保险合同的存在，以便适应灵活多样的保险需求。

保险合同的条款格式化，具有相对的稳定性，并在长期的保险实务中，产生了具有代表性的标准格式合同条款，例如，英国劳合社的海上保险单。而且，同一个保险人可以先后制作多种格式合同条款，供投保人选择适用。新的格式合同条款适用后，原有的格式合同条款仍然可以由双方当事人协商适用。

针对保险合同的附和性和格式化特点，为确保保险合同订立的公正性，抑制其因一方事先拟订合同条款的优势地位而固有的双方当事人事实上的不平等，各国保险立法往往建立相应的制约机制，这首先表现在保险立法的规则引导上。我国《保险法》针对保险市场活动的实际情

---

① 如法国立法即称格式条款为附和合同。参见崔建远．新合同法原理与案例评释：上．长春：吉林大学出版社，1999：91.

况，将《合同法》有关格式条款的立法精神予以具体化，规定了特殊的法律规则。按照其第17条的规定，采用保险人提供的格式条款订立保险合同的，(1)“保险人向投保人提供的投保单应当附格式条款”；(2)不仅如此，保险人还必须“向投保人说明合同的内容”；(3)尤其是对于免除保险人责任的条款，“保险人在订立合同时应当在投保单、保险单或者其他保险凭证上作出足以引起投保人注意的提示，并对该条款的内容以书面或者口头形式向投保人作出明确说明”。其次是各国保险监管机构的监管控制。即各国的保险监管机构依照法定职权，对于保险公司在保险经营中所拟订和适用的保险合同格式条款实施监督管理。正如我国《保险法》第135条规定的，“关系社会公众利益的保险险种、依法实行强制保险的险种和新开发的人寿保险险种等的保险条款和保险费率”，应当报保险管理机构批准后，方能在保险经营中适用。“其他保险险种的保险条款和保险费率”，应当报保险监管机构备案。显然，这有利于督促保险公司依照公平原则拟订保险合同格式条款。

实例枚举

2004年3月15日，李甲向乙保险公司投保了家庭财产保险合同附加盗窃保险，保险金额10 000元，保险期限为1年。当年4月30日，李甲所在单位用福利基金为本单位全体职工向丙保险公司投保了家庭财产保险附加盗窃保险，每名职工的保险金额为2 000元，保险期限为1年。

同年10月18日，李甲家被盗，李甲发现后，立即向公安局报案，并通知了乙保险公司。经过公安局的现场勘验，认定丢失数码照相机一台、彩色电视机一台、DVD机一台、高级服装数件、现金2 000元，共计损失金额为18 000余元。3个月后，因公安局未能破案，李甲向乙保险公司提出索赔要求，乙保险公司在理赔调查中得知李甲在丙保险公司另行投保了家庭财产保险合同，于是，认为应与丙保险公司按照各自的投保比例赔偿。因各方意见不一，李甲诉至法院。

借助本案，可以切实理解保险合同的法律性质和保险保障功能，即被保险人只能通过保险合同获得约定的保险补偿，而不可能牟取额外收益，故保险合同不具有射幸性质。

第二节 保险合同的构成

从共性角度讲，作为民商合同具体类型的保险合同是由合同主体、合同客体和合同标的等各部分构成。但是，与保险制度的法律宗旨和法律功能相适应，保险合同的上述构成要素具有特定的内容。

一、保险合同的主体

保险合同主体是指参与保险合同关系的各方当事人。他是构成保险合同的首要因素，具体包括保险人一方和作为非保险人一方的投保人、被保险人和受益人。

（一）保险人

保险人是指与投保人订立保险合同，有权收取约定的保险费，并在保险事故发生造成保险标的损失时履行保险责任的人。正如我国《保险法》第 10 条第 3 款规定的："与投保人订立保险合同，并按照合同约定承担赔偿或者给付保险金责任的保险公司"。需要指出的是，现行《保险法》取消了有关保险人类型的限制性规定，表明为适应中国保险市场的发展，《保险法》对于保险人的组织类型采取了开放性立法模式，因此，保险人不再限于保险公司的单一类型。

由于保险合同是保险人用于保险经营活动的专门性合同，所以，保险人是各个保险合同必然存在的一方当事人。保险合同作为实现保险保障功能的唯一法律途径，保险人便是其保险责任的承担者。

保险人是保险职能的直接实现者，必须符合法律规定的资格条件，才能成为保险人。具体包括：（1）必须具备《保险法》与《公司法》规定的法定条件，经过法定程序而被批准设立，具有主管机关颁发的经营保险业务许可证和工商营业执照，取得保险人资格。（2）必须具有经营相应保险业务的资格。按照《保险法》第 8 条和第 95 条规定的分业经营原则，一般情况下，人寿保险公司只能经营人身保险业务，财产保险公司只能经营财产保险业务。但是，经营财产保险业务的保险公司在保险监管机构核定批准的范围内可以经营短期健康保险业务和意外伤害保险业务。此外，根据《保险法》第 95 条第 1 款第 3 项的规定，保险公司亦可以经营经过保险监督管理机构批准的与保险有关的其他业务。

概括各国保险市场的情况，其保险立法一般均对保险人的资格条件和业务经营范围作出明确的规定。而作为保险人的组织类型，大多表现为保险公司，尤其是股份有限公司形式，以便满足保险经营对于资本规模的要求。此外，在各国保险市场上还存在着相互保险组织。少数国家还有个人保险人从事保险经营活动，例如，英国著名的劳合社就是个人经营保险业的组织平台。

（二）投保人

投保人就是与保险人订立保险合同，按照约定向保险人交纳保险费的当事人，即"与保险人订立保险合同，并按照合同约定负有支付保险费义务的人"（《保险法》第 10 条第 2 款）。我国台湾地区的保险规定称其为"要保人"，日本保险立法称其为"保险契约者"。

可见，投保人是与保险人相对应的签约人，其行为是产生保险合同的前提，并且，投保人在保险合同中承担着交纳保险费的义务。在保险实践中，投保人可以是公民个人、法人或者其他组织。投保人订立保险合同，可以是为自己的利益，也可以是为他人的利益。

投保人应当具备相应的资格条件：（1）应当具有法定的订约能力，即投保人必须依法具有民事行为能力。由于投保人是参与保险合同订立的签约人，需要其有能力进行正确的分析判断，作出决策，因此，投保人应当是完全民事行为能力人或者具有独立或相对独立的经营资格的法人或其他组织。（2）投保人依法应当对保险标的具有保险利益。否则，无资格作为投保人与保险人订立保险合同。按照《保险法》第 12 条的规定，该条件直接约束着人身保险合同中的投保人，即"人身保险的投保人在保险合同订立时，对被保险人应当具有保险利益"（第 12 条第 1 款）。如果在"订立合同时，投保人对被保险人不具有保险利益的，合同无效"（第 31

条第 3 款）。

（三）被保险人

被保险人就是在保险合同关系中，以其财产或者人身接受保险合同的保障，享有保险金请求权的当事人。我国《保险法》第 12 条第 5 款亦按照此一内涵对被保险人作出规定。可以说，被保险人是保险合同中直接取得保险保障的对象，基于保险合同向社会公众提供保险保障的目的，被保险人成为保险合同必不可少的主体。诸如，财产保险合同中为投保财产的所有权人或经营权人，人身保险合同中为以其寿命或身体作为承保对象的自然人。当然，在保险实践中，根据投保的不同情况，投保人可以同时就是被保险人，也可以与被保险人分别为不同的民事主体。

关于被保险人的主体地位，笔者认为，其与投保人相同，也是处于独立地位的当事人。因为，被保险人在保险合同关系中居于核心地位，既独立享有保险金请求权，也独立承担相应的义务。尤其要强调的是，被保险人的独立意思表示关系到保险合同能否成立和生效，尤其是投保人以第三人为被保险人而订立保险合同的，如果被保险人表示反对，则具有阻碍保险合同生效的法律效力。我国《保险法》第 34 条第 1 款关于“以死亡为给付保险金条件的合同，未经被保险人同意并认可保险金额的，合同无效”的规定便是例证。因为，被保险人不仅是财产保险之保险财产的权利人或者人身保险的保险标的的载体，更是保险人提供保险保障的对象，是保险合同必备的组成部分，并非只是与保险合同之间有利益关系而已，也不是可有可无的角色，故笔者不同意称其为保险合同的关系人。

被保险人作为保险保障的承受者，其资格条件包括：（1）必须与保险标的之间具有保险利益。实践中，若投保人为自身利益投保的（多为财产保险合同），投保人同时又具有被保险人的双重主体身份，则被保险人在保险事故发生时应当具有保险利益。而投保人为他人利益投保的（多为人身保险合同），则投保人与被保险人是各自独立的当事人，此时，投保人向保险人投保时，必须事先征得符合法定条件的被保险人的同意。（2）被保险人应当符合具体险种险别规定的承保范围。保险人在各个险种险别中的承保范围不尽相同，有关主体必须符合保险人设计的具体要求，才能成为相应险种险别的被保险人。（3）被保险人资格的取得不得违反《保险法》或者保险合同条款的禁止性规定。例如，我国《保险法》第 33 条规定：“投保人不得为无民事行为能力人投保以死亡为给付保险金条件的人身保险，保险人也不得承保。”因而，在此情况下，即使投保人进行投保，相应的无民事行为能力人也不能成为被保险人。不过，父母为其未成年子女投保的人身保险，不受此限制。

（四）受益人

受益人就是在保险合同关系中依法被指定的享有保险金请求权的当事人。按照我国《保险法》第 18 条第 3 款的规定，受益人是在“人身保险合同中由被保险人或者投保人指定的享有保险金请求权的人”。可见，在我国保险市场上，受益人的适用范围目前只限于人身保险合同[①]，而不适用于财产保险合同。

---

① 对于受益人的适用范围，笔者认为应当适用于各类保险合同中。详见本书第三章第三节。

受益人在保险合同关系中，同样处于独立当事人的地位。[①] 理由是，受益人在保险合同关系中，不仅享有核心性的保险金请求权，也负有法定的附随义务。但是，受益人不同于投保人和被保险人之处在于，其当事人身份的取得是基于被保险人的指定行为，这意味着被保险人将其在保险合同中享有的保险金给付请求权转移给受益人。[②] 除非依法丧失该项权利，否则只要受益人依法行使此项权利，就可以获取人身保险金。

因此，受益人的资格条件就是经被保险人依法指定，除此以外没有其他的资格限制。被保险人指定受益人的行为属于单方法律行为，无须征得被指定者本人或者他人的同意，但必须在保险单中明确记载。按照我国《保险法》的规定，被保险人或者投保人可以指定一人或者数人为受益人。这一指定可以在保险合同订立之时，也可以在保险合同成立之后。不过，投保人指定受益人时必须经被保险人同意，可见，受益人的指定权最终归属于被保险人。与此同理，被保险人或者投保人亦可以依其意志变更受益人，但应当书面通知保险人，以便保险人予以批注，否则，不产生变更受益人的效力。当然，投保人变更受益人时须经被保险人同意。受益人为数人时，被保险人或投保人可以确定受益顺序和受益份额。

受益人在保险合同关系中享有的保险金请求权被称为受益权。该项权利产生于被保险人依法实施的指定行为。具体的指定内容包括指定一人或者数人享有受益权，以及确定数个受益人行使受益权的顺序和各自的受益份额。未确定受益顺序和受益份额的，数个受益人按同一顺序或者相等份额行使受益权。根据我国《保险法》第 41 条的规定，被保险人在指定受益人以后，基于其独立意志而变更受益人或者增加、减少受益人的，均可能引起受益权的受益顺序或者受益份额发生变更。

受益人的受益权在保险事故发生之前属于期待权，即需要等待行使要件全部具备时，才能够行使的财产权利。只有在保险合同约定的保险事故发生并造成保险标的损失时，受益人始得依法向保险人行使该项受益权，要求保险人向其支付保险金。因此，在期待相应的法定条件的过程中，受益人享有的受益权可以发生转移，甚至是依法丧失。其中，根据我国《保险法》第 34 条第 2 款的规定，以死亡为给付保险金条件的人寿保险合同所签发的保险单，经被保险人书面同意的，可以转让或者质押。而根据我国《保险法》第 43 条第 2 款的规定，“受益人故意造成被保险人死亡、伤残、疾病的，或者故意杀害被保险人未遂的，该受益人丧失受益权”。

实例枚举

2006 年 3 月，村民陈 A 以自己为被保险人，向 B 寿险公司投保了递增养老保险。投保时，陈 A 考虑到与前妻所生的大儿子虽已成家立业，但因他两个孩子都年幼，家庭负担较重，便将大儿子指定为身故受益人。2008 年年初，陈 A 因患癌症住院治疗。住院期间，陈 A 的大儿子只是偶尔去医院探望父亲，而其同父异母的弟弟却放下所有的事情，日夜守护在父亲身边，精心照料。数月后，陈 A 的病情恶化。临终前陈 A 想到自己病重期间全靠小儿子精心照顾，又想到小儿子尚未结婚，今后自己再也无法帮助小儿子成家立业，便想将自己投保的保险金受益人更改为小儿子。陈 A 让小儿子将当地村民委员会主任找到病床前，在其面前立下口头遗

---

① 这是笔者对于受益人法律地位的看法。详见本书第三章第三节。

② 这是笔者对于受益人产生途径的看法，与我国《保险法》的规定有差异。详见本书第三章第三节。

嘱，内容是将保险金受益人变更为小儿子，并请村委会主任作为遗嘱见证人，向B寿险公司证明遗嘱的内容。次日，陈A的病情进一步恶化，经抢救无效而去世。

陈A去世后，其两个儿子因保险金的归属问题产生了争议。大儿子按照其持有的保险资料，提出保险单白纸黑字写着自己是父亲指定的保险金的唯一受益人，应由自己来领取人身保险金。小儿子则认为，父亲临终前已用立遗嘱的方式变更了受益人，自己有村委会主任的证明材料，可以证明父亲的遗嘱内容，故自己才是保险金受益人。由于陈A的两个儿子都向B寿险公司提出了领取保险金的申请，B寿险公司经研究后认为，陈A生前没有向保险公司履行变更受益人的必要手续，其所立遗嘱不应产生变更保险合同的法律后果。因此，B寿险公司将10万元保险金付给了保单上所记载的身故受益人，即陈A的大儿子。陈A的小儿子对B寿险公司的做法不满，便向人民法院提起诉讼，要求按照陈A的遗嘱领取保险金。上述案情表明，本案争议的焦点问题是：被保险人能否通过遗嘱的形式来变更保险合同中的指定受益人。

通过本案，大家可以深入理解人身保险合同的受益人的产生根据、法律地位以及变更受益人的法律规则。

二、保险合同的客体和保险标的

（一）保险合同的客体

保险合同的客体是构成保险合同的要素之一，它表现为保险合同的各方当事人的权利和义务共同指向的对象。对此，笔者认为，保险利益是保险合同的客体。

保险利益作为保险合同的客体不同于保险标的，它并非保险人在保险合同中承保的具体财产或者被保险人的身体、生命，而是投保人或者被保险人与保险标的之间所存在的法律上认可的经济利害关系，即“对保险标的具有的法律上承认的利益”（《保险法》第12条第6款）。这种经济利害关系体现着投保人或者被保险人因保险标的的存在而享有的经济利益。它通过保险合同的适用而得到保险人提供的保险保障，故称之为保险利益。

保险利益的内涵，体现着投保人或者被保险人与保险标的之间内在的、必然的经济联系。虽然，其法律表象是被保险人对于保险财产享有的民商法意义上的权利或者投保人与被保险人之间存在的某种亲属血缘关系或社会关系，但其实质却是一定的经济价值。如果发生保险事故造成保险标的的损失，则被保险人就失去相应的经济价值，反之，被保险人便保有此类经济价值。可见，投保人向保险人投保，签订保险合同的目的就是对保险利益提供保险保障，当其因保险事故的发生而失去保险利益时，用保险公司支付的保险赔偿补偿其经济价值上的损失。同时，保险利益也确立了被保险人对于保险标的具有的经济价值的范围，为保险人实施保险保障提供了客观依据。投保人在此范围内投保的，当然获得保险保障，而超出此范围的部分，因被保险人没有保险利益，也就不能获得保险保障，从而，预防保险领域出现道德危险。因此，以保险利益作为保险合同的客体，具有客观实在的科学意义。

保险合同的保险标的是保险人在具体保险合同中承保的直接对象。不同的保险合同，其承保的保险标的并不一样，但是，被保险人通过保险人的保险赔偿或给付保险金予以保障的保险利益则是统一的。保险利益的存在，充分表现出保险保障的社会价值。同时，投保人或者被保险人在保险合同中，并非孤立地追求保险人实施的保险行为本身，而是以保险利益的保险保障作为其参与保险的目的。这正是保险合同之保障特性的需要。因此，以保险利益为保险合同的客体，可以确保法律调整保险活动的统一性和法律适用的一致性。

各国保险立法均重视保险利益问题，原因在于，保险利益的存在与保险合同保障职能的实现直接相关联。财产保险的投保人投保的目的在于通过保险人的保险赔偿获取保险利益的保障，故保险赔偿范围是以保险利益为根据。而人身保险的投保人同样要借助保险金的给付来保障其保险利益，则保险利益的存在也是必不可少的前提。如果没有保险利益，保险合同就会因缺少保障的客体而无从构建，以此可以防止社会成员利用保险合同，牟取额外利益的投机心理，预防道德危险发生。

作为保险合同的客体，保险利益应当依附于投保人或被保险人。如果该保险利益在保险合同有效期限内发生变化，与投保人或被保险人发生分离，例如，财产保险合同的保险标的——投保财产的所有权转让给他人，则应由受让人承继被保险人的权利和义务，但被保险人或受益人应当及时通知保险人。不过，法律另有规定或保险合同另有约定的情况除外，例如，根据我国《保险法》第 49 条的规定，货物运输保险合同的保险利益转移的，保险合同的效力直接及于新的保险利益享有者，不必经保险人同意。

（二）保险合同的保险标的

保险合同的保险标的，是指作为保险对象的人的寿命和身体或者财产及其有关利益。保险标的在保险合同中是确认保险利益的依据，也是保险事故所致损害后果的承受体。不同险种的保险合同，其保险标的是不同的。根据我国《保险法》第 12 条的规定，财产保险合同的保险标的是相应的财产及其有关的利益（第 4 款），人身保险合同的保险标的，则是被保险人的寿命和身体（第 3 款）。

保险标的不仅是保险人提供保险保障的直接对象，同时，还是被保险人寻求保险保障之保险利益的物质表现形式。虽然，保险标的在具体的保险合同中不尽相同，可以是物质财产、民事权利、法律责任，也可以是被保险人的身体、寿命等，而且，随着社会的发展和生产力水平、科技水平的提高，人们寻求保险保障的需求必然趋于扩大，因而，保险合同的保险标的范围也在不断扩大。这已为保险制度的历史所证明，即保险合同的保险标的从最初的有形财产扩大到无形的民事权利、法律责任，由一般的生产资料、生活资料发展到卫星、航天飞机、宇宙飞船等高科技产品。但是，不论是何种保险标的，通过其体现被保险人的保险利益的目的却是一致的。

实例枚举

2005 年 8 月 7 日，天瑞公司与某保险公司签订财产保险合同。天瑞公司作为投保人向保险公司投保航空一切险。保险标的为集成电路，投保金额为 72 500 美元，装载运输工具为飞机，起运时间、地点规定为 2005 年 9 月 23 日自新加坡至香港。保险合同签订的当日，天瑞公司按保险合同的规定向保险公司交纳了保险费。10 月 5 日，天瑞公司向保险公司报案，以投保货物在运输途中丢失为由向保险公司提出索赔要求。接到报案后，保险公司向承运人某航空公司作调查，得到的书面答复是，该批货物已于 7 月 30 日下午运抵香港，后该批货物下落不明。

据此，保险公司向天瑞公司发出了拒赔通知书。天瑞公司以双方签有保险合同，其已按合同规定交纳了全部保费，理应获赔为由诉至法院，要求保险公司赔偿其经济损失。诉讼中，天瑞公司陈述其与保险公司签订保险合同之前已通过空运方式将该批货物自新加坡运出，后因货物下落不明，为保证其经济利益不受损失，而于 2005 年 8 月 7 日与保险公司签订了保险合同。

在本案中诉讼双方的争议焦点是投保人对投保标的是否具有保险利益。天瑞公司认为，其作为投保货物的所有权人有权与保险公司签订保险合同，在签订合同时并不能确认该批货物已经丢失，而保险人接受了投保，故保险公司理应赔偿其经济损失。保险公司则认为，依据查明的事实，投保人在与其签订保险合同时，对投保标的物已丧失保险利益，保险人有权据此拒赔。

大家借助本案，可以理解保险合同的客体（保险利益）与保险标的（投保货物）之间的联系和区别。

第三节 保险合同的种类

基于保险险种险别的不同，保险合同的内容和实务操作亦有差异。因而，产生了保险合同的不同类型。根据我国《保险法》和我国保险经营实践，保险合同具体有以下几类。

一、财产保险合同与人身保险合同

以保险标的为标准，保险合同分为财产保险合同与人身保险合同。

这是保险合同的基本分类，也是我国《保险法》规定的保险合同类型。其主要区别是，财产保险合同的保险标的是财产及其有关利益，而人身保险合同则是以人的寿命和身体作为保险标的。上述保险标的的区别，决定了财产保险合同与人身保险合同截然不同的法律属性。

（一）财产保险合同

财产保险合同是以财产及其有关利益作为保险标的，其适用目的在于补偿被保险人因发生保险事故造成的保险标的的损失，实现保险保障职能，故财产保险合同是补偿性合同，适用损失填补原则。相应地，保险人在财产保险合同中承担保险责任的根据是承保的财产及其有关利益的经济价值，则履行保险责任的范围限于保险标的的实际损失。被保险人只能从财产保险合同中获取保险补偿，而不能牟取额外利益。

目前，我国的保险公司开办的财产保险业务，涉及有形的物质财产和法律责任、预期利益、信用等各种无形财产。按照具体的承保财产，财产保险合同进一步包括：（1）财产损害保险合同；（2）交通运输工具保险合同；（3）货物运输保险合同；（4）海上保险合同；（5）农业保险合同；（6）工程保险合同；（7）责任保险合同；（8）信用保险合同和保证保险合同。

（二）人身保险合同

人身保险合同属于给付性合同。因为，作为其保险标的的人的寿命或身体是不能以货币价值来衡量的，也难以用货币评价其损失后果。所以，人身保险合同的适用，一般都是根据被保险人的特殊需要和交付保险费的数额，在合同中确定一个固定的保险金额，在保险事故发生后或者保险合同期限届满时予以给付，从而，在人身保险范畴内具有典型意义的人寿保险合同中，保险人履行保险责任的根据是合同中约定的金额，而不考虑被保险人是否有经济损失及其损失数额。当然，医疗保险合同和意外伤害保险合同等人身保险合同，则是以补偿为目的。

在各国的保险实践中，按保险人提供保险保障的范围，将人身保险合同分为人寿保险合同、健康保险合同和意外伤害保险合同三大类，各自又包含着诸多具体险种，可以是团体保险，也可以是个人保险，甚至出现了人身保险与理财相结合的分红保险、投资联结保险等变形的保险产品。

我国的人身保险业务是从1982年恢复的，此后发展比较迅速。但是，由于我国的人身保险较之财产保险起步较晚，加之受中国长期以来的家庭观念和道德规范及文化传统的影响，在中国保险市场的发展中，留了较大的发展空间。而基于我国人口众多的现状，人身保险业务具有广阔的市场潜力。应当说，中国保险市场中目前最为活跃的就是人身保险，其发展速度大大高于财产保险。各人寿保险公司各显其能，积极开拓市场，推广人身保险，在上述三大类人身保险范围内设计出名目繁多的人身保险险种。

二、自愿保险合同与强制保险合同

以保险合同的订立是否出于当事人的自愿为标准，分为自愿保险合同和强制保险合同。

（一）自愿保险合同

自愿保险合同是基于投保人与保险人的自愿协商所签订的保险合同。保险实践中，大多数保险合同属于自愿保险合同，它的订立与否完全取决于当事人的意思表示。其中，投保人有权决定是否投保和选择保险人，他人不得干涉，保险人相应地有权决定是否承保。自愿保险合同的适用满足了社会公众寻求保险保障的各种需求，体现了保险市场的固有属性和运行规律，可以说是保险市场的普遍形式。

（二）强制保险合同

强制保险合同是指在法律规定一定范围内的社会成员负有投保特定险种的义务，而保险人负有承保的责任时，双方依法必须签订的保险合同。可见，强制保险合同的特殊之处在于，其订立与否不取决于当事人的意志，而为法律所强制订立。强制保险合同在各国保险市场上均有存在，目的是作为各国统治阶级发展本国经济、实现相应政策、稳定社会经济关系的配套措施。比如，根据我国有关法律和有关主管部门的规定，各旅行社必须投保游客意外伤害责任保险；私营企业雇用职工，必须为其投保人身意外伤害保险。尤其是，自2006年7月1日第一个在全国范围内施行的机动车交通事故责任强制保险，开始适用于拥有机动车、船的单位或者公民个人，它（他）们均必须依法投保机动车交通事故责任强制保险。

三、原保险合同与再保险合同

以危险转移的方式为根据，保险合同分为原保险合同与再保险合同。

（一）原保险合同

原保险合同是由非经营保险业务的社会成员作为投保人，与保险人之间订立的保险合同。从而，原保险合同的保险人所接受的危险，来自保险业以外的单位或公民个人在社会生产和生活中因保险事故所遭受的直接损失。保险人接受这种危险的转移，并为此承担直接的保险责任。鉴于保险商品交换的各种需求，从事各类生产经营活动的经济实体和各个城乡居民均可与保险人签订保险合同，将相应的危险转移给保险人。这些保险合同相对于再保险合同而言，均为原保险合同。按其危险转移方式，又叫第一次保险合同。

（二）再保险合同

再保险合同是指原保险合同中的保险人，为了避免或者减轻其在原保险合同中承担的保险责任，将其承保危险的全部或者一部分再转移给其他保险人所订立的保险合同。可见，再保险合同实际上是承保危险在保险人之间再次转移的法律形式。其中，原保险合同的保险人在再保险合同中处于投保人的地位，以交纳再保险费为代价，分出其承保危险的全部或部分，保险业称之为分保；而接受分保的保险人则作为再保险人，对其接受的再次转移的危险，向分出人承担相应的保险责任。正如我国《保险法》第 28 条第 1 款所规定的，“保险人将其承担的保险业务，以分保形式部分转移给其他保险人的，为再保险。”再保险合同是以危险的再次转移为内容的，故它的订立应当以原保险合同的存在为前提，故又叫做第二次保险合同。

需要进一步明确，原保险合同与再保险合同作为不同的危险转移方式，是两种相互独立的保险合同。因此，它们各自的保险人均独立地承担保险责任，即原保险合同中的原保险人是向其被保险人或受益人承担保险责任，而再保险合同的再保险人则向再保险的分出人（原保险合同的保险人）承担保险责任。对此，我国《保险法》第 29 条明确规定：“原保险的被保险人或者受益人不得向再保险接受人提出赔偿或者给付保险金的请求。”同时，“再保险接受人不得向原保险的投保人要求支付保险费”。相应地，“再保险分出人不得以再保险接受人未履行再保险责任为由，拒绝履行或者迟延履行其原保险责任”。

四、定值保险合同与不定值保险合同

以当事人是否在保险合同中事先约定保险价值为标准，保险合同分为定值保险合同与不定值保险合同。此一分类只适用于财产保险合同，而不适用于人身保险合同。因为，人身保险合同的保险标的（被保险人的寿命和身体）无法用金钱加以计算，不存在保险价值。

（一）定值保险合同

定值保险合同是指当事人在订立保险合同时，已经约定了保险标的的保险价值，并记载于保险合同中，以此作为保险人确认保险责任依据的保险合同。定值保险合同的突出特色是以约定的保险价值作为保险标的在保险事故发生时的价值，并据此作为保险人承担保险责任的计算依据，省却了评估保险事故造成的保险标的实际损失的麻烦，即“投保人和保险人约定保险标的的保险价值并在合同中载明的，保险标的发生损失时，以约定的保险价值为赔偿计算标准”（《保险法》第 55 条第 1 款）。

在定值保险合同中，保险标的的保险价值是双方当事人协商约定的。因此，当保险事故造成保险标的损失时，会存在着双方约定的保险价值高于或者低于保险标的实际价值的情况。对此，除非保险人有证据证明投保人在约定保险价值时存在欺诈而解除保险合同或者不负保险责任，否则保险人不得以保险标的实际价值与双方约定的保险价值不相符为由拒绝承担保险责任。保险实务中，定值保险合同多适用于不易确定价值的财产（如古董、艺术品等）或者保险标的的价值在不同时间、地点存在较大差异的海上保险、内陆货物运输保险等。

（二）不定值保险合同

不定值保险合同是指在保险合同订立时并未明确保险标的的保险价值，需要待保险事故发生后按照约定的或者法律规定的方法计算保险标的价值的保险合同。例如，《保险法》第 55 条第 2 款规定：“投保人和保险人未约定保险标的的保险价值的，保险标的发生损失时，以保险事故发生时保险标的的实际价值为赔偿计算标准。”相比较而言，不定值保险合同更能够体现财产保险的补偿特性，因为其是在保险事故发生后评估保险标的的价值，并据此计算被保险人遭受的损失，认定保险责任。这意味着其保险赔偿最为符合实际情况。故而，为多数财产保险合同所采用。

五、特定危险保险合同与一切危险保险合同

以保险人承保危险的范围为标准，分为特定危险保险合同与一切危险保险合同。

（一）特定危险保险合同

特定危险保险合同是指保险人承保一种或数种危险的保险合同。此类保险合同一般都在合同条款中采取列举方式约定承保危险。保险人的保险责任范围限于所列举的自然灾害和意外事故。而列举以外的自然灾害和意外事故，保险人不负责任。其中，保险人仅承保一种危险的，称为单一危险保险合同，而承保数种危险的保险合同，则为多种危险保险合同。在保险实践中，多种危险保险合同日益增加，而单一危险保险合同则日趋减少。比如，我国保险公司所开办的森林火灾保险、麦收火灾保险、棉田雹灾保险等均为单一危险保险合同。

（二）一切危险保险合同

一切危险保险合同是指保险人承保除了“责任免除条款”约定的危险以外的一切危险的保险合同。在此类保险合同中，“责任免除条款”规定的危险是界定保险人之保险责任范围的根据，凡未列入“责任免除条款”中的危险均是保险人承保的危险。目前，我国保险公司开办的财产一切险、建筑工程一切险、安装工程一切险均属一切危险保险合同。例如，按照中国人民

财产保险股份有限公司的《建筑工程一切危险条款》规定，除本条款第 2 条责任免除规定以外的其他不可预料的和突然的事故，保险人均负责赔偿。

六、单保险合同与复保险合同

（一）单保险合同

以承保的保险人人数为标准，保险合同可以分为单保险合同与复保险合同。

单保险合同是指同一投保人对同一保险标的，同一保险事故，基于同一保险利益，与一个保险人订立的保险合同。一般情况下，投保人与一个保险人订立单个保险合同，便可以满足其寻求保险保障的需求。故多数保险合同都属于单保险合同。

（二）复保险合同

复保险合同是指同一投保人对同一保险标的，同一保险事故，基于同一保险利益，在同一保险期限内，与数个保险人分别订立数个保险合同。我国《保险法》第 56 条第 4 款称其为“重复保险”。

由于在重复保险合同项下，被保险人有可能获取不当利益，因而，保险立法往往对其适用特殊法律规则。从而，复保险合同的构成应当符合如下条件。

1. 保险标的是同一的。复保险合同所涉及的数个保险合同的保险标的应当是相同的，属于同一范围。

2. 保险利益是同一的。复保险合同的投保人对于同一保险标的应当具有相同的保险利益，其所订立的数个保险合同才为复保险合同。如果对于同一保险标的，基于不同的保险利益订立几个保险合同，则不构成复保险合同。例如，对于同一座楼房，甲出于所有权人的保险利益投保财产险，而乙以抵押权人的保险利益投保财产险，这两个保险合同就不属于复保险合同。

3. 保险事故是同一的。复保险合同的数个保险合同承保的保险事故，应是同一范围的。如果各个保险合同承保的保险事故范围不一样，例如，一个为火灾险，另一个为战争险，则是各自独立的单保险合同。

4. 保险期间是同一的。它意味着同一保险标的，同一保险利益，在同一时间内接受多重保险保障，构成复保险合同。数个保险合同的保险期限完全重合，或部分重合。

5. 复保险合同由数个保险人分别承保，并且事先无约定。这就是说投保人就同一保险标的，同一保险事故，基于同一保险利益，在同一时期内向数个保险公司投保，而各个保险公司事前并无约定。否则，各个保险人事先约定承保一笔保险业务的，称为共同保险。因此，各国保险法往往要求投保人在投保时应向保险人告知有关复保险的情况，相应地，国外的保险单上经常标明“other insurance clause”（他保条款）字样，或者约定本保险人与他保险人分摊责任，或禁止他保。

关于复保险合同的法律效力，就财产保险合同而言，各国保险法一般区分两种情况予以处理：一种是出于投保人的善意而发生的复保险，比如，为了避免某一保险人破产或履行不能而重复投保，并如实告知复保险情况的，法律承认其合同有效，但是，各个保险人以保险标的的保险价值为限予以赔偿。在保险实践中，通常都采取各保险人之间分摊（比例责任分摊、限额责任分摊或顺序责任分摊）的办法。另一种是投保人出于恶意，为了取得多重赔偿而实施的复保险，许多国家的法律均否认其效力，保险人得以拒赔。而对于人身保险，则无论投保人重复几次投保，其保险合同均有效。各个保险人都应当在保险事故发生后或保险期限届满时，按保险金额向被保险人或受益人支付保险金。

我国《保险法》借鉴各国保险立法经验和我国保险经营的需要，对于重复保险作出相应规定。首先，对于人身保险，承认重复保险的效力，各保险人均足额给付。其次，对于财产保险，《保险法》要求"重复保险的投保人应当将重复保险的有关情况通知各保险人"，"重复保险的各保险人赔偿保险金的总和不得超过保险价值。除合同另有约定外，各保险人按照其保险金额与保险金额总和的比例承担赔偿保险金的责任"（第 56 条第 1 款和第 2 款）。

【知识链接】

由一起打赌引发的伤害案件谈射幸合同

在合同法理论上，实定合同与射幸合同，是以在订立合同时当事人所承担的给付义务的实施是否确定（或者说以合同的履行是否确定）为标准划分的合同类型。其中，实定合同是指合同订立时已经确定当事人承担的给付义务确定履行的合同。与此不同，射幸合同在订立时当事人的给付义务是否履行尚未确定，是依赖当事人约定的偶然事件的出现的合同。这一分类的法律意义在于，实定合同一般要求等价有偿，显失公平的合同可能被撤销，而射幸合同不能简单地以是否等价来衡量其公平与否。

为了进一步理解上述合同分类的价值，给大家分析一起由打赌引发的伤害案件：2003 年 2 月的某日，建筑工人刘某与杨某、郭某等人吃饭喝酒时，相互吹嘘自己的"武功"。他们来到施工工地上，刘某提出表演用嘴叼起装满石子的塑料桶行走的"真功夫"，杨某、郭某表示不信。于是，双方约定，双方各拿 20 元，如果刘某用嘴叼起装满石子的塑料桶行走到指定位置，就赢 20 元，反之，就输 20 元。在工友们的围观下，刘某第一次成功地完成用嘴叼起装满石子的塑料桶并行走而赢取了 20 元。此时，刘某又夸口说，能够叼起更重的石子桶、走得更远，杨某、郭某还是不信。双方再次设立相同的赌局。不过，刘某这一次叼起加重后的塑料桶走到一半距离时摔倒在地，因刘某的失败，杨某、郭某赢回了 20 元。刘某因受伤而被送入医院治疗，经诊断为"颈椎椎体骨折伴不全性截瘫，颈六椎体脱位，需长期卧床，还需要手术治疗"。8 天后刘某出院。为此，双方产生争议，诉至法院。经送交有关技术鉴定中心鉴定为一级伤残。刘某的损失费用为医疗费、误工费、住院伙食补助费、护理费、伤残补助费、鉴定费、后续医疗费等，共计 126 509.54 元。

法院经审理认为，原告刘某和被告杨某、郭某作为赌局的参与者都应当预见到用嘴叼起装满石子的桶行走会造成原告身体伤害的结果，但原告刘某因过于自信而主动要求表演，并与被告打赌，还主动要求增加重量和距离而导致其受伤致残，具有较大的过错，应承担本案的主要责任，即 60%的责任。两被告对原告的危险表演不但不劝阻，反而积极参与，并出钱与原告赌输赢，对由此造成的损害后果也应承担一定责任，即各自承担 20%的责任。两被告是共同侵权人，应当相互承担连带赔偿责任。判决：被告杨某、郭某各自赔偿原告刘某 25 301 元；驳回原告刘某的其他诉讼请求。

就本案来讲，涉案的当事人之间所达成的协议就是典型的射幸合同。如前所述，在我国的现实生活中，射幸合同的存在是客观的，诸如彩票合同、奖券合同、有奖销售合同以及期货合同、期权合同、远期外汇买卖合同、股权指数交易合同等金融衍生工具合同，此外，当下极为热门的对赌协议因其对融资企业的未来股权价值进行或然性约定，是一种“估值调整机制”，也具备射幸合同的属性。目前，关于这些射幸合同，我国只有政策性规章予以规范，尚缺乏明确统一的法律制度规范。但上述因打赌引发的伤害案件的判决结果，表明司法审判实践中对于不损害国家、社会和第三人利益的赌博等射幸合同之效力，是予以确认的。

至于保险合同是否属于射幸合同，主流观点是肯定的，不过，笔者对此则不敢苟同，因为，射幸意即“侥幸”，就是碰运气。相应地，射幸合同就是突出一方当事人所支付的代价而所获取的只是一个机会。如果据此认定保险合同是射幸合同，也就意味着投保人在保险合同项下支付保险费，换来的是有可能获取远远大于保险费数额的保险赔偿。这种射幸合同的不确定性完全有可能刺激投保人为实际取得保险赔偿而为或者不为的冲动，笔者认为这是根本违背了保险制度的提供保险保障的宗旨。而且，从保险人履行保险责任来看，在个体保险合同中其会因保险事故发生的或然性而存在不确定性，但就保险合同的总体而言，保险人履行保险责任是必然的，故而，应当确认保险合同属于实定合同，而非射幸合同。

问题与思考

1. 保险合同具有哪些法律特点？
2. 如何理解保险合同的主体范围？
3. 保险合同的客体与标的有什么区别？
4. 保险合同有哪些分类？
5. 财产保险合同的特点及险种。
6. 人身保险合同的特点及险种。
7. 如何认定重复保险的构成条件和法律效力？

第六章 保险合同的订立

本章概要

作为民商事合同的具体类型，保险合同的订立程序同样是要约和承诺两大环节，并在长期保险实务中形成了保险业专有用语——投保和承保。因此，学习保险合同法律制度，首先应当把握保险合同的订立程序和订立条件。同时，保险合同的订立过程还涉及当事人承担的缔约义务以及缔约过失责任制度。本章重点论述了保险合同的订立程序所需的投保和承保的性质和法律条件；当事人在订立保险合同过程中承担的义务；当事人违反缔约义务时所应承担的缔约过错责任的性质和构成条件。而且，学习保险合同的订立理论，还涉及对保险法司法解释有关规定的理解和适用。

第一节　保险合同的订立程序

我国现行《合同法》和即将生效施行的《民法典》合同编均统一规定了当事人订立合同的程序，包括要约和承诺，该程序适用于各类合同。具体到订立保险合同的过程，就是投保人与保险人之间约定权利和义务，协商合同内容，并达成意思表示一致（合意）的法律活动过程，当然，也要经过要约和承诺两个必要步骤。保险立法称其为投保和承保。同时，基于保险合同的特点和保险经营的特殊性，保险合同的订立又具有特殊之处。其突出表现是保险合同的格式化导致在合同订立过程中普遍使用格式条款和各种保险单证。

具体来讲，我国《保险法》第 13 条明确规定了保险合同的订立过程："投保人提出保险要求，经保险人同意承保，保险合同成立。保险人应当及时向投保人签发保险单或者其他保险凭证。保险单或者其他保险凭证应当载明当事人双方约定的合同内容。当事人也可以约定采用其他书面形式载明合同内容。"

一、投保（要约）

（一）投保的法律性质

投保，是指投保人向保险人提出保险要求的行为。一般做法是，投保人应到保险人或保险代理人的营业场所阅读所欲投保的格式合同条款，必要时向其营业人员了解合同条款的含义。在认为符合自己投保需要的情况下，向保险人提出保险要求，填写投保单。可见，投保完全符合现行《合同法》第 14 条和即将生效施行的《民法典》第 472 条所规定的“要约是希望和他人订立合同的意思表示”之内涵。由于保险合同条款在通常情况下是统一的和公开的格式条款，故投保人填写投保单，意味着其已认可保险人事先制作的保险合同格式条款。当然，投保人也可就其特殊的投保需要，提出新的内容。因此，投保人实施的投保行为构成订立保险合同的要约。其中，投保人是要约人，保险人是受要约人。

应当指出，保险人制作格式保险条款的行为并非订立保险合同的要约。现代保险市场上，保险合同一般均采用标准化合同（又称格式合同），即由保险人根据各个险种的设立需要和科学计算，事先设计统一的保险责任、保险标的、保险条件等基本条款，制作统一的保险合同文本，并印制相应的投保单，供投保人填写。不过，这一环节是订立保险合同所需的准备工作，尤其是没有表明受其制作格式合同行为的约束，故依法并非要约，而仅仅是邀请广大社会公众向其投保，法律上称为“要约邀请”，即“希望他人向自己发出要约的意思表示”（现行《合同法》第 15 条第 1 款和即将生效施行的《民法典》第 473 条第 1 款）。

作为订立保险合同的要约，投保就是投保人向保险人提出订立保险合同的建议，理论上可以是口头或者书面形式，通常是投保人填写保险人印制的投保单，法律上视其为投保人提出要约的意思表示。大多数保险合同的条款是由保险人事先统一制定的，并提供给投保人选用的格式化条款。而且，同一个险种险别，不同的保险人可能会有若干种合同条款。投保人就某一种保险合同条款填写了投保单，不仅表达了投保人订立合同的愿望，也意味着投保人确认了在其欲投保的保险关系上适用该合同条款。

当然，投保作为投保人向保险人发出的要约，并不一定产生保险合同，更不应当把未经保险人同意的投保单看作是保险合同。原因在于，订立保险合同是一种双方法律行为，要求有双方当事人的意思表示一致。通俗地讲，就是投保人和保险人对于保险合同条款达成了协议，保险合同才成立。由此可见，投保只是第一步，还必须有保险人同意接受投保的承诺表示——承保。显然，投保不是订立保险合同的唯一程序，却又是其不可缺少的必要环节。

既然投保的法律性质为要约，就应当产生现行《合同法》和即将生效施行的《民法典》所认可的要约的法律效力。具体表现为，投保人的保险要求（要约）到达受要约人时生效，投保人在其投保的要约有效期内，受其所填写的投保单的约束，不得任意撤回或者变更。保险人在此期限内取得承诺权，如果其向投保人表示承保，则投保人应当与保险人签订相应的保险合同，不得反悔。

在保险实践中，投保人投保的有效期可以是即时的（如直接对话、电话投保），也可以是非即时的。如果是即时有效的，则保险人即时承保，投保人要与其订立保险合同。而对于非即时有效的，则保险人在此约定的承诺有效期内承保的，就对投保人具有订立保险合同的约束力。只有在投保（要约）的有效期届满后，或者保险人不予承诺或提出新要约时，投保人填写的投保单才丧失要约的法律效力，投保人不再受其填写的投保单的约束。

（二）投保的途径和方法

在现代保险市场上，各个保险人为适应日趋激烈的竞争局面，不断扩大其保险展业的范围，运用各种手段进行保险宣传，吸引更多的社会公众向其投保。因此，投保人向保险人进行投保的途径较多，投保方法也不断增多。概括来说，投保人可以通过以下途径来投保。

1. 直接向保险人投保

相比较而言，保险业是盈利水平较高的行业，因此，各个国家以及国际保险市场上，保险人的数量日益增多。就我国来讲，随着社会主义市场经济的发展，保险市场已经从初步建立阶段逐步转入成熟发展的阶段。近百家中资、中外合资和外国独资的保险公司或者其分支机构在公平基础上从事保险经营、开展竞争。各家保险公司都在利用广告、新闻媒介等多种渠道来进行宣传，树立自己的形象，扩大其展业范围，用以吸引社会公众向其投保。为此，各家保险公司均在各地设立营业机构或办事机构，为各类投保人进行投保提供便利服务。

因此，意欲投保的广大社会公众可根据自己对各个保险人的信誉水平、业务水平、赔付能力的了解，针对自己所选定的保险险种险别，选择所信赖的保险人，到其营业场所或办事处索取投保单、逐项填写清楚后，进行投保。此外，随着市场经济和现代科技的发展，有的保险公司还增加了电话预约和网上投保业务，投保人也可以选择这些方法来投保。不过，根据法律规定和保险人经营程序要求填写投保单的，投保人在电话预约或网上投保后还应当按规定办理投保手续。

2. 通过保险代理人投保

保险代理制度是各个保险人为了吸引保户，扩大业务量，发展市场份额，增加保险经营收益而采取的必要手段。为此，各个保险人都在一定领域内或行业中选择保险代理人，与其签订代理合同，授权其从事有关的保险代理业务。而接受投保和签发保险单就是其主要代理业务之一。在我国，各商业银行储蓄所、信用社等金融机构，航空公司、轮船公司、外贸公司或其他经保险人授权的企事业单位、社会团体等，都可以作为保险代理人代为接受投保人的投保，成为又一个投保途径。同时，我国的各个保险公司，不论是经营财产保险，还是经营人身保险，均聘用个人保险代理人为其进行保险展业，代为接受投保人的投保。

3. 通过保险经纪人投保

保险经纪制度是各国保险市场的重要组成部分，得到广泛适用，如今，经保险监管机构批准的专门从事保险经纪业务的保险经纪公司已经成为中国保险中介市场上的重要组成部分。在保险实践中，保险经纪人是投保人进行投保的重要途径之一。因为，保险经纪人是专门性的保险中介业务机构，具有保险专业知识，并熟悉各个保险人的信誉水平和经营状况，可以为投保人争得最有利的投保机会和保险合同。正是在此意义上，保险经纪人被看作是投保人的代表而向保险人实施投保行为。

可见，通过保险经纪人向保险人投保不失为一种较好的抉择。投保人可以找到其信任的保险经纪人，讲明自己寻求保险保障的需要和投保要求，委托保险经纪人为其选择最适合的保险类别，向保险人办理投保手续。

4. 其他投保的途径

随着保险业的发展和保险市场竞争的日益加剧，各个保险人都在不断创造新的展业方法，为社会公众提供更多投保途径，以方便社会公众进行投保。例如，中国太平洋保险公司就曾在1993年春节之际，采用“贺年明信片保险金卡”的形式来吸引社会公众向其投保家庭财产保险或人身意外伤害保险，成为一种独特的投保途径。投保人购买此保险金卡就是在向该保险公司投保，该保险金卡就成为保险凭证。这一投保方法既方便，又带有趣味性，受到社会公众的欢迎。另外，电话投保、E-mail等网络投保等方式也已经被运用到保险实务中。

（三）投保的有效条件

保险合同作为民商合同的具体类型，现行《合同法》和即将生效施行的《民法典》所规定的订立合同所应具备的有效条件对其同样适用。同时，基于保险合同的特点，《保险法》对于订立保险合同规定的法律条件又具有特殊之处。从而，投保人的投保行为作为订立保险合同所必需的要约程序，其有效条件包括以下6项。这些有效条件，不仅是投保人实现投保目的的前提，也是保险人在承保时进行审核的内容。因此，投保人实施的投保行为，只有符合这些有效条件才产生相应的法律效果。

1. 投保人应当具有订约能力

这是现行《合同法》和即将生效施行的《民法典》规定的合同主体资格的合格条件在订立保险合同时的具体表现。所谓投保人具有订约能力，是指投保人在向保险人投保时，应当具有法律所要求的民事行为能力。

在保险实践中，不同的保险险种和险别承保的对象不同，保险内容各异，从而，各个保险合同的投保人也不相同，可以是公民，也可以是法人、其他组织，个体工商户、农村承包经营户、个人合伙等也可向保险人投保。投保行为是订立保险合同的法律活动，会引起法律上的权利义务，它要求投保人在投保之时能够正确地分析判断其法律后果。所以，这些法律主体必须具有相应的民事行为能力才具有投保的资格，其投保行为才有效。根据我国现行《民法通则》和即将生效施行的《民法典》的规定，一般要求投保人是年满18周岁且精神正常的公民或是具有民事主体资格的法人或者其他组织。

在我国，判定投保人是否具有订约能力的依据是现行《民法通则》和即将生效施行的《民法典》以及保险立法。对于公民来说，我国法律根据公民的年龄和智力发育状况，将民事行为能力分为三类。其中，具有完全民事行为能力的公民，包括年满18周岁的成年人和16周岁以上不满18周岁，并以自己的劳动收入作为主要生活来源的人，有资格作为投保人独立地向保险人投保。与此不同，10周岁以上的未成年人和不能完全辨认自己行为的精神病人属于限制民事行为能力人，只有征得其法定代理人的同意或由其法定代理人代理时，才能作为投保人进行投保，否则，不能独立地实施投保行为。而无民事行为能力人是指不满10周岁的未成年人和不能辨认自己行为的精神病人。他们做投保人时，必须由其法定代理人代为投保。

企事业单位、国家机关、社会团体作为投保人投保、订立保险合同的，比如投保财产险①、

① 财产保险（基本险或综合险）在我国保险市场上原被称为企业财产保险，1996年7月1日改用现名称。详见本书第十一章。

机动车辆第三者责任险或团体人身保险等，应当具备法人资格。依法具有相对独立地位的其他组织，也可以向保险人投保，但企事业单位、社会团体内部不具备法人资格的分支机构，比如企业的车间、科室、班组等就不能作为投保人独立投保。已经被依法吊销营业执照或者依法解散、依法被宣告破产的企事业单位、社会团体也不得再以原法人名义投保。

2. 投保人的投保意愿应当是真实意思表示

保险合同是保险商品交换关系的法律表现形式，其基本内容是要求投保人以交付保险费为条件获取保险人提供的保险保障。这一法律关系涉及投保人的切身利益，因此，社会公众是否愿意投保，愿意向哪个保险人投保，愿意投保哪个险种、险别，均应由其自行决定。这在法律上被称为意思表示真实。各个社会成员都是独立的法律主体，只有各自独立参与各种经济活动，才能确保其所参与的经济活动产生的法律后果与其真实的意愿和实际需要相一致。因此，各国的合同立法均规定各类合同的订立必须是出于当事人的真实意愿。

具体到保险合同的订立，该条件首先表现为投保人的投保行为应当出于其真实意愿。在保险经营中，各个保险公司可以利用各种合法手段进行展业活动，扩大自己的影响，提高社会公众的保险意识，使大家认识到投保的必要性。不论是公民还是法人，基于其保险意识自觉自愿地向保险人投保的行为，必然为法律所确认。但是，保险人不得采取不正当的手段招揽客户，更不能让投保人在违反真实意愿的情况下向其投保。尤其是借助行政主管机关的命令强迫投保的，均不符合投保人的真实意愿。

3. 投保的内容应当合法

法律确认保险合同的效力，当然要以合同内容合法为前提，这是各国立法通例。对于保险合同来说，很多国家的保险立法都对其有这样或那样的禁止性规定，比如，我国《保险法》第33条第1款规定：“投保人不得为无民事行为能力人投保以死亡为给付保险金条件的人身保险，保险人也不得承保。”因此，投保人若以未成年人作为被保险人投保死亡保险的，其投保内容依此法律规定就构成违法。我国现行《民法通则》《合同法》或即将生效施行的《民法典》和《保险法》是认定投保内容是否合法的基本法律依据。

从实质上讲，投保内容就是要求保险人对保险标的提供保险保障。保险标的，就是投保人用以投保而由保险人承保的对象，如财产保险中的投保财产，责任保险中所投保的法律责任，保证保险中被保险人的债务履行行为，人身保险中被保险人的生命、健康等。这些保险标的是各个保险合同的当事人之权利义务指向的对象。因此，投保人的投保内容合法与否，就集中表现在保险标的是否具有合法性。

首先，投保人予以投保的保险标的，应当符合法律和社会公共利益。反之，违反法律和社会公共利益的对象，是不能作为保险标的进行投保的。例如，依法应当取缔的淫秽书刊、录音录像制品就属于禁止投保之列。

其次，投保人用以投保的保险标的，应当是法律允许其持有或者生产经营的。比如，企业合法购置的生产设备、固定资产、原材料以及其生产经营范围内的产成品，可投保财产损害保险；公民个人依法持有的生产资料和生活资料，可以投保家庭财产保险；但是，法律禁止投保人持有的财产或非法取得的财产就不能作为投保的对象。比如，公民个人不能将其非法持有的枪支或者盗窃所得财物投保家庭财产保险；违章建筑物、非法占有的财产等亦不能成为投保对象。

最后，投保人投保的保险标的应当符合有关法律规定的特殊条件。保险是一种市场经营活动，其各个险种、险别的设计取决于社会生产和生活的需要。从而，保险人在拟订具体保险合同条款时首先就对各自的保险标的加以特定化，规定了相应条件，投保人因其具体的保险保障需求而投保相应的险种、险别时，其投保对象就必须符合《保险法》和有关保险合同条款规定的具体要求。否则，也不能成为合法的投保标的。比如，投保货物运输保险的货物必须符合有关货物运输法律的规定，符合安全运输的条件。而违禁品或国家禁止运输、限制运输的物品，就不能作为保险标的。又如，按我国《保险法》第 34 条第 1 款的规定，“以死亡为给付保险金条件的合同，未经被保险人同意并认可保险金额的，合同无效”，因为其投保内容违反法律规定的特殊条件。

4. 投保人对保险标的具有的保险利益应当合于保险立法的要求

这一条件是《保险法》的保险利益原则在投保环节上的具体化。即投保人只能以其具有保险利益的财产或者人的生命、身体、健康作为保险标的予以投保，才能真正体现其追求保险保障的意愿和客观需要，以此确保保险的保障功能，防止在保险领域出现赌博行为和道德危险，维护正常的保险经营秩序。如果不以保险利益作为投保的条件，就会造成投保人以与其毫无经济利害关系的财产或者他人的生命、健康来投保，进行赌博活动或者牟取不义之财。

把握投保的保险利益条件时，涉及保险利益原则和我国《保险法》具体规则的适用。

第一，投保人对投保的保险标的所具有的保险利益必须是合法利益。合法的利益才能为国家法律所确认，同样，在保险立法上，合法的利益才是保险人提供保险保障的对象，诸如投保人对于投保财产所具的所有权利益、使用权利益，责任保险中的投保人因承担法律责任所失去的金钱利益。如果是基于不合法利益进行投保，不论投保人有无恶意，其投保行为均应当认为是无效的。

第二，投保人对于投保的保险标的具有的保险利益应当是确定的。这种保险利益可以是现有的利益（如投保人对于现有财产具有的所有权利益或者投保人对自己的生命或健康具有的保险利益），也可以是预期的利益（如投保人对于其即将生产出来的产品所具有的产品质量责任利益）。但是，它们均应当是可以确定的，且是可以实现的利益。如果是推测的可能获得的利益，因其在投保之时尚未确定，便不能构成投保人进行投保所要求的保险利益。例如，某公民对其可能购买的房屋投保的，就属于不确定的利益。

第三，投保人对于保险标的具有的保险利益，应当是具有经济价值，能够以货币形式来表现的。因为，保险利益是保险人用以进行保险保障的客观依据，这不仅表现在保险人对财产保险中的财产损失给予补偿，而且，即使是人身保险中的保险标的（被保险人的生命、健康）其本身无法用货币来计算价值，但是被保险人死亡或者伤残所造成的不利后果也是可以用货币来计算数额的。

第四，认定投保人对保险标的具有的保险利益应当符合《保险法》规定的时间条件。《保险法》第 12 条关于保险利益的认定时间的规定，分别对财产保险合同和人身保险合同设立了不同的法律标准，因此，考察投保人在投保之时是否具备法定的保险利益条件时，就应当以《保险法》第 12 条为依据。其中，就人身保险合同之保险利益的认定时间而言，《保险法》第 12 条第 1 款强调投保之时，并作出硬性规定：“人身保险的投保人在保险合同订立时，对被保险人应当具有保险利益”。与此不同的是，《保险法》第 12 条第 2 款将认定财产保险合同之保险利益的时间，确定为保险事故发生时，并且不涉及投保人。

当然，投保人对于投保标的具有的保险利益在各类保险中的表现也有所不同。

第一，投保财产保险的保险利益，一般表现为所有权利益、经营管理权利益、担保权利益等物权利益。

第二，投保责任保险的保险利益，是指依据法律或者合同规定承担法律赔偿责任（如责任人对于交通事故承担的赔偿责任）造成的后果。

第三，投保信用、保证保险的保险利益，其表现较为特殊，或者表现为投保人因其债务人不履行债务而可能遭受的经济损失，或者是作为被保险人的投保人因自己不履行义务而承担违约责任所导致的损失后果。

第四，投保人身保险所应具备的保险利益，则表现为被保险人生命的丧失或存在，或者因伤残所带来的不利后果。其中，当投保人以其自身的生命或健康作为标的投保时，其所具有的保险利益是不容置疑的。而投保人若以第三人的生命或健康作为保险标的投保的，其保险利益就必须为投保人与被保险人之间存在的我国《保险法》确认的亲属关系、工作关系（如单位为其职工投保团体人身保险）等利害关系。应当注意的是，投保人以第三人为被保险人向保险人投保时，还应当征得被保险人的同意。

5. 投保具体险种险别时应符合有关的特定条件

保险人基于各类保险承保对象的不同和承保责任范围的区别，对于具体的承保条件往往有不同的规定。比如投保财产损害保险（基本险或综合险）或家庭财产损害险的财产必须属于该险种规定的投保财产的范围；投保机动车辆保险的机动车辆必须领有正式牌照并配备持有正式执照的驾驶人员。又如投保人寿保险时，被保险人应当符合相应的身体条件；而投保养老保险则要求达到相应的年龄。

因此，投保人在投保具体的险种险别时，应当首先了解保险人在具体险种中的具体要求，知晓投保时应当具备的特定条件，以确保其投保行为符合险种条件。否则，盲目投保就有可能因不符合要求而导致保险人拒绝承保。

6. 投保人在投保时应当履行如实告知义务

最大诚信原则是保险法的基本原则之一。它适用于投保环节时，就要求投保人应当如实告知，即投保人应将其知道或者应当知道的影响保险人据以确定保险费率或者确定是否承保的重要情况如实告知保险人。显然，投保人如实告知是其投保行为有效的条件之一，也是其在投保阶段承担的法定缔约义务。

究其原因，投保是订立保险合同的步骤之一，是与保险人的承保相互对应的法律活动。保险人根据投保的内容以及投保人告知的有关情况来进行判断，决定是否同意承保。所以，投保人告知的内容关系到保险人的订约意思表示是否真实，所以需要如实的表述。例如，投保人在向保险人投保财产损害保险时，应如实告知投保财产所在地点、所处环境、使用情况等。而投保人身保险时，要如实告知被保险人的健康状况、职业、年龄等，确保投保人与保险人之间平等的法律地位，实现保险的保障宗旨。

实例枚举

2007 年 11 月 30 日，张 A 与保险公司签订了一份人身保险合同，投保人为张 A，被保险人为张 B（张 A 之弟），生存受益人为张 B，死亡受益人为张 A，保险险种为：(1) 福安保险，保险金额 40 000 元，保险费 1 400 元，保险期间为终身；(2) 康宁终身保险，保险金额 20 000 元，保险费 586 元，保险期间为终身；(3) 康宁终身保险附加住院补贴保险，保险金额 3 600

元，保险费 50 元，保险期间为 1 年。上述各保险险种的保险责任均自 2007 年 11 月 30 日零时起生效。投保时，张 A 未就被保险人张 B 患有糖尿病的事实在投保书上如实填写，并代张 B 在投保书的“被保险人签字”一栏中签字。2008 年 11 月 2 日，被保险人张 B 因病去世，张 A 以受益人的身份向保险公司索赔。同年 12 月 18 日，保险公司向张 A 发出赔案处理通知书，内容为：因张 A 在投保时未尽如实告知义务，保险人不承担保险责任，并不退还保险费。

2008 年 12 月，张 A 以保险公司不履行人身保险的合同义务为由，对其提起诉讼，要求保险公司依照人身保险合同的约定给付保险金。本案的争议焦点是，张 A 以其弟张 B 为被保险人投保人身保险合同，由张 A 代为签字的效力应如何认定。

可见，本案所涉及的法律问题是如何确定保险人及其代理人在订立保险合同前所应承担的说明义务的范围、形式和法律后果以及代为签字的法律效力。

二、承保

承保就是保险人审核投保人的投保要求，向投保人表示同意接受其投保的意思表示。这意味着双方已就保险合同条款，尤其是投保人的特别要求，达成了意思表示一致的协议，构成订立保险合同的承诺，保险合同即告成立。

认定保险人的意思表示是否构成承保，应当适用《合同法》的基本规则。包括：(1) 必须是保险人或者其保险代理人作出的；(2) 该意思表示必须是向投保人或者其委托的保险经纪人作出；(3) 该意思表示的内容表明接受投保人的投保要求，愿意与投保人签订保险合同；(4) 该意思表示应当在投保人要求的承诺期限内到达投保人处。

鉴于我国《保险法》确认保险合同为诺成合同，保险人同意承保，就表明其已完全接受了投保人的投保内容，构成承诺，一般情况下保险合同随之成立。不过，若因投保人有特殊的保险需要而在保险合同格式条款以外提出新的要求和投保条件的，保险人认为需要进一步协商；或者保险人在接到投保单后，针对其投保，提出实质性变更条件，诸如对保险标的的性质、范围、价值等提出不同意见，或者要求增加保险费或适用不同的保险费率等，均不为承保，而是一个新的要约。

作为订立保险合同的承诺环节，其法律效力表现在，保险人的承诺通知，或者口头、电话，或者书信寄送到达投保人时生效，或者以符合投保人在投保中要求的承诺方式作出的，则保险合同随之成立。在保险实践中，承保多是通过将保险人签发的保险单交付给投保人的方式通知投保人。当然，如果保险人或其保险代理人接受了投保人交付的投保单，收取了保险费，开具了保险费收据，却未明确表示承保与否的，因其事先拟订了保险合同格式条款，故应当认定保险人接受了投保人的投保，保险合同应当成立，除非存在着有违具体保险险种特定的承保范围和投保条件的情况或者风险评估显示异常的。

保险人在承保过程中的主要工作是审核投保单（简称“核保”），具体如下。

1. 审核投保人、被保险人或受益人的主体资格是否符合《保险法》的规定和具体保险险种的要求。

2. 审核投保标的是否合于具体保险险种的承保范围和投保条件。

3. 审核投保内容所涉及的风险和保险责任范围，进行风险评估，确定是否同意承保以及所应适用的保险费率。

当然，保险人承保财产保险与人身保险时，其审核重点并不相同。对于财产保险的核保，重点审核投保财产的有关法律手续和证明文件，以确认其合法性，审核其保险价值是否属实，及其面临的风险类别和所应适用的保险费率种类等。而对于人身保险的核保，则强调审核投保人与被保险人之间是否存在《保险法》规定的保险利益，尤其是投保人在投保单中填具的被保险人的年龄、职业、健康状况是否真实，能否予以承保。必要时，需要对被保险人进行体检的，则须依据相应的体检报告确定是否予以承保。在保险实务中，投保人应当填具《被保险人健康状况告知书》，作为保险人承保的审核依据。

三、保险合同的成立时间

虽然，目前各国的保险合同普遍采用标准化的格式条款，但这并非保险合同的必备形式要件。从而，保险合同的订立是以投保人与保险人就保险合同条款进行协商，达成协议为标志，而不应把保险人出具保险单作为保险合同成立的条件。正是在此意义上，我国《保险法》第13条将保险合同成立与保险人签发保险单或其他保险凭证区别开来。即保险合同自投保人投保和保险人予以承保之时成立。而在保险合同成立之后，保险人应当及时向投保人签发保险单或其他保险凭证，并在保险单或其他保险凭证中载明当事人双方约定的合同内容。此规定适用于各类保险合同。因为，保险合同的成立与保险合同的订立是两个相互联系又相互区别的概念。保险合同的订立是双方接触和洽商的动态过程。而保险合同的成立则是双方经过协商而达成合意的静态结果，为保险合同产生法律效力创造了前提条件。

由此可见，我国《保险法》确认保险合同为诺成合同。保险合同成立于投保人与保险人达成协议，“依法成立的保险合同，自成立时生效”（《保险法》第13条第3款）。而保险人在保险合同成立和生效之后，应当依法及时签发保险单或者其他保险凭证，其保险单或者其他保险凭证作为保险合同的证明文件，将双方当事人约定的合同内容予以固定，成为当事人履约的法律根据。笔者认为，保险人签发保险单或其他保险凭证的行为本质上属于保险人承担的缔约义务在保险合同成立之后的延续。

此外，还应将保险合同的成立与交纳保险费的行为加以区别。需要注意的是，在订立保险合同的实践中，投保人经常是在投保时一并交纳全部保险费（一次性趸交）或者首期保费，而保险人或其代理人向投保人开具保费收据，然后，再由保险人签发保险单或者保险凭证。但是，签发保险单或其他保险凭证和交纳保险费均不是保险合同成立的条件。

【知识链接】

电子保单引发保险合同成立与生效的认定标准之争

现代信息技术的迅猛发展，促使借助互联网进行的电子商务——以电子形式在信息网络上进行的商品交易和服务活动——日益兴起，并逐步形成了网络经济。作为中国网络经济方兴未艾标志之一的，就是电子保单这一新型金融服务形式的兴起。自2005年4月1日中国人民财产保险股份有限公司签出国内第一张电子保单至今，电子保单已为越来越多的保险公司作为保险服务的新模式而推向保险市场。

然而，由于其与传统的保险交易方式存在诸多区别，电子保单在运用过程中也引发了许多新的法律问题，向有关法律和司法实践提出了挑战。其中，认定电子保单的成立与生效就是亟待解决的首要问题。

所谓电子保单，是指保险公司借助电子数据交换形式订立的保险合同，是利用互联网技术进行保险经营所构成的保险交易关系。在我国目前尚无电子商务合同立法的情况下，只能参照立法的规定精神，我国《合同法》第 11 条借鉴联合国国际贸易法委员会的《电子商务示范法》[①] 的精神，确认电子商务合同为书面合同，因为用来表现电子商务合同的数据电文，可以起到传统的以文字记载之书面合同的所有功能，且数据电文所包含的信息可以随时找到和查阅，故而，电子保单应当视为书面保险合同的特殊形式。这一新型载体与传统的纸质保险单具有同等意义，其典型特征就是保险交易的无纸化——投保人无须填写纸质投保单，保险公司也不再出具纸质保险单或者保险凭证，而是用数据电文表现保险合同的内容。

因此，司法实践和保险法理论上对于认定电子保单所涉及保险合同的成立与生效的时间，存在诸多看法。首先是司法实践中的观点有三：一是认为，电子保单项下的保险合同自保险人收到保险费时成立并生效。因为，保险公司在电子保单运用中收取保险费，应当视为同意承保。二是认为，此类保险合同自投保人持有的保险卡被激活时成立和生效。因为，该保险合同涉及的被保险人和保险责任期间自此时得以确定。三是认为，此类保险合同自投保人缴纳保险费时成立和生效。因为，激活保险卡仅仅是确定具体的被保险人和保险责任开始的时间。

而保险法专家又提出如下的观点：(1)“预约与本约说”，即电子商务的交易环节应为预约，而激活保险卡和生成电子保单环节则构成本约，其所涉及的保险合同自本约完成时成立和生效。(2)“买卖说”，该观点将购买电子保单看做一个保险合同的买卖过程，其买卖行为完成，就是保险合同成立和生效的时间。而笔者则持“承诺说”，基于电子保单借助互联网实现保险交易的特点，确认保险公司在互联网上推出保险产品的数据电文属于符合要约条件的要约，而投保人的投保行为则构成签订保险合同的承诺，保险合同自投保人完成投保行为时成立和生效。

可见，电子保单导致认定其项下的保险合同成立和生效的时间需要重新加以研究，而不宜简单适用《合同法》规定的合同成立与生效的一般规则。

第二节 订立保险合同过程中的缔约义务

一、订立保险合同的缔约义务

缔约义务是法律规定缔约人在订立合同过程中承担的法定义务。基于保险合同强调的诚信性和保险经营很强的专业技术性，为确保当事人所订立的保险合同合于投保人寻求的保险保障

① 联合国国际贸易法委员会作为国际范围内电子商务领域重要的立法机构，于 1996 年在联合国大会上以 51/162 号决议通过《电子商务示范法》。

需求，发挥保险合同保障社会生产和稳定人民生活的作用，防止出现道德危险，《保险法》根据最大诚信原则的精神，规定了双方当事人在保险合同订立过程中所应当承担的缔约义务（合同法理论称之为先合同义务）。违反这些法定缔约义务，不仅会导致保险合同或者相应条款的解除或者无效，而且，违反缔约义务一方还应依据《合同法》和《保险法》的规定承担缔约过错责任，赔偿因此给对方造成的损失。

（一）保险人承担的保险条款说明义务

保险合同是典型的格式合同，因此作为该格式合同提供方的保险人在拟订保险合同条款时，势必先行考虑自身利益。加之保险业务具有很强的专业技术性，非保险业内的人士难以明了其确切含义，因此，《保险法》第 17 条规定保险人对保险条款承担条款说明义务，即保险人在投保人投保之时，“应当向投保人说明合同的内容”（第 1 款），尤其是“对保险合同中免除保险人责任的条款”，保险人应“对该条款的内容以书面或者口头形式向投保人作出明确说明”（第 2 款）。至于判断和界定免除保险人责任条款的范围，《解释（二）》第 9 条予以了明确：“保险人提供的格式合同文本中的责任免除条款、免赔额、免赔率、比例赔付或者给付等免除或者减轻保险人责任的条款，可以认定为保险法第十七条第二款规定的‘免除保险人责任的条款’”（第 1 款）。但是，“保险人因投保人、被保险人违反法定或者约定义务，享有解除合同权利的条款，不属于保险法第十七条第二款规定的‘免除保险人责任的条款’”（第 2 款）。上述规定的适用目的是，便于投保人准确了解保险条款内容的含义，并在此基础上，判断相应的格式条款是否符合自己实际投保的需要，进而决定是否投保以及投保哪类保险合同。保险人承担的保险合同条款内容的说明义务及于其授权的保险代理人。

但是，保险人承担保险条款说明义务的法定条件是：通过保险人提供的格式条款来订立保险合同。同时，《保险法》一并要求保险人在履行保险条款说明义务时，还需要履行相应的附随义务——向投保人提供的投保单应当附格式条款。

不仅如此，鉴于现代信息技术在我国保险市场上的广泛适用，《解释（二）》第 12 条还明确规定：“通过网络、电话等方式订立的保险合同，保险人以网页、音频、视频等形式对免除保险人责任条款予以提示和明确说明的，人民法院可以认定其履行了提示和明确说明义务”，用以适应我国保险市场发展的实际需要。

应当强调的是，我国《保险法》第 17 条第 1 款和第 2 款规定的说明义务存在法律差异。前者可以称为一般说明义务，其涉及保险人提供的格式条款的所有内容。而且，衡量保险人是否依法履行其保险条款说明义务，应当以一般人的理解程度为标准，即保险人对于保险条款的说明，能够让一般的社会公众明了保险合同的条款内容。后者则被称为明确说明义务。其适用范围只限于格式条款中免除保险人责任的条款，而且，保险人所给予的说明不是一般的说明，而是有一个“明确说明”的程度要求，即：“保险人对保险合同中有关免除保险人责任条款的概念、内容及其法律后果以书面或者口头形式向投保人作出常人能够理解的解释说明的，人民法院应当认定保险人履行了保险法第十七条第二款规定的明确说明义务”[《解释（二）》第 11 条第 2 款]。而且，投保人针对保险人履行了明确说明义务，“在相关文书上签字、盖章或者以其他形式予以确认的，应当认定保险人履行了该项义务”[《解释（二）》第 13 条第 2 款]。如此规定，是出于保护投保人和被保险人利益，平衡其与保险人之间利益冲突的考虑，也为保险审判提供了明确的认定依据。此外，保险审判中涉及保险人的说明义务与明确说明义务的履行与否问题时，举证责任的承担是不同的。根据《解释（二）》第13条的规定，“保险人对其履行了明确说明义务负举证责任”（第1款）。而对保险人履行《保险法》第17条第1款的说明义务却未要求其承担上述举证责任。

保险人为了招揽客户对保险合同条款不加以正确的说明，甚至故意隐瞒保险合同条款的真实含义而作出不正确说明以及其他违背诚实信用原则的行为，均构成违反保险条款说明义务的情形，依据现行《合同法》和即将生效施行的《民法典》第500条第42条的规定，保险人应当承担相应的缔约过错责任。而《保险法》第17条有关违反该义务的后果，只是规定了保险人对免除其责任的条款未作明确说明的，该条款无效，而对其他条款未作说明的结果却尚无涉及。

实例枚举

2010年2月15日，戴某购买了X保险公司的“至尊宝”意外险自助保险卡一张，并由向其出售该卡的保险代理公司代为激活，保险期限1年。2010年9月20日，戴某驾驶未年检的二轮摩托车与停在路边的手扶拖拉机发生追尾相撞，发生交通事故死亡。交警大队出具的交通事故认定书载明：戴某驾驶逾期未接受定期安全技术检验的二轮摩托车上路……认定戴某负事故主要责任。同年10月20日，交通事故车辆技术检验报告结果为“制动效果无法体验”。戴某继承人向被告索赔未果，遂诉至法院，请求判令被告X保险公司赔偿保险金70 000元。

“至尊宝”自助保险卡正面印制的内容有：一般意外伤害保险金额最高70 000元，保费100元等；该卡背面和随卡交付的产品说明手册都载有投保流程；Y保险公司通过其网站上的网页设置，在激活保险卡过程中，对包括投保须知、保障责任、保险条款等内容进行说明，且对保险人免责条款有区别于一般保险条款的特别说明形式。激活过程中，投保人须先阅读保险条款等内容，并在投保声明页面中“1. 本人认可并接受网上投保方式，愿以此种方式与Y保险公司签订保险合同；2. 本人已详细阅读投保须知和保险条款，对各项保险责任和除外责任均已了解并同意”的提示内容下方，点击“同意”并“确定”后，才能进入后续的激活程序，否则不能激活自助保险卡，无法形成电子保单。

显然，自助卡式电子保单作为一种新型保险合同的缔结形式，对于保险人履行免责条款说明义务的方法和认定标准应当予以关注。

（二）保险人承担的提示义务——提请投保人注意义务

由于格式化的保险合同条款是保险人一方事先拟订的，侧重反映保险人的意志。因此，从公平原则出发，《保险法》将现行《合同法》第39条和即将生效施行的《民法典》第496条要求格式条款提供方应当“采取合理的方式提请对方注意免除或者限制其责任的条款”的提请注意义务进一步具体化，其第17条第2款明确要求提供格式条款的保险人在签订保险合同的过程中还应当承担提请对方注意的义务，即“保险人在订立合同时应当在投保单、保险单或者其他保险凭证上作出足以引起投保人注意的提示”，而且，《解释（二）》第11条提供了更加具体的标准：“对保险合同中免除保险人责任的条款，以足以引起投保人注意的文字、字体、符号或者其他明显标志作出提示的，人民法院应当认定其履行了保险法第十七条第二款规定的提示义务”。然而，“保险人将法律、行政法规中的禁止性规定情形作为保险合同免责条款的免责事由，保险人对该条款作出提示后，投保人、被保险人或者受益人以保险人未履行明确说明义务为由主张该条款不生效的，人民法院不予支持”［《解释（二）》第10条］，意味着该条款不属于保险人之明确说明义务的范围。

《保险法》规定保险人承担此项缔约义务的目的，在于通过保险人的提请，使投保人注意格式条款中有关免除或限制保险人之保险责任及其他合同责任的规定，仔细加以阅读和思考，用以确保所签订保险合同符合投保人的真实意志，维持双方平等的法律地位，保护自己的合法权益。如果保险人在签订保险合同过程中未履行该项义务，则会影响上述条款的效力。

（三）投保人的如实告知义务

财产保险合同的补偿性和人身保险合同的给付性以及保险事故发生的或然性，极有可能诱发人们通过保险来获取意外收益的侥幸心态，这与保险保障功能是南辕北辙的。因此，为了防止此类道德危险，各国保险法对于投保人的投保行为均有严格要求，其主要表现就是规定投保人应当履行如实告知义务，保险立法的最大诚信原则由此得以体现。应当说，从合同法制度角度讲，各种合同的订立，均应当遵守诚信原则，即签约各方当事人的意思应真实一致，任何一方不得以欺诈、胁迫手段与对方订立合同。具体到保险合同，因其特有的法律功能和履行上的或然性，更需要服从诚实信用原则的指导，保险立法正是以最大诚信原则为基础，直接规定投保人的如实告知义务。可以说，如实告知成为各国普遍赋予投保人所承担的主要的缔约义务。

因为，保险人在订立保险合同时，对于保险标的的情况及面临的风险情况并不了解，也难以进行实地检查，完全依赖投保人的陈述，使得保险合同的双方当事人之间建立了一种相互信赖的基础。我国《保险法》同样规定投保人在订立保险合同时承担如实告知义务。这是一种法定的缔约义务，不论当事人是否在保险合同中作出约定，投保人均须依法履行，不得任意免除投保人的如实告知义务，例如，签订人身保险合同时，保险人要求被保险人到指定的医疗服务机构进行体检。但是，这类体检是保险人提供的保险服务，并非保险法赋予的义务，因此，它不能替代投保人承担的如实告知义务，故而，“保险合同订立时，被保险人根据保险人的要求在指定医疗服务机构进行体检，当事人主张投保人如实告知义务免除的，人民法院不予支持”［《解释（三）》第5条第1款］。

实例枚举

“绚丽阳光”系自助式短期个人综合意外伤害保险卡，面值100元，意外身故保险金为60 000元，保险期限1年。该保险卡附带的宣传手册载明：保险卡仅供客户投保使用，非保险凭证，持卡人须在该保险卡的有效期内按照投保流程进行投保，在获得保险单号后该保险卡所对应的保险责任于激活次日零时生效，只接受一至四类职业人员作为被保险人。保险条款还规定，订立本合同时，本公司会就投保人和被保险人的有关情况提出书面询问，投保人和被保险人应当如实告知。

2009年3月，保险代理公司业务员宗某向刘某推销100元一张的“绚丽阳光”保险卡，刘某交付了100元。保险代理公司的业务员误以为刘某是农民，主动为其代激活该保险卡时，未询问其职业，便以农民为其职业激活了该保险卡。几天后，保险代理公司的业务员将已经激活的保险卡交付刘某。刘某为农业家庭户口，又系营运货车车主。该保险卡附带的宣传手册载明：只接受一至四类职业人员作为被保险人。在M保险公司网站上，设置了对包括被保险人职业在内的各种问题进行询问的流程，职业分类表将营业用货车司机列为第六大类人员，如被保险人填为该职业则不能激活保险卡，无法形成电子保单。

2009年4月20日，刘某驾驶货车发生交通事故身亡，其法定继承人为妻韩某等五人。当韩某等提出保险理赔申请后，M保险公司却以刘某实际职业为“营业用货车司机”系拒保职业为由拒赔。韩某等遂诉至法院，请求判令M保险公司赔偿保险金60 000元。

本案表现出在电子保单形式下，投保人告知义务履行具有的特点。

所谓如实告知义务，就是要求投保人在投保时，应当就保险标的的足以影响到保险人决定是否承保或者所应适用保险费率的有关情况应当如实向保险人进行陈述。因为，保险人在接受投保人的投保要求时，需要对其承担的危险作出正确评估，并据此决定所应适用的保险费率。而完成此工作的前提是判断保险标的面临的危险。对此，投保人最为了解，故而法律要求投保人有义务将有关保险标的的重要情况如实向保险人告知，以保证保险人能够正确地了解保险标的的有关情况，准确地判定其危险程度和适用相应的保险费率。否则，有违诚实信用原则。因此，我国《保险法》第16条第1款明文规定了如实告知义务：“订立保险合同，保险人就保险标的或者被保险人的有关情况提出询问的，投保人应当如实告知”。

首先，如实告知义务的义务主体当然是投保人。理由是，投保人最为了解保险标的的具体情况，而且，很多时候，投保人同时就是被保险人，寻求保险保障也是其最为真实的意愿，因此，投保人完全能够且有必要向保险人如实告知其所知道的有关保险标的的情况，以便保险人进行正确的风险判断和评估，作出承保与否的决定。不过，当投保人与被保险人为不同主体时，该项义务仍然应当由投保人履行而不能推脱给被保险人，更不能要求受益人承担此义务。但是，也有学者提出被保险人能够成为如实告知义务的主体。

其次，关于投保人如实告知的范围，各国的保险立法和保险实务不尽相同。一种观点是询问主义，认为投保人的告知义务限于保险人询问的范围。另一种观点是主动告知主义，认为投保人告知的内容不限于保险人的询问，凡是足以影响保险人决定是否承保或决定所应适用保险费率的重要情况，投保人均应如实告知。我国《保险法》采取了询问主义的观点，即以保险人提出询问为标准，界定投保人如实告知的义务范围。而《解释（二）》第6条第1款规定的更为直接具体：“投保人的告知义务限于保险人询问的范围和内容，当事人对询问范围及内容有争议的，保险人负举证责任。”不过，我国《海商法》第222条第1款有关海上保险的投保人履行如实告知义务范围的规定则采取了主动告知主义：“合同订立前，被保险人应当将其知道的或者在通常业务中应当知道的有关影响保险人据以确定保险费率或者确定是否同意承保的重要情况，如实告知保险人。”

再次，判断投保人是否履行法定的如实告知义务的标准，依照我国《保险法》第16条第2款的规定，可以归纳为如下条件。

第一，主观条件是投保人实际上知道法定范围的有关情况。正如《解释（二）》第5条亦明确规定：“保险合同订立时，投保人明知的与保险标的或者被保险人有关的情况，属于保险法第十六条第一款规定的投保人‘应当如实告知’的内容。”但是，保险实践中涉及投保单询问表中的概括性条款是否属于如实告知义务的范围?《解释（二）》第 6 条第 2 款则给出明确否定的态度:“保险人以投保人违反了对投保单询问表中所列概括性条款的如实告知义务为由请求解除合同的，人民法院不予支持”。

第二，客观条件是投保人知道的有关情况属于实质性的重要事实，其重要程度是“足以影响保险人决定是否同意承保或者提高保险费率”（《保险法》第 16 条第 2 款)。

第三，投保人履行如实告知义务的时间，集中在保险合同订立过程中，自投保人提出投保要求始至保险人承保并正式签发保险单或其他保险凭证之时止，因此，保险合同生效后，出现新的危险因素的，投保人向保险人的告知义务就转变为危险增加的通知义务，而非如实告知义务的范围。尤其要注意的是，认定投保人不履行如实告知义务的法定的主观过错限定在投保人“故意”或者“重大过失”范围，而排除了“一般过失”的情形。如果投保人未履行如实告知义务，便会产生相应的法律后果，表现为保险人依据《保险法》第 16 条第 2 款的规定，有权解除保险合同，用以保护保险人的合法利益，避免投保人借投保从中渔利。

实例枚举

2006 年 10 月王某与某保险公司签订了人身保险合同，王某作为投保人和被保险人投保了重大疾病保险，其中，保险公司承保的疾病范围包括心肌梗。双方当事人对于该疾病项下约定的条件是，必须同时具备 3 项医学指标。保险合同签订后，王某依约交纳了保险费。2007 年 3 月王某患病，经医院诊断为心肌梗。王某住院接受治疗，2007 年 9 月出院后，要求保险公司按照人身保险合同的约定予以赔付。但是，保险公司认为王某所患疾病，不符合保险合同约定的指标条件，遂予以拒赔。为此，王某诉至法院，要求保险公司给付保险金。在法院审理期间，法官考虑到双方当事人约定的有关承保心肌梗的 3 项指标为医学指标，故委托法医鉴定中心对王某所患疾病是否符合 3 项指标实施法医鉴定，鉴定结论为王某所患疾病系心肌梗，但不同时具备 3 项医学指标。王某在庭审中对鉴定结论不持异议，但是，提出保险合同中所列 3 项医学指标，为常人所不能知晓的指标，应理解为保险公司的免责条款。就该条款在双方签订保险合同时，保险公司未对王某作出解释和说明。依法律规定，该条款无效，保险公司不能以此为由进行抗辩。就该条款在保险合同订立时是否作出说明，保险公司不能举证，该保险合同的书面文本上也无关于该条款的特别提示或说明的内容。法院就该 3 项指标与通常意义上心肌梗的区别询问有关专家，有关专家认为同时具备 3 项指标，高于通常对心肌梗的诊断标准。

通过本案，大家对保险合同的签订有了直观的认识，特别是可以加深对双方当事人在签约过程中所承担的各项缔约义务的内容以及适用情况的理解。因为，本案的争议焦点在于针对被保险人王某所患疾病，保险公司能否援用保险合同所规定的免责条款，而其所涉及的重要问题是保险公司是否履行了法定的条款说明义务。

二、违反缔约义务的缔约过失责任

（一）缔约过失责任的含义

根据我国《合同法》和《保险法》的规定，保险领域内的缔约过失责任，是指一方或者双方当事人在缔结保险合同的过程中，因其主观过错而违反法定缔约义务，致使所欲订立的保险合同未能成立、全部或部分无效或者被撤销，并给对方当事人造成损失的，应当依法承担的法律责任。

缔约过失责任制度是建立在民商法的诚实信用原则基础之上的。因为，缔约是一种民事法律活动，其中，当事人作出的要约和承诺均具有相应的法律约束力。当事人必须服从这种约束力，承担缔约过程中特定的缔约义务。如前所述，在保险合同制度中，该缔约义务在法律和合同没有特殊规定的情况下，主要是投保人在订立保险合同过程中承担的如实告知义务和保险人负有的保险合同条款说明的义务。双方当事人基于各自的保险商品交换需要而在协商订立保险合同的过程中力求博得对方当事人的好感，进而建立相互的信赖关系，依此才能够促使协议的达成。但是，如果一方或者双方出于过错致使保险合同未能订立或不能生效或所订立的保险合同无效，并因此给对方当事人造成了损害，当然就意味着破坏了这种相互的信赖关系，违反了诚实信用原则。从而，有过错的缔约当事人必须依法承担相应的民事责任，才能弥补因其过错给对方造成的损害，恢复相互之间应有的平等法律地位。所以，缔约过失责任对于保险合同的签订具有重要意义。

（二）缔结过失责任的构成条件

追究当事人在签订保险合同过程中的缔约过失责任，还必须具备相应的法定条件。对此，我国《合同法》或者即将生效施行的《民法典》和《保险法》规定了如下条件。

1. 缔约当事人有违反缔约义务的行为

如前所述，当事人在缔结保险合同的过程中依法负有相应的缔约义务。因而，当事人不履行缔约义务的，便违反了法律规则，当然要依法承担法律责任。需要注意，违反缔约义务的行为可以是作为，也可以是不作为。而且，不作为所占的比重较大，当事人签订保险合同过程中违反如实告知义务和保险条款说明义务的行为往往是不作为的。例如，投保人没有如实提供与订立保险合同有关的真实情况——财产保险合同之保险标的的用途或申报人身保险合同的被保险人年龄不实，保险人未向投保人说明保险条款含义等。

概括来讲，在保险合同领域内，违反缔约义务的行为包括：第一，当事人在订立保险合同过程中假借订立保险合同，恶意进行磋商；第二，故意隐瞒与订立保险合同有关的重要事实或者提供虚假情况，包括保险代理人故意误导投保人签订保险合同的，其所代理的保险公司应当向投保人承担缔约过失责任；第三，有关当事人在保险合同不成立的情况下，基于故意或者过失而泄露或者不正当使用在订立保险合同过程中知悉的商业秘密而给对方造成损失的行为。

2. 违反缔约义务给对方造成损失

一方当事人违反缔约义务直接导致的是保险合同不成立、不生效或无效的结果，同时，在很多情况下，又会给对方当事人造成相应的损失。诸如为签订保险合同而支出的费用，为准备履行保险合同而损失的财物等。

3. 违反缔约义务的当事人存在主观过错

一般来讲，缔约当事人的缔约行为，往往是受其主观意志支配的。那么，这种意志可能是善意的、正当的合法意志，也可能是恶意的、不正当的违法意志。如果是前者，则不涉及缔约过错责任，但若是后者，则具备了承担缔约过错责任的主观要件——具有缔约过错。从合同法理论上讲，这种主观过错包括故意和过失。例如，保险代理故意曲解保险条款，误导投保人产生错误认识而签订保险合同。而我国《保险法》第16条第2款着眼于保护投保人和被保险人的利益，将构成缔约过失责任的主观过错限制在故意和重大过失（投保人不仅没有尽到法律要求的较高的注意义务，甚至连人们应当达到的一般注意义务的标准也未达到）的范围内，从而，排除了投保人对于其一般过失（投保人仅仅是违反了法律要求的较高的注意义务）承担的缔约过失责任。

（三）承担缔约过失责任的方式

在保险合同领域内，违反缔约义务的一方当事人依法向对方承担缔约过失责任的方式，依据现行《合同法》第42条、即将生效施行的《民法典》第500条和《保险法》第16条的规定，首先表现为依法认定所签订的保险合同或相应的条款无效或者当事人依法解除保险合同。其次是返还责任，即将投保人交纳的保险费或被保险人、受益人已获得的保险赔偿金或人身保险金返还给对方。再次，负有缔约过失责任的一方当事人赔偿因此给对方造成的损失。

应当着重说明的是，投保人在订立保险合同过程中，因未履行如实告知义务，而应当承担缔约过失责任的，根据保险合同的特殊性，《保险法》规定投保人承担缔约过失责任的方式不同于保险人承担缔约过失责任的责任方式。投保人违反如实告知义务的，并不影响保险合同的已有效力，而是通过保险人行使保险合同解除权的方式加以处理。具体表现在，投保人故意隐瞒事实，不履行如实告知义务的，或者因重大过失未履行如实告知义务，足以影响保险人决定是否同意承保或者提高保险费率的，保险人有权解除保险合同（《保险法》第16条第2款）。当然，保险人行使该解除权应当受法定除斥期间（30日）的限制，超过此期间，解除权消灭。

而且，具体的处理方法因投保人违反如实告知义务的主观过错的不同而有所区别。投保人故意不履行如实告知义务的，保险人对于保险合同解除前发生的保险事故，不承担赔偿或者给付保险金的责任，并不退还保险费。投保人因重大过失未履行如实告知义务的，保险人对保险合同解除前发生的保险事故，不承担保险责任，但应当退还保险费。

此外，法律对于投保人在订立人身保险合同时违反如实告知义务的处理则规定了更多的限制。具体讲，在订立人身保险合同过程中，投保人未如实告知主要表现在没有如实陈述被保险人的健康状况和申报的被保险人年龄不真实。根据我国《保险法》第16条和第32条的规定，投保人隐瞒被保险人身体健康状况的，保险人有权解除人身保险合同。而投保人申报的被保险人年龄不真实，并且其真实年龄不符合合同约定的年龄限制的，表明该被保险人的资格不符合投保条件，则保险人可以解除保险合同，并在扣除手续费后，向投保人退还保险费，但是，人身保险合同订立超过2年的，保险人的合同解除权即行消灭。如果投保人申报的被保险人年龄不真实，而其真实年龄并未超出保险合同约定的年龄限制的，则保险人不得解除保险合同，而只能按被保险人的真实年龄计算应收的保险费，予以更正（补交或者退还）。

【知识链接】

缔约过失责任与违约责任的区别

保险合同是民商事合同的具体类型，除非保险立法作出特殊规定，均应当适用合同法的一般规定，运用合同法的基本理论，包括有关缔约过失责任。因此，需要区分缔约过失责任与违约责任，对于保险合同制度的适用具有直接的指导意义。这是合同法上的两个不同的法律概念，虽然两者联系密切，但是彼此间有着诸多区别，应当明确地予以区分。不过，“传统民法理论和制度因重视合同关系而轻视缔约关系”，“从而混淆了违约责任和缔约过失责任”①。

1. 缔约过失责任与违约责任的目标指向不同。相比较而言，缔约过失责任制度是产生于近代西方的法学理论，由德国学者耶林于1861年提出，他在发表于《耶林学说年报》第四卷上的《缔约上过失，契约无效与未臻完全时之损害赔偿》一文中指出：从事契约缔结的人“因此而承担的首要义务，系于缔约时善尽必要的注意。法律所保护的，并非仅是一个业已存在的契约关系，正在发生的契约关系亦应包括在内，否则，契约交易将暴露于外，不受保护，缔约一方当事人不免成为他方疏忽或不注意的牺牲品”②。可见，耶林的契约过失责任指向的是缔约当事人参与缔约过程中信赖相对人能够有效成立目标合同的缔约行为。但是，由于相对人的过失导致该目标合同不能成立，破坏的恰恰是这种信赖利益，法律应当要求契约设立中过失方破坏信赖利益的责任，用以保护当事人追求合同成立而产生的信赖利益，所以，缔约过失责任实际上是将契约责任扩张适用于缔约过程的结果，着眼于合同关系的成立与否。而违约责任“是寓于合同关系之中的，它因合同债务的不履行而引起”，“从法律上讲债务与责任加以区分是日耳曼法对现代法的重大贡献”③。这始自德国学者布林兹于1874年根据古罗马时代的各种资料，提出债务与责任，认为债权需有责任才能产生，更因为存在着有诉权的责任，才产生债权的观念。因此，违约责任指向的是义务人不履行债务而损害的债权人的债权利益，用以保护债权人之债权利益的实现。

2. 缔约过失责任与违约责任的适用范围不同。缔约过失责任的适用对象是当事人在缔约过程中基于过失而实施的缔约行为，以便弥补过失方的过失行为造成的相对人的信赖利益损失。这表明缔约过失责任适用于缔约的全过程，包括由于过失方的行为导致合同关系未能成立、合同虽然成立但由于不符合法定条件而被认定为无效或者被撤销等。而违约责任的适用对象是违约方的违约行为，故而，它的适用前提是合同关系的有效存在，并被适用于合同履行的全过程。

3. 缔约过失责任与违约责任的责任性质不同。显然，缔约过失责任是法律明文规定的法律责任，属于法定责任，并非当事人约定的。在现代合同法上，出于稳定商品经济秩序的需要，规定了缔约当事人在缔约时需要承担一定的附随义务。缔约过失方的过失正是因违反了这些法定的附随义务而致使合同关系不能成立，依法由其承担法定的缔约过失责任也就是必然的。而违约责任虽然是以国家强制力为依托的法律责任，但合同自由原则决定了它首先是由当事人在合同中所约定的，包括约定承担违约责任的违约金数额、幅度以及计算方法等，也可以约定免责条款来限制甚至免除当事人的违约责任。只有当事人的责任约定明显地不公平、超出法律允许的界限时，法律才对其予以干预。

4. 缔约过失责任与违约责任的责任方式和责任范围不同。缔约过失责任因其以恢复信赖利益为目的，过失方承担缔约责任的方式限于损害赔偿。而且，非过失方的赔偿请求也就只能

---

① 王利明．民商法研究：第三辑．北京：法律出版社，1999：654.

② 王泽鉴．民法学说与判例研究：第1册．台北：自版，1975：79.

③ 王利明．民商法研究：第四辑．北京：法律出版社，1999：587.

根据其所遭受的信赖利益损失来主张，诸如其基于信赖而实施缔约行为所支出的各项费用以及其他损失。并且，这种赔偿的范围是非过失方在缔约前的正常状态与遭受信赖利益损失的现实状态之间的差距部分，法律并无其他限制要求。与此不同，违约责任的责任方式，则根据各种合同内容的区别和当事人实际需要的差异，呈现出多样性，包括支付违约金、损害赔偿、实际履行、修补替换等多种形式。并且，在承担违约责任的范围上，法律基于公平原则会作出限制性规定，例如，违约方损失赔偿的“损失赔偿额应当相当于因违约所造成的损失，包括合同履行后可以获得的利益，但不得超过违反合同一方订立合同时预见到或者应当预见到的因违反合同可能造成的损失”（现行《合同法》第113条，即将生效施行的《民法典》第584条有相同规定），其目的是减轻交易风险，鼓励正常的交易行为。

正确理解上述缔约过失责任与违约责任的不同，对于处理保险合同所涉及的缔约过失责任纠纷与违约责任纠纷具有重要的理论指导意义和司法审判价值。

问题与思考

1. 谈谈投保的性质。投保应当具备哪些条件？
2. 谈谈承保的性质。承保应当具备哪些条件？
3. 如何理解保险合同成立的时间？
4. 阐述当事人订立保险合同过程中所承担的缔约义务。
5. 论当事人违反缔约义务所应承担的缔约过错责任的含义和构成条件。

第七章

保险合同的效力

本章概要

保险合同的效力表现为其对双方当事人的法律约束力，用以督促当事人履行各自承担的义务，维护各方当事人行使的权利，该项法律约束力得到国家强制力的支持。但是，基于保险经营活动的特点，保险合同可能受到各种因素的影响，而导致其效力的变更、解除，甚至出现保险合同特有的效力的中止（失效）与恢复（复效）。这些是大家学习本章所应掌握的要点。因此，学习本章的目的，在于结合保险业的特点，掌握保险合同的成立与生效、变更、解除以及保险合同效力的中止（失效）和恢复（复效）等保险合同法律理论。理解保险合同的效力问题，还涉及对保险法司法解释有关规定的理解和适用。

第一节　保险合同的成立与生效

一、保险合同成立与生效的概念

保险合同的生效是指保险合同对于各方当事人具有法律约束力。这意味着保险合同的各方当事人应当遵守保险合同的规定，按照保险合同的约定行使各项权利和履行各项义务，以便实现订立保险合同的目的。

当然，应将保险合同的成立与保险合同的生效加以区别。前者表现为投保人和保险人之间经过要约和承诺达成协议而建立的保险合同关系，是当事人协商签约的静态结果。它强调当事人保险权利义务关系的存在和内容构成，成为保险合同生效的前提条件。当然，保险合同成立也对当事人有一定的约束力，表现为当事人不得任意解除合同或者撤销合同，有学者称其为形式拘束力。[1] 后者则强调已经建立的保险合同关系对各方当事人产生的法律约束力，当事人应

① 陈自强．民法讲义Ⅰ：契约之成立与生效．北京：法律出版社，2002：102.

当依据保险合同的约定行使各自的权利和履行各自的义务，被称为实质拘束力。[①] 我国《保险法》第 13 条第 3 款规定：“依法成立的保险合同，自成立时生效。投保人和保险人可以对合同的效力约定附条件或者附期限。”可见，保险合同的生效时间原则上是其依法成立之时，但也可以。是在保险合同成立后的当事人约定的所附条件成就之日。

同时，还应将保险合同的生效时间与保险责任的开始时间加以区别。严格地讲，这是两个不同的法律概念。因为，保险合同的生效时间是保险合同之法律约束力产生的时间。而保险责任开始的时间则专指保险人开始承担保险责任的时间，又称保险责任的起期。两者可以是同一时间，也可以是不同的时间，但肯定是保险合同生效的时间先于保险责任开始的时间。从法律上讲，保险合同作为诺成合同，根据我国现行《合同法》、即将生效施行的《民法典》和《保险法》第 13 条第 3 款的规定，“依法成立的保险合同，自成立时生效”。不过，保险合同另行约定生效时间的则依约定确认保险合同生效的时间。例如，保险合同现在适用的保险合同条款很多约定“本合同自本公司同意承保、收到首期保险费并签发保险单的次日开始生效”。至于保险责任开始的时间，一般取决于保险合同的约定，例如保险合同中约定“保险责任的开始日期为本合同的生效日”，或自“保险人签发保险单”或自“货物运离起运地发货人最后一个仓库或储存处所”时开始保险责任。保险合同没有特别约定的，保险责任自保险合同生效时开始。对此问题，投保人在投保之时应当予以重视，以免因此影响保险索赔。

基于保险合同的诺成属性，我国《保险法》第 13 条规定了保险合同的成立与生效的标准：“投保人提出保险要求，经保险人同意承保，保险合同成立。保险人应当及时向投保人签发保险单或者其他保险凭证”（第 1 款）。“依法成立的保险合同，自成立时生效。投保人和保险人可以对合同的效力约定附条件或者附期限”（第 3 款）。

理解和运用上述有关保险合同成立与生效的法定标准，需要把握如下要点。

1. 保险合同作为民商事合同的具体类型之一，其签订程序同样需要按照我国现行《合同法》和即将生效施行的《民法典》的规定，经历要约和承诺两个阶段。只不过在保险市场长期的经营过程，逐渐形成了保险行业公认的习惯概念，具体而言，签订保险合同的要约被称为投保，即“投保人提出保险要求”。相应地，其承诺被称为承保，即“保险人同意承保”。而衡量投保与承保的法律标准，就是我国现行《合同法》或即将生效施行的《民法典》和《保险法》的有关规定。

2. 保险合同成立于投保人的要求（投保）和保险人的承诺（承保）完成之时，因为，按照合同法的基本理论，“保险合同的签订过程，是投保人和保险人意思表示趋于一致的过程”[②]。也就是说，投保人提出保险要求，这一意思表示依法构成要约；而保险人同意承保的意思表示，依法构成承诺，表明双方针对签订保险合同形成了意思表示一致，最终达成了协议，保险合同当然自此得以成立。

不过，《保险法》仅仅用“同意承保”来表述签订保险合同所需的承诺环节，过于概括笼统，难以满足保险实务的需要。原因是，在我国的保险业务流程中存在保险人的内部核保环节，需要占用一定的时间。由此引发的问题是：衡量保险人“同意承保”，是以保险人收到投

① 陈自强．民法讲义Ⅰ：契约之成立与生效．北京：法律出版社，2002：103.

② 中华人民共和国保险法（实用版）．北京：中国法制出版社，2015：7.

保人的投保要求（抑或收取全部或者部分保险费）的时间为标志，还是以保险人完成内部核保工作（抑或签发保险单或者其他保险凭证）为标志？对此，《保险法》未做进一步的规定。笔者的看法是，着眼于保护投保人、被保险人获取保险保障的利益需要，应当以保险人收到投保人的投保要求（抑或收取保险费）的时间作为保险合同成立的标志。除非保险人在完成内部核保工作后，主张投保人、被保险人不符合承保条件，并举出相关证据加以证明，才能够确认保险合同不成立，这是平衡保险人与投保人、被保险人之利益冲突的需要。

如果以保险人完成内部核保工作，签发保险单或者其他保险凭证作为保险合同成立的标志，就会出现“保险空白期”问题，涉及自投保人交付投保文件或者缴纳保险费给保险人至保险人完成核保并签发保险单之前的这段时间内，发生保险事故的，没有保险人之保险责任提供保险保障的局面。对于如何解决这一问题，《解释（二）》第4条给出了司法审判的依据：“保险人接受了投保人提交的投保单并收取保险费，尚未作出是否承保的意思表示，发生保险事故，被保险人或者受益人请求保险人按照保险合同承担赔偿或者给付保险金责任，符合承保条件的，人民法院应予支持；不符合承保条件的，保险人不承担保险责任，但应当退还已经收取的保险费。”（第1款）当然，“保险人主张不符合承保条件的，应承担举证责任”（第2款）。

3. 保险合同的生效时间，一般情况下，是自保险合同成立之时。可见，保险合同一般情况下，是以保险合同依法成立之时作为其生效的时间。但是，出于实际需要，投保人与保险人可以在签订保险合同的时候，针对保险合同的生效事宜，另行约定所附条件或者所附期限。据此，保险合同的生效时间就是所附条件成就或者所附期限届至之时。

4. 保险人应当及时向投保人签发保险单或者其他保险凭证。需要指出，《保险法》第13条第1款的规定，意味着保险人签发保险单或者其他保险凭证的签单行为，并非保险合同的签订程序的本身，更不应将其理解为保险人同意承保（承诺）的组成部分，其是独立于保险合同签订以外的行为，笔者认为，该义务应当认定为保险人在保险合同签订过程中承担的缔约义务。

实例枚举

2010年3月12日，张某以150元的价格从保险代理公司购得Y保险公司“家福乐”自助保险卡一张，意外伤害保险的限额为150 000元、医疗保险为5 000元、住院津贴保险为30元/天，保险期限1年；保险卡载明：持卡人需在本卡有效期内按照投保流程进行投保，本卡所对应的保险合同于本卡激活次日零时起生效，对保险合同生效前所发生的意外伤害，Y保险公司不承担保险责任。被保险人为在同一户籍上的家庭成员。张某购买该自助保险卡后，并未及时激活。同年10月20日，张某夫妇二人发生交通事故，导致张某受伤，其妻经抢救无效身亡。张某因此产生医药费用9 098.30元，其妻产生医疗费用30 326.51元。同年10月30日，张某找到保险代理公司要求其协助理赔时，保险代理公司代为激活了该自助保险卡。

该案在审理中存在以下三种不同意见。

第一种意见认为，保险人收取保费，应视为同意承保，合同自保险人收到保费时成立并生效，保险人开始承担保险责任，在自助保险卡的有效期内，以谁为被保险人激活、何时激活是持卡人的权利。

第二种意见认为，投保人缴费系要约，所缴费用为预交之保费，自助保险卡被激活时，被保险人和保险责任期间确定，保险合同成立并生效。

第三种意见认为，保险合同自保险人收取保费时成立并生效，激活自助保险卡是确定具体的被保险人和保险责任的开始时间。

显然，本案的焦点问题集中在保险卡所涉及的保险合同成立与生效时间的认定以及该保险合同的保险责任的开始时间的认定。

【知识链接】

如何填补“保险空白期”，实现保单的“无缝对接”

在保险实践中，所谓“保险空白期”，就是投保人缴纳首期保险费给保险公司至保险公司出具保险单之前的这段时间。由于在我国的保险流程中，一般的做法是，保险业务员收取了投保人在投保时填写的投保单（如果是投保人身保险的话，还要预收首期保险费，通知被保险人进行体检），并将客户资料提交保险公司进行核保，保险公司经过核保而决定是否同意承保。这一过程需要占用一定的时间，为 7 至 15 天，由此便形成了保险空白期。在此期间出险的，涉及保险公司对于被保险人遭受的损害是否承担保险责任的问题。由于我国现行《保险法》对此规定不明确，理论界和实务界有较多争议。

仅以 2001 年在保险业轰动一时的“信诚案”为例。其争议焦点就是保险空白期之保险责任的承担。一名投保人向信诚寿险公司投保主险 100 万元、附加险 200 万元的人身保险，交付了首期保险费，并在指定医院进行了体检，次日凌晨便意外身故。受益人向信诚寿险公司提出 300 万元的索赔，信诚寿险公司以尚未出具保险单为由予以拒赔。后诉至法院，一审法院认为，涉案的人身保险合同已经成立生效，判决受益人胜诉；二审法院又以涉案人身保险合同未成立生效为由，判决信诚寿险公司按主险合同赔付 100 万元，而无须赔付附加险的 200 万元。可见，保险立法的不明确，导致司法审判上的认识并不一致。

在处理“保险空白期”问题上，西方国家的成熟经验是可以借鉴的。在 19 世纪末的英美国家，保险业为了在保险市场上取得竞争优势，避免因解决“保险空白期”问题导致其声誉受损，一改原有的对核保期内发生的保险事故不承担保险责任的立场，突破了保险期间规则，纷纷采取修改保险合同的方式，与被保险人约定暂保单、或保证续保、或追溯期等，向被保险人和受益人提供临时保险的保险保障。而英美的保险立法和司法实践对上述的提供临时保险保障的暂保规则、续保规则、追溯规则等予以认可。进入 20 世纪中叶以后，保险合同普遍适用格式条款，而保险合同条款格式化限制了契约自由，损害了处于弱势的投保人、被保险人的平等地位和合法权益。于是，英美保险立法和司法实践对“保险空白期”实施强制干预，强制保险人向被保险人提供临时性保险保障。①

实践证明，英美国家确立的强制干预临时保险保障的规定对于大陆法系的保险立法产生了一定的影响。由于德国保险业普遍对于自投保人投保之时起至保险人作出承保时发生保险事故的为投保人提供临时保险合同，作为解决“保险空白期”问题的方法，因此，德国保险法对于临时保单作出了全面、细致的规定。同时，德国保险法借鉴美国适用强制临时保单的经验，明

① 史卫进．保险空白期成因与治理规则比较研究．北京：法律出版社，2013：3—8.

文规定：如果保险合同订立时，承保险别等合同一般条款尚未送达投保人的，保险人在该时刻确定的险别应当成为保险合同的组成部分并向投保人提供暂时保护。如果当事人对于保险合同的承保险别存有异议，则应当按照订立保险合同时对投保人最为有利的承保险别进行确定（参见德国2008年《保险合同法》第49条）。[①] 客观来讲，此一规定有利于保护保险合同的投保人、被保险人和受益人。韩国保险法亦将强制提供临时保险规则纳入其中，规定：保险人在收到投保人提交的保险合同要约以及全部或部分保险费后承诺该要约之前，若发生保险合同所规定的保险事故，除非有拒绝该要约的事由外，保险人应当承担保险合同上的责任。[②]

在我国的保险实务中，因保险立法关于“保险空白期”缺乏明确规定，理论界要求明确相关的法律规则，以保护被保险人、受益人利益的声音日渐增多。保险实务界多采取了在保险合同中增加暂保单、暂保承诺、保证续约和预约保险合同等自愿的临时保险规定的做法。面对就“保险空白期”提出保险索赔的保险纠纷，各地法院纷纷从保险合同是否推定成立为切入点，为司法裁判寻找法理依据。直到最高人民法院于2013年5月31日发布的《解释（二）》之第4条的规定，可以说为我国保险审判中处理涉及“保险空白期”的保险纠纷提供了相应的依据。

二、保险合同生效的法律条件

保险合同能否生效，取决于其是否具备现行《合同法》或者即将生效施行的《民法典》规定的一般有效条件和《保险法》规定的特别有效条件，具体包括以下几个方面。

（一）当事人应当具有法定的缔约资格

从法律上说，社会成员订立合同，首先应当具有缔约能力，订立保险合同亦应如此。该缔约能力，对于保险人而言，表现为其必须依据保险业法的规定，经保险管理监督机构的批准，取得经营保险业务的主体身份资格。而且，保险人所订立的保险合同的内容应当属于其获准经营的保险业务范围。

与此相对应，投保人的缔约能力表现在两个方面。（1）自然人、法人或非法人组织均可与保险人订立保险合同，但是，其必须具有法律规定的民事行为能力，以此确保投保人对其投保行为的性质及后果具有正确分析判断的能力。（2）投保人在投保时必须对保险标的具有保险利益，正如《保险法》第12条的要求，投保人或者被保险人应当依法对保险标的具有保险利益。在保险实务中，财产的所有人或经营管理人，货物运输的货主或承运人，法律责任的（可能）承担者，承受生命、身体、健康的本人及其亲属等均与保险标的之间存在着保险利益，可以作为投保人，与保险人签订保险合同。法律禁止与保险标的无任何利害关系的人订立保险合同。

此外，通过保险代理人或者保险经纪人订立保险合同的，保险代理人或保险经纪人也必须具有法定资格。由于保险代理业务或保险经纪业务均具有很强的专业性，因而各国保险业法均对其执业资格进行严格的管理监督。我国《保险法》第五章便专门规定了保险代理人和保险经纪人的主体资格和经营规则。因而，代为订立保险合同的保险代理人或者为订立保险合同提供

---

① 孙宏涛．德国2008年《保险合同法》变革译介//保险法前沿：第1辑．北京：法律出版社．2012：209.

② 参见韩国《商法》第638条之2第3款。吴日焕．韩国商法．北京：中国政法大学出版社，1999：174—175.

中介服务的保险经纪人必须具有执业的资格条件，并经保险监管机关的批准，而且应当在其获准的执业范围内参与订立保险合同。

（二）双方当事人的意思表示真实一致

这是现行《合同法》或者即将生效施行的《民法典》对于各类合同的基本要求，同样适用于保险合同。保险合同是双方法律行为，其成立必须出于双方当事人的真实意思，并达成协议，才可能合于当事人追求的法律目的，便于双方当事人自觉履约。

当事人意思表示真实一致也表现在，双方当事人是否订立保险合同、与谁订立保险合同、订立哪种保险合同，均须出于其自愿。除法律、行政法规规定必须投保的以外，保险公司和其他单位不得强制他人订立保险合同。保险代理人、保险经纪人办理保险业务活动中，不得利用行政权力、职务或者职业便利以及其他不正当手段强迫、引诱或者限制投保人订立保险合同。否则，会因意思表示不真实而致所订保险合同无效。而就投保人来讲，其在订立保险合同时，应当依法履行如实告知义务，这样才能确保所订立保险合同的法律效力。

按照合同法理论和实务中的一般做法，双方当事人在合同文本上签字是其所订立合同产生法律效力的标志。衡量保险合同的订立与生效同样如此，这对于双方当事人而言是意思自治的具体表现。因为，双方当事人，尤其是投保人作为签约方，在合同文本上签字是其签订保险合同的真实意思的客观标志和外在表现。因此，《解释（二）》第 3 条中明确规定："投保人或者投保人的代理人订立保险合同时没有亲自签字或者盖章，而由保险人或者保险人的代理人代为签字或者盖章的，对投保人不生效。"当然，针对实践中存在的如下情况则应当确认保险合同的效力，包括："投保人已经交纳保险费的，视为其对代签字或者盖章行为的追认"，或者"保险人或者保险人的代理人代为填写保险单证后经投保人签字或者盖章确认的，代为填写的内容视为投保人的真实意思表示"。

（三）订立保险合同不得违反法律和社会公共利益

即当事人订立的保险合同应当符合国家法律的规定，不损害社会公共利益，而且符合我国参加的国际公约和认可的国际惯例。当然，衡量保险合同是否符合法律和社会公共利益的标准是多方面的，当事人签订保险合同均不得有所违反，才能够为法律所认可。

首先，各国保险法均注重防止当事人在保险市场上，假借订立保险合同牟取不当利益的行为。因此，要求投保人必须对保险标的具有保险利益，用以杜绝道德危险或赌博行为的发生。例如，我国《保险法》第 33 条明确规定："投保人不得为无民事行为能力人投保以死亡为给付保险金条件的人身保险，保险人也不得承保。"

其次，订立保险合同所涉及的保险标的必须合法，即法律允许投保的财产及其有关利益或者人的寿命和身体。只有合法财产，当事人才能对该财产拥有法律认可的保险利益。比如，投保财产保险的财产，应当是投保人拥有合法的所有权或经营管理权，并且属于保险人承保财产的范围。反之，盗窃犯占有的赃物、走私犯走私的货物均是一种非法利益，不为法律所认可，保险人不得承保，也不应与其订立保险合同。

再次，很多国家的保险法都禁止财产保险的重复保险行为，故投保人不应故意就同一投保财产，以同一保险事故，投保超过保险价值的保险金额的保险合同。否则，会造成超过保险价值的合同部分无效。我国《保险法》第 55 条和《海商法》第 225 条均有此规定，当事人订立保险合同时不得违反。

最后，订立保险合同不得与法律、法规中有关的强制性规范相抵触。由于《保险法》包含着很多的强制性法律规范，在订立保险合同过程中，当事人不得协议变通上述强制性法律规范，否则，当事人所订立的保险合同或相应条款会因此而无效。例如，根据《保险法》第 33 条第 2 款的规定，父母可以为其未成年子女投保人身保险，但是，因被保险人死亡给付的保险金总和不得超过保险监管机构规定的限额。而根据中国保监会的有关规定①，此限额为人民币 5 万元，北京、上海、广州和深圳等地为 10 万元，则投保人为其未成年子女投保人身保险时就应当遵守该强制性规定。

（四）订立保险合同所采取的形式应当符合法律的强制性规定和保险业规则

保险合同作为典型的格式条款，是由保险人一方事先拟订和提供的，投保人在保险合同的签订过程中处于附和的被动地位。因此，《保险法》和《合同法》等法律均对于保险合同的形式规定了相应的强制性规范，当事人在签订保险合同时应当予以遵守。同时，各国保险业在长期的保险实践中亦逐渐形成了诸多行业规则，其中，涉及保险合同形式的保险规则也是当事人签订保险合同时应当执行的。否则，保险合同或其中的某些条款的效力会因此受到影响。

实例枚举

2008 年 6 月，王某从他人手中购得一辆“金杯”牌旧面包车，其雇用张某为驾驶员，在市区与县城间从事客运。由于该车车况较差，司机张某多次向王某提出停运修车，但是，王某均未同意。2008 年 9 月 29 日上午，张某告知王某该车刹车不灵而不能出车。王某则强调国庆节前夕处于客流高峰，不能停运，等到节后再修车。当日下午，张某驾驶该车在营运中与他车相撞，造成直接经济损失六千余元。10 月 6 日，王某为了骗取保险赔偿，找到县城某运输公司负责保险代理业务的赵某，经过一番串通，赵某代为王某办理了保险手续，并将投保的时间提前到 9 月 28 日。此后，王某向保险公司提出索赔要求。保险公司在理赔过程中，根据知情人的举报，查明事故车无刹车和车主王某采取倒签保险单的手法骗取保险赔偿的事实后，拒绝赔偿。

本案对于理解保险合同的法律效力具有重要的反面价值，表明保险合同的签订是一种严肃的法律行为，各项法律条件从不同角度规范当事人的签约活动，构成完整的法律条件体系。因此，当事人必须依法实施行为，才能产生法律认可的效力，确保保险保障功能的实现。

---

① 中国保监会 1999 年第 43 号文件《关于父母为其未成年子女投保死亡人身保险限额的通知》中规定，死亡保险限额不超过 5 万元，而 2002 年第 34 号文件《关于在北京等试点城市放宽未成年子女死亡保险金额通知》则将北京、上海、广州和深圳所适用的上述死亡保险金限额提高到 10 万元。适应人民生活水平的提高，保监会于 2015 年 9 月 16 日发布《关于父母为其未成年子女投保以死亡为给付保险金条件人身保险有关问题的通知》，进一步提高了这一保险限额，即对于被保险人不满 10 周岁的，不得超过人民币 20 万元；对于已满 10 周岁但未满 18 周岁的被保险人，不得超过人民币 50 万元。

三、保险合同的无效

保险合同的无效是指已经成立的保险合同因欠缺法定或者保险合同约定的有效条件且不能补救，自始不产生法律效力而由国家予以取缔的情况。按照其无效的不同范围，保险合同的无效分为全部无效和部分无效。前者表现为保险合同的全部内容均自始不发生法律效力。后者则是指保险合同的部分条款内容没有法律效力，而其他部分的效力不受影响。

保险合同的无效不同于保险合同的可撤销。两者区别之一是法律效力的丧失后果不同：可撤销的保险合同的效力在撤销之前存在，而自被撤销时起无效；而保险合同无效则是自其成立时起即为无效。区别之二是法律原因不同：导致保险合同可撤销的原因主要是违反了意思表示真实的条件；而保险合同无效的原因则涉及各项有效条件，尤其是保险合同的内容违反了法律和社会公共利益。区别之三是当事人的权利不同：对于可撤销的保险合同，审判机关或者仲裁机构只能根据当事人行使撤销请求权，确认撤销保险合同的效力；而对于无效的保险合同，不论当事人是否提出无效请求，审判机关或者仲裁机构可依职权确认和取缔保险合同的效力。

认定保险合同无效的原因，除了当事人在保险合同中约定的无效原因以外，主要表现为《保险法》的强制性规定被违反，并且无可补救。例如，保险合同所承保的危险并不存在。在实践中，或者根本不存在的危险，或者已经发生的危险，为此签订的保险合同有悖于保险制度的宗旨，自始无效。又如，投保人在订立人身保险合同时，对被保险人没有《保险法》第 31 条规定的保险利益的，则保险合同因违反《保险法》第 12 条第 1 款的规定而无效等。

第二节　保险合同的变更

一、保险合同变更的含义

在合同法上，合同的变更有广义和狭义之分。广义的合同变更是指合同因其主体或者内容发生变化而依法改变的情况。而狭义的合同变更则仅指合同内容的改变，即尚处于履行过程中的合同，其双方当事人对于合同进行修改或者补充相应部分条款的情况。本节在狭义的意义上研究保险合同的变更。各国保险法均允许当事人根据自己的意志依法变更保险合同。我国《保险法》亦如此，其第 20 条第 1 款明确规定：保险合同的“投保人和保险人可以协商变更合同内容”。从而，将现行《合同法》第 77 条和即将生效施行的《民法典》第 543 条的规定加以具体化。

保险合同属于继续性合同，其法律效力必然存续一定期间，尤其是人寿保险合同的有效期可以长达几十年。一般情况下，法律要求各方当事人均应按合同约定全面履行各项义务，任何一方不得擅自变更合同。但是，在保险合同有效期内，会因各种主客观情况的改变而需要变更保险合同的某些条款。因此，保险合同的变更，就是指保险合同在其有效期间内全部履行完毕之前，因有关情况的变化，由当事人依法律规定的条件和程序，对某些合同条款进行修改或补充而保险合同的效力仍然存在的法律行为。因此，保险合同变更的突出特色在于变更后的保险合同与变更前的保险合同具有同一性。

二、保险合同变更的法律要件

保险合同的效力在其成立后需存续一定时间，在此保险期间内，如果某些情况发生变化可能会影响到当事人的利益，则法律允许当事人变更保险合同的内容。例如，保险财产坐落地点、用途的改变涉及保险财产所面临危险的变化，因而，当事人可以协商变更保险合同的保险费率。而人身保险合同内容的变更则更具经常性，具体可以概括为保险标的内容的变更、交费方法或交费期间的变更、保险金额的增加或减少、保险期限的变更、危险程度的变更等约定事项的变更。

认定保险合同内容变更，需要具备现行《合同法》或者即将生效施行的《民法典》和《保险法》规定的法律要件。

1. 保险合同变更原则上经双方当事人协商一致，并在原保险合同基础上达成新的协议，或者依法经法院或仲裁机构作出裁决

保险合同的上述内容因主、客观情况的改变需要予以变更的，均需投保人和保险人双方协商同意，即在保险合同有效期内，投保人和保险人经协商同意，可以变更保险合同的有关内容。但是，法律另有规定的除外。例如，我国《保险法》第 49 条和《海商法》第 229 条均规定，无须征得保险人同意，货物运输保险合同即可由投保人（被保险人）以背书或者其他方式转让给第三人。而保险人同意变更保险合同，就体现在保险人在原保险单或者其他保险凭证上批注或者附贴批单，也可以是由投保人和保险人另行订立变更保险合同的书面协议才发生相应的变更效力（《保险法》第 20 条第 2 款）。在双方就变更保险合同达成协议之前，原保险合同关系仍然有效存在。因此，任何一方未经过对方当事人同意无正当理由擅自变更保险合同内容的，不仅不能变更保险合同的约束力，还构成违约行为。

当然，除了双方当事人协议变更保险合同以外，按照《合同法》规定，在存在法定事由的情况下，享有变更保险合同请求权的一方当事人可以向人民法院或者仲裁机构请求变更保险合同。例如，在重大误解或者显失公平情况下签订的保险合同，受害一方得以行使该变更请求权，人民法院或者仲裁机构确认其变更请求后，保险合同发生变更。又如，因重大情势变更的，一方当事人可以依法请求人民法院或者仲裁机构确认其变更保险合同的请求。

2. 保险合同的内容发生局部变化

这是指对原保险合同的某些条款内容作出修改或者补充，其中，发生变更的部分包括保险合同的主要条款。从而，保险合同的变更是在保持原保险合同效力的基础上，形成新的保险合同关系。学者称之为原合同关系的相对消灭。①

需要强调的是，变更后的保险合同内容不得具有违法性，不得规避法律的强制性规定或者损害国家、集体或者个人利益，不得违反公序良俗。否则，保险合同的变更是无效的。例如，由国家主管机构依法制定的强制保险合同的条款内容，是不能由当事人协商变更的。同时，保

---

① 谢怀栻，等．合同法原理．北京：法律出版社，2000：203.

险合同的变更应当采取《保险法》第 20 条第 2 款规定的程序和方式。

三、保险合同变更的程序

根据各国法律的规定和保险市场实践，保险合同变更的程序有两种情况：一是允许保险单随保险标的的转让而自由转移，二是除了《保险法》明文规定以外，保险合同的变更要征得保险人同意。我国《保险法》对于保险合同变更的程序亦采取第二种形式。

首先，我国《保险法》原则上规定："变更保险合同的，应当由保险人在保险单或者其他保险凭证上批注或者附贴批单，或者由投保人和保险人订立变更的书面协议"（第 20 条第 2 款）。由此可见，一般情况下，保险合同的变更程序包括：(1) 投保人或者被保险人及时向保险人提出变更合同的请求及其变更内容，向保险人出具变更申请；(2) 保险人进行审核，表示同意；(3) 保险人在原保险单或其他保险凭证上予以批注或者加贴批单或者双方签订变更保险合同的书面协议。至此，保险合同的变更才产生相应的法律后果，保险人按批改后的保单内容（即批单的记载）承担保险责任。这一变更程序适用于大多数保险合同。

其次，在法律直接规定的情况下，保险合同的变更不需事先征得保险人的同意。在中国保险市场上，这一变更程序主要适用于货物运输保险合同。例如，我国《海商法》第 229 条规定："海上货物运输保险合同可以由被保险人背书或者以其他方式转让，合同的权利、义务随之转移。"其原因在于，在途运输的货物具有流动性，在运输过程中货物所有权可能几经易手，保险利益也要随其所有权的转移而归属于货物所有权的受让人。如果要求每一次变更时被保险人都必须征得保险人同意，必然影响商品流转的速度，不利于市场经济的发展。所以，我国法律对此类保险合同的变更采取了保险单随同货物所有权转移而转让的程序。这与世界各国保险立法的规定是一致的。

第三节　保险合同的转让

一、保险合同转让的含义和法律特征

按照我国《合同法》和《保险法》的规定，与狭义的保险合同变更相对应，保险合同的转让成为独立的法律概念，它专指保险合同的一方当事人将其在保险合同关系中的权利义务的全部或者部分转让给第三人的情况。换一个角度讲，保险合同的转让的实质就是保险合同主体的变更。

保险合同的转让具有如下法律特征。

1. 保险合同的转让并未改变原保险合同的权利义务内容。因为，保险合同转让的目的在于将保险合同的权利义务转移给第三人，按照现行《合同法》和即将生效施行的《民法典》的规定，包括保险合同的权利转让、保险合同的义务转让和保险合同的权利义务一并转让等三类情况。不过，该第三人受让的权利和义务不会超出原保险合同的内容范围，也不会改变原保险合同的权利义务内容。可见，转让后的保险合同与转让前的保险合同在内容上具有同一性。但是，也有学者否认合同的转让[①]，认为债的主体变更不仅破坏了债的同一性，更使债的标的归于消灭，损害了债务人的利益。故应将其纳入债的变更，即债的主观变更。我国现行《合同法》第五章和《民法典》第三编第六章中将合同的变更与转让分别加以规定，表明各自的独立意义，这为维持保险合同的稳定性提供了法律依据，有利于保护投保人、被保险人的利益。

2. 保险合同的转让将发生合同主体的改变。也就是说，保险合同的转让通常导致第三人取代原保险合同的当事人地位而成为保险合同的当事人。这意味着保险合同通过转让发生了根本性变化，即终止了原保险合同关系（并非原保险合同关系的继续有效），产生了新的保险合同关系。正是在此意义上，保险合同的转让区别于保险合同的变更。

3. 保险合同转让的效力涉及两个法律关系。应当说，保险合同转让的效力覆盖到原保险合同双方当事人之间的权利义务关系和转让方与受让方之间的关系。虽然合同的转让是基于转让方与受让方的意思表示一致而在其之间完成的，但因合同的转让涉及原合同双方当事人的利益，故而现行《合同法》确立了基本的法律规则——合同义务的转让应当经过债权人的同意（第 84 条），合同权利的转让应当通知债务人（第 80 条）。即将生效施行的《民法典》第 551 条亦有如此规定。而《保险法》第 49 条则针对保险合同的法律功能和保险活动的特殊性，将上述法律在财产保险合同领域内予以具体化。

二、保险合同转让的法律适用

保险合同作为民商合同的具体类型，同样强调当事人的意思自治。同时，保险合同的保障功能决定着其适用目标在于为社会经济生活“保驾护航”，为此，其在经济领域的适用必然应当适应社会经济活动的规律，有利于促进民事流转。基于这些客观需要，我国《保险法》确认了保险合同的转让制度，尤其是对财产保险合同的转让施加具体的法律规则加以调整。

（一）财产保险合同的转让

在日常经济生活中，商品的流通十分普遍，诸如财产的转让或出售，相应地引起财产所有权归属的变化。这种改变势必导致财产保险合同主体的变更。如前所述，保险合同具有人身属性，尤其是财产保险合同强调投保人（被保险人）对保险财产具有保险利益。因此，保险财产基于转让或出售引起所有权归属的变化，意味着原所有权人已对该保险财产失去保险利益，其财产保险合同的保险责任依法即行终止，故必须变更新的所有权人为被保险人。这是财产保险合同经常发生的转让，也就是保险合同主体的变更。当然，引发财产保险合同之被保险人变更的，除了双方当事人保险标的转让的原因以外，还包括由于被保险人死亡而让继承人依法继承或者依法受赠作为保险标的之遗产的情况。正如《解释（四）》第 3 条规定的：“被保险人死亡，继承保险标的的当事人主张承继被保险人的权利和义务的，人民法院应予支持。”

需要强调的是，因商品流转而引起的财产所有权或者他物权归属的变化，应当是市场经济

---

① 王家福．民法债权．北京：法律出版社，1991：70.

环境中的普遍现象。不仅如此，随着社会公众保险意识的不断提高，财产保险合同的适用范围必然日益扩大，则因商品流转而引起的财产物权归属的变化势必影响相关的财产保险合同关系。由于财产流转所涉及的合同关系与相关的财产保险合同关系是彼此独立的两个法律关系，从而，财产流转导致其物权归属的变化是应当的，但是，它是否引起相关的财产保险合同关系的一并改变，则取决于《保险法》的规定。

从保险法理论上讲，财产保险合同之效力的产生和存续取决于两个基本因素，即保险标的和保险利益的存在。只要这两个因素存在，便可以基于双方当事人达成的意思表示一致而建立财产保险合同关系，并维持其法律效力。因此，在财产发生流转而导致其物权归属发生变化时，虽然出现了保险标的的物权归属主体和保险利益承受主体的改变，但相关的财产保险合同并不能自然地一并发生转让，而需要有各方当事人达成新的意思表示一致。这在保险实务中的通常做法是，由保险人对原财产保险合同进行批注，同意保险标的的受让人取得新的被保险人的身份地位，以便确保其作为财产的物权人不间断地获取保险保障。

不过，我国《保险法》出于提升财产保险之保障功能，充分保护被保险人利益，促进财产流转的目的，其第 49 条对于此问题的处理规定了突破性的法律规则。其法律要点如下。

1. 原则上确认保险标的受让人当然承继财产保险合同中的被保险人的权利和义务（第 1 款），这意味着该项因保险标的的转让而引起的财产保险合同的权利义务的概括转让，不以保险人的批注同意为条件。考虑到经济生活中财产转让情况的复杂多样性，确认保险标的转让引发被保险人的主体变更，首先是按照现行《物权法》第 9 条规定的不动产的转让是以“经依法登记，发生效力”和第 23 条规定规定的动产转让“自交付时发生效力”的情况（即将生效施行的《民法典》第 209 条和第 204 条规定了同样的内容），但是，如果是“保险标的已交付受让人，但尚未依法办理所有权变更登记”的情况，也应当产生受让人承继被保险人身份的效果，所以，“承担保险标的毁损灭失风险的受让人，依照保险法第四十八条、第四十九条的规定主张行使被保险人权利的，人民法院应予支持”[《解释（四）》第 1 条]。

2. 除了货物运输保险合同和另有约定的财产保险合同以外，课以保险标的转让所涉及的财产保险合同的被保险人（转让人）或者受让人通知义务，即“被保险人或者受让人应当及时通知保险人”（《保险法》第 49 条第 2 款）。

3. 被保险人或者受让人履行了上述通知义务，但因保险标的转让而导致危险程度显著增加的，保险人有权自收到通知之日起 30 日内按照保险合同约定增加保险费或者解除保险合同（《保险法》第 49 条第 3 款）。

4. 被保险人或者受让人未履行上述通知义务，并因保险标的转让导致危险程度显著增加而发生保险事故的，保险人不承担保险责任（《保险法》第 49 条第 4 款）。

5. 保险人在财产保险合同变更之前已经履行了保险法规定的条款说明义务和明确说明义务以及相关的提示义务，因保险标的的转让而发生被保险人主体变更的，无须再次向变更后的新被保险人履行上述法定义务。正是在此意义上，《解释（四）》明确规定：“保险标的受让人以保险标的转让后保险人未向其提示或者明确说明为由，主张免除保险人责任的条款不生效的，人民法院不予支持”（第 2 条）。

应当注意，《保险法》第 49 条属于强制性规范，当事人的约定不能排除其对于保险标的转让的财产保险合同的适用。

（二）人身保险合同的转让

人身保险合同的转让所涉及的主体变更范围更为广泛。在保险实务中，基于人身保险合同当事人的真实意思表示或者《保险法》的有关规定，经常会发生投保人、被保险人和受益人的变更，甚至出现保险人变更的情况。上述保险合同的主体的变化，意味着保险合同的约束力因合同主体的改变而转移到新的合同主体身上，却对原有合同主体丧失了效力。具体表现如下。

1. 投保人的变更。在人身保险合同的保险期限内，有可能变更投保人。比如投保人死亡，需要由新的民事主体作为投保人，继续承担交纳保险费的义务。对此，我国《保险法》没有直接规定，笔者认为，应当依据保险法理论，由依法对被保险人具有保险利益的人接替投保人的身份地位。不过，投保人的变更，应当征得保险人同意。但法律规定投保人不得变更的情况除外。

2. 被保险人的变更。在保险实务中，被保险人变更的情况并非鲜见。仅举例如下：投保团体人身保险合同的投保单位有新增职工，需要参加人身保险的，可以向保险人办理加保手续，填具加保通知单，经保险人收到变动通知单后签发批单。如果团体人身保险合同的投保单位有职工（被保险人）迁往异地或调离投保单位，其人身保险关系可以随同转移，直至保险责任终止时。但若无法转移的，则可以办理退保，由投保单位填写退保通知单，经保险人与被保险人核对属实后，签发批单。

3. 受益人的变更。人身保险合同的受益人是由被保险人指定的，亦可基于被保险人的独立意愿变更其指定的受益人。不过，根据《保险法》第 41 条的规定，被保险人提出变更受益人，应当在保险事故发生之前书面通知保险人——填具变更受益人通知单给保险人，经保险人签发批单，方才产生变更受益人的法律效力。不过，鉴于实际生活中导致变更受益人的情况十分复杂，能否产生受益人变更效力，需要根据实际情况分别把握。对此，《解释（三）》分别予以规定，成为保险审判的裁判依据：第一，变更受益人的意思表示自变更的意思表示发出之时生效。因此，“投保人或者被保险人变更受益人，当事人主张变更行为自变更意思表示发出时生效的，人民法院应予支持”（第 10 条第 1 款）。第二，变更受益人应当通知保险人。反之，“投保人或者被保险人变更受益人未通知保险人，保险人主张变更对其不发生效力的，人民法院应予支持”（第 10 条第 2 款）。第三，变更受益人应当是在保险事故发生以前而为之。这是平衡保险人与非保险人之间利益公平的需要，因此，“投保人或者被保险人在保险事故发生后变更受益人，变更后的受益人请求保险人给付保险金的，人民法院不予支持”（第 11 条）。

4. 保险人的变更。由于人寿保险合同的期限一般较长，而对于保险人一方而言，根据我国《保险法》的有关规定，保险人，尤其是经营人寿保险业务的保险公司在合并、被依法撤销或者依法宣告破产等情形下，会发生变更。对此，我国《保险法》第 92 条从保护被保险人的利益出发，明确规定：“经营有人寿保险业务的保险公司被依法撤销或者被依法宣告破产的，其持有的人寿保险合同及责任准备金，必须转让给其他经营有人寿保险业务的保险公司；不能同其他保险公司达成转让协议的，由国务院保险监督管理机构指定经营有人寿保险业务的保险公司接受转让。转让或者由国务院保险监督管理机构指定接受转让前款规定的人寿保险合同及责任准备金的，应当维护被保险人、受益人的合法权益。”

实例枚举

2006 年 3 月 5 日张某与保险公司签订机动车辆保险合同，约定保险标的为张某所有的上海桑塔纳 2 000 型轿车一辆；保险期限自 2006 年 3 月 5 日中午 12 时起至 2007 年 3 月 5 日中午 12 时止；保险险种为车辆损失险、盗抢险等；保险价值 160 000 元，保险金额 160 000 元；保险费 5 952 元。2006 年 11 月 30 日张某在旧机动车交易市场将该车转卖给李某。2007 年 2 月 14 日张某、李某在保险公司办理了机动车保险合同变更手续，保险公司在原保险单上作出批注："现经被保险人张某申请，我公司同意被保险人名称自 2007 年 2 月 14 日起变更为李某，行驶证车主同时变更。"2007 年 2 月 15 日上午 10 时左右，李某发现其停放在停车场的投保车辆丢失，便于当日 15 时 30 分到公安局报案，并告知保险公司出险事实，提出索赔申请。保险公司认为，李某在办理保险合同变更手续之前未通知保险公司投保车辆所有权因买卖而发生转移，不符合保险条款有关规定，保险公司在违背真实意思的情况下作出的批注应认定无效。此外，李某也无法证明 2 月 14 日在保险公司办理变更手续时投保车辆尚未丢失。据此，保险公司予以拒赔。李某认为保险公司属无理拒赔，故诉至人民法院，要求保险公司按照合同约定履行赔偿义务，支付赔款 102 400 元。

本案的主要争议焦点为：(1) 投保车辆所有权发生变更，李某是否告知了保险公司；(2) 保险公司在违背其真实意思的情况下作出的批注是否有效。

本案有助于大家理解保险合同转让的具体表现及适用的法律效力，它既要符合一般合同转让的法律规则，又应当遵守保险法及其保险市场的运作规则。

第四节　保险合同的解除

按照我国《合同法》的规定，合同的解除是导致保险合同效力终止的原因之一。①

一、保险合同解除的法律含义

保险合同的解除是指保险合同的一方当事人在保险合同的有效期间内，依法行使合同解除权而提前终止保险合同效力的法律行为。

显然，保险合同的解除会影响合同的效力，但是，它又不同于其他影响保险合同效力的情况，具有自身的法律特性。

1. 保险合同的解除应当针对有效成立的保险合同。从而，保险合同的解除不同于因保险合同无效而消灭其效力的情形。保险合同因缺少有效要件而无效的，其法律效力自始就不存

① 保险合同终止的原因，还包括保险人履行了全部保险责任，非保险事故致保险标的全部灭失、损毁等。

在，故无所谓解除。只有在保险合同有效成立后，其当事人才有可能通过解除合同的方式来终止其效力。

2. 解除保险合同必须具备解除条件。解除保险合同的条件，可由当事人在合同中约定，也可以由法律规定。不论何种情况，只有在具备了解除条件的时候，当事人始得行使解除权，也才会产生相应的合同解除后果。

3. 保险合同解除的后果，是在保险合同有效期届满之前消灭了在当事人之间业已存在的保险合同关系。这使得保险合同的解除区别于保险合同的变更。因为，保险合同的变更是在保险合同继续有效的前提下，修改或补充合同的某些内容。而保险合同的解除则导致其效力自解除之日起不复存在。

二、保险合同解除的条件

保险合同有效成立后便具有法律约束力，当事人不得任意解除。因此，一方当事人要行使解除权来解除保险合同的，必须具备相应的条件，具体如下。

1. 解除保险合同，必须是在法律规定或者当事人约定的范围内。超出此范围行使合同解除权的，不产生解除保险合同的效力。对此，我国《保险法》第 15 条明文规定："除本法另有规定或者保险合同另有约定外，保险合同成立后，投保人可以解除合同，保险人不得解除保险合同。"不难看出，如此规定合同解除权是为了符合保险活动的特点，即着眼于保护投保人、被保险人的利益，确立了投保人享有的任意解除权——只要保险立法或者保险合同没有具体的禁止解除保险合同的规定，投保人就可以依据其意思而要求解除保险合同。与此相反的是，保险人解除保险合同的权利则只能存在于保险立法或者保险合同明文规定的特定情况下。同时，《保险法》第 50 条也规定："货物运输保险合同和运输工具航程保险合同，保险责任开始后，合同当事人不得解除合同。"因此，保险合同当事人在解除保险合同时，必须服从上述限制性规定。而且，解除保险合同的，还必须是依法享有该项解除权的人，这意味着解除权人的身份具有法定的特定性。例如，投保人基于其承担和履行缴纳保险费的义务而理应享有保险合同的解除权，因此，《解释（三）》第 17 条规定："投保人解除保险合同，当事人以其解除合同未经被保险人或者受益人同意为由主张解除行为无效的，人民法院不予支持，但被保险人或者受益人已向投保人支付相当于保险单现金价值的款项并通知保险人的除外。"

2. 保险合同当事人必须依法行使解除权。因为《保险法》对于合同当事人，尤其是保险人行使合同解除权，往往有限制性规定，当事人在行使合同解除权时，应当遵守有关的限制条件。对保险人来说，其解除人身保险合同的权利行使，受时间的限制。例如，《保险法》第 16 条规定，因投保人未履行如实告知义务而解除保险合同的，限于保险人知道解除事由之日起的 30 日内。自保险合同成立之日起逾 2 年的，保险人不得以投保人未履行如实告知义务为由解除保险合同。《保险法》第 37 条规定，因投保人未按期交纳保险费致使保险合同效力中止的，保险人必须是在自合同效力中止之日起 2 年内双方未达成协议后才能行使合同解除权。而且，保险人在解除保险合同时，应当书面通知投保人、被保险人或受益人。《保险法》第 58 条规定，保险标的发生部分损失的，自保险人赔偿之日起 30 日内，投保人可以解除保险合同，除合同另有约定外，保险人也可以解除保险合同，但应当提前 15 日通知投保人。享有解除权的当事人必须遵守法定条件，才能够达到解除保险合同的目的。同样，非保险人一方行使保险合同解除权虽然保险法并未给予过多的法律限制，但关键是强调代表当事人的真实意思，特别是在投保人与被保险人、受益人为不同法律主体的情况下更为重要。例如，《解释（三）》第 2 条规定：被保险人以书面形式通知保险人和投保人，撤销其依据保险法第 34 条第 1 款规定所作出的同意投保人为其投保以死亡为给付保险金条件的人身保险合同之意思表示的，可以认定为保险合同因被保险人的意思表示而解除。

尤其应当注意的是，《保险法》明文规定的弃权和禁止反言规则对于保险人之保险合同解除权的限制。具体表现在《保险法》第 16 条第 6 款的规定："保险人在合同订立时已经知道投保人未如实告知的情况的，保险人不得解除合同；发生保险事故的，保险人应当承担赔偿或者给付保险金的责任"。理由是，保险人在订立保险合同时明知投保人未如实告知的情况而仍然与其订立保险合同的，应当视为保险人放弃了相应的权利。投保人由此形成了保险人维持保险合同效力的认识，因此，基于公平原则，保险人不得再以投保人未履行如实告知义务为由行使合同解除权。

3. 解除保险合同，应当存在法定或者合同约定的事由。法律允许当事人在合同中约定解除合同的事由，同时，法律本身也会规定当事人解除合同的事由。因此，出现这些法定或约定事由时，当事人才得以解除保险合同。我国《保险法》即对保险人一方列举性地规定了下述解除保险合同的事由：

（1）投保人不履行如实告知义务的，保险人有权解除保险合同（第 16 条）。

（2）被保险人或受益人在未发生保险事故的情况下，谎称发生保险事故向保险人提出赔偿或给付保险金请求的，保险人有权解除保险合同（第 27 条第 1 款）。

（3）投保人、被保险人或受益人故意制造保险事故的，保险人有权解除保险合同（第 27 条第 2 款）。

（4）投保人、被保险人未按照约定履行其对保险标的的安全应尽责任的，保险人有权解除合同（第 51 条）。

（5）在合同有效期内，保险标的的危险程度增加的，经被保险人及时通知的，保险人有权解除保险合同（第 52 条）。

（6）投保人在人身保险合同中申报被保险人的年龄不真实，并且其真实年龄不符合合同约定的年龄限制的，保险人可以解除保险合同（第 32 条）。

（7）投保人因未按期交付保险费而使保险合同效力中止后的 2 年内双方未达成协议的，保险人有权解除保险合同（第 37 条）。

（8）保险标的发生部分损失的，除保险合同另有约定外，保险人在进行了保险赔偿后，可以解除保险合同（第 58 条）。

至于投保人的合同解除权，我国《保险法》采取了任意性的规定方法，仅仅限定为法律另有规定或保险合同另有约定情况下不得解除，反之，可以依其意志和实际需要解除保险合同。

4. 行使保险合同解除权，应当遵守法定的时效期限。在国际保险市场上，很多国家的法律都规定了当事人行使合同解除权的时效期间。超过法律时效的，其解除权会随之丧失。我国《保险法》也有类似的规定。例如，因投保人未履行如实告知义务的保险人的合同解除权适用 30 日的除斥期间。而因投保人申报被保险人年龄不真实，且其真实年龄不符合合同约定的年龄限制的保险人的合同解除权适用 2 年的时效期间，即自合同成立之日超过 2 年的，保险人的合同解除权消灭等。

三、保险合同解除权的行使

（一）保险合同解除权行使的法律基础

依照合同法理论，合同解除权属于形成权，享有合同解除权的一方当事人行使该权利的行为应当是单方民事法律行为，即其解除合同的意思表示达到相对人处便产生解除合同的后果，无须相对人的同意。应当说，《合同法》第 96 条的规定是其集中体现：当事人一方依法主张解除合同的，“应当通知对方。合同自通知到达对方时解除”。

上述合同法理论和法律规定当然适用于保险合同解除权的行使。在保险实务中，只要具备了法定的或者合同约定的条件，享有解除权的一方当事人就可以向对方表达解除保险合同的意思表示。至于该意思表示的方式，可以是口头通知或者书面通知。通常做法是，投保人解除保险合同的，往往是以填写解除保险合同申请书的形式，而保险人解除保险合同的，则需要向投保人、被保险人交付解除保险合同通知书。上述书面通知达到对方当事人处时便产生了解除保险合同的效力。

（二）影响保险合同解除权行使的时间因素

这就是说何时行使保险合同解除权能够产生期望的法律后果。由于保险活动具有的特点，各国保险立法在规定保险合同解除权行使上的时间因素时，明显地向投保人、被保险人一方利益倾斜，强调保护其合法利益。

具体表现在，投保人享有任意解除权，在法律或者保险合同没有特别规定的情况下，就可以随时行使，而达到解除保险合同的后果（保险实务中称其为“退保”）。原因是，投保人决定解除保险合同，往往是考虑到自身或者被保险人的具体情况，一般情况下不会损害保险人的合法利益。

但是，由于保险人解除保险合同直接关系到投保人、被保险人的切身利益，影响到保险合同的保障功能的发挥，因而保险立法大多要求保险人行使其保险合同解除权应当遵守相应的时间限制。在法定的时间限度内行使的，可以产生解除保险合同的效果，而违反法定的时间限度的，则会导致其保险合同解除权的消灭。例如，保险人依据《保险法》第 16 条的规定，因投保人不履行如实告知义务而行使解除权的，应当遵守法定的 30 日（自其知道有解除事由之日起）和 2 年（自合同成立之日起）的规定。

四、保险合同解除的后果

保险合同的依法解除就是提前终止了已有的保险合同约定的权利和义务关系，这是不容置疑的法律后果。此外，保险合同解除的后果还表现在是否具有溯及既往的作用，这取决于法律的规定和当事人在保险合同中的约定。我国《保险法》针对不同的情况分别规定了相应的保险合同解除的法律后果。

1. 保险合同的解除产生溯及既往的后果。它或者表现在保险人对合同解除前发生的保险事故，不承担保险责任，或者表现在保险人不退还保险费，或者是两者兼有。例如，根据我国《保险法》第 16 条的规定，投保人故意不履行如实告知义务的，保险人在解除保险合同时，对保险合同解除前发生的保险事故不承担保险责任，并不退还保险费。又如，保险人因被保险人或受益人谎称发生保险事故或故意制造保险事故而解除保险合同时，不仅不承担保险责任，也不退还保险费（《保险法》第 27 条）。如果投保人解除保险合同的法律行为，实施在保险责任开始之前，则保险人在收取手续费后，应当退还自合同成立时开始收取的保险费（《保险法》第 54 条），表明其同样是溯及既往的后果。

2. 保险合同的解除不产生溯及既往的后果，即保险人对于合同解除日之前发生的保险事故应当承担保险责任，同时，仅退还合同解除日以后的保险费。例如，保险人因投保人、被保险人未按照约定履行其对保险标的的安全责任的，或因保险标的的危险程度增加而解除保险合同的，仍应对解除之日以前发生的保险事故承担保险责任（《保险法》第 51 条第 3 款、第 52 条第 1 款）。又如，保险人因投保人申报被保险人年龄不真实而解除保险合同的，应当退还多收的保险费（《保险法》第 32 条）。而投保人在保险责任开始后要求解除保险合同的，保险人则可以收取自保险责任开始之日起至保险合同解除之日止的全部期间的保险费而退还剩余的保险费，表明其无溯及既往的后果。

第五节　保险合同效力的中止（失效）和恢复（复效）

一、保险合同效力的中止（失效）和恢复（复效）的概念

保险合同效力的中止，是指保险合同在其生效后，因法定或者合同约定的事由而暂时失去法律效力的情况。保险实务中称其为保险合同的失效。其法律价值在于，保险人对于保险合同效力中止期间发生的保险事故，是不承担保险责任的。

保险合同效力的恢复，是相对于保险合同效力的中止而言的，表现为保险合同在其法律效力中止后，基于法定或者合同约定的事由而恢复其效力的情况。保险实务中称其为保险合同的复效。其法律意义是，因双方在法定的时间内达成了复效协议且投保人补交了保险费，已经失效的人寿保险合同恢复了法律效力，保险人继续承担保险责任。

从合同法理论上讲，保险合同的失效和复效都是保险合同效力变更的具体表现，这决定于保险合同的保障功能，成为保险合同效力特有的法律现象。当然，法律确认保险合同效力的中止（失效）和恢复（复效）制度的目的，在于确保保险合同的保障功能不会因投保人一时的经济困难而受影响。

实例枚举

1998 年 5 月 8 日，王某之夫孙某与 A 人寿保险公司签订重大疾病终身保险合同。合同约定："孙某为投保人、被保险人；王某为受益人；保险金额为 200 000 元；保险期间为终身；保

险责任自1998年5月8日12时起；交费期为20年；每年保险费为2 004元。”其第4条又规定：“第二期及第二期以后的分期保险费到期未缴付时，自保险单所载缴付日期的次日起六十日为宽限期间；逾宽限期间仍未缴付且无保险费垫交的，本合同自宽限期间终了的次日起效力中止。如宽限期间内发生保险事故，本公司仍负保险责任，但应从给付保险金中扣除欠缴的保险费及利息。”第6条规定：“本合同效力中止后，投保人可在效力中止日起两年内，填妥复效申请书及被保险人健康声明书申请复效。前项复效申请，经本公司同意并投保人交清欠缴的保险费及利息后，自次日起，本合同效力恢复。”第8条规定：“本合同生效或复效之日起一百八十日以后因疾病而身故或身体高度残疾时，本公司按保险单所载保险金额的三倍给付身故保险金或身体高度残疾保险金。”

2003年5月8日，孙某没有按期交纳2003年度的保险费2 004元。超过60天的宽限期后孙某仍没有交纳保险费。孙某在超过宽限期后向A人寿保险公司发出了恢复合同效力申请书并进行了体检。A人寿保险公司认为孙某体检结果已不具备继续投保的条件，拒绝恢复合同效力。2003年11月15日，被保险人孙某因突发脑出血死亡。根据重大疾病终身保险现金价值表计算，2003年5月8日，被保险人孙某的保险单现金价值足以垫付2003年度的保险费用及利息。

本案诉讼中，原告王某诉称：原告之夫孙某的疾病属于保险责任范围。原告作为受益人，被告A人寿保险某公司应当向受益人王某给付保险金60 000元。被告A人寿保险公司辩称：因原告之夫孙某在2003年没有如期缴纳当年度的保险费，超过60天宽限期没有交付，被告与原告之夫孙某之间的保险合同已经解除。原告之夫申请复效、进行体检的行为是对其要求被告垫付保险费的权利的放弃，是对合同中止的认可。原告之夫的体检结果不符合继续投保的条件，因此保险合同已解除。请求驳回原告王某的诉讼请求。

法院认为，原告之夫孙某与被告签订的保险合同合法有效，受国家法律保护。依合同约定，超过合同宽限期仍未交纳当年度的保险费，但保险单当时的现金价值足以垫付保险费及利息时，除投保人事前另以书面作反对声明外，被告应自动垫交投保人应缴保险费及利息，使合同继续有效。根据重大疾病终身保险现金价值表计算，在2003年5月8日时，投保人孙某保险单现金价值足以垫付当年度的保险费及利息，故应视为投保人孙某已交付当年度的保险费。被告既无事实依据，亦无法律依据，因此对其认为投保人孙某申请复效、进行体检的行为是对要求被告垫付保险费的权利的放弃，是对合同中止的认可的主张，不予支持。

显然，本案有助于大家理解保险合同效力失效与复效的适用。

二、保险合同效力的中止（失效）和恢复（复效）的适用

（一）保险合同效力中止（失效）的适用

根据我国《保险法》第36条和第37条的规定，保险合同效力的中止和恢复，仅适用于人寿保险合同，而不适用于财产保险合同和短期的人身保险合同。这是由人寿保险业务之特点决定的。

人寿保险合同都为长期性合同，其保险费一般是由投保人按合同约定的时间、金额来分次

交付的，因此，若投保人在保险合同生效以后，不按时交纳当期保险费的，就会导致保险合同效力的中止。这是各国保险法适用保险合同效力中止的基本事由。正如我国《保险法》第36条的规定：人寿保险合同“约定分期支付保险费，投保人支付首期保险费后，除合同另有约定外，投保人自保险人催告之日起超过三十日未支付当期保险费，或者超过约定的期限六十日未支付当期保险费的，合同效力中止”。

可见，人寿保险合同效力中止的适用，需要具备相应的条件。

1. 适用范围限于投保人选择分期交纳保险费的履约方式的人寿保险合同。如果其选择一次性（趸交）保险费的履约方式，因其在订立人寿保险合同的同时，已经全部履行了交纳保险费的义务，则保险合同效力的中止已无适用的意义。

2. 投保人在人寿保险合同成立或者双方约定的时间，已经交付了其在人寿保险合同中的首期保险费。

3. 投保人超过法定或者约定的宽限期限没有交纳当期保险费。既然约定分期交纳保险费，则投保人就应当按照合同约定按时履行交纳当期保险费的义务。不过，出于维持保险合同保障功能的需要，保险立法允许投保人享受一定的期限利益，即给予投保人一定的宽限期。根据《保险法》第36条的规定，在该宽限期内，保险人可以进行催告，投保人“自保险人催告之日起超过三十日未支付当期保险费，或者超过约定的期限六十日未支付当期保险费的，合同效力中止”。上述30日和60日的宽限期是法定的期间，它意味着投保人在宽限期内未能按时交纳当期保险费的，保险合同的效力仍然不受影响。当然，当事人也可以在保险合同中约定宽限期，但其所约定的宽限期间不得短于《保险法》规定的30日和60日。

（二）保险合同效力恢复（复效）的适用

保险合同效力的中止只是暂时消灭了该合同的法律效力。在保险合同效力中止之后，如果具备法定条件时，保险合同的效力还可以恢复。正如我国《保险法》第37条第1款规定的：人寿保险合同效力依法中止的，“经保险人与投保人协商并达成协议，在投保人补交保险费后，合同效力恢复。但是，自合同效力中止之日起满二年双方未达成协议的，保险人有权解除合同”。

将此规定适用于保险实务，应当把握人寿保险合同复效的条件：

1. 投保人在人寿保险合同失效状态下，向保险人提出复效申请。这是保险合同效力得以恢复的前提条件，其表明投保人有希望恢复保险合同效力的愿望。如果投保人不提出复效申请的，保险合同的效力不能自行恢复。当然，为平衡双方当事人的利益冲突，《解释（三）》给出了法律依据：“保险人在收到恢复效力申请后，三十日内未明确拒绝的，应认定为同意恢复效力”（第8条第2款）。

2. 保险人对于投保人的复效申请进行审查后，双方协商达成复效协议。仅有投保人的复效申请，并不能产生保险合同复效的结果，因为该申请只是体现了投保人的单方意愿，必须经过保险人同意接受投保人的复效申请，并由双方就复效事宜达成协议，才表明双方有使保险合同复效的一致的意思表示。其目的是防止当事人进行危险逆选择，并让保险人得以重新进行风险评估。

3. 投保人依复效协议的约定，补交保险费。根据《保险法》第37条的规定，补交保险费是保险合同复效的又一前提条件。笔者认为，其立法内涵是指投保人应当补交保险合同效力中止前所欠交的保险费和保险合同效力中止期间的保险费。至于是一次交清还是分次交清，则由双方的复效协议加以约定。不过，保险合同应当是上述款项全部交清后始得复效。

4. 投保人的复效申请及双方协议必须是在合同效力中止后2年内提出并完成。该2年时间是《保险法》留给投保人提出复效申请的法定期间。即投保人在此2年期间，随时可以提出复效申请。不过，不要将这“2年”的时间理解为投保人申请复效的最终时间界限。即使超过该2年期间，只要是保险人没有依法解除保险合同或者保险合同另有约定，投保人仍然有权申请复效。同时，该2年期间又是约束保险人行使合同解除权的时间限制。即保险人必须是在保险合同效力中止之日起满2年以后，双方未达成复效协议的，才有权解除保险合同，而此前解除合同则为法律所禁止。

如果不具备上述诸条件，就不会产生人寿保险合同复效的情况。由此可见，保险合同效力中止是适用合同复效的前提，但是，保险合同效力的中止并非一定使保险合同复效。但是，适用保险合同复效的目标仍然是着眼于稳定双方之间人寿保险合同的效力，因此，《解释（三）》提出了审判依据：“保险合同效力依照保险法第三十六条规定中止，投保人提出恢复效力申请并同意补交保险费的，除被保险人的危险程度在中止期间显著增加外，保险人拒绝恢复效力的，人民法院不予支持”（第8条第1款）。

需要注意的是，保险合同效力的中止仅是保险合同效力的暂时丧失，因此，在保险合同效力中止的过程中发生保险事故的，保险人不承担保险责任，亦无须返还保险费。当然，这一法律后果的出现，是以保险合同的效力未依法恢复为前提的。因为，保险合同效力的恢复，标志着保险合同自效力恢复之时起重新具有法律效力，双方当事人的保险权利和义务又处于法律强制力的约束之下。

【知识链接】

质疑重大疾病保险“只保死不保病”风波始末

顾名思义，重大疾病保险是指以被保险人罹患合同约定的重大疾病，如恶性肿瘤、心肌梗死、脑出血等为保险标的，保险公司对其支出的医疗费用给予补偿的商业保险，应将其纳入健康保险的范畴。

重大疾病保险于1983年在南非问世，由南非的外科医生马里优斯·巴纳德最先提出该产品创意，并与南非一家保险公司合作开发。1986年后，其被陆续引入英国、加拿大、澳大利亚等国家或地区，并迅速发展。1995年，中国保险市场引入重大疾病保险，现其已成为重要的保障型产品。据中国保监会统计，截至2005年年底，我国健康保险全行业的保费收入占整个人身保险保费收入的10%左右，各家保险公司报备的健康保险险种796个，其中的重大疾病保险险种为199个。

但我国保险实践表明，重大疾病保险适用中存在的难保大病、条款难懂、理赔苛刻等问题如影随形般挥之不去，一直备受关注。2005年年底，网上流传着一位自称是友邦保险公司重大疾病保险的投保人发出的名为“在中国千万不要买大病保险”的邮件，指出按友邦保险公司的重大疾病保险合同条款的规定，被保险人只有在死亡之后才能得到保险赔付。2006年2月，深圳的6名投保人就其向友邦保险公司深圳分公司投保的“守护神两全保险及附加重大疾病保险”向人民法院提起诉讼，这成为首例没有具体的理赔纠纷而是针对保险合同条款的保险诉讼，原因是这些投保人认为友邦保险公司设计的重大疾病保险合同条款“保死不保病”显失公平，已经失去继续履行的意义而要求依法撤销上述保险合同，退还全部保险费。同年4月初，本案的双方当事人达成庭外和解。然而“深圳友邦保险诉讼案”的和解结案并不意味着关于重大疾病保险讨论的结束。

2006年3月，中国保监会就饱受争议的重大疾病保险风波作出表态，推出如下五项措施，进一步完善重疾险市场：(1) 完善重大疾病保险产品的审批备案制度；(2) 尽快出台重大疾病保险业务标准；(3) 对重大疾病保险产品销售水平提出更高要求；(4) 建立全行业核保核赔制度；(5) 加大多方面、多部门的合作力度等。同年4月，中国保监会人身保险监管部宣布，其指导中国保险行业协会成立“重大疾病行业标准定义制定工作办公室”，首度从重疾的定义角度入手规范重大疾病保险，统一行业内重大疾病保险使用的疾病定义，为消费者比较选择重大疾病保险提供方便，保护消费者合法权益。

2006年7月，重疾标准定义办公室已经完成了26种重大疾病的标准定义，并根据行业理赔经验选出7～10种重大疾病，确定为重大疾病保险产品必须包含的“核心疾病”，包括急性心肌梗塞、严重脑中风、恶性肿瘤、冠状动脉搭桥手术、重大器官移植、慢性肾衰竭尿毒症、严重烧伤、瘫痪等。同时，将尽快完成我国重大疾病保险的保险行业定义库，由保险行业协会提供给全行业使用，并制作重大疾病保险知识手册，提供给广大消费者，以免保险公司随意解释重大疾病保险。

问题与思考

1. 如何理解保险合同生效的性质？
2. 保险合同生效所需的条件有哪些？
3. 保险合同的变更有哪些具体表现？
4. 解除保险合同应当具备哪些条件？
5. 保险合同的解除会产生哪些法律后果？
6. 如何理解保险合同效力中止和恢复的法律后果？

第八章

保险合同的条款和形式

本章概要

保险合同的条款和形式是保险合同的具体化。保险合同的条款将投保人与保险人协商约定的权利和义务加以固定，而保险合同的形式则是体现保险合同的法律文件。学习本章的目的，在于掌握保险合同条款的具体内容，尤其是保险合同的特有条款，进一步了解保险合同的特点和保险业务活动的特性。为此，本章分别阐述了保险合同的法定条款和意定条款，保险合同条款的解释、保险合同的形式等基本理论。理解保险合同的条款和形式问题，还涉及保险法司法解释有关规定的理解和适用。

第一节　保险合同的条款

一、保险合同条款的分类

按照合同法理论，保险合同作为民商事合同的具体类型，就是双方当事人就保险权利和义务关系达成的协议内容，是通过具体的保险合同条款来表现的。因此，保险合同条款是用以固定和表现保险权利义务关系，将双方当事人意思表示一致的协议内容条理化、系统化的法律形式。鉴于保险合同的格式化特点，这些条款一般是由保险人为了重复使用而事先设计拟订的，供双方当事人在订立保险合同时协商确定，所以说，保险合同条款是典型的格式条款。当然，也不能排除双方当事人经过协商意定的保险合同条款的存在。

具体来讲，保险合同的条款，可以分成以下的种类。

1. 保险合同条款分为法定保险条款和任选保险条款。这是按照保险合同条款的产生根据进行的分类。其中，法定保险条款是指根据有关保险立法，要求保险合同应当具备的合同条款。对此，我国《保险法》第 18 条明确规定："保险合同应当包括下列事项：（一）保险人的名称和住所；（二）投保人、被保险人的姓名或者名称、住所，以及人身保险的受益人的姓名或者名称、住所；（三）保险标的；（四）保险责任和责任免除；（五）保险期间和保险责任开始时间；（六）保险金额；（七）保险费以及支付办法；（八）保险金赔偿或者给付方法；（九）违约责任和争议处理；（十）订立合同的年、月、日。”根据《保险法》的规定精神，上述保险合同条款作为法定条款应当适用于各类保险合同。

与法定条款不同，凡是经双方当事人依其意愿和实际需要而协商拟定的保险合同条款，也就是任选保险条款。在保险实践中，它首先是由保险人在法定条款范围以外，根据具体保险险种的需要而订入相应的保险合同。例如，双方拟定的保险金额限制条款、免赔额条款、保证条款等。

2. 保险合同条款分为基本条款和附加条款。这是按照保险合同条款的内容进行的分类。其中，保险人事先拟订的，并印制在保险单上的保险合同条款，构成保险合同的基本条款。其范围包括前述的法定条款和任选条款。基本条款确立了保险人与投保人、被保险人之间基本的权利和义务内容。

相比较而言，附加条款则是指根据被保险人的具体要求，经双方协商约定，在保险合同的基本条款以外所增加的条款，又被称为特约保险条款。通常，附加条款内容表现为保险人增加承保的危险或者保险标的，也可以是被保险人为确保保险标的的安全而应遵守的义务等。一般做法是保险人事先拟订并印制成格式条款，供被保险人选择，经双方特别约定后，附贴在保险单上。但是，附加条款不得违反保险法的强制性规定。在保险实践中，把基本条款规定的内容称为基本险（或者基本责任），而附加条款所增加的保险内容则称为附加险（或者特约责任）。投保人在投保时可以一并投保基本险及相关的附加险，也可以只投保基本险，但是，不能单独投保附加险。

3. 保险实务中，如果出现保险合同所记载的内容不一致的情况，应当如何认定呢？《解释（二）》第 14 条规定的规则为保险审判提供了相应的处理依据：一是投保单与保险单或者其他保险凭证不一致的，以投保单为准。但不一致的情形是经保险人说明并经投保人同意的，以投保人签收的保险单或者其他保险凭证载明的内容为准。二是非格式条款与格式条款不一致的，以非格式条款为准。三是保险凭证记载的时间不同的，以形成时间在后的为准。四是保险凭证存在手写和打印两种方式的，以双方签字、盖章的手写部分的内容为准。

二、保险合同的法定条款

如前所述，我国《保险法》第 18 条规定保险合同应当具备如下基本条款，其意义在于保险合同的效力会因这些基本条款的欠缺或者疏漏而受到影响。

（一）保险人名称和住所

在保险合同中明确填写当事人的名称和住所，是确定权利义务归属和保险合同履行主体的依据，是保险合同不可缺少的条款之一。其中，作为保险合同的一方当事人，保险人的名称和住所必须明确和完整，并且要求是法定的名称和住所。在保险实践中，虽然由于保险合同的格式化，保险人的名称和住所一般是事先印制的，但因保险公司往往授权其设立在各地域的分支机构从事保险业务经营活动，故保险合同中保险人的名称和住所，一般使用分支机构的名称和住所，因此，需要注意其所用名称和住所的明确和完整，这对于明确保险责任的归属和确定处理保险合同争议的管辖地均具有重要意义。

（二）投保人、被保险人、受益人的名称和住所

投保人、被保险人以及受益人是与保险人相对应的另一方当事人，是保险合同各项权利和义务的承受者，故应当在保险合同文本上明确予以填写。由于投保人、被保险人和受益人是三种彼此独立的主体身份，各自享有的权利和承担的义务并不相同，所以，在填写时应当注意：（1）投保人、被保险人以及受益人的名称和住所应当分别准确填写。具体来讲，如果是法人或者具有相对独立主体资格的其他组织，就应当如实填写登记注册的名称和住所；如果是公民个人的，就应当使用其身份证或者户口本上记载的姓名和住址，以便于保险人在履行保险合同中，分别确定投保人、被保险人和受益人的身份，行使有关的权利和及时、正确地向其履行通知、催告义务，实施保险赔付等。（2）在投保人、被保险人的名称或者住址发生变更时，有关当事人应当及时通知保险人，并由保险人在保险合同中予以批注。

值得一提的是，为了适应市场经济活动的客观需要，某些保险合同，比如货物运输保险合同，依法或者依国际惯例而使用指示或者无记名式保险单。其中，指示式保险单除了写明投保人的名称（姓名）外，还有“或者指定人”的字样，它可经投保人背书转让。而无记名式保险单则不记载投保人的名称（姓名），以其持有人为保险权益享有者。此方式适合于货物运输保险合同随被保险货物所有权转让而同时转移给第三人。正如我国《海商法》第 229 条规定的，“海上货物运输保险合同可以由被保险人背书或者以其他方式转让”。

（三）保险标的条款

保险标的是指保险合同所指向的保险对象，也是保险合同的客体——保险利益的载体。依据《保险法》第 12 条的规定，表现为财产及其有关利益或者被保险人的寿命和身体。从投保人角度讲，保险标的是其提供给保险人，寻求保险保障的对象，而对于保险人而言，保险标的则表现为其提供保险保障的对象，包括作为保险对象的财产及其有关利益或者人的寿命和身体。因此，保险标的是认定投保人、被保险人的保险利益和保险人的保险责任的直接根据。

不同险种的保险合同，保险人承保的保险标的的内容和范围各不相同，而投保人在具体的保险合同中投保的保险标的也千差万别，但均须在保险合同中载明具体的保险标的的名称和范围。

财产保险合同中，保险标的表现为财产及相关利益。若以有形财产为保险标的，则应当明确其名称、数量、种类、坐落地点、投保之时的使用状况，以便于保险人确认保险利益是否存在，认定保险标的的保险价值和保险金额，尤其是评估其危险程度，确定所应适用的保险费率，直至在保险事故发生时确认是否承担保险责任（如果保险标的在保险事故发生时的坐落地点与保险合同中载明的地点不一致的，保险人有权予以拒赔）。而人身保险合同的保险标的则是被保险人的寿命、身体和健康等。

在签订保险合同时，应注意所填具的保险标的的内容和范围要具体、准确。同时，由于保险标的是保险人决定是否承保和确定保险费率的重要根据，因此，投保人必须如实陈述与保险标的相关的问题。例如，所投保房屋的材质、使用年限、产权状况，尤其是用途。又如所投保

的被保险人的身体健康状况、年龄、从事的工作职业等，以免因不如实告知而影响保险合同的效力。

（四）保险责任和责任免除条款

保险责任和责任免除是保险合同格式条款的核心内容。

保险责任条款是指规定保险人按保险合同的约定所应承担的保险赔偿金或人身保险金的给付责任的条款。它是保险人在保险合同中所承担的基本义务，也就是保险职能的具体表现。一般情况下，保险人事先在保险合同格式条款中制定保险责任条款，供投保人选择。按其责任范围和承担责任的条件，保险责任分为基本责任、附加责任和特约责任。实践中，此条款采用列举方式，逐项列举保险人承担保险责任所对应的危险事故，称为保险事故，以列举的保险事故的发生来界定保险责任的范围。保险合同因其险种的不同，各自的保险责任范围也不尽相同，投保人和被保险人应当借助保险合同的保险责任条款来加以区分和选择。

责任免除条款是与保险责任条款相对应的概念，又称为除外责任，即保险人不承担保险责任的范围。由于社会生活中危险事故的复杂性和多样性，保险人出于保险经营的营利目的和保护自身经济利益的需要，并非对于一切危险事故的发生均承担保险责任，而是在具体的保险合同中约定了相应的责任免除条款。不同的保险合同，各自的责任免除范围也不一样。

当然，需要注意的是对于保险责任与责任免除条款相互关系的理解。笔者认为，保险责任条款所列举的保险事故显然已经明确了保险人所应承担保险责任的范围，因此，凡在保险责任条款中未明确列举的危险事故都属于保险人不承担保险责任的范畴。至于责任免除条款的意义，则在于进一步限制了保险责任的范围。它显示的信息是，凡在责任免除范围内发生的危险事故造成的损害，保险人是不承担保险责任的。具体方式主要是采用责任免除条款，或者规定免赔额条款。前者是以列举的方法规定不承担保险责任的危险事故，后者则是规定一定数额内的损失免除保险人的保险责任。

投保人在投保之时，应当注意审核其内容，以确保其寻求保险保障目的的实现。为此，我国《保险法》第 17 条第 2 款规定："对保险合同中免除保险人责任的条款，保险人在订立合同时"应当"以书面或者口头形式向投保人作出明确说明"；"未明确说明的，该条款不产生效力"。

（五）保险期间条款

保险期间是保险人为被保险人提供保险保障的期间，在该期间内发生保险事故并致保险标的损害的，保险人承担保险责任。可见，保险期间就是保险责任从开始到终止的整个时间过程，又称为保险责任起讫期限。即使在保险期间以外发生保险责任范围内的保险事故，保险人亦不承担保险责任。由于保险期间是双方当事人行使权利和履行义务的期限，也是保险人计算保险费的重要根据之一，因此，保险合同必须明确规定保险期间。

不同的保险合同，规定保险期间的方式也不一样。通常情况下，保险合同成立的时间，即是保险责任的开始时间，相应地，保险合同的有效期限便是该合同的保险责任期间。不过，保险合同当事人也可以另行约定保险责任的起止时间。而有的保险合同的保险责任则是从保险合同期限届满时开始。例如，我国保险公司开办的个人养老金保险合同规定：固定年金或者养老金的领取期从交纳保险费期满的次月起至保险责任终了时止。因此，如果保险合同规定的保险责任期间与合同有效期不一致的话，当事人还应在保险合同中写明保险责任的开始时间。所以说，在保险法上，保险期间与保险合同有效期限是不同的概念，前者是保险人之保险责任的存续期间，后者则是保险合同之法律效力的存在期间。

保险责任的计算方法一般有两种：一是按年、月、日计算，如财产保险合同多为 1 年，从起保日零时始至终保日 24 时止。二是按特定事项的存续期确定保险责任期间。例如，工程保险合同是按工程期计算保险责任期间，货物运输保险合同是以运输期作为保险责任期间。

（六）保险金额条款

保险金额是指投保人向保险人实际投保的货币数额，也是保险人承担保险责任的最高限额，即“保险人承担赔偿或者给付保险金责任的最高限额”（《保险法》第 18 条第 4 款）。因此，可以将保险金额理解为投保人享有保险利益的货币表现，它也是保险人计收保险费的重要依据，故在保险合同中具有重要意义，双方必须予以明确规定。

当然，财产保险合同与人身保险合同确定保险金额的方法不一样。财产保险合同是以保险标的的保险价值①为依据，按照其可能遭受损失的数额来确定保险金额，故财产保险合同的保险金额与保险标的的保险价值关系密切。若投保人投保的保险金额等于保险标的的保险价值的，构成“足额保险”。那么，在保险标的全损时，可以获得充分的保险赔偿金。而投保人投保的保险金额小于保险标的的保险价值的，则为“不足额保险”，相应地，超过保险金额的损失部分不能获得保险赔偿金。至于投保人投保的保险金额大于保险标的的保险价值的，就为“超额保险”，为法律所禁止，其超过保险标的之保险价值的部分是无效的。而人身保险合同则是根据投保人的投保要求，由双方根据被保险人的实际需要和投保人交付保险费的能力等因素而协商确定保险金额。例如，投保人按其保险需求，要求投保 20 万元，则其所订人身保险合同的保险金额就为 20 万元，不过，投保人要为此交付相应数额的保险费。

（七）保险费以及支付办法条款

保险费是投保人为了获取保险保障而依保险合同约定应向保险人交付的货币数额，实务中简称保费。它是投保人转移风险，让被保险人或者受益人获得保险保障——取得保险赔偿金或者人身保险金的对价条件。而从保险市场角度讲，保险费是保险基金的唯一来源。

保险费的具体数额，是根据保险合同的保险金额、保险费率、保险期限等因素计算确定的。当然，双方当事人也可另行约定保险费数额，但不得违反有关法律和保险监管机构的强制

---

① 保险价值是指保险标的所具有的经济价值，它是确定保险金额的根据，也是确定保险人的保险责任的依据。为此，《保险法》要求投保人在向保险人投保之时，应当申明保险标的的保险价值，而经当事人约定或依法认定后，应当明确写入保险合同。保险价值是确定保险金额的直接根据。一般来讲，保险合同的保险价值是投保人和保险人根据有关因素，对保险标的进行评估判断后协商确定。若当事人在保险合同中没有约定保险标的的保险价值，则应依法律的有关规定确定保险价值。例如，我国《海商法》第 219 条就对海上保险合同涉及的船舶、货物、运费等保险标的规定了确定保险价值的标准。但是，保险价值一般不适用于人身保险合同。因为，人身保险合同的保险标的——人的寿命和身体不是通过估价来确定保险金额的。

性规定。一般情况下，保险人要依据保险赔付的范围、相应的风险造成保险标的的损失率和保险经营成本等计算保险费率。投保人按照保险金额与保险费率的乘积来确定所应交纳的保险费。

同时，保险费的支付办法，可由当事人协商决定。可以采用现金支付或者转账付款等方式。具体数额是按人民币计算，还是外币计算，应当明确约定。可以是按年、季或按月分期支付，也可是在订立保险合同时一次交清（又称趸交）。不过，保险费支付办法一经确定，投保人就应如约履行，以免影响保险合同的效力。

（八）保险金赔偿或者给付方法条款

该条款用于规定保险人在保险事故发生，导致保险标的损害或者在保险合同期限届满时，依约定的方法和标准向被保险人或者受益人支付保险赔偿或保险金的数额。因此，能否按照约定的数额、时间、方式及时向被保险人或者受益人支付保险金，关乎保险合同当事人之权利和义务的实现，故双方当事人应当明确约定赔偿或者给付的方法与标准。

当然，具体到财产保险合同，当事人按照损失补偿原则来约定的保险赔偿方法包括定值赔偿方法或不定值赔偿方法以及第一责任赔偿方法、比例责任赔偿方法和限额责任赔偿方法等，一旦保险事故发生，保险人依据保险标的的实际损失来支付保险赔偿金。而人身保险合同则实行定额给付原则，被保险人因保险事故发生而遭受伤残或者死亡时，保险人一般是按照保险合同约定的保险金金额进行给付。

三、保险合同的特约保险条款

除上述法定条款以外，投保人和保险人还可以根据实际情况，就与保险有关的其他事项作出约定，诸如免赔额条款、退保条款、保证条款、无赔款优惠条款、危险增加条款、通知条款、索赔期限条款等。可以说，特约条款是对保险合同基本条款的补充或者更改。

在保险市场上，常见的特约条款如下。

1. 补充条款（supplementary clause），又称追加条款。它是指当事人为了扩展或者限制保险合同的基本条款而约定的补充条款，以便适应特殊的保险需要。通常做法是，由投保人或者被保险人填写变更申请书，并经保险人认可后，加注在格式化的保险单的空白处或者将印制的补充条款加贴在保险单上，从而，使其成为保险合同的一部分，称为批注（endorsement）。按照国际保险市场的惯例，保险合同的补充条款的适用效力优先于其基本条款。

2. 共保条款（coinsurance clause）。它是指保险人与投保人双方约定保险事故造成保险标的损失的特定部分，由双方共同承担。这意味着保险人要在保险事故造成保险标的的损失达到约定的比例时始得承担保险责任，否则，被保险人要自行承担相应的损失部分。

适用共保条款的目的，在于督促被保险人为保险标的的安全而尽到其注意义务，以利于保险人实施风险控制。因为，保险人与被保险人共同分担保险事故所致保险标的的损失，可以提高被保险人对于风险防范的谨慎程度。实践中，共保条款适用于财产保险合同，而人身保险合同则鲜有适用。

在保险合同订有共保条款的情况下，投保人不得就其自担损失的部分另行投保。但保险人同意投保人另行投保的，视为放弃共保条款。

3. 保证条款（warranty clause）。它是指基于双方当事人在保险合同中的约定，被保险人向保险人作出的特别承诺。换句话说，它是保险人要求被保险人在保险责任期间应当予以遵守的承诺。其承诺内容可以是某一事项的作为或者不作为，也可以是确保某一事实的存在或者不存在。实践中，保证条款大多适用于海上保险，例如，船舶适航保证、不改变航程和不绕航保证等。并且，存在着明示保证和默示保证。明示保证是以条款形式列明于保险单上。默示保证则是按照行业惯例而约束着被保险人的。两者具有同等的约束力。为此，各国保险立法或者有关的同业协会往往对保证条款作出规定，并将遵守保证条款视为被保险人的法定义务。被保险人违反保证条款的，保险人有权解除保险合同。

4. 协会条款（institute clause）。它是指由有关的行业协会经过协商一致制定的保险合同条款。在国际保险市场上，主要特指英国伦敦保险人协会拟订和颁布的海上保险条款。如协会船舶保险条款、协会货物运输保险条款、协会运费保险条款等。这些协会条款具有修改、补充或者限制保险单基本条款的作用，是当前国际海上保险市场上通用的条款。

实例枚举

2002 年 1 月，欧阳甲向乙保险公司投保了“平安永乐”和“平安长寿”两份人身保险。投保人、被保险人均为欧阳甲，其中“平安长寿”险投保书所记载主要内容为：主险平安长寿保险金额为 5 万元，保险费 5 335 元；附加险人身意外伤害险保险金额 10 万元，保险费 400 元；住院医疗险保险金额 1 万元，保险费 260 元，每期交纳保费合计 5 995 元。此后，保险公司向投保人出具了两份人身保险单。但是，其中的平安长寿保险单上将意外伤害保险的保险金额 10 万元错打为 100 万元。2002 年至 2004 年投保人按约定交纳了各项保险费。2004 年 3 月，保险人告知投保人，由于保险单上的保险金额错打为 100 万元，而欧阳甲一直按照保险金额 10 万元交付保险费，故要求投保人补交保险费，否则，保险人将变更人身意外伤害险保险金额为 10 万元。对此投保人未予同意，坚持继续履行原保险合同。此后，投保人在交纳 2005 年度保险费时，保险人拒收。欧阳甲诉至法院，认为保险人在订立合同过程中存在欺骗行为，要求确认保险合同无效。

围绕本案，双方争议的焦点集中在保险合同与保险单的关系上。投保人认为，保险单即为保险合同，是保险合同成立的实质性标志，双方均应按照保险单记载的内容履行，但保险人在合同成立 3 年后告知其补交保险费，该行为带有欺骗性质，因此，保险合同应归于无效。而保险人则认为，保险合同不仅仅是指保险单，保险单只是保险合同的一个组成部分，投保书、核保手续等记载了双方约定内容的文件都属于保险合同的范围，双方的权利义务应以保险合同的约定为准，而并非简单地以保险单的记载为准。因此，该保险合同是有效的，并应按照订立合同时的实际约定金额 10 万元履行，不存在因欺诈而导致合同无效的问题。

通过本案，大家可以更好地理解保险合同条款的法律属性和适用问题，同时，也可以深入地把握保险合同与保险单之间的关系。

第二节　保险合同条款的解释

一、保险合同条款解释的内涵和立法目的

按照合同法理论，保险合同条款的解释，是指当事人对于保险合同条款内容的理解和说明。因此，如果保险合同的条款内容明确、具体、清楚，双方当事人的理解就会一致。否则，彼此之间就会对用语不准确、内容含混不清的条款，产生不同的理解，因而涉及保险合同条款的解释问题。

当然，保险合同的双方当事人对于所订保险合同条款的含义产生不同的理解是不足为奇的。那么，在双方当事人对合同条款有异议时，如何解释保险合同条款的含义就关系到各方当事人的切身利益。鉴于此，保险立法十分重视保险合同条款的解释规则的适用价值。

其首要原因是保险合同条款内容具有突出的抽象性，往往是对保险现象的一般概括。但就具体保险合同而言，则要考虑其个体情况加以适用。要完成其条款内容从一般到具体的适用过程，保险合同条款的解释就成为必然。同时，保险合同内容特有的专业技术性，对于非保险专业的投保人、被保险人而言，无疑增加了其对于保险合同条款含义理解的难度。尤其是保险合同所使用的自然语言常有多重含义，这必然会造成理解上的差异，从而，保险合同条款的解释对于保险合同的履行就至关重要。

概括合同制度的历史轨迹，合同条款的解释经历了由意思主义到表示主义的发展过程。18世纪的《法国民法典》《德国民法典》等大陆法系国家民法典多采用意思主义，即合同条款的解释应当以当事人的主观意思为依据。因为，合同目的是当事人意思表示的外在表现，故应当按照当事人内心的真实意思来理解合同条款。显然，意思主义是合同自治原则的具体化。而随着市场经济活动进入垄断竞争阶段，尤其是格式合同条款、附和合同的出现，其条款内容的定型化强化了合同的客观性，故表示主义在合同解释问题上日益受到重视。按其观点，合同条款的解释应当以合同客观上表示出来的意思为依据，而不能根据当事人自己的意思来解释。英美法学家多持此观点。我国学者多数主张客观主义与主观主义相结合的原则，例如，提出合同条款的解释原则，应当是客观主义为主、主观主义为辅。① 具体到保险合同条款的解释，因其普遍地采用格式条款，具有突出的客观性，所以，对其条款内容的解释就应当注重客观标准，而不宜强调其某一方当事人的个体利益的主观标准，以此平衡双方当事人的利益冲突，发挥保险合同维护和稳定社会公共利益的作用。

实例枚举

2007 年 6 月 5 日，吴某以其本人作为被保险人投保了某保险公司终身寿险（分红型）及附

① 魏振瀛．民法．北京：北京大学出版社，高等教育出版社，2000：399.

加提前给付重大疾病保险，主险与附加险的保额均为5万元。根据附加险条款第2.4条，如被保险人在附加险保险责任生效之日或最后复效之日起90天后初次发生且经保险公司认可医疗机构确诊患该附加险条款约定的重大疾病（因遭受意外伤害事故导致的重大疾病不受90天限制），保险公司按照保险金额或疾病定义中某疾病限定的最高给付金额给付“重大疾病保险金”。该附加险在第6.1条重大疾病释义（十二）对“肢体缺失”作出释义为：由于意外或医疗需要，而进行的完全的、永久的两个或更多的腕或踝关节部位以上的完全断离。吴某在投保之后，按照约定支付保费。2008年9月17日，吴某因“左胫骨慢性骨髓炎”住院治疗，9月27日进行了“左胫骨踝上截肢术”将左大腿截肢。吴某出院后，向保险公司申请理赔附加重大疾病保险金，保险公司认为吴某的截肢没有达到条款约定的“肢体缺失”的标准，不属于条款约定重大疾病的范围，并于2008年12月18日作出拒赔通知。吴某不同意保险公司的理赔结论，向法院提起诉讼。

法院认为，吴某与某保险公司签订的《人身保险合同》意思表示真实，内容符合法律规定，属有效合同，双方当事人应严格依据合同约定履行义务。对于附加幸福人生提前给付重大疾病保险条款第6.1条重大疾病释义（十二）规定，肢体缺失指“由于意外或医疗需要，而进行的完全的、永久的两个或者更多的腕或踝关节部位以上的完全断离”的理解是本案焦点。从该条款的规定来看，包括“完全的、永久的两个腕关节部位以上的完全断离”，“完全的、永久的两个踝关节部位以上的完全断离”，“完全的、永久的两个腕关节及一个踝关节部位以上的完全断离”，“完全的、永久的一个腕关节及两个踝关节部位以上的完全断离”，“完全的、永久的两个腕及两个踝关节部位以上的完全断离”五种理解方式。吴某进行左大腿截肢术属于一个踝关节部位以上的完全脱离，不属于附加幸福人生提前给付重大疾病保险条款中关于肢体缺失的要求。该条款规定清楚，并未产生歧义，不应适用保险条款中的不利解释原则。吴某的诉讼请求不能成立，不予支持。

显然，本案有助于大家理解不利解释原则的适用条件和该规则适用的认定依据。

二、保险合同条款的解释规则

对此，各国的立法和学术观点不尽相同。较多学者认为应由法院或仲裁机构予以公正的解释。不过，各国立法所规定的解释标准又各有不同。相比较而言，由于保险合同自身的特殊性，其条款的解释方法也有别于其他合同，正如我国《保险法》第30条所确立的保险合同格式条款的解释原则。①

1. 保险合同条款的解释，应当尊重双方在保险合同中明确表达的真实意思，并适用保险市场的习惯做法。具体表现在：双方当事人的书面约定与口头约定不一致的，应当以书面约定内容为准；投保单与保险单或其他保险凭证的内容不一致的，应当以保险单或其他保险凭证的内容为准；保险单的基本条款与特约条款内容不一致的，应当以特约条款为准；同一保险合同

---

① 对此解释原则，有的学者从不利于提供格式条款的保险人角度出发，称为不利解释原则；有的学者从有利于被保险人、受益人的角度出发，称为有利解释原则。笔者立足于中立角度，称其为异议解释原则。

的内容以不同方式记载且内容相抵触时，按保险市场的惯例，附贴批单的内容优先于保险单或保险凭证上的批注内容，而批注内容又优先于保险单或保险凭证本身的内容。同时，打字的内容优先于印刷的条款，手写的内容优先于打字的条款。

2. 保险合同条款的解释，应当运用保险市场所要求的特定的科学含义，适用统一的、特定的行业标准。比如，解释保险合同中的"暴风""火灾""爆炸"等，既要符合有关学科领域的科学解释，又应当兼顾保险业的行业习惯和经营特点。因为，在保险市场上，经过长期的经验总结和行业习惯，有些常用语句在保险合同中已经形成带有行业特点的专业用语，区别于一般社会生活中的语义环境和用语内涵。

3. 法院或仲裁机构在所作的法律裁判中对于保险合同条款作出的解释适用特殊的解释原则，即法院或仲裁机构应作出有利于被保险人或受益人的解释。[①] 这为各国保险法普遍采用，我国现行《合同法》、即将生效施行的《民法典》和《保险法》均有类似的规定："对格式条款有两种以上解释的，应当作出不利于提供格式条款一方的解释"（见现行《合同法》第 41 条和《民法典》第 498 条）；"采用保险人提供的格式条款订立的保险合同，保险人与投保人、被保险人或者受益人对合同条款有争议的，应当按照通常理解予以解释。对合同条款有两种以上解释的，人民法院或者仲裁机构应当作出有利于被保险人和受益人的解释"（《保险法》第 30 条）。对此解释原则。学者大多称其为有利解释原则，或为不利解释原则。笔者认为，出于公正中允的立场，宜称其为异议解释原则。[②] 究其原因，在于保险合同的格式化，其条款都由保险人事先统一制作，必然是从保险人的利益出发运用文字来规定内容，而投保人只是在投保时才得以接触，受其保险知识的限制，难免产生误解。所以，《保险法》为了避免被保险人在保险纠纷中处于不利地位，确保双方当事人的公平利益，确立了该解释原则。

不过，笔者认为该解释原则的适用，应当遵守《保险法》第 30 条规定的法定条件。

（1）应当是双方当事人对于保险合同条款存在不同的理解，即"有异议"，而并非因非理解性原因产生的保险合同争议。

（2）该原则只适用于根据保险人提供的格式条款订立的保险合同，故排除了非格式化条款的保险合同的适用。

（3）该原则适用于按照通常解释规则仍然存在两种以上解释的情况，属于"第二位解释规则"。具体到司法实践中，对于有关格式条款存在的异议，可以先考虑适用如下解释方法，统一当事人之间对格式条款的理解。

第一，文义解释。就是按照保险合同所使用词句在通常情况下的含义进行理解，尤其是在同一个保险合同中多次出现同一用语的，其含义的理解应当一致。

第二，目的解释。就是当保险合同用语的含义模糊不清，若按照其文义进行解释便会背离保险合同的目的时，应当按照保险合同的条款内容与当事人订立保险合同的目的和背景情况加以分析来推断当事人的真实意思，进而理解和说明保险合同条款的含义。应当注意，目的解释往往用于保险合同条款用语含混不清所导致当事人对同一条款的理解有异议的情形。

---

① 该原则产生于英国 1536 年吉朋诉保险人理查德・马丁的人寿保险判例。贾林青．论异议解释原则的法律取向．保险研究，2007（1）.

② 贾林青．保险条款的解释对和谐社会的影响//王保树．中国商法年刊（2007）．北京：北京大学出版社，2008：598.

实例枚举

张甲作为被保险人于2003年3月向乙保险公司投保了终身重大疾病保险合同。根据合同条款的规定，保险金额是6 000元，被保险人在保险责任生效以后，患有该保险合同列举范围内的重大疾病而住院治疗的，按保险金额给付保险金；同一条款中还规定，被保险人因患列举范围内的重大疾病而死亡的，按保险金额的5倍给付保险金。2006年6月，张甲因心肌梗塞急性发作而入院治疗，12天后因病情突变而死亡。于是，张甲的妻子李丙作为张甲在终身重大疾病保险合同中指定的受益人向乙保险公司提出索赔申请。乙保险公司表示心肌梗塞属于保险合同列举的10种重大疾病之一，理应履行保险责任。但是，在给付数额上，双方之间产生争议。李丙要求按保险金额的5倍支付保险金30 000元，理由是张甲是因患保险合同约定的重大疾病而导致的死亡。而乙保险公司则认为张甲患心肌梗塞而住院治疗属于保险责任约定事项，应按保险金额给付保险金6 000元。

如前所述，终身重大疾病保险合同是乙保险公司提供的格式条款。因此，通过本案，可以充分理解保险合同条款的适用情况，尤其是在各方当事人对于保险合同条款的含义和适用存在不同解释的时候，应按照《保险法》规定的法律解释原则解决当事人之间的争议。

【知识链接】

保险法之合理期待原则的理解和适用

合理期待原则是美国保险法首创的保险合同解释理论，一经提出就在法学界和保险实务界产生了巨大的震动，出现了赞同与质疑批评的声音。英美国家被广泛认可的将合理期待原则运用于保险审判的案件，为1961年的新泽西州法院审理的 Keivit v. Loyal Protection Life Insurance Company 案。在该案中，被保险人购买了一份意外伤害保险，保单规定：对“意外人身伤害所直接导致的、且不掺杂任何其他原因的损失”予以赔付，但“疾病所导致或者可归因于疾病的损失”除外。被保险人因罹患帕金森氏综合征而致残，而当他帕金森症发作时，恰好遭遇了意外事故。法院以“当公众购买保险时，他们有权得到合理期待的、全面的保险保障”为由，支持了“对最好的人寿保险不熟悉的”被保险人的理解，不支持保险人的理解，判定保险人向被保险人进行保险赔付。① 而且，合理期待原则经常会出现在保险案件的判决之中，但是，其具体的适用标准始终未能统一，表现出法官拥有的自由裁量权。不过，其共同点仍然存在于——法院是运用合理期待原则来保护对保险知识少得可怜的保险消费者，而不是在具体的谈判中来调整双方当事人之间的权利义务关系。概括英美学者的看法和分析，我国有的学者将合理期待原则表述为：“只要投保人、被保险人或受益人在保险合同订立时，对保险人提供的保险保障产生了客观上的合理期待，此时无论保险人是否以保险合同明确将这种合理期待排除在外，法院都应当优先保护投保人、被保险人或受益人合理期待”②。

---

① 杰瑞，理士满．美国保险法精解．李之彦，译．北京：北京大学出版社，2009：19—20.

② 史卫进．“保险空白期”成因与治理规则比较研究．北京：法律出版社，2013：262.

需要强调的是，合理期待原则不同于异议解释原则。明确区分这两者，是将合理期待原则适用于司法实践应当解决的首要问题。因为，有的学者认为，合理期待原则是在异议解释原则基础上发展而来，也有学者提出，两者之间存在数学上的交集。① 笔者认为，合理期待原则与异议解释原则是各自独立的用于解释保险合同条款的法律规则，但应当明确区分彼此的适用关系：双方当事人对于保险条款的含义存在两种以上的解释时，法院应当适用异议解释原则处理保险纠纷；而在保险合同条款的语义明确、含义清楚的情况下发生的保险纠纷，法官针对合同条款的规定内容与投保人、被保险人的理解相差甚远的案情，应当运用合理期待原则进行裁判，保护投保人、被保险人的合法权益。正如英美学者所归纳的："事实上，异议解释原则这种传统的解释工具与合理期待原则之间的区别在于，前者是致力于解决当事人之间含混的问题，后者致力于法官为被保险人寻找保障"②。

第三节　保险合同的形式

保险合同的形式，指的是保险合同当事人之间意思表示一致的外在表现，是保险合同约定的全部的权利义务的物质载体。在保险实务中，保险单或者其他保险凭证是保险合同的表现形式。但是，需要明确的是，由于我国《保险法》第13条并未将保险合同规定为要式合同，故保险单或其他保险凭证是由保险人统一制作的，它并不是保险合同，在保险人签发前，不具有法律约束力。只有在保险合同的双方当事人达成协议后采用时，才成为具体保险合同的客观表现。

一、保险单

（一）保险单的含义和作用

保险单，简称保单。它是投保人和保险人订立保险合同后，由保险人向投保人签发的保险合同的正式书面凭证。根据大多数国家的法律规定，保险合同的主要表现形式是保险单，英文称之为"policy"。尽管各类保险合同的保险标的及保险事故不一样，保险内容也不同，但都应当在保险单上记载双方约定的保险条款，用以明确当事人的权利义务。因此，保险单在保险业务中被普遍适用。

按照国际保险业的通常做法，保险合同可以用书面形式订立，也可以采用口头合同形式。但是，各国保险立法均要求在保险合同订立之后，由保险人出具保险单，作为保险合同成立的书面证明，我国《保险法》亦有此规定："投保人提出保险要求，经保险人同意承保，保险合同成立。保险人应当及时向投保人签发保险单或者其他保险凭证"（第13条）。显然，保险单不同于保险合同，但在每个保险法律关系中又必须存在，以其作为保险合同的书面形式和证明

① 梁鹏．保险人抗辩限制研究．北京：中国人民公安大学出版社，2005：285.

② 黎建飞．保险法的理论与实践．北京：中国法制出版社，2005：155.

凭证。

在此意义上，保险单是投保人向保险人或其保险代理人实施投保行为所追求的法律后果，即保险人在收到投保人填写的投保单后，予以审核并确定承保时，签发保险单给投保人。投保人以其持有的保险单来证明其与保险人之间存在的保险合同关系。

因此，保险单具有如下作用。

1. 保险单是证明保险合同的法律文件

保险单本身在法律上并非保险合同，但是，它却是保险合同的书面证明文件。因为，在投保人与保险人达成协议之时，保险合同即依法成立，双方的权利和义务已然具有法律约束力。保险人在此之后，依据已经成立和生效的保险合同需要向投保人签发保险单，并应将投保人和保险人之间达成的保险合同条款全面记载，用以证明保险合同的存在。所以，保险人签发保险单，不是保险合同的成立条件，而仅是用书面形式来固定双方的权利义务关系，证明保险的有效存在。

基于保险单的这一作用，投保人持有保险单，就可以表明其与保险人之间权利义务的客观存在，避免发生争议。不过，即使保险人没有签发保险单，也不影响保险合同的效力，保险人仍须承担保险责任。

2. 保险单是双方当事人履约的依据

由于保险单上记载了保险合同的全部内容，因此，它成为认定双方当事人是否履约的书面依据。不同的保险险种、险别，其当事人的权利义务不同，相应的保险合同的内容也有所区别，所以，保险人基于各个具体保险合同签发的保险单的内容也就不一样。从而，投保人（被保险人）或受益人在保险事故发生或保险期限届满后，必须按其持有的保险单向保险人索赔，而保险人也只能依据保险单来理赔。由于保险单的这一重要作用，因而各国法律为保证当事人认真履行保险合同，将保险人向投保人签发保险单作为保险合同订立过程的一项重要内容加以规定。

3. 保险单是其持有者（被保险人或受益人）享有保险权益的证明

保险单作为保险合同的书面证明，也就是其中所包含的保险权益的法律标志。除法律另有规定外，保险单的持有者（被保险人或受益人）就是这种保险权益的享有者。因此，当保险事故发生造成保险标的损害时，持有保险单的被保险人或受益人就有权依据保险单规定的内容，向保险人请求给予保险赔偿金或给付人身保险金。

4. 保险单在特定情况下具有有价证券的效用

鉴于保险单代表着其持有者享有的保险权益，故而，其在市场经济条件下具有一定的经济内容，可因特定条件的存在而成为一种特殊的“有价证券”，被称为“保险证券”。这可以表现在诸多方面。比如，在国际经济活动中，货物买卖合同的卖方若根据合同约定的价格条件而负有投保义务的，则交付保险单是其履行交货义务的组成部分。同样，在各种经济活动中，投保人或被保险人可以用人身保险合同或财产保险合同的保险单，向保险人商借款项或作为第三人为其垫支的依据。尤其是在海上保险中，保险人签发的保险单可以是载明投保人的记名式或者指示式、不记名式，因国际经济活动的需要，海上保险的货物可以几经转手，相应地，海上保险单可以经投保人背书或是以其他方式，随货物的转让而由第三人持有。又如，保险单通常在国际贸易中成为进行国际贸易结算的必备文件，而人身保险单可以根据《担保法》的规定而成为贷款的质押内容。

（二）保险单的签发

签发保险单是保险人承保的法律结果。在保险实践中，保险人在收到投保人填写的投保单后，要先予以审查。如果能够接受的，则决定承保；如果不能接受的，则拒绝承保，或者向投保人提出修改条件，双方就修改条件进行磋商，达成协议后，保险人再予以承保。

对于承保的保险合同，根据我国《保险法》的规定，自保险人承保之时成立。不过，保险人应当及时地向投保人签发保险单。

保险人签发的保险单，应当完整、准确地记载投保人与保险人约定的各项条款。保险单正面的叙述部分应当按保险人审定承保的投保单内容来填写。保险单的背面则应当印制投保人与保险人选定的保险条款。这不同于签订其他合同。保险合同一般是格式合同，其合同条款是由保险人事先设计制定的，并经保险监管机构审批适用，称为保险合同的“基本条款”。此外，保险人还可以根据投保人的特殊需要，事先拟订特殊条款，供投保人选择，称为“选择条款”。投保人和保险人在已有保险条款以外经约定增加的条款，称为“附加条款”。

不仅如此，保险合同条款的又一特点是，保险人拟订新的保险条款，并不取代原有保险条款的适用效力。所以，投保人在投保之时，可以选择其愿意适用的某一格式条款，经保险人承保后，记载于保险单背面，作为双方履约的依据。

（三）保险单的转让

由于保险单是保险合同的书面形式，所以，保险单的转让，就是保险合同的转让，实质上是投保人的变更——保险单的受让人成为保险合同的投保人。

保险单的转让在各国保险立法上均予以承认。不过，其转让程序并不相同。具体可概括为两种情况：一是允许保险单随保险标的的转移而自动转移，二是规定保险单的转让要征得保险人的同意。

根据我国现行保险立法的规定和保险实践的做法，各类保险单的转让程序各有特点。一般财产的财产保险，其保险单的转让必须经保险人同意，并在原保险单上批改或者附贴批单，方为有效。而对于货物运输保险来说，其保险单可以随着货物所有权的转移，由投保人背书或者以其他方式转让，无须征得保险人同意。至于人身保险的保险单的转让，则不涉及保险人所承担的保险责任，因此，不必征得保险人的同意，但是，应当以书面形式通知保险人。

二、暂保单

暂保单，又称临时保单。这是保险人在向投保人签发正式保险单或者保险凭证之前，保险人向投保人出具的一种临时性保险凭证。

与正式保险单相比较，暂保单是一种临时性证明文件。其记载内容比正式保险单简单，一般写明被保险人姓名、保险标的、保险责任范围、保险金额、保险责任起讫时间等基本内容。至于各方当事人的权利义务，则以此后签发的正式保险单为准。不过，暂保单在保险人正式签发保险单之前签发，与保险单具有同等法律效力，可以向被保险人提供同样的法律保障。但是，暂保单的有效期限较短，从 15 天至 30 天不等，由保险人具体规定。一旦保险人出具了正式保险单，或者暂保单的有效期届满，其法律效力自动终止。当然，保险人也可以提前终止暂保单的效力，但以保险人事先通知投保人为条件。

暂保单的作用在于临时性地证明保险合同关系的存在及基本内容。它一般适用于以下情况：(1) 保险人在保险代理人接受投保人的投保业务而尚未办妥保险单之前，可以向投保人签发暂保单作为保险合同的临时凭证。(2) 保险经纪人在接受投保人的委托，与保险人就保险合同的主要内容达成协议后，而未接到保险人签发的保险单之前，可以向投保人签发暂保单。但是，这种暂保单对保险人不产生法律约束力。如果因保险经纪人的过错，给被保险人造成损失的，保险经纪人应当承担赔偿责任（《保险法》第 128 条）。(3) 保险公司的分支机构因其经营权限或经营程序的限制，在接受投保人的投保申请后，而未获得其所属保险公司批准前，向投保人签发暂保单。(4) 保险人与投保人已就保险合同的主要条款达成协议，但因某些特定原因而不能出具保险单，诸如有些合同条款尚须进一步协商；或保险人还需要对于保险标的或承保危险进一步查证，确定相应的保险费率；或由于工作操作程序（如计算机统一处理）而不能立即出具保险单时，保险人先以暂保单方式予以承保。

在适用暂保单的过程中，保险人可以在其有效期限内，既不失去保险业务，又可以认真评估有关风险，查证有关情况（如调查承保财产或对被保险人进行体格检查），决定是否予以正式承保。如果同意承保的，则再行签发保险单。反之，保险人有权终止暂保单的效力，拒绝承保。不过，保险人应对暂保单有效期间内发生的保险事故承担相应的保险责任。

三、保证凭证

保险凭证，又称小保单。它实际上是一种简化的保险单，也是保险合同的一种证明文件。一般表现为保险人向投保人签发的证明保险合同已经成立的书面凭证。

在保险实务中，保险凭证上并不印制保险合同的条款，但是，它与保险单具有同等法律效力。凡保险凭证上未列明的保险合同内容，均以相应的保险单记载的内容为准，如果两者的内容相抵触或者保险凭证另有特约条款的，则以保险凭证的内容为准。

保险凭证在我国的保险业务中适用范围广泛，举例如下。

1. 为简化保险单证的手续，而使用保险凭证来替代保险单。

2. 我国的国内货物运输保险和出口货物运输保险中大量使用各式各样的保险凭证，尤其是在订立预约保险合同的情况下。其做法是，保险人将预约保险合同约定的内容印制在其签具的保险凭证上，由被保险人在每批货物启运前，将填写了相应的项目，如运输工具的名称、运输线路、运输日期、货物的名称和数量、保险金额等的保险凭证，送交保险人作为启运通知，保险人以此作为承保根据。

3. 保险凭证还适用于团体保险合同。因为，按照保险实践，团体保险的主保险单（如团体人身意外伤害保险的保险单）是由投保团体统一持有，而该团体的成员作为被保险人则持有保险人出具的保险凭证，作为其参加相应保险的证明文件。

4. 在国际贸易中适用的一种联合凭证也属于简化的保险凭证。它实际上是国际贸易的发货票与保险单的结合形式，即在发货票的一角附印有关保险险种和保险金额。由外贸公司在出具发货票时一并办理，而其他项目（如货物的名称、数量等）均以发货票的记载为准。当保险事故发生时，保险人依有关险种险别的格式合同条款进行理赔。

四、批单

批单是在保险合同有效期内，当事人变更合同条款时予以运用的书面证明文件。它是保险人根据投保人或被保险人的要求，并经双方协商同意后，由保险人签发的，确认双方当事人所变更的保险合同内容的法律文件。一般情况下，保险人可在原保险单或者保险凭证上进行批注，也可以由保险人另行出具一张格式性批单，附贴在保险单或者保险凭证上。

与其他各类合同一样，变更保险合同应当经双方当事人协商一致，才产生变更的法律效力。在保险实践中，保险合同的变更多由投保人或被保险人提出，诸如保险标的内容的改变或范围的增减，危险程度的变化引起保险费率的变动，保险金额的变动，保险标的所有权或坐落地点的改变，保险期限的改变等，经双方当事人达成协议后，由保险人出具批单才产生相应的变更效力。所以说，批单是保险人为了对保险单（或保险凭证）内容进行修改或增删而出具的一种书面凭证，它一般附贴在原保险单上，是保险合同的重要组成部分。

由于批改保险单的结果是改变保险单的某些内容，是保险合同变更的法律形式，会影响到当事人的权益，所以，《保险法》对于批改保险单提出相应的法律要求，保险合同的“投保人和保险人可以协商变更合同内容。变更保险合同的，应当由保险人在保险单或者其他保险凭证上批注或者附贴批单，或者由投保人和保险人订立变更的书面协议”（第 20 条）。

首先，投保人或被保险人在保险单所载内容有改变时，应当及时向保险人申请批改，以免在保险事故发生后的索赔和理赔过程中发生争议。例如，中国人民财产保险股份有限公司《海洋运输货物保险条款》第 4 条明确规定：“如遇航程变更或发现保险单所载明的货物、船名或航程有遗漏或错误时，被保险人应在获悉后立即通知保险人并在必要时加缴保险费，本保险才继续有效”。

其次，批单上批改的内容，应当是法律和相应的险种险别允许批改的。正如我国《保险法》第 41 条第 2 款规定的，“投保人变更受益人时须经被保险人同意”。否则，保险人不予批注。而且，如果批改的内容涉及增加保险金额或者扩大保险责任的，则须在被保险人和保险人双方均不知有任何损失事故发生之前申请批改。否则，批单是无效的。

保险人签发批单时，应先列明其基本项目，如批单日期、批单号码、保险单号码、被保险人或投保人名称、保险金额等，然后，再将批改的内容载入批单。出立的批单应附贴在原保险单上，加盖骑缝章，作为保险单的组成部分，而批单副本则要由保险人贴在原保险单的单底上，以便进行理赔时查询。

批单的出立，一般是原保险单的保险人进行批改。若由其保险代理人代为出具保险单（或保险凭证）的，也可由该保险代理人代为出立批单。当批单内容涉及保险金额或保险费增减时，应由保险代理人另行计算保险费，办理补、退费手续。此外，保险人也可以授权其他保险人代为批改。例如，承保海上货物运输保险的保险人可以授权货物起运地或到达地的保险人代为签发批单。这种授权一般采用授权书的形式。授权书上载明授权其批改保险单的地区、批改项目、加批保费的收取标准，以及代理费的给付等。比如，中国人民财产保险股份有限公司在香港地区委托香港民安保险公司代办批改的授权和内容就具有代表性。

在保险实践中，保险人为了便利保险经营活动，往往事先制作与各险种险别相配套的批单，供投保人在变更保险合同时选择使用。其格式内容涉及具体险种险别中可能变化的各项内容，多表现为“扩展条款”。诸如中国人民财产保险股份有限公司的财产（一切）险批单、机器损坏险批单、公众责任险批单、产品责任险批单等均为此类格式批单。

五、非格式化书面协议

保险实务中，格式化条款被普遍适用，但是，格式条款并非保险合同的唯一形式，法律允许保险人和非保险人一方出于特殊的需要，经过平等协商一致而签订议定的保险条款。正如我国《保险法》第 13 条第 2 款规定的，保险合同的当事人“也可以约定采用其他书面形式载明合同内容”。比如，保险人在其试开办的新险种中，可以与投保人协商，订立非格式化的书面合同。

【知识链接】

从劳氏 S. G. 保险单到新的海上保险单——海上保险的一次“悄悄的革命”

劳氏 S. G. 保险单（劳氏船货保险单）从 1779 年开始在伦敦保险市场上采用，至 1795 年已在英国保险市场上取代了其他的海上保险单，成为船舶保险与货物运输保险的标准格式保险单。1749 年，劳氏 S. G. 保险单又被扩大适用于运费保险。而英国的《1906 年海上保险法》则将劳氏 S. G. 保险单列为该法附件一，并推荐为签订海上保险合同的范本。此后近一百年间，劳氏 S. G. 保险单不仅左右着英国的海上保险市场，而且，为各国的海上保险单所参考或者仿效。英国海上保险市场对于世界海运市场和保险市场的垄断性影响由此可见一斑。

劳氏 S. G. 保险单包括 16 个条款：(1) 说明条款；(2) 转让条款；(3) 不论灭失与否条款；(4) 保险单生效期限或航程起始条款；(5) 保险标的条款；(6) 船舶和船长名称条款；(7) 保险责任的开始、继续、终止条款；(8) 停留条款；(9) 保险金额和估价条款；(10) 承保危险条款；(11) 施救整理条款；(12) 放弃条款；(13) 约束条款；(14) 保险费条款；(15) 证明条款；(16) 附注条款。

不过，在适用劳氏 S. G. 保险单的同时，海上运输市场和海上保险市场出现了重大发展变化，劳氏 S. G. 保险单的局限性也日渐显现。于是，人们不断听到指摘劳氏 S. G. 保险单的声音。其中，联合国贸易和发展委员会在 1975 年提交的“海上保险—海上保险合同的法律和文件问题”报告，对于劳氏 S. G. 保险单的批评最为尖锐，由此触动了英国海上保险市场。

作为一种回应，为了确保英国在海上保险市场的地位，其设计了新的保险单，拟订了新的保险条款，并自称这是“悄悄的革命”。具体过程是，由劳合社的海上保险人成立的“劳氏保险人协会”与“伦敦海上保险人协会”组成“联合货物委员会”和“联合船舶委员会”，起草新的保险单和保险条款。修改的着眼点有二：一是用现代的含义明确的语言取代过时的晦涩难懂的内容，二是移植劳氏 S. G. 保险单有价值的内容。1982 年 1 月 1 日，英国伦敦保险市场启用新的海上保险单和新的协会货物保险（A、B、C）条款。继而，自 1983 年 10 月 1 日起启用新的协会船舶（定期/航次）保险条款。相应地，劳氏 S. G. 保险单相继从 1983 年 4 月和 10 月起，退出了英国伦敦海上保险市场，自此，劳氏 S. G. 保险单终于结束了其辉煌的历史使命。而新的海上保险单取代劳氏 S. G. 保险单，也完全是如今海上运输市场和海上保险市场发展的客观要求。

问题与思考

1. 保险合同有哪些主要的法定条款？
2. 阐述保险合同条款的解释原则。
3. 如何理解适用于保险合同的异议解释原则的法律价值？
4. 如何理解保险单的性质和作用？
5. 如何理解批单的性质和作用？

第九章

保险合同的履行

本章概要

履行保险合同的核心内容是享有保险金请求权的被保险人或者受益人向保险人行使该请求权的行为和保险人依约履行保险责任，向被保险人或者受益人支付保险赔偿金或者人身保险金的行为。在保险实务上，前者称为索赔，后者称为理赔。保险合同中的其他各项义务的履行则是索赔和理赔的前提条件。显然，索赔和理赔是保险合同得以实现的具体途径。因此，本章以保险索赔和理赔为保险合同履行部分的基本内容，大家学习本章的目的也就在于掌握索赔和理赔的概念和法律性质、索赔的条件和程序、理赔的程序以及人身保险合同的索赔、理赔的特殊表现等保险法律理论。

第一节　索赔和理赔概述

一、索赔与理赔的法律性质

索赔，是指被保险人或受益人在保险标的因发生保险事故而遭受损失，或者在保险合同的期限届满之时，依据保险人签发的保险单和有关规定向保险人要求赔偿损失或给付保险金的行为。简言之，就是享有保险金请求权的被保险人或者受益人向保险人行使该权利的行为。例如，投保房屋被洪水冲毁，或投保船舶因海难而损坏，被保险人要求保险人予以赔偿；又如，人身意外伤害保险的被保险人因意外伤害事故而死亡或残废，或当养老金保险合同期限届满时，被保险人或受益人要求保险人给付约定的保险金等。

可见，索赔和理赔均是保险领域中具体的法律活动，具有特定的法律性质，区别于其他经济领域中相近的法律行为。

众所周知，投保的目的在于获取保险人提供的保险保障，而索赔是实现这一目的的必经环节，因此，索赔权利是被保险人或者受益人实现其在保险合同中所享有的保险金请求权的必要条件。其提出索赔要求，就是依据保险立法和保险合同的规定来行使债权的行为。

被保险人或者受益人在保险合同中享有的索赔权，是一种债权，其内容是要求作为债务人的保险人赔偿损失或者给付保险金。但是，我们应当将此债权与民事损害赔偿中请求赔偿的权利相区别，具体表现如下。

（一）各自的产生根据不同

被保险人或者受益人享有的索赔权产生于保险合同，是合同性债权。此类权利是由投保人和保险人协商而约定在具体的保险合同中，享有此权利的被保险人或者受益人应当依据保险合同的约定行使索赔权。与此不同，民事损害赔偿中的赔偿请求权是基于加害人实施的侵权行为而产生的，例如，因加害人故意损坏国家、集体或他人的财产，或者加害人的侵权行为致被害人的身体伤残等，而使受害人享有了赔偿请求权。此权利是依法律规定产生的，并非当事人之间协商约定的。

（二）各自的适用对象和适用内容不同

保险合同中的索赔权是以该合同中的保险人作为适用对象的。被保险人或者受益人向保险人行使索赔权，要求其依据保险合同的约定赔偿因保险事故造成的保险标的损失或者给付保险金。而民事损害赔偿中的赔偿请求权则是向加害人行使。受害人依据法律规定要求加害人赔偿因其侵权行为给受害人造成的财产损失和精神损害。保险合同之索赔权的请求内容，按财产保险和人身保险的基本分类，分成赔偿请求与保险金给付请求。而民事损害赔偿中的赔偿请求权的内容限于经济赔偿的范围。

（三）各自的行使条件和程序不同

虽然保险合同的被保险人或者受益人与民事损害赔偿中的受害人均享有请求赔偿的权利，但是，他们各自行使权利的条件和程序是不同的。前者是以保险合同约定的保险事故发生造成保险标的损害或者保险合同期限届满作为行使索赔权的条件。在通常情况下，被保险人或者受益人是按保险索赔程序行使索赔权，经保险人赔偿后即为权利的实现，不需经过诉讼程序。而后者的权利行使条件则是加害人实施了加害行为，并依法构成侵权行为。多数情况下，受害人的赔偿请求权是通过诉讼程序得以实现的。

二、理赔的概念和法律性质

理赔是与索赔相对应的概念，它是指保险人根据被保险人或者受益人的索赔请求，核实损失，审定责任归属，进行保险赔付的活动过程。例如，保险人接受财产保险的被保险人的索赔请求，经过现场查勘，核实了保险标的的损失数额，确定了其所应承担的保险赔偿责任和数额后，向被保险人予以赔付的过程，即为理赔。

可见，理赔就是保险人对于被保险人或者受益人的索赔请求予以处理的行为，这是保险立法要求保险人在保险事故发生后或者保险合同期限届满后，根据被保险人或者受益人的请求，必须实施的工作。因为，与保险合同中的索赔权相对应，保险人承担着赔偿保险标的的损失或者给付保险金的义务，在保险合同上称为保险责任，故保险人的理赔过程，就是其履行保险责任的行为。

理赔作为保险人履行保险责任的行为，具有特定的法律性质，不同于各类民事赔偿责任，主要表现在以下几个方面。

（一）性质不同

理赔所涉及的保险责任是根据投保人与保险人订立的保险合同产生的合同义务，通过理赔正是要实现这一合同义务，故而，理赔工作是保险人履行其承担的基本合同义务的行为，它是为保险立法所确认和约束的。而民事赔偿责任则是民事责任的具体内容，产生于负有民事义务的义务人不履行民事义务的违法行为。例如，卖方因所交付货物的质量问题承担的赔偿责任，或加害人因其侵权行为造成被害人的财产损坏或人身伤害而予以赔偿的责任等，均是各种民事违法行为的法律后果。

（二）适用根据和适用范围不同

保险人进行理赔的根据是保险立法和具体保险合同的规定，适用于各类保险合同。其内容包括保险人依据财产保险合同约定承担的保险赔偿责任，或者按照人身保险合同规定，向被保险人或者受益人给付保险金的责任。而民事赔偿责任则是由民事责任制度加以调整，适用于各类民事违法行为，包括违反合同义务的违约行为和致人损害的侵权行为，其内容限于经济赔偿。

（三）适用目的不同

保险人实施理赔的目的，是向被保险人或者受益人提供保险保障，具体实现保险的功能，具有发出的保障性。与此不同，民事赔偿的目的则是填补受害人因民事违法行为所造成的受害人的经济损害后果，使之恢复到受损害之前的状态，最终保护受害人的合法权益，维护当事人之间平等的法律地位，故具有法律制裁性。

（四）赔付范围和赔付程序不同

保险人在保险理赔中向被保险人或者受益人赔付的范围取决于保险合同的约定和保险事故造成保险标的的损失情况。因此，保险人在财产保险合同的理赔中，要审查发生的事故是否属于其承保的保险事故以及保险事故造成保险标的的实际损失情况，并以保险金额为限予以赔偿。而其在人身保险合同的理赔中，则要审查是否发生保险事故或者保险合同的期限是否届满，并按合同约定的保险金额支付保险金。与此截然不同，民事赔偿的加害人所应赔偿的范围，完全根据其实施的民事违法行为造成的受害人的实际损失来确定。

在赔付程序上，保险理赔是依照保险立法和保险合同规定的程序来进行，与法院诉讼程序无关。而民事赔偿则多数是通过诉讼程序来实现，其赔偿范围和数额由法院裁判，并按照法院裁决的时间、方式向受害人给付或者由法院强制执行。

（五）赔付后果的最终承担者不尽相同

财产保险合同的适用结果最为典型。因为，在财产保险合同中，保险人按照约定向被保险人理赔并予以赔付后，有权向负有责任的第三人进行追偿，故该第三人最终承担该保险赔偿结果。而民事赔偿则是由民事违法行为人本人承担赔偿后果，以达到制裁民事违法行为的目的。

【知识链接】

需要区分一切险与特定保险的承保范围

不论是被保险人进行索赔，还是保险人进行理赔，判定相应保险项下的承保范围都是必须考虑的因素之一。尤其是对于被保险人来讲，判定承保范围是否正确直接关系到其索赔申请能否得到满足，因此，准确理解保险所约定的承保范围就是保险合同切实履行，保险目标有效实现的必要条件之一。

其中，一切险与特别险的承保范围就需要科学准确地把握，各自承保范围的区别十分重要。这是两个相互对应的保险概念，是以各自承保范围为标准而划分的保险类型。所谓一切险，是指保险人的承保范围涉及保险标的因遭受保险合同中所列明的免除责任的不保风险之外的一切风险之损失的保险合同。由此可见，一切险的承保范围是十分广泛的，但并非保险人承保所有的风险，其承保范围仍然是有限制的，是对特定范围的一定风险而言的，只不过这种限制的方式，不是直接在保险责任条款中列举规定所承保的具体风险，而是采取“责任免除”条款来列明不保风险，用以确定保险人不承担保险责任的风险情况，达到界定承保范围的效果。也就是说，凡未列入“责任免除”条款的风险，均属于保险人在一切险合同中承保的风险范围。例如，海洋运输货物保险的一切险条款、建筑工程一切险条款、企业财产保险的一切险条款等，都属于一切险。甚至有的学者认为，常见的人寿保险和责任保险也是一切险。①

特定保险，则是指保险人在保险合同项下承保特定风险的保险合同。其具体表现为保险人承保保险合同的保险责任条款列举的一种或者多种特定的风险。在形式逻辑上，一切险与特定保险是相互排斥的逻辑关系，就是说，除了一切险之外的保险均应当纳入特定保险的范畴，其所包括的保险类型也不限于一种：可以是承保一种风险的单一保险，如麦场火灾保险、盗窃保险等；也可以是承保两种以上风险的综合保险（或称复合保险），现行的财产保险大多属于此种类型，如火灾保险、货运保险等。

保险市场上，之所以存在一切险与特定保险的分类，完全是因为要适应社会公众存在的多元化投保需求。因此，一切险和特定保险就各有自己的优势。一切险的优势是其承保范围的广泛，“可以避免保险空白”②；还可以避免重复保险和重复收费；并降低逆选择的风险；尤其是一切险项下举证责任的分配有利于被保险人——只需证明保险标的损失的发生，而无须证明损失是否由责任免除的风险造成，此证明责任转移到保险人身上。这当然不同于由被保险人承担证明损失发生原因之证明责任的特定保险。相形之下，特定保险的优势则迥然不同，因其承保范围往往是具体的、明确的一种或者多种特定风险，形成诸多特定保险产品，恰恰能够满足社会公众面对特定风险而存在的多元化保险保障需求，提供给大家根据各自需求选择所需的特定保险产品，并以低于一切险的保险费率而吸引大众进行投保，购买特定保险。

---

① 杰瑞，理士满．美国保险法精解．李之彦，译．北京：北京大学出版社，2009：219—220.

② 同①220.

三、当事人在索赔和理赔中的权利义务

索赔和理赔作为履行保险合同的具体过程，涉及被保险人或受益人行使索赔权的行为和保险人进行理赔的行为。为了确保索赔和理赔工作的正常进行，保险立法和保险合同规定了各方在索赔和理赔过程中应当享有的权利和承担的义务。这些权利义务相互对应，互为条件。

（一）被保险人（受益人）的义务

被保险人（或受益人）的主要权利就是索赔权。根据保险合同的约定，该索赔权归属于被保险人或其指定的受益人。为了有效地行使和实现索赔权，被保险人或受益人应履行如下各项义务。

1. 出险通知义务

保险实务中，由于投保人或者被保险人或者受益人处于发生保险事故，导致保险标的损失的第一现场，他们往往是知晓出险事实的第一人，因此，《保险法》第 21 条赋予了投保人、被保险人或者受益人的出险通知义务，要求“投保人、被保险人或者受益人知道保险事故发生后，应当及时通知保险人”，以便保险人及时掌握出险事故，更是为其及时进行保险勘验，获取第一手的证据材料，为日后的保险理赔工作创造条件。因此，如果知道出险的投保人、被保险人或者受益人违反该项义务，就需要承担相应的不利后果，即由于“故意或者因重大过失未及时通知，致使保险事故的性质、原因、损失程度等难以确定的，保险人对无法确定的部分，不承担赔偿或者给付保险金的责任”。不过，“保险人通过其他途径已经及时知道或者应当及时知道保险事故发生的除外”。

2. 协助义务——提供索赔单证的义务

为了获取保险人的赔付，被保险人或受益人在提出索赔要求时，应当按照保险立法和保险合同的规定，履行法定的协助义务，向保险人提交有关的索赔单证，以此证明保险事故发生的事实和损失数额。即“保险事故发生后，依照保险合同请求保险人赔偿或者给付保险金时，投保人、被保险人或者受益人应当向保险人提供其所能提供的与确认保险事故的性质、原因、损失程度等有关的证明和资料。保险人按照合同的约定，认为有关的证明和资料不完整的，应当及时一次性通知投保人、被保险人或者受益人补充提供”（《保险法》第 22 条），相应地，被保险人或者受益人有义务予以补充。否则，保险人将拒绝接受其索赔请求。

3. 依法转移有关权益的义务

由于保险合同的适用目的在于向被保险人提供保险保障，并非获取额外收益。因此，各国保险立法均立足于该保险宗旨，要求被保险人或受益人在法定情况下承担转移相应权益给保险人的义务。适用于财产保险合同理赔的代位求偿制度和委付制度是其典型表现，因财产保险合同的补偿性，被保险人获取保险赔偿金的条件之一，就是有义务将其享有的对第三人的民事赔偿请求权或保险标的的所有权转移给保险人。

4. 遵守索赔时效的义务

出于维护保险市场经营秩序、稳定保险关系的需要，各国保险法均规定了被保险人或者受益人向保险人行使保险索赔权的时效期间。因此，被保险人或受益人应当在法定的时效期间内向保险人提出索赔要求。如果超过法定的索赔时效期间，则被保险人或受益人享有的保险索赔

权即行消灭。例如，根据我国《保险法》第26条的规定，“人寿保险以外的其他保险的被保险人或者受益人，向保险人请求赔偿或者给付保险金的诉讼时效期间为二年，自其知道或者应当知道保险事故发生之日起计算。人寿保险的被保险人或者受益人向保险人请求给付保险金的诉讼时效期间为五年，自其知道或者应当知道保险事故发生之日起计算”。

（二）保险人的权利

保险人在索赔和理赔过程中的主要义务是，根据被保险人或者受益人的索赔请求，及时、正确地进行理赔，依据法律和保险合同的规定予以赔付。否则，保险人应当赔付而未予赔付，或故意拖延赔付，或所赔付的数额小于应当赔付的数额，均构成违约行为，依法承担违约责任。

同时，保险人为了及时、正确地进行理赔，享有如下各项权利。

1. 调查权

保险人进行理赔的中心工作是审核损失，确定责任，因此，法律赋予其调查损失的权利。基于此权利，保险人可以进入事故现场，调查事故发生的原因和造成的损失情况。必要时，保险人可以聘请专门机构和人员评估损失。并且，保险人有权审核被保险人或受益人提交的索赔单证是否真实、齐全。

2. 代位求偿权

这是保险人为其承保的财产保险进行理赔时享有的一项权利，即第三人对保险标的的损失依法负有赔偿责任的，保险人在向被保险人进行赔付时，有权要求被保险人将其享有的对第三人的赔偿请求权向其转移，并取代其位置以债权人身份向第三人追索赔偿。

当然，若被保险人作为受害人，已经从第三人处得到了赔偿，且所得赔偿的数额等于或大于保险人依保险合同所应赔付的数额时，被保险人在该保险合同中的索赔权随之消灭，则保险人的代位求偿权亦不复存在。

3. 分摊权

这一权利存在于财产保险的重复保险中，如果投保人就同一保险标的，分别向两个或两个以上的保险人投保，导致各个保险合同的赔偿总额超过了被保险人的实际损失的，构成重复保险。在重复保险情况下，被保险人只向其中一个保险人提出索赔请求时，该保险人有权向其他保险人要求按一定的分摊方法承担各自的赔偿责任。保险人要求其他保险人分摊损失的权利，即为分摊权。

保险人行使分摊权的条件是：第一，就同一保险标的有两个或两个以上的财产保险合同。对给付性的人身保险合同来讲，则不存在分摊权。第二，各个财产保险合同均承保导致保险标的损失的危险，例如，造成保险财产损失的火灾，为重复保险的各个保险合同所承保的保险事故。第三，各个财产保险合同向同一被保险人的权益提供保险保障。第四，各个财产保险合同都是合法有效的，且在保险事故发生时均处于保险合同有效期内，亦无失效的情况。

实例枚举

叶某以自己为被保险人，于2000年8月1日向保险公司投保主险为平安康泰终身保险、附加寿险为附加重疾、附加短险为意外伤害、意外医疗的保险。其中，意外伤害保险金额为

60 000 元，并指定其妻子郑某为上述保险合同的身故受益人。2005 年 1 月 23 日凌晨，叶某在家中突然死亡。经某急救中心现场病情评估神志不清、心脏骤停、无自主呼吸，当班医师宣布已死亡。当天，亲友将被保险人叶某死亡的事件通知保险公司，该公司工作人员到场查勘并要求郑某书写了死者的死亡经过说明。2005 年 3 月，郑某向保险公司申请理赔。2005 年 4 月 12 日，保险公司拒绝赔付附加短险“意外伤害”60 000 元。2005 年 5 月，郑某诉至法院，要求被告支付“平安附加意外伤害保险”项下的保险金 60 000 元。

法院认定，在叶某死亡后，保险合同的受益人郑某在保险合同约定的期限内向保险公司报案并提供了其所能提供的有关证明和资料。叶某和郑某已按合同约定履行了自己的义务。保险公司在接到报案后派出工作人员到现场进行调查，其后，保险公司根据“死亡经过说明”“福州市死亡人员证明书”和“福建省急救中心医疗记录单”等材料认定叶某的死亡并不属于保险合同所约定的“外来的、突出的、非本意的、非疾病的使身体受到伤害的客观事件”，不予给付意外身保险金。根据“猝死”的医学定义可知，“猝死”只是死亡的一种临床表现形式，并不是死亡的具体原因。只有通过法定的鉴定机构对死者尸体进行检验，才能查明死者的真正死亡原因。作为商业保险公司，被告本身并不具备死亡鉴定资质，也无法查明死者死亡的具体原因，其在接到报案后，理应通知死者的家属保全尸体，并通过有资质的鉴定机构对尸体进行检验。但保险公司工作人员到达现场后只要求郑某书写了死者的死亡经过说明，并未履行上述协助、指导义务，导致在死者尸体火化后死亡原因无法查明的后果，保险公司对此有过错，应承担由此产生的不利后果。在最终不能排除叶某是由于意外伤害死亡的情况下，保险公司拒赔意外伤害保险金的理由不能成立。

借助本案，大家可以理解保险合同的双方当事人在索赔和理赔过程的权利和义务。

第二节　索赔的条件和程序

一、索赔的条件

被保险人或者受益人为了实现获取保险保障的目的，在向保险人行使索赔权时，应当具备相应的条件，才能为保险人接受，并予以赔付。因此，被保险人或者受益人进行索赔，应考虑是否符合下述条件。

（一）据以进行索赔的保险合同应当合法有效

被保险人或者受益人向保险人提出索赔要求，应以具体的保险合同为根据，而该保险合同必须是合法有效的。因为，有效的保险合同才对各方当事人具有法律约束力，被保险人或者受益人始得享有索赔权，其实施的索赔行为才为法律所确认。

保险合同是合同的具体类型，故认定其是否合法有效的依据就是我国现行《合同法》或者 2021 年 1 月 1 日生效施行的《民法典》和《保险法》的有关规定。

（二）存在着保险事故造成保险标的损害或者保险合同期限届满的事实

此条件是被保险人或受益人进行索赔的客观依据。因为，存在着保险事故造成保险标的损害或保险合同期限届满的事实，保险人才能接受索赔要求，予以理赔。所以，被保险人或受益人在决定索赔之前，应当自查是否符合此条件。具体要点如下。

1. 发生的危险事故是否属于保险责任范围内的保险事故

如果发生了某种危险事故，被保险人或受益人应将出险情况与订立的保险合同条款进行比照，审查所发生的危险事故是否属于保险人承担的保险责任范围之内的保险事故。理由是保险人仅对其保险责任范围内的保险事故造成的损失承担保险责任。从而，被保险人或受益人确定了危险事故是保险事故后，才能向保险人索赔。而若确定了该危险事故不属于保险事故，则只能依法通过其他途径解决，而不能提出索赔。

2. 发生的保险事故是否造成保险标的的损失

由于保险人仅对保险事故造成保险标的的损失承担保险责任，并非是任何损失，所以，被保险人或受益人在索赔之前，也必须对损失范围加以审查。

若保险事故直接造成了保险标的的损失，则保险人对此损失后果应当予以赔偿。但是，当保险事故所致损害不是本保险合同承保的保险标的，而是其他财产或非被保险人的人身时，保险人则在本保险合同中不承担保险责任。例如，投保家庭财产保险的，依中国人民财产保险股份有限公司的保险条款，保险事故造成保险人承保的房屋及其附属设备，衣服、卧具、家具、用具、器具、家用电器、文化娱乐用品、交通工具等生活资料，农村家庭的农具、工具、已收获的农产品、副业产品、家禽，个体劳动者的营业用器具、工具、原材料、商品的损失，保险人应予赔偿。但是，保险事故造成的金银、首饰、珠宝、货币、有价证券、票证、邮票、古玩、古书、字画、文件、账册、技术资料、图表、家畜、花、树、鱼、鸟、盆景以及其他无法鉴定价值的财产损失的，保险人就不予赔偿，因其不属于该保险合同的保险标的。故对此审查后，再决定是否提出索赔。

3. 审查相应的保险合同是否期限届满

如果保险合同约定以保险期限届满作为保险人给付保险金的条件的，被保险人或受益人应当先行审查相应保险合同的保险期限是否届满。若保险期限已经届满的，被保险人或受益人始得申请索赔。

4. 审查在发生保险事故造成保险标的损失或保险合同期限届满之时，该保险合同的法律效力是否存在

如果保险合同在此时已为保险人依法解除，或因出现法定事由而失效，例如，因投保人违反告知义务而由保险人解除合同，或投保人未按规定交付保险费而使保险合同自动失效的，则不能进行索赔。

（三）投保人或者被保险人应当履行各项义务

保险合同属于双务合同，各方当事人都享有一定的权利，也均承担着一定的义务。其中，保险人承担的保险责任是与投保人或被保险人承担的各项义务相互对应的。因此，被保险人或受益人提出索赔，要求保险人履行保险责任的前提之一，就是履行其所承担的各项义务。诸

如，投保人应按规定向保险人交付保险费，并在投保之时履行如实告知义务。而被保险人则应当在保险合同有效期限内维护保险标的的安全，接受保险人的安全检查；在保险标的变更用途或增加危险程度时，应当及时通知保险人；在发生保险事故造成保险标的损失时，及时通知保险人，并采取必要的抢救措施。这些义务的履行，奠定了被保险人或受益人进行索赔的基础。

（四）被保险人或受益人应按规定提供索赔单证

为了确保理赔的正确性，保险立法和有关的保险合同往往要求被保险人或受益人在进行索赔时，提交一定的索赔单证，作为保险人进行理赔的审查依据。而且，不同的保险种类，其索赔单证的种类和内容也各不相同。因此，被保险人或受益人提出索赔时，应当按规定提交应有的单证，才能为保险人所接受。

（五）被保险人或者受益人应当在法定的索赔时效内提出索赔要求

保险索赔权是被保险人或受益人依照保险合同所享有的权利，该权利的行使与否，取决于被保险人或受益人的独立意志。但是，为了督促被保险人或受益人及时行使索赔权，让保险人尽早履行保险责任，维持保险市场正常的经营秩序，保险立法要求被保险人或受益人服从法定的时间限制——在法定的时间内提出索赔要求，在此时间内不行使的，索赔权自该索赔时效期限届满时消灭。

所谓保险合同的索赔时效，就是保险合同中享有索赔权的当事人向保险人要求保险赔偿或给付保险金的最长期限。换句话说，它是保险索赔权存在的时间界限。索赔时效适用于各类保险合同，因而，被保险人或受益人注意应在相应的索赔时效期间内向保险人提出索赔。否则，会因时效届满而导致保险人拒付。

索赔时效期限的长短，是由《保险法》统一规定的。根据我国《保险法》第 26 条规定，“人寿保险以外的其他保险的被保险人或者受益人，向保险人请求赔偿或者给付保险金的诉讼时效期间为二年，自其知道或者应当知道保险事故发生之日起计算”；而“人寿保险的被保险人或者受益人向保险人请求给付保险金的诉讼时效期间为五年，自其知道或者应当知道保险事故发生之日起计算”。我国《海商法》亦规定，“根据海上保险合同向保险人要求保险赔偿的请求权，时效期间为二年”（第 264 条）。可见，被保险人或受益人的索赔权在此期间内受到法律保护。该索赔时效期间具有法定性，非依法律规定不得延长或缩短，也不允许当事人协商变更。但是，索赔时效期间属于除斥期间抑或诉讼时效则存在分歧。①

实例枚举

2002 年 5 月 22 日，李 A 之妻吕 B 作为投保人与 C 保险公司签订了人寿保险合同，被保险人为李 A，投保主险为重大疾病险，保险金额 50 000 元，保险费 880 元，附加人身意外伤害险，保险金额 10 000 元，保险费 40 元，生存受益人李 A，身故受益人吕 B。在投保书的健康告知栏中，保险人以格式条款询问“过去五年内是否患有下列疾病：1. 高血压……”投保人

① 笔者的观点是，保险索赔时效应当属于除斥期间，是不变时效。

吕B认为李A早在1991年曾因高血压住院治疗的病史已不在告知范围内，因此填写了“否”。2004年9月9日，被保险人李A因冠状动脉粥样硬化性心脏病、急性心肌梗塞、高血压（极高危）住院。住院病历既往史一栏中记载李A的陈述：“高血压病史二年余，收缩压最高达200mmHg，未系统诊治；发作性左侧肢体麻木，偏瘫及言语不利史三年余，外院脑血管造影诊为先天性脑血管狭窄。”同年9月12日，李A向保险人提出理赔申请。保险人以投保人及被保险人在投保时未履行健康告知义务为由，拒绝承担保险责任。后经协商，双方签订了理赔给付协议书，约定C保险公司向李A给付保险金25 000元。此后，李A从C保险公司处实际领取了该保险金。2004年年底，李A以自己并未违反如实告知义务，保险人理应承担全部保险责任为由，诉至法院，要求保险人依照保险合同再给付保险金25 000元。本案的焦点在于投保人是否履行了如实告知义务以及被保险人与保险人订立的理赔给付协议书能否成为解决双方争议的合法形式。

通过本案，大家可以直观地理解保险合同各项索赔条件的法律含义，尤其是其适用标准。

二、索赔的一般程序

被保险人或受益人在不同的险种险别中，提出索赔的具体程序不尽相同。但是，一般包括以下步骤。

（一）通知出险和提出索赔要求

在保险事故发生后，被保险人或者受益人应将保险事故发生的时间、地点、原因以及造成的损失情况，以最快方式通知保险人，便于保险人及时调查核实，确认责任。同时，被保险人或受益人也应把保险单证号码、保险标的、保险的险种险别、保险期限等事项一并告知保险人。如果保险标的在异地出险受损（如车辆、船舶、货物），被保险人向保险人及其在出险当地的分支机构或其代理人报案，便是通知出险。

为了避免因失误而使索赔期限届满，被保险人或受益人在通知出险的同时，应提交《出险通知书》（财产保险）或者《给付申请书》（人身保险）给保险人，提出索赔请求。

以保险合同期限届满作为给付保险金条件的，被保险人或受益人在具备该条件时，应通知保险人，告知保险单证的号码、保险期限等，并提出索赔要求。

（二）合理施救，保护事故现场

合理施救是被保险人承担的一项义务。面对发生的保险事故，被保险人应当采取必要的、合理的抢救措施，例如灭火、抢救遇险财产等，并对受损的保险标的进行必要整理。

在保险事故发生之后，保险人查勘、核损或同意之前，被保险人或受益人应保护好事故现场，不要先行清理事故现场，也不得自行拆修、处理受损财产。否则，会给此后的理赔造成困难，增加定损、赔付的麻烦。因为如果事故现场被破坏，现场查勘就失去意义，进而会影响到理赔的及时、准确、合理。

（三）接受保险人的检验

从索赔和理赔的整体角度讲，保险人有权进行现场勘验，而被保险人负有接受检验的义务。因此，被保险人应根据保险人的要求，提出检验申请，接受保险人或其委托的其他人员（如保险代理人、检验机关）的检验，并为其检验提供方便条件，用以保证保险人及时、准确地查明事故原因，确认损害程度和损失数额等。

（四）提供索赔单证

被保险人或受益人在提出索赔时，应当根据有关法律和保险合同的规定，向保险人提供相应的索赔单证，只有这样保险人才会接受其索赔。

1. 被保险人或受益人所提供的索赔单证应当是客观的。一般来说，被保险人或受益人在索赔时向保险人提供的索赔单证主要源于两个途径：一是投保人、保险人或其他经济活动的参与者在保险事故发生之前制作的文件，如保险合同或保险单、运单、提单、仓单等；二是第三方在保险事故发生之后所出具的证明文件，如检验报告、出险证明等。被保险人或受益人索赔时，应当提供这些能够反映客观事实的单证。

2. 被保险人或受益人提供的索赔单证应当是真实的。索赔单证的内容是否真实，直接关系到保险人的切身利益。为了防止出现骗赔等道德风险，保护保险人的合法权益，被保险人或受益人提供的索赔单证必须是真实的，不得涂改，更不能伪造。

3. 被保险人或受益人提供的索赔单证应当齐全。不同的保险险种险别所需提供的证明文件不尽相同，被保险人或受益人应当根据保险合同的具体要求，提供齐全的索赔单证，不要遗漏或损坏，以便保险人及时理赔。

4. 被保险人或受益人向保险人提供索赔单证的时间，应当是在保险事故发生之后、保险人进行保险赔付之前。为了尽早获取赔付，维持生产经营或社会生活的稳定性和连续性，被保险人或受益人应在索赔之时就予以提供，或者在接到保险人要求之后的合理时间内提供。

一般情况下，被保险人或受益人所应提供的索赔单证的具体范围包括：（1）保险单或保险凭证的正本。（2）已交纳保险费的凭证。（3）有关证明保险标的或当事人身份的原始文件。前者如账册、收据、发票、装箱单、入库单，如果是货物运输保险的，还需提交运输合同、提单（海运）、运单（陆运）、邮单等。后者如身份证、工作证、户口簿或其他证明被保险人或受益人的姓名、年龄、职业等情况的材料。（4）证明保险事故及其损害后果的文件。如保险事故调查检验报告、出险证明、损害鉴定证明、人身保险的被保险人死亡证明或丧失劳动能力的证明、责任保险中有关责任案件的结论性意见（如人民法院的判决书、调解书或仲裁机构的裁决书）等。（5）索赔清单。包括受损财产清单、各种费用（如施救整理费用）清单等。（6）其他按规定应当提供的文件。

（五）向保险人开具权益转让书

财产保险的补偿性决定了被保险人不能在其保险财产损失的范围以外获取利益，因此，在财产保险的索赔和理赔中适用代位求偿和委付制度。从而，对于涉及第三人赔偿责任的情形，被保险人应当向保险人开具转移其向第三人的索赔权给保险人的书面文件，保险人赔付后享有向第三人追偿的权利。

此外，在推定财产保险的保险标的全损的情况下，被保险人可以向保险人申请委付，但是，被保险人必须出具转移保险标的的一切权利给保险人的书面文件。

（六）领取保险赔款或人身保险金

索赔程序的终点是享有索赔权的被保险人或受益人接受保险人的赔付，领取保险赔款或保险金。不过，在被保险人或受益人领取了保险赔款或保险金之后，其据以索赔的保险单是否继续有效，则要区别具体情况来处理。

对于财产保险来说，被保险人领取了全部保险金额赔偿后，其保险单的效力终止；而领取了部分保险金额赔偿的，则根据保险合同的约定，保险单或者继续全额有效至保险期限届满（例如家庭财产两全保险单），或者是扣除了已赔款额后的保险金额的余额继续有效（例如家庭财产保险单）。责任保险单因其无责任限额，故原则上在保险人赔付后继续有效至保险期限届满，若该类保险单规定了累计限额的，则在扣除赔款额后的余额范围内继续有效。

而人身保险的保险单，在保险人就被保险人死亡或保险期限届满而予以给付，或者保险单兑款给付后，其效力经保险人注销而终止；但是，因被保险人残疾而给付的，保险单原则上继续有效至保险期限届满。

第三节　理赔的程序及其适用

一、财产保险合同的理赔程序

实例枚举

法院查明：2004 年 11 月某建工集团公司承建朝阳花园 11 号、13 号楼，向被告某人寿保险公司投保建筑工程施工人员人身意外伤害保险，该保险单载明双方对投保单位名称、地址、施工项目、施工地址、施工工期以及保险期间、保险责任进行了详细约定。

2005 年 5 月 18 日上午，某建工集团公司人员王某在施工工地施工时受伤致残。王某先后两次将某建工集团公司起诉至某市人民法院，法院在 2005 年和 2007 年分别判决某建工集团公司赔付王某主张损失的 90%约 10 万元。某建工集团公司向王某支付赔偿款后，要求被告某人寿保险公司进行理赔遭到拒绝。

法院认为，某建工集团公司、某人寿保险公司签订建筑工程施工人员人身意外伤害保险投保单，双方形成保险合同关系，该合同是双方当事人的真实意思表示，合法有效，应予以保护。某建工集团公司要求某人寿保险公司理赔保险款 60 000 元，符合双方约定和相关法律规定，予以支持。

对于某人寿保险公司辩称，王某是被保险人，应该由王某向被告主张索赔权利，原告不具备诉讼主体资格问题，法院认为：因某建工集团系投保人，并交纳了保险费，且该公司也实际赔付王某，故某建工集团公司具有诉讼主体资格；另某人寿保险公司提供的是格式合同，因某建工集团公司已经实际赔付王某，现原告认为有索赔权利，而被告认为没有，当双方解释不一致时，应作出对提供格式合同书方不利的解释，故保险公司方的辩称不能成立。

本案充分体现了保险合同理赔环节的实际运作，有助于大家掌握此内容。

在财产保险合同中，保险人一般按下述程序进行理赔。

（一）理赔立案

保险人接到被保险人提交的出险通知书后，应当立即查明保险单底单，按照现有材料建立赔案，在赔案登记簿内登记：赔案编号（要冠以地区、险种险别、年份），保险单号码，保险标的，保险金额，事故情况，损失估计，施救情况等。同时，向被保险人或受益人索取必要的索赔单证作为理赔根据，并且，针对事故情况指示被保险人或受益人采取必要的施救措施。

（二）赔案审核

按照《保险法》第23条的规定，"保险人收到被保险人或者受益人的赔偿或者给付保险金的请求后，应当及时作出核定；情形复杂的，应当在三十日内作出核定，但合同另有约定的除外"。在保险赔案立案之后，保险人审查赔案中的各种索赔单证和有关材料，确定如下事项。

1. 保险单是否有效，有无已经解除或失效的情况，若曾经失效，在出险之时是否已复效。

2. 被保险人或受益人提供的索赔单证是否齐全、真实。

3. 审查索赔申请人是否具有保险权益。例如，核对货物运输保险的索赔人所持发票或提单载明的财产是否系本出险运输过程的保险货物。

4. 审核投保人或被保险人有无违反告知义务或通知义务的行为。例如，将装在舱面的货物谎报为装在舱内。

5. 审核出险时间是否在保险有效期内，若保险合同约定承保地区的，则还要审核出险地点是否处于约定承保的地区之内。

6. 审核出险事故是否属于保险单承保的保险事故，是否由其造成保险标的的损失。

7. 审核被保险人是否违反了保险合同约定的保证条款。

8. 审核赔案中是否存在第三人应当承担的赔偿责任的情形，索赔的被保险人是否向第三人行使了索赔权或向第三人实施了索赔手续，是否从第三人处获取了赔偿。

如果经审核后，初步认定可能要赔付，则继续进行理赔工作，对于不清楚的情况要继续查明。

（三）损失调查

因财产保险合同的理赔是以保险财产的实际损失作为计算赔偿数额的根据，故保险人在初步认定可能要赔付后，应当及时着手进行损失调查。

损失调查的主要方法是现场查勘检验。为此，保险人可以直接派人或委托其代理人到出险现场进行查勘检验工作。为公平起见，保险人往往会聘请独立的公估人负责查勘工作。

查勘检验是理赔的一个重要环节，关系到各方当事人的经济利益，其工作内容如下。

1. 调查保险事故发生的原因和经过。主要调查出险的时间、地点、环境、保险事故发生的原因。诸如了解出险时的风力风向、水位流速、房屋结构、火源保护、电源的安装走向、用电负荷、规章制度的执行情况，进行分析比较，必要时经专门机构进行技术鉴定，确定保险事故发生的真实原因，作为最终确定保险责任的依据。

2. 认定损失后果。作为确定赔付数额的依据，损失后果必须合于客观情况，而不能仅凭被保险人的一面之词。因此，查勘检验的另一目的就是要核对损失后果。保险人要根据保险标的的损失程度和损失性质，计算其损失数额。

3. 组织施救和救助工作。为了减少保险标的的损失，防止损害结果的扩大，保险人或其代理人到达出险现场后，在不影响确定保险责任的前提下，应当组织和安排被保险人进行施救工作。比如，对沉没的承保船舶进行打捞，或对损坏的船舶进行修理等。当然，保险人组织施救或救助工作，应当是合理的。

4. 收集有关第三人所负赔偿责任的证据，并采取必要措施。如果造成保险标的的损失涉及第三人的责任时，保险人在查勘检验时，应当注意收集有关证据材料，用以作为今后向第三人追偿的根据。对此，保险人可以聘请律师协助工作。例如，各种货物运输保险中的货物损失，经常会涉及承运人的责任，从而保险人在查勘检验时，需要采集有关证据。诸如运载货物的船舶是否适航，运货车辆是否符合运输合同的要求，驾驶人员是否有过错，并可以要求承运人对此提供担保。必要时，可以依法采取相关措施，比如依法申请法院实施扣押船舶或车辆的诉前保全措施。

查勘检验工作完成后，保险人或代理人或受托的公估人应当制作查勘报告或公估报告。

（四）责任审核

保险人经过前一阶段的理赔工作之后，依据被保险人提供的索赔单证和调查收取的证据材料，最终确认是否承担保险责任以及承担多大的赔付责任。

对于确定应当承担保险责任的赔案，保险人要进一步核对损失清单，作为计算赔款的根据。对此，《保险法》第 23 条要求“保险人收到被保险人或者受益人的赔偿或者给付保险金的请求后，应当及时作出核定；情形复杂的，应当在三十日内作出核定，但合同另有约定的除外”。而且，“保险人应当将核定结果通知被保险人或者受益人；对属于保险责任的，在与被保险人或者受益人达成赔偿或者给付保险金的协议后十日内，履行赔偿或者给付保险金义务。保险合同对赔偿或者给付保险金的期限有约定的，保险人应当按照约定履行赔偿或者给付保险金义务”（第 23 条第 1 款）。而对不属于保险责任的拒赔案件，保险人则“应当自作出核定之日起三日内向被保险人或者者受益人发出拒绝赔偿或者拒绝给付保险金通知书，并说明理由”（第 24 条）。

保险人未及时履行上述规定义务的，“除支付保险金外，应当赔偿被保险人或者受益人因此受到的损失”（《保险法》第 23 条）。

（五）赔付计算和支付

保险人在保险责任确定后，应当根据责任审核和核实损失清单，计算所需支付的赔偿金的数额，并编制“赔款计算书”，并且在法定时间内履行赔偿义务。

同时，保险人要填制赔付收据，交付给索赔的被保险人。如果赔案涉及向第三人追偿的，还需交给该责任方。因为赔款收据是与权益转让证书合并在一起的，它不仅证明被保险人已收到保险赔款，而且表示保险人已经从被保险人处取得追偿权，得以进行追偿。

保险赔偿或保险金的数额确定后，保险人可直接交付给索赔的被保险人，也可交给保险代理人转交。除保险合同另有约定外，保险人应当一次性全额给付。接受了保险赔偿或保险金的被保险人或受益人应当出具赔偿收据。

（六）先予给付

先予给付在保险实务中也被称为“预付赔款”。它是指经过保险人审查核定，属于保险责任范围内应予赔偿或者给付保险金的，在最终确定赔付金额之前，保险人预先向被保险人或者受益人给付可以确定的货币数额。

先予给付是《保险法》根据我国保险市场实务而新增的理赔环节，其立法目的是确保被保险人或者受益人及时获得保险赔付，利用有利时机尽快恢复生产或生活秩序。因为，社会生活的复杂多样性决定了保险人根据被保险人或者受益人提供的有关证明、资料进行核定并确认了其所应承担的保险责任后，可能会因具体情况的影响而不能在法定时间内确定赔偿或者给付保险金的数额。例如，财产损害保险的被保险人的损失数额需要经过一定的时间后才能全部确定的，则保险赔偿数额只能在此以后始能最终确定；海上保险的保险人需要履行的保险赔偿责任涉及共同海损的，需要较长的理算才能最终确定分摊数额等。

当然，根据《保险法》第25条的规定，适用先予给付所应具备的条件如下。

1. 保险人经过核定，已经确认造成保险标的损失的危险事故属于保险责任范围。否则，不应适用先予给付。

2. 保险人自收到赔偿或者给付保险金的请求和有关证明、资料之日起60日内，对其赔偿或者给付保险金的数额不能确定。不具备此条件的，不得适用先予给付。

3. 先予给付的金额应当是根据已有证明和资料可以确定的数额。从保险实务角度讲，对于先予给付的金额应当把握为可以确定的最低数额，以免将来确定的最终给付金额低于预付金额时，增加返还多付金额的成本。

4. 预先给付的金额应当从最终赔付金额中抵销。待最终确定了保险人所应赔付的保险金数额，保险人在履行该赔付义务时，应当将先前预付的金额部分予以扣减，以保证财产保险的补偿性质。

保险人依法应当先予给付而未及时履行的，构成违约，应当依据《保险法》第23条第2款的规定，“除支付保险金外，应当赔偿被保险人或者受益人因此受到的损失”。

（七）权益转让和追偿

在财产保险中，如果赔案涉及第三人赔偿责任的话，被保险人在接受保险人的保险赔偿时，应当向保险人出具追索权益转让书，将其依法享有的向第三者追究法律责任的权利转让给保险人。

保险人在取得该权利后，应当在法律规定的追偿时效内，向第三者代位追偿。

（八）损余处理

损余指保险标的遭受保险事故后，尚存的具有经济价值的部分或可以继续使用的受损财产。这种损余，可以是在受灾后直接形成的，也可以是经过修理、整理后形成的。因此，保险人在理赔时，应当确定损余的价值和归属。当然，《保险法》第 59 条从平衡保险人与被保险人之间利益冲突的角度亦作出了原则性规定："保险事故发生后，保险人已支付了全部保险金额，并且保险金额等于保险价值的，受损保险标的的全部权利归于保险人；保险金额低于保险价值的，保险人按照保险金额与保险价值的比例取得受损保险标的的部分权利。"

确定损余价值实际上是赔款计算的一部分，对此，如果是在我国领域内处理损余，应当按我国市场的实际价格来计算。而在国外处理的损余价值，则应当根据保险合同的约定和有关的国际公约、国际惯例来确定。

保险损余的归属，应当以保险合同的约定为根据。例如，中国人民财产保险股份有限公司的《财产保险条款》第 13 条规定："保险财产遭受损失以后的残余部分，应当充分利用，协议作价折给被保险人，并且在赔款中扣除，必要时可由本公司处理。"保险实践中往往是由保险人向被保险人发出损余处理的意见，经双方协商后确定。

保险人在处理有损余的赔案时，应当将损余处理意见登记在案。一般要记录损余编号，损余的名称、数量，损余价值估计，损余保存地点和处理等事项。并且应当在赔款计算书上注明损余编号。

（九）赔案归档

已经赔付或作拒赔处理结案的赔案卷宗，应当归档保存。归档之前，保险人应当核查案件材料是否齐全，损余是否已经处理。赔案归档的保存时间取决于案件的性质。

实例枚举

2003 年 4 月 16 日，A 置业管理公司与 B 保险公司签订机动车辆保险合同，写明被保险人和行驶证车主均为 A 置业管理公司，保险标的为宝马牌小轿车一辆，保险期限自 2003 年 4 月 17 日至 2004 年 4 月 16 日止，保险险种包括车辆损失险、第三者综合责任险、全车盗抢险、司机座位责任险、乘客座位责任险、玻璃单独破碎险、他人恶意行为险等。同时，保险单正面用黑体字印制了"明示告知"："请详细阅读所附保险条款，特别是有关责任免除和投保人、被保险人义务的部分"，而"车辆损失险"部分的"责任免除"则写明："下列原因造成保险车辆的损失，保险人不负责赔偿"，其第 4 项列举了"涉水行驶或被水淹后操作不当致使发动机损坏"。

2003 年 6 月 12 日，该车辆行驶至滨江路隧道时，因公共汽车经过引起隧道内积水形成波浪淹及该车发动机熄火，为修理汽车共花费了 124 850 元。事后，A 置业管理公司向 B 保险公司索赔，并提供两份修车发票，金额共计 124 850 元。但遭到 B 保险公司的拒赔。

为此，A 置业管理公司诉至法院，请求法院判令 B 保险公司向其赔偿其因维修保险车辆所造成的经济损失 124 850 元。B 保险公司辩称：根据双方签订的机动车辆保险合同第 4 条第 4 款的规定，"保险车辆涉水行驶，或被水淹后操作不当致使发动机损坏"，B 保险公司不负责赔偿。

法院经审理认为，本案机动车辆保险合同的责任免除条款明确约定：保险车辆涉水行驶或被水淹后操作不当致使发动机损坏，造成保险车辆的损失，保险人不负责赔偿。对此，B 保险公司已在保险单的“明示告知”栏中明确说明，故该条款具有法律约束力，A置业管理公司对此应有充分的了解。投保车辆行经公路隧道时水浸但仍涉水行驶，致使车辆发动机等损坏。A置业管理公司诉称因大型车辆经过时造成水面有波浪致使该车辆进水熄火，亦证实了其驾驶员在驾驶车辆当时对隧道水浸程度与车辆通行风险的错误判断。因此，A置业管理公司应对其不当行为导致的后果承担责任。据此判决：驳回A置业管理公司的诉讼请求。

借助本案，大家可以具体了解保险合同在保险理赔过程中的运用以及理赔的实践操作。

二、人身保险合同理赔的法律特点和程序

（一）人身保险合同理赔的法律特点

基于人身保险合同的诸多特性，其理赔工作也有别于财产保险合同，主要表现在人身保险金的给付上。因此，人身保险合同的理赔具有如下法律特点。

1. 一般人身保险合同是定额保险，保险人在保险事故发生或者保险期限届满后，应当按合同约定的保险金额向被保险人或者受益人给付人身保险金。但是，健康保险和意外伤害保险中的部分内容则是补偿性质，例如，医疗费用保险，保险人按照实际医疗费用支出予以给付，而不能进行定额给付，也不能超出保险合同约定的保险金额。

2. 保险人给付人身保险金时应按被保险人投保的险种和份额分别依约给付，不存在超额保险和重复投保的问题。因为，人身保险合同是给付性合同，兼有储蓄和返还的性质，被保险人可以投保一种或数种人身保险，也可以就同一种人身保险购买数份保险单。那么，在保险事故发生或保险期限届满时，保险人应当按照各个人身保险合同的约定分别履行保险责任，向被保险人或者受益人给付约定的保险金。

3. 人身保险合同的理赔不适用代位求偿制度。人身保险合同的给付性决定了其人身保险金给付请求权的行使不涉及代位求偿制度。即使是因第三人的侵权行为造成被保险人死亡、伤残的，被保险人可以受害人身份向负有侵权责任的第三者行使人身损害赔偿请求权，同时，又可以向保险人行使人身保险金给付请求权，获得人身保险金。从而，被保险人在得到民事赔偿的情况下，不影响保险人履行人身保险金给付责任。保险人履行保险责任后也没有代位追偿的资格，即“被保险人因第三者的行为而发生死亡、伤残或者疾病等保险事故的，保险人向被保险人或者受益人给付保险金后，不享有向第三者追偿的权利，但被保险人或者受益人仍有权向第三者请求赔偿”（《保险法》第46条）。可见，代位求偿制度不能适用于人身保险合同。

4. 基于人身保险合同的储蓄性质，保险人在不承担保险金给付责任或者解除保险合同的情况下，仍应当依法退还保险单的现金价值。对此，我国《保险法》已在相关条文中有明文规定：“投保人故意造成被保险人死亡、伤残或者疾病的，保险人不承担给付保险金的责任。投保人已交足二年以上保险费的，保险人应当按照合同约定向其他权利人退还保险单的现金价值”（第43条第1款）。“因被保险人故意犯罪或者抗拒依法采取的刑事强制措施导致其伤残或者死亡的，保险人不承担给付保险金的责任。投保人已交足二年以上保险费的，保险人应当按照合同约定退还保险单的现金价值”（第45条）。“投保人解除合同的，保险人应当自收到解除

合同通知之日起三十日内，按照合同约定退还保险单的现金价值”（第 47 条）。

当然，各类人身保险合同的保险金给付也不尽相同，法律要求也不一样。

实例枚举

2006 年 6 月 13 日，何某向被告购买了一份人身意外伤害综合保险。投保人、被保险人均为何某，保险期限为一年，意外伤害死亡金为 40 000 元，没有指定身故保险金受益人。2006 年 9 月 16 日，何某溺水身亡。2007 年 6 月 6 日，曾某以何某配偶的法定继承人身份，向被告提出理赔申请，并提交了某镇人民政府、何某生前所在的地区的村民委员会以及曾某所在的村民委员会出具的证明，其内容为：何某生前父母均亡、无子女，与曾某以夫妻名义共同生活了 18 年。被告经核实后认为，因该份保险合同没有指定身故保险金受益人，应作为被保险人的遗产支付给其法定继承人，于 2007 年 6 月 20 日向曾某支付了保险金 40 000 元。何某的三兄弟何甲、何乙、何丙认为曾某并不是被保险人何某的配偶，不能作为何某的第一顺序继承人，诉至法院。三原告向法院提交了市公安局常住人口详细信息表，上面载明曾某和徐某在 2005 年 10 月 13 日时仍互为配偶关系。

法院另查明，2008 年，曾某以何某配偶的身份向某市某区劳动争议仲裁委员会申请仲裁，要求何某所在单位向其支付何某因工死亡的一次性工亡补助金和丧葬补助金。同年 8 月 4 日，该劳动争议仲裁委员会作出仲裁裁决书，认定何某父母已故，无子女，生前只供养曾某一人。根据有关规定，裁决支持曾某的申请。另查明，在 2007 年 1 月 19 日某区法院开庭笔录中徐某作为证人出庭作证，当庭承认曾某与其已经离婚，但离婚证明在修房子时被火烧毁。

法院认为，原告何甲、何乙、何丙以保险理赔纠纷为由请求保险公司给付保险金，其请求权的基础是保险合同，属于合同之诉。就本案而言，被保险人何某死亡后，40 000 元保险金转化为死者的遗产。保险公司理赔时，审查了死者的继承人身份，尽到了合理的注意义务，向曾某给付保险金，履行了保险合同约定的赔付义务，故原告何甲、何乙、何丙请求保险公司重复给付保险金无事实和法律依据。原告何甲、何乙、何丙提出，曾某尚未离婚，与死者不是事实婚姻，不是死者遗产的第一顺序继承人，应由其继承保险金，其实质是认为其继承权受到侵害，是另一法律关系，应另案追究侵权行为人的民事责任，不宜与本案一并审理。何甲、何乙、何丙的诉讼请求不能成立。

本案让大家感受到人身保险合同理赔的特点和保险人操作中的义务承担。

（二）人身保险合同的理赔程序

人身保险合同的理赔在保险实务中分为申请和给付两大部分。

1. 保险金的申请

这是指人身保险合同的被保险人或者受益人依法行使保险金请求权，要求保险人依保险合同约定给付保险金的行为，相当于财产保险范围内的索赔。

人身保险合同的被保险人或受益人为了获取保险金给付，其申请应当合于法律或保险合同的规定。一般做法是被保险人或受益人应当在约定的期限内向保险人提出申请。具体应当注意以下各点。

第一，申请人应当向保险人递交保险金给付申请书。一般要求享有保险金请求权的人，或是人身保险合同的被保险人，或是被保险人指定的受益人。若被保险人指定自己为受益人，则其本人为申请人；若被保险人因保险事故死亡而没有指定受益人或受益人指定不明无法确定的，或者受益人先于被保险人死亡又没有其他受益人的，或者受益人依法丧失受益权或放弃受益权又没有其他受益人的，依据《保险法》第 42 条的规定，由被保险人的继承人作为申请人。此外，团体人身保险的被保险人因保险事故死亡时，在保险实务中，可由投保单位代为提出申请。

第二，申请人在向保险人提出给付保险金申请时，应当按法律或人身保险合同的规定，提交有关文件，为保险人确定给付保险金责任提供客观根据。当然，不同的人身保险险种，所需提供的文件是不一样的。

例如在人寿保险合同中，团体人寿保险的投保单位在提出申请时，应当出具被保险人的死亡证明及公安部门出具的户籍注销证明。而根据结婚纪念保险条款的规定，被保险人的夫妻关系存续到合同约定期满而申请给付保险金时，应提交户口簿、身份证、结婚证和保险证。

至于人身意外伤害保险，在申请给付保险金时，一般应当提交保险单证，有关部门的事故证明，区、县以上公立医院出具的伤残程度证明或死亡证明等。

健康保险的被保险人申请给付时，保险单证、身份证明、医院的诊断证明、医疗费用支出的原始收据和账单等是必不可少的文件。

第三，人身保险金给付申请应当在法律或人身保险合同规定的期限内提出。为了保证保险人确认人身保险金给付责任的正确性，各类人身保险合同均规定了申请给付人身保险金的时间，我国《保险法》第 26 条亦予以明确指定，故申请人在保险事故发生后，应当在法律或人身保险合同规定的时间内提出申请，以免因超过申请时效而影响索赔。

根据我国《保险法》第 26 条的规定，人寿保险以外的其他保险的被保险人或者受益人，向保险人请求给付保险金的诉讼时效为 2 年，自其知道或者应当知道保险事故发生之日起计算。而人寿保险合同的被保险人或者受益人向保险人请求给付保险金的诉讼时效为 5 年，自其知道或者应当知道保险事故发生之日起计算。

2. 人身保险金的给付

人身保险金的给付就是保险人根据被保险人或受益人的申请，确定应当承担人身保险金给付责任，并予以给付的行为。这是人身保险合同理赔的核心部分，也是实现人身保险保障职能的直接表现。

保险人在保险金给付过程中，一般应当做如下工作。

第一，审核被保险人或者受益人提交的给付申请书及有关文件，填写“报案登记簿”。

第二，核对保险单副本、投保单及被保险人、受益人名单。

第三，对于保险事故进行调查核实和现场查勘，填制“人身保险出事调查报告单”。

第四，对于确定应当承担保险金给付责任的，保险人向申请人出具“人身保险给付通知书”“给付批单”和“给付收据”，填入所审定的给付金额。

第五，对于确定不应承担保险金给付责任的案件，保险人应当向申请人出具“人身保险拒付通知书”，并填写“拒付案件登记簿”。

第六，保险人应在法律或人身保险合同规定的时间内支付人身保险金。

根据我国《保险法》第 23 条的规定，保险人收到被保险人或者受益人给付人身保险金的请求后，应当及时作出核定，情形复杂的，应当在 30 日内作出核定。保险人应当将核定结果通知被保险人或者受益人；对属于保险责任的，在与被保险人或者受益人达成赔偿或给付保险金的协议后 10 日内，履行赔偿或者给付保险金义务。保险合同对赔偿或者给付保险金的期限有约定的，保险人应当按照约定履行赔偿或者给付保险金义务。

给付保险金的数额不能确定的（如被保险人是否永久丧失劳动能力一时难以认定），根据我国《保险法》第 25 条的规定，保险人自收到赔偿或者给付保险金的请求和有关证明、资料之日起 60 日内，对其赔偿或给付保险金的数额不能确定的，应当根据已有证明和资料可以确定的数额先予给付，待最终确定赔偿或给付保险金数额后，再支付相应的差额。

三、保险赔偿金或人身保险金的支付

支付保险赔偿或人身保险金，是保险人履行保险责任的直接表现，也是被保险人或受益人依法享有的保险权益的法律后果。因此，各国保险立法都比较重视保险赔付工作。例如，我国《海商法》第十二章第六节专门规定了保险赔偿金的支付，明确了保险人和被保险人在保险赔偿金支付中的权利和义务，用以确保保险赔偿金支付的公平与合理，保护保险人和被保险人的合法权益。

（一）保险赔偿金的支付方法

在财产保险中，保险赔偿的给付方法，包括三种情况：一是保险赔款的金额已经确定，保险人与被保险人之间又无其他未了事项的，可以一次全额支付。二是保险责任已经明确，但是，核赔手续尚未办妥或者具体赔款金额尚未核定。为了使被保险人能够及时得到经济补偿，尽快地恢复生产经营或家庭生活，经被保险人要求可以先行赔付能够确定的部分。待赔款案件结束时，针对最终确定的保险赔款数额，补足相应的差额，我国《保险法》第 25 条规定的便是此方法。三是已经借支部分赔款的赔案，保险人在核定了赔款数额后，将不足部分立即赔付。

当然，根据当事人约定的赔偿方式，被保险人得到的赔偿数额会各不相同。一般情况下，财产保险合同适用的赔偿方式主要有五种。当事人为了明确起见，应当在财产保险合同中明确约定采用哪一种赔偿方式。

1. 比例赔偿方式，就是按照财产保险合同规定的保险金额与保险财产在出险时的实际价值的比例确定保险赔偿金额，其公式为：

$$\text{赔偿金额}=\text{损失金额}\times\frac{\text{保险金额}}{\text{实际价值}}$$

因实际价值必须大于保险金额，所以保险金额越接近保险财产的实际价值，被保险人获得的赔偿金额就越接近损失金额。

2. 第一危险赔偿方式，又称第一损失赔偿方式，其具体方法是按第一次保险事故可能造成的最大损失数额确定财产保险合同的保险金额。对于保险财产在此保险金额范围内的实际损失金额，被保险人可以得到全部赔偿，但是，损失金额大于保险金额的，保险人最多按照保险金额赔付。

3. 免赔限度赔偿方式，就是保险人只在保险财产的损失超过一定限额时才承担赔偿责任的方法。为此，双方当事人应当在财产保险合同中规定一个免赔限额。该免赔限额可以按照保险财产损失的百分比或绝对金额来确定，保险人对此免赔限额内的财产损失部分不承担赔偿责任。

不过，这种赔偿方式在具体运用时，存在两种情况：一是保险财产的损失超过免赔限额时，保险人赔偿其全部损失金额，称为相对免赔限额；二是保险财产的损失超过免赔限额时，保险人只对其超过部分予以赔偿，称为绝对免赔限额。

4. 限额责任赔偿方式，又称固定责任赔偿方式，即保险人在保险合同约定的赔偿限额范围内予以赔偿，而超过赔偿限额的损失则由被保险人自行承担。

5. 定值保险赔偿方式，它用于定值保险合同，就是以财产保险合同约定的保险价值作为保险金额。出险时，保险标的的实际价值或市场价值发生全损时，按保险价值全部赔偿；而发生部分损失时，则按损失程度予以比例赔偿。

实例枚举

2001 年 5 月，张某与北京某汽车销售有限公司签订汽车购销合同，约定：张某委托北京某汽车销售有限公司为其购买“科罗玛”轿车一辆，金额为 180 000 元。同年 6 月 1 日，北京某汽车销售有限公司为张某购置上款车，其开具的“机动车销售统一发票”的金额为 120 000 元。同日，张某就该车在保险公司投保，主险为车辆损失险，保险金额 180 000 元；第三者责任险，赔偿限额 100 000 元。共交纳保险费 6 733 元。保险期限自 2001 年 6 月 2 日至 2002 年 6 月 1 日。2001 年 12 月 17 日，张某驾驶“科罗玛”轿车行驶过程中与他车相撞，投保车辆报废。同年 12 月 25 日，投保人向保险公司提出理赔，要求其赔偿车辆损失 180 000 元。保险公司以投保人购买该车金额是 120 000 元，即保险价值应为 120 000 元，而其投保的保险金额是 180 000 元，依法超过保险价值的部分无效为由，只同意赔偿 120 000 元。2002 年 1 月 10 日，投保人张某诉至法院，以保险公司对其所有的“科罗玛”轿车投保价值 180 000 元予以承保为由，要求保险公司赔偿 180 000 元。本案争议焦点在于张某购买“科罗玛”轿车，金额为 120 000 元，但投保车辆损失险的保险金额为 180 000 元，对投保人超额投保的行为应如何认定。

法院经审理认为，诚实信用原则是保险活动过程中当事人双方都应遵守的基本原则。该原则特别要求投保人、被保险人必须如实地陈述有关保险标的的情况。张某购买的“科罗玛”轿车的价值是 120 000 元，却向保险公司投保保险金额为 180 000 元的车辆损失险，超过实际价值 60 000 元。于是，法院判决保险公司赔偿张某人民币 120 000 元，而超过保险标的的金额部分属于无效，对此，保险公司不承担保险责任。

本案对于把握财产保险合同的赔付具有借鉴意义。从而，大家可以深刻地理解财产保险合同的补偿性在保险赔付中的适用。

而对于人身保险合同来说，保险人的理赔程序较之财产保险要简便。一般情况下，只要被保险人或受益人提交了索赔单证，保险人予以核实后即可给付人身保险金或赔偿金（如医疗保险的保险赔偿）。进一步讲，因被保险人死亡而向保险人索赔的，受益人向保险人提交被保险人的死亡证明，经保险人调查核实在保险责任范围之内的，保险人即可给付人身保险金。不过，若被保险人或受益人向保险人借有款项或因分期交付保险费而未将当年度保险费缴清的，应在给付的人身保险金中扣除。而因被保险人在保险有效期限内遭遇意外伤害而丧失劳动能力或其他残疾的，被保险人或受益人应当立即通知保险人。保险人调查属实后，应根据医院的诊断证明，并视被保险人丧失劳动能力或残疾程度，按保险单或《保险金额给付表》规定的保险金额给付人身保险金。约定保险单期满给付保险金的，被保险人或受益人在保险期限届满时向保险人提出索赔要求，或根据保险人在到期日前的通知前来领取人身保险金的，应向保险人提交保险单和最后一期保险费缴纳收据，保险人核实后给付到期的人身保险金。若有借款或其他欠款的，要在给付的人身保险金内扣除。

鉴于支付保险赔偿或人身保险金是保险人履行合同义务的行为，因此，其履约行为也必须符合法律规定，“保险人收到被保险人或者受益人的赔偿或者给付保险金的请求后，应当及时作出核定”；“保险合同对赔偿或者给付保险金的期限有约定的，保险人应当按照约定履行赔偿或者给付保险金义务”。“对属于保险责任的，在与被保险人或者受益人达成赔偿或者给付保险金的协议后十日内，履行赔偿或者给付保险金义务”。“保险人未及时履行前款规定义务的，除支付保险金外，应当赔偿被保险人或者受益人因此受到的损失”。（《保险法》第 23 条第 1 款和第 2 款）

（二）保险标的权利的取得

保险人依财产保险合同向被保险人支付了保险赔偿金后，是否取得保险标的的权利，不能一概而论。根据国际保险市场的惯例，保险人支付了全损赔偿的，取得相应保险标的的权利。而保险人对于部分损失的保险赔偿予以支付后，并不能获取保险标的或其残余部分的权利。

我国的保险立法和保险经营实践吸收了该惯例。我国《海商法》第十二章“海上保险合同”部分有规定：“保险标的发生全损，保险人支付全部保险金额的，取得对保险标的的全部权利”（第 256 条），排除了保险人赔付保险标的部分损失后的权利转移。但是，对于不足额保险而言，保险人只是按保险金额与保险价值的比例支付保险赔偿。至于其未赔付的部分，法律视为被保险人自行承受损失后果。因此，我国《海商法》第 256 条相应地规定：“在不足额保险的情况下，保险人按照保险金额与保险价值的比例取得对保险标的的部分权利”，形成了保险人与被保险人共有的权利。这一规定同样适用于其他财产保险，《保险法》第 59 条进一步明确了此问题：“保险事故发生后，保险人已支付了全部保险金额，并且保险金额等于保险价值的，受损保险标的的全部权利归于保险人；保险金额低于保险价值的，保险人按照保险金额与保险价值的比例取得受损保险标的的部分权利。”

由此可见，取得保险标的的权利，是保险人履行保险赔偿责任、支付保险赔偿之后享有的一项权利。当然，保险人可以根据实际情况，依法行使这一权利来获取保险标的的权利，同时，也可以放弃该权利。尤其是在需要尽快解除保险人对保险标的承担的法律义务的时候，比如保险标的已经全部灭失而无权利转移的必要，或经过评估表明接受保险标的权利反而要承担更多的义务和费用等，则保险人放弃这一权利就更为重要了，故我国《海商法》亦规定：“发生保险事故后，保险人有权放弃对保险标的的权利，全额支付合同约定的保险赔偿，以解除对保险标的的义务”（第 255 条）。

不过，保险人放弃该权利时，应注意两个问题。

1. 保险人应在法律或保险合同规定的时间内，将其放弃该权利的意思表示通知被保险人。按《海商法》第 255 条第 2 款的规定，保险人放弃该权利的，“应当自收到被保险人有关赔偿损失的通知之日起的七日内通知被保险人”，以便被保险人作出相应的处置。从而，除法律或保险合同另有规定以外，保险人在此时间之外所作的放弃权利的表示不产生法律效力。

2. 保险人放弃该权利的，应当对被保险人在此之前所支付的必要费用承担赔付责任。由于保险人放弃该权利是一种单方法律行为，取决于其单方面意志，故而，从保险人与被保险人平等的法律地位出发，有必要保护被保险人的合法权益。它具体表现为，“被保险人在收到通知前，为避免或者减少损失而支付的必要的合理费用，仍然应当由保险人偿还”（《海商法》第 255 条第 2 款）。

（三）保险赔付的扣减

保险合同是一种双务行为，保险人与投保人、被保险人之间的权利义务相互对应。这同样体现在保险索赔和理赔过程中。其间，保险人在支付保险赔偿的同时，也享有一系列权利，体现着保险人作为合同当事人的独立经济利益。对此，被保险人或受益人有义务予以维护。如果是出于被保险人或受益人的过错行为而损害了保险人的合法权益的，被保险人或受益人应当依法承担相应的法律责任。在国际保险市场上，被保险人承担该法律责任的方式，一般是由保险人从应支付的保险赔偿金或人身保险金中予以扣减。

以我国海上保险为例。根据我国《海商法》第 253 条的规定，海上保险中的被保险人在保险赔付过程中实施下述行为而损害保险人权利的，应当通过保险赔偿扣减的方式承担法律责任。

1. 被保险人未经保险人同意放弃其享有的向第三人要求赔偿的权利。因为，在海上保险中，保险人经全损赔偿或部分损失实际赔偿后，均在其保险赔偿范围内取得被保险人依法享有的向第三者要求赔偿的权利，但是，这要以被保险人在接受保险赔付时享有该追偿权为前提。因此，是否放弃该权利直接关系到保险人的利益，被保险人不得任意处置。只有经保险人同意，被保险人才能够放弃这一权利。否则，保险人有权在其支付的保险赔偿金之中予以相应的扣减，以确保其享有的向第三人要求赔偿的权益。

2. 因被保险人的过失致使保险人不能向第三方责任人行使追偿权利。由于保险人从被保险人处取得向第三方责任人追偿权利的前提，是被保险人提出保险索赔和保险人进行保险赔付。因此，被保险人在索赔过程中的过失会直接影响到该追偿权的效力。比如，被保险人因疏忽大意而未向第三方责任人（如承运人）提出索赔申请致使索赔时效届满，索赔权丧失。其结果是，保险人在支付了保险赔偿后，已不能再向第三人追偿。当然，也就出现了保险人从保险赔偿金中扣减的权利。

此外，如果财产保险的被保险人已经向第三方责任人行使了赔偿请求权，并获得了经济赔偿，受财产保险合同的补偿性质的制约，相应的损失部分就不能再从保险人那里获得保险赔偿了，故保险人应从支付的保险赔偿中予以扣减。正如我国《海商法》第 254 条第 1 款规定的：

“保险人支付保险赔偿时，可以从应支付的赔偿额中相应扣减被保险人已经从第三人取得的赔偿。”

【知识链接】

投资连结保险——融保险与投资功能于一体的新险种

当今的中国保险市场上存在的投资连结保险，简称投连险，也称单位连结（unit linked）、证券连结（equity-linked）、变额寿险（variable life）等。顾名思义，投资连结保险就是保险与投资相互挂钩的保险险种，表现为一份保单在向被保险人提供人寿保险保障时，其价值是根据其投资基金在当时的投资表现来决定的。

投连险最早起源于20世纪50年代的英国，20世纪60年代之后流行于欧美国家。当时投连险盛行的主要原因是20世纪60年代以后，欧美地区的金融市场剧烈波动，对保险公司的稳健经营造成极大威胁。不少经营传统固定预定利率寿险品种的保险公司发现，尽管在承保此类寿险时把利率固定好，但以后多年的投资收益的好坏却难以确定，为了在激烈的市场竞争中降低经营风险，保险公司就将其经营收益与投保人的个人收益相互连接起来，创立了投资连结保险品种。

这一新险种不仅使保险公司不会因自身投资亏损而向客户赔付大笔的固定利息，将风险转嫁给了客户；也可以因客户的获利水平随着保险公司的投资收益的增多而提高，给客户带来高额投资收益而招徕客户。于是，在欧美国家，投连险的销售额不断增长，一般都在总销售额的30%以上。在中国香港及东南亚地区目前都超过了销售总额的50%，仅在1987年到1997年的10年间英国的投连险保费占寿险保费的比例就由39%提高到了50%。美国于1976年开发出首个投连险，到1998年时，该产品的市场份额也已达到32%。如今，投连险已成为寿险市场的主流品种，代表着国外寿险业的发展趋势。特别是在亚洲金融风暴后，投连险已经成为不少寿险公司的主打产品。亚洲金融风暴中日本明治生命保险公司宣告破产，震惊整个保险业，而同样在东南亚投资中蚀了大本的寿险公司却安然无恙。一个重要原因就是前者售卖的都是高固定利率的寿险产品，后者售卖的主要是投资连结型的寿险产品。到期兑付的高额固定利率回报，使得前者难以为继；后者经营投连险则是没有收益就无须向客户支付任何利益回报，现有的资金足以维持其继续经营。

中国多年来连续的银行降息使得现在的银行存款利率处于历史的最低水平，这给保险公司数年来较高的固定保单利率带来了极高的利差风险。这种情况促使保险公司实现保险产品的转型。中国保险市场上出现投连险产品是在1999年10月23日，平安保险公司在上海推出“平安世纪理财投资连结保险”，标志着国内第一个投资连结保险险种的诞生。其后，有部分保险公司也相继推出投连险产品。投连险的推出使我国寿险业开始了产品结构的重大调整。

投资连结保险作为寿险与投资基金功能相结合的产品，区别于传统寿险产品的特点有：（1）保险的保障功能与投资功能高度统一。这使投保人在购买保险保障的同时，可以获得其保险基金投资的选择权，享受较高的投资回报。保险公司将投保人缴纳的保险费用于购买投资基金，其单位价格随单位基金的资产表现不同而不同，故保户有经常选择投资基金的权利，即投保人在保单生效后可根据实际需要，在规定允许的范围内增加投保一份或多份保险，且无须进行体检。(2) 保单持有人的利益直接与投资回报率挂钩。保单持有人拥有获得所有投资利益的权利，当投资表现较好时，保单持有人享有较高的回报；反之，当投资表现较差时，保单持有人则要承担相应风险，此类回报率具有的变动性和不确定性使得投连险不同于其他保险险种。(3) 投资风险的转移。由于投连险的费用较低，且具有无担保及弹性特点，而较低的准备金及资本要求需要将其投资风险转移给保单持有人承担，保险公司仅负责保单持有人资金的投资运用，却不担保任何投资回报率，并且，保险公司为此回报要收取一定比例的管理费用。由于投资风险由投保人来承担，保险公司用同样的资本金可承担更大的保险风险，有利于扩大其业务经营规模。(4) 投资连结保险对投保人有更高的透明度。投保人在任何时候都可以通过电脑查询其保险单的保险成本、费用支出以及独立账户的资产价值，使投保人明明白白地消费，确保投保人的利益。(5) 为投保人提供更大的方便。按照国外的做法，投保人通过购买一份投连险，便可获得其需要的所有保险保障。(6) 投资连结保险弱化了对精算技能的要求，而更强调电脑系统的支持，因此该保险产品的投保人可随意选择或中途变更其投资组合。

投资连结保险的运作模式一般表现为，保险公司根据不同的投资策略和不同的风险程度开设有三个账户：基金账户、发展账户、保证收益账户。投保人可以自行选择保险费在各个投资账户的分配比例。其中，基金账户往往采用较为激进的投资策略，通过优化基金指数投资与积极主动投资相结合的方式，为求获得高于基金市场平均收益的增值率，实现资产的快速增值，让投资者充分享受基金市场的高收益。发展账户的投资策略则较为稳健，在保证资产安全的前提下，通过对利率和证券市场的判断，调整资产在不同投资品种上的比例，力求获得资产长期、稳定的增长。而在基金品种的选择上则采取主动投资的方式，关注公司信誉良好、业绩能保持长期稳健增长、从长远看市场价值被低估的基金品种。至于保证收益账户的投资策略却是保守的，要求在保证本金安全和流动性的基础上，通过对利率走势的判断，合理安排各类存款的比例和期限，以实现利息收入的最大化。此外，投保人还可以根据自身情况的需要，部分领取投资账户的现金价值，增加保险的灵活性。

中国保险市场推出“投资连结保险”产品的重要意义体现在：促进寿险业的金融功能创新。寿险业具有一般保险保障和定期给付功能，它已趋向寿险产品金融证券化。将来寿险业的侧重点，已不再是保险保障而是趋向为客户投资理财，促进我国投资市场的繁荣和稳定。由于保险公司聚集的资金规模大、投资队伍专业化等特点，其在市场投资规范性和专业性方面都较为科学，对投资市场的稳定和健康发展必将起着积极作用；客户和保险公司都能“双赢”，保险公司可以在很大程度上化解客户个人投资面临的风险，促进社会的稳定和繁荣。

当然，投资连结保险的负面影响也是不可回避的。对保险公司而言：(1) 投连险产生的利益均回馈给保户，本身利润增长受阻；(2) 投连险所需人力资源成本增大，包括培训费用增加和投资人才的引进。而对保户来讲：(1) 较之普通寿险，投连险的利息不固定，存在无任何收益可得的风险；(2) 保险公司有可能会克扣利息，其兑付的利息并非应该得到的全部收益，因为保户无法准确了解保险公司的经营状况；(3) 投连险的本金在一定期限内是不能限保的，这会给中低收入的家庭带来诸多不便。

问题与思考

1. 如何理解索赔的法律性质？
2. 索赔应当具备哪些条件？
3. 如何理解理赔的法律性质？
4. 人身保险合同理赔有哪些法律特点？
5. 如何给付保险赔偿金？
6. 如何给付人身保险金？

第三编

保险合同分论

第十章

财产保险合同概述

本章概要

财产保险合同是与人身保险合同并列的两大基本保险合同之一，以其补偿性体现保险合同的保障功能，相应地，财产保险合同又具有诸多法律特点，构成其适用中特有的代位求偿制度和委付制度。因此，学习本章的目的，在于掌握财产保险合同的概念、法律性质、功能和作用、主要条款内容以及特有的代位求偿制度与委付制度的适用条件等保险法理论问题。学习财产保险合同制度和人身保险合同，还涉及保险法司法解释有关规定的理解和适用。

第一节　财产保险合同的概念和适用范围

一、财产保险合同的概念和法律特性

财产保险合同，“是以财产及其有关利益为保险标的的保险”（《保险法》第 12 条第 4 款），即投保人与保险人之间所达成的，由投保人缴付保险费，保险人对于承保的物质财产及其有关利益因保险事故遭受的损失承担赔偿责任的保险合同。它与人身保险合同并存，是保险合同的两大基本种类之一。

财产保险是保险业务的重要组成部分，财产保险合同则是独立的保险合同类型。纵观商业保险的历史进程，财产保险起源于海上保险，此后在火灾保险基础上得以完善，而西方经济发达国家的工业革命则为财产保险的迅速发展提供了社会条件。因为，18 世纪以来的工业革命，在提高工商业生产水平、促进社会经济发展的同时，也给人们的生产和生活带来诸多新的危险，相应地，导致各种工业保险和汽车保险的产生，并成为财产保险的重要内容。时至今日，商业保险可以为社会上的各类财产提供保险保障。因此，财产保险合同在保险市场中占有举足轻重的地位。

财产保险合同作为保险合同的一大基本种类，在具备一般保险合同属性的同时，还具有如

下自身特点，与人身保险合同相区别。

（一）财产保险合同的保险标的是广义的财产，又称为产物保险合同

对于财产保险合同，有广义和狭义两种解释。狭义的财产保险合同的保险标的限于有形财产，包括动产和不动产等各种物质财产。英、美等国的保险立法在此意义上解释财产保险合同。而广义的财产保险合同，其保险标的包括物质财产以及与物质财产有关的利益。前者是指有形财产，后者则涉及相关经济利益或损害赔偿法律责任等无形财产，诸如责任保险合同、保证保险合同、信用保险合同的保险标的。我国《保险法》及保险实践正是在此意义上规定和运用财产保险合同。因物质财产是人类社会存在和发展的基础，而社会生产和生活进程中的任何环节所涉及的物质财产遭受损害，都会对社会发展产生负面影响。这决定了财产保险合同的适用范围极为广泛。以物质财产作为保险标的的根本性特点，是确立财产保险合同其他各项特点的基础，也是财产保险合同区别于以人的寿命和身体作为保险标的的人身保险合同的典型标志。

（二）财产保险合同是补偿性合同

用保险赔偿金补偿被保险人的保险财产的损失，是财产保险合同的适用目的，即在财产保险合同中，保险人承担的保险责任是以赔偿保险标的因保险事故所致损失为内容的。因此，财产保险合同的适用严格遵守损害填补原则。为此，保险人履行该保险责任的前提，必须是财产保险合同的保险标的因保险事故而遭受实际的、可以用货币加以计算的经济损失。而保险人针对保险财产的损失，应按照财产保险合同约定的条件和保险财产的实际损失程度履行保险责任。相应地，被保险人可以通过财产保险合同获得的保险赔偿，能够弥补其因保险事故而遭受的经济损失，但不能取得额外收益，故又称其为损害保险合同。这一特点与以给付为目的的人身保险合同截然不同。

（三）财产保险合同是根据承保财产的价值确定保险金额的

不同于人身保险合同，财产保险合同的保险金额决定于保险财产本身具有的实际经济价值（保险价值）。因为，保险财产的实际价值是被保险人对于保险财产享有的保险利益的货币表现。基于财产保险合同的补偿性质，保险人与投保人应在保险财产的实际价值范围内约定保险金额，保险人只能在保险财产的实际价值范围内承担保险赔偿责任。所以，保险财产的实际价值是确定财产保险合同之保险金额的根据，也应成为保险人承担保险赔偿责任的最高限额。《保险法》禁止订立保险金额超过保险标的价值的财产保险合同，以防止在保险领域中滋生道德危险。

（四）财产保险合同强调保险标的因保险事故致损之时保险利益的存在

保险利益的存在是保险合同订立和履行的基础，相比较而言，人身保险合同严格要求投保人在投保之时应当具有保险利益，而在给付保险金时则不以保险利益为必备条件，故被保险人可以指定任何人为受益人领取保险金。而在财产保险合同中，则强调被保险人在保险标的因保险事故遭受损失之时，必须对保险标的具有保险利益，我国《保险法》第 12 条第 2 款正是在

此意义上规定："财产保险的被保险人在保险事故发生时，对保险标的应当具有保险利益"，以此确保财产保险的运用合法有效，并防止道德危险的出现。

（五）财产保险合同一般是短期性保险合同

在市场经济条件下，财产保险合同承保的各类财产都是具有使用价值和交换价值的商品，这决定了其在市场经济活动中的流动性。因此，一般是按年度来测算其损益结果的，保险人往往是按年约定财产保险合同的保险期限，故有别于以长期性为主的人身保险合同。

（六）代位求偿和委付是财产保险合同特有的理赔环节

财产保险合同的补偿性，使其理赔中适用代位求偿和委付等特有制度。它们的核心内容都着眼于被保险人因发生保险事故而遭受财产损失时，通过财产保险合同取得不超过保险金额的保险赔偿，以便补偿实际的财产损失，而防止被保险人利用财产保险合同攫取额外利益。与此不同，具有返还性和给付性的人身保险合同在保险责任的履行过程中，则不存在上述制度的适用。

实例枚举

2003 年 12 月，甲公司以 2 万美元免税购买了一辆美国产别克轿车，在办理车辆牌照的当天，向乙保险公司投保了车辆损失保险合同。由于当时国内尚无此类轿车进口，其市价不明。因此，双方约定重置价值为 30 万元，保险金额为 30 万元，保险期限自 2004 年 1 月 1 日至 2005 年 12 月 31 日。2004 年 3 月 15 日，该车发生交通事故，经交通管理部门现场勘验后，认定司机承担全部责任。甲公司经与乙保险公司商定，甲公司将该车从事故地拖回天津修理，所需各项费用由甲公司垫付。

修车完毕后，甲公司、承修单位和保险公司三方形成协议，确认该轿车为部分损失，修理费、配件费等费用共计 29.5 万元。因甲公司与乙保险公司就保险赔偿事宜未能统一意见，甲公司向法院提起诉讼。

本案对于理解财产保险合同的法律性质具有典型意义。根据上述案情，一方面表明财产保险合同尊重双方当事人的意愿，另一方面财产保险合同的约定内容不得与保险法有关的法律规则相抵触。

二、财产保险合同的功能

财产保险合同作为保险合同的一大基本种类，其保险保障功能在于损失补偿。也就是说，保险人与被保险人之间建立财产保险合同关系，保险人根据合同的约定，收取保险费，承保保险财产因保险事故而遭受损失的危险。当该危险实际发生的时候，保险人依合同约定向被保险人支付保险赔偿金，用以补偿被保险人的经济损失。财产保险合同的损失补偿功能由此得到体现。

为确保损失补偿功能的实现，保险立法确立了专门适用于财产保险合同制度的补偿原则，作为调整财产保险合同的依据。依据补偿原则的要求，保险人在履行保险赔偿责任时：(1) 应当使被保险人依据合同获得充分的补偿。(2) 应当在保险金额范围内，按照保险标的的实际损失予以补偿。(3) 被保险人获得的保险赔偿金，一般应当能够满足恢复保险标的原有状态的需要，但是，被保险人不能因保险赔偿获取额外的收益。

因此，保险人履行保险赔偿责任时，应当符合以下标准。

(一) 以保险标的的实际损失为限进行保险赔偿

基于补偿原则，保险财产必须是因保险事故而遭受实际损失的，保险人才应履行保险赔偿责任。而且，保险人按照保险标的的实际损失数额支付保险赔偿金。因此，保险标的没有损失的，保险人无须履行保险赔偿责任；不属于保险标的的损失，保险人亦不承担保险赔偿责任。

(二) 以保险金额为限进行保险赔偿

双方当事人在财产保险合同中约定的保险金额是保险人承担保险赔偿责任的最高限额。保险人针对保险财产的实际损失实际支付的保险赔偿金只能低于或等于保险金额，不能高于保险金额。即使保险财产发生实际全损，而且，受损之时的实际价值（市价）高于保险金额，保险人的保险赔偿责任也限于保险金额范围内。

(三) 以被保险人对保险标的拥有的保险利益为限进行保险赔偿

财产保险合同保障的是被保险人对于保险标的具有的保险利益，为了防止出现不当得利和道德危险，保险人向被保险人支付的保险赔偿金不能超过被保险人对保险标的具有的保险利益。我国《保险法》在此意义上强调“保险事故发生时，被保险人对保险标的不具有保险利益的，不得向保险人请求赔偿保险金”（第 48 条）。例如，抵押担保中的抵押权人在向抵押人贷出 80 000 元人民币后，以其名义将抵押物（房屋）投保财产保险合同。该抵押物在保险期限内因保险事故而全部损毁。虽然，该受损的抵押物当时的市价高达 100 000 元人民币，保险人也只向被保险人支付 80 000 元的保险赔偿金，因为，被保险人对该抵押物具有的保险利益为 80 000 元人民币。

(四) 被保险人不得利用保险赔偿获取额外利益

损害补偿原则的适用，表明财产保险合同是被保险人寻求保险保障的方法，而不是获取额外利益的手段。这在财产保险合同制度的诸多规则上得到体现。诸如：(1) 因第三者的责任引起保险事故致保险财产损失的，被保险人获取保险赔偿后，必须将其对第三人的追偿权转让给保险人，而不能另行从第三人处得到民事赔偿。(2) 在保险人支付保险赔偿金时，受损的保险财产的残值部分，应当相应地予以扣除。(3) 投保人将同一保险标的、同一保险利益、同一保险事故分别向两个以上保险人订立保险合同的重复保险，被保险人不得获取超过保险财产之保险价值的赔偿，而适用分摊责任的方法——各保险人按照各自保险金额与保险金额总和的比例承担赔偿责任。

三、财产保险合同的适用范围和分类

（一）财产保险合同的适用范围

财产保险合同作为一种对财产的意外损失实施经济补偿的保障制度，随着社会经济生活的发展，其适用范围十分广泛，并表现出日益扩大的趋势。仅就其承保对象的范围而言，按照狭义财产保险合同的观点，它适用于物质财产（有形财产）；但是，根据广义财产保险合同的理论，它适用于人身保险以外的一切保险业务，则其承保对象不仅是物质财产，还包括民事赔偿责任、信用、保证以及特定的财产利益，可以预见到，随着社会成员对于保险保障需求的增加，财产保险合同的适用范围必然日益扩大。

（二）财产保险合同的分类

财产保险合同的分类标准及其各类险种的名称多因保险制度的历史演变而形成。其中，有的是按保险事故发生的区域而命名，如海上保险合同；有的是按承保的保险事故而命名，如火灾保险合同；更多的则是根据保险标的来命名。同时，早期的各类财产保险合同仅承保单一保险事故造成的保险标的的直接损失。而当今的财产保险合同则多是综合保险合同。在国际保险市场上，通常将财产保险合同分为三类，即火灾保险合同（简称火险）、海上保险合同（简称水险）和意外保险合同。① 此三类财产保险合同又统称为非寿险合同，以区别于寿险合同。

我国保险立法根据保险实务，对于财产保险合同从不同角度进行了如下分类。

1. 根据投保人的身份分类

（1）财产损失保险合同。这是以各类企业、公司、国家机关、事业单位和社会团体作为投保人的财产保险合同。

（2）家庭财产保险合同。这是以城乡居民、个体工商户、农村承包经营户作为投保人的财产保险合同。

（3）涉外财产保险合同。这是中外合资经营企业、中外合作经营企业、外资企业、外国人、外国驻华或我国驻外使、领馆及商务机构投保的财产保险合同的统称。

2. 根据保险标的的不同分类

（1）财产损失保险合同，它是以法人或自然人所有或经营管理或控制的处于相对静止状态的物质财产作为保险标的。

（2）运输货物保险合同，它是以运输过程中的货物作为保险标的。

（3）运输工具保险合同，它是以各类合法运营的运输工具作为保险标的。

（4）工程保险合同，它是以在建工程或安装项目作为保险标的。

（5）农业保险合同，它是以农业生产过程中的各类农作物、林产品、牲畜、家禽作为保险标的。

（6）责任保险合同，它是以被保险人依法应承担的民事赔偿责任作为保险标的。

---

① 在此，意外伤害保险合同包括除海上保险合同和火灾保险合同以外的各种物质财产保险合同和各种相关利益的保险合同，如责任保险合同，另外，还包括人身意外伤害保险合同。

（7）保证保险合同和信用保险合同，它们都是以特定的信用危险作为承保对象的财产保险合同。不过，前者是保险人以债务人为被保险人向其债权人提供保障的保险合同，其保险标的是被保险人因自身信用所涉及的违约行为。后者则是以其债务人的信用——履约责任作为保险标的，由保险人对此向被保险人（债权人）提供保障的保险合同。

第二节 财产保险合同的主要内容

各类财产保险合同的具体内容不尽相同，但是，概括各类财产保险合同的共性，保险标的、保险金额、保险费、保险责任等均是财产保险合同不可缺少的主要内容。

一、财产保险合同的保险标的

财产保险合同的保险标的，是投保人予以投保而寻求保险保障的对象，也是保险人同意承保并负担保险责任的目标。故保险标的是财产保险合同的首要条款。

（一）财产保险合同保险标的的构成条件

构成财产保险合同之保险标的的财产及其有关利益，必须符合下述条件。

1. 投保的财产或利益应当具有能够用货币衡量的价值

这决定于财产保险合同的补偿性质，因为，只有用货币才能将投保的财产和利益加以量化，这是保险人确定赔偿金额的唯一方法。否则，保险人无法履行保险赔偿责任。因此，不能用货币加以衡量的物质或利益就不能成为财产保险合同的保险标的。

2. 投保的财产或利益必须与被保险人之间存在保险利益

财产保险合同的订立和履行是以此保险利益为前提的。如果被保险人对于保险标的没有保险利益，就不会出现经济损失，故不存在保险保障的需要。

3. 投保的财产或利益必须是合法的

投保的财产是法律允许被保险人所有或经营管理的财产及与之相关的利益。违法持有的财产或利益不能成为财产保险合同的保险标的。

4. 投保的财产或利益必须经保险人同意承保，才能成为财产保险合同的保险标的

财产保险合同是以双方当事人协商一致为基础的，因此，只有保险人接受投保人的投保要求，同意对其投保的财产予以承保时，相应的投保财产才能成为财产保险合同的保险标的。否则，即使符合以上条件的财产或利益，未经保险人同意的，也不能成为财产保险合同的保险标的。

根据上述法律条件确认财产保险合同的保险标的范围，涉及各类社会财富。而且，从现代保险市场的发展来看，财产保险合同的适用范围日益广泛的原因就在于其保险标的范围的不断扩大。

（二）财产保险合同保险标的的分类

在保险实务中，广义的财产保险合同的保险标的，可以概括为两大类。

1. 物质财产

在此，物质财产是指各种有形财产。依其存在形式，具体包括生产过程涉及的财产（如厂房、设备、原材料、产成品等），流通过程涉及的财产（如运输中的货物、运输工具等），消费过程涉及的财产（如各种家庭财产），建造过程涉及的财产（如在建工程、在造船舶等）。物质财产是财产保险合同最为常见的保险标的。

2. 与财产有关的利益

作为财产保险合同的保险标的，这种与财产有关的利益属于无形财产，具体表现为运费损失、利润损失、经济权益、民事赔偿责任、信用等。而且，与财产有关的利益可进一步分成预期利益和免损利益。前者是指待一定的事实发生后，可以实现的利益，如利润损失。后者则指本应由被保险人支出但因保险人的保险赔付而免予支出的费用，如责任保险合同承保的被保险人所应承担的民事赔偿责任。但是，这种利益在财产保险合同中必须与相关的物质财产存在着直接或间接的联系，而不能独立存在。例如，被保险人因保险的机动车辆发生的交通事故而应当向第三者承担的赔偿责任，就是依附于该机动车辆的无形利益。

（三）财产保险合同之保险标的的范围

虽然财产保险合同的保险标的范围广泛，但是，并非一切财产和利益都可以成为其保险标的。而且，各类财产保险合同的保险标的的范围亦不一样。这取决于保险人在具体的财产保险合同中同意承保的财产范围。依此标准，各种财产和利益在具体的财产保险合同中，分为可保财产、特约财产和不保财产。

1. 可保财产

凡保险人依财产保险合同规定同意承保的财产，是可保财产。投保人在此范围内投保的财产或利益，可成为财产保险合同的保险标的。其具体的范围因财产保险险种的不同而不尽相同。

2. 特约财产

凡需保险人与投保人进行协商，约定特别条件后，才予以承保的财产和利益，是特约财产，实际上它是可保财产范围的扩大。因为，特约财产具有某种特殊性质，诸如金银、珠宝、首饰、电脑资料等，其价值高、风险大，不易管理，故在通常情况下，保险人不予承保。但是，经投保人和保险人进行协商，附加特别条件后，保险人即可予以承保。保险实践中，这种特约条件可以是增加特殊的安全措施，也可以是提高保险费率。

3. 不保财产

这是保险人不予承保的财产。此类财产一般表现为无法估定价值的财产，或者不属于一般商品的财产，或者不便于确定其损失金额的财产等。例如，有价证券、票证、货币、文件、账册、图表、电脑软件等。

当然，各类财产保险合同的保险保障内容不尽相同，它们各自承保的财产范围也就有所区别。当事人应当根据各类财产保险合同的特点和要求，相应地确定可保财产、特约财产和不保财产的范围。

（四）财产保险合同保险标的损失的分类

财产保险合同保险标的的损失是指财产保险合同承保的财产及其相关利益因保险事故发生所遭受的毁坏或灭失。但是，就具体的财产保险合同而言，保险事故导致的保险财产的损失情况和程度不尽相同，保险人的赔偿方式也有区别。为了正确确定保险人所应承担的保险责任的内容和范围，保险立法将财产保险合同保险标的的损失分为全部损失和局部损失，全部损失又包括实际全损和推定全损。

1. 全部损失，是指财产保险合同的保险标的在遭受保险事故后，已经全部灭失或损毁，或者其毁损程度接近整体价值，或者已经没有修复、施救的价值，或者被保险人无可挽回地丧失保险标的物（如被政府没收）等。对于保险标的的全部损失，保险人应当按该财产保险合同约定的保险金额履行赔付责任。

进一步讲，财产保险合同保险标的的全部损失，又分为实际全损和推定全损。

（1）实际全损，是指财产保险合同的保险标的因保险事故的发生而在实际上完全灭失或损毁。也就是说"倘若承保的保险标的被毁，或受到损坏，失去了投保时本来的形体、效用，或丧失而无法归复，就是实际全损"（英国《1906 年海上保险法》第 57 条）。我国法律则把实际全损定位在"保险标的发生保险事故后灭失，或者受到严重损坏完全失去原有形体、效用，或者不能再归被保险人所拥有"（《海商法》第 245 条）。

基于上述法律规定，财产保险合同保险标的的实际全损包括四种情况。

第一，保险标的在保险事故发生后已经完全灭失损毁。例如，运输工具保险合同所承保的运输工具被大火焚烧后变为灰烬。

第二，保险标的受到严重损坏而完全失去原有形体、效用。例如，货物运输保险合同承保的货物被水浸泡而失去原有商品属性和使用价值。

第三，被保险人对于丧失的保险标的不能再归其所拥有。例如，保险标的被政府没收。

第四，保险标的失踪达到法定时间长度而不知下落的，按实际全损处理。例如，我国《海商法》第 248 条规定的"船舶在合理时间内未从被获知最后消息的地点抵达目的地，除合同另有约定外，满两个月后仍没有获知其消息的，为船舶失踪。船舶失踪视为实际全损。"

（2）推定全损，是指保险标的在保险事故发生后的受损程度虽未达到完全损毁，但已无法补救，故按完全损失处理的情况。

在国际保险市场上，下列情况往往被确认为推定全损。

第一，保险标的损失严重，构成实际全损已无法避免。

第二，为了防止保险标的实际全损而需要支付的费用（如施救费用、救助费用等），将超过保险标的的价值。

第三，保险标的受损后，虽可修复但所需修复费用将超过保险标的的保险价值（不包括残值）。

第四，货物运输保险合同的承保货物受损后，所需修复费用、整理费用以及续运到目的地的费用，将超过其到达目的地的价值。

第五，对于遭受保险事故的保险标的，被保险人丧失了对其享有的所有权，而收回该所有权所需费用，将超过保险标的价值。

我国《海商法》第 246 条参照国际惯例，根据我国海上保险的实际需要，分别规定了船舶的推定全损和货物的推定全损。其中的船舶推定全损是："船舶发生保险事故后，认为实际全损已经不可避免，或者为避免发生实际全损所需支付的费用超过保险价值的，为推定全损"（第 1 款）。而对于货物来说，推定全损就是在"发生保险事故后，认为实际全损已经不可避免，或者为避免发生实际全损所需支付的费用与继续将货物运抵目的地的费用之和超过保险价值的，为推定全损"（第 2 款）。

财产保险合同保险标的依法构成推定全损的，被保险人可以按全部损失或者局部损失向保险人请求赔偿。如果被保险人要求全损赔偿的，则适用委付制度。

2. 局部损失，是指保险标的因发生保险事故造成的一部分损失，又称为部分损失。局部损失是相对于全部损失而言，所以，我国法律规定："不属于实际全损和推定全损的损失，为部分损失。"（《海商法》第 247 条）

对于财产保险合同保险标的的局部损失，保险人在保险金额范围内按实际损失数额予以赔偿。

二、财产保险合同的保险金额

（一）保险金额的含义和作用

财产保险合同的保险金额，是指投保人在订立财产保险合同时，对保险标的实际投保的货币金额。

保险金额作为财产保险合同的又一主要内容，具有重要的作用。因为，保险金额是保险人向被保险人履行保险赔偿责任的最高限额，即"保险人承担赔偿或者给付保险金责任的最高限额"（《保险法》第 18 条第 4 款）。一般情况下，除另有约定以外，保险金额并非保险人认定的承保财产的价值，也不是保险人承诺在保险标的因保险事故致损时必然赔付的数额。但是，财产保险合同的保险金额是以保险财产的保险价值为基础确定的。在发生保险事故时，保险人是在财产保险合同约定的保险金额范围内，就保险标的的实际损失向被保险人进行赔偿，并以约定的保险金额作为赔付的最高限额。对于保险标的超过保险金额的损失部分，保险人不承担保险赔偿责任。

（二）保险金额的确定方法

正确确定保险金额，对于财产保险合同的订立和履行的意义重大。

财产保险合同的补偿性质，决定了其保险金额只能根据保险标的的实际价值（保险财产在某一时间或某一地区的市场价格，法律中称保险价值）来确定。在保险经营实践中，财产保险合同的保险金额，可以通过下述方法予以确定。

1. 以定值方法确定保险金额，称为定值保险。投保人和保险人在订立财产保险合同时，根据保险标的的实际价值（市价）来约定保险金额。保险人依此进行保险赔付，无须考虑保险标的在发生保险事故致损之时的实际价值。

在国际保险市场，海上货物运输保险合同多采用定值保险方法确定保险金额。我国的财产损害保险和单位的机动车辆保险，经常是按保险财产的账面价值——资产负债表中的固定资产原值或流动资产余额来确定保险金额。由于固定资产原值未扣除折旧，保险人在此保险金额限度内进行的赔付，有利于弥补企业自留折旧基金的不足，及时恢复生产或重置资产。但是，如果保险金额高于保险财产的重置重建价值的，保险人的赔偿数额则限于重置重建价值。此种确定保险金额的方法多用于市场价格变化较大或其本身的价值难以确定的保险财产。

2. 以不定值方法确定保险金额，称为不定值保险。它表现为投保人和保险人在订立财产保险合同时不具体确定保险标的的实际价值，只是列明保险金额作为保险赔偿责任的最高限额。而保险人在进行保险赔付时，则以保险标的在发生保险事故之时的实际价值（市价）计算赔偿数额。若此时保险标的的市场价值低于财产保险合同所列保险金额的，保险人按保险标的的实际价值赔付。若保险标的此时的价值高于所列保险金额的，则按照该保险金额与保险标的实际价值的比例予以赔偿。财产保险合同多采用不定值方法确定保险金额。

3. 以重置价值的方法确定保险金额。它是指按照保险标的的重置价值或重建价值来确定保险金额。所谓重置价值，是指保险财产因灾受损后重新购置的价值，一般包括重新购置的成本及所需费用。此方法产生于第二次世界大战之后，是为了适应被保险人在保险标的因保险事故致损后重置或重建的需要而对火灾保险的发展。例如，被保险人将其所有的一幢旧房屋按相当于重建一幢新房屋的价值进行投保，当该旧房屋在保险事故中受损时便可以旧换新，按重建价值获取赔付。显然，它实质上属于超值保险，多用于资信较好的投保人，而且，通常在财产保险合同中订有“重置价值条款”，约定因保险财产严重损毁而需重置时以保险财产当初购置之时的状态为准，以防出现道德危险。

4. 以第一危险保险方法确定保险金额。它是指经投保人和保险人协商后，不按保险财产的全部实际价值确定保险金额，而是将第一次保险事故发生可能造成的最高损失金额约定为保险金额。在此方法中，保险财产的价值分为两部分，其中，第一次危险造成的损失部分是足额投保，由保险人按保险金额足额赔付，其余价值部分视为“第二危险”，由被保险人自行负担其损失。因此，当发生第一次保险事故时，不论实际损失与全部财产价值的比例如何，保险人均视为足额投保而在约定的保险金额范围内按实际损失承担保险赔偿责任，不适用比例分摊。

5. 以原值加成方法确定保险金额。它是由保险人与投保人按照保险财产投保时的账面原值，增加一定的成数或倍数来约定财产保险合同的保险金额。从而，按原值加成的方法投保的财产一旦发生保险责任范围内的损失时，若是全损的，保险人按保险金额予以赔偿，但当投保财产的市场价格低于保险金额时，应按市场价格赔偿；若是部分损失的，保险人按受损时的实际损失金额承担保险赔偿责任。可见，使用此种方法确定保险金额，可以在影响保险财产的各种因素（如物价、劳动力价格等）不断变化的情况下，被保险人能够在保险财产因保险事故遭受损失时，获得高于原值或重置价值的保险赔偿。保险实务中，建筑物的造价一般是不断上涨的，故多以原值加成的方法确定保险金额。

（三）保险金额的适用

投保人在订立财产保险合同时，根据投保财产的实际情况、危险发生的概率和自身的具体条件，选择投保相应的保险金额。故而，在财产保险实务中，因投保人投保的保险金额不同而可能出现三种情况。

1. 足额保险。投保人以保险标的的全部保险价值作为保险金额向保险人投保，使得财产保险合同的保险金额等于或接近于保险财产的实际价值，即为足额保险，又称全额保险或等额保险。基于足额保险，被保险人在保险财产全损时，可获得等于或接近于保险财产价值的足额赔偿。

2. 不足额保险。投保人以保险标的之保险价值的一部分作为保险金额投保，使得财产保险合同的保险金额小于保险财产的实际价值，即为不足额保险，又称低额保险。这意味着保险财产的实际价值与保险金额的差额部分，由被保险人自行负担。因此，当保险财产因发生保险事故而致损，并且，实际损失金额大于保险金额时，被保险人只能在保险金额范围内按比例获得保险赔偿。我国《保险法》亦规定："保险金额低于保险价值的，除合同另有约定外，保险人按照保险金额与保险价值的比例承担赔偿保险金的责任"（第 55 条第 4 款）。

3. 超额保险。投保人以高于保险标的之保险价值的保险金额投保，致使保险金额大于保险财产的实际价值，构成超额保险，又称超值保险。对此，应当区别情况加以处理。若出于投保人善意行为所致超额保险，保险人在保险标的的实际价值范围内承担赔偿责任，而其超额部分则归于无效，保险人不负保险责任。我国《保险法》第 55 条第 3 款的规定即为如此。若基于投保人恶意行为导致超额保险，则保险人有权解除财产保险合同。

三、财产保险合同的保险责任与责任免除

保险责任，就是保险人对于保险事故造成保险标的损失的，依财产保险合同的约定进行赔偿的义务。保险责任在财产保险合同中具有重要意义。它是被保险人寻求保险保障的目的所在，也是保险人经营财产保险业务的基本义务。

从保险法上讲，保险责任分为基本责任、责任免除和特约责任。当然，各种财产保险合同的内容不同，上述保险责任分类的适用情况也不一样。为了明确起见，财产保险合同一般采用列举方式规定基本责任、责任免除以及特约责任，以便双方当事人遵守执行。

（一）基本责任

基本责任即保险责任，是指财产保险合同中载明的保险人承担保险赔偿责任的危险范围。

虽然各类财产保险合同具体承保的危险范围并不一样，但是，一般概括为三大类。

1. 自然灾害。一般包括暴风、洪水、海啸、地震、雪灾、冰雹等。

2. 不可预见的意外事故。一般包括火灾、爆炸、因自然灾害或意外事故导致的停水、停电、停气损失等。

3. 为了抢救保险财产或者防止灾害损失的扩大而采取必要措施所发生的施救、保护、整理等合理费用的支出。

（二）责任免除

责任免除是指保险人不承担保险赔偿责任的风险损失，又称除外责任。

首先，财产保险合同的责任免除条款中列明的灾害事故造成的损失，保险人不承担保险赔偿责任。一般来说，战争、军事行动、暴力行为、核辐射污染、被保险人的故意行为等，多列

入责任免除条款。

其次，基本责任（保险责任）条款未列明，又未列入责任免除条款的灾害事故造成的损失，也属于责任免除。

（三）特约责任

特约责任又称附加责任，是指经投保人和保险人协商，将基本责任以外的灾害事故附加一定条件予以承保的赔偿责任。它实质上是特约扩大的保险责任，目的是满足被保险人特殊的保险保障需要。例如，机动车辆保险合同中的第三者责任保险、家庭财产保险合同附加的盗窃保险等即为特约责任。

四、财产保险合同的保险赔偿方法

作为补偿性质的财产保险合同，保险人所负保险责任的内容就是在保险财产因保险事故而遭受损失时，按约定的赔偿方法向被保险人支付保险赔偿金。因此，财产保险合同一般都明确规定相应的赔偿方法，即计算保险赔偿数额的方式。

财产保险合同经常采用的赔偿方法有以下几种。

（一）比例责任赔偿方法

它指按照财产保险合同的保险金额与保险财产在出险时的实际价值的比例计算赔偿金额。采用该赔偿方法的财产保险合同，只规定保险金额而不规定保险财产的保险价值，从而，保险财产出险时的实际价值就是影响赔偿金额的重要因素。保险金额越接近保险财产的实际价值，赔偿金额就越接近损失金额，使被保险人获得足额赔偿。但是，若保险金额低于保险财产的实际价值，保险人获得的赔偿金额也就低于损失金额。可见，比例责任赔偿方法对于不足额保险具有重要作用，其目的在于促使投保人按财产的实际价值足额投保。财产保险合同涉及市场价格变动较大的财产时，经常适用该方法计算赔偿金额。

（二）第一危险损失赔偿方法

它是指在保险金额范围内，首先遭受保险事故的保险财产的损失金额即为保险赔偿金额。该赔偿方法实际上将保险财产的价值分两个部分：第一部分就是保险金额范围内的保险价值，首先发生的保险事故造成其损失的，保险人承担全部赔偿责任，按实际损失予以赔偿，即赔偿金额等于实际损失金额，但不超过保险金额，故称为第一危险责任。第二部分是超过保险金额的价值，该部分损失由被保险人自行承担，保险人不负赔偿责任。该赔偿方法的特点是，被保险人在第一危险范围内可获足额赔偿。它在家庭财产保险合同中较为普遍。

（三）定值赔偿方法

它是指双方在签约时约定保险财产的保险价值，并以约定的保险价值作为确定保险金额、计算保险赔偿金额的基础。该赔偿方法的特点，在于保险金额是依据双方约定的保险价值来确定，无须考虑保险财产在受损之时的实际价值。若保险财产因保险事故而全部损失的，保险人按保险金额予以赔偿；若保险财产因保险事故而部分损失的，保险人只需确定损失程度，按损失程度的比例（保险金额乘以损失成数）予以赔偿，省却了对受损财产实际价值的评估。海上货物运输保险合同通常采用该赔偿方法。

（四）限额赔偿方法

它是指保险人在双方约定的限额范围内承担保险赔偿责任。该赔偿方法经常适用于机动车辆保险合同、农业保险合同、工程保险合同和责任保险合同等。

限额赔偿方法在适用中，具体分为两种方式：

1. 限额责任赔偿方式

即超过约定限额的损失部分不予赔偿。双方当事人在财产保险合同中规定承担保险责任的赔偿限额，保险人对于未达到约定限额的损失部分承担赔偿责任，超过约定限额的则不予赔偿。限额责任赔偿方式主要适用于农业保险合同、工程保险合同和责任保险合同。例如，农作物保险合同约定每亩收获量的限额责任为 600 斤，若当年实际收获量达到或超过 600 斤，则保险人不承担赔偿责任，若当年因灾害事故导致实际收获量为 400 斤，保险人应对约定限额与实际收获量之间差额的 200 斤部分予以赔偿。

2. 免赔额（免赔率）责任赔偿方式

即保险标的损失超过约定限额的予以赔偿。双方当事人在财产保险合同中约定一个免赔额（或免赔率），保险人对于保险财产未达到免赔额的损失不承担赔偿责任。根据免赔内容的不同，免赔额又分为绝对免赔额和相对免赔额。绝对免赔额就是保险财产的损失超过约定的免赔额（或免赔率）时，保险人仅对超过免赔额的损失部分予以赔偿。而相对免赔额就是保险财产的损失达到或超过约定的免赔额（或免赔率）时，保险人对全部损失承担赔偿责任。该种赔偿方法主要适用于出险率较高的财产保险合同，例如机动车辆保险合同，目的是被保险人和保险人共同分担高风险的灾害后果，促使被保险人提高风险防范意识。

除了上述保险赔偿方法以外，当事人根据财产保险合同的实际情况，还可以采用修复置换、分摊赔偿（如用于共同保险合同或重复保险）等保险赔偿方法。

第三节 适用于财产保险合同的代位求偿制度

一、代位求偿的概念

代位求偿是指保险人在向被保险人进行保险赔偿之后，取得了该被保险人享有的依法向负有民事赔偿责任的第三人追偿的权利，并依据此权利予以追偿的保险制度。保险人取得的该项向第三人追偿的权利，称为代位求偿权。

代位求偿是财产保险合同补偿性的具体表现，是保险人履行了保险赔偿责任后的必然结果。因为，财产保险合同的目的是补偿被保险人因保险事故造成的财产损失，而不是使被保险人获取额外利益。所以，被保险人对于因第三者的法律责任造成保险财产的损失，或者是向负有法律责任的第三者追偿，或者是从保险人那里得到保险赔偿，两者不能兼得。若被保险人获取了保险赔偿，就应当将其享有的向第三者追偿的权利转让给保险人。由此可见，代位求偿是财产保险合同特有的法律制度。

代位求偿制度为各国保险法普遍承认，成为财产保险业务中权益转让的主要方式。我国的保险立法便确认了此制度。正如《保险法》第 60 条第 1 款规定的："因第三者对保险标的的损害而造成保险事故的，保险人自向被保险人赔偿保险金之日起，在赔偿金额范围内代位行使被保险人对第三者请求赔偿的权利"。此外，针对海上保险合同，我国《海商法》第 252 条亦规定了代位求偿的适用，即"保险标的发生保险责任范围内的损失是由第三人造成的，被保险人向第三人要求赔偿的权利，自保险人支付赔偿之日起，相应转移给保险人"。为了指导保险审判中涉及代位求偿裁判，代位求偿的内容被纳入了最高人民法院《解释（二）》和《解释（四）》，因此，有关代位求偿的审判规则构成上述司法解释的一部分。

二、代位求偿的构成要件

基于代位求偿的上述概念，可以归纳出代位求偿的适用必须具备下述的构成要件。

（一）保险事故的发生是由第三者的行为引起的

只有第三者的违法行为导致保险事故的发生，才可能产生第三者承担的民事赔偿责任。这是被保险人享有求偿权的前提。同时，第三者造成的损失又必须是在财产保险合同约定的保险责任范围之内。这是保险人得以代位求偿的必要条件。在财产保险实践中，第三者应对如下行为承担民事赔偿责任，相应地得以适用代位求偿。

1. 侵权行为。这是指由第三者的故意或者过失，或者依法适用无过错责任的情况下，侵害被保险人的财产权或人身权而造成保险财产损失的行为。例如，第三者的过失碰撞造成投保汽车的损失，制造商的产品质量不合格造成保险标的的损害等，其应当承担民事赔偿责任。

2. 违约行为。这是指由第三者在履行其与被保险人所订立的合同时的违约行为造成保险财产损失或依约应由第三者承担民事责任。例如承运人在履行运输合同中的违约行为造成投保货物的损失。

3. 不当得利。这是指由于第三者的不当得利行为而产生的民事返还责任。例如第三者非法占有散失的受灾财产，其负有依法返还的责任。

4. 共同海损。这是指保险财产因共同海损造成损失的，被保险人有权依法向其他受益人求偿的情况。

（二）被保险人必须享有向第三者的赔偿请求权

保险人代位求偿必须建立在被保险人享有向第三者追偿权的基础之上，这样，被保险人才可能在获得保险赔偿后，对保险人转让其向第三者享有的赔偿请求权。为此，各国保险立法均要求被保险人不得损害保险人代位求偿的权益。如果因被保险人放弃向第三者的赔偿请求权或基于被保险人的过错致使向第三者的赔偿请求权因时效届满而消灭的，相应的保险财产的损失应由被保险人自行承担，保险人有权拒赔。对此，我国《保险法》第 61 条着眼于保护保险人的合法利益，作了较为全面的规定：如果在“保险事故发生后，保险人未赔偿保险金之前，被保险人放弃对第三者的请求赔偿的权利的，保险人不承担赔偿保险金的责任”。而在“保险人向被保险人赔偿保险金后，被保险人未经保险人同意放弃对第三者请求赔偿的权利的，该行为无效”。不过，“在保险人以第三者为被告提起的代位求偿权之诉中，第三者以被保险人在保险合同订立前已放弃对其请求赔偿的权利为由进行抗辩，人民法院认定上述放弃行为合法有效，保险人就相应部分主张行使代位求偿权的，人民法院不予支持”[《解释（四）》第9条第1款]。若由于“被保险人故意或者因重大过失致使保险人不能行使代位请求赔偿的权利的，保险人可以扣减或者要求返还相应的保险金”（《保险法》第61条第3款）。不过，在“保险合同订立时，保险人就是否存在上述放弃情形提出询问，投保人未如实告知，导致保险人不能代位行使请求赔偿的权利，保险人请求返还相应保险金的，人民法院应予支持，但保险人知道或者应当知道上述情形仍同意承保的除外”[《解释（四）》第9条第2款]。

（三）代位求偿一般应在保险人向被保险人进行保险赔付之后始得实施

在保险实践中，被保险人在保险事故发生之后，可以依法律规定或合同约定向负有赔偿责任的第三者行使赔偿请求权。若“被保险人已经从第三者取得损害赔偿的，保险人赔偿保险金时，可以相应扣减被保险人从第三者已取得的赔偿金额”（《保险法》第60条第2款）。显然，第三者支付给被保险人的民事赔偿金额等于或大于保险人所应承担的保险赔偿责任时，保险人依财产保险合同承担的保险赔偿责任随之免除，也就无须赔付和转让权益。只有当被保险人未从负有赔偿责任的第三者处获得赔偿或先行向保险人索赔时，经保险人进行保险赔付后，被保险人才有转让赔偿请求权给保险人的必要，代位求偿才得以适用。当然，财产保险合同另有约定时，保险人也可以在保险赔付之前取得代位求偿权。

实例枚举

2006年年初，某省电力公司向A保险公司投保财产综合保险，A保险公司予以承保并出具了财产保险综合险保险单。2006年4月6日，某省电力公司所属的某供电公司220kV二热扩建送出工程某电缆隧道内发生严重火灾事故。事故造成电缆隧道和隧道内的财产损失。A保险公司经核算本次事故财产损失报损金额为1 665万元人民币。经A保险公司与某省电力公司协商及相关评估部门的测算，A保险公司最终赔付某省电力公司人民币921万元，某省电力公司此后将921万元损失追偿权转让给了A保险公司。火灾发生后，事故单位某省电力公司所属的某供电公司委托某高压研究所对火灾原因进行了调查分析，该院出具了有关电缆隧道火灾原因调查分析的“科学技术报告”，认定火灾发生的部位是220kV相电缆接头内部的电缆本体，而不当的安装处理是造成电缆击穿的原因。该部位的产品是某电缆有限公司供货并负责安装的。2007年，A保险公司在取得代位追偿权后，向法院提起诉讼，请求法院判令某电缆有限公司向A保险公司支付赔偿款921万元及利息。被告某电缆有限公司辩称：（1）原告A保险公司提交的“科学技术报告”不能作为认定被告承担保险赔偿责任的依据，电缆隧道发生火灾，是因为某省电力公司错误安装重合闸自燃造成的，而非由于被告原因造成。（2）安装处理不当有可能会造成电缆击穿，但并不是造成火灾的原因。（3）聚乙烯护套和交叉联线截面是符合测试结果标准的。（4）本次火灾事故中电力工程隧道防火设计严重不符合电力设计安装施工规范，是造成本次火灾事故及扩大的重要原因。(5) 被告不是保险事故的第三者，原告无权向被告行使代位求偿权。

法院认为：(1) 根据某高压研究所作出的关于电缆隧道火灾原因调查分析的“科学技术报告”，可以认定火灾发生的部位是 220kV 相绝缘中间接头，不当的安装处理是造成该火灾事故的原因。(2) 因该部位的产品是被告某电缆有限公司供货并负责安装的，被告某电缆有限公司应承担相应的责任。(3) 原告 A 保险公司在履行保险义务赔偿了保险金之日起，有权代位行使被保险人某省电力公司对被告某电缆有限公司请求赔偿的权力。(4) 鉴于火灾事故的造成及损害结果还存在其他因素，被告某电缆有限公司只能承担主要部分的赔偿责任。(5) 被告某电缆有限公司的其他抗辩证据不足，不能成立。

通过本案，大家可以充分理解代位求偿的构成要件的适用情况。

三、代位求偿权的行使

代位求偿权，是指保险人在向被保险人进行保险赔付后，得以取代被保险人的地位，对负有赔偿责任的第三者进行追偿的权利。

代位求偿权是代位求偿制度的核心内容，保险人能否正确行使该项权利，关系到各方当事人的合法权益。因此，行使代位求偿权时，应当符合下述条件。

（一）行使代位求偿权的名义

对于保险人是以自己的名义，还是以被保险人的名义行使代位求偿权，各国的保险立法和司法实践不一样。我国的保险实践中，习惯上是以被保险人的名义行使求偿权，现行保险立法对此尚无明确规定。从法理上说，代位求偿是一种债权转移行为，即被保险人将其享有的债权（赔偿请求权）转移给保险人，而其债的内容不变。因此，保险人作为新的独立债权人，应当以自己的名义向债务人——负有赔偿责任的第三者进行追偿。用于指导保险审判的《解释(二)》亦据此明确规定：“保险人应以自己的名义行使保险代位求偿权”（第 16 条第 1 款）。

（二）行使代位求偿权的对象

保险人的代位求偿权，应当是向对于保险财产的损失负有民事赔偿责任的第三者行使，所以，对于保险财产的损失依法不负赔偿责任的第三者不能成为保险人代位求偿的对象。之所以将该第三人列为行使代位求偿权的对象，是决定于财产保险合同关系与侵权之债并存的事实以及财产保险的补偿属性。因为，该第三人依法应当对其加害行为导致的侵权损害承担侵权责任，而具有财产保险合同的被保险人又同时以遭受侵害而具有侵权之债的债务人的双重身份，却只能获得一笔保险赔偿金或者民事赔偿金，当他获取保险赔偿金之后，就理应由保险人获取民事赔偿权利并代位向侵权的第三人行使。

不过，保险人能否代位向第三人行使请求赔偿权，除了要看该第三人是否向被保险人实施了加害行为并依法应向被保险人承担民事赔偿责任，还必须考虑该第三人在主观上是否知道涉案的保险人已经向受害人进行了保险赔偿。这也是衡量保险人向第三人行使代位求偿权的又一个因素，正如《解释（四）》第 10 条所规定的："因第三者对保险标的的损害而造成保险事故，保险人获得代位请求赔偿的权利的情况未通知第三者或者通知到达第三者前，第三者在被保险人已经从保险人处获赔的范围内又向被保险人作出赔偿，保险人主张代位行使被保险人对第三者请求赔偿的权利的，人民法院不予支持。保险人就相应保险金主张被保险人返还的，人民法院应予支持"（第 10 条第 1 款）。可见，第三者不知保险人获得代位求偿权的情况下向被保险人进行民事赔偿的，保险人就不得向其行使代位求偿权。反之，"保险人获得代位请求赔偿的权利的情况已经通知到第三者，第三者又向被保险人作出赔偿，保险人主张代位行使赔偿的权利，第三者以其已经向被保险人赔偿为由抗辩的，人民法院不予支持"（第 10 条第 2 款）。

同时，有些国家的保险立法对于代位求偿的对象还会作出限制性规定。例如，规定保险人对于被保险人一定范围内的亲属或雇员无代位求偿权，目的是防止因被追偿的亲属或雇员与被保险人具有一致的利益，而使保险赔偿失去意义。我国《保险法》第 62 条亦规定："除被保险人的家庭成员或者其组成人员故意"对保险标的加以损害而造成保险事故的以外，"保险人不得对被保险人的家庭成员或者其组成人员行使代位请求赔偿的权利"。在保险实践中也有对于特定对象放弃代位求偿权的做法。例如，中国人民财产保险股份有限公司的海上石油开发保险条款大多规定"放弃代位求偿权条款"：保险人对于为被保险人作业、提供服务或被保险人为其作业或提供服务的个人、团体，放弃代位求偿权。

（三）行使代位求偿权的范围

保险人行使代位求偿权应当以被保险人享有的赔偿请求权为限，并且，其追偿的货币金额不得超过其向被保险人实际赔付的保险赔偿金的数额。因为，保险人基于代位求偿权取代的是被保险人的债权人地位，故而，只能取得被保险人拥有的权益，同样不能获取额外利益。以此为界限，保险人在其保险赔付范围内代位求偿获得的民事赔偿金额应当归其所有，用以保护保险人的合法权益。但是，保险人代位求偿所获金额大于保险赔付时，超过的部分则应当归还被保险人。与此同理，保险人依法行使代位求偿的权利，"不影响被保险人就未取得赔偿的部分向第三者请求赔偿的权利"（《保险法》第 60 条第 3 款）。反之，"财产保险事故发生后，被保险人就其所受损失从第三者取得赔偿后的不足部分提起诉讼，请求保险人赔偿的，人民法院应予依法受理"［《解释（二）》第 19 条第 2 款］。

（四）行使代位求偿权的时间

一般情况下，保险人应当在向被保险人进行保险赔付，并且，从被保险人处取得"权益转让证书"之后，才能向第三者行使代位求偿权。但是，在财产保险合同另有约定或法律另有规定时，保险人也可以在保险赔付之前行使代位求偿权。

同时，保险人行使代位求偿权还必须符合法定的诉讼时效期间，具体的起算时间标准是，"根据保险法第六十条第一款的规定，保险人代位求偿权的诉讼时效期间应自其取得代位求偿权之日起算"［《解释（二）》第 16 条第 2 款］。

（五）被保险人的协助义务

为了确保保险人充分行使代位求偿权，也不能离开保险法律关系相对人——被保险人的配合。因此，《保险法》规定被保险人负有协助的义务，即在“保险人向第三者行使代位请求赔偿的权利时，被保险人应当向保险人提供必要的文件和所知道的有关情况”（第63条）。只有被保险人切实履行其协助义务，才可能为保险人行使代位求偿权创造必要的条件。如果“被保险人因故意或者重大过失未履行保险法第六十三条规定的（协助）义务，致使保险人未能行使或者未能全部行使代位请求赔偿的权利，保险人主张在其损失范围内扣减或者返还相应保险金的，人民法院应予支持”[《解释（四）》第11条]。

实例枚举

2002年11月6日，某保险公司与A贸易公司签订了机动车辆保险合同，约定A贸易公司投保标致牌小型客车一辆（该车车主为B实业公司，现借给A贸易公司使用）的车辆损失险等险种，保险期限从2002年11月8日零时起至2003年11月7日24时止。2003年11月5日上午，A贸易公司的司机王某驾驶该车到C汽车维修中心洽谈车辆定点维修业务，该中心业务经理林某约其到酒楼商谈，同时指派维修中心的员工陈某将该车代为泊车。陈某在泊车过程中发生道路交通事故，经交警部门调查后认定，陈某应负事故全部责任。之后，该车的车主B实业公司另案向法院起诉C维修中心和陈某赔偿损失，法院以陈某作为C汽车维修中心司机提供泊车服务的行为是雇员职务行为，因其重大过失致投保车辆损坏，其应当与C维修中心承担连带赔偿责任，但因B实业公司所提供的证据不足以证实其车辆的实际损失为由，驳回了B实业公司的诉讼请求。

该案判决后，某保险公司经审核向事故车辆的投保人A贸易公司赔付了295 500元（此受损车经公估，定损为341 880元），A贸易公司则将其获得保险赔款部分的保险标的的权益转让给某保险公司。某保险公司基于此权利向C汽车维修中心和陈某索赔，要求二被告连带支付赔偿款295 500元。

一审法院认为：(1) 某保险公司的保险代位求偿权源自投保人或被保险人对投保车辆的损害赔偿请求权。但本案事故车辆已由车主主张权利并遭败诉。这一结果对该车辆的投保人或被保险人具有约束力，其不得再行主张同一权利。因此，某保险公司受让后权利的可实现性受前诉既判力的羁束，即车主的不成功索赔结果决定了某保险公司现在的求偿亦不能获得支持。(2) 在保险代位求偿的索赔对象上，既然陈某受雇于C汽车维修中心并在履行职务时作为义务帮工无偿代事故车辆的司机王某泊车，说明陈某是为了该车被保险人的利益，暂代王某之职务而为之，是王某履行职务的延伸，其行为后果最终归于被保险人承受。因此判决：驳回某保险公司的保险代位求偿诉讼请求。

二审法院认为：(1) 根据法院另案判决的认定，本案保险事故是由陈某的行为所致，而陈某的行为是雇员职务行为，其应当与雇主C汽车维修中心承担连带赔偿责任，故被保险人A贸易公司应对C汽车维修中心、陈某享有赔偿请求权。(2) 保险事故发生后，某保险公司依据保险合同支付了295 500元给被保险人，之后，被保险人将已获赔部分的追偿权转让给某保险公司，此时，某保险公司取得保险代位求偿权。(3) C汽车维修中心、陈某不是被保险人的组成人员，故本案不存在《保险法》第47条关于保险人行使保险代位求偿权的限制条款的适用情形。而陈某无偿代为被保险人的司机泊车，不能扩大理解为相当于被保险人司机的行为，而取得了相当于被保险人工作人员的身份。因此，认定某保险公司取得了保险代位求偿权，其可在已赔付保险金的范围内向二被告追偿。（4）法院另案中驳回B实业公司诉求的原因并非是其权利存在瑕疵，而是其所举证据不足以证明其损失，并且，保险人的代位求偿权与被保险人的损害赔偿请求权是相对独立的，不受前案的羁束。据此，判决被告支付295 500元给某保险公司。

本案的一、二审法院作出了截然相反的判决，大家可以运用上述的代位求偿法律理论进行分析判断，从而加深理论理解，提高实际操作能力。

第四节　适用于财产保险合同的委付制度

一、委付的概念和适用范围

委付是财产保险合同独有的制度，即在保险标的因发生保险事故造成推定全损时，被保险人明确表示将该保险标的的一切权利转移给保险人，而请求保险人全额赔偿的制度。

委付在财产保险领域的适用由来已久。最初它是海上保险合同的一个条款，规定为“船舶航行方向不明而无任何消息时，视同船舶的丧失”。此后，委付逐步发展为被保险人让渡保险标的物而取得全额保险赔偿的制度。至15世纪和16世纪，委付已为海上保险合同广泛采用，并逐步扩大到其他财产保险合同。如今，各国保险立法普遍确认了委付制度。我国《海商法》的海上保险合同（第十二章）专节（第五节）规定了委付制度。

显然，委付的适用范围限于保险标的因保险事故造成推定全损的情况。因为，当保险标的实际全损时，保险人必然要按保险金额来全额赔偿，而在保险标的部分损失时，被保险人仅能要求在保险金额范围之内按照实际损失予以赔偿。只有在保险标的依法确定为推定全损时，被保险人才得以请求全额赔偿，并委付其物上之权利给保险人。

在现代国际保险市场上，适用委付的原因包括如下情况。

1. 船舶沉没。它是指船舶不能起浮的沉没，包括经济上的不能起浮（因起浮所需费用巨大）。但是，易于起浮的船舶沉没和由于保险人的免责事由造成的船舶沉没，不得适用委付。

2. 船舶失踪。它是指船舶行踪不明达到法定或合同约定的时间长度的情况（一般是6个月，我国《海商法》第248条认定船舶失踪的法定时间为2个月）。若船舶失踪期间超过保险期限的，被保险人也可以申请委付。但是，在查证船舶于保险期限内没有失踪时，不适用委付。

3. 船舶不能修复。这专指船舶在经济上的不能修复，即估计船舶的损失、救助费、修理费和其他必要支出的费用的总和将超过受损的保险船舶的保险价值。但是，在船舶不能修复的情况下，船长毫不迟延地用其他船舶继续运输货物的，该货物不能适用委付。

4. 船舶或货物被捕获或扣押。这是指船舶或货物被敌对国的军舰捕获或被官方扣押后6个月未释放的，不能再归被保险人所有，可适用委付。

5. 保险货物推定全损。这是指保险货物遭受保险事故后，认为实际全损已不能避免，或者所需的恢复费用、施救费用、续运到目的地的费用等，其每项或总和超过该货物到达目的地的价值时，可适用委付。

二、委付的构成要件

委付制度在财产保险合同中，既是被保险人处理保险标的损失的一种手段，又是保险人进行保险赔偿的具体方式，它关系到各方当事人的经济利益，因此，具备法定条件，才能有效成立。

（一）委付限于保险标的推定全损

由于委付包含着全额赔偿和转移保险标的一切权利的双重内容，所以，必须是保险标的发生推定全损时才能适用。

（二）委付适用于保险标的的整体，具有不可分性

即被保险人要求委付的，必须是针对推定全损的保险标的整体。比如推定全损的一艘船舶、一批货物。如果被保险人仅就保险标的的受损部分申请委付，而就该保险标的其他未受损的部分不适用委付的话，依法不构成委付。当然，如果同一保险单上载有若干种保险标的，其中之一产生委付原因时，被保险人可以只就该种符合委付适用条件的保险标的提出委付申请。

（三）被保险人应当在法定时间内向保险人提出委付申请

被保险人适用委付的，必须向保险人提出申请。按照国际保险市场的惯例，委付申请可以是书面的或者口头的，一般应向保险人或其授权的保险经纪人提出。在我国保险实践中，被保险人则必须是用书面形式直接向保险人提出，并且，应当是在法定时间内提出。对此法定时间的长度，有些国家的保险立法规定为 3 个月（日本《商法典》第 836 条），有些国家的保险立法规定为“在得知受损的可靠情报后的适当期限内”（英国《1906 年海上保险法》第 62 条第 3 款）。我国《海商法》未明确规定申请委付的时间，应理解为合理时间。若被保险人不在法定时间内提出委付申请，便丧失委付申请权，从而，保险人对于推定全损的保险标的，按部分损失予以赔付。

（四）被保险人必须将保险标的的一切权利转移给保险人，并且不得附加条件

在保险标的推定全损的情况下，被保险人基于委付，要获取全额赔偿的对价条件，就是转移保险标的的一切权利归保险人。而且，被保险人不得附加任何条件。例如，被保险人对船舶失踪申请委付，但要求船舶有着落时返归其所有，这是法律所禁止的。

（五）委付必须经保险人承诺接受才能生效

委付是否成立，还取决于保险人的意志。“保险人可以接受委付，也可以不接受委付”（《海商法》第 249 条第 1 款）。

如果保险人接受委付，则委付成立，具有法律效力。因此，我国《海商法》明确规定“委付一经保险人接受，不得撤回”（第 249 条第 2 款）。如果保险人不接受委付，则委付不成立。但这并不影响被保险人的其他权利。

保险人承诺接受委付的方式，在国际保险市场中较为多样化，包括书面形式，或用行动来表明，或默示接受。我国《海商法》则明确规定：保险人“应当在合理的时间内将接受委付或者不接受委付的决定通知被保险人”（第 249 条第 1 款），排除了默示方式作为接受委付的承诺方式。

三、委付的法律效力

委付依法成立，即对保险人和被保险人产生法律约束力。这一效力表现在互为条件的两个方面。

一方面，被保险人必须将存在于保险标的之上的一切权利，诸如所有权、担保物权、债权等转移归保险人。其转移的时间始自适用委付的原因产生之日。因此，保险人处理保险标的所得利益（不论是否超过全额赔偿数额）均归其享有，比如处理保险标的残值的所得、船舶应获得的运费、共同海损分摊请求权等。而且，被保险人基于保险标的，对有责任的第三人享有的追偿权也随保险标的一并转移归保险人，由保险人直接向第三人进行追偿。但这不同于保险人在一般保险赔付中取得的代位求偿权。同时，有关保险标的的相关义务，也转由保险人承担，比如，因船舶沉没在航道而进行清除所需支出的费用。正如我国《海商法》第 250 条所规定的：“保险人接受委付的，被保险人对委付财产的全部权利和义务转移给保险人。”

另一方面，被保险人在委付成立时，有权要求保险人按照财产保险合同约定的保险金额向其予以全额赔偿。这是适用委付的根本目的所在。

【知识链接】

核能保险的突破①

第二次世界大战以后，人类在和平利用核能源领域取得巨大进展，包括放射线在医学方面的运用、核能发电、核能船舶等，标志着核能源的利用范围不断扩大。我国也于 20 世纪 80 年代先后兴建了秦山核电站、大亚湾核电站。然而，核能源的利用也带来严重的核风险，大家记忆犹新的苏联切尔诺贝利核电站事故和因 2011 年 3 月 11 日的日本大地震引发的福岛第一核电站的核泄漏事故所造成的人身和财产的巨大损失，以及因此给人类居住环境造成的核污染，是核风险的典型实例。

核风险向保险业提出一个严肃课题，不过，各国的商业保险公司面对核风险却望而却步，一般都把核风险列入责任免除范围。直到 20 世纪 60 年代，因日本颁布《原子能损失补偿法》和《原子能损失补偿合同法》（1961 年）、英国颁布《核装置法》（1965 年），才相继在日本、英国、法国、美国、加拿大等国出现了共同承保核能保险的保险集团，用以对付核能的巨大风险。

---

① 大正海上火灾保险公司．保险新险种理论与实务．北京：中国金融出版社，1992：284.

以日本为例，按照各自的适用范围，其核能保险包括：(1) 核能设施赔偿责任保险，承保核能设施因发生事故而造成他人的人身伤害和财产灭失、坏损、污损等；(2) 核能运输赔偿责任保险，承保在国际运输核燃料物质期间因发生事故而造成的损失；(3) 核能动力船舶航运者赔偿责任保险，承保核能动力船舶在国际运输活动期间因发生事故而造成的损失；(4) 核能财产保险，承保核电站、核燃料物质的加工和再处理设施发生事故造成的损失。根据日本法律的规定，上述四类核能保险中，前三种属于强制保险，而第四种则是自愿保险。

问题与思考

1. 财产保险合同的特点是什么？
2. 财产保险合同有哪些分类？
3. 财产保险合同包括哪些主要条款？
4. 保险金额在财产保险合同中的作用是什么？
5. 如何把握财产保险合同的保险标的的法律条件？
6. 代位求偿的适用条件是什么？
7. 委付的适用条件是什么？

第十一章
各类财产保险合同的比较（上）

本章概要

针对社会生活对保险制度提出的各种各样的保障需求，保险人设计了丰富多彩的保险险种。其中，适用范围极为广泛的财产保险，就呈现出险种多样化的局面。每一类财产保险合同在保持财产保险的共有法律属性的前提下，又各具特点。本章从比较的角度入手，将各类以有形财产为保险标的的财产保险合同加以比较，从而，要求大家把握各类财产保险合同的法律特点，加深了解财产保险的法律本质。

第一节 财产损失保险合同概述

一、财产损失保险合同的概念和法律特点

（一）财产损失保险合同的概念

财产损失保险合同是指投保人与保险人达成的，由保险人就承保的处于合同约定的固定地点的有形财产（动产和不动产）及其产生的特定利益因发生保险事故所遭受的损失负保险赔偿责任的保险合同。

在现代保险业务中，财产损失保险合同是指狭义的财产保险，它是由火灾保险发展演变而来的。因为，早期的财产保险合同主要是以火灾作为承保风险的，故又称为火灾保险。随着社会经济的发展和保险经营技术的改进，财产损失保险合同逐步将火灾保险单承保的保险责任扩展到各种自然灾害和意外事故，形成了目前的承保范围。不过，很多国家仍然沿用火灾保险之名称。我国保险公司曾经开办的并被称为（企业）财产保险、家庭财产保险、涉外财产保险等的保险业务都是在火灾保险基础上，通过扩大保险责任范围和简化实务手续而发展形成的。尽管其保险原理是以传统的火灾保险为基础，但用火灾保险的名称已名不副实，所以，我国保险

业目前称其为财产损失保险。[①]

（二）财产损失保险合同的法律特点

财产损失保险合同的突出特色在于其保险标的。与其他财产保险合同相比较，财产损失保险合同的保险标的具有一般性，这就是说，其他各类财产保险合同所承保的均是特定范围内的财产。例如，运输工具保险合同承保营运中的运输工具，货物运输保险合同承保在途运输的货物。而财产损失保险合同的保险标的则为其他各类财产保险合同承保的特定有形财产以外的一般性的有形财产，包括动产和不动产、固定资产和流动资金、生产资料和生活资料。而且，作为财产损失保险合同的保险标的，这些财产相对静止地处于保险合同约定的固定地点。

二、财产损失保险合同的适用范围

保险界普遍认为，作为财产损失保险前身的火灾保险兴起于 1666 年英国伦敦大火以后，从被称为“现代保险之父”的尼古拉斯·巴蓬于 1667 年在伦敦开设世界上第一家专门经营房屋火灾保险的公司时起算，火灾保险已有三百多年历史。不过，当时的火灾保险只以不动产作为保险标的，承保范围限于火灾造成的保险财产的直接损失。如今，在国际保险市场上，欧美国家的火灾保险公司大量涌现，其保险标的已从过去单一的不动产扩大到其他财产，保险责任也由单一的火灾扩展到爆炸、闪电、雷击、风暴、地震、暴雨等，并增加了火灾后的利润损失保险。应当说，火灾保险是财产保险的重要组成部分，不论是企业、公司，还是自然人个人均可以投保。不仅如此，随着人类社会的发展，火灾保险合同，即财产损失保险合同的适用范围必然日益扩大。

目前，在我国保险市场上，财产损失保险合同的适用范围极为广泛，具体包括（企业）财产保险合同、家庭财产保险合同、机器损坏保险合同、利润损失保险合同、涉外财产保险合同等种类。它们各自均有特定的适用范围。依照我国现行《保险法》的规定精神，上述诸多保险险种目前统称为财产损失保险（第 95 条第 1 款）。

其中，（企业）财产保险合同适用于我国各类企事业单位、国家机关、社会团体所有或者经营管理的固定资产和流动资产。与很多国家习惯称其为火灾保险不同，我国保险实务则因其承保的危险事故的范围不限于火灾，改变了按保险事故冠名的方法，代之以按投保人进行分类，长期以来称其为企业财产保险。但是，由于保险实践中，此类财产损失保险合同的投保人，除了各类企业，还有国家机关、事业单位、社会团体，仍然冠之以企业财产保险之名就与实际情况产生了差距，所以，从 1996 年 7 月 1 日起，“企业财产保险”更名为“财产保险基本险”和“财产保险综合性”。两者除了保险责任和责任免除不同以外，其他内容基本一致。

家庭财产保险合同适用于我国城乡居民家庭的财产保险，是专门为个人和家庭的财产提供保险保障的。我国在 1979 年恢复国内保险业务后，家庭财产保险的业务量得到迅速增长，尤

---

① 为了将狭义的财产保险合同与广义的财产保险合同加以区别，本书作者使用财产损失保险合同的名称，而按照我国保监会的险种分类，则称其为财产保险合同。而《保险法》第 95 条第 1 款所用“财产损失保险”则包括各类以有形财产作为保险标的的财产保险合同。

其是伴随着中国社会主义市场经济的深化发展，城乡居民和家庭寻求家庭财产保障的范围日益扩大，寻求保障的内容越来越多样化，各保险公司能够提供的家庭财产保险的种类也是多种多样的，诸如家庭财产两全保险、盗窃保险、液化石油气罐保险、家用电器保险、房屋保险等。

机器损坏保险合同适用于被保险人的机器设备。它是从普通财产损失保险合同中分离出来的保险合同类型，至今已有八十多年的历史。最初是在当时的工业发达国家，针对不断发生的锅炉爆炸事件，由工程师组成的工会对工厂进行定期检查，后转由保险公司向工厂提供检查机器的服务，并在发生爆炸事件时约定予以赔偿，故称为“锅炉和蒸汽机保险合同”。如今，机器损坏保险合同已经适应保险需求的不断扩大，适用于所有厂矿企业的各种机器，而且，在国际保险市场上，针对不同机器设备所面临的不同风险，出现了各种类型的机器损坏保险合同。我国保险公司从 1980 年开始经营机器损坏保险业务。时至今日，随着我国市场经济的发展，其适用范围已不限于涉外保险领域。

利润损失保险合同则适用于承保因保险财产损毁引起的间接损失，诸如停产、停业造成的利润损失。利润损失保险合同是对传统的财产损失保险合同的补充。因为，传统的财产损失保险合同只对保险事故造成的直接物质损失提供保险保障，而对于保险财产损毁引起的间接损失，诸如停产、减产、营业中断所产生的利润损失则不承担赔偿责任。然而，仅仅对灾害造成的直接财产损失予以赔偿不足以弥补灾害事故给被保险人造成的全部损失，尤其是难以用危险分散和转移的方式给众多被保险人在营业中断期间的利润损失、营业费用的增加等间接损失提供保险保障。这不利于受损单位及时恢复正常的生产经营，并且，势必增加被保险人日常的资金储备，阻滞资金在社会生活中的正常周转。而利润损失保险合同正是以此种间接损失作为承保对象，故又称为营业中断保险合同。① 此种保险业务始于 1860 年的法国，其保险单使用的“Chomage”一词，意思是“停业、被迫无业”，当时是作为财产损失保险合同的附加险种用于承保被保险人停业期间的损失，后逐渐成为以财产损失保险为基础而独立提供的营业中断保险合同。

至于涉外财产保险合同则适用于我国的涉外单位所拥有的涉外财产和外国在华机构或人员的财产。

实例枚举

甲布艺装饰公司租用了乙大厦的地下室作为生产车间和仓库。由于担心地下室的水暖管线爆裂冒水，导致布艺生产设备和原材料、产成品的损失，甲布艺装饰公司向丙保险公司投保了财产保险合同。甲布艺装饰公司的总经理在投保时提出办理有关企业的所有保险，尤其要针对地下室的水暖管线的跑、冒、滴、漏造成的损失，保险公司的工作人员满口应允。于是，双方签订了保险金额为 120 万元的财产保险合同。进入供暖季节后的一天早晨，当甲布艺装饰公司的职工进入车间上班时，发现地下室的水暖管线正在不断地往外冒水，地面上的积水深达半尺，室内的生产设备、原材料、产成品和仓库内储存的物品大部分被水浸泡，经过统计，损失约为 40 万元。于是，甲布艺装饰公司向丙保险公司提交了索赔申请书和其他有关资料。然而，

① 此种以间接经济损失作为保险标的的保险合同，在英国保险市场上称为利润损失保险合同，而在美国保险市场上则被称为营业中断保险合同。中国主要参照英国保险市场的保险条款设计利润损失保险合同的内容。

得到的答复是保险公司拒赔，理由是，导致投保财产损失的原因是水暖管线爆裂，属于财产保险的附加险，而甲布艺装饰公司仅投保了财产保险的基本保险，并未投保附加险，所以，该水暖管线爆裂造成的财产损失，按财产保险基本险的规定，属于责任免除。

本案对于大家把握财产损失保险合同具有重要意义，从而可以将财产损失保险合同与其他各类财产保险合同予以区别。

第二节　工程保险合同概述

一、工程保险合同的概念和法律特点

（一）工程保险合同的概念

工程保险合同是指用于承保在建工程项目在建设期间因自然灾害或意外事故导致的物质损失，以及被保险人对第三者的人身伤害与财产损失依法应当承担的民事赔偿责任的保险合同。

工程保险合同是适应现代化大工业生产和现代科学技术的发展需要，在不断总结生产实践经验的基础上，从传统的火灾保险合同、责任保险合同中逐渐派生出来的一种新的综合性保险合同。究其原因，企业用于生产活动的技术先进、价值昂贵的机器设备越来越多，而机器设备在安装过程中因意外事故导致损坏的话，不仅重置价值很高，而且会影响生产的连续性，甚至造成严重的人身伤害，使得设备所有人承担重大的民事赔偿责任；同时，各类建筑工程的规模也日渐增大，建造技术愈发复杂，建筑造价日趋昂贵，工程期间可能遇到各种风险所致的损失必然巨大，因此，机器设备的所有人、工程的承包人对于保障机器设备安全及工程安全的保险保障需求越来越强烈。于是，工程保险合同作为财产损失保险合同范围内的新型险种应运而生。根据有关资料记载，从 20 世纪 20 年代起，先后出现了承保建筑工程和安装工程的保险单，工程保险合同至今只有八十余年的历史。① 第二次世界大战后，饱受战争创伤的欧洲各国进行了大规模重建，需要各类工程保险服务。越来越多的工程承包合同引入了工程保险，其甚至得到被广泛适用的标准化工程承包格式条款②的确认。如今，工程保险合同在欧美各国得到迅速发展，该保险险种也在我国保险市场上得以适用。

（二）工程保险合同的法律特点

工程保险合同作为财产保险合同的具体类型，具有以下法律特征。

---

① 1929 年，英国的保险公司对于当时在泰晤士河上建设的拉姆贝斯大桥工程承保了一切险。大正海上火灾保险公司．保险新险种理论与实务．北京：中国金融出版社，1989：146.

② 1945 年，英国的土木建筑业者联盟、工程技术者协会和土木技术者协会共同研究制定了标准承包条款，即闻名于世的 I. C. E 条款。1957 年，国际咨询技术人员联盟和欧洲建筑业者联盟以 I. C. E 条款为基础，制定了用于海外工程项目的国际标准合同条款 F. I. D. I. C 条款。大正海上火灾保险公司．保险新险种理论与实务．北京：中国金融出版社，1989：147.

1. 其保险标的是在建工程项目，即必须是处于施工状态下尚未完成的，包括在建的建筑物和与兴建建筑物有关的机械类以及钢铁结构的安装工程等。相应地，工程保险合同分为建筑工程保险合同（简称建工险）和安装工程保险合同（简称安工险）两大类。建筑工程一切险合同与安装工程一切险合同是承保工程项目的两个相辅相成的工程保险险种，它们各自承保风险的侧重点有所区别。

2. 其承保的风险具有广泛性和综合性。其广泛性在于：（1）工程保险合同既承保被保险人的财产损失风险，也承保被保险人可能向第三人承担的责任风险；（2）工程保险合同承保的保险标的大多裸露于工程现场，处于一种无防备的风险状态，相应地，其抵御风险的能力大大低于普通财产保险合同的保险标的；（3）工程保险合同承保的工程在施工中始终处于一种动态过程，各种风险因素错综复杂，加之人为因素的影响，必然使其面临的风险程度加大。而其综合性则表现为工程保险合同承保的风险是工程项目因一切"突然"和"不可预料"的风险造成的财产损失、费用损失和被保险人可能向第三人承担的责任风险；同时，工程保险合同承保的工程项目风险可能涉及运输过程中、工地外储存过程中、试车期间和保证期间等可能遭受的各类风险。

3. 其被保险人具有广泛性，不限于保险标的的所有权人，而是涉及诸多与在建工程有关的当事人。工程建设过程的复杂性，使其可能涉及的当事人和关系方较多，包括工程业主、主承保商、分承保商、设备供应商、设计商、技术顾问、工程监理等，它们均有可能因其对工程项目拥有保险利益而成为工程保险合同的被保险人。

4. 其保险标的的价值和保险金额具有变动性。因为，工程项目的价值因建设进度而不断增加，其保险金额亦具有变动性。从而，确定保险金额的方法不同于其他财产保险合同，较多情况下是以完工时的价值或者承包合同的承包金额作为保险金额。当然，若工程项目在保险期限内的市场价值或承包金额发生变化的，保险金额也应当进行相应的改变。

5. 其保险期限具有不确定性。与普通财产保险合同的保险期限相对固定（通常是 1 年）不同，工程保险合同的保险期限一般情况下是根据工程的工期长短来确定，可以是几年，十几年。同时，因受工期的影响，工程保险合同的保险期限的起止点也不是确定的具体日期，而是根据保险单的规定和工程的具体情况确定的。为此，工程保险采用工期费率，而不是年度费率。

二、工程保险合同的适用范围

（一）工程保险合同适用的保险标的和被保险人范围

在各国保险实务中，就保险标的而言，工程保险合同适用于各类民用、工业用和公共事业用的建筑工程项目以及新建、扩建或改建工矿企业涉及的机器设备或者钢结构项目的兴建和安装。与此相适应，工程保险合同分为建筑工程保险合同和安装工程保险合同。

而就被保险人来讲，工程保险合同适用于与建筑工程项目或者机器设备、钢结构建筑物安装项目有关的各方关系人，包括工程所有人（业主）、工程承包人（主承包人和分承包人）、供货人、机器设备的制造人、工程所有人雇佣的技术顾问（如建筑师、设计师、工程师、工程监理等）、贷款银行以及其他债权人等。随着各国经济建设的发展，工程保险合同的适用范围出现不断扩大的趋势，诸如出现在西方国家的核能保险便是其典型表现。

第二次世界大战以后，人类在和平利用核能源领域取得巨大进展，包括放射线在医学方面的运用、核能发电、核能船舶等，标志着核能源的利用范围不断扩大。我国亦于 20 世纪 80 年代先后兴建秦山核电站、大亚湾核电站。但核能源的利用也带来严重的核风险，大家记忆犹新的苏联的切尔诺贝利核电站事故造成人身和财产的巨大损害，以及因此给人类居住环境造成的核污染，是核风险的典型实例，它向保险业提出了一个严肃的课题。不过，各国的商业保险公司面对核风险望而却步，一般都把核风险列入责任免除的范围。直到 20 世纪 60 年代，因日本颁布《原子能损失补偿法》和《原子能损失补偿合同法》（1961 年），英国颁布《核装置法》（1965 年），才相继在日本、英国、法国、美国、加拿大等国家出现共同承保核能保险的保险集团，用以对付核能的巨大风险。

以日本为例，按照不同的适用范围，其核能保险包括：（1）核能设施赔偿责任保险，承保核能设施因发生事故而造成的人身伤害和财产的灭失、坏损、污损等损失；（2）核能运输赔偿责任保险，承保在国际间运输核燃料物质因发生事故而造成的损失；（3）核能动力船舶航运者赔偿责任保险，承保核能动力船舶在国际间的运输活动期间发生事故造成的损失；（4）核能财产保险，承保核电站、核燃料物质的加工和再处理设施发生事故造成的损失。根据日本法律的规定，上述四类核能保险中，前三种属于强制保险，第四种是自愿保险。

（二）工程保险合同在我国的适用和发展

工程保险在我国起步较晚，它是伴随着我国的社会主义市场经济建设和经济体制改革而产生和发展的。究其原因，一是随着我国对外开放，大量的国外投资者到我国投资，兴建大量的工程项目，这些国外投资者具有分散自身风险的需求而追求工程保险合同的保障。二是在对外开放形势下，我国的一些建筑安装工程企业开始涉足海外工程市场，而根据国际惯例，参与海外工程建设安装的企业在海外工程的投标过程中作为履约的条件需要办理工程保险合同。三是国内的一些建设项目因业主单位的企业化和承保单位推行项目经理制，需要对风险进行有效的控制和管理，也为工程保险合同的发展提供了机会。

于是，1979 年 10 月，当时的中国人民保险公司根据国际通行的工程保险合同条款，针对中国的具体情况，设计了建筑工程一切险条款、安装工程一切险条款，开始办理工程保险业务。当然，这类保险业务最初只适用于涉外工程项目，但随着我国社会主义市场经济的发展和保险市场的形成及发展，社会公众的保险意识日益增强，出现了适用工程保险合同的客观环境，上述工程保险合同条款也开始用于承保国内工程项目。1993 年，中国人民财产保险股份有限公司在原条款基础上重新设计了建筑工程一切险条款和安装工程一切险条款，并于 1995 年 1 月 1 日开始适用于工程保险业务，成为国内工程保险业务的主要保险合同条款。此后，其他经营财产保险的保险公司也相继开办工程保险业务。

三、工程保险合同的险种分类

在国际保险市场，大多数国家，尤其是欧洲大陆各国普遍地将工程保险合同分为土木建筑工程保险合同和机械设备安装保险合同两大类。日本的保险市场则根据承保对象，将工程保险合同分为安装工程保险合同、建筑工程保险合同和土木工程保险合同三类。①

实例枚举

2006年10月的一天，我国江苏省某地发生了5.5级的中强度地震。次日，甲服装厂来到乙保险公司报案，称该厂的一座800平方米在建厂房因地震导致墙体严重开裂，楼板移位，估计损失在18万元左右，因此要求乙保险公司按该厂投保的（企业）财产保险合同予以赔偿。乙保险公司接到报案后立即邀请了建筑专家对受损的在建厂房进行技术鉴定，结论是该厂房已经构成危房，必须拆除重建，其经济损失为25万元。但是，乙保险公司在审核甲服装厂的保险单和核对该厂账目时发现该受损厂房没有竣工，尚未转为该厂的固定资产，甲服装厂并未就该在建厂房投保工程保险合同，而仅依据（企业）财产保险合同不能得到保险赔偿。

通过本案例，大家可以充分理解工程保险合同。在建工程项目不属于（企业）财产保险合同的承保范围，应当另行投保工程保险合同。

虽然，建筑工程保险合同与安装工程保险合同都属于工程保险合同，但因其各自不同的适用范围，又在以下方面具有不同的特点。

（一）承保的保险标的不同

建筑工程保险合同与安装工程保险合同之间的差异性首先表现在保险标的不同。其中，建筑工程保险合同适用于以土木建筑为主体的工程项目，具体标准是土木建设项目的造价占工程承包合同总金额的50%以上的工程项目；而安装工程保险合同则适用于安装工程造价（包括被安装机器设备本身的价值）占工程承包合同总金额的50%以上的工程项目。

（二）保险标的的变动性不同

在建筑工程保险合同中，其保险标的自建设工程开始动工后随着工程的进展，其物质形态必然逐步增加直至工程竣工，保险人承担的保险责任也从零逐步增加到100%。与此不同，安装工程保险合同的保险标的（机器设备）从工程开始之时就存在于工地上，保险人一开始就承担着几乎全部工程的保险责任，因此，风险也相对集中。

（三）保险人承保的致损风险不尽相同

与各自的保险标的相适应，在建筑工程保险合同和安装工程保险合同中的保险责任涉及的致损风险各有不同的侧重点。相比较而言，作为建筑工程保险合同保险标的的土木建筑工程多处于露天条件之下，因此，自然灾害造成保险标的损失的可能性比较大。而安装工程保险合同的保险标的，除了储油气罐、桥梁、钢结构工程以外，主要是在建筑物内进行安装，受自然灾害致损的可能性较小，而因人为事故致损的可能性则较大。此外，由于安装工程在验收交接前必须通过试车考核，相应地，试车期风险便成为安装工程保险合同保险责任的重要组成部分。

---

① 大正海上火灾保险公司．保险新险种理论与实务．北京：中国金融出版社，1989：147.

（四）责任免除范围不一样

由于保险标的和保险保障内容的区别，建筑工程保险合同和安装工程保险合同各自的责任免除范围不一样：(1) 由于设计错误引起的损失和费用在建筑工程保险合同中属于责任免除。但在安装工程保险合同中，“因设计错误、铸造或原材料缺陷或工艺不善引起的保险财产本身的损失以及为换置、修理或矫正这些缺点错误所支付的费用”属于责任免除，而因设计错误导致的其他损失则属于保险责任。(2) 由于电气原因造成的损失，在安装工程保险合同中属于责任免除，即“由于超负荷、超电压、碰线、电弧、漏电、短路、大气放电及其他电气原因造成电气设备或电气用具本身的损失”，保险人不负责赔偿。而建筑工程保险合同所规定的责任免除则无此项规定。(3) 由于非外力原因造成的损失，即“非外力引起的机械或电力装置的本身损失”，在建筑工程保险合同中属于责任免除，因为建筑工程保险合同只承保外来原因（包括自然灾害和意外事故）所致损失。而安装工程保险合同的责任免除条款则无此项规定。

（五）保险金额的确定方法不同

建筑工程保险合同和安装工程保险合同各自承保的工程项目的保险金额都是工程结束时的实际价值，但是，前者的保险金额一般是按照工程概算价格或者承包合同价格确定，待工程竣工时根据实际情况进行调整；后者的保险金额一般要以安装机器设备的总价值加上安装合同的承包价格之和作为确定的依据，因为，安装工程承包合同约定的承包价格中一般包括安装费用和安装过程中必需的辅助材料费用，却不包含安装项目的价值。

实例枚举

正在进行基建的甲大酒店向乙保险公司投保了2 000万美元的建筑工程一切险。2004年10月，负责该酒店机电工程安装的丙工程有限责任公司从日本进口了两台制冷机。但是，由于承运方的责任导致其中一台制冷机严重受损而无法修复，乙保险公司经过审核，按全损向被保险人甲大酒店偿付了相当于92万美元的保险赔偿金。

通过上述实例，大家可以进一步理解安装工程保险合同的性质和适用范围，从而，可以把握建筑工程保险合同和安装保险合同的区别。

第三节 交通运输工具保险合同概述

一、交通运输工具保险合同的概念和法律特点

交通运输工具保险合同是以合法运营的载人或者载物或者从事特殊作业的交通运输工具作为保险标的的财产保险合同。

显然，交通运输工具保险合同是与人类的交通运输方式发展变化相适应的。因为，随着社

会生产力的发展和科学技术水平的提高，人类不断发明创造出各种代步工具，并且，交通工具的代步速度日益加快，代步方式涉及陆路、水路和空中，其结果是提高了劳动生产率、加快了人们相互之间的交往，但是，与各种交通运输工具的使用相伴的负面影响，却是交通事故日益增多。因此，交通运输工具保险应运而生，成为针对交通运输工具使用中的风险提供保险保障的法律手段。

交通运输工具保险合同不同于其他财产保险合同的法律特点如下。

1. 其保险标的限于投入合法营运的各种交通运输工具，而且，符合有关法律、行政法规规定条件的交通运输工具才为保险人承保。例如，投保船舶保险合同的船舶应当具备法定的适航能力，依法配备船员。

2. 其投保人和被保险人应当是交通运输工具的法定权利人。凡交通运输工具的所有权人、经营权人、使用权人等均可以投保交通运输工具保险合同，而上述权利人或者交通运输工具的驾驶人员则能够成为交通运输工具保险合同的被保险人。

3. 其赔偿方法原则上适用修理、恢复原状的方法。当交通运输工具因保险事故遭受损坏时，可以通过修理而使其恢复正常的营运状态；如果需要更换残损的零件，保险人一般按照约定承担赔付责任。

二、交通运输工具保险合同的适用范围

交通运输工具保险合同适用于各种交通运输工具，包括各种汽车、拖拉机、火车、船舶、飞机以及其他飞行器、非机动的畜力车、人力车，甚至涉及卫星和其他航天器等。相应地，在保险实务中，交通运输工具保险合同按照承保的交通运输工具的种类，可以分为机动车辆（汽车）保险合同、非机动车辆保险合同、飞机保险合同、船舶保险合同以及航天保险合同等。

交通运输工具保险合同的保险保障范围，不仅包括保险人承保的各种交通运输工具本身因自然灾害或者意外事故遭受的损失，同时交通运输工具造成的第三者的人身伤害和财产损失也被纳入保险保障范围内。

在现代经济生活中，交通运输工具的价值较高、运行速度极快，因其发生的交通事故往往产生较为严重的损害结果，影响到社会生产和生活的正常秩序，为此，世界上很多国家的保险业开办了各种交通运输工具保险的险种，并大多实行强制保险。同时，航天事业的发展，也进一步扩展了交通运输工具保险的适用范围，并逐渐形成新兴的航天保险。

实例枚举

2002 年 3 月 5 日，张甲与乙保险公司签订了一份机动车辆保险合同，约定其保险标的为张甲所有的车号 67052 的上海桑塔纳牌轿车，保险期限从 2002 年 3 月 4 日至 2003 年 3 月 3 日，保险险种为车辆损失险和附加盗窃险，保险金额 16 万元，保险费 6 000 元。2002 年 10 月 15 日，张甲在旧机动车交易市场将该车转卖给李丙。2003 年 1 月 20 日，张甲和李丙共同到乙保险公司办理了机动车辆保险合同的变更手续，乙保险公司在保险单上批注变更被保险人为李丙。2003 年 1 月 22 日，李丙在停车场发现投保车辆丢失，随即向公安局报案。次日，李丙向乙保险公司提出索赔。但保险公司却决定拒赔，理由是李丙在办理保险合同变更手续时，并未

告知投保车辆的所有权因买卖而转移，保险公司的变更批注是违背其真实意志的，应当无效。

借助该案例，可以理解交通运输工具保险合同的法律内涵及具体的适用情况，从而，能够把握交通运输工具保险合同的法律特性。

三、交通运输工具保险合同的主要险种

（一）机动车辆保险合同

机动车辆保险合同是投保人与保险人之间订立的，以机动车辆（包括汽车、摩托车、拖拉机和工程车等各种机动车辆）作为保险标的的保险合同。据此，保险人对于因发生保险事故所造成的保险车辆的损失以及致第三者的人身伤亡或财产损失，承担保险赔偿责任。

汽车自从在19世纪末期出现后，被迅速地应用于社会生活的各个领域。尤其是在第二次世界大战之后，汽车在以大众化为目标的工业化生产过程中，进入人们的日常生活，改变了人们的生活面貌，对社会经济的繁荣和发展发挥了重要作用，已是现代社会不可缺少的一种交通工具。但是，它作为高速运输工具也给社会生活带来新的危险，即交通事故、环境污染、能源危机等，形成了相应的保险保障需要。因此，汽车保险自1895年产生于英国后，很快在各工业化发达国家得以推广。其保险责任不断扩大，新的险种不断出现，并且，随着汽车工业的发展，汽车保险业务量大为增加。现在，汽车保险（主要是第三者责任保险）在很多国家已被作为强制保险来适用，由专门立法加以调整。如今，在国际保险市场上，汽车保险已占据举足轻重的地位，并且，有狭义和广义之分。狭义的汽车保险限于汽车的保险，而广义的汽车保险则涉及汽车、拖拉机、摩托车等各种机动车辆的保险。

我国的汽车保险业务开办于20世纪50年代初期，此后在1955年停办。20世纪70年代中期，当时的中国人民保险公司开始办理涉外汽车保险，1980年恢复国内保险业务后，又重新开办了国内汽车保险业务。不过，自1983年11月开始，我国的国内汽车保险改称为机动车辆保险，而在涉外保险范围内仍称为汽车保险。由于两者适用于不同领域，所以，它们各自的投保人（被保险人）和保险标的的范围均不相同。

近年来，随着我国社会主义市场经济的发展，汽车作为现代社会生活中重要的生产工具和生活耐用消费品，在各类社会组织和公民家庭中的拥有量与日俱增，相应地，机动车辆保险的发展速度也不断加快，如今已成为财产保险领域中的龙头险种。但是，在其发展中也暴露出诸多弊病，尤其是各保险公司在各地区使用的机动车辆保险合同条款、保险费率、保险单证不统一，形成了恶性竞争，既损害了投保人（被保险人）的合法利益，也损害了保险公司的形象，导致机动车辆保险业务下滑。为此，中国保险监督管理委员会于1999年大力整顿机动车辆保险市场，规范机动车辆保险经营行为，实施了包括制定统一的机动车辆保险合同条款、实行统一的保险费率、使用统一的保险单证①等具体措施，为中国机动车辆保险市场的发展创造了良

---

① 中国保险监督管理委员会于1999年4月1日颁布新的《机动车辆保险条款》，并首次实行全国统一的保险单证。但是，因其在适用中亦存在不足之处，中国保险监督管理委员会再次予以修改。从2000年7月1日起，2000年版机动车辆保险条款开始执行（此前的经调整后的机动车辆保险费率已于2000年4月1日予以适用）。

好的环境。

我国目前开办的机动车辆保险合同的险别较此前更多，也更完善，包括基本险和附加险两部分。其中，基本险分为车辆损失险（又称车身险）和第三者责任险。附加险则包括全车盗抢险、玻璃单独破碎险、车辆停驶损失险、自燃损失险、新增加设备损失险、车上责任险、无过失责任险、车载货物掉落责任险、不计免赔特约险等。根据中国保监会新颁发的机动车辆保险条款的规定，投保人投保机动车辆保险时，只有基本险才能独立投保，而附加险则不能独立投保，必须在投保了基本险的基础上才能与保险人特约投保附加险险别，而且，投保具体的附加险，亦应与相应的基本险险别相联系。即投保全车盗抢险、玻璃单独破碎险、车辆停驶损失险、自燃损失险、新增加设备损失险的，必须先行投保车辆损失险。投保车上责任险、无过失责任险、车载货物掉落责任险的，必须先行投保第三者责任险。而在投保车辆损失险和第三者责任险的基础上，方可投保不计免赔特约险。保险人按照承保的险别分别承担保险责任，不过，当附加险条款与基本险条款存在抵触之处时，以附加险条款为准。条款未尽之处，以基本险条款为准。

而我国开办的汽车保险险种则分为车身险和第三者责任险两种。它们各自的保险责任和责任免除范围与相应的机动车辆保险险种相同。

（二）飞机保险合同

飞机保险合同又称航空保险合同，是交通运输工具保险的一种。它是以飞机作为保险标的，当保险飞机在保险期限内因保险事故遭受损失以及因此产生被保险人对第三者或旅客承担赔偿责任时，保险人予以赔偿的保险合同。

飞机在运行中的危险较为集中，造成的损害后果也是巨大的。因此，飞机保险自 20 世纪初产生于英国、美国后，至今得到迅速发展。我国的飞机保险业务开办于 1974 年 9 月，最初限于承保国际航线的班机和包机的机身险、旅客责任险、第三者责任险、货物责任险和战争险、劫持险，后承保范围扩大到国内航线的飞机。根据 1986 年国务院《关于通用航空管理的暂行规定》的要求，我国经营通用航空业务的企业均应向保险公司投保机身险和第三者责任险。

在国际保险市场上，飞机保险合同主要包括如下险别：（1）飞机机身险；（2）第三者责任险；（3）旅客责任险；（4）货物责任险；（5）战争险。此外，有些保险公司还经营：机场责任险（又称机场及操纵人员责任险）、产品责任险（承保飞机制造责任）、机组人员人身意外险、丧失执照险（承保飞机驾驶员丧失驾驶执照的风险）、飞机表演责任险、塔台指挥人员责任险等险别。

我国的飞机保险合同与国外的飞机保险合同不尽相同。在险别设置上，我国的飞机保险合同按适用范围，分为国内航线飞机保险、国际航线飞机保险和飞机试飞保险。而按照保险责任范围，分为飞机机身险、第三者责任险、旅客责任险三种基本险别和承运货物责任险及战争险、劫持险等附加险别。

（三）船舶保险合同

船舶保险合同既属于财产保险合同的范畴，又是海上保险合同的基本险种。它是指保险人与投保人之间达成的，专行以海运船舶或者内河船舶作为保险标的，由保险人对保险船舶因保险事故遭受的损失承担赔偿责任的保险合同。

海上保险是现代保险业的起源，作为其组成部分的船舶保险合同自然历史悠久。可以说，各国的《海商法》均将船舶保险合同纳入海上保险制度，成为调整船舶保险关系的依据。凡是经营海上交通运输工具保险或海上保险业务的保险公司，必然开办船舶保险合同。而且，伴随着国际海运业的发展，船舶保险合同的条款内容、保障手段、经营技术也日臻完善，在财产保险和海上保险中占有重要地位。

投保船舶保险已是当今各国船运企业日常经营的一种习惯，原因在于水上运输是风险较为集中、损失很大的行业，通过投保船舶保险合同，可以从保险人处及时获取经济补偿，保障水上运输的正常经营秩序。

船舶保险合同是以船舶作为保险标的。在此，船舶是指由船壳、船机、船舶属具构成的整体。依我国《海商法》第 3 条的规定，船舶属具即是船舶的组成部分。根据现代船舶保险实践，保险船舶涉及各种类型的船舶和其他各种水上浮动物体（诸如海上钻井平台、水上仓库等）。一般情况下，投保船舶保险的船舶应当具备有关主管部门签发的适航证明和配备持有相应职务证书的船员。

同时，要注意各类船舶保险合同规定的承保船舶和不保船舶的范围。例如，我国现行的国内船舶保险合同承保在我国进行内水和沿海运输的船舶，包括用于载运客货的普通船舶（机动船舶或非机动船舶）和各种专用船舶（如渔船保险合同承保的渔船、油轮保险合同承保的油轮）。但是，不包括远洋运输船舶、建造中的船舶、试航的船舶、修理中的船舶、石油钻探船、失去航行能力的船舶等。

第四节　运输货物保险合同概述

一、运输货物保险合同的概念和法律特点

运输货物保险合同是以运输过程中的货物作为保险标的的财产保险合同。

在社会生活实践中，通过运输活动完成商品的空间转移是商品生产和商品流通的必要环节。应当说，货物运输涉及国际贸易和国内贸易，与各个行业的生产和各个家庭的生活之间都存在着密切联系。但是，货物在运输过程中，有可能遭遇各种自然灾害和意外事故而发生毁损、灭失。虽然，货主可以根据货物运输合同的约定，向承运人行使货损赔偿请求权，不过，有关法律对于各种货物运输方式所适用的归责原则不尽相同，承运人的免责条件和免责范围也不一样，因此，能否得到赔偿以及赔偿范围受到诸多影响，货物运输活动的参与者存在着保险保障的需求。

运输货物保险合同的特点如下。

1. 运输货物保险合同的保险标的是在途运输的各种货物。其特点是流动性和与被保险人的分离性（在运输过程中处于承运人的直接控制）。

2. 运输货物保险合同属于定值保险合同。其保险金额是按照当事人约定的价值予以确定，一经确定便不受市场价格变动的影响。

二、运输货物保险合同的适用范围

运输货物保险合同的适用范围广泛，因此，保险法对于运输货物保险合同予以多种分类。其中，按运输方式不同分为水上运输货物保险合同、陆上运输货物保险合同、航空运输货物保险合同、邮包保险合同和联运保险合同等。按适用范围不同分为国内运输货物保险合同和国际运输货物保险合同（又是海上保险的组成部分）。

实例枚举

广西壮族自治区甲果品公司于2001年2月通过铁路向黑龙江省佳木斯市发送一篷车蕉柑，共计1 500件。起运时，承运人作为乙保险公司的保险代理人一并为甲果品公司办理了国内货物运输综合保险。该批货物在约定时间内运抵目的地。但是，在卸货过程中，发现装载蕉柑的篷车车门被开启，车门处的保温被已被撕破，货物被盗。经过清点，确认65件货物被盗，另有180件货物因北方地区的零下18度的气温而全部被冻损。于是，甲果品公司依据货物运输保险合同就该批货物遭受的盗窃损失和冻损损失向乙保险公司提出索赔。乙保险公司在理赔过程中，存在着三种不同意见：第一种意见认为蕉柑属于鲜货，应当投保国内货物运输保险的附加鲜货保险。由于甲果品公司仅投保了国内货物运输综合保险，所以，本案的盗窃损失和冻损损失均不应予以保险赔偿。第二种意见认为按照国内水路、铁路货物运输保险条款的规定，在铁路运输范围内，"盗窃"属于保险责任，而且，盗窃是导致货物冻损的近因，因此，本案的盗窃损失和冻损损失均应予以保险赔偿。第三种意见着眼于普遍意义，认为盗窃并非导致货物冻损的必然原因。本案中，天气寒冷是造成货物冻损的直接原因，而天气寒冷则不是保险责任，因此，对于货物的冻损损失无须赔偿。

本案有助于理解货物运输保险合同的概念和法律属性，并且，对于货物运输保险合同的保险责任的认定有重要的说明作用。

三、运输货物保险合同的主要险种

（一）水上运输货物保险合同

水上运输货物保险合同是指保险人与投保人之间达成的，以在海上或内河航行的船只运送的货物作为保险标的，由保险人对于承保货物因运输过程中的自然灾害或意外事故遭受的损失承担保险责任的保险合同。

水上运输货物保险合同是运输货物保险合同的一种。纵观社会经济的发展历史，各种商品借助运输完成空间转移是市场经济活动不可缺少的环节，而运输货物保险合同则早已成为商品贸易的参与者转移运输风险的重要手段。其中，海上运输货物保险合同是起源最早、历史最长的一种。时至今日，海上运输和内河运输仍是货物运输中适用最为广泛的货物运输方法，因此，水上运输货物保险合同在运输货物保险合同中具有重要意义。

我国的水上运输货物保险始于20世纪50年代（1958年至1979年，国内货物运输保险业务与其他国内保险业务一并停办）。而其迅猛发展的势头则出现在20世纪80年代，随着我国市场经济的发展和保险保障需求的日益增大，当时的中国人民保险公司分别于1981年和1986年修订新的海洋运输货物保险条款和国内水路货物运输保险条款，太平洋保险公司、平安保险公司等经营财产保险的保险公司也相继开办了水上运输货物保险业务。这表明水上运输货物保险合同已是我国运输货物保险合同的重要种类之一。

在我国的保险业务中，按照适用范围的不同，将水上运输货物保险合同分为国内水上运输货物保险合同和国际水上运输货物保险合同。

国内水上运输货物保险合同，又称为国内水路运输货物保险合同，用于承保在我国沿海、江河、湖泊等国内水域范围内运输的货物因保险事故遭受损失的风险。

国际水上运输货物保险合同，又称为海洋运输货物保险合同，用于承保国际贸易中的进出口货物在海上运输过程中因保险事故遭受损失的风险。根据我国《海商法》的规定，该海上运输是指海上航行以及海江之间、江海之间的直达运输，还包括与海上航行有关的发生于内河或者陆上的事故。按我国的保险实践，称其为海洋运输货物保险合同。而在国际保险市场上，称其为海上运输货物保险合同。

（二）陆上运输货物保险合同

陆上运输货物保险合同是指保险人与投保人之间达成的，以陆上运输过程中的货物作为保险标的，由保险人对于保险货物因自然灾害或意外事故造成的损失承担赔偿责任的保险合同。

陆上运输货物保险合同是运输货物保险合同的一种。它的产生晚于水上运输货物保险合同，其内容既吸收了水上运输货物保险合同的做法，又针对陆上运输货物活动寻求保险保障的实际需要，形成自身特点。

陆上运输货物保险合同，按其适用范围分为国内陆上运输货物保险合同和国际陆上运输货物保险合同（又称为涉外陆上运输货物保险合同）。

其中，国内陆上运输货物保险合同适用于国内贸易所涉及的货物在国内陆路上，用汽车、火车、非机动车辆进行的运输活动。我国将其进一步分为国内铁路运输货物保险合同和国内公路运输货物保险合同。而国际陆上运输货物保险合同则适用于国际贸易所涉及的进出口货物及其他涉外经济活动的物品，在跨越国界的陆路上进行的运输活动。在我国，国际陆上运输货物保险合同习惯上称为陆上运输货物保险合同，而且，限于使用火车、汽车进行的运输活动，使用其他陆上运输工具从事的货物运输活动则不予承保。

（三）航空运输货物保险合同

航空运输货物保险合同是指保险人与投保人之间达成的，以飞机运载的货物作为保险标的，由保险人对于保险货物在航空运输过程中因自然灾害或意外事故所遭受的损失承担赔偿责任的保险合同。

航空运输货物保险合同作为独立的运输货物保险合同类型，产生于20世纪。我国的航空运输货物保险开办于1951年，但仅适用于在国际航线上运输的货物。国内航空运输货物保险则是从 1984 年 11 月起试开办。近年来，又扩大发展了两个附加险种，即国内航空运输鲜、活货物和动物腐烂、死亡责任保险以及国内航空运输行李保险。

我国的航空运输货物保险合同分为国内航空运输货物保险合同和航空运输货物保险合同。

国内航空运输货物保险合同适用于用飞机在国内航线上运输的货物。凡是向民航部门（承运人）托运货物的单位和个人均可将其需要空运的货物投保该保险，但是，鲜、活物品和动物不能投保此保险合同，而必须经双方当事人特别约定，投保国内航空运输货物保险的附加险，即鲜、活货物和动物腐烂、死亡保险。

航空运输货物保险合同则用于承保用飞机在国际航线上运输的货物。参与国际贸易及其他涉外经济活动的法人、经济组织和个人可以就其需要空运的货物投保该保险。

（四）邮包保险合同

邮包保险合同是指保险人和投保人之间达成的，以通过邮局用邮包运递的货物作为保险标的，由保险人对于承保的邮运货物因保险事故遭受的损失承担赔偿责任的保险合同。

邮包可以通过海上、陆路、空中等各种运输方式进行运递，因此，邮包保险合同的险种名称和保险责任在各国的保险实务中各不相同。我国的邮包保险合同分为邮包险和邮包一切险以及附加险——邮包战争险。而且，海、陆、空运的邮包保险合同，均使用同一保险条款。

邮包保险合同的适用范围与海洋运输货物保险合同基本一样。投保人和被保险人的范围和确认方法也相同。

第五节　农业保险合同概述

【知识链接】

颁布《农业保险条例》，树立中国农业保险发展的里程碑

2012 年 11 月 12 日，国务院以第 629 号国务院令，公布了国务院第 222 次常务会议通过的《农业保险条例》，成为我国农业保险，特别是政策性农业保险发展过程中的一个里程碑。其在我国《保险法》就一般商业保险作出规定的基础上，针对农业保险业务的诸多特点，确立了政策性农业保险和商业性农业保险并行以及包含农业相互保险类型的多种形式的农业保险法律架构（第 2 条、第 3 条），为我国农业保险的未来提供了充分的发展空间。

为此，针对建设和发展以政策性农业保险为基础的农业保险，该条例根据国家采取分散决策的方针建立相应的制度框架，并赋予省、自治区、直辖市人民政府确定适合本地区实际的农业保险经营模式的自主权利（第 3 条第 3 款）。而且，该条例不仅以法规方式肯定了 2007 年开始实施的政府财政对农业保险费补贴和税收优惠政策（第 7 条、第 9 条），形成具有法律力度的政府财政和税收支持，并分别规定了中央和地方政府支持政策性农业保险的责任和权力，其第 7 条明文规定："由财政部门商国务院农业、林业主管部门和保险监督管理机构制定政策性农业保险的财政性保险费补贴办法"；同时，"鼓励地方人民政府采取由地方财政给予保险费补贴等措施，支持发展农业保险”，并非要求必须给予政策性农业保险费补贴，由此界定了各级政府部门的角色定位。按照该条例第 4 条的规定精神和各相关政府机构的职责分工，财政和税收部门负责实施和管理相应的保险费补贴和税收优惠办法；保险监督管理部门负责保险业务的监督管理；财政、税收和农业、林业、发展改革、国土资源等有关部门负责农业保险的宣传、组织、推进和管理以及“建立农业保险相关信息的共享机制”（第 4 条）；而“县级以上地方人民政府统一领导、组织、协调本行政区域的农业保险工作，建立健全推进农业保险发展的工作机制。县级以上地方人民政府有关部门按照本级人民政府规定的职责，负责本行政区域农业保险推进、管理的相关工作”（第 5 条）。

此外，该条例对于农业保险的巨灾风险管理作出了制度安排，具体表现在，“国家建立财政支持的农业保险大灾风险分散机制”，“国家鼓励地方人民政府建立地方财政支持的农业保险大灾风险分散机制”（第 8 条）。

一、农业保险的概念及特点

农业保险是指保险人对于农业生产者在从事种植业或养殖业的生产过程中，因遭受自然灾害和意外事故而损害农产品造成的经济损失承担赔偿责任的保险业务。

严格地说，农业保险是财产保险的组成部分，但是，它基于农业生产的特殊性具有诸多特点。

（一）农业保险的保险标的种类繁多，保险价值具有不稳定性

农业生产是农业生产者利用植物、动物的生长机能，通过人工控制和培育来获取农产品的社会生产部门。其生产范围广泛，涉及的农产品种类众多，农业生产者所需保险保障也是五花八门。相应地，农业保险的保险标的必然种类繁多，不一而足，保险实务一般将其归纳为农作物产品、林木产品、畜牧产品、水产品等若干大类。应当注意的是，农业保险区别于农村保险。所谓农村保险，是就保险适用的地域范围而言，它是保险人向参与农村经济活动的生产经营者、劳动者及农村家庭提供的各类保险保障的总称，包括财产保险和人身保险，既涉及农、林、牧、渔业的生产活动，又包括工业、商业、运输、建筑、服务等行业的经营活动，诸如针对农村的企业财产或家庭财产适用的财产损失保险、货物运输保险、交通运输工具保险、人身保险和农业保险等，显然，农业保险仅仅是农村保险的组成部分。

同时，各种农产品作为农业保险的保险标的，其保险价值是极不稳定的。因为，农产品的取得要经过一定的生长周期。在此生产过程中，资金的投入、物料的消耗、产品的收获、成本的回收都具有不确定性，而且，各种自然灾害和市场价格又往往直接影响着各种农产品的保险价值，所以，确定保险标的的保险金额是签订农业保险合同时的一个复杂问题，使其区别于其他各种保险合同。

（二）农业保险的经营风险更大，责任审定具有复杂性

由于农业生产的对象皆是有生命的动植物，它们的生长过程直接受到自然条件和周围环境的影响；加之，农业生产周期长、季节性强，又多为露天作业，因此其抗御自然灾害和意外事故的能力相对于其他社会生产部门较为脆弱。其结果是农业生产因自然灾害和意外事故遭受损

失的概率更高，损失数额更大。因此，保险公司经营农业保险具有很大的风险性，它的赔付率一般高于其他保险业务。

不仅如此，农产品损失可以是一种自然灾害造成的，或者是在同一期间遭受多种自然灾害造成的。尤其是农村地域广大，各地自然条件和经济条件存在差别，产生自然灾害和意外事故的因素各不相同，故农业产品的受灾情况及后果更为复杂。这导致保险人在灾害发生后进行责任审核、确定保险责任范围和损失数额的工作比较困难，其具体操作过程更为复杂。因此，经营农业保险的保险人只能是因地制宜，或者承保单一风险，或者承保综合性风险，甚至可以将特定的农业风险列为特约保险责任。

（三）农业保险以基本保障为原则，实行损失分摊、低额承保

上述农业保险的复杂性和风险性要求农业保险的经营更为科学合理，以适应农业生产的特点。这种科学性首先就表现在为农业生产提供基本保障，因为，农业保险的目的是补偿农业生产者因自然灾害和意外事故遭受的经济损失，维持和恢复农业再生产。所以，在经营农业保险过程中要贯彻基本保障原则，即保险人的保险赔偿数额以补偿被保险人投入农业生产的成本和部分预期利润为标准，而不是以全部预期利润作为补偿对象，使被保险人因灾受损后能够及时得到维持和恢复农业再生产的基本保障。

同时，为了达到农业保险的目的，提高农业生产者加强农业生产管理的责任心，防止出现道德危险，农业保险实行损失分摊、低额承保的方式。一般来说，农业保险只按保险标的的部分价值确定保险金额（例如，牲畜保险按保险标的实际价值的70%、农作物保险按保险标的实际价值的60%的比例来确定保险金额），其余部分的损失后果由被保险人自行承担。这是农业保险特有的内容。

（四）农业保险的经营方式多种多样，突出合作保险形式

农业保险作为高风险、高赔付率的保险业务，其经营成本明显高于其他保险业务，营利性极低，完全由商业保险公司独力承担赔付责任显得勉为其难。因此，各国农业保险的经营方式大多是以自愿为原则的商业保险、以强制为原则的政策性保险和以互助共济为原则的合作保险并存，其中，合作保险方式占有重要地位。诸如日本的农业共济社、美国各州经营农业保险的相互保险公司、英格兰的全国农民相互保险协会等都是农业保险范围内的合作保险组织。这些合作保险组织以互助共济为目的，其成员相互提供保险保障，不追求赢利，以降低经营成本、有效防止道德危险，是解决一般商业保险公司不愿经营农业保险问题的有效方法。同时，政府补贴是农业保险较为普遍的又一特色。例如，西班牙于1979年颁布的《农业保险法》规定保险费补贴率为20%～50%。

二、农业保险合同的概念和法律特点

农业保险合同是指保险人和投保人之间达成的，以农产品作为保险标的，由保险人对于被保险人因保险事故造成的保险标的的损失承担赔偿责任的保险合同。

农业保险合同是财产保险合同的具体类型之一。其适用目的是为农业生产者从事农业生产

活动提供保险保障。因此，基于农业生产活动的特点，农业保险合同具有如下特点：

1. 农业保险合同的保险标的限于农产品。作为国民经济的一个重要部门，农业生产所创造的农产品种类众多，均可以成为农业保险合同的保险标的。农业生产者根据其从事农业生产的实际需要，就具体农产品投保相应的农业保险合同。

2. 农业保险合同的保险责任具有高风险性和高赔付性。按我国现有的农业生产技术条件，农业生产仍然在很大程度上依赖外部环境，从而，其生产过程始终面临着复杂多发的风险。这些风险可能是各种自然灾害，也可能是社会风险或经济风险；可能是一种风险，也可能是多种风险并存。而且，这些风险的发生往往会造成保险标的很高的损失概率。相应地，保险人基于农业保险合同予以赔付的可能性很大，赔付的比例亦较高。

3. 农业保险合同确定保险金额的方法灵活多样。在我国幅员广阔的农业生产区域内，不同地区的自然条件各不相同，相应地，农业生产者从事的农业生产活动有所区别，农业生产技术和农业生产管理水平也不一样，使得农业生产具有诸多变数，而且，农业产品种类繁多，价值各异。为了适应这些特点，保险人在确定农业保险合同的保险金额时，采取了灵活多样的方法，而且，一般实行低额承保。

4. 农业保险合同具有低费用性。不同于其他商业保险合同，保险人在农业保险合同中向投保人收取的保险费较为低廉，也就是说，农业保险合同的投保人支出保险费与保险人提供保险保障的比例，低于其他保险合同。因为，要积极发展农业保险制度，就必须考虑一般的农业生产者所能承受的交费能力。

5. 农业保险合同的适用往往与相应的扶持政策相联系。鉴于农业保险合同的高风险性和高赔付性以及投保人交费能力较低等特点，国家政府一般都对农业保险合同的适用实行扶持政策，诸如对投保人实行保险费补贴，对经营农业保险的保险公司实行税收减免等。

实例枚举

2002 年 6 月，淮河流域连续降水二十余天，总降水量达到 950 毫米，致使河水超过警戒线 1.9 米。地处淮河岸边的甲乡的 24 500 亩稻田，因地势低洼而遭淹，造成重大损失。此前甲乡政府已经向乙保险公司投保了水稻保险，双方约定水稻因洪水、冰雹、风暴造成绝产或减产的，保险公司根据前三年的平均亩产量，按国家现行收购价格，赔偿水稻保险合同的绝对免赔额以外的损失：该绝对免赔额约定为平均亩产的二成。投保人按照每亩 5 元交纳保险费。

水灾之后，甲乡政府向保险公司申报绝产损失 3 500 亩。9 月份，又申报减产二成以上的 16 400 亩，合计两项损失为 162 万元，要求保险公司全额赔偿。保险公司接到报案后，依据气象资料，确认 6 月份的水灾构成洪水，属于保险责任的范围。此后的关键问题就是定损。保险公司经过实地采取随机选点以点测面方法进行勘验后，分别针对稻田的受损面积和损失程度，由保险公司的工作人员负责测定受损面积，同时，聘请农业专家负责测定损失程度。最终，认定水稻绝产面积为 2 600 亩，以每亩 1 000 斤为基数计算保险赔款为 42 万元，而减产二成以上的面积为 1 100 亩，保险赔款为 35 万元。保险公司按照上述金额向被保险人支付了保险赔款。

分析本案，有助于大家掌握农业保险合同的特点和实务运用，并透过农业保险合同加深对于保险合同基本属性的理解。

【知识链接】

航天保险为圆人类的"飞天梦"保驾护航

自20世纪50年代第一颗人造卫星进入太空开始，迄今人类已向浩瀚无际的太空发射了数千颗人造卫星，并有一百多个国家投资于宇航技术，使得航天技术迅速发展。2004年，因为中国的"神舟五号"载人飞行的成功、欧盟和美国前赴后继地进行火星探索，又在世界范围内掀起了新的"航天热"。这意味着人类的"航天梦"不断走向更高境地。

当然，航天活动也是价格昂贵、风险巨大的科技工程，一旦发射失败或发生其他意外事故，其经济损失必然十分巨大。因此，人类在不断提高航天技术水平的同时，也将具有分散风险功能的保险引入了航天领域。航天保险产生于1965年，美国国际通讯卫星公司将"国际通讯卫星1A"向劳合社投保航天保险，其内容是保险人对于火箭和各种航天器在制造、发射和在轨运行中可能出现的各种风险造成的财产损失和人身伤亡承担保险责任，因此，具有"保驾护航"的作用。

1984年11月，劳合社出资雇请美国宇航局从太空中将两颗失控的卫星捕获，经修复后售出，创造了航天保险的壮举。同样在世界保险界引起巨大反响的是1986年1月28日的航天空难，在美国的佛罗里达州卡纳维拉尔角发射升空的"挑战者"号航天飞机，升空后不到30秒钟起火爆炸，导致价值12亿美元的航天飞机及其携带的价值5亿美元的通讯卫星全部损失，7名机组人员全部罹难。但是，"挑战者"号没有投保航天保险，7名机组人员中，除了中学女教师麦考利夫以外，其余均没有购买保险，而且，均签署了买保险的弃权书。反之，1995年1月26日，中国长城公司发射的"亚太2号"通讯卫星失败后，承保其航天保险的中国太平洋保险公司进行了保险赔付。上述实例从不同方面证明了航天保险的保障作用。

问题与思考

1. 如何理解财产损失保险合同的法律含义？
2. 如何确定财产损失保险合同的保险标的范围？
3. 工程保险合同有哪些法律特点？
4. 建筑工程保险合同与安装工程保险合同有哪些区别？
5. 如何理解建筑工程保险合同的保险标的范围？
6. 交通工具保险合同有哪些法律特点？
7. 运输货物保险合同有哪些法律特点？
8. 什么是水上运输货物保险合同？
9. 农业保险具有哪些特点？
10. 什么是农业保险合同？

第十二章 各类财产保险合同的比较（下）

本章概要

随着社会的发展，与财产有关的经济利益在人们的生产和生活中的重要作用日益凸显。相应地，在保险实务中，以此类财产利益为保险标的的财产保险合同自然不可或缺。本章将对以财产利益为保险标的的财产保险合同加以比较，要求大家能够了解和正确运用这些财产保险合同。

第一节 责任保险合同概述

一、责任保险合同的概念及适用范围

（一）责任保险合同的概念

责任保险合同是指经保险人与投保人约定，以被保险人依法应当向第三人承担的民事赔偿责任作为保险标的，被保险人因承保范围内的致害行为而依法产生对第三人的民事赔偿责任时，由保险人负责赔偿的一种财产保险合同。

由此可见，责任保险合同是社会成员将其可能承担民事赔偿责任的风险转嫁给保险人的法律手段，但是，它仅适用于民事赔偿责任，而不适用于行政责任和刑事责任。相比较而言，责任保险合同产生的时间比较晚，从19世纪中期首次在英国出现铁路承运人责任保险（1855年）和马车第三者责任保险（1875年）至今，仅有一百多年的历史。它是随着民事法律制度不断完善，为满足社会成员在社会生产和生活中承担民事责任的风险不断增加而寻求保险保障的需要所产生的。但是，社会生活城市化，尤其是制造业和交通运输业的高度发展，使得责任保险的成长速度十分惊人。当前，责任保险已成为国际保险市场上的一项重要业务，被当做衡量一个国家保险业发达与否的标尺。

责任保险在我国发展为独立险种，是在1979年之后。首先，根据国务院有关文件的规定，

机动车辆第三者责任保险已被作为强制保险险种在全国普遍实施。同时，在涉外保险范围内，陆续开办了船舶、飞机、汽车及建筑安装工程的第三者责任险、公众责任保险、产品责任保险和雇主责任保险等专门性责任保险。当然，我国的责任保险制度尚处于起步阶段，远未适应我国社会主义市场经济发展的需要，应当大力扶持、培育，继续扩大已有责任保险险种的适用范围，不断设计新的责任保险险种。

（二）责任保险合同的适用范围

1. 责任保险合同的保险标的范围

根据国际保险市场的经营实践，凡是社会成员在日常的生产和生活中有可能依法承担的民事赔偿责任，都可以向保险人投保，使其成为责任保险合同的保险标的。并且，随着社会生产力和科学技术的发展，特别是人们的损害赔偿法律意识的提高，适用于责任保险合同的各种责任风险必将日益增多。

但是，能够成为责任保险合同之保险标的的责任风险须具备下述法律要件。

第一，应当是被保险人依法应当承担的民事责任。

在民事法律范畴内，民事责任是民事主体（公民、法人或者其他经济组织）不履行其所承担的民事义务时依法应当承担的不利的法律后果，它可以产生于民事主体的违约行为，或者侵权行为。在保险实践中，责任保险合同承保的一般是作为被保险人的民事主体对其实施的民事侵权行为致第三人人身或财产损害而承担的民事赔偿责任。在保险人与投保人作出特别约定的情况下，被保险人依约承担的违约责任也可成为承保对象。但是，并非所有的法律责任都能够成为责任保险合同的承保对象，诸如刑事责任、行政责任均不能列入责任保险合同的保险标的范围。

第二，应当是被保险人基于一般过失而承担的民事赔偿责任。

民事主体实施的民事侵权行为或者违约行为，都是在其违法的主观意志（包括故意或者过失）的作用之下而为的，民事法律正是从制裁这些民事违法行为，提高民事主体遵纪守法意识，维护正常的民事活动秩序的宗旨出发，追究民事违法者的法律责任。因此，民事主体不论是故意，还是过失，均应依法对其民事违法行为承担民事责任。但是，责任保险合同作为民商法律的组成部分，其适用目的应当与上述民事责任制度的适用宗旨相一致，而不能成为民事违法者的“避风港”。从而，责任保险合同只能是对被保险人无违法恶意的一般过失的民事违法行为引起的民事责任提供保险保障，至于民事主体因故意违法行为或重大过失行为所产生的民事责任则排除在责任保险合同的保险标的范围之外。

同时，作为责任保险合同之保险标的的民事责任应当是以经济补偿为内容，具有财产性和补偿性。这既决定于财产保险合同的财产性和补偿性的基本特性，也与民事责任制度适用的补偿目的相一致。也就是说，通过保险人的保险赔偿，补偿受害人一方的经济损失。非经济补偿性的民事责任方式（如赔礼道歉、消除影响等）也排除责任保险合同的适用。

第三，应当存在着被保险人的民事违法行为与损害后果之间的因果关系。

依照民事法律的要求，行为人的民事违法行为与损害后果之间存在因果关系，是行为人承担民事责任的必要构成要件。它同样是构成责任保险合同的保险标的的必要条件。这意味着只有被保险人的民事违法行为必然引起受害人的损失时，才产生其民事赔偿责任，保险人始对此承担保险责任。

第四，应当是被保险人向第三人承担的民事赔偿责任。

不同于承保有形财产的财产保险合同，责任保险合同的保险标的是无实物形态的法律责任。接受保险保障的是被保险人（民事责任人），而最终接受赔偿的则是因被保险人的民事违法行为而遭受损害的第三人（受害人）。因此，责任保险合同所承保的应当是被保险人因其实施的民事违法行为致第三人损害而依法向第三人承担的民事赔偿责任。从而，排除第三人依法应当向被保险人承担的民事责任的适用。

【知识链接】

责任保险在中国的创新发展

伴随着中国社会主义市场经济和经济体制改革的深化发展，我国保险业也与时俱进，处于创新发展过程中，其中，责任保险领域的变化是可圈可点的。诸如，先是为了加强建筑业的安全生产，减低工伤事故的发生率，保护建筑工人的生命安全，各地政府都在考虑引入商业保险机制，参与建筑工程责任的分散与转移，并制定建筑工程责任保险法规来规范建筑工程责任保险的运行。继而，2015 年前后又产生了以诉讼保全责任作为保险标的的诉讼保全责任保险，逐渐在各地各级法院得到接受和普及；2016 年 11 月最高人民法院颁布《关于人民法院办理财产保全案件若干问题的规定》加以明文确认为申请财产保全的担保方法之一。如今，由于有的地方法院与商业保险公司合作，以用于依法赔偿救助对象的执行救助基金来购买执行救助保险，达到扩大救助基金规模，切实实现执行救助的目标，并且进一步扩展为司法救助保险，使该保险的适用范围扩大为司法救助的全视角。

笔者认为，上述保险实践表明责任保险制度在中国大地取得了可喜的创新发展，具有重大的社会意义。说其是创新发展，首先就在于，上述新的责任保险险种已经突破了传统责任保险限于民事赔偿责任的保险标的，将其扩展到行政责任、司法审判责任、司法救助责任等。例如，上述的建筑工程责任保险所涉及的显然是各地政府对建筑行业安全生产的监督管理责任，理应纳入各地政府的行政责任。诉讼保全责任保险所涉及的自然是相应的法院在诉讼保全阶段的司法审判责任。至于司法救助保险（或称执行救助保险）实质上仍然是责任保险，因为它是由法院或者其他政府部门作为投保人运用司法救助基金来购买，其救助对象应当处于责任保险关系之第三人的地位，它所涉及的是法院或者其他政府机关所承担的司法救助责任。

上述责任保险的创新发展的社会意义十分明显：首先，责任保险的这种创新是商业保险参与国家治理体系现代化的具体内容，完全符合中国的国情。因为，党的十八届四中全会确立实现国家治理体系和治理水平现代化的目标，需要通过全社会的参与来完成。而商业保险公司通过上述责任保险的介入参与，能够分担和减轻政府或者法院履职各自承担的国家管理职能的压力，提高国家管理的效率，满足人民群众的实际需要。其次，责任保险的这种创新发展完全符合中国的国情，它可以借助商业保险来扩大相应社会资金的规模，弥补现有社会保障制度尚不完善现状下的社会空缺，有利于社会民生水平的发展提高。最后，责任保险的这种创新发展也是保险业参与社会资源再分配的具体内容，其将国家财政资金或者其他社会资金向特定的行政责任或者司法审判责任、司法救助责任等所涉及的特定人员进行支付，属于社会资源的再一次分配。

笔者的以上看法十分粗浅，希望与各位同仁和业界专家展开讨论。

2. 责任保险合同的适用方式

在保险实践中，根据各种投保需要，保险人承保责任保险的方式也不一样，可以概括为三种情况。

第一，将民事赔偿责任作为基本责任的一部分，由保险人予以承保。例如，船舶碰撞责任作为基本责任而被列入相应的船舶保险合同之中，由保险人承担保险责任。

第二，将民事赔偿责任作为附加责任，连同其所依附的财产保险合同（主险），由保险人一并承保，无须签发单独的责任保险单。例如，机动车辆第三者责任保险、建筑工程和安装工程的第三者责任保险等，均按此种方式承保。

第三，将民事赔偿责任作为专门的保险责任，由保险人予以承保，签发独立的责任保险单。目前，国际保险市场中普遍开办的专门性责任保险合同，如产品责任保险合同、公众责任保险合同、雇主责任保险合同、保赔保险（全称保障与赔偿保险）合同等即属此类。

3. 责任保险合同的种类

责任保险作为新兴的险种，是科学技术的进步和法律制度的完善相结合的产物。而且，伴随着现代科学技术日新月异的发展，各地区各行业的责任风险也不断增加，责任保险合同的适用范围必然趋于扩大，其险种也日益增多。

（1）按照责任发生的原因，责任保险合同分为三类。

其一，过失责任保险合同，承保被保险人因过失（疏忽大意）行为致第三人损害而依法承担的民事赔偿责任的责任保险合同。

其二，无过失责任保险合同，承保被保险人因无过失责任原则而在无过失情况下，依法向第三人承担的民事赔偿责任的责任保险合同，例如核电站责任保险合同、雇主责任保险合同。

其三，合同责任保险合同。经投保人与保险人特别约定，以被保险人依法向第三人承担的违约责任作为保险标的的责任保险合同。

（2）按照承保方式，责任保险分为三类：

其一，承保独立责任的责任保险合同，即只以某一种独立的民事赔偿责任作为承保对象的责任保险合同，如产品责任保险合同。

其二，将民事赔偿责任作为保险责任组成部分的责任保险合同，即责任风险与其他风险一并构成的保险责任。例如，船舶一切险合同约定的三类保险责任中的一项就是船舶碰撞责任。

其三，将民事赔偿责任作为附加责任予以承保的责任保险合同。例如，建筑工程第三者责任保险合同。

（3）按适用范围分类，主要有四类责任保险合同。

其一，产品责任保险合同，适用于产品制造商或销售商依法应当承担的产品责任。

其二，公众责任保险合同，适用于公民、法人等民事主体依法应当承担的公众责任。

其三，雇主责任保险合同，适用于雇主对其雇员依法应当承担的赔偿责任。

其四，职业责任保险合同，适用于各种专业人员在从事职业活动过程中依法应当承担的赔偿责任。

目前，我国保险市场上开办的责任保险业务主要是产品责任保险合同、公众责任保险合同、雇主责任保险合同及某些行业范围内的职业责任保险合同，以及附属于其他主险险种的第三者责任保险合同。

实例枚举

2001年5月1日，某国驻上海总领事馆在上海甲酒店设宴招待来沪访问的本国代表团。当晚10时30分左右，一行人走出酒店返回驻地。其中，副总领事上车时，被停车场上的一个长260厘米、宽80厘米、高20厘米的水泥平台绊倒，重重地撞在车门上，随即被送进医院。经检查，其肋骨压迫性骨折，后住院治疗。对此，某国总领事馆向甲酒店递交了赔偿函，要求甲酒店承担80%的赔偿责任。理由是受伤者虽有一定的疏忽，但是，酒店的水泥平台设置不当是导致该事故的主要原因。于是，甲酒店立即依据其于2000年12月15日与乙保险公司签订的保险期限为1年的公众责任保险合同，将赔偿函转交给乙保险公司。乙保险公司依据中国有关法律，认为受伤者的疏忽和甲酒店在停车场上建设水泥平台不合理，都是造成此伤害事故的原因，所以，提出赔偿医疗费用和工资损失的50%。双方经协商后，达成了保险赔款协议。

本案充分体现了责任保险合同的特有内容，借助本案的运用可以理解责任保险合同与其他财产保险合同的区别。

二、责任保险合同的主要险种

（一）产品责任保险合同

1. 产品责任保险合同的概念和适用概况

产品责任保险合同是指保险人与投保人之间达成的，由保险人承保制造商或销售商因其生产、销售或提供的产品存在缺陷致使第三人人身伤亡和财产损失所应承担的产品质量责任的保险合同。

产品责任保险的兴起和发展是与各国产品责任法的实施有着密切联系的。它作为独立的责任保险险种，始于19世纪末20世纪初，迄今不过百年历史。最初，产品责任保险合同主要适用于一些与人体健康直接相关的产品，诸如食品、饮料、药品等。此后，其承保的责任范围日益扩大。不过，产品责任保险业务的迅速发展，则是最近四十多年的事情。20世纪70年代以来，社会产品的种类日益增多，现代化程度不断提高，相应地，因产品使用而发生的事故也急剧增加，基于产品质量缺陷给消费者造成人身伤亡或财产损害的事件不断发生。各国政府面对蓬勃发展的消费者保护运动纷纷颁布产品责任法，规定产品的制造者和销售者应当对其产品缺陷给消费者或者用户造成的人身伤害和财产损失承担赔偿责任，并逐步用严格责任原则取代原来的疏忽责任原则，这意味着，受害的消费者即使与产品的生产者、销售者之间无合同关系，只要证明产品的质量瑕疵是其所受损害的原因（不必证明该质量瑕疵是损害发生的唯一原因或直接原因），便可请求赔偿，而产品的生产者、销售者则不能以自己无过错为由免除责任，从而，加重了制造商、销售商的产品责任。其结果是促使制造商、销售商利用投保产品责任保险合同来转嫁风险，促进产品责任保险的发展。如今，产品责任保险合同在经济发达国家和地区的保险市场上占有举足轻重的地位，尤以美国、西欧和日本最为突出。

我国的产品责任保险产生于1980年，最初主要承保出口商品。此后，随着我国市场经济的发展，产品责任保险也进入了国内保险领域，出现了食物中毒责任保险合同、电视和洗衣机产品质量保险合同等。目前，我国产品责任保险合同的承保产品种类已涉及食品、药品、轻纺产品、机电产品等几十种，保险费收入也逐年增加。自我国《产品质量法》于 1993 年 9 月 1 日施行之后，产品责任保险得到了进一步发展。

2. 产品责任保险合同的适用内容

产品责任保险合同的保险标的是产品责任，它本身是一种依附于一定的物质财产（即产品）之上的无形的经济利益。产品责任的有无、大小取决于其所依附的产品给他人造成的人身伤害和财产损失的程度。因此，产品责任保险合同承保的产品责任范围，决定于其所依附的产品范围和有关国家的产品责任法的规定。

在各国的产品责任法上，“产品责任”一词的含义及法律性质并不一样，从而，产品责任保险合同涉及的保险标的范围大小不同。

关于产品责任的范围。美国法律从广义上解释“产品”，几乎包括了工业、农业、手工业的一切制成品。在日本，凡是进入流通领域的物品均属于产品，不论是加工的物品，还是天然的产物。而根据我国《产品质量法》的规定，“产品是指经过加工、制作，用于销售的产品”，因此，其范围涉及各个生产部门的制成品。鉴于法律要求产品的制造者、销售者应对其产品承担损害赔偿责任，故产品责任保险合同就可以适用于法定范围内各种产品的责任风险。

关于产品责任的性质。合同责任是早期的产品责任①的法律基础，一般认为，产品责任法源自英美，1842 年英国“温特博汤诉赖特案”是最早在合同责任基础上引出“无合同即无责任”的认定产品责任的规则的案例。而 1852 年美国“托马斯诉温切斯特案”首次以“无论有无合同关系，有过失即应负责”的规则取代前述规则。1932 年英国“多诺霍诉史蒂文森案”则基于侵权责任理论确认产品制造者对于产品的最终消费者负有非依合同而生的注意义务，违反此义务就应承担侵权责任（产品责任）。它成为此后适用过失侵权责任追究产品生产者产品责任的重要判例。因此，只有产品的生产者或销售者与受害人之间存在合同关系，受害人才能以产品的生产者或销售者不履行约定的产品质量义务为由，要求对方就其产品缺陷造成的人身伤害或财产损失予以赔偿。随着社会经济活动日益复杂和现代科学技术在工业生产中的应用日益深入，建立于合同责任之上的产品责任难以适应现实生活的需要。为此，进入 20 世纪以后，各国的产品责任法着眼于保护广大消费者的权益，制裁违反一般社会义务而生产、销售有缺陷产品，危害消费者利益的行为，将产品责任引入侵权责任制度的调整范围。其意义在于产品的生产者、销售者向受害的消费者承担产品责任，不以其与消费者之间存在直接合同关系为前提，也不以生产者、销售者在产品的生产、销售过程中有主观过错为条件。

我国《产品质量法》和《侵权责任法》均在此意义上规定产品质量责任。尤其是 2010 年 7 月 1 日施行的《中华人民共和国侵权责任法》以“产品存在缺陷”（第 41 条）取代《民法通则》使用的“产品不合格”来确立产品质量责任的定义。根据《产品质量法》第 42 条和《侵权责任法》第 41 条、第 42 条的规定，产品质量责任的构成条件包括：第一，产品存在缺陷，即生产者或销售者生产或者销售的产品不符合国家有关法规、质量标准及合同规定的相应产品在材质、性能、耐用程度、用途、外观、安全可靠性等方面应达到的技术标准，或者产品

---

① 王家福．中国民法学・民法债权．北京：法律出版社，1991：549．

虽然达到有关的技术标准但存在质量缺陷。第二，存在着他人人身伤害或财产损失的事实，在此，“他人”是相对于产品的制造者或销售者而言的，可以是产品的购买者，或者产品的购买者以外的消费者、使用者；财产损失则是指不合格产品以外的其他财产。第三，产品的缺陷与损害事实之间存在着因果关系，即损害事实应当是由该产品的缺陷所致。由于适用无过错责任原则，因而产品的生产者、销售者只有证明损害的发生是出于受害人的故意、重大过失或非正常使用的，才能免除或减轻产品质量责任。即将生效施行的《民法典》第 1202 条亦确定了上述产品责任的构成条件。可见，我国立法着眼于社会公众利益规定的产品质量责任是定位在侵权责任基础之上的。因此，产品责任保险合同的保险标的的确认当然适用同一的法律标准。

（二）公众责任保险合同

1. 公众责任保险合同的概念和适用概况

公众责任保险合同是指保险人与投保人之间达成的，由保险人对于被保险人因过失行为或意外事故造成公众的人身伤亡或财产损害而依法应当承担的民事赔偿责任负保险责任的保险合同。

“公众责任保险”（public liability insurance）一词来自 19 世纪中期的英国，现在许多国家称其为“普通责任保险”（general liability insurance）。最初是由英国的保险公司在 1855 年首次向铁路部门提供铁路承运人责任保险，此后，又相继出现了承包人责任保险、升降梯责任保险、住户责任保险等。20 世纪上半叶，公众责任保险进入家庭，兴起个人责任保险。自 19 世纪 70 年代以来，公众责任保险业务在国际保险市场上发展迅速，成为适用范围广泛的独立的责任保险险种。并且，为了满足各类投保人转嫁责任风险的不同需要，还出现了一种“普通责任保险总保单”。在此总保单中，保险人设计了若干具体的承保项目和一般的适用条件，供投保人选择投保。

我国的公众责任保险是在 1980 年以后才发展起来的。当时，为了适应各国驻华机构人员、中外合资企业、中外合作企业、外资企业以及外国艺术团体来华展览、演出的需要，由当时的中国人民保险公司开办了涉外公众责任保险。此后，国内的公众责任保险业务也在某些地区开始试办。例如，中国人民保险公司上海黄浦区支公司与 1991 年上海黄浦旅游节组委会签订的公众责任综合保险协议书。随着我国社会经济的发展，公众责任保险逐步受到重视，其适用范围正不断扩大。

2. 公众责任保险合同的适用内容

公众责任保险合同的保险标的是被保险人依法应当承担的公众责任，它表现为被保险人因主观过失违反了其对社会公众承担的安全注意义务而侵害了他人的人身权利或财产权利造成损害，或者因意外事故造成他人人身伤亡或财产损失，依法应当承担的民事赔偿责任。

由此可见，公众责任是法定的民事侵权责任的具体种类之一，它既涉及各个行业的企事业单位、社会团体，也关系到每个家庭和个人。除汽车、飞机等运输工具引起的第三者责任和雇主对雇员所负的雇主责任以外，凡是行为人可能因过失或意外事故给他人造成人身伤害和财产损失而产生的赔偿责任，均可作为公众责任风险投保此保险。故而，公众责任保险合同的适用范围极为广泛。保险公司既可以承保各个行业的企事业单位、社会团体在日常生产、经营活动中可能致他人损害的公众责任，也可以承保家庭或个人在日常生活中因致害行为产生的公众责任。

公众责任作为公众责任保险合同的保险标的，属于法定责任。但是，经保险人同意后，公众责任保险合同承保的保险标的，可以扩展到合同责任。例如，工程承包合同订有“免除对方责任条款”时，承包人在履约过程中致他人损害，由发包人承担责任的，发包人可以将此合同责任投保公众责任保险合同。

公众责任存在的广泛性，决定了公众责任保险合同的投保人范围极为广泛，凡是可能在生产经营或日常生活中致他人人身或财产损害而依法要承担民事赔偿责任的法人、其他组织或个人均具有保险利益，可以选择投保相应的公众责任保险而获取保险保障，诸如各种企业、公司、商店、旅馆饭店、公共娱乐场所、学校、医院、科研机构、社会团体组织，或者是建筑工程、装卸作业、修理行业的承包人，甚至是家庭和个人。而且，公众责任保险合同的投保人，一般就是该保险合同的被保险人。当然，经投保人要求，保险人同意后，其他人也可成为被保险人，例如，投保的公司、企业要求将其董事会成员、雇员等，或者工程承包人投保时要求将工程所有人（委托人）一并列为被保险人。

（三）雇主责任保险合同

1. 雇主责任保险合同的概念和适用概况

雇主责任保险合同又称劳工灾害赔偿保险合同，是指保险人与投保人之间达成的，作为被保险人的雇主因其雇用的员工在受雇期间从事有关工作时，遭受意外事故或职业性疾病造成人身伤亡，而应当承担赔偿责任时，由保险人予以赔付的保险合同。

显然，雇主责任保险合同是雇主转嫁其依雇主责任法（劳工法、劳动法）所应承担的责任风险的法律手段。它产生于1880年的英国，是责任保险最早的险种。此后，随着各国雇主责任法、劳工法、劳动法的颁布，确立了雇主的绝对责任（不论其是否有过错，均应对雇员在工作中的伤害予以赔偿），雇主们投保雇主责任保险的需求日益扩大，促进了雇主责任保险的发展，甚至出现了强制性雇主责任保险（如日本）。

我国从20世纪50年代以来，一直用劳动保险①为全民所有制企业和集体所有制企业的职工提供经济保障。只是为了适应我国经济体制改革的发展要求，满足中外合资经营企业、中外合作经营企业、外资企业的雇主转嫁其对雇员所承担的法律责任的需要，才于1982年开办涉外雇主责任保险，为改善外资投资环境和维护劳工权益发挥了积极作用。而国内雇主责任保险则是在90年代以后才逐步开始面向私营企业和个体工商户开办。

2. 雇主责任保险合同的概念和适用概况

雇主责任保险合同的保险标的是被保险人所应承担的雇主责任。其法律特性如下：第一，雇主责任是雇主对其雇员依法所应承担的法律责任，往往表现为雇主出于疏忽而未履行法定义务的行为。第二，雇主责任限于对雇员人身伤亡的赔偿，包括雇员的伤残、死亡或患职业病，

---

① 雇主责任保险区别于劳动保险。前者属于商业保险，由雇主支付保险费，并着眼于因雇主未能尽其法定义务而产生的法律赔偿责任。后者则属于社会保险，由政府、企业方和劳动者共同交付保险费，并且，保险赔偿金的给付不以企业的过错为条件。

但不负责财产损失。第三，产生雇主责任的损害事故发生在雇员（包括临时工、季节工、小时工和学徒工等）受雇期间，并是在保险合同上列明的地点从事与其业务有关的工作过程中发生的。从而，非因工作或非工作时间内发生的雇员人身伤亡被排除在此保险合同之外。第四，雇主责任产生在保险有效期限内。

雇主责任保险合同适用于各行业的雇主责任，因此，各行业的雇主均可以投保雇主责任保险而成为被保险人。同时，雇主必须将法律规定范围内的全体雇员，包括短期工、临时工、季节工和学徒工全部列为受益人，而不能仅投保其中的一部分雇员。对于不属法定范围内的工作人员，如不是本国或承保地区内的工作人员，须经特别约定，保险人才予以承保。

（四）职业责任保险合同

1. 职业责任保险合同的概念和适用概况

职业责任保险合同是指保险人与投保人之间达成的，由保险人承保各种专业技术人员在从事专业技术工作过程中，因过失造成他人人身伤害或财产损失而依法应当承担的民事赔偿责任的保险合同。

职业责任保险合同，又称职业赔偿保险合同或业务过失责任保险合同。它是一个较新的责任保险险种，以 1885 年在英国出现的第一张职业责任保险单 ——药剂师过失责任保险单为开端，成为责任保险合同的独立类型。但此后的很长时间内未有引人注目的发展，只是在 20 世纪初期存在着医生职业责任保险、会计师责任保险。自 20 世纪 60 年代以后，由于执业过失引起的诉讼案件不断增多，各行业的专业技术人员面对着被起诉而承担职业责任的可能性，纷纷向保险人投保职业责任保险合同，促进了职业责任保险业务的迅速发展。由于职业责任实际上是一种失职行为引起的法律后果，会产生令失职的专业技术人员难以承受的经济责任和社会压力，故投保职业责任保险合同极为普遍。

如今，在国际保险市场上，职业责任保险合同可以为数十种专业技术人员提供保险保障。例如，美国的医院职业责任保险覆盖了各类医疗事故。由于美国的医疗事故索赔在各种责任索赔中名列前茅，诸如，因手术或者治疗中的“职业过失和疏忽”造成医疗事故、因输血而传播疾病等，均可以导致患者及其家属向医院提出医疗事故索赔。为此，美国的保险公司开办了医院职业责任保险。在医院职业责任保险中，作为被保险人的医院因职业疏忽行为造成治疗失误而致患者死亡、伤害，以及因医院提供的医疗器械、药物或者食品存在缺陷造成患者伤害，依法应由医院负责赔偿时，保险人承担保险责任。应当强调，根据该医院职业责任保险合同的解释，保险人的保险责任不限于医院提供或者未能提供治疗或者护理而导致患者的人体伤害，还包括因此而引起的财产损失和名誉损失。但是，界定保险责任的范围，取决于是否与医院的医疗服务有关，以及是否造成患者的伤害。因此，医院向患者的家属、护理人员、访客供应食品、饮料造成的伤害，以及患者个人的财产损失等，则不属于保险责任范围。

我国的职业责任保险尚未得到普遍发展。目前，有些保险公司开办了医疗事故责任保险、建设工程勘察设计责任保险、律师执业责任保险、会计师执业责任保险等职业责任保险业务。可以预见，职业责任保险在我国有着极大的发展空间，但其合同条款还需不断完善。

2. 职业责任保险合同的适用内容

职业责任保险合同的保险标的是专业技术人员的职业责任，它是指各种专业技术人员在从事职业活动中造成他人人身伤害或财产损失而依法应当承担的赔偿责任。但是，并非所有的职业责任都能够成为职业责任保险合同的承保对象。必须具备以下条件，才能成为职业责任保险合同的保险标的：第一，它应当是具有合法执业资格的从业人员的职业行为；第二，它应当是专业技术人员基于主观上的过失而为的致害行为；第三，它应当是专业技术人员在从事相应的专业技术工作过程中实施的致害行为；第四，它应当是因专业技术人员实施的致害行为而产生的赔偿责任。

至于职业责任保险合同的投保人和被保险人的范围，既然该保险合同是以各种专业技术人员的职业责任作为保险标的的，那么，各行各业的专业技术人员均成为该保险合同的被保险人。目前，在国际保险市场上较为普遍的是医生、药剂师、律师、会计师、工程师、建筑师、美容师、房地产经纪人、保险代理人等，其中，医生投保的医疗职业责任保险合同占据主导地位。

职业责任保险，一般是由提供专业技术服务的单位，如医院、设计公司、会计师事务所、律师事务所等投保，而个体专业技术人员（如私人医生），则由其本人投保个人职业责任保险。

（五）交通运输工具第三者责任保险合同（以机动车交通事故责任强制保险合同为主）

1. 交通运输工具第三者责任保险合同的概念和适用概况

交通运输工具第三者责任保险合同是指保险人与投保人之间达成的，关于作为被保险人的处于合法营运状态的机动车、飞机、船舶、火车等各类交通运输工具的所有人或者经营管理人对于其交通运输工具在营运过程中因发生交通事故导致第三人人身伤害或者财产损失而依法应当向受害的第三人承担的民事赔偿责任，由保险人承担保险责任的保险合同。

应当说，随着蒸汽机车的出现，汽车、船舶、火车、飞机等各类交通运输工具作为人类社会进步的具体标志，其积极意义不仅仅是代步工具，而是提高了各类商品完成空间转移的速度，实现了人类劳动生产力的提高。但是，这些交通运输工具的使用也使得交通事故频发，成为危害正常社会秩序的社会问题。于是，各国政府出于稳定社会秩序、维持社会发展的目的，需要寻找解决交通事故带来的社会问题，实现交通安全，促进社会发展的途径。交通运输工具第三者责任保险就是此类有效的方法之一。

显而易见，交通运输工具第三者责任保险发展为自成一体的责任保险类型的根本原因，在于各类交通运输工具的种类不断增多，且适用范围日益广泛，导致交通事故的数量大幅增长，相应的对受害的第三人承担民事赔偿责任的风险与日俱增。于是，为了分散此类因使用交通运输工具导致的民事赔偿责任风险，交通运输工具第三者责任保险应运而生，并逐渐发展成为保险领域中的重要险种形式，其适用范围覆盖了汽车、船舶、飞机、火车等各类交通运输工具。其中，各国发展最为迅速的当属汽车第三者责任保险。回顾汽车第三者责任保险的历史，自1895年英国首创汽车第三者责任保险后，伴随着汽车工业的发展和汽车使用范围的推广，其在世界范围内得到适用。英国早在1930年便以《道路交通法》确立了汽车第三者责任强制保险，同时，其1930年的《第三人直接求偿法》则成为因交通事故受害的第三人直接行使赔偿请求权的法律依据。在美国，汽车第三者责任保险已经普及。不过，各州颁布的涉及汽车第三者责任保险的法律规定，或者采用经济赔偿责任模式①，或者采用汽车强制保险模式②，尤其是后者，至今在美国已有 29 个州仿效适用。日本是亚洲最早实行汽车第三者责任强制保险的国家。依据其 1955 年通过的《自动车损害赔偿责任保险法》的规定，自 1956 年 2 月开始实施汽车第三者责任强制保险。因其适用“无损失，无利润”原则，所以具有一定的社会保险性质。③

可见，以汽车第三者责任保险为典型代表的交通运输工具第三者责任保险的突出特点是，它在当前的大多数国家或者地区属于强制保险或者法定保险，已成为各国政府推行保护交通事故受害人利益、维持正常的交通运输秩序的政策的法律手段。

中国的交通运输工具第三者责任保险开始于 20 世纪 50 年代，当时的中国人民保险公司曾经开办汽车、飞机附加第三者责任保险和船舶碰撞责任保险，后因故停办。直到 1979 年恢复保险业务过程中，才恢复了交通运输工具第三者责任保险，并逐步由自愿保险向地方性和全国性法定保险发展。1983 年 11 月，为了与我国公安、交通等主管部门的管理相一致，将国内的汽车第三者责任保险业务部分改称为“机动车第三者责任保险”。根据国务院于 1984 年 2 月颁布的《关于农民个人或联户购置机动车船和拖拉机经营运输业的若干规定》和 1988 年《关于加强交通运输安全工作的决定》的要求，农民购置机动车（农用车）船和拖拉机必须办理第三者责任法定保险。为了与我国《道路交通安全法》的实施（2004 年 5 月 1 日）相配套，国务院颁布的《机动车交通事故责任强制保险条例》于 2006 年 7 月 1 日起施行，使得机动车交通事故责任强制保险在全国范围内统一适用有了明确的法律依据。

2. 机动车交通事故责任强制保险合同的概念和法律特点

机动车交通事故责任强制保险合同，简称交强险，是指保险人对被保险车辆发生交通事故造成本车人员、被保险人以外的受害人的人身伤亡和财产损失，在法定的赔偿责任限额内予以保险赔偿的强制性保险合同。与其他国家的保险实践相比较，不难发现我国的交强险也就是国外普遍适用的汽车第三者责任强制保险。

笔者认为，我国的交强险的性质应当是商业保险范围内的强制保险，它是由商业保险公司在中国保监会批准的范围内经营的保险业务，因自身的法律特点区别于其他商业保险。

第一，交强险是具有突出的社会属性的商业保险。从本质上讲，交强险与其他商业保险一样，也是根据保险市场的供需关系，按照等价有偿的市场规律进行经营的保险险种，但是，交强险具有强烈的社会属性，表现为其适用的终极目标是保护社会公众在道路交通领域内的人身利益和财产利益，维护道路交通安全秩序，促进社会经济的发展。正是基于其具有的社会属性，商业保险公司经营交强险业务必须经过中国保监会审核批准，并且，应当将其与其他商业保险业务分开管理，单独核算。

---

① 该模式是由美国康涅狄格州于 1926 年颁布的《经济赔偿责任法》所创设的部分强制保险模式。齐瑞宗，肖志力．美国保险法律与实务．北京：法律出版社，2005：220.

② 该模式是由美国马萨诸塞州于 1927 年颁布的《汽车强制保险法》创立的，并因该州 1971 年的《登记汽车强制施行人体伤害保护法》被确立为无过失汽车第三者责任保险制度。郭锋，杨华柏，胡晓珂，陈飞．强制保险立法研究．北京：人民法院出版社，2009：26.

③ 丁凤楚．机动车交通事故侵权责任强制保险制度．北京：中国人民公安大学出版社，2007：31.

第二，交强险是强制保险的具体形式。按照商业保险的险种分类，交强险属于强制保险的范畴，因此，在交强险合同签订的环节上，机动车的所有人或者管理人负有投保的义务，而商业保险公司作为保险人有承保的义务，而不取决于当事人的自愿与否。借助交强险的法律强制性，确保其在道路交通领域的推广适用，以便落实国家的道路交通安全政策。

第三，交强险的保险标的专门是被保险人因道路交通事故致第三人人身或者财产损害而依法应当承担的民事赔偿责任，这有别于其他责任保险的保险标的。从理论上讲，确立该保险标的的基础在于现代民事责任制度的完善和发展。进入 20 世纪以后，“立法者和法院对承担民事责任的基础理念发生变化，将保护受害人的赔偿利益作为民事责任制度的基本目标”[①]。现代社会需要适用无过失责任，因此，在民事责任制度承认和适用无过失责任的情况下，责任保险制度应当以其分散损害赔偿责任的法律功能而与其相互配合。

第四，交强险的主体构成包括投保人（被保险人）、保险人和受害人三方。既然交强险强调保护道路交通事故受害人利益的目标，当然，就需要将受害人纳入其当事人范围之内，确立其独立的主体地位，赋予其相应的权利。其核心性权利就是受害人享有的直接赔偿请求权。因为，责任保险的发展趋势是弱化保障被保险人的功能，强调保护社会公众的利益。交强险便是其典型表现，即以立法手段确认道路交通事故受害人对保险人的直接赔偿请求权，而取代了保险人先行向被保险人支付保险赔偿金的传统方式。我国《保险法》第 65 条第 1 款有关“保险人对责任保险的被保险人给第三者造成的损失，可以依照法律的规定或者合同的约定，直接向该第三者赔偿保险金”的规定以及第 2 款有关“被保险人对第三者应负的赔偿责任确定的，根据被保险人的请求，保险人应当直接向该第三者赔偿保险金。被保险人怠于请求的，第三者有权就其应获赔偿部分直接向保险人请求赔偿保险金”的规定，同时还有《机动车交通事故责任强制保险条例》第 31 条有关“保险公司可以向被保险人赔偿保险金，也可以直接向受害人赔偿保险金”的规定，皆表明有条件承认受害人的直接赔偿请求权。

第五，交强险的合同条款是政府部门统一制定和统一适用的。我国《机动车交通事故责任强制保险条例》规定，交强险实行统一的保险条款和基础保险费率，据此，中国保监会制定了交强险条款，并根据《机动车交通事故责任强制保险条例》第 8 条规定的交强险适用浮动费率的精神，制定了《机动车交通事故责任强制保险费率浮动暂行办法》，为保险公司经营交强险提供了统一的法律标准。

第六，交强险的经营不以追求赢利为目的。虽然，交强险属于商业保险，但是，因其具有的突出的社会属性，我国借鉴国外推行汽车第三人责任保险的经验，对于交强险的经营实行“无损失，无利润”原则，适用统一的低保费，并通过具体途径，设立道路交通事故社会救助基金，为受害人提供均等的赔偿机会，故交强险带有一定的社会保险色彩。

实例枚举

2009 年 6 月 24 日江苏省常州市新北区法院审理并判决的一起车辆被盗后肇事致人死亡的案件引起了颇多争议，也映射出交强险的制度缺陷。案件情况大体如下：2008 年 12 月 26 日中

① 邹海林．责任保险论．北京：法律出版社，1999：51.

午，常州市的陈某某骑车在长江路与一辆车牌号为苏 D05926 的轿车相撞，陈某某不治而亡，轿车驾驶员弃车而逃。常州市交警部门对这起交通事故作出责任认定为肇事逃逸人负事故主要责任，陈某某负次要责任。警方依照车牌号对交通肇事逃逸人实施抓捕。然而，当警方传讯苏 D05926 号车主时，车主找出证人证明 12 月 26 日中午自己所驾轿车一直停在车库中没有遗失。于是，警方依据轿车发动机出厂编号，查处该车的真正号牌为苏 DS8250，车主是居住在常州市的周某某。当交警找到周某某，告诉他在车祸案发现场发现了他的被遗弃的轿车时，被告告知 2008 年 12 月 11 日深夜，周某某的这辆轿车在小区内被盗，并已向当地派出所报案和开具了失窃证明。周某某随交警来到停车场察看自己的轿车时，发现被盗的轿车不仅车牌号被更换，而且车身的颜色也由黑色更改成了白色。

2009 年 5 月 21 日被害人陈某某的妻子顾某某和女儿将车主周某某诉至法院，要求其在应投保的交强险最低限额内赔偿原告死亡赔偿金 11 万元。周某某以车辆被盗应当由盗抢人承担责任为由拒绝赔偿。法院调查中发现，该肇事车的交强险于 2008 年 11 月 7 日已经到期，被告周某某没有续交。2009 年 8 月，常州市新北区法院一审判决周某某替代保险公司赔偿陈某某死亡赔偿金 11 万元。周某某不服一审判决，向常州市中级人民法院提起上诉。2009 年 11 月 9 日，在常州市中级人民法院法庭的主持下，原告与被告双方达成调解协议，约定 2009 年 12 月 31 日前，被告周某某支付原告赔偿款 6 万元。

此案虽然已经尘埃落定，被告周某某也已经向原告的家属实际交付了 6 万元的赔偿款。但是，此案从一审判决所激起的涟漪至今仍然荡漾，其所提出的问题仍然值得我们思考。

第二节　信用保险合同和保证保险合同概述

一、信用保险合同和保证保险合同的概念和法律特点

（一）信用保险合同和保证保险合同的概念和法律性质

信用保险合同和保证保险合同都是以市场经济活动中的信用风险作为保险标的的财产保险合同，只是根据承保方式的不同划分为两种合同。简言之，保证保险合同是债务人向保险人投保自己信用的保险合同；信用保险合同是债权人向保险人投保，要求保险人为被保险人的信用提供保险保障的保险合同。例如，商品交易活动中的卖方担心买方不能如期付款而要求保险人提供保险保障，在买方不按时付款而发生信用危险事故，并受到损失时，由保险人履行保险赔偿责任，属于信用保险合同；反之，商品交易活动的买方也可以向保险人投保，要求保险人为他的付款能力向卖方提供保险保障，这属于保证保险合同。

现代商品经济社会是建立在信用基础之上的。信用就是在商品交易活动中能够履行约定义务而取得他人的信任。商品交易当事人通过信用可以获得一定的款项、货物、技术或劳务服务，实现其从事商品交换的目的。可以说，信用在现代社会中无所不在，其规模和种类都达到了空前的程度。商品经营者之间在商品交易活动中采取的赊销商品、预付货款，银行采取的存款、

贴现、分期付款、消费借贷等经营方式，均是向对方提供的信用。如果债务人在这些信用活动中不能按规定履行其义务，表明其不讲信用，则债权人的经济利益就会丧失。这种信用风险的存在，使得信用保险合同和保证保险合同的产生成为必然。信用保险合同和保证保险合同自 19 世纪初期产生于美国至今，其历史并不长，却发展迅速，在欧美各国的保险市场中居于重要的地位。

关于信用保险合同和保证保险合同的性质存在不同的看法。其中，占主导地位的观点认为，二者都具有担保合同的性质，是保险人在债务人不履行债务时提供的一种担保。因此，又将二者合称为广义的保证保险合同。也有学者认为信用保险合同的本质是一种纯粹的保险业务，并非担保。至于保证保险合同，则是一种担保业务。① 也有学者提出保证保险合同和信用保险合同不具有担保的性质，都属于独立的保险业务。笔者赞同此观点，理由是：（1）信用保险合同和保证保险合同均是商品交易活动的债权人或者债务人作为被保险人，将其面临的信用风险——债权人因债务人不守信用而造成的债权损失，转嫁给保险人，从而，构成独立的保险活动。（2）尤其是保证保险合同，并非从属于商品交易关系的保证合同，而是以商品交易活动中的债务履行所涉及的信用作为保险标的而建立的独立的保险合同关系，与保证合同的从属地位截然不同。（3）保证保险合同的内容是按照保险原理形成的双务有偿的合同关系，不同于单务无偿的保证合同。（4）保证保险合同所确认的是保险商品交换关系，适用保险的运作机制，不同于保证合同仅以担保为己任，并适用担保规则。

【知识链接】

关于保证保险之法律属性的争议

保证保险 20 世纪 80 年代初出现于我国保险市场，尤其自 1997 年开始得到迅猛发展，并从最初适用于涉外承包工程的履约担保需要，逐渐转向国内耐用消费品的贷款业务，业务规模不断扩大。此后，由于保险公司经营保证保险业务过程中的风险日渐突出，自 2000 年起保证保险业务开始转入低谷，甚至随着 2005 年中国保监会下发《关于进一步做好汽车消费贷款保证保险风险防范与化解工作的通知》，出现保证保险业务大面积停办的状况。考究起来，长期以来国内学术界和实务界关于保证保险之法律属性的争论不休，不能不说是影响保证保险正常发展，并直接影响到审理保证保险案件效果的原因之一。

概括而言，关于保证保险法律属性的主要观点有三：一是保证说，认为保证保险是保险公司开办的一种担保业务，应当对其适用担保法来处理保证保险事务。二是保险说，认为保证保险是保险公司经营的一种财产保险业务，应当适用保险法的有关规定予以调整。三是二元说，认为保证保险兼具保险和担保的双重法律属性，应当根据有关合同的具体约定确认或者由当事人自由选择所应适用的法律依据。故而，这是值得保险法理论界予以关注和深入研究的法律问题。

（二）信用保险合同和保证保险合同的适用范围

虽然信用保险合同和保证保险合同的保险标的不同于其他财产保险合同，但是，现代市场经济条件下，信用存在于各类社会活动，从而决定了信用保险合同和保证保险合同的适用范围

---

① 徐卫东，杨勤活，王剑钊．保险法．长春：吉林人民出版社，1994：336.

广泛。因为，保证保险合同和信用保险合同承保的保险责任针对的是债务人的信用风险，而信用风险涉及自然原因和社会、经济和政治等各种社会原因。因此，保证保险合同和信用保险合同的适用范围广泛，已经成为各国保险市场的重要组成部分，被普遍地适用于国内商品交换和国际贸易活动。

（三）信用保险合同和保证保险合同的法律特点

信用保险合同和保证保险合同与一般的财产保险合同相比，具有自身的法律特点。

1. 信用保险合同和保证保险合同的首要特点是其所承保的保险标的为商品交易中债务人的信用，这是一种无形的经济利益，因此，该两类保险合同属于无形财产保险合同的具体类型。在保险实务中，由债权人投保债务人信用的，属于信用保险合同；而债务人投保自己信用的，则是保证保险合同。

2. 信用保险合同和保证保险合同的第二个特点在于其主体构成。其中，保证保险合同存在三方当事人：保险人、投保人（债务人）和被保险人（债权人）。而信用保险合同则是由保险人和被保险人（债权人）两方当事人所构成。

3. 信用保险合同和保证保险合同的第三个特点是其承保风险的不规律性。相比较而言，一般的财产保险合同各自承保的风险都可以在运用大数法则科学计算的基础上掌握其发生的规律性。而信用保险合同和保证保险合同的承保风险，包括各种主、客观原因，诸如，债务人不履行债务的原因，或者是出于主观过错，或者是战争、政府征用等客观原因。这些原因无规律可言，不适用大数法则，而是依靠市场信息资料，从而，使得该两类保险合同的承保风险是不规律的。

实例枚举

2000年9月，某销售商与购车人签订了汽车销售合同，约定购车人以分期付款方式向销售商购车，并由保险公司为购车人提供分期付款保证保险。购车合同签订后，购车人未能按期支付购车款。于是，销售商诉至人民法院，向购车人追索欠款，并将提供分期付款保证保险合同的保险公司列为第三人，要求保险公司向其履行保证责任。人民法院驳回了销售商对于保险公司的诉讼请求，理由是保险公司与购车人之间的保证保险合同和销售商与购车人之间的购车合同彼此独立，不存在从属关系，销售商应当另行提起保险合同之诉。

本案例充分体现了保证保险合同的法律属性，表明保证保险合同是一种独立的保险法律关系。借助保证保险合同，保险人就商品交换活动的债权债务关系之债务人的信用，向债权人提供保险保障。

二、信用保险合同和保证保险合同的产生和发展

信用保险合同和保证保险合同为满足信用交易的扩展而解决商品交易涉及的信用危机的客观需要得以产生和发展。尽管其历史并不悠久，但其坎坷的经历却是财产保险领域中少有的。因为，在各种信用发展最早的欧洲，最初都是由银行和商人承担信用风险，特别是商业信用风险，卖方往往从买方银行得到担保。1850年法国出现私人保险公司经营的商业信用保险业务，

不久，均遭失败。最早成功地经营信用保险业务的当推 1893 年成立的专门经营商业信用保险业务的美国信用保险公司（American Credit Inc.）。在英国，1893 年全英地方受托资产公司（the National Provincial Trustees and Assets Corporation）开始承保澳大利亚贸易风险。随后，商业联盟保险公司也进入了贸易担保领域。1911 年，海上事故保证公司办理了顾客营业额的定期信托保险。1918 年，贸易保险公司在英国政府授意下接受了信托风险承保业务。但是，这些公司经营的信用保险业务均不涉足贸易活动中的政治风险。1919 年，英国政府成立出口信托保证部，建立了一套完整的信用保险制度，对于外贸出口实行担保，开了政府经营出口信用保险业务的先河。

第一次世界大战后，信用保险得到了迅速发展，欧美等国出现了众多的商业信用保险公司，或者私人保险公司之间联合成立的专门承保出口信用保险的机构。1929 年至 1933 年，世界性经济危机的爆发，在世界范围内造成空前的信用危机，各国信用保险业务受到致命冲击，大批经营商业信用的保险公司纷纷破产，不过，此次世界性信用危机促进了信用保险制度的完善。其典型表现就是许多西方国家纷纷效仿英国的经验，成立了专门经营信用风险的政府机构或者国营保险公司。

日本的保险市场直到 20 世纪 30 年代才开始办理信用保险业务，保证保险的发展几乎与此同步，原因是许多经营信用保险业务的保险公司一并经营保证保险业务。1852 年至 1853 年间，英国的若干家保险公司试图涉足契约担保业务，但是，终因缺乏足够规模的资本额而告吹。1901 年，美国马里兰州的诚实存款公司在英国首次提供契约担保，并于 1914 年从欧洲撤回后，由几家英国保险公司填补了其空缺，开辟了欧洲保证保险业务市场。发达国家商业信用的普遍化和道德危险、信用风险的增加，使得保证保险获得了充分发展的空间。

1934 年，英国、法国、意大利、西班牙等国家的信用保险机构在瑞士的伯尔尼联合成立“国际信贷和投资保险人协会”①，标志着信用保险和保证保险进入国际保险市场。此后，各国的信用保险业务逐步进入稳定发展阶段，至今在国际保险市场上形成完善的信用保险制度和固定的信用保险机构。据统计，仅 1992 年至 1996 年的 5 年间，国际信贷和投资保险人协会向全球出口贸易提供了 50 000 亿美元的信贷保险。②

我国社会主义市场经济的迅速发展，为信用保险和保证保险的适用提供了广阔的空间。这不仅体现在为了适应对外开放、发展国际贸易的需要，当时的中国人民保险公司于 1988 年 9 月 1 日成立出口信用保险部开始办理出口信用保险业务，2001 年 11 月成立的政策性的中国出口信用保险公司，专门经营出口信用保险、投资保险等业务，同时，其他各家经营财产保险业务的保险公司也陆续开办了产品质量保证保险、工程履约保险、雇员忠诚担保保险等业务。

三、信用保险合同的法律特点

信用保险合同是以信用风险作为保险标的的财产保险合同，保险人接受商品交易活动的债权人的投保，承保其在商品交易中面临的信用风险，对于被保险人（债权人）因债务人不履行

① 我国当时的中国人民保险公司于 1996 年 10 月以观察员的身份加入该协会，并于 1998 年 10 月成为正式会员。

② 胡援成．财产保险．大连：东北财经大学出版社，1999：292.

债务而遭受的经济损失承担保险赔偿责任。

信用保险合同以信用风险作为保险标的，既不同于其他财产保险合同，也因以下特点而区别于保证保险合同：(1) 信用保险合同的投保人和被保险人是同一民事主体（债权人），而债务人则未参与信用保险合同关系。(2) 保险人在信用保险合同中承保的是保险合同以外的第三人（债务人）不履行义务的信用风险。(3) 被保险人（债权人）通过信用保险合同转嫁给保险人的信用风险，是指债务人不履行债务而造成的债权人的实际损失。(4) 保险人具有特定性。在各国保险市场上，并非所有的保险组织都能够经营信用保险，只能是政府机构直接办理（政策性）信用保险业务，例如英国的出口信用保险部；或者是政府出资参股的保险公司办理出口信用保险，例如加拿大的出口发展公司；或者是政府授权商业保险公司经营信用保险业务，例如德国的赫尔梅斯保险公司。

实例枚举

2002 年 5 月 25 日，出口信用保险合同的被保险人甲食品进出口公司向乙出口信用保险公司报告：由于从中国进口的鸭肉产品中检测出禽流感病毒，日本政府突然对中国出口的禽肉产品实施封关，致使甲食品进出口公司向日本出运的 43 个货柜、价值 799 480 美元的肉鸡产品被迫运回国内，并且，提交了日本农林水产省的新闻公报。乙出口信用保险公司在尽快核实损因的同时，指示被保险人及时处理保险标的。鉴于本案涉及的冷冻肉鸡产品受到保质期的限制，经过被保险人甲食品进出口公司与海关、商检等主管机关协调，并联络国内买家，处理完毕了上述保险标的，相应地提出索赔申请。乙出口信用保险公司经过核赔，在确认了保险赔付责任后，迅速发出了“赔付通知书”。最终，乙出口信用保险公司按总损失金额的 90% 向甲食品进出口公司履行了保险责任。

本案是典型的政治风险导致的信用保险合同索赔案，充分体现出信用保险合同在保障我国出口企业的经济利益、提高出口竞争实力方面具有重要作用。

四、信用保险合同的险种分类

在保险实务中，信用保险合同根据保险人承保的信用风险的内容，分为出口信用保险合同、投资保险合同、国内商业信用保险合同和雇员忠诚保险合同。

(一) 出口信用保险合同

出口信用保险合同是保险人与出口商之间达成的，保险人承保出口商因其债务人不履行合同义务所遭受经济损失的保险合同。

出口信用保险合同不同于其他商业性合同。它一般由国家政府资助参与业务管理，目的是保障本国出口商的利益，鼓励对外出口，维护出口商的收汇权益。在保险实践中，出口信用保险又分为出运风险保险、短期出口信用保险（一般是指信用期不超过 180 天的合同，通常适用于初级产品和消费品的出口）、中长期出口信用保险（承保信用期限在 2 年以上、金额巨大的合同，适用于诸如建筑工程、造船业等贸易项目，对于海外工程承包和技术服务项下的费用结算收汇风险也可承保）、延长期出口信用保险（承保信用期限在 180 天到 2 年之间的合同，主要适用于诸如汽车、机械工具、生产线等货物的出口，此种合同也可视为短期出口信用保险合同的延续）、特定出口信用保险（承保特定合同项下的风险，承保对象一般是复杂的、大型项目，如大型转口贸易、出口成套设备及其他保险公司认为风险程度较大的项目）等具体种类。

我国于 1988 年 8 月正式开办出口信用保险业务。目前，以短期险为主，适用于信用期不超过 180 天的出口贸易合同。我国的政策性出口信用保险主要是由 2001 年年底成立的中国出口信用保险公司经营。

（二）投资保险合同

投资保险合同，又称政治风险保险合同，它承保被保险人（本国投资者）在外国投资期间因投资国的政治原因造成的投资损失，例如因投资国实行国有化、没收、征用、战争、外汇管制等政治原因而不能收回投资和利润。

由于此类保险涉及国家政治风险，故都由政府专门机构（如英国贸易部的出口信贷担保局、美国联邦事务部的海外私人投资公司）或政府指定的机构（如法国的外贸保险公司和外贸银行）办理投资保险业务。

我国的保险公司从 1979 年起开办了投资保险。但是，其特点在于接受外国来华投资者的投保，承保中国的政治风险。即对于因中国的政治风险给外国投资者造成的投资损失，在保险金额范围内承担保险赔偿责任。

（三）国内商业信用保险合同

国内商业信用保险合同所承保的是国内工商企业（卖方）因买方不履行义务遭受损失的信用风险。它是适应现代市场经济条件下商业赊销方式的广泛适用而发展起来的一种信用保险，目的是促进本国商业信用的发展。

常见的国内商业信用保险合同是放款信用保险和消费信用保险。其中，放款信用保险承保借款人（债务人）不能偿还或者不偿还贷款或者不支付利息给贷款人（债权人）造成的经济损失。消费信用保险则承保买方违背分期付款或延期付款的约定，不如期付款给卖方造成的损失。

（四）雇员忠诚保险合同

雇员忠诚保险合同又称诚实担保保险合同，其内容是保险人根据雇主的投保要求，承保雇主因其雇员的欺诈、伪造、隐匿、盗窃、违背职守等不诚实行为所遭受的经济损失。进一步讲，雇员忠诚保险合同又包括承保投保单位的特定雇员的失职行为的“指名忠诚保险合同”、承保投保单位的多数雇员的失职行为的“团体忠诚保险合同”、承保投保单位的所有雇员的失职行为的“总括忠诚保险合同 ”和承保投保单位的特定职位的雇员的不忠诚行为的“职位忠诚保险合同”等具体种类。

五、保证保险合同的法律特点

保证保险合同，是指由商品交易活动的债务人向保险人投保，而保险人则以债权人作为被保险人向其提供保险保障，即被保险人（债权人）在保险期限内因债务人实施违法或者违约行为而遭受经济损失的，保险人承担保险赔偿责任。

作为独立的财产保险合同类型，保证保险合同以其自身的特点区别于其他财产保险合同，也不同于信用保险合同。

1. 保证保险合同和信用保险合同的主体构成不同。保证保险合同涉及债权人、债务人和保险人三方当事人。其中，投保人和被保险人两种身份是相互分离状态的，债务人是投保人，而债权人则是被保险人，保险人根据债务人的要求就其信用向债权人提供保险保障。与此不同，信用保险合同发生在债权人与保险人之间，因此，投保人和被保险人两种主体身份统一于一人，即商品交易活动中的债权人。债权人要求保险人对于其商品交易的相对人——债务人的信用风险提供保险保障。

2. 保证保险合同的保险标的是基于债务人的信用风险而形成的经济利益，具体表现为三方当事人在保险合同中的权利、义务是以债务人不履行债务而给债权人造成的经济损失为对象的。

3. 保证保险合同承保的信用危险具有特殊性，即债务人出于主观过错而不履行债务的行为。故保险人在订立保证保险合同时，应当调查债务人的资信情况，包括债务人的资金财务状况、信誉状况、经营范围、经营能力等方面的内容。只有经过可靠的资信调查，确认有把握的，才能承保。并且，据此决定所应适用的保险费率。当然，保证保险合同一般将债务人因不可抗力而不能履行债务的情况列为责任免除事项。

4. 保证保险合同的保险人在向被保险人（债权人）履行了保险赔偿责任后，适用代位求偿制度。即保险人在向债权人进行保险赔偿之后，债权人应当将其享有的向债务人的追偿权转让给保险人，由保险人代位向债务人追偿。

5. 保证保险合同强调损失的共担。承保风险的特殊性，使得保证保险合同的风险范围很难估算和控制，因此，在保险实务中，保证保险合同一般采取保险人与被保险人共担损失的办法，各自依约负担一定比例的损失责任。

六、保证保险合同的种类

目前，各国保险市场上开办的保证保险合同业务主要分为履约保证保险合同和产品保证保险合同两大类。我国保险市场上的保证保险合同基本上属于履约保证保险合同，但因我国市场经济环境和信用体系有待进一步发展，所以保证保险业务的发展趋势尚待观察。

（一）履约保证保险合同

履约保证保险合同，是承保债务人不履行合同规定的债务而给债权人造成的经济损失。在我国的保险实务中，履约保证保险合同主要适用于社会公众因购买房屋、汽车等耐用消费品而办理借贷按揭所需向保险公司购买的保证保险。

（二）产品保证保险合同

产品保证保险合同，是承保产品的生产商或销售商制造或者销售的产品存在质量缺陷而给用户造成的经济损失，包括有缺陷的产品本身的损失及由此引起的间接损失和费用。

【知识链接】

中国专门以出口信用保险为主营业务的政策性保险机构

中国出口信用保险公司是我国专门承办政策性出口信用保险业务的金融机构，其于2001年12月18日成立并揭牌运营，如今已形成覆盖全国的服务网络，并在英国伦敦等地设立有多个境外代表机构。

中国出口信用保险公司的主要任务是配合国家外交、外贸、产业、财政和金融等政策，通过政策性出口信用保险手段，支持货物、技术和服务等出口，特别是高科技、附加值高的机电产品等资本性货物出口，支持中国企业向海外投资，为企业开拓海外市场提供收汇风险保障。

该公司的主要产品包括：短期出口信用保险、中长期出口信用保险、海外投资保险、国内贸易信用保险、担保业务；主要服务有融资便利、应收账款管理及商账追收、资信评估服务以及国家风险、买家风险和行业风险评估分析等。该公司并向市场推出了具有多重服务功能的电子商务平台——“信保通”，使广大客户享受到更加快捷、高效的网上服务。

该公司成立以来，坚持以“履行政策性职能，服务高水平开放”为己任，有效服务于国家战略，精准支持企业发展，确保财务可持续，积极扩大出口信用保险覆盖面，在服务共建“一带一路”、全力促进外贸稳中提质、培育国际经济合作和竞争新优势、推动经济结构优化等方面发挥着不可替代的作用，其经营的出口信用保险对我国外经贸的支持作用日益显现。尤其在国际金融危机期间，出口信用保险充分发挥了稳定外需、促进出口成交的杠杆作用，帮助数千家企业破解了“有单不敢接”“有单无力接”的难题，在“抢订单、保市场”方面发挥了重要作用。目前，其累计支持的国内外贸易和投资的规模约3 274亿美元，为上万家出口企业提供了出口信用保险服务，为数百个中长期项目提供了保险支持，包括高科技出口项目、大型机电产品和成套设备出口项目、大型对外工程承包项目等。同时，其还带动117家银行为出口企业融资超过6 000亿元人民币。

根据中国出口信用保险公司于2010年12月24日公布的统计数据显示，其总承保规模达到1 811.7亿美元，其中短期出口信用保险的承保规模突破了1 500亿美元。与此同时，中长期出口信用保险在落实“大型成套设备融资保险专项安排”方面也取得了富有成效的阶段性成果，有效实现了以保险促融资、以融资促出口的目标。

该公司共向企业支付赔款3.2亿美元，服务的客户数同比增长42.7%。其帮助企业获得银行融资1 700亿元人民币，出口信用保险保额占我国一般贸易出口总额的比重达到25.9%，比2009年提高了7.3个百分点。

该公司累计获得国家批准的“专项安排”项目85个，涉及合同金额261.4亿美元，共完成承保方案166个，涵盖46个出口国家，支持领域涉及电力、电信、铁路、船舶、石化、交通运输、航空等十多个行业。

截至2019年末，该公司累计支持的国内外贸易和投资规模超过4.6万亿美元，为超过16万家企业提供了信用保险及相关服务，累计向企业支付赔款141.6亿美元，累计带动200多家银行为出口企业融资超过3.6万亿人民币。根据国际信贷和投资保险人协会（简称“国际伯尔尼协会”）统计，2015年以来，中国出口信用保险公司的业务总规模连续在全球同业机构中排名第一。

问题与思考

1. 责任保险合同的保险标的应当具备的条件是什么？
2. 产品责任保险合同的主要内容有哪些？
3. 如何理解公众责任保险合同的适用范围？
4. 什么是雇主责任保险合同？
5. 什么是职业责任保险合同？
6. 什么是信用保险合同？
7. 什么是保证保险合同？
8. 比较保证保险合同与信用保险合同的法律区别。

第十三章

人身保险合同概述

本章概要

人身保险合同作为与财产保险合同并列的又一类基本保险，具有不同于财产保险合同的诸多法律特点，相应地，人身保险合同的订立和履行均存在特殊之处，对社会经济秩序和生活秩序具有重要作用。因此，学习本章，重点在于掌握人身保险合同的特点、分类、合同条款以及适用中的特殊性，并且要注意对保险法司法解释有关规定的理解和适用。

第一节　人身保险合同概述

一、人身保险合同的概念和法律特点

（一）人身保险合同的概念

我国《保险法》第 12 条第 3 款规定："人身保险是以人的寿命和身体为保险标的的保险。"那么，依据人身保险合同，凡因合同约定范围内的意外事故、意外灾害或疾病、年老等原因，致被保险人死亡、伤残或丧失劳动能力或合同约定的期限届满的，保险人按照约定，向被保险人或受益人给付保险金。

人身保险是与财产保险并存的另一类基本保险种类，在保险市场中占有重要地位。纵观保险制度的发展历程，人身保险来源于人类社会发展初期的后备救济制度，而现代意义的人身保险合同则产生于 17 世纪到 18 世纪。1693 年英国人爱德华·哈雷根据德国布勒劳市的城市居民从 1687 年至 1691 年 5 年间死亡统计资料，运用数学推理的方法，按照不同年龄和性别分类的死亡人数和出生人数编制了世界上第一份人口生命表，揭示了死亡率随年龄增长而升高的客观规律。该生命表计算所得的生存数、死亡数、生存率、死亡率和平均余命成为人身保险经营中计算保险费率的理论依据，确立了现代人身保险制度的基本原理。几乎与此同时，英国率先出现了相互保险形式的人寿保险公司（如成立于 1706 年的伦敦协和保险社），继而，英国政府特

许成立的皇家交易保险公司和伦敦保险公司开始经营人寿险业务。随着市场经济的发展，人身保险制度在市场经济较为发达的资本主义国家不断地被改进和完善。同时，为了维持人身保险经营的正常发展和公平竞争，出现了专门性的保险立法，例如，英国 1807 年的《人寿保险公司法》就是专门用于管理和监督人身保险市场的法律，对人身保险制度的正常发展产生了积极作用。时至今日，人身保险业务已是保险市场的必要组成部分，尤其是在欧美和日本等国家已经扩展到日常生活的各个方面。

原中国人民保险公司自 1949 年 10 月 20 日成立，开创了我国独立自主经营社会主义保险的历史。它开办了包括铁路、轮船、飞机旅客意外伤害强制保险与职工团体人身保险、简易人身保险在内的各种保险业务。到 1959 年，受当时我国经济体制的影响，中国保险事业除保留国外保险业务外，国内保险业务被停办。此后，继 1979 年经国务院批准中国人民保险公司恢复办理财产保险业务后，1982 年又在国内恢复了人身保险业务，其险种由单一向多方面发展，已在全国范围内开办了一百多个险种，成为我国保险市场的组成部分。如今，人身保险已成立为中国保险市场的重点发展领域，由诸多寿险公司或者专门经营意外伤害保险或者健康保险的专业保险公司所经营。

（二）人身保险合同的特征

人身保险合同（尤其是人寿保险合同）不仅具有保险合同的共有属性，也因如下法律特点而区别于财产保险合同。

1. 人身保险合同主要是定额保险合同

人身保险合同以被保险人的寿命和身体作为保险标的，而人的生命和身体本身不是商品，不能用货币来衡量，不存在保险价值，因此其保险金额无法以保险标的的价值为依据，而是由保险人事先综合各种因素进行科学计算规定一个固定金额，由投保人协商适用，或者由投保人与保险人约定一个数额，保险人据此固定数额履行保险责任。所以，人身保险合同不会发生超额保险的问题，显然，不同于以保险标的的价值为根据确定保险金额的财产保险合同。

2. 人身保险合同属于给付性合同

人身保险合同的保险保障职能，是通过保险人给付保险金来实现的。因此，根据人身保险合同的约定，只要是保险事故发生致使被保险人死亡或伤残的，或者合同约定的期限届满的，保险人均按约定金额向被保险人或受益人给付保险金，而不以被保险人的实际损失为前提，也不论被保险人或者受益人是否从其他途径得到补偿。这区别于财产保险合同的补偿性质。

3. 人身保险合同是以长期合同为主的保险合同

大多数人身保险合同（人寿保险合同）都是长期性的，历经几年、几十年甚至终身。原因在于，被保险人的年龄越大，其寻求保险保障的需要越大，而其交费能力却在下降，所以，人身保险合同采取长期保险形式，有利于降低保险费用，增强保障作用。这区别于多以 1 年为期的财产保险合同。

4. 人身保险合同具有储蓄性质、返还性

人身保险合同主要是将投保人多次缴纳的保险费集中起来，构成人身保险责任准备金，并最终以保险金的形式返还给被保险人或受益人。因此，人身保险合同具有储蓄性质。人身保险合同保险期限届满后保险人返还的保险金相当于保险费总和加上一定比例的利息。投保人和被保险人可以享有储蓄方面的权利，诸如抵押贷款权、中途解除人身保险合同要求返还合同现金价值（责任准备金）的权利等。这区别于财产保险合同的补偿性。

5. 人身保险合同的适用是以生命表作为承保基础

生命表又称“死亡表”，是一个国家或一个区域的人口生存死亡规律的统计表，由此反映相应地区的社会成员生存或死亡的规律性。人身保险合同的适用正是以生命表为依据的，保险人在经营人身保险业务过程中，根据生命表计算所应收取的保险费、所能形成的责任准备金及退保金的数额，保证人身保险经营的科学性和稳定性。从而，区别于以危险事故发生的规律性作为承保依据的财产保险合同。

6. 人身保险合同的保险标的是被保险人的寿命或身体

相比较而言，人身保险合同的保险标的限于被保险人的寿命或身体，相应地，作为此类保险标的的承受者的被保险人也就只限于自然人。这也是与财产保险合同相区别的。

二、人身保险与社会保险的区别

从共性方面讲，人身保险与社会保险都是以人的寿命或身体作为保险标的的，都以提供经济保障为目的。但是，两者的性质截然不同。当前，随着我国《劳动法》《劳动合同法》和《社会保险法》的颁布和用工制度的改革，社会保险已成为广大劳动者所关注的问题，因此，有必要将人身保险与社会保险区别开来。

第一，两者的性质不同。人身保险是我国商业保险的一部分，它所解决的是保险人与投保人（被保险人）之间的保险商品交换关系，因此，人身保险合同是一种等价有偿的民商合同。而社会保险属于一种社会保障制度，它通过建立社会保险基金，以向符合条件的社会成员提供经济帮助的形式，实现其社会保障作用。

第二，两者的适用根据与范围不同。人身保险虽然有自愿保险和强制保险之分，但是，大多数人身保险合同都属于自愿保险。是否订立人身保险合同，与哪个保险人订立人身保险合同，完全出于投保人或被保险人的独立意志，而且，投保人或被保险人在保险期间可以变更或解除已订立的人身保险合同。而社会保险自从 19 世纪后期产生至今，在很多国家的适用实践的一个共同点，就是由政府机构以立法形式强制实行。凡法定实施范围内的社会成员都必须参加相应的社会保险，依法享有社会保险的权利，并履行其义务。例如，我国的职工劳动保险，根据《劳动法》和《社会保险法》的规定，强制性地适用于与企业单位存在劳动关系的工人、职员。

第三，两者的保险基金的来源不同。人身保险合同作为一种商业经营的法律形式，具有有偿性。被保险人要获取保险保障的权利，就必须履行缴纳保险费的义务，该保险费成为人身保险的责任准备金的来源。而且，保险人是以生命表为根据，按照预定的生存或死亡比率、利息率及管理费用率来计算保险费金额，保险费数额与保险人支付保险金的数额是成比例的。与此相区别，社会保险的保险基金则是按有关社会保险立法规定的方法来提取的，各国做法有所不同，一般是由政府、企业（雇主）和职工（雇员）共同负担。例如，关于我国目前实行的企业职工养老保险制度，国务院 1995 年 6 号文件规定：“基本养老保险费由企业和个人共同负担，实行社会统筹和个人账户相结合。”要求企业按工资总额的一定比例缴纳养老保险费，职工也按本人工资的一定比例缴纳养老保险费。有的国家则强调由政府设置社会保险基金，被保险人虽然不缴纳养老保险费，但要缴纳社会保险税。社会保险的保险费数额是根据实际支出的费用来确定的，所以，被保险人获取社会保险金的数额与其支出的保险费并不是对应的比例关系。

第四，两者的保险金额的确定方法是不同的。在人身保险中，投保人与保险人协商约定保险金额，在保险事故发生或合同约定的期限届满时，保险人按合同约定向被保险人或受益人支付保险金。而社会保险的保障水平在多数国家是根据社会的经济发展水平确定的，要求给付的保险金额，是依据社会保险法的规定，考虑被保险人为社会所做贡献的大小及实际生活的需要来确定。我国的《社会保险法》根据社会互济与自我保障相结合、公平与效率相结合的原则，制定基本养老金的发放标准。

第五，两者的保障作用不尽相同。从本质上说，人身保险的保障性是以商业经营为基础的。因此，人身保险合同的保险人提供保障水平的高低取决于投保人交付的保险费的多少，投保人交付的保险费越多，保险人给付的保险金数额相应地按比例增加，被保险人或受益人获取的保险保障就越大。而社会保险的保障作用具有福利性，其提供的保障水平限于保障被保险人的基本生活需要。根据各国的社会保险实践经验，社会保险的给付金额，一般高于社会贫困线或社会救济水平线，而低于被保险人在职劳动期间的工资收入水平。此外，社会保险的保障水平也与各国的经济发展水平和适用范围的大小相联系。

因此，在适用《保险法》时，首先应当分清人身保险与社会保险的异同。

实例枚举

甲中学组织初一年级学生春游，学生们乘坐的校车在行驶中为躲避迎面驶来的卡车，由于司机猛打方向盘，而冲出马路，撞上路边的一栋房屋。车上50名学生中，8名死亡、18名重伤、10名轻伤。因为学校已经代乙保险公司向在校学生收取了保险费，集体办理了每名学生保险金额3 000元的学生平安保险合同，所以，伤亡学生家长在获得学校的民事赔偿之后，向保险公司提出了保险索赔。对此保险索赔，存在不同的看法：(1) 伤亡学生应当得到保险赔偿；(2) 伤亡学生不应当获得双倍赔偿，故在获得学校赔偿后，应将保险索赔权益转移给学校；(3) 学校支付的民事赔偿，不影响伤亡学生向保险公司的保险索赔权。

本案充分体现了人身保险合同的法律特性，尤其应当注意的是，人身保险合同的保障作用突出表现在其具有的给付性上，而本案所涉及的焦点问题亦在于此，即被保险人得到民事赔偿与保险给付并不冲突。

三、人身保险合同的分类

人身保险合同作为保险合同的一大基本类别，根据不同的标准可有多种分类。

(一) 按其保障范围，分为人寿保险、健康保险和意外伤害保险

我国《保险法》第95条第1款第1项按照此标准，规定了保险公司经营的人身保险业务范围。

人寿保险合同是人身保险合同中最基本的险种，是其诸多特点的典型表现。它是以被保险人在保险期间内的死亡或者生存作为给付条件的人身保险合同。通常又根据约定的保险事故，分为死亡保险、生存保险和生死两全保险。

健康保险合同，又称“疾病保险合同”，它是以被保险人患病、分娩或因此所致死亡或残疾作为给付条件的人身保险合同。它包括工资收入保险合同、医疗费用保险合同、专业技术人员劳务收入保险合同和死亡保险合同（因疾病致被保险人死亡）。

意外伤害保险合同是以被保险人在保险有效期内因遭受意外事故导致其伤害、残疾或死亡作为给付条件的人身保险合同。按其承保条件，又分为普通意外伤害保险合同和特种意外伤害保险合同。前者适用于被保险人在保险期限内因发生意外事故所致伤害；后者仅适用于因特定的意外事故在特定地点造成的被保险人的伤害，例如，旅游伤害保险、飞机旅客意外伤害保险等。

（二）按被保险人的人数，分为个人人身保险合同和团体人身保险合同

个人人身保险合同是以单独一人作为被保险人的人身保险合同；而团体人身保险合同则是以两个或两个以上的自然人为被保险人，由其所在单位作为投保人组织统一投保的人身保险合同。

（三）按保险产生的根据，分为自愿保险合同和强制保险合同

自愿保险合同是由投保人与保险人自愿协商订立的人身保险合同；强制保险合同则是根据有关法律规定，强制投保人与保险人订立的人身保险合同。在西方发达国家，适用于人身保险领域的强制保险合同较多，而我国目前的人身保险业务，则以自愿保险居多。

四、人身保险在我国适用发展的概况

我国人身保险业务自1982年恢复以来，发展迅速，并不断地完善和扩大，在社会经济生活中发挥着重要作用。

首先，原中国人民保险公司重新修订了简易人身保险合同的保险条款，并于1983年开始在全国范围内推行。此后，随着我国银行储蓄存款利率的调整，保险公司多次提高了简易人身保险的利息率，提高了保险给付金额，并增加了30年期和15岁～60岁被保险人的5年档次。目前，简易人身保险仍然被适用，但是已让位于其他各种新兴的人身保险险种。同时，团体人身保险和团体人身意外伤害保险发展较快，已成为我国人身保险范围内主要的意外伤害保险种类。这两个险种的保险条款制定于1982年，它以机关、团体、企事业单位在职职工为承保对象，在其因遭受意外伤害而致残或致死时，保险人给付保险金。从1984年开始，投保这两个险种的单位还可以附加投保意外伤害医疗费保险。此外，自1982年恢复办理人身保险业务后，我国的火车、飞机、轮船和公路的旅客意外伤害保险即在全国各地普遍办理，对于保障旅客安全、发展社会经济具有重要意义。如今，意外伤害保险、健康保险已经成为各家保险公司的重要业务，甚至出现了专门经营伤害保险的保险公司。

其次，在人寿保险业务范围内，原中国人民保险公司从1983年开始，相继开办了城镇集

体经济组织职工养老金保险和个人养老金保险。按其规定，保险人在收取保险费至被保险人退休或缴费期满后，向被保险人支付养老金。目前，由于我国社会保险制度尚未完善，我国的人身保险市场呈现出诸多保险公司林立竞争的局面，例如中国人寿保险股份有限公司、太平洋人寿保险股份有限公司、平安人寿保险股份有限公司、新华人寿保险公司、泰康人寿保险公司等寿险公司纷纷推出多种多样的寿险险种，深受广大社会公众的欢迎。

最后，随着我国社会经济的日益发展和保险市场的不断完善，在我国保险市场上，经营人身保险业务的各家保险公司面对中国巨大的人身保险市场潜力，针对社会公众的多方面需要，开办了数十种新的人身保险险种，诸如，投资连结分红保险、旅游保险、住院医疗保险、母婴安康保险、子女教育及婚嫁金保险等。可以预见，我国人身保险的险种大有迅速发展的趋势。

【知识链接】

适用61年的《铁路旅客意外伤害强制保险条例》被废止

1951年4月24日我国政务院财经委发布《铁路旅客意外伤害强制保险条例》（以下简称《条例》）。该《条例》自1951年6月24日实施并适用至2012年12月31日，历经了61年。应当说，首先必须充分肯定《条例》所规定的铁路旅客意外伤害保险对于维持铁路旅客运输正常秩序，保护广大铁路旅客合法利益发挥了重要作用。但是，随着我国经济体制改革的日益深化和社会主义市场经济的不断发展，该《条例》与我国《保险法》等相关法律规定之间存在的冲突日益突出，难以继续用来作为保护铁路运输事故中遭受意外伤害的旅客合法权益的法律工具。例如，《条例》规定：铁路旅客意外伤害强制保险的保险费按基本票价的2%收取，旅客因意外事故伤亡的保险金额一律为人民币2万元，并不因旅客基于票价不同而须支付不同保费的情形，而适用不同的保险金额。并且，自1992年6月施行该2万元的保险金额标准以来的近20年，旅客支付的保险费在不断上涨，保险金额却一直未变。这显然与我国《合同法》确立的公平原则，即“当事人应当遵循公平原则确定各方的权利和义务”的规定相悖，保险合同双方的权利义务已因此而明显失衡。尤其是该《条例》所规定的内容作为20世纪50年代的产物，带有明显的计划经济色彩，并不能纳入我国当今商业保险市场的经营范围，不是由商业保险公司进行经营，更难以在《保险法》框架内统一和谐地接受其规范调整，不能充分发挥该强制保险向成千上万的旅客提供有效的分散意外伤害风险的保险保障作用。因此，有关废止该《条例》的呼声日渐增多，其中的代表当属中国保险法学研究会的5位保险法专家[①]于2011年7月28日向国务院法制办递交的《关于对〈铁路旅客意外伤害强制保险条例〉进行审查的建议》，其在归纳了《条例》与我国《保险法》《合同法》《消费者权益保护法》之间存在的法律冲突的基础上，建议国务院对《条例》存在的与“上位法冲突”的问题进行审查。如确认《条例》有关条款确实与《保险法》等法律相抵触，应依据《立法法》第88条予以撤销，或根据《立法法》第92条，由国务院按照维护法制统一的原则对《条例》自

① 参加建议案的5位建议人是，中国保险法学研究会会长尹田教授（北京大学法学院），中国保险法学研究会副会长陈欣教授（对外经济贸易大学保险法中心）、施天涛教授（清华大学法学院）、任自力教授（北京航空航天大学法学院）和贾林青教授（中国人民大学法学院）。

行修改。

2012 年 11 月 16 日，国务院发文决定自 2013 年 1 月 1 日起废止 1951 年的《铁路旅客意外伤害强制保险条例》，由此形成对广大铁路旅客提供保险保障的空白。这意味着急需设计新的保险类型适用于铁路旅客运输领域，并应将其纳入商业保险运营保险体系。

众所周知，我国社会主义市场经济不断发展的过程中，铁路运输仍然是我国现阶段用于完成旅客空间转移的主要方式，但是，有关铁路旅客运输保险却明显地滞后于铁路旅客运输市场的需要，因为，截止到依据上述《条例》而适用的铁路旅客意外伤害强制保险自 2013 年 1 月 1 日被废止时，该领域尚无专门的铁路运输保险为继，由此铁路旅客所购买的铁路客运客票中不再包含 2%的保险费，当然也就不再提供意外伤害的保险保障。

因此，各家获准经营旅客意外伤害保险的商业保险公司完全可以自主独立地根据铁路旅客运输的实际需要，遵循平等、自愿和等价有偿等市场规则，创新性地设计和推出铁路旅客意外伤害保险的险种，并与铁路运输承运人的运输责任强制保险共同构建适用于铁路旅客运输领域的、包含铁路旅客意外伤害保险在内的丰富多彩、百花并举的商业保险体系，确保广大旅客能够在参与铁路旅客运输的过程中获取充分有效的保险保障。

不仅如此，笔者还认为，应当用铁路旅客意外伤害自愿保险取代原有的强制保险，如此才符合我国社会主义市场经济发展的条件下保险市场的发展趋势。究其原因，投入保险市场上经营的商业保险是一种保险商品交换活动，保险公司从事保险经营过程中不仅要遵循等价有偿的规则，更应当以平等、自愿为首要原则，故保险市场上的大多数保险都是自愿保险，而强制保险则只是存在于特定领域。仅就铁路旅客意外伤害保险来讲，在我国现阶段社会主义市场经济深化发展的今天，其已然失去了强制适用的特定历史条件，而应当作为普通的意外伤害保险险种由保险公司进行经营。况且，我国保险市场的事实已经证明，目前适用于其他运输方式——航空、船舶、公交车辆等运输领域的旅客运输意外伤害保险，均因保险立法的规定或者运输市场的需求而由强制投保改为自愿投保，并在各自的行业范围内取得了成功的经验。笔者理解，国务院明令废止 1951 年《铁路旅客意外伤害保险强制保险条例》的主要原因正在于此，故应当将铁路旅客意外伤害保险定位为自愿保险，取代现有的铁路旅客意外伤害强制保险，以适应当前我国的社会经济和保险市场的发展需要。

与此相适应，保险公司经营铁路旅客意外伤害保险必须坚持公开性，设计出科学、合理的，又简便易行、具有可操作性的铁路旅客意外伤害保险条款和营销模式，并且，应当按照公开原则提升其经营运作的“透明度”，让广大铁路旅客明明白白地购买和消费铁路旅客意外伤害保险商品，切切实实地获取其保险保障。

第二节　人身保险合同的条款及其适用

人身保险合同基于上述法律特点的要求，其所设计的条款具有自身的特定内容及适用上的特殊要求。

一、人身保险合同的一般条款

（一）当事人条款

人身保险合同的当事人不仅要符合保险合同制度的一般要求，而且应当具备人身保险合同所要求的特殊条件。这可以概括为如下要求。

1. 保险人

人身保险合同的保险人不仅要有经保险监督管理机关依法批准的保险人资格，而且，其业务范围必须包括获准经营人身保险。因为，我国《保险法》第 95 条第 2 款规定："保险人不得兼营人身保险业务和财产保险业务。"而该条第 3 款又规定：保险公司应当在保险监督管理机构"依法批准的业务范围内从事保险经营活动"。

2. 投保人

人身保险合同的投保人可以是自然人，也可以是法人或其他组织。他（它）们作为人身保险合同的投保人，不仅要具备民事行为能力，而且，在订立人身保险合同时，应当是对被保险人具有相应的保险利益。该保险利益不同于财产保险合同中的保险利益，它是法定的投保人与被保险人之间存在的经济利害关系。关于其认定范围在各国保险法上不尽相同，概括来讲，一般产生于三种情况：第一是血缘、婚姻关系（如父母、子女、配偶等）；第二是债权债务关系（如签订借贷合同的出借人与借贷人、签订旅游合同的旅行社与游客）；第三是劳动（雇佣）关系（如企业与在职职工、雇主与雇员的关系）。我国《保险法》第 31 条确认："投保人对下列人员具有保险利益：（一）本人；（二）配偶、子女、父母；（三）前项以外与投保人有抚养、赡养或者扶养关系的家庭其他成员、近亲属；（四）与投保人有劳动关系的劳动者。除前款规定外，被保险人同意投保人为其订立合同的，视为投保人对被保险人具有保险利益。"而且，与财产保险合同对保险利益的要求有所不同，按照该条第 3 款的规定，人身保险合同强调投保人在订立保险合同之时与被保险人存在保险利益，"订立合同时，投保人对被保险人不具有保险利益的，合同无效"。

3. 被保险人

人身保险合同的被保险人是指以自己的生命或身体作为保险标的的人，故而，仅限于自然人；而且，应当符合相应的人身保险合同条款关于年龄限制、身体条件等要求。例如，我国保险公司开办的团体（个人）人身意外伤害保险的被保险人应当是 16 周岁到 65 周岁之间、身体健康、能正常工作和劳动的人；而中小学生平安保险的被保险人则限于各类中学（包括中等专业学校）、小学中的身体健康、能正常参加学习的在校学生；至于儿童保险的被保险人则是 1 周岁至 15 周岁、身体健康的儿童。同时，被保险人还必须符合保险法有关的限制性规定。例如，我国《保险法》第 33 条第 1 款规定："投保人不得为无民事行为能力人投保以死亡为给付保险金条件的人身保险，保险人也不得承保。"从而，在此情况下，无民事行为能力人就不能成为被保险人，但是，"父母为其未成年子女投保的人身保险，不受前款规定限制。但是，因被保险人死亡给付的保险金总和不得超过国务院保险监督管理机构规定的限额"（《保险法》第 33 条第 2 款）。

4. 受益人

受益人在人身保险合同中是独立的主体类型。各国保险法对于受益人的资格没有限制。自然人或法人或其他组织均可成为受益人，投保人或者被保险人可以同时是受益人，受益人也可以是投保人、被保险人以外的第三人。不过，受益人应当产生于被保险人的指定行为。① 根据我国《保险法》第 39 条的规定，“人身保险的受益人由被保险人或者投保人指定。投保人指定受益人时须经被保险人同意”。而“被保险人为无民事行为能力人或者限制民事行为能力人的，可以由其监护人指定受益人”。

（二）保险事故条款

与财产保险合同中的保险事故不同，人身保险合同中的保险事故不是针对各种自然灾害和意外事故本身，而是这些自然灾害和意外事故造成的后果——被保险人因自然灾害或意外事故而死亡，或残疾，或患病治疗，或生存至保险期限届满。人身保险合同的保险人在合同约定的范围内，以此作为给付保险金的条件。

（三）保险金额和保险费条款

人身保险合同的保险金额和保险费实际是保险合同所涉及的保险商品交换的对价条件。投保人交付保险费，才能获取保险人给付的保险金，而保险人履行保险责任的对价则是收取保险费。当然，人身保险合同的保险金额和保险费条款不同于财产保险合同。

人身保险合同的保险金额，是由投保人和保险人在订立人身保险合同时根据被保险人的实际需要和交付保险费的能力协商约定的。而且，为了防止出现道德危险，保险人往往对于人身保险合同的保险金额加以限制。例如，我国现在适用的团体（个人）人身意外伤害保险条款中规定，保险金额每人最低为 5 000 元，最高为 5 万元，投保人在此限度内只能选定一个保险金额。并且，保险金额一经确定，中途不得变更。此外，各国保险法对于人身保险合同的保险金额的确定也会有这样或那样的限制。例如，我国《保险法》第 34 条第 1 款即规定：“以死亡为给付保险金条件的合同，未经被保险人同意并认可保险金额的，合同无效。”

人身保险合同的保险费，是人身保险基金的主要来源，也是实现人身保险保障的对价条件。一般情况下，人身保险合同的保险费包括纯保险费和附加保险费两部分：前者是以预定死亡率和预定利益为基础计算的，用以抵付保险金的支出；后者则是按预定营业费用率计算的，用于补偿保险公司经营人身保险业务所需支出的各种费用。实践中，人身保险合同的保险费条款的主要内容之一，就是确定保险费的交付方式。一般包括：（1）趸交，即在签订合同时一次性地将整个保险期内应缴的保险费全部付清。（2）年交，即在人身保险合同签订后，按年交付保险费。具体数额的计算方法有两种：一是逐年根据被保险人的相应年龄段的死亡率计算，则年龄越高保险费越多，称为自然保险费；二是根据被保险人在整个保险期间平均年龄的死亡率计算，称为均衡保险费。

不过，应当注意的是，保险费可以根据合同约定一次缴纳或分期缴纳。但是，投保人不按约定履行交付保险费义务的，可以导致人身保险合同效力的中止或解除，而“保险人对人寿保

① 笔者认为受益人产生于被保险人的指定，此观点与《保险法》的规定有所差异。

险的保险费，不得用诉讼方式要求投保人支付”（《保险法》第 38 条）。

（四）保险期限条款

保险期限是人身保险合同的一个重要事项，依法必须明确写入合同条款，较之财产保险合同的保险期限条款更为复杂。

首先，保险期限是人身保险合同预定的合同效力持续期间。例如，我国保险公司开办的简易人身保险合同的保险期限分为 5 年、10 年、15 年、20 年和 30 年 5 档，投保人选定哪一档，相应的年份数就是该人身保险合同的有效期间。如果在此期间内发生保险事故（如死亡保险中的被保险人死亡）或保险期间届满（如生存保险中被保险人在保险期间届满时生存）的，保险人应依约给付保险金。

其次，人身保险合同不仅要写明保险期间，而且，应明确保险始期和缴费期。其中，保险始期是人身保险合同的保险责任开始的日期。在保险实践中，人身保险合同往往是以投保人交付首期保险费的日期作为保险始期。人身保险合同的缴费期则是约定投保人交纳保险费的时间，由于“投保人可以按照合同约定向保险人一次支付全部保险费或者分期支付保险费”（《保险法》第 35 条），所以合同中应当具体规定投保人一次或各次交费的日期。

最后，人身保险的某些险种是按阶段划分保险期间的。例如，我国保险公司开办的个人养老金保险和子女成长保险的保险期限，均分为缴费期（从第一次缴纳保险费起至约定的缴费期满为止）和领取期（从缴费期满的次月起至保险责任终了时止）两个阶段。

二、人身保险合同的特殊条款

人身保险合同除了具有保险合同均应当具有的条款以外，还基于自身的特点而具有如下特殊的条款：

（一）不可抗辩条款

不可抗辩条款，又称不可争议条款，是人身保险合同的常见条款，其内容是从人身保险合同成立或复效之日起，经过合同约定或者法律规定的时间过程后，人身保险合同的效力就不可争议了。不可抗辩条款，是针对保险人的合同解除权的。因为，基于保险法的最大诚信原则，投保人有义务如实告知有关保险标的的情况及危险。如果投保人没有履行此项义务的，保险人有权解除所订立的人身保险合同；即使在此期间发生保险事故的，也不影响保险人行使合同解除权。例如，我国《保险法》第 32 条第 1 款规定：“投保人申报的被保险人年龄不真实，并且其真实年龄不符合合同约定的年龄限制的，保险人可以解除合同。”但是，对于保险人的合同解除权并非毫无限制，不可抗辩条款的约定或者法定的时间过程就是这种限制的体现，即保险人于此时间内得以行使解除权，而自此时间届满时起，保险人就不能再以投保人违反如实告知义务为由解除人身保险合同。其目的是保护被保险人或者受益人的利益。因为，多数人身保险合同属于长期性合同，经过了一定时间后，难以查清投保人在订立合同时是否如实告知。而且，在被保险人死亡后，受益人不一定了解最初投保时的情况。所以，用一定的时间限制保险人的合同解除权，可以避免保险人不正当行使解除权的行为。

不可抗辩条款规定的抗辩时间，一般为 1 年或 2 年。根据我国《保险法》第 32 条第 1 款的规定，自合同成立之日起超过 2 年的，保险人不得解除合同，表明其法定的抗辩时间为 2 年。

（二）年龄不实条款

年龄不实条款，又称年龄误告条款，是人身保险合同的常见条款，其内容是对投保人申报被保险人年龄不真实的处理，即投保人误告被保险人年龄的，应当按被保险人的真实年龄予以更正。因为，被保险人的投保年龄在人身保险合同中，是确定保险费率和评价危险的重要根据，投保人有义务如实告知。但是，在保险实践中投保人误告被保险人年龄会出于各种原因，故应当区别不同情况，作不同的更正处理。

对此，我国《保险法》第 32 条作了全面的规定，成为适用年龄不实条款的法律依据。

1. 被保险人的真实年龄超过合同约定的承保年龄限制的，保险人自合同成立之日起 2 年内有权解除保险合同，退还保险费。即“投保人申报的被保险人年龄不真实，并且其真实年龄不符合合同约定的年龄限制的，保险人可以解除合同，并按照合同约定退还保险单的现金价值”（第 1 款）。当然，保险人行使合同解除权适用《保险法》第 16 条关于“自保险人知道有解除事由之日起，超过三十日不行使而消灭”，以及“自合同成立之日起超过二年的，保险人不得解除合同”的规定。

2. 被保险人的真实年龄大于误报年龄，致使欠交保险费的，投保人应按被保险人的真实年龄补交保险费。即“投保人申报的被保险人年龄不真实，致使投保人支付的保险费少于应付保险费的，保险人有权更正并要求投保人补交保险费，或者在给付保险金时按照实付保险费与应付保险费的比例支付”（第 2 款）。

3. 被保险人的真实年龄小于误报年龄，致使保险费溢交的，保险人应当退还溢交部分的保险费。即“投保人申报的被保险人年龄不真实，致使投保人支付保险费多于应付保险费的，保险人应当将多收的保险费退还投保人”（第 3 款）。

笔者认为，除了年龄以外，被保险人的性别、职业、工作岗位、工作单位、健康状况等与其相联系的诸多方面，均会影响到保险人决定是否承保和所应适用的保险费率以及人身保险合同的履行，因此应列入人身保险合同，可统称为身份条款。

（三）宽限期条款

宽限期条款的主要内容是投保人虽未按合同约定的时间交付保险费，但在合同约定或法定的缴费宽限期内人身保险合同仍然有效，而投保人在宽限期满后仍未缴保险费的，则导致人身保险合同失效。

多数人身保险合同是长期性合同，保险费大多分期缴纳。而在保险合同期限内，很多因素都会影响到投保人履行交费义务。为了确保人身保险合同效力的稳定性，双方当事人往往在合同中规定缴费的宽限期（或称优惠期）。在此期间，投保人虽未缴纳保险费，但保险合同的效力和保险人的保险责任不受影响。而超过此期限仍未缴纳保险费的，人身保险合同依法失效。根据我国《保险法》第 36 条的规定，“合同约定分期支付保险费，投保人支付首期保险费后，除合同另有约定外，投保人自保险人催告之日起超过三十日未支付当期保险费，或者超过约定的期限六十日未支付当期保险费的，合同效力中止”。其中的 30 日和 60 日即为宽限期。

（四）复效条款

复效条款的主要内容是，有关人身保险合同失效的，依法恢复人身保险合同的效力。

如前所述，人身保险合同多为长期性合同，在其有效期内，投保人难免会受各种原因的影响而不能在宽限期内交付保险费，致使保险合同失效。在此情况下，若被保险人需要继续寻求保险保障的，投保人申请复效较之重新订立人身保险合同更为有利。尤其是被保险人在保险合同失效后已经超过承保年龄限制时，只能通过申请复效来继续取得保险保障。

不过，适用复效条款必须符合相应条件，始产生复效的法律结果。对此，我国《保险法》第 37 条规定：人身保险合同效力中止的，“经保险人与投保人协商并达成协议，在投保人补交保险费后，合同效力恢复。但是，自合同效力中止之日起满二年双方未达成协议的，保险人有权解除合同”。可见，人身保险合同复效的条件包括：（1）投保人向保险人正式提出申请；（2）申请复效的时间不得超过法定的 2 年期限；（3）经保险人审核同意，并与投保人协商达成协议；（4）投保人补交失效期间的保险费。在保险实务中，投保人补交保险费一般是一次性的，经协商后也可分期补交。

（五）贷款条款

贷款条款适用于长期性人身保险合同，其内容是投保人可以在人身保险单积存的责任准备金的累计金额范围内向保险人申请贷款。这在人身保险合同中是投保人的一项权利。

人身保险合同适用贷款条款的根据在于人身保险单的有价证券性质。虽然人身保险单本身并无价值，但由投保人交纳的保险费所包含的储蓄保险费积存起来形成的责任准备金应归属于投保人所有，最终应返还给投保人，故使人身保险单具有现金价值。该现金价值随着保险期间的经过而持续上升。从而，人身保险合同可以作为担保手段，用于贷款质押。

人身保险合同中设置贷款条款，是为了简化投保人的融资手续，提高人身保险合同的使用价值。当然，由于人身保险合同的贷款质押有可能降低保险金的给付，影响受益人的权益，故贷款质押的适用应当适度，并且，须符合合同的约定或法律规定。

对此，我国《保险法》仅在第 34 条第 2 款规定：以死亡作为给付保险金条件的人身保险合同，未经被保险人书面同意，不得质押。同时，贷款条款的适用，必须合于双方当事人的约定内容。

适用贷款条款时应当注意，基于人身保险合同的质押，保险人对于贷款本息清偿之前发生的保险事故，有权从应给付的保险金中扣除应当偿还的贷款本息后支付余额给受益人。对此，受益人不得异议。此外，若贷款本息累计超过人身保险合同的现金价值，合同效力即行终止。

（六）自杀条款

自杀条款的内容，一般是规定被保险人在一定时间内故意自杀的，保险人不承担保险责任。其适用目的是避免被保险人通过人身保险为其遗属谋取保险金而产生道德危险。当然，在适用自杀条款时，应当注意下述问题。

首先，认定责任免除的自杀范围。人身保险合同中作为责任免除事由的自杀，一般仅指被保险人因自杀意图而实施的自杀致其死亡，而不包括因意外事故（如失足落水、误服毒药）或心态失常导致的过失自杀，故人身保险合同的自杀条款往往使用“故意自杀”一词。我国《保险法》第 44 条只是一般性表述为“被保险人自杀的”，对此处“自杀”一词的含义有待予以明确。

其次，自杀作为责任免除事由，应限于合同约定或法律规定的时间内。究其原因，自杀毕竟是死亡的一种原因，势必会影响其遗属的生活。因此，保险人对于在人身保险单生效或复效后的一定期限内发生的自杀予以免责，而对于此期限之后的自杀仍然承担保险责任。如此既可以防止道德危险而保护保险人的合法利益，又能够向被保险人的遗属因被保险人自杀造成的生活困难提供保险保障。我国《保险法》第 44 条将该期限规定为：“自合同成立或者合同效力恢复之日起二年内，被保险人自杀的，保险人不承担给付保险金的责任，但被保险人自杀时为无民事行为能力人的除外”，但证明被保险人自杀时为无行为能力人的责任依法应由受益人或者被保险人的继承人来承担，即“受益人或者被保险人的继承人以被保险人自杀时无民事行为能力为由抗辩的，由其承担举证责任”[《解释（三）》第 21 条第 2 款]。

最后，适用自杀条款的法律后果。在符合合同约定或法律规定前提下适用自杀条款的法律后果，就是免除保险人的保险责任，即保险人不承担给付保险金的责任，但应按照合同约定退还保险单的现金价值。正如我国《保险法》第 44 条第 2 款的规定。不过，要产生免除保险责任之后果的，保险人一方需用证据来予以证明，也就是“保险人以被保险人自杀为由拒绝给付保险金的，由保险人承担举证责任”[《解释（三）》第 21 条第 1 款]。

（七）受益人条款

受益人在人身保险合同中具有独立主体身份，独立享有请求给付保险金的权利。这些体现在人身保险合同的受益人条款中，该条款的内容通常包括受益人的指定、受益权的分配、受益人的变更及受益权的丧失等。对此，当事人可以协商约定，或者依法执行。我国《保险法》在“人身保险合同”部分全面规定了受益人事宜。

1. 受益人的指定。依《保险法》第 39 条的规定，受益人由被保险人或者投保人指定。若被保险人为无民事行为能力人或者限制民事行为能力人的，可以由其监护人指定受益人。而投保人指定受益人时，须经被保险人同意。

2. 关于受益权的分配。《保险法》第 40 条规定：“被保险人或者投保人可以指定一人或者数人为受益人。”如果“受益人为数人的，被保险人或者投保人可以确定受益顺序和受益份额；未确定受益份额的，受益人按照相等份额享有受益权”。实践中投保人或者被保险人指定数人为受益人的，如果其中的部分受益人在保险事故发生前死亡、放弃收益权或者有依法丧失收益权的情况，就会涉及该受益人应得的受益份额的处理问题。对此，保险合同有约定的应当按照约定处理；保险合同没有约定或者约定不明的，该受益人应得的受益份额就应当按照法律规定来处理，《解释（三）》第 12 条规定了分别处理的四种情形：“（一）未约定受益顺序和受益份额的，由其他受益人平均享有；（二）未约定受益顺序但约定受益份额的，由其他受益人按照相应比例享有；（三）约定受益顺序但未约定受益份额的，由同顺序的其他受益人平均享有；同一顺序没有其他受益人的，由后一顺序的受益人平均享有；（四）约定受益顺序和受益份额的，由同顺序的其他受益人按照比例享有，同一顺序没有其他受益人的，由后一顺序的受益人按照相应比例享有。”

3. 关于受益人的变更。《保险法》第 41 条规定：“被保险人或者投保人可以变更受益人并书面通知保险人。保险人收到变更受益人的书面通知后，应当在保险单或者其他保险凭证上批注或者附贴批单。投保人变更受益人时须经被保险人同意。”显然，变更受益人是投保人或者被保险人的权利，但条件包括：(1) 变更受益人应当书面通知保险人。(2) 保险单应经保险人批注。(3) 投保人变更受益人，须经被保险人同意。

4. 关于受益权的丧失。《保险法》第 43 条第 2 款规定：“受益人故意造成被保险人死亡、伤残、疾病的，或者故意杀害被保险人未遂的，该受益人丧失受益权。”

(八) 保险单转让条款

人身保险单因积存的责任准备金而具有现金价值所体现的有价证券属性，使其具有可转让性。对此，投保人与保险人应借助订立转让条款约定是否允许保险单的转让及转让条件。实质上，保险单的转让就是投保人的变更，故根据我国《保险法》第 34 条第 2 款的规定，按照以死亡为给付保险金条件的合同所签发的保险单，未经被保险人书面同意的，不得转让。至于其他给付条件的人身保险单的转让及其条件，则取决于当事人的约定。

此外，受益人享有的受益权作为一种保险金给付请求权，属于债权的具体类型，同样可以由该受益人自行予以处置，转让给他人，除非是根据合同性质、当事人约定或者法律规定不得转让的。而且受益人转让该受益权的，可以是在保险事故发生之前，也可以是在保险事故发生之后至保险人给付保险金之前，所以，《解释（三）》规定：“保险事故发生后，受益人将与本次保险事故相对应的全部或者部分保险金请求权转让给第三人，当事人主张该转让行为有效的，人民法院应予支持，但根据合同性质当事人约定或者法律规定不得转让的除外”（第 13 条）。

(九) 不丧失价值任选条款

不丧失价值任选条款，又被称为不没收价值或不没收给付条款，是基于人身保险单的现金价值性质而适用于人身保险合同的特殊条款，其内容是投保人有权利在约定范围内选择相应方式来要求保险人返还保险单的现金价值。该权利及其涉及的人身保险单现金价值不因保险合同效力的变化而丧失。因为，人身保险单积存的并随着所交保险费的增加而不断增长的责任准备金（现金价值）应当归属于投保人，即使人身保险合同的效力依法产生变化的，保险人也要返还给投保人，相应地，投保人就有权选择返还的方式。

适用不丧失价值任选条款时，应当注意两个问题：(1) 投保人在人身保险单上享有的价值选择权益的大小。一般情况下，人身保险单是以列表方式来表达其现金价值或写明其计算方法，让投保人据以了解其在保险期间对保险单现金价值所拥有的权益范围。(2) 投保人选择返还保险单现金价值的方法。保险实践中包括：第一，要求保险人给付现金，办理退保手续。第二，要求办理减额保险（交清保险），即将保险人应返还的保险单现金价值作为保险费办理一次趸交手续，从而，将原保险单改变为同一保险期间、同一险种的新保险合同，而其保险金额将是与所交清保险费相对应的数额。第三，要求办理展期保险，即将保险人应返还的保险单现金价值作为一次趸交保险费，用以将原保险单改为相同保险金额的新的定期保险合同，不过，则应根据返还保险单现金价值的数额计算所应维持的保险期间，或者缩短，或者不变，或者延长（展期）。

实例枚举

2002 年 2 月 28 日，何甲（女，未婚）以其本人为被保险人向某保险公司投保重大疾病保险，保险金额为 5 万元，交费期限 20 年，保险费 275 元，受益人为“法定”。2003 年 7 月 5 日，何甲之父何乙向某保险公司报案称，其女儿何甲因煤气爆炸于 2003 年 7 月 3 日意外致死。数日后，何乙持相关材料向某保险公司申请索赔，要求按重大疾病保险合同约定，就何甲的意外死亡给付 5 万元人身保险金。

在申请人何乙提交的索赔申请材料中，某保险公司理赔人员注意到其中一份由当地公安机关出具的证明材料上记载：“现有居住于某大街 196 号 2 单元 9 号之何甲，于 2003 年 7 月 3 日下午 15 时 30 分左右，在家中因液化石油气爆炸引起火灾而烧伤致死。”

某保险公司理赔人员认真分析了上述证明材料后认为，公安机关出具的证明材料并未写明液化石油气爆炸的起因及该事故性质。理赔人员遂于 2003 年 7 月 15 日到何甲的死亡现场勘查取证，发现现场的两个液化气罐放置在卧室，而不是媒体报道的客厅。经走访公安分局消防科得到证实，在出事现场，两个液化气罐中的液化气当时已漏完，阀门处于开启状态；而室内天然气管道无泄漏，开关完好。另查，这两个液化气罐是何甲于事发当天购买的。而经询问何甲的家属及邻里，了解到何甲在临死之前因恋爱问题与男友多次发生冲突。从以上情形分析，何甲极有可能是在感情极度失意情况下引爆液化石油气而自杀身亡。

某保险公司于 2003 年 7 月 30 日取得公安分局消防科的“火灾报告”，认定：“该起火灾属纵火，死者何甲于当天中午购进液化石油气两罐，回家后打开阀门放气，后因明火引爆自焚身亡。”于是，2003 年 8 月 3 日，某保险公司以被保险人何甲系故意行为（自杀）为由，向索赔申请人何乙发出拒付通知。申请人表示接受。

本案涉及人身保险合同的自杀条款，大家由此可以具体了解人身保险合同的条款特点及其适用情况。

第三节 人身保险金的给付

一、人身保险金给付的法律特性

给付保险金是保险人在人身保险合同中承担的核心义务，该项义务的履行直接关系到人身保险之保障职能的实现。

相比较而言，保险人给付人身保险金不同于支付财产保险合同的保险赔偿金。

1. 人身保险合同大多是定额保险，保险人在保险事故发生或保险期限届满后，应当按合同约定的数额向被保险人或者受益人给付保险金。但是，健康保险和意外伤害保险中的部分是补偿性质，例如，医疗费用保险中，保险人按照实际医疗费用支出予以给付，而不能进行定额给付，也不能超出合同约定的保险金额给付。

2. 保险人给付人身保险金时应按被保险人投保的险种和份额分别依约给付，不存在超额保险和重复投保。因为，人身保险合同是给付性合同，兼有储蓄和返还的性质，被保险人可以投保一种或数种人身保险，也可就同一种人身保险购买数份保险单。那么，在保险事故发生或保险期限届满时，保险人对于每一张人身保险单，均应分别给付保险金。这显然区别于财产保险合同中的保险人依据保险标的的保险价值，在保险金额范围内按实际损失予以赔付的补偿性质。

3. 保险人给付人身保险金时，不适用代位追偿制度。原因仍是人身保险合同的给付性。正如我国《保险法》第 46 条规定的：人身保险的“被保险人因第三者的行为而发生死亡、伤残或者疾病等保险事故的，保险人向被保险人或者受益人给付保险金后，不享有向第三者追偿的权利，但被保险人或者受益人仍有权向第三者请求赔偿”。从而，被保险人或受益人在保险人处获取保险金后，仍有权依据我国《民法通则》的有关规定，向负有责任的第三者行使人身损害赔偿请求权。保险人没有代位追偿的资格，意味着不适用代位求偿制度。

4. 基于人身保险合同的储蓄性，保险人在不承担保险金给付责任或者解除保险合同的情况下，应当依法退还保险单的现金价值。对此，我国《保险法》已有明文规定：“因被保险人故意犯罪或者抗拒依法采取的刑事强制措施导致其伤残或者死亡的，保险人不承担给付保险金的责任。投保人已交足二年以上保险费的，保险人应当按照合同约定退还保险单的现金价值。”（第 45 条）而投保人或保险人依法解除人身保险合同时，保险人应当按照合同约定退还保险单的现金价值（第 37 条和第 47 条）。

二、各类人身保险合同的保险金给付

（一）人寿保险合同的保险金给付

在人寿保险合同中，保险金的给付方式是多种多样的。

1. 一次性支付，即保险人以现金或者支票的方式一次性支付全部保险金。

2. 分期定额支付，即保险人根据人寿保险合同中约定的给付保险金的周期和金额，分期支付约定数额的保险金，直至给付完毕时为止。

3. 分期终身给付，即保险人按合同约定向被保险人或者受益人分期支付年金或养老金，直至其死亡时为止。

4. 利息收入支付，即享有保险金给付请求权的被保险人或者受益人按照约定的时间周期和保险利率，分期向保险人领取保险金利息，而保险金的本金存留在保险公司。若保险人利用保险金取得的收益率大于预定的保险利率，还应当支付增加的收益。

5. 定期收入支付，即投保人和保险人约定年金给付方式的，保险人按预定的保险利率计算每次给付的金额，被保险人或者受益人按期领取。

如果在保险人给付保险金的过程中，被保险人或者受益人死亡的，保险人应按照遗产处理保险金的支付。我国《保险法》第 42 条采纳了该方法的精神，规定：“被保险人死亡后，有下列情形之一的，保险金作为被保险人的遗产，由保险人依照《中华人民共和国继承法》的规定履行给付保险金的义务：（一）没有指定受益人，或者受益人指定不明无法确定的；（二）受益人先于被保险人死亡，没有其他受益人的；（三）受益人依法丧失受益权或者放弃受益权，没有其他受益人的。”不仅如此，“受益人与被保险人在同一事件中死亡，且不能确定死亡先后顺序的，推定受益人死亡在先”（第 42 条第 2 款）。当然，保险人向受益人支付了保险金后，其保险责任即履行完毕。如果该人身保险金根据《保险法》第 42 条规定成为被保险人之遗产，“被保险人的继承人要求保险人给付保险金，保险人以其已向持有保险单的被保险人的其他继承人给付保险金为由抗辩的，人民法院应予支持”[《解释（三）》第 14 条]。

（二）健康保险合同的保险金给付

在健康保险合同中，一般是按照合同约定给付保险金的，其给付的内容包括医疗费、生育费、残疾津贴费、死亡丧葬费、子女教育费等项目，具体范围依相应的险种而定。

从保险金给付方式角度讲，多数健康保险合同（如医疗费用保险、收入保险）并非定额保险合同。因为，保险人不是按约定的保险金额给付，而是在合同约定的保险金额最高限度内，扣除约定的免赔额后，补偿被保险人的实际费用支出（或收入损失），或者按约定的比例支付，其余的部分由被保险人自行负担。故健康保险合同区别于人寿保险合同。不过，健康保险中的因疾病、分娩致残、致死保险则属于定额保险，保险人按约定的保险金额给付保险金。

保险实践中，保险人在履行费用补偿型的医疗费用保险金之给付义务时，涉及如何处理与公费医疗费用或者社会医疗保险费用之关系的问题。基于此类健康保险的补偿性质，只要保险人在厘定医疗费用保险费率时，已经扣除了相应的公费医疗费用或者社会医疗保险费用部分，则其给付的保险赔偿金额就不包含这部分费用［见《解释（三）》第 18 条］。而健康保险合同约定按照基本医疗保险的标准核定医疗费用的，保险人就应当按照基本医疗保险的类别医疗费用标准来履行保险金给付责任，超出基本医疗保险同类医疗费用标准的部分，则不予给付。因此，保险人仅仅“以被保险人的医疗支出超出基本医疗保险范围为由拒绝给付保险金的，人民法院不予支持”[《解释（三）》第 19 条]。

（三）意外伤害保险合同的保险金给付

意外伤害保险合同中给付保险金的条件，必须是在保险期间因遭遇非本意的、外来的、突发的意外事故造成被保险人的伤残或者死亡。

但是，意外伤害保险合同还会规定以下这些责任免除事由。

1. 故意自杀。出于被保险人的主观故意所为的自杀，不属于意外事故，保险人不承担保险责任。

2. 疾病。因其来自被保险人身体内部的原因，不属外来因素，故在意外伤害保险范围内，保险人不承担保险责任。

3. 违法行为。包括被保险人因犯罪而受法律制裁，或在实施犯罪过程中被他人正当防卫致残、致死的，保险人免除保险责任。至于因违反民事、行政法律而伤残或死亡的，保险人是否承担保险责任，应依合同约定。

4. 不必要的冒险行为。这是指被保险人本可以避免危险，但仍有意识地置自己于该危险中所致伤残、死亡的行为，不属意外事故，保险人不承担保险责任。当然，有利于维护法律秩序或为社会公共利益、道德规范提倡的冒险行为，如抢险救灾、见义勇为行为引起的伤害、死亡不在此限。

5. 服毒。对于被保险人故意服毒或接触毒品所致伤残、死亡的，依保险合同约定决定是否免除责任。不过，被保险人意外中毒的，尤其是因他人原因而中毒所致伤残、死亡的，不作为服毒，保险人要承担保险责任。

6. 煤气中毒。因其与自杀不易区分，所以保险合同中一般写明不论意外与否，均为除外责任。

7. 酗酒。若被保险人因饮酒过量而失去常态或理智不清导致自身伤残、死亡的，保险人不承担保险责任。但被保险人基于酗酒而失去自制力或反应能力而被他人打残或死亡的，保险人是否承担保险责任依合同约定。

被保险人基于承保范围内的意外事故而伤残、死亡时，保险人承担保险责任的，要经医疗机构证明其伤残程度，以便确定按伤残标准给付保险金的数额。如果被保险人因意外事故而被依法宣告失踪或死亡的，保险人应给付保险金。但是，此后发现被保险人生存而经人民法院撤销失踪或死亡宣告的，保险人有权追索所支付的死亡保险金。

意外伤害保险合同属于定额保险，故保险人在给付保险金时，应当考虑双方当事人约定的保险金额。且意外伤害保险合同具有补偿性质，保险人又要以其实际损失为根据。为此，意外伤害保险合同的保险金给付分为两种：第一，普通意外伤害的保险金主要是不定额的补偿方法。普通意外伤害保险的给付条件限于被保险人的身体因意外事故而致伤害，因此，保险人以补偿被保险人的实际损失为目的支付的保险金，通常包括实际支出的医药费、住院费、护理费、营养费、误工费等。第二，因意外伤害致残、致死的保险金给付属于定额给付，保险人一般是依保险合同约定的数额或比例来定额给付保险金。

【知识链接】

第一张生命表与哈雷①

一提起哈雷，大家自然想到以其名字命名的哈雷彗星。其实，英国人埃德蒙·哈雷(1656—1742)不仅是天文学家，更是著名的数学家。哈雷一生成就非凡，尤其是具有处理和归算大量数据的杰出才能。1693年，哈雷应用数学推理方法，根据德国不列斯城居民在1687年至1691年5年间的死亡和出生情况，按不同年龄和性别分类编制了世界上的第一张生命表，被后人称作“哈雷生命表”。

哈雷生命表首次探讨了死亡率与年龄的关系，揭示了死亡率随着人的年龄增长而升高的客观规律（婴儿的死亡率除外），并且，证明了死亡率可以通过数学上的大数法则进行科学计算。哈雷生命表计算所得到的生存数、死亡数、生存率、死亡率和平均余命等成为计算人身保险费率的数理基础，也是计算保险责任准备金和给付保险金的必要依据。

可见，哈雷编制的第一张生命表为现代人身保险业的发展奠定了重要的科学基础。但是，由于哈雷生命表发表时，人身保险尚未在英国形成，所以，未能引起重视，更不能直接运用于保险实践。直到发表27年后，哈雷生命表才第一次被伦敦保险公司采用，成为确定保险费的计算根据。此后，哈雷生命表逐步被广泛应用到人身保险业务中。如今，生命表已是保险公司

① 魏原杰，吴申元．中国保险百科全书．北京：中国发展出版社，1992：736.

经营人身保险业务的组成部分。中国自 1982 年恢复了人寿保险业务，因缺乏人寿保险的经验，在寿险业务中的保险费率计算和责任准备金的提取，一直是主要参考日本的寿险业生命表。而我国人民的寿命的生死规律与日本人之间存在的差异性，一是我国寿险的被保险人主要来源于城市人口，死亡率明显低于日本全社会的死亡率。二是我国地域辽阔，人口众多，各地的经济发展水平和自然条件差异很大，各地人口的死亡率也有很大差异，需要生命表上加以修匀。这就需要我国寿险业适用自己编制的中国寿险业经验生命表作为寿险经营的科学依据。于是，中国人民保险公司人身保险部设立精算部门，借助 1982 年第二次全国人口普查所得到的完整的生命表资料，于 1995 年年底制定出中国人寿保险业的第一张经验生命表（1990—1993）。

此后，随着我国保险消费者群体的寿命因生活水平、医疗水平的提高而呈现出延长的趋势，我国人口死亡率发生了明显变化，为了促进中国寿险业的发展，在中国保监会的领导和组织下，2003 年 8 月正式启动新生命表的编制工作。这第二张经验生命表编制完成后，通过了专家评审会的评审，由中国保监会于 2005 年 12 月以《中国人寿保险业经验生命表（2000—2003）》的名称正式发布，并于 2006 年 1 月 1 日起生效使用。

对于新生命表的评价，正如中国保监会人身险部负责人所总结的：（1）其编制水平已达国际先进水平，并广泛应用于寿险产品定价、现金价值计算、准备金评估、风险管理等各个方面，有利于防范、化解风险。（2）新生命表是以全行业经营数据为依据（尤其是中国人寿、平安、太平洋、新华、泰康、友邦 6 家公司提供的 1 亿多条保单记录），更加科学，有利于寿险产品的创新。（3）新生命表的发布和实施是我国寿险费率市场化的重要一步。因为，定价权交给了寿险公司，各家公司可以根据产品不同、地域不同、受保人群不同，制定不同的市场策略，采用不同的生命表。同时，消费者也可根据保险公司的不同报价，选择寿险产品。

2016 年 12 月 28 日，中国保监会又正式发布了第三张《中国人寿保险业经验生命表（2010—2013）》，以反映新阶段的中国人均寿命状况，为人身保险产品的定价，尤其是长期寿险产品的定价提供基础性参考。

问题与思考

1. 人身保险合同具有哪些法律特点？
2. 人身保险合同的特殊条款有哪些？
3. 人身保险金给付的法律特点是什么？

第十四章

各类人身保险合同的比较

本章概要

虽然，在保险实务中，人身保险的适用范围十分广泛，但是，归纳起来，无非是人寿保险、意外伤害保险和健康保险三大类，它们各自具有自身的法律特点。学习本章，要求大家掌握各类人身保险合同的法律特点以及适用范围，还应当注意对保险法司法解释的有关规定的理解和适用。

第一节 人寿保险合同概述

一、人寿保险合同的概念和法律特性

人寿保险合同又称寿险合同，是指以被保险人的生命作为保险标的，以其在保险合同约定的期限内生存或者死亡作为给付保险金条件的人身保险合同。即投保人按照人寿保险合同约定交付保险费，而保险人承担被保险人在保险期限内死亡或者生存至保险期限届满时给付保险金的义务。

人寿保险合同是人身保险合同的主要类型，人身保险合同区别于财产保险合同的诸多特点，都集中表现在人寿保险合同。在此意义上讲，人寿保险合同是人身保险合同的典型代表。因为，人寿保险合同具有定额性、给付性、长期性等法律属性，并且，兼有保险与储蓄的双重性能，从而，区别于财产保险合同以及人身保险合同中的意外伤害保险合同、健康保险合同的损害补偿性质。

尤其应当注意的是，人寿保险合同在运作中有关保险费的计算、构成、收取及责任准备金的提取不同于财产保险合同及其他人身保险合同类型。相应地，保险法以及保险实务是以寿险和非寿险作为保险合同的基本分类，予以不同的规定。我国《保险法》便是在此意义上对寿险业务和非寿险业务加以规定。

从保险原理角度讲，财产保险合同以及人身保险合同中的意外伤害保险合同、健康保险合同涉及的投保人交纳的保险费均是单纯意义的保险费，是保险人经营保险业务所应取得的收入。即使是非寿险业务范围内的还本保险合同（如我国保险公司开办的“家庭财产还本保险”）亦未脱离其损害补偿的本质：投保人交纳的货币本金是产生此类保险法律关系的保险费的来源，保险人利用储存在其手中的投保人的本金所生利息来代替所应交纳的保险费，而在保险期限届满时返还本金给被保险人，并未改变原有的保险费数额以及双方当事人的权利、义务。与此不同的是，长期性的人寿保险合同的保险费是以均衡保险费取代了自然保险费，其构成上包含两部分，即危险保险费和储蓄保险费：前者相当于一般保险业务的纯保险费，或者说是保险人从事保险经营的危险成本，是根据每年危险的保险金额计算出来的自然保险费。后者则是投保人储存在保险人那里的储金，它形成了保险人对投保人的一种债务，不能作为其当年的保险费收入，而只能提存为责任准备金，用来履行清偿义务。

二、人寿保险合同的适用范围

综观各国人身保险市场的实践，人寿保险合同的适用范围极为广泛。因为，人寿保险合同适用于所有的自然人，每个自然人都可以根据自己的实际情况，选择投保相应的人寿保险；而且每个社会组织也能够为其组织成员、雇员投保有关的人寿保险。

当然，人寿保险业务的发达水平与各国的经济发展水平成正比。凡经济发达国家，其人寿保险业务亦发达。发达不仅表现在寿险险种的种类繁多，更在于适用范围的普遍性。其中，美国、日本、西欧等经济发达国家和地区的人寿保险合同的适用尤为普遍，几乎每个家庭、每个人都投保了人寿保险，其保险业的人寿保险费收入也相当可观。我国的人寿保险业务自 1982 年开办以来，发展很快，形成了以养老金保险为主的人寿保险市场，并且，随着我国社会经济的发展和人们保险意识的提高，必然日益完善。

实例枚举

2003 年 12 月 20 日，张 A 在担任甲保险公司的乙分公司业务部经理时，以自己作为投保人，以其夫韩 B 为被保险人在本公司投保老来福终身险，约定保险金额为 180 000 元人民币，保险期限自 2003 年 12 月 22 日零时起计。该保单未指定受益人，被保险人韩 B 也未在合同上签字。后因韩 B 工作调动，乙分公司于 2006 年 10 月 23 日向甲保险公司的丙分公司开出保险关系移出通知。2006 年 11 月 16 日，张 A 向丙分公司提交了保险关系转入申请表，并要求增加受益人张 A，韩 B 在该申请表被保险人签字栏内签字。在丙分公司的要求下，2006 年 11 月 23 日张 A 正式填写人身保险投保书，其上记载的投保人是张 A，被保险人是韩 B，受益人是张 A，保险期限自 2006 年 12 月 22 日零时起计，“特别约定”一栏中有“转入件”三字。张 A、韩 B 分别在该投保书中投保人及被保险人签字栏内签名。2007 年 1 月 19 日丙分公司正式签发保单。

2007 年 10 月 26 日，被保险人韩 B 在云南省意外死亡。丙分公司委托公安机关对韩 B 的笔迹进行鉴定，公安机关出具的刑事科学技术鉴定书的结论为：2006 年 11 月 16 日填写的投保人为张 A、被保险人为韩 B 的保险关系转入申请表及 11 月 23 日投保书中被保险人签字栏内的

"韩B"签字系韩B所写。据此，丙分公司按约定赔付张A保险金36万元整。但是，韩B的父母韩C和丁D对丙分公司将保险金36万元全部赔付给儿媳妇张A提出异议，理由是：第一，2003年张A在乙分公司投保老来福人寿保险时，被保险人为其二人之子韩B，且此时，并未指定受益人。2006年11月，张A将保险关系转入丙分公司时，变更受益人为张A，却没有书面通知。根据我国《保险法》的规定，受益人的变更需有被保险人或投保人的书面通知，故上述变更受益人的行为不能产生法律后果。第二，对2006年11月16日，张A向丙分公司提交的保险关系转入申请表及11月23日张A在丙分公司填写的人身保险投保书中所涉及的韩B签字持有异议。第三，根据《保险法》第42条的规定，没有指定受益人的，被保险人的法定继承人可获得该份保险金，所以丙分公司将保险金全部赔付给张A不合法，要求丙分公司及张A共同给付韩C、丁D二人保险金24万元。

丙分公司认为：因韩B工作调动，张A将保险关系转入丙分公司，并于同年11月16日向丙分公司提交转入申请表，且于2006年11月23日正式填写投保书，均写明增加受益人为张A。丙分公司签发保险单和出险后向张A给付保险金36万元皆以此为根据。韩C、丁D要求向其支付保险金24万元是没有法律和合同依据的。

张A认为：虽然本人于2003年与乙分公司签订的人身保险合同未指定受益人，但2006年将保险关系转入丙分公司时已依法定程序变更受益人为本人，韩B本人也在投保书中签字，因此，韩C、丁D二人与该保险合同无关，故不同意二人要求给付保险金24万元的诉讼请求。

显而易见，本案的争议焦点集中在受益人变更行为的合法性，以及保险金受益权的归属。从中，大家可以加深理解人身保险金给付的复杂性和实践性。人寿保险合同与人们社会生活的密切关系也由此可见一斑。

三、人寿保险合同的险种划分

适用范围广泛的人寿保险合同，其各个险种的保障职能各有侧重，保险服务的角度不尽相同。人寿保险合同依不同标准可划分为不同的种类。

（一）死亡保险合同、生存保险合同和两全保险合同

这是以保险金的给付条件为标准对人寿保险合同所作的划分。

1. 死亡保险合同。这是以被保险人死亡作为保险金给付条件的人寿保险合同。根据其保险期间的确定方式，又分为定期死亡保险合同和终身保险合同。

第一，定期死亡保险合同。保险业在习惯上称其为定期寿险合同，它约定被保险人在合同规定期间内死亡的，由保险人给付保险金；如果被保险人在保险期间届满时生存，保险人的保险责任即行终止，保险费亦不退还。定期死亡保险合同的保险期间由双方当事人协商约定：一般为5年、10年、20年或更长时间。从保险实务来说，定期死亡保险合同的保险费不具有储蓄性质，不予返还。因而，其保险费低于其他人寿保险合同，适合于负担能力较低又需要保险保障的社会成员，故其被广泛适用。我国保险公司在保险经营中，通常将定期死亡保险与其他各类人身保险相结合形成相应的新险种。例如，我国保险公司

开办的团体人身保险合同、中小学生平安保险合同、幼儿平安保险合同等均属于定期死亡保险合同。

第二，终身保险合同。这是不定期的死亡保险合同，其保险期间从保险合同约定的日期开始，至被保险人死亡时止，以被保险人死亡作为保险金给付条件。故终身保险合同不附加生存条件，保险人的保险责任一直到被保险人死亡时终止。终身保险合同的保险费包含储蓄因素，高于定期死亡保险合同，而低于生存保险合同。例如，我国寿险公司开办的步步高终身寿险合同、全家福终身寿险合同、康宁终身寿险合同等皆属此类。

理解死亡保险合同的一个重点，就在于该类寿险合同是以被保险人的死亡作为保险金给付条件。着眼于保护被保险人的生命健康权，就需要强化对死亡保险合同的订立和履行的法律要求，用以防范道德风险，确保死亡保险合同的正常适用。法律规制的重点是，一要强调保险利益原则在死亡保险合同的适用；二是关注被保险人对于死亡保险合同的订立和保险金额的确定的主观意愿。这集中表现在现行《保险法》第 33 条、第 34 条规定的条件以及《解释（三）》的有关规定中。具体而言，以死亡为给付保险金条件的保险合同，订立与否和保险金额，必须经被保险人同意。除了父母为其未成年子女投保人身保险以外，一般人不得为无民事行为能力人投保死亡保险合同。《解释（三）》要求人民法院审理人身保险合同纠纷案件时，应当主动审查投保人订立保险合同时是否具有保险利益、以死亡为给付保险金条件的保险合同是否符合《保险法》第 33 条、第 34 条规定的条件，是否经被保险人同意并认可保险金额等［详见《解释（三）》第 1、2、3、4 条等］。

2. 生存保险合同。这是以被保险人在保险期间内生存至期间届满时作为保险金给付条件的人寿保险合同。若被保险人生存到约定期限，保险人给付保险金；若被保险人在此期间内死亡的，保险人的保险金给付责任消灭，也不退还保险费。

生存保险合同的适用，主要是使被保险人生存到一定年龄后，可以从保险人那里领取一笔保险金来满足其经济生活的需要。我国保险公司开办的个人养老金保险合同即属于此类。

3. 两全保险合同。这是由生存保险和死亡保险合并而成的独立险种，又称混合寿险合同。其内容是被保险人在保险期限内死亡或生存至保险期限届满时，保险人均应按合同约定支付保险金。即在保险期限内，被保险人死亡的，保险人按约定支付保险金后保险合同的效力终止，或者保险合同的保险期届满时被保险人仍然生存的，保险人按约定给付保险金至给付期限届满。

两全保险合同的目的是从生存和死亡两个方面向被保险人提供保险保障，因此，其保险金额和保险费的设计考虑到生存和死亡两个因素，尤其是，其保险费包含了危险保险费和储蓄保险费两部分，具体数额低于分别投保生存保险和死亡保险时两者的保险费之和，所以，它成为人寿保险领域内最受欢迎的险种。我国保险公司开办的松鹤养老金保险合同、育英年金终身保险合同、子女教育保险合同、英才少儿保险合同等皆属于此类。

（二）资金保险合同和年金保险合同

这是以保险金的给付方法为标准划分人寿保险合同。

1. 资金保险合同。这是指保险人在保险事故发生时，向被保险人或受益人一次性给付人身保险金的寿险合同，又称一次给付保险。普通的人寿保险如无特别约定的，均采用这一给付方法。

2. 年金保险合同。这是指保险人按合同约定的时间（按年或季、月、周）分期支付保险金的寿险合同。年金支付方法一般适用于生存保险合同和两全保险合同，保险人支付年金的保险责任从约定时间开始直到被保险人死亡时止。

根据保险人支付年金的具体方式，年金保险合同又分为四种：第一，定期年金。这是从约定的给付始期起，按年支付年金到约定年数为止。第二，终身年金。这是从约定的给付始期起，支付年金至被保险人死亡时止。第三，即期年金。这是从保险合同成立之时起，即按约定给付年金。第四，延期年金。这是在保险合同成立一定时间后开始支付年金。

（三）单独保险合同、联合保险合同和团体保险合同

这是以被保险人的人数为标准划分人寿保险合同。

1. 单独保险合同。这是被保险人为一个自然人的寿险合同。

2. 联合保险合同。这是相互存在一定利害关系的两个或两个以上的自然人，例如夫妻、父母子女、兄弟姐妹或者个体工商户、农村承包经营户、个人合伙等，构成联合被保险人整体的寿险合同。如果其中一人死亡或达到合同约定年龄仍然生存的即构成给付条件，联合被保险人在保险期限届满时均生存的，保险人给付的保险金由联合被保险人分享。联合保险合同自保险人给付保险金时即行终止。

3. 团体保险合同。这是由一定的团体（企事业单位、社会团体、机关等）作为投保人，以该团体的全体成员为被保险人的寿险合同。在该寿险合同中，保险人只向投保（团体）签发总保险单，每个被保险人均持有保险凭证作为保险关系的法律依据。

（四）普通人寿保险合同和特种人寿保险合同

这是以承保技术为标准划分人寿保险合同。

从承保技术上说，人身保险最初是为了保障和救助人因保险事故所致死亡后果所遭受的损失，此后，其保障范围扩展到人的身体和健康因保险事故导致的疾病、伤残、丧失工作能力等损害后果，进而又扩展到社会成员在日常生活中因特殊情况（诸如儿童的成长教育、子女的婚姻、妇女的怀孕、成人的失业等）遭受的经济困难。其中，多数是保障“生、老、病、死”等基本灾难的人身保险，称为普通人寿保险合同。其他人身保险则是由普通人身保险派生而来，称为特种人寿保险合同。

1. 普通人寿保险合同。这是以个人作为投保人和承保对象，运用一般的技术方法经营的死亡、生存和两全保险。在我国的保险实务中，普通人寿保险多附加意外伤害保险。

2. 特种人寿保险合同。普通人寿保险合同以外的各种人寿保险合同均为特种人寿保险合同，如美国的寿险公司所开办的人寿保险中，除了普通人寿保险以外，还有团体人寿保险、简易人寿保险和信用人寿保险等。日本的寿险公司则开办普通人寿保险和团体人寿保险，而简易人身保险则由邮政机构办理。我国的保险公司目前开办的人寿保险中，以个人养老金保险作为普通人寿保险，团体养老金保险和简易人身保险则属于特种人寿保险。

(五) 红利分配寿险合同和无红利分配寿险合同

【知识链接】

分红保单与分红方法①

作为人身保险的具体险种，分红保险的法律表现形式就是分红保单。持有分红保单意味着投保人依据分红保险合同享有要求保险人定期或者不定期将保险经营所得赢利（红利）予以给付的权利。人类最早使用分红保单的历史可追溯到1776年的英国Old Equitable寿险公司，此后，各家寿险公司纷纷予以仿效。

为了保护投保人的经济利益，保险经营的大部分赢利应当按照分红保单约定的分红方法向投保人进行分配，但是又必须维持保险人的正常经营秩序，所以，各国保险立法对保险人用于保单分红提取的分红准备金既规定了保险人保留赢利的最高限额，又明文禁止超额分红。在确定分红保单的分红方法和分红数额时，保险人应当考虑以下条件：(1) 分红的公平性，即从公平的角度出发应当将各种人身保险合同对保险赢利的贡献大小作为分配红利的标准。(2) 分红的计算方法应当便于广大投保人以及社会公众理解和接受。(3) 分红方法应当简便，易于操作。(4) 分红水平应当趋于平衡和弹性，就是说在确定分红数额时，既要考虑社会实际需要，又要考虑分红数额的相对稳定性，切忌仅以单一年度的赢利多寡决定本年度的分红数额。

红利的分发方法是多种多样的，包括现金分配、冲抵（未到期）保险费、提高保险金额、存储分红（存储于保险人处，届时一并给付积存）等。

这是以有无红利为标准划分人寿保险合同。

1. 红利分配寿险合同，简称分红保险，是保险人将寿险经营赢利的一部分分配给被保险人的人寿保险合同。例如，我国保险公司开办的终身分红保险合同、两全型分红保险合同。

2. 无红利分配寿险合同。这是指被保险人仅能获取保险金，而不分取保险人赢利的人寿保险合同。可见，无红利分配寿险合同只是单纯的保险保障，不涉及其他经济利益。

实例枚举

2007年8月20日，尚甲在乙人寿保险公司分别为自己和妻子刘丙各投保一份终身寿险合同，保险金额各为10万元，指定其不满周岁的儿子尚丁为受益人。同时，尚甲又为其子尚丁投保了一份养老保险合同，约定：乙保险公司从2008年起每年向尚丁支付5 000元成长金；尚丁生存至18、19、20、21周岁时，每年可从乙保险公司获得10 000元教育保险金；生存至22周岁时，可获得48 000元创业保险金；生存至25周岁时，可获得60 000元结婚保险金；生存至60周岁时，可获得600 000元养老保险金；累计金额1 053 000元。上述三份寿险合同的保险费采用20年分期交纳的方式，首期共交付保险费17 326元。

2008年2月5日，尚甲及其妻刘丙外出办事时，遭遇车祸而双双罹难。受益人尚丁的法定代理人提出索赔后，乙保险公司确认上述寿险合同的效力，并且准备按照以尚甲和刘丙为被保

① 魏原杰，吴申元．中国保险百科全书．北京：中国发展出版社，1992：253.

险人的两份终身寿险合同支付 20 万元死亡保险金。但是，乙保险公司却收到某法院送达的协助执行通知书，要求停止支付该笔死亡保险金。原因是尚甲生前开办的个人独资企业拖欠戊信用社贷款 30 万元，现在，戊信用社提起了追偿债务的诉讼，并申请诉讼保全。

通过本实例，可以直观地理解人寿保险合同的法律特性，也能够进一步体会人寿保险合同的种类划分以及人寿保险合同的作用。

第二节 意外伤害保险合同概述

一、意外伤害保险合同的概念和法律特性

（一）意外伤害保险合同的概念

意外伤害保险合同作为人身保险合同的具体类型，是以被保险人的身体利益作为保险标的，即被保险人在保险期限内，因遭受意外事故而使身体受到伤害及因此致残、致死时，保险人按合同约定给付保险金的人身保险。

保险人在意外伤害保险中向被保险人、受益人给付保险金，目的在于补偿因意外伤害所造成的被保险人或受益人的经济困难，维系其生活稳定。最初，意外伤害保险是由财产保险公司经营，而人寿保险公司则仅把其作为人寿保险合同的附加险。但从 20 世纪 30 年代以后，意外伤害保险逐渐成为人身保险市场的独立险种，由人寿保险公司来经营。现在，有些国家将意外伤害保险视为财产保险合同和人寿保险合同以外的第三类保险业务，财产保险公司和人寿保险公司均可以依法经营。

（二）意外伤害保险合同的法律特性

1. 其性质仍属于给付性合同，而非补偿性合同，即通过保险人给付保险金来维持被保险人或受益人的生活稳定，具体的给付数额由保险合同约定，不得任意增减。因此，意外伤害保险合同属于定额给付保险。但是，意外伤害保险合同不具有储蓄性，人寿保险合同的相关条款不宜适用。

2. 其保险标的是被保险人的身体利益，而且，限于被保险人的自然人体。因此，人工安装在被保险人身体之上的假肢、假牙、义眼等不能成为意外伤害保险合同的保险标的，而应当纳入财产保险的范围。

3. 保险人在意外伤害保险合同中的保险责任，指向被保险人由于意外事故而死亡、伤残，或因此支付医疗费用等。因此，被保险人因年老而死亡，因疾病而死亡、伤残的，意外伤害保险合同的保险人不承担保险责任，而分别由人寿保险合同和健康保险合同予以承保。

4. 其承保条件，一般情况下较为宽松，对于被保险人没有资格上的法律限制。

5. 其保险费率的厘定方法有别于其他人身保险合同。由于意外事故风险与被保险人的职业和其所从事的活动关系密切，而较少受到被保险人的年龄、性别的影响，所以，意外伤害保

险合同的保险费率，主要取决于被保险人的职业和其所从事的活动所涉及危险的程度，根据损失率来计算，而不考虑被保险人的年龄、性别，不适用生命表。从而，意外伤害保险合同的保险费率一般低于其他人身保险合同。

6. 意外伤害保险合同一般是短期保险，可以是 1 年期，也可是约定的特定期间（如旅游过程、乘坐交通工具期间）。待意外伤害保险期限届满时，当事人可以就新的条款和保险费率协商续保。

二、意外伤害保险合同的适用范围

意外伤害保险合同着眼于意外伤害事故导致被保险人死亡、伤残而造成被保险人、受益人的经济困难，用以维系其日常生活的稳定，因此，在各国的保险市场上，意外伤害保险是比较发达的保险业务，其适用范围涉及各个社会领域、各个行业的社会成员。意外伤害保险的险种也是多种多样的，一些发达的西方国家（如美国）的意外伤害保险业务量仅次于终身寿险。

我国的保险公司曾在 20 世纪 50 年代办理建筑工人意外伤害保险、电梯乘客意外伤害保险、汽车司机意外伤害保险和自用汽车乘客意外伤害保险等，此后，因故相继停办。自从 1982 年当时的中国人民保险公司恢复办理人身保险业务以来，意外伤害保险有了长足的发展。为了满足社会各界公众寻求保险保障的多方面需要，相继开办了多种意外伤害保险险种，除了适用于广大社会成员的团体（个人）意外伤害保险和人身意外伤害满期还本保险以外，还开办了众多适用于特定范围保险对象的意外伤害保险，诸如以旅客为保险对象的公路旅客意外伤害保险、轮船或轮渡旅客意外伤害保险和飞机旅客意外伤害保险，以机动车驾驶员和乘车人员为保险对象的机动车驾驶员、旅客意外伤害保险，以团体旅游者为保险对象的旅游者人身意外伤害保险，以住宿旅客作为保险对象的住宿旅客人身意外伤害保险，以及以游泳场、滑冰场、跑马场、游乐场等公共场所的游客为对象的各种意外伤害保险。这些人身意外伤害保险的适用范围各不相同，只有符合相应的承保条件的社会成员才能成为相应的人身意外伤害保险的被保险人。

当然，在保险实务中，意外伤害保险可以是独立投保的人身保险，也可以附加于寿险合同中作为附加伤害条款，或者与疾病保险合并为一种综合保险。

实例枚举

2002 年 7 月 31 日下午 3 时 5 分，由太原经南京飞往厦门的 B2755 号航班飞机满载着 116 名旅客和 16 名机组成员正在起飞跑道上加速，已经达到腾空要求了，但是，塔台的引航员却听到机长的呼喊声："飞机拉不起来!"只见飞机突然失控，像脱缰的野马奔出跑道，冲过 600 米的草坪，与 3 米高的护墙相撞后起火爆炸，庞大的机身断裂成三截，造成 112 人死亡，仅有 20 人幸存。空难事故发生后，某保险公司紧急进行调查，确认 47 人购买了航空意外伤害保险，其中，29 人死亡，18 人不同程度地受伤。最终，某保险公司按航空意外伤害保险的规定，支付了 168.3 万元保险金。

本案较为典型地表现了意外伤害保险合同的诸多特点，借助此案例，可以正确区分意外伤害保险合同与人寿保险合同、健康保险合同。

三、意外伤害保险合同的分类

人身意外伤害保险合同在实际适用中，可以构成独立险种，也可作为某一险种的附加险或附加条款。

1. 按其承保方式和承保范围的分类

第一，普通伤害保险。这是独立的人身保险险种，专门为被保险人因意外事故所致身体损伤而提供保险保障。其保险期限一般为短期，以1年期居多。保险内容、保险金额和保险方法，由双方当事人协商约定。我国保险公司开办的幼儿平安保险、中小学生平安保险即属于此。

第二，人寿保险合同附加伤害保险。在适用中，该意外伤害保险是一种附加险，而不得独立投保。

第三，意外伤害保险与健康保险一并投保。这实为一种广义上的疾病保险，一般是定期1年的保险合同。我国保险公司开办的大学生团体平安保险、（中、小）学生平安保险、幼儿平安保险、军人平安保险等均属于此。

第四，团体意外伤害保险。这是由团体组织投保，以该团体的全体在职人员为被保险人的意外伤害保险。

第五，旅客意外伤害保险。这是以旅客为被保险人，以一定的旅行过程作为保险期间的意外伤害保险，诸如我国现有的公路旅客意外伤害保险、铁路旅客意外伤害保险、飞机旅客意外伤害保险、水上旅客意外伤害保险、轮渡旅客意外伤害保险、旅游意外伤害保险等。

第六，电梯乘客意外伤害保险。这是由电梯装置所有者、经营者投保，以乘坐电梯的乘客作为被保险人的意外伤害保险，承保载客电梯在运行中发生的意外伤害。

第七，公共游乐场人身意外伤害保险。这是以在各种公共游乐场游玩的游客作为被保险人的意外伤害保险，其保险期限从游客购票后经检票口进入游乐场所时起至游客离开游乐场所规定的出口止。

2. 按被保险人的范围的分类

第一，普通的意外伤害保险。适用于各行各业的自然人。

第二，特殊的意外伤害保险。只适用于特定范围的被保险人。如我国保险公司开办的厂长、经理人身意外伤害保险，出租汽车乘客意外伤害保险，旅游者意外伤害保险，住宿旅客意外伤害保险等。

3. 根据投保人的不同的分类

第一，团体人身意外伤害保险。这是由机关、团体、企事业单位投保，以其在职人员为被保险人的人身意外伤害保险。

第二，个人人身意外伤害保险。这是公民本人投保或由有关单位（如公共游乐场所、旅馆、饭店、出租车经营单位等）代为办理的人身意外伤害保险。

4. 按照适用依据的不同的分类

第一，自愿保险。其适用依据是双方当事人的独立意思表示。是否投保意外伤害保险由投保人自行决定，是否承保也取决于保险人的意愿。

第二，强制保险。其适用依据则是有关法律、法规的规定。是否投保和是否承保不取决于当事人的自愿，必须签订相应的意外伤害保险合同。目前，我国的轮船旅客意外伤害保险和公路旅客意外伤害保险均属于此。

【知识链接】

《人身保险伤残评定标准》在中国保险市场上启用

从2014年1月1日起，中国保险行业协会联合中国法医学会此前于2013年6月8日共同发布的《人身保险伤残评定标准》为中国保险市场上的各家保险公司所使用。这是取代原来在商业保险市场上适用的《人身保险残疾程度与保险金给付比例表》(简称“原标准”)的、用于健康保险和意外伤害等业务经营中执行伤残给付的新的行业标准。

究其背景，原标准是由中国人民银行于1998年发布、中国保监会成立后于1999年转发的《人身保险残疾程度与保险金给付比例表》，那么，在肯定原标准对于规范意外伤害保险业务的发展、促进保险保障功能的发挥方面的积极作用的同时，也应看到随着我国经济的快速发展和保险业服务覆盖面的不断扩大，特别是国家有关部门相继发布《道路交通事故受伤人员伤残评定》和《劳动能力鉴定——职工工伤与职业病致残等级分级》等新的伤残等级评定标准的情况下，原标准所存在的残疾项目分类较为宽泛、给付不足、部分条款的可操作性不强，容易引发保险理赔纠纷的缺点日渐明显，已经不能适应行业发展和保险消费者的需求，迫切需要根据我国实际情况对于原标准进行全面修订。

为此，中国保险行业协会自2008年下半年开始启动对原标准的修订准备工作，充分开展行业内外的相关调研，广泛征求各家保险公司对原标准使用中存在问题的意见和修订建议。同时，广泛收集和研究国内外相关的残疾标准，陆续形成了多个调研报告。2012年年初，在保监会的指导下，中国保险行业协会结合意外险市场发展的新实践以及保险消费者的诉求，成立了人身保险残疾给付标准修订项目组，研究制定新的行业标准。为确保新标准符合现代医学有关残疾研究的最新进展和技术标准，中国保险协会专门从中国法医学会、中国残疾人康复协会残疾分类研究专业委员会、全国知名医院等权威机构聘请专家教授，成立了“中国保险行业协会医学专家咨询委员会”，全程参与新标准的研究制定工作，提出专业的权威意见。经过多方的共同努力，最终形成了《人身保险伤残评定标准》(简称“新标准”)。

相比较而言，新标准呈现出三个方面的变化和特点：(1) 新标准的体例进一步完善。具体表现，首先是参照国家相关残疾标准使用的称谓方法和社会公众接受的习惯，将原标准的名称《人身保险残疾程度与保险金给付比例表》修改为《人身保险伤残评定标准》。其次是新标准的全文增加了前言、标准的适用范围、术语定义、全文的内容结构、伤残评定原则以及相关条目的释义等，使得新标准具备了完整的逻辑体系，表现出残疾情况描述清晰准确、可操作性强、客观易用的特点，更便于在保险实务中加以适用。(2) 新标准扩大了人身保险的残疾覆盖门类、条目和等级。就其覆盖范围来讲，新标准改变了原标准仅以肢体残疾、关节功能丧失为主的情况，增加了神经精神和烧伤残疾，扩大了胸腹脏器损伤、智力障碍等残疾范围，覆盖了包括神经系统、眼耳有关、发声和言语、心血管、免疫和呼吸系统、消化、代谢和内分泌系统、泌尿和生殖系统、运动有关、皮肤有关的结构和功能等8大门类；增加了对心脏、肺、肝、脾、胃、胰等胸腹脏器和肠结构损伤的二十余种残疾状态条目；由于意外事故而造成的烧伤等皮肤残疾也被纳入了新标准的保障范围。就条目描述来讲，新标准删除了原标准中广受争议的“中枢神经系统机能或胸、腹部脏器机能极度障碍”等无明确医学界定的模糊描述，增加了智力功能障碍、植物状态等。而在残疾等级设置方面，新标准由原标准的7个伤残等级、34项残情条目，扩展为10个伤残等级、共281项伤残条目，并针对1至10的伤残等级明确规定了100%至10%的给付比例。尤其是新标准增加了原标准未予包括的8至10级的轻度伤残保障，包括了一百余个项目，大幅提高了对保险消费者的保障程度。(3) 新标准借鉴了最新国际标准的理论和方法。新标准的制定严格遵循科学性、兼容性和严谨性三项原则，积极借鉴和吸收国外的先进经验，特别是科学地引入了世界卫生组织2001年颁布的《国际功能、残疾和健康分类标准》(简称ICF) 的相关标准和编码系统，采用了基于ICF的功能和残疾分类的理论架构对新标准的残情条目作出了国际公认的分类和等级划分，使得新标准在残情表述的完整性和系统性方面获得质的飞跃，适应了国际残疾评定系统的发展趋势。

根据中国保监会于2013年6月4日发布《通知》的要求，即日起到2013年12月31日为过渡期，各家保险公司为新标准的启用完成相关工作，并为新标准的推广适用做好客户的服务工作，并进行跟踪指导。

第三节　健康保险合同概述

一、健康保险合同的概念和法律特性

(一) 健康保险合同的概念

作为人身保险合同三大险种之一的健康保险合同，又称疾病保险合同，是以被保险人的身体（健康利益）作为保险标的，对被保险人因疾病、分娩等保险事故导致其身体受到伤害或者死亡引起的费用支出或者损失予以保险补偿的人身保险合同，诸如，重大疾病保险合同、住院医疗保险合同、手术保险合同等。

随着社会经济的发展和人们生活水平的提高，患病及因此支出的医疗费用会影响到患者本人及其家庭的经济状况，甚至会因患者丧失劳动能力而致其陷于生活困境。健康保险合同通过向被保险人、受益人提供保险金而帮助其摆脱生活困难，使其成为对该社会需要提供保险保障的有效手段，被列入各国国民保健和社会保障制度的组成部分。因此，在社会经济愈发达的国家，健康保险合同也就愈发达，在保险市场占有重要地位。在中国，医疗制度作为经济体制改革的重要部分，其改革的方向，就是要建立和完善形式多样、层次不同的医疗保险制度。与此相适应，我国保险公司开办了一系列健康保险险种，丰富了我国的人身保险市场。

(二) 健康保险合同的法律特性

相比较而言，健康保险合同具有不同于人寿保险合同和意外伤害保险合同的诸多法律特征。

1. 健康保险合同一般是补偿性保险合同。以其承保的保险事故为标准，健康保险合同分

为疾病、分娩及因疾病、分娩所致伤残和死亡等四大类。其中，前两类是以补偿医疗费用的损失为目的的，保险实务中又称其为单纯的健康保险合同。第三类在于补偿医疗费用和被保险人因疾病、分娩所致伤残的经济收入损失，属于伤残保险合同。至于第四类却是补偿因被保险人死亡而支出的丧葬费及遗属的生活困难，实为死亡保险合同。基于健康保险合同的补偿性质，有些国家将其纳入损害保险合同的范围予以管理，由损害（财产）保险公司来经营。

2. 健康保险合同主要是综合经营险种。健康保险合同涉及十分复杂的医疗技术，而且，有关社会成员的患病率、治愈率、死亡率、致残率的计算和运用又有较大难度，导致保险公司经营此类保险业务的风险极大，利润不高，因此，保险实务中，商业保险公司很少开办单一的健康保险业务，而是采取综合保险的经营方式，与其他人身保险业务结合成综合保险险种，例如，在人寿保险合同中附加疾病保险条款或分娩保险条款，在意外伤害保险合同中附加医疗保险等。有些国家甚至将健康保险合同作为非营利性业务采取政府经营或者以相互保险形式经营。

3. 健康保险合同的承保风险具有特殊性。由于被保险人身体的内在原因引发的疾病损害的是健康保险合同承保的风险，既排除了由于外来原因造成的被保险人损害，而区别于意外伤害保险合同，也排除了先天性或自然原因导致身体功能的减弱或者丧失，而区别于人寿保险合同。

4. 健康保险合同具有定值保险与不定值保险的双重属性。在本质上，健康保险合同属于定值保险合同，保险人在发生保险事故时按照保险合同约定的价值给付保险金。这以因疾病、分娩而导致被保险人死亡、伤残的给付最为典型。同时，对于因疾病、分娩所支出的医疗费用和工资损失的补偿，则有不定值性，保险人在保险金额范围内根据实际发生数额给付保险金。

5. 健康保险合同多为短期保险合同，一般是 1 年保险期限，区别于长期性的人寿保险合同。从而，在健康保险合同保险期限届满时，被保险人可以申请办理续保手续，保险人有权决定是否续保，而且，在续保过程中，当事人可以变更保险费率或者其他合同条款。

因此，很多国家将健康保险合同称为介于财产保险合同与人身保险合同之间的第三类保险合同。我国《保险法》和保险实务将健康保险合同列入人身保险合同的范畴，确认其具有人身保险合同的基本性质，尤其是健康保险合同不适用代位求偿制度，保险人在给付保险金后不能代位向第三人行使赔偿请求权。

二、健康保险合同的适用范围

健康保险合同的适用范围取决于其特定的保险内容，区别于人寿保险合同和意外伤害保险合同。

（一）健康保险合同适用的主体范围

在保险实务中，健康保险合同以团体投保居多，其保险对象主要是机关、企事业单位的在职员工，当然，青少年、中小学生、幼儿园的儿童也可成为健康保险合同的保险对象，例如，中国人民财产保险股份有限公司开办的“青少年、幼儿团体疾病住院医疗保险”。随着我国经济体制改革的深化和社会经济的发展，原本不能获取团体的医疗保险的个人和个体经营者也可要求参加个人健康保险，例如“大额疾病医疗保险”可供城乡居民个人投保。并且，适应人们保险意识的提高和我国医疗制度的发展，健康保险合同对于个人的适用范围必然日益扩大。

（二）健康保险合同的承保范围

针对被保险人因患疾病及其引起的残疾、死亡而导致的经济损失，健康保险合同规定了相应的承保范围，一般包括以下各项保险事故。

1. 疾病，即针对被保险人因内在的、非先天的偶然原因引起疾病，不能参加劳动或工作超过期待期的，保险人给付保险金。

2. 分娩，即针对被保险人本人或其配偶因生育关系（分娩、流产）而需提供的生产服务和药物费用及因分娩而丧失的误工工资，保险人给付保险金。

3. 医药费用，即对于被保险人因患病支出的医药费用，由保险人按合同约定支付。

4. 因疾病、分娩所致被保险人残疾或丧失了劳动能力，不能从事原有的职业，无法靠自己取得生活来源的，保险人给付保险金。

5. 因疾病、分娩所致被保险人死亡的，保险人给付保险金。

面对不断发展的社会生活环境，社会公众投保健康保险的疾病范围必然日益扩大。因此，健康保险合同的承保范围也趋向于扩大。以日本为例，日本国民强烈的保险意识，为日本保险业的发展提供了极为有利的条件，促使起步较晚的日本保险业已经跻身世界前列。

（三）健康保险合同的适用方式

鉴于疾病和伤害常常相互影响，各国的保险实践多把健康保险与意外伤害保险合并起来，称为伤害健康保险，甚至将人寿、疾病、伤害三种保险合一，统称为人寿保险合同或人身保险合同。

健康保险合同在各国的适用中，还经常表现出强制保险合同的性质，诸如，有的国家规定收入低于一定水平的人员必须参加某种健康保险合同。反之，有些国家则规定某些高薪雇员不得参加疾病补助合同和健康照顾保险合同。

实例枚举

2007 年 6 月 20 日，刘甲向乙保险公司投保了重大疾病保险，保险金额 10 万元。10 月 8 日，刘甲因患心脏病而住院治疗，花费住院费、治疗费和医药费共计 7 万余元。出院后，刘甲持有关单据到乙保险公司要求理赔，乙保险公司以按医院病历中记载，刘甲主述“五年前单位体检时发现有高血压”，却在投保时的健康告知书中以“否”作答，违反了如实告知义务为由，拒绝赔付，形成纠纷。刘甲诉至法院。

上述案例有助于大家理解健康保险合同的法律特性和适用范围，尤其是被保险人要获取保险人所提供的保险保障，就必须履行各项法定或者约定的义务。

三、健康保险合同的险种分类

人们的身体健康状况会受到各种疾病的影响，而同样的疾病对于不同人的影响程度不尽相同，造成的损害结果也轻重有别。因此，在保险实务中，保险公司设计了各种健康保险合同，形成相应的险种分类。

（一）根据保险人提供的保险保障内容的分类

1. 医疗费用保险合同，即当被保险人因患病而支出大额医疗费用时，由保险人按约定支付保险金的健康保险合同。

因医疗费用保险合同提供的保险保障专门针对大额医疗费用的支出，而不包括日常轻微疾病所致的小额医疗费用支出，所以，保险实务中一般以被保险人是否因病住院治疗作为判断标准。相应地，保险人在医疗费用保险合同中给付的保险金，一般包括住院费、检查费、治疗费、手术费、护理费、药品费等。

为了明确保险人的保险责任范围，医疗保险合同中往往规定一个免赔额。例如，我国保险公司开办的大额疾病医疗保险规定，团体投保者绝对免赔额为 1 000 元，个人投保者绝对免赔额为 2 000 元。对于被保险人在此范围内的小额医疗费用支出，保险人不承担保险责任。同时，医疗费用保险合同还会规定最高给付金额，如上所述的大额疾病医疗保险条款亦规定保险金额为每人最高 20 000 元。

为了防止被保险人在医疗方面提出不切实际的要求，医疗费用保险合同又规定双方共担的比例方法。例如，我国保险公司开办的大学生团体平安保险附加疾病住院医疗保险条款规定，按实际支出费用，保险公司支付 60%～90%的费用，其余部分由被保险人自行承担。

医疗费用保险合同又可分为普通医疗费用保险合同、住院费用保险合同、手术费保险合同、生育保险合同（如我国的母婴安康保险）等。

2. 收入损失保险合同，即被保险人因疾病、分娩无法正常工作而失去收入，保险人给付疾病津贴的健康保险合同、又称疾病津贴保险合同。其中，被保险人为工薪收入者的，又称为工资收入保险合同；被保险人为医生、律师、会计师等自由职业者的，又称为专业人员劳务收入保险合同。其给付条件是被保险人因病失去收入，保险人一般按比例承担给付责任，给付时间多为定期的。

3. 疾病死亡或者疾病致残保险合同，即被保险人因疾病、分娩而造成死亡或伤残的，保险人依合同约定给付保险金的健康保险合同。

（二）根据保险人的保险金给付范围的分类

1. 总括医疗保险合同，即对于被保险人因疾病支出的各项费用（医药费、住院费、手术费、检查费、化验费等），保险人在保险合同约定的总括限额内，不分项目予以给付。

2. 特定医疗保险合同，即保险人只是以保险合同约定的特定费用项目或特定疾病作为给付保险金的根据。前者如住院费用保险合同、手术费用保险合同等，后者如癌病保险合同等。

（三）根据投保人的不同的分类

1. 团体健康保险合同，即由单位或团体投保，以其成员作为被保险人的健康保险合同。目前，我国保险实务中的多数健康保险合同属于团体健康保险合同。

2. 个人健康保险合同，即由公民个人或家庭投保的健康保险合同。例如，我国保险公司开办的以农民家庭为被保险人的农民医疗保险；又如以个人作为被保险人的简易健康保险。随着我国社会经济的发展和医疗体制改革的深化，个人健康保险合同的适用将范围不断扩大。

（四）根据保险对象（被保险人）范围的分类

按此标准，我国保险公司目前开办的健康保险合同，包括青少年、幼儿健康保险合同、中学生健康保险合同、大学生健康保险合同、母婴安康保险合同、农民医疗保险合同、合资企业中国职工健康保险合同、合作社职工医疗保险合同等险种。随着我国医疗保险制度的改革，其种类必将日益增多。

【知识链接】

“量身订衣”所生的人身保险合同①

对于那些依靠身体的特定器官或特征作为生存手段的人而言，为其特有的器官或特征寻求相应的保险保障便成为其重要的选择。因此，国际保险市场上出现了五花八门的以特定的身体器官或者身体特征作为保险标的的人身保险合同，其适用范围涉及人体的所有“零部件”。拥有一双美丽眼睛的好莱坞明星伊丽莎白·泰勒和有一双紫色眼睛的滑稽演员本·特尔平，就分别为各自“倾国倾城”的眼睛投保了100万美元和50万美元的人身保险。法兰克福市的法国人彼得利克亦对其辨别声音的精确性高于声学测量仪器的耳朵投保了150万法郎的人身保险。在法国化妆行业号称“香水巨星”的艾佛里温则为其赖以辨别人体气味而设计、调配不同类型香水的神奇鼻子投保了500万美元的人身保险。曾因一曲《秋日私语》而在中国风靡一时的“钢琴王子”理查德·克莱德曼的双手和手指，被誉为“金嗓子”的美国纽约歌剧院明星赖斯·史蒂文丝的嗓子，世界著名小号手米利斯·戴维斯的双唇，曾经在全欧洲胡子比赛中获得冠军的土耳其人艾尤普·托普丘长达75厘米的胡子，闻名全世界的“肚皮舞皇后”逊娅·班加敏的肚脐，在《巴黎圣母院》中有上佳表演的意大利电影明星吉娜·洛劳布利吉塔的牙齿，甚至是女演员的腰围和臀围、戏剧演员的记忆等都成为人身保险合同的保险标的。尤其是在伤害风险颇高的体育领域，此类保险更为普遍。例如荷兰足球名将克鲁伊夫、德国球星鲁梅尼格的双腿都曾经分别成为保险金额为1 000万法郎和150万马克的保险合同的承保对象。

此类人身保险合同的特点非常明显。不仅表现在其保险标的和保险责任的特定性上，而且，其保险合同不适用一般的格式条款，而是由双方当事人根据保险标的的实际情况和所保风险的大小协商约定的，尤其是保险金额和保险费的数额均大大高于一般水平。至于大家视其为趣闻而津津乐道的原因，恐怕主要在于被保险人的知名度。

---

① 张品梅，等．保险趣闻．北京：经济管理出版社，1993.

问题与思考

1. 如何理解人寿保险合同的法律性质？
2. 人寿保险合同的种类有哪些？
3. 意外伤害保险合同有哪些法律特点？
4. 什么是意外伤害保险合同的保险标的？
5. 健康保险合同具有哪些法律特点？
6. 如何理解健康保险合同的适用范围？

第四编

保险业法

第十五章

保险业法概述

本章概要

保险业监管制度作为保险法的重要组成部分，与保险合同制度并存于保险法体系之中。鉴于保险市场的诸多特点，为了充分发挥保险业经营活动的保险保障功能，促进社会整体正常秩序的重要作用，各国均将保险业列入金融行业，并对其实施专业化监督管理，形成保险业监管法律制度。学习本章，在于理解保险业法的概念和法律意义以及适用目标，掌握保险业法的内容体系、保险监管机关的职权和监管方式等重点问题。

第一节　保险业法的概念和意义

一、保险业法的概念

保险业法，是指国家政府对于保险业组织从事的保险经营活动实施监督和管理的法律规范制度，又称为保险业监督法。

保险业法是各国保险法的组成部分。综观各国的保险立法实践，保险业法在保险法中的地位日渐突出。随着保险业在当今国民经济中的社会保障作用已成必然，各国对保险业的监督管理趋向于强化，保险业法更加为各国立法者所重视。因为，保险业法着眼于保险市场的整体，通过保险监督管理机关依法行使国家赋予的监督管理职权，对于各个保险人及各类保险中介人在保险市场中从事的保险或者保险中介经营活动，予以监督管理，将其纳入合法的范围之内，以确保保险市场的规范运作和稳健经营，维持保险市场公平、正当的竞争环境和经营秩序，保护被保险人的合法权益，促进市场经济的发展。

可见，保险业法是对于保险组织从事的保险经营活动进行管理和监督的法律规范体系，它从法律层面体现一国政府实施保险监管的目的和方法。因此，保险业法的存在和适用取决于保险市场监管的客观需要。

二、保险业法的意义

保险是商品生产社会化发展到一定历史阶段的产物，成为各国国民经济中危险管理制度的组成部分。应当说，在经济水平越发达的国家，其保险商品的经营范围越广，经营深度越强。在西方经济发达国家，保险无时不在、无处不在，每一个社会成员都会与保险之间存在这样或那样的联系。这意味着保险具有极大的社会性。为了充分实现保险的社会性，国家有必要实行科学的保险监管。同时，保险经营的特点——其经营的保险商品涉及各种各样的危险因素，保险的职能在于依靠收取的保险费建立保险基金，从而向社会公众提供经济保障——决定了保险经营是一种具有保障性和负债性的特殊经营行业。因而，保险业经营的好坏，不仅关系到保险人自身的经济利益，也与投保人和被保险人的经济利益密切相关，影响到社会生活的稳定。因此，与一般工商业相比较，保险业经营更需要严格的管理和监督，故保险业法的制定和适用就具有重要的意义，主要表现在以下几个方面。

（一）保险市场的独立职能，需要通过保险业法的调整来实现，以便提高保险业的社会效益

现代市场经济是诸多市场体系的科学组合，保险市场是其中不可或缺的市场环节。在保险市场上，保险业组织经营着一种特殊的无形商品——保险保障。这是保险市场的社会职能之所在，它不仅关系到保险组织的经济效益，更是直接影响到社会的安定、经济的繁荣以及市场体系中其他各种市场形态的协调发展。因此，保险市场需要有完善的保险业法对于保险业进行管理、监督。总结各国保险业法的适用实践，保险经营作为社会性劳动，其承保对象涉及社会的各个部门、各个阶层，必然要求实施专门的管理和监督，用以确定明确的经营目标，有效地组织、控制和调节保险市场。对此，保险业法具有不可替代的作用。保险业法规定了保险业组织的设立条件、经营范围、最低资本额，用以监督保险业组织的经营活动（诸如资金的运用、准备金的提取、险种的设立、保险费率的厘定等），可以维护保险市场的正常经营秩序，确保实现保险市场的保障职能。同时，保险经营作为一种商业行为，其经营者——保险人必然以追求营利为目的，而保险市场的独立职能则着眼于社会保障，两者之间存在着一定的矛盾。通过保险业法的调控，可以协调两者的关系，从一定意义上讲，保险业的社会效益比经济效益更为重要。在此前提下，又可以确保保险人在保险经营中获取相应的经济利益。

（二）保险经营内容的特点，需要保险业法的调整来保证保险业组织的偿付能力，以利于确保保险人的偿付能力

保险业是专门从事危险管理的行业，保险业组织的经营活动所追求的，是在社会成员之间实现危险的集中和转移，通过其向被保险人（受益人）进行保险赔偿或给付保险金来维持社会生产和社会生活的稳定。因此，保险业组织的偿付能力就是至关重要的。保险业组织用于保险赔付的保险基金来自全体投保人交付的保险费，若保险业组织正常经营的，可以维持其赔付能力，确保被保险人（受益人）接受赔付的权益。反之，保险业组织因经营不善导致亏损或破产而无力赔付时，必然损害广大被保险人（受益人）的利益，进而影响到社会的稳定。所以，确保保险业组织的偿付能力就成为保险业法的核心内容。保险业法要求保险业组织必须达到法定

的最低资本数额，始得成立，用以应付可能发生的巨额赔付。进一步讲，保险业组织根据保险业法的规定提取各种准备金，亦是着眼于保证其在日常的保险经营中有足够的偿付能力。

（三）保险经营方法的特点，要求保险业法维护保险合同的公正性和信用性，以利于保护被保险人的合法权益

保险合同是各个保险业组织从事保险经营普遍运用的法律手段，成为确认各方当事人的权利义务，实现保险保障职能的依据。但是，保险合同明显区别于其他各类合同的突出特点是它的有效期限较长，并以特定保险事故的发生作为保险赔付的条件。尤其重要的是，保险合同一般是保险人事先单方面拟定的格式合同，投保人投保时只有接受或拒绝的选择权，这必然影响到保险人与投保人平等的法律地位。鉴于此，管理和监督保险业组织在保险经营中的订约和履约行为，维持其应有的商业信誉和公正经营成为保险业法的重要宗旨，诸如赋予保险业监管机关核准保险业组织用于保险经营的保险条款、管制保险费率厘定的权力，确保保险业组织的商业信用，维持保险人与投保人之间平等的法律地位，保护被保险人的合法权益。

（四）保险市场运作的复杂性，需要保险业法的调控予以净化，以利于建立公平竞争的保险市场经营秩序

现代保险市场的结构关系极为复杂，保险人与投保人、被保险人以及受益人之间、各个保险人相互之间的利益冲突是不言而喻的，因此，保险经营若出现违反公平、诚实信用原则和商业道德的行为，必然扰乱保险市场的正常经营秩序。保险业法可以有效地防止此类违法违规行为，净化保险市场环境。集中表现在两个方面：一是保险业法的调控可以建立保险市场的公平竞争秩序。为了保证保险市场的正常发展，各国保险业法均对其竞争实行严格限制，特别是禁止不正当竞争行为的出现，并规定保险人接受管理和监督的义务。诸如规定保险人及其他保险业从业人员进入保险市场的资格条件、适用统一的保险条款和保险费率标准、禁止保险展业人员使用非法手段从事展业活动等制度，将保险市场上的各种竞争行为纳入公平合法的范围之内。二是保险业法有利于防止保险欺诈行为的发生。保险市场的独特职能，容易使其参与者产生获取非法利益的心理，所以，防止保险市场上出现保险欺诈等道德危险就是保险法重要的一项任务。其中，不仅保险法运用保险利益原则、如实告知义务等规定防止投保人、被保险人进行保险欺诈，保险业法还从行业监管角度出发，防止出现保险人的欺诈。诸如对保险人的偿付能力、资金运用等方面的监督和管理，确保保险人履行保险责任的能力；对保险人执业资格的监管，防止其欺诈投保人和被保险人。同时，通过保险监管要求保险人如实说明保险条款，防止诱骗投保人和被保险人等均可达到此种法律效果。

（五）现代科技的发展，要求保险业法提高保险市场的经济管理水平，以利于提高保险业经营的科学性

现代科技的发展与保险市场之间存在着密切联系，既表现在保险市场所涉及的保险标的的技术含量不断提高，品种日益繁多，保险需求趋向于多样化，也表现在保险市场的运行机制包含的现代科技手段越来越复杂。为了适应这种局面，保险市场必须提高自身的经营管理水平，建立科学合理的经营机制，保险业法为此提供了相应的法律保障。因为，各国政府都根据经济

和科技发展的实际情况，吸收相应的新技术、新手段融入保险管理和监督制度，用于保险市场的调控。诸如用具体的法律标准，责成保险人提高资产质量，以保证偿付能力；针对新开拓的险种制定或审核科学的保险条款和保险费率；建立保险风险预警系统；健全精算制度，提高精算水平等，均有利于保险市场经营管理水平的提高。

分析保险业法的社会意义，不难发现保险业法对于保险市场的调控内容虽然是多方位的，但其中心目标是加强对保险公司资金运作的管理和监督，确保其偿付能力。因为，保险公司的资金运作是保险公司自身营利与投保人、被保险人获取保险保障的交汇点。国家立足于社会整体利益对保险市场的管理和监督，就要兼顾经济利益和社会利益。不仅要建立开放健全的市场经营环境，让各个保险公司在公平竞争中获得发展，更要监督保险公司依法运用其资金从事保险经营，实现保险保障的职能作用，维持社会经济关系的稳定。当然，保险业法此一监管目标的实现，有赖于国家政府授权的保险监管部门的行业监管与保险行业组织的自律机制（即自我约束、自我管理）相结合。

实例枚举

据媒体披露①，一家打着“恒亚迪保险股份有限公司”名义的机构在网上建立网站，自称是经保监会批准，于2005年10月18日成立的专业性财产保险公司。该公司从2005年开始盗用其他正规保险公司的产品名称，分别推出收益联动家庭财产保险、食客安心餐饮业综合保险等多款保险产品，并通过航空售票网站销售“交通工具意外伤害保险”。2009年3月17日，中国保监会召开新闻发布会证实，从未批准设立所谓的“恒亚迪保险股份有限公司”，这是一家非法经营的保险公司，其销售的“交通工具意外伤害保险单”也是假保单。对此，保监会官员明确表示，这是“一种新型的保险违法犯罪形式”。

另据介绍，国内的个别地区出现了机票代售网点等保险兼业机构伪造并销售航空意外伤害保险单的违法行为。例如，海南保监局因三亚辰龙航空售票责任有限公司涉嫌销售假保单，已吊销其保险兼业代理业务许可证，并将该案移送司法机关依法处理。

中国保监会已发布通知，要求各地保监局在全国范围内开展严肃处理制售假保单的违法行为，及时向社会公众提示风险。同时，认真清理保险兼业代理业务，加强对保险兼业代理机构的管理，禁止未取得兼业代理资格的机构从事保险代理业务。

借助本实例，大家可以理解对于保险业实施监管的社会意义，认识保险监管制度对于保险市场的稳定和促进作用。

【知识链接】

可资借鉴的美国保险服务公司（ISO）的信息服务实践

美国保险服务公司（ISO）是于1971年由合并保险费厘定委员会、互助保险费厘定机构、内陆运输保险局和其他9个火险费率厘定机构联合成立的为产险业提供定价与咨询服务的非营

① 李萌．假保险公司现身保监会严查中介销售假保单．参考消息·北京参考，2009-03-18.

利机构。1997 年，该公司转为私有营利性公司，并于 2009 年成为上市公司，其总部设在新泽西州的泽西市，分部和办事处随着该公司的国际化经营而遍布世界各地。其中，2005 年 12 月 12 日，美国 AIR 环球公司和美国保险服务公司（ISO）宣布北京代表处成立。

美国保险服务公司（ISO）致力于为全美国和全球的保险公司、再保险公司、保险代理、保险经纪、自保者、风险管理机构、律师、监管机构和政府机构和企事业单位的评估和管理其巨灾风险提供各种服务。如今，美国保险服务公司已经成为美国财险和意外保险业以及保险监管机构体系的组成部分，它的服务网络遍及全美，能够为 1 800 多家从事财险和意外伤害保险业务的会员公司提供统计、精算、承保和理赔数据等保险服务，开发并发布多达 17 500 种标准保险条款。

美国保险服务公司拥有世界上规模最大、最详尽的财产险、事故损失和理赔信息的数据库，并根据每年保险业务的保费量，对商业保险险种收集 70%～75%的行业数据，对个人保险险种收集约三分之一的行业数据。因此，美国保险服务公司也是美国保险市场最主要的财险风险信息、产品和服务的重要提供者，包括精算、承保以及理赔信息的分析、统计，数据处理和数据管理，保险条款与规则、理赔解决方案与虚假赔案的识别、咨询与技术服务，巨灾风险的分析和管理以及成本预测服务等。应当说，美国保险服务公司可靠的统计数据库能够使保险公司获取扩展市场和合理定价的信息，减少其定价和报价的错误风险，有利于稳定保险市场，协助保险监管机构监督保险市场。而其规模经营的效果也可以减低保险公司的经营成本，带来保险费率的降低，有利于保险消费者。

美国保险服务公司是以风险的评估、管理和降低风险为目标的保险服务机构，其服务范围已经扩展到保险以外的金融、房地产、卫生、政府和人力资源等领域，为这些行业提供风险管理的数据、分析报告、决策依据和解决方案。因此，美国保险服务公司的存在和发展是保险行业各类参与者、顾问机构、政府监管部门各方面的合作成果，体现了信息服务的规模效益和社会资源利用的高效性。

随着我国保险市场的迅速发展，保险公司和保险中介机构的数量迅速增大，必然会出现对保险信息的专业化需求，因此，2014 年 1 月 15 日，经国务院批准，由中国保监会依法实施管理的中国保险信息技术管理有限责任公司（简称“中国保信”）正式成立，显然填补了此类专业服务的空白，有利于加强我国保险行业的基础设施建设，全面提升保险业经营管理的信息化水平。

第二节　保险业的特点和保险业法的适用目标

一、保险业的特点

保险业法之所以是现代各国保险法的组成部分，决定于保险业特有的经营性质和它承担的社会经济职能，而保险业在当今各国的国民经济中居于举足轻重的地位，也正是由其经营特点决定的。这集中表现在以下几个方面。

（一）保险业经营的负债性

建立在互助共济基础上的保险业从事经营活动所需的保险基金，来自各个投保人交纳的保险费。其大部分属于责任准备金，是保险人对被保险人或受益人的负债，并非保险人的赢利，保险人应当按照保险合同的约定，以保险偿付的方式返还给被保险人或者受益人。该保险偿付的实质就是对负债的偿还，故在保险合同期满之前不能列入保险人的自有资产。因此，保险人必须以稳健经营为原则，维持收支相抵，而不能适用一般的自由竞争机制。

（二）保险业经营的保障性和社会性

保险的社会职能在于补偿被保险人因保险事故造成的经济损失，通过保险人履行保险责任予以保险补偿或者保险给付而及时恢复和弥补保险人因保险事故而遭受的经济损失，保障社会生产的稳定性和人民生活的连续性。各个社会单位、家庭和个人借助保险经营，以保险费的有限支出，换取保险人提供的保险保障。保险业愈发达，保险服务范围愈广泛，则社会成员对于保险业的依赖性愈大。可见，保险业的经营活动已成为社会经济发展的一个制约因素。因此，保险经营活动不仅关系到保险人的经济效益，而且与市场经济的各个环节息息相关，保险人经营不善所导致保险偿付的困难，必然影响到社会再生产的正常进行。保险业的社会性显而易见。

（三）保险业经营的专业技术性

不同于一般工商业经营先行产生成本，保险业的经营机制决定了其成本产生于未来的保险赔付及其相关的保险服务。由于保险业的经营是以大数法则和概率论为基础，故而科学地设计保险险种（产品）和确定保险费（费率）就是保险经营中至关重要并具有专业技术性的一项工作。对于此类专业技术性问题，一般的投保人和被保险人是不能完全了解和正确运用的，而放任保险人自行处置又会有失公允。故需要通过监管机关实施相应的监管活动，维持保险人从事经营活动的科学性和公正性。

（四）保险业经营的持续性

保险业作为现代经济生活的独立行业，其经营活动是持续的、广泛的，保险人手中持有的保险基金被用于众多的保险合同的赔付。由于各个保险合同所约定的保险期限不尽相同，保险基金的大部分始终依法处于责任准备金状态，而保险人作为追求赢利的企业法人，又必然运用其手中的资金进行投资。尤其是经营人寿保险的保险人，因其经营的人寿保险合同周期较长，可以将资金用于长期投资项目。因此，为了妥善处理投资与保险赔付的关系，既保证保险人的投资赢利，又确保保险赔付，就离不开保险监管制度。

（五）保险经营的特殊风险性

鉴于保险业是针对意外风险事故造成的经济损失提供保险保障的特殊行业，其经营过程就面临特有的风险。这种风险首先来自投保人和被保险人的道德风险。因为，保险的保障性是以保险费的有限支出换取更大的保险赔付，有可能刺激投保人或被保险人的投机心理而违背最大诚信原则，实施诸如不实告知或“骗赔”等行为，形成损害保险人或其他被保险人的道德风险。其次，此类风险又来自保险市场中的不正当竞争行为，像盲目降低保险费率、不适当提高保险代理人的佣金水平等。因此，必须通过保险监管，维护正常的保险经营秩序，防止或者降低保险经营风险，保护被保险人的合法权益。

实例枚举

中国保险监管机关依职权部署保险消费者权益保护工作

针对社会上普遍反映的保险市场所存在的理赔难、销售误导、服务质量不高等问题，2012年，原中国保监会下发了《关于做好保险消费者权益保护工作的通知》（以下简称《通知》），旨在保护保险消费者合法权益，促进保险业平稳、持续、健康地成长发展。

分析该《通知》的内容，其围绕着保护保险消费者合法权益的主题，分别从建立完善保险消费者权益保护工作制度和体制、加大信息披露、畅通投诉渠道、完善调处机制、普及保险知识、加强诚信建设、提升车险理赔服务质量和解决销售误导问题、严厉查处侵害保险消费者权益的违法违规行为、接受社会监督等九个方面对全行业提出明确要求，目的是进一步提高全行业对保险消费者权益保护工作的重视程度，搭建起保护保险消费者权益保护的工作框架，夯实保险消费者权益保护的工作基础，形成保险监督机构、保险经营主体、保险行业协会和社会各界认识统一、同心协力、齐抓共管的保险消费者权益保护的工作局面。

具体来讲，《通知》就保险消费者权益保护工作的部署主要归结为两个方面：一是明确规定实际可行的工作措施，包括：(1) 规定了解决车险理赔难问题的五项措施，其一是保险公司要缩短工作时限，简化理赔手续，建立小额车险快赔快处机制；其二是修改完善车险条款，定细定实权利义务，从源头上减少争议的产生；其三是定期开展车险积压赔案清理工作；其四是加大员工培训，提高业务和服务水平；其五是监管机构要加大对理赔服务指标的考核，并定期向社会公布。(2) 规定了解决寿险销售误导问题的五项措施，其一是保险公司要为消费者提供风险提示书，正确提供产品信息；其二是建立消费者风险承受能力测试制度，确保将合适的产品销售给有真实需求的人群；其三是落实新单回访制度；其四是建立销售误导责任追究机制和销售人员分级分类管理办法，构建诚信经营考核评级体系；其五是监管机构要向消费者宣传阅读保险条款和亲笔签名的重要性，定期发布保险消费风险提示，提高消费者的风险意识和维护自身权益的能力。

二是为了加强保险监管机构的监管力度而细化监管工作制度。其一是要求保险监管机构尽快设立全国统一的投诉维权电话号码。健全投诉制度，建立和完善保险合同纠纷调处机制，规范调处程序，扩大调处覆盖面，加强与司法机关合作，推动“诉调对接”，通过减少诉讼案件来减低消费者维权成本。其二是要求保险监管机构进一步完善局长接待日制度，建立社会监督员制度。其三是要研究建立保险行业失信惩戒机制，提高失信违规成本，强化保险公司特别是高管人员对本公司和从业人员失信行为的管控责任。其四是加大保险监管机构对保险销售和理赔中违法违规行为的查处力度；对保险消费者提出的投诉事项中存在保险公司涉嫌侵害其合法权益的违法违规行为，依法进行严肃处理；对保险公司推诿、敷衍、拖延办理保险消费者投诉事项，造成严重后果的，对相关责任人员进行问责。

二、保险业法的适用目标

由于保险业经营的诸多特点，故而需要对其实施必要的监督管理。在西方国家保险市场数百年的历史发展过程中，保险监督管理制度始于18世纪后半期，诸如1774年英国国会通过的《人寿保险法》明确规定投保人必须对保险标的具有保险利益，禁止为各种赌博提供没有保险利益的保险。这可以说是保险监管的雏形。而1870年英国的《保险公司法》则确立了以商业部作为监管机构的保险监管机制。与此同时，以纽约州首席保险监督官产生的时间1859年为开端，美国各州建立了由各州政府实施监管的保险监管制度。[①] 至20世纪20年代，西方各国相继建立了各自的保险监管制度，设立专门的保险监督管理机关，对保险业经营活动进行监督和管理，实现独特的目标。

概括各国保险监督管理制度的实践，保险业法的适用目标集中在偿付能力监管、保险公司治理监管和市场行为监管三个方面，我国《保险法》同样将保险业监督管理的目标设定为保险监督管理机构遵循依法、公开、公正的原则，对保险业实施监督管理，维护保险市场秩序，保护投保人、被保险人和受益人的合法权益，该目标具体可体现为我国保险业监督管理的三支柱体系。

（一）维护保险人的偿付能力，确保实现保险业的保障职能

偿付能力就是保险人向被保险人或者受益人履行保险赔偿和给付人身保险金的能力。维持保险人的偿付能力是保险监管的基本目标，也是保险业监管的核心。因为，保险人的偿付能力是实现保险业保障职能的物质条件。保险人具有偿付能力，意味着被保险人或者受益人可以从保险人处依保险合同约定获得保险赔偿或者人身保险金。保险的保障职能由此得以体现。同时，因保险业已将市场经济中的生产、流通等各个环节有机地连成一体，则其经营效益不限于其本身，而是具有社会性，故保险人的偿付能力关系到整个社会经济的稳定和发展。而保险人从事的保险经营是负债经营，其先收取保险费形成负债，而后，通过保险赔付予以偿还。所以，保险人的经营是否科学直接影响其偿付能力。

因此，保险监管机关监督管理的首要目标，就是运用有关的法律政策，对保险人的保险经营活动实施监督管理，诸如保险人的最低资本金必须达到法定标准、保险人应按规定提存各种准备金、保险人应依法安排再保险等，督促保险人从事科学、合法的保险经营活动，维持保险赔付能力。

（二）维护保险市场秩序，保护各方当事人的合法权益

处于相对独立地位的保险市场，其本身的经营秩序既关系到自身的发展水平，也影响着社会经济的整体秩序。现代保险市场关系错综复杂，包括保险人与投保人、被保险人和受益人之间的保险合同关系、各个保险人之间的竞争关系等。这就需要对于参与保险活动的市场行为实施监管，用以维持保险市场活动的公平和公正，开展有序竞争，保护当事人的合法权益，建立

① 各国保险法规制度译编．北京：中国金融出版社，2000：5，120.

起正常的市场秩序，对保险业实施有效的监督管理便是必要手段。

保险业务的专业技术性决定了保险合同具有较强的专业性和复杂性，其典型表现就是在长期的保险实践中，由保险人一方提供格式条款，导致其与投保人、被保险人之间实际不平等的地位。因此，保险监管的一项重要目标，就是在保险合同各方当事人之间确立真正平等的法律地位。借助保险监管机关对保险合同所适用的保险费率、保险合同条款的审核，并且，督促保险人在保险合同的签订时履行条款说明义务等监管手段，保护被保险人的合法权益。

与整个市场经济的发展相一致，保险市场的生命力来自正当的市场竞争机制。因为，市场竞争的压力促使各个保险人必须不断提高保险经营管理的水平，向社会公众提供新的保险产品和全面周到的保险服务。可见，正当的市场竞争关系，是保险业进步的助推器，刺激保险市场的快速发展。但是，市场竞争的压力也容易使保险人为了追求超额利润而实施不正当竞争行为，例如，恶性降低保险费率或提高保险代理佣金、保险经纪佣金，利用不正当手段强行推销保险单等，必然造成保险市场秩序的混乱，损害被保险人的利益，妨碍保险市场的发展。有鉴于此，保险监管就是必不可少的法律手段。保险监管机关的保险监管，利于鼓励正当的竞争行为，防止和制裁不正当的竞争行为，优化保险市场的发展机制，维持正常的保险市场秩序，促进保险市场的健康发展。

（三）防范和化解保险经营风险，维持保险人的稳健经营

保险业经营特有的风险始终存在于保险人左右，为了确保保险人的偿付能力，维持正常的保险市场秩序，防范和化解保险经营的风险便成为保险监管的又一重要内容。为此，需要通过保险市场的主要市场主体——保险公司建立行之有效的公司治理结构，维持良性运行，完成公司内部的风险控制目标，实现化解经营风险、稳健经营的效果。

其中，防范保险领域的道德风险是风险防范的主要内容。所谓道德风险就是为谋取不当利益而人为制造危险，即利用保险进行欺诈。此类行为与保险的保障职能相悖，为保险法所禁止。它主要表现为投保人、被保险人以不具有可保利益的标的进行投保，或者故意隐瞒事实真相，骗取保险人承保，或者投保人、被保险人或者受益人故意制造保险事故，或者故意夸大保险事故造成的经济损失，骗取保险赔付等，对此，保险监管的适用可以有效地加以预防。

【知识链接】

我国保险消费者应予保护的消费权益

随着我国保险业的不断发展，保险消费者权益遭受侵害的案件日益增多，成为影响中国保险市场深化发展的重要问题。概括当前保险实务的情况，一般认为以下情况涉及侵害保险消费者权益的案件类型：(1) 涉及保险消费者知情权的侵害行为；表现为保险公司对产品进行失实宣传和介绍、片面夸大新型产品的收益、回避说明免责条款、引诱客户购买不适合的产品等销售误导现象，已成为我国保险业的痼疾之一。(2) 涉及保险消费者自主选择权的侵害行为；例如，商业银行利用贷款资源和渠道优势要求贷款者购买保险产品、保险公司对客户退保要求设置各种障碍等现象，侵害了保险消费者拥有的自主选择保险公司、保险产品、消费时间和地点、退保等事项上不受他人干涉的权利。(3) 涉及保险消费者公平交易权的侵害行为；主要表现是，保险公司利用格式条款中的“免责条款”来免除或者减轻自己本应当承担的责任，侵害

了消费者在保障程度、保险价格等方面的利益。(4) 涉及保险消费者求偿权的侵害行为；主要表现为保险公司基于利益驱动而在理赔过程中通过“惜赔”“拖赔”等方法来减少或者降低赔付责任，形成保险业的“理赔难”现象，侵害了保险消费者的求偿权。(5) 涉及保险消费者隐私权的侵害行为；现实中，不乏保险消费者的个人信息被泄露的例子，表现为保险公司或者其代理人将其在销售保险产品过程中获取的保险消费者的个人信息资料在没有得到授权许可的情况下泄露给第三人，构成了对保险消费者隐私权的侵害，甚至导致保险消费者不胜其烦地接到大量的营销电话和被频繁地上门推销。

如果比照着《消费者权益保护法》，以上各类情况当然违反了该立法保护消费者所享有的知情权、自主选择权、公平交易权、求偿权、隐私权等消费权益的规定，构成侵害消费者权益的行为。同时，用《保险法》进行衡量的话，能够发现其同样提到保险消费者在保险消费过程中存在的六个方面的权益亦涵盖了上述侵害保险消费者权益的行为，应当纳入加以保护的保险消费者权益范围内。

第一，《保险法》有关保险公司偿付能力、保险资金的运用、保险公司破产的处置等规定，不仅是保险公司维持正常经营秩序的客观需要，更是被保险人或者受益人获取保险保障的经济前提，从本质上讲，这些规定所指向的是被保险人或者受益人在保险商品活动中的交易安全利益，因为，被保险人参与保险交易的目的就是获取保险保障，若保险公司丧失偿付能力则意味着被保险人所追求的目的无法得到实现。因此，保险公司违反《保险法》的规定使用保险资金或者经营不善而影响其保险偿付能力，其侵害的就是被保险人或者受益人的交易安全利益，是应当加以保护的保险消费者的权益。

第二，《保险法》赋予保险公司所应承担的说明义务，这决定于保险产品设计的专业性和复杂性。而对于投保人而言，从《消费者权益保护法》角度可以归纳为其作为保险消费者在保险交易中所享有的知情权，因此，上述的各种消费误导行为不仅违反了法定的说明义务，也侵害了投保人的知情权。由于保险消费者的知情权是其参与保险交易，确保实现其交易目的的首要权利，上述的保险公司不履行说明义务的行为所侵害的就是投保人的知情权，故将该权利纳入保险消费者权益保护的范围就是必然的。

第三，《保险法》基于民商法的自愿原则和公平原则，要求保险公司不仅应当按照公平原则拟定格式化的保险条款，更必须如实向投保人说明格式化保险条款的内容，并进行必要的解释，提供格式条款的须进行提示，以便投保人在保险交易中充分自愿地选择保险公司和所购买的保险险种，禁止保险公司利用各种方式来限制投保人、被保险人的选择权利。因此，除了强制保险以外，应当保护保险消费者享有的自主选择权，杜绝保险实践中存在的保险公司利用优势地位实施的强制交易或者其他限制投保人、被保险人自主选择的现象。

第四，《保险法》将民商法确立的平等原则和等价有偿原则充分地运用到保险交易领域，要求交易双方实施公平的保险商品交易当然是其具体表现之一。这不仅在于明文规定了投保人承担缴纳保险费义务和如实告知义务，作为被保险人获取保险保障的对价条件，更重要的是针对保险交易活动的双方信息不对称的特点，明显地表现出侧重保护保险消费者的倾向性，以利于实现双方实质意义上的公平交易。例如，规定保险公司不得利用拟定格式条款的优势来减轻自己应当承担的保险责任。故而，保险消费者的公平交易权需要纳入保护的范围内。

第五，为了确保保险制度之保障效果的实现，《保险法》明确规定了被保险人、受益人享有的保险求偿权，用以对应保险公司所应承担的保险责任。就保险交易整体而言，保险求偿权体现着被保险人所追求的目的，也可以说，是被保险人作为保险消费者参与保险交易的利益所在。因此，对被保险人的保险求偿权加以保护，就应当是保险消费者利益保护的重中之重。鉴于此，保险公司不得将不适合被保险人实际需要的保险产品加以销售，更不能借故“拖赔”，侵害被保险人的保险求偿权。

第六，《保险法》规定了保险公司以及保险代理人、保险经纪人对于其在保险交易中知悉的投保人、被保险人的个人信息承担保密义务，并将泄露业务活动中知悉的对方商业秘密的行为纳入法律禁止的行为之一。其意义十分巨大，原因是参与保险交易的投保人、被保险人将其个人信息告知保险公司是保险交易得以完成的必要条件，但是，保险公司以及保险代理人、保险经纪人如果借此将所获取的对方的个人信息泄露给第三人，势必会给投保人、被保险人带来不必要的麻烦，为此，《保险法》确认了保险消费者享有的要求保险公司以及保险代理人、保险经纪人为其个人信息保守秘密的权利，简称为保密权。应当说，这就是保险消费者在保险领域享有的隐私权。

需要明确的是，《保险法》确立的应当予以保护的保险消费者范围，应当包括投保人、被保险人和受益人。

第三节　保险业法的内容体系和立法体例

一、保险业法的内容

保险业法是国家政府对保险业进行监督和管理的法律规范体系，而与保险合同法并列于保险法范畴，但其调整对象不同于保险合同法，包括国家政府在进行监督和管理的过程中与保险人之间形成的监管与被监管的关系，保险人在经营过程中形成的相互之间的竞争关系等。

针对这些调整对象，各国政府为了实现上述保险监管目标而确定了相应的保险监管内容，而保险业经营所具有的涉及范围的广泛、专业技术的复杂等特性决定了保险业法的内容十分广泛。根据各国的法律实践，保险监管法律制度、保险行业自律制度和保险机构信用评级制度组成了保险监管制度的内容体系。

（一）保险监管法律制度

保险监管法律制度是保险监管制度的基础，其内容是国家有关调整保险业监督管理关系的法律规范。尽管各国保险业法所确立的保险监管法律规范各有侧重，但共性上大都包含保险组织监管和保险业务经营监管两大方面。

在保险组织监管方面，各国保险业法一般规定的内容包括：（1）保险组织的形式；（2）保险组织的设立条件和程序；（3）保险业务的范围和许可；（4）保险组织的破产及清算；（5）保险中介人的组织形式和设立条件等。而在保险业务经营监管方面，基本内容包括：（1）保险组织最低偿付能力的管理；（2）各类保险责任准备金的提取规则；（3）保险合同条款和保险费率的审核；（4）再保险的安排；（5）保险资金的运用；（6）保险组织的资产评估；（7）保险组织的会计制度；（8）保险组织的财务报表等。应当说，在2008年世界性金融危机和国际保险市场一体化趋势的影响下，各国保险业监管制度呈现强化的趋势。

（二）保险行业自律制度

保险行业自律制度，又称保险行业自我监管制度，就是保险人或者保险中介人自愿建立保险同业公会或者保险行业协会等行业自律组织，在遵守保险法、接受保险监管机关的监督管理的同时，由行业自律组织成员实施自我管理、自我监督，协调保险组织与保险监管机关之间关系、保险组织相互之间关系以及保险业与其他行业之间关系的制度。它是对保险监管法律制度的必要补充，发挥着日益重要的作用。①

保险行业自律组织是具有独立地位的社会团体法人，在发达国家或地区的存在较为普遍。例如，英国的保险公会、劳合社承保人公会、保险经纪人委员会等；美国的保险公司协会、相互保险协会等；日本的损害保险协会、生命保险协会等；中国香港地区的保险联合会、保险总会、寿险总会、水险公会、火险公会、经纪人公会等。

保险行业自律组织处于保险人与保险监管机关之间，具有管理者和被监管者的双重身份。首先，保险行业自律组织对于保险人进行自我管理和监管的目的，是从保险行业整体利益出发，维护保险人的权益，维持保险业的正常经营秩序和竞争关系，具有保险监管机关不具备的横向协调作用，当然，保险行业自律组织的行业管理不具有法律强制力。同时，保险行业自律组织也是保险监管机关进行监督和管理的对象。

保险行业自律组织的自律管理作用体现在其从事的各项工作中：（1）制定保险行业的发展目标和规划；（2）制定保险行业公约和竞争规则，用以约束保险从业者的经营行为，维护保险同业的共同利益；（3）规定统一的保险条款或保险单和保险条款的解释规则，统一适用于保险经营；（4）制定统一的保险费率和保险中介佣金标准，防止同业之间无序的不正当竞争；（5）按照保险监管机关的规定对于保险从业人员或保险中介人进行培训；（6）统一进行保险市场调查，及时向全行业发布信息，提供各类资料，以利于有效地防范和化解经营风险；（7）代表保险行业向保险监管机关反馈保险市场的问题和信息，影响保险立法和监管规则的制定和适用等。

（三）保险机构信用评级制度

保险机构信用评级制度就是由保险监管机关或其委托的保险信用评级单位根据各个保险机构在保险市场的公开信用和内部信息，按照统一标准对其社会信誉水平和偿付能力进行评价而为保险市场参与者提供信用分析服务的制度。借助该项制度，可以提高保险市场经营运作的透明度和安全性，因此，它属于预防性监管措施，具有保险风险的预警作用。

近年来，保险机构信用评级制度已为越来越多的西方发达国家的保险监管机关所采纳，例如，欧盟各国和美国就积极地探索保险机构信用评级的方法和标准，将其作为新的监督管理方法加以适用。

---

① 申曙光．保险监管．广州：中山大学出版社，2000：269.

保险机构信用评级制度对于保险人和投保人均有积极的作用。首先，信用评级制度有利于督促保险人提高经营管理水平。因为，保险机构信用评级体现的是保险人的社会信誉和偿付能力，经保险监管机关或其授权的信用评级机构评定为高等级的保险人可以其良好的社会信誉吸引客户，获取丰厚利润。反之，评定为低等级的保险人无异于得到警示，为避免在保险市场上被淘汰，必须改善经营管理水平，提高社会信誉和偿付能力。可见，信用评级证书是保险人在保险市场上立足和发展的重要条件。同时，信用评级制度有利于保护投保人的合法权益。因为，基于保险市场的竞争日益激烈，各个保险人相互之间的经营水平和经济效益必然参差不齐，信用评级正是对此类市场差异结果的评价。投保人可以根据信用评级结果了解各个保险人的经营管理水平、社会信誉水平和偿付能力，作出投保决策，选择信誉高、服务质量好的保险人投保，从而，减少投保人的风险，实现保险应有的保障职能。这意味着保险信用评级是保险监管机关进行有效监管的辅助手段。

二、保险业法立法体例比较

（一）西方主要发达国家和中国台湾地区保险业法的立法比较

综观各国和地区保险业法采取的立法体例，主要有两类：一是采取单行单项法规，即制定专门用于调整保险业活动的法律文件。英国、日本、新加坡等国的保险业法均为此体例。二是将保险业法并入商法典或者保险法典之中，法国、比利时以及我国台湾地区等的保险业法即属此类。

1. 英国的保险业法

英国作为现代保险业的主要发祥地，虽因欧洲、美国和日本等国家或地区的迅速发展，其地位今非昔比，但其仍是公认的国际保险和再保险的中心之一。与此相适应，英国的保险业法较为发达，其单行保险业法的内容较为全面，尤以成文法居多。现行的 1982 年《保险公司法》及与之相配套的若干保险条例是其代表。其中，英国 1982 年《保险公司法》是在原有 1958 年《保险公司法》和 1981 年《保险公司管理条例》的基础上重新制定的，其内容涉及保险公司获准经营保险业务的条件和程序；保险公司向保险监管机关提供年度财务账户和资产负债表的义务；保险公司的长期性业务的资产负债应与普通业务的资产负债分开；公司业务的转移须经法院批准用以保护保单持有人的利益；保险公司在保险业经营中的广告不得有诱使他人签订保险合同的不当说明。该法还赋予工贸大臣作为保险监管机关对保险业的干预权。此外，英国的 1975 年《保单持有人保护法》和 1977 年《保险经纪人法》及 1986 年的《金融服务法》也是其保险业法的组成部分。

2. 美国的保险业法

美国的法律与英国同属普通法法系，其保险业法也是以成文法为主。但是，基于美国的国家体制，1945 年美国国会发布第 15 号法令《麦克伦—福克森保险监管法》，将保险业的基本管理和监督职权由联邦政府转由各州政府行使。而各州监管权未涉及保险领域的，则由联邦政府监管。此后，各州的保险法，其保险合同制度多采用判例法形式，而保险业法则多为成文法。其中，最完备的是 1939 年的纽约州《保险法》。[①] 美国各州对保险业的管理和监督始自对他州

① 覃有土．保险法教程．北京：法律出版社，1995：288.

在本州设立保险公司的保险人进行保费课税，继而规定注册制度。现在，美国各州对保险市场的管理和监督贯穿了保险经营的各个环节，表现出保险业监督管理的广泛性和严格性特点，这在财务监管上最为突出：（1）各州保险法一般都规定凡直接经营保险业务的保险公司要向州政府交纳一定的保证金，一般是各种保险费总和的0.5%～2%。这有利于稳定保险市场的经营秩序。（2）由于美国众多保险公司的责任准备金的运用比较灵活，并以大量的投资收益抵消保险亏损，故各州保险法大多规定保险公司投资的范围和比例。实践中，美国经营财产保险和责任保险的保险公司特别重视投资的流动性，故多集中于债券和股票。而经营人寿保险的保险公司则特别重视投资的安全性，故投资对象以债券和不动产抵押贷款为主。（3）美国各州保险法还对保险公司经营中的保险费率及保险单的内容和格式进行管理。如规定保险费率厘定规则，要求保险公司使用的保险费率必须适当、合理。① 此外，美国各州保险法亦有关于保险代理人和保险经纪人的管理规定。

3. 日本的保险业法

保险业法较为完备的日本也采用单行法体例。其现行的《保险业法》是1939年3月颁布而于1940年1月1日生效。针对保险展业和保险代理人的管理，日本于1948年7月颁布《保险募集取缔法》及其实施细则。1948年7月颁布《损害保险费率团体法》。为了加强对本国保险业的保护和对外国保险业的监督，日本于1949年6月颁布《外国保险人法》及其实施细则。进入20世纪90年代中期以后，为了保护投保人权益，恢复保险销售秩序，作为金融改革的一个环节，日本开始大规模的保险监管制度的改革，相继出台《保险销售管理法》《损害保险费率计算团体法》《外国保险业者法》等，而其典型标志则是1996年4月1日起施行的新《保险业法》。日本保险监管制度的改革内容包括：（1）放宽了对产、寿险兼营的限制，允许财产险公司或者人寿险公司以设立子公司的方式，分别进入对方的经营领域，经营人寿险业务或者财产险业务。（2）非寿险业务的保险费率逐步实现市场化和自由化。（3）加强市场风险的防范和预测，诸如提高保险公司的最低资本金的限额，增加保险公司的最低偿付能力标准制度，对保险公司财务状况实行预先警戒机制等。（4）切实维护投保人的利益，诸如设立被保险人保护基金制度，向接受破产公司的保险合同的救助公司提供资金援助制度等。1998年12月1日，日本发布施行《金融体制改革法》，以适应其金融体制改革。

4. 德国的保险业法

德国的第一部保险业法是1901年的《保险业法》，1931年德国政府又颁布了《保险公司和建筑业监管法》② 和《再保险监督条例》（后者是世界上最早的再保险监管法），1992年有关欧洲经济区域一体化的决定导致德国政府于1993年颁行新的《保险监管法》。

新加坡的保险业也较为发达，其保险业法亦较完善。1966年，新加坡政府颁布了以保险监管为内容的《保险法》。20世纪80年代后，为了适应其保险市场的迅猛发展和拓展海外保险业务的需要，新加坡政府于1986年颁布了《保险法修正案》，对于保险监管制度进行必要修改，例如，违法设立保险公司的行为，构成犯罪，处以罚金。该法还设立了保护保单所有者权益的保障基金，以弥补被保险人在保险人不能履行赔付责任时遭受的损失。

---

① 王友．世界保险市场概说．北京：中国文史出版社，1994：228，230．

② 1972年德国政府颁布对建筑业由信贷机关监管的法律，结束了保险业与建筑业一并监管的状况。

5. 法国的保险业法

法国的保险市场比较开放，尤其是在20世纪80年代后呈现高速发展的趋势，成为美、日、德、英之后的第五大保险市场。其有关保险业的法律规定主要在《商法典》中，并颁布与之配套的单行条例，例如：1905年《人寿保险业监督条例》、1938年《保险企业监督条例》以及为实施欧盟有关保险的指令而颁布的一系列法令。1976年7月16日，法国政府将有关的各项法律、规定和法令编辑成综合性的《保险法典》，包含保险合同、强制保险、保险公司、保险特有机制、一般代理和中间商5章。

6. 中国台湾地区的保险业法

中国台湾地区现行1963年9月2日“保险法”是保险业制度与保险合同制度一体立法，取代此前分别制定和公布的“保险法”（1929年12月30日，以保险合同为内容）和“保险业法”（1937年1月11日，以保险业监管为内容）。该“保险法”的立法体例更为完整，虽经多次修订，仍保留该立法体例，表明其稳定性。包括总则、保险合同、财产保险、人身保险、保险业和附则6章。其中，“保险业”一章又包括通则、保险公司、保险合作社、保险代理人、保险经纪人、保险公估人和罚则等内容。同时，又有一系列单行保险“法规”与“保险法”相配套，诸如“保险法施行细则”“保险业管理办法”“保险代理人、经纪人、公估人管理规则”“保险公司设立标准”“保险业务员管理规则”等。

通过比较分析，不难发现西方各主要发达国家和中国台湾地区的保险业法都不可避免地受到各自的法律传统、社会生活特点的影响，尤其要适应本国（地区）保险市场的发展需要，因而各有特色。

在这些国家中，有以日本、美国为代表的严格监管体制，其特色是保险监管机关在保险市场监管中居于主导作用，而保险业的自我管理组织则具有辅助作用。此类保险监管体制有利于保护投保人和被保险人的利益，但保险监管水平取决于各自保险监管机构的执法水平。也有以英国为代表的高度自律与适当监管并存的体制，其突出特色是保险人在保持法定偿付能力的前提下自由参与保险市场的竞争，政府一般不加干预。可见此类保险监管体制是以自我管理组织为中心，有利于对保险市场的变化及时进行调整和创新，但是，其市场监管力度较弱，不利于保护投保人和被保险人的利益。再有就是以德国为代表的市场调节与政府监管相结合的体制，它兼容前两种体制的特点。他山之石，可以攻玉，我们借鉴西方国家在保险业法领域的先进立法技术和监管经验，有利于完善中国的保险业法体系，提高中国保险市场的监管水平。

（二）中国的保险业法

1995年10月1日起施行的《中华人民共和国保险法》是采取了将保险业法和保险合同法统一为一体的立法体例。全法共8章152条，经过2002年2月修改后为158条，而2009年2月第二次修改后，新《保险法》增加为187条。此后，该法又经2014年和2015年的两次修正后，现有篇幅是185条，其中，保险业法部分占5章，共113条，即保险公司、保险经营规则、保险代理人和保险经纪人、保险业监督管理、法律责任等5章。由此可见，我国的保险业法虽然采取了与保险合同法合二为一的立法体例，但是，法律界对此始终存在着不同的看法。很多人都认为，将保险业法与保险合同法纳入同一个法律文件存在明显的不足，不如保险业法与保险合同法各自单独立法的模式。理由是，上述两部分各自单独立法，可以全面充分地加以规定，为各自分别在保险业监管和保险合同领域发挥规范调整作用，提供较为深入的法律依据。而现行《保险法》采取保险业法与保险合同法一体的立法模式，受到该法总体体量的局限，各自的规定只能是笼统的原则性规定，不能满足法律调整的实际需要。即使是保险业法部分与保险合同法部分的条文在该《保险法》中的比例是 2/3 与 1/3，也仍然表现出过于笼统、原则的状态，难以深入地加以全面规定。再有，保险业法属于公法范畴，而保险合同法则是合同法的组成部分，属于私法领域。两者的法律规范的规范性质、调整对象和调整方法均存在重大差异，难于熔为一炉。因此，各自单独立法才符合立法学的基本理论，能够提高保险立法体系的科学性和严谨性。

鉴于此，有关政府部门还就保险业法的具体内容，相继颁布了一系列的法规、规章与《保险法》的保险业法部分相配套，将《保险法》的保险业法规范内容予以具体化，例如：《保险管理暂行规定》（1996 年 7 月 25 日），《保险公司财务制度》（1999 年 2 月 1 日）、《保险公司会计制度》（1998 年 12 月 8 日）、《保险公司管理规定》（2004 年 3 月 15 日），《保险公司高级管理人员任职资格管理规定》（2002 年 3 月 1 日）、《外资保险公司管理条例》（2002 年 2 月 1 日）、《保险公估机构监管规定》（2009 年 9 月 25 日）、《保险专业代理机构监管规定》（2009 年 9 月 25 日）、《保险经纪机构监管规定》（2009 年 9 月 25 日）、《保险兼业代理管理暂行办法》（2000 年 8 月 4 日），以及 2010 年 5 月 21 日公布《再保险业务管理办法》，取代 2005 年 10 月 14 日发布的《再保险业务管理规定》，2010 年 8 月中国保监会根据《保险法》第 106 条的规定，制定颁布《保险资金运用管理暂行办法》；2013 年 1 月 6 日经过修改并更名的《保险销售从业人员监管办法》予以公布，取代了 2006 年 3 月 13 日的《保险营销员管理规定》；2013 年 4 月 27 日中国保监会发布修订后的《保险经纪机构监管规定》；2013 年 9 月 29 日中国保监会发布修订后的《保险公估机构监管规定》；2015 年 7 月 22 日中国保监会印发《互联网保险业务监管暂行办法》，用于规范互联网保险经营行为；2018 年 1 月中国保监会发布新的《保险资金运用管理办法》，取代此前的《保险资金运用管理暂行办法》；2019 年 12 月 1 日中国银保监会公布的新版《健康保险管理办法》即行实施。

【知识链接】

纽约州保险法的发展①

美国纽约州的保险监管制度始于 19 世纪中期，如今，由于纽约州的保险业在美国一直处于重要的地位，因此，纽约州的保险监管制度，可以说是美国保险监管体制的缩影。

1945 年以前，纽约州的保险监管权由州政府行使。其根据是 1869 年美国联邦最高法院在“保罗诉弗吉尼亚”一案中认定保险业务不构成州际贸易，因此，裁判其监管权归属于州政府。同年，纽约州的首位保险监督官产生。1892 年，纽约州颁布了第一部综合性保险法。1906 年，以州参议员威廉·阿姆斯特朗为主席的调查人寿保险公司活动的委员会发布了一个报告，建议修改纽约州保险法，后由州立法机关予以颁布，成为 1906 年纽约州保险法。1939 年，纽约州重新编撰保险法，作出了实质性修改，规定诸如监管保险公司的投资、保险公司必须取得保险

① 各国保险法规制度译编．北京：中国金融出版社，2000：5.

业经营执照的才能经营保险业务、人寿保险的投保人必须对于被保险人具有保险利益等。

1945年，美国联邦最高法院改变了上述“保罗诉弗吉尼亚”案的裁判结论，认为超越州界的保险活动构成州际贸易，根据美国宪法的规定应由联邦政府监管。根据1969年全国保险监督官协会通过的《保险控股公司监管法》，纽约州第一个颁布了有关保险控股公司的州立法。进入20世纪80年代，纽约州尝试保险监管的改革。由州长设立的以海曼为主席的负责改革保险业监管的行政咨询委员会于1982年提交报告，提出了一系列改革建议，包括：(1) 拓宽人寿保险公司的投资范围；(2) 允许相互人寿保险公司变更为股份人寿保险公司；(3) 人寿保险公司的董事会应存在独立董事；(4) 保险公司应当按年递交经过审计的财务报表。

第四节 保险监管机关和监管方式

一、保险监管机关

保险监管机关就是由国家政府设立的专门对保险市场的各类经营主体、保险经营活动行使监督和管理职权的机构。

各国的保险监管制度主要是通过其设立的保险监管机关行使监管权力来实现保险监管职能的。因此，各国政府均设立了保险监管机关，赋予其保险监管职权。

保险监管机关分为单一制和双轨制两种类型。所谓单一制保险监管机关，就是国家成立单一的统一保险监管机关对全国范围内的保险市场实施统一的监督和管理。所谓双轨制保险监管机关，是指中央政府和地方政府分别设立保险监管机关，在各自的监管权限范围内分别行使保险监管权力的保险监管体制。概括各国的实际情况，大多数国家采取单一制的保险监管体制，如英国、日本、德国、法国等，只有美国、加拿大等联邦制国家采用双轨制的保险监管体制。

（一）英国的保险监管机关及其职权

英国的保险监管机关是工贸部，由工贸大臣对保险业行使全面监管的权力，侧重于对保险人的偿付能力的监管。但日常的保险监管工作则是由工贸部下设的保险局负责。工贸部的职权包括：(1) 核发保险营业许可证；(2) 要求保险人提供有关信息；(3) 禁止保险人承担过多的业务；(4) 对保险人的投资活动进行限制；(5) 在认为保险人已无力承担合同义务时，限制其业务活动；(6) 批准保险人的负责人等。而保险局的职权则包括：(1) 制定有关的法律文件；(2) 审批保险人经营保险业务的申请；(3) 调查非法经营保险业务的情况；(4) 审查新提名的保险人的公司董事长、经理等主要负责人及主要代理人；(5) 审核保险人提供的各种报表；(6) 批准保险业务的转移；(7) 撤销保险营业许可证等。

1997年10月，英国政府为了对金融监管体制进行改革，保障公平竞争，打击金融犯罪，成立了金融服务局，由其统一行使对银行、证券和保险各行业的监管权，形成了单一的“超级监管机构”。

（二）日本的保险监管机关及其职权

在1996年4月1日新《保险业法》施行之前，日本保险业的监管机关是大藏省，由大藏大臣行使保险业监管职权。而管理日常事务的则是大藏省的银行局下设的保险部，其中，第一课负责监管人身保险业务，第二课负责监管财产保险业务。

大藏省作为保险监管机关的职责包括：（1）批准保险公司的设立；（2）批准保险公司经营保险业务的范围；（3）命令保险公司在必要时提存保险金；（4）有权要求保险公司提交营业报告，检查保险公司的保险业务、财务状况；（5）取消有违法行为或损害公共利益行为的保险公司的保险营业许可证；（6）命令经营状况良好的保险公司接管处于重大危机的保险公司的保险合同；（7）批准保险公司经营新险种；（8）批准基本保险条款、保险费率、责任准备金计算方案和资金运用计划；（9）批准保险公司常务董事、监事和总经理；（10）监督投保人保护机构的活动等。

而自1996年4月1日新《保险业法》施行之后，日本内阁总理大臣亦作为保险业监管机构，与大藏省及大藏大臣共同行使监管职权。其中，内阁总理大臣的职权是：（1）批准保险公司经营保险业务；（2）许可损害保险公司间采取共同行为或者处分保险公司实施的违反《反垄断法》的行为；（3）批准保险公司为了承担股票、债券等具有价格变动性质的资产的价格变动风险而提取价格变动准备金；（4）许可保险公司与其子公司之间进行的交易行为；（5）有权对保险公司进驻、质询、检查，在必要时，要求保险控股公司提出改善经营的计划；（6）批准外国保险业者在日本从事经营保险业务，并要求外国保险业者提存寄存金；（7）批准保险合同转移至其他保险公司，否则转移无效；（8）批准保险公司章程的变更；（9）在必要时，要求保险公司提供其业务或财产状况的报告或资料；（10）有权对于难以继续从事保险业务的保险公司，命令其停止全部或部分业务；（11）批准和办理保险经纪人登记。[①] 但是，自1998年6月15日施行《金融体制改革法》[②] 之后，大藏省及大藏大臣的保险监管职权大都改由新成立的金融监督厅或内阁总理大臣行使。

（三）德国的保险监管机关及其职权

德国的保险业由两个监管机关予以监管，即总部设在柏林的联邦保险监督局和总部设在巴登—符腾堡的州保险管理局。前者的监管范围是私营保险公司及跨州经营法定保险的保险机构，同时，负责监管保险代理人、保险经纪人和为保险机构提供外部服务的机构的业务活动。而后者则是对各州经营法定保险的保险机构实施监管。

联邦保险监督局的主要职权包括：（1）批准保险公司的设立和营业；（2）批准保险公司保险业务经营范围的变更；（3）审批本国保险机构在欧盟或欧洲经济区的其他成员国设立分公司或开展业务；（4）要求保险公司向其汇报有关情况；（5）批准保险合同的转移；（6）批准保险机构的变更；（7）要求保险公司每年提供其偿付能力的报告、财会报表及有关业务状况的报

① 在日本，保险经纪人制度产生于新《保险业法》实施之后，而在此之前，日本不允许以保险经纪方式从事保险销售。

② 《金融体制改革法》的全称是《关于建立、健全金融体制改革相关法规的法律》，于1998年6月15日发布，并于1998年12月1日起实施。

告；(8) 有权对寿险公司建议任用的主管精算师予以拒绝，或为其指定精算师人选。(9) 为保护被保险人的权益，有权要求保险公司修改经营计划；(10) 对于财务状况恶化的保险公司，有权限制或禁止其使用和处置资产；(11) 有权派代表参加保险公司的股东大会、监事会或最高管理层的会议；(12) 有权要求保险公司提交保单的基本条款、费率及其他与保单持有人之间来往的印刷文件、保险公司与其他企业所签订的合同等。

(四) 法国的保险监管机关及其职权

自20世纪90年代始法国以独特的财政部和保险业监督委员会（CCA）并存的双重管理体制取代了原有的隶属于经济金融部的保险管理局的单一体制。① 此外，法国政府还成立了国家保险委员会（CAN）作为保险立法和保险业的咨询机构。

财政部作为保险业监管的最高权力者，其职权之一是对各类保险机构的主体资格的监管，包括审核保险机构的设立，保险营业许可证的颁布或撤销；其职权之二是负责保险法律、法规的制定、修改和解释工作。

保险业监督委员会（CCA）则是常设的保险监管机关，负责日常的保险监管工作，其监管职责侧重于确保保险机构日常的保险经营活动符合法律要求。具体包括：(1) 监督保险公司履行其对投保人承担的责任；(2) 检查保险公司的财务状况和市场条件；(3) 核查保险公司的资金运用和投资情况；(4) 核查保险公司的偿付能力；(5) 要求保险公司提供有关的保险业务报告、财会报表等资料；(6) 在因保险公司的违法行为而危及其履约能力时予以警告，并为恢复其资本实力而制定重建计划；(7) 对保险公司的违法行为采取相应的处罚措施；(8) 批准保险合同在保险公司间的移让或命令强制转让等。

(五) 美国的保险监管机关及其职权

美国是典型的双轨制保险监管体制，即联邦政府和各州政府双重监管。美国联邦政府下设联邦保险局行使联邦保险监管权。同时，各州又设立各自的州保险局，在本州范围内行使保险监管权。

联邦保险局与州保险局之间并非隶属关系，而是平行关系，各司其职。该双轨制保险监管体制是依据1945年美国国会通过的《麦克伦—福克森保险监管法》确认的。该法认定保险业的基本管辖权在于各州政府。各州不仅有保险立法权，还有权处理本辖区内的保险监管事务。各州保险法及保险监管未涉及的保险事务则适用联邦保险法，由联邦保险局实施监管。实践中，洪水保险、农作物保险等特定保险业务多属联邦政府监管。

此外，美国于1871年成立“全国保险监督官协会”(NAIC)，它由美国50个州、哥伦比亚特区和4个地区的首席监督官组成，作用是通过拟定示范性法律来协调美国各州的保险监管体制和加快监管体制一体化进程。它至今已发布二百多个示范性法律文件，大多已被各州全部或经过修改后予以采用。

虽然美国各州的保险业法多达55部，但其内容大体相同。一般来讲，保险监管机关的职

① 根据1991年2月8日的政令，保险监管权从经济金融部移交给财政部，由财政大臣行使原授予保险总长的权力。而保险监督委员会则是依1989年12月31日的法令成立。

权包括：(1) 审批保险公司的设立，颁发保险营业执照；(2) 批准保险公司营业执照的修改或撤销；(3) 要求保险公司披露股东、董事会成员或高级行政人员是否诚实可信；(4) 审查保险代理人的资格；(5) 检查保险公司的经营状况，并要求保险公司提交年度报告，汇报资产负债、投资、费用等情况；(6) 检查和审核保险公司的最低资本金；(7) 审核保险公司的偿付能力，有权对丧失偿付能力的保险公司采取补救措施，或实施行政监督，或要求法院对保险公司予以接管或清算；(8) 批准保险公司的合并；(9) 监督保险公司执行保险费率的法定限制等。

实例枚举

作为判例法国家的美国，有两个实例[①]对于保险监管权力的确立产生了重要影响。

实例一是 United States v. South-Eastern Underwriters Association 案。此案发生于1944年，内容是美国司法部反垄断司对于亚拉巴马州、佛罗里达州、佐治亚州、北卡罗来纳州、南卡罗来纳州和弗吉尼亚州等东南部6个州的200家保险公司提起反垄断诉讼。理由是该200家保险公司控制了该6个州的90%的火灾保险、海上保险和相关保险业务，并且控制了统一保险费率和代理佣金，通过非法手段强迫社会公众向其购买保险。最终，美国联邦最高法院认定该200家保险公司中，只有18家是东南部6州的本州保险公司，而其余各家保险公司的总部则分布在宾夕法尼亚、纽约、康涅狄格等州，各州的消费者可以在同一家保险公司购买保险，因此，保险活动已经不再是一州范围内的业务活动，而是各州之间相互联系、相互依存的统一的贸易活动。其裁定保险活动属于宪法的“贸易条款”项下的贸易活动，应当接受联邦政府的监管，因此，确立了联邦政府的保险监管权力。

实例二是保罗诉弗吉尼亚（Paul v. Virginia）案。此案发生于1869年，内容是 Samuel Paul 先生在其家乡弗吉尼亚州为外州的保险公司从事保险代理业务而申请保险代理人执照却遭到拒绝，理由是其所代理的外州保险公司没有按照弗吉尼亚州的规定向州财政厅提供担保。弗吉尼亚州巡回法院则以没有保险代理人执照而代为外州保险公司销售保险为由，判定 Paul 有罪而处以罚款50美元。美国联邦最高法院审理了 Paul 的申诉后，作出了维持弗吉尼亚州地方法院的判决，理由是保险属于地方性合同行为，并非州际交易活动，因此，包括保险代理人许可证在内的保险业务的监管权力应归属于州政府，从而，确立了美国各州政府的保险监管权力。

上述两则实例既反映了美国保险监督管理体制的特点，又充分说明保险监管权力在保险监督管理制度中的核心地位。

（六）中国的保险监管机关及其职权

自中华人民共和国成立至1998年年底的近五十年间，是由中国人民银行负责领导和监督管理保险业。[②] 1998年11月18日，鉴于已经颁行的1995年《保险法》确立的保险业与银行业、证券业、信托业实行分业经营、分业管理的监管模式，为适应中国保险市场的迅速发展和

① 陈欣．保险法．北京：北京大学出版社，2000：266.

② 其间，1952年6月至1959年，保险业划归财政部领导和管理。

中国金融监管体制改革的需要，国务院批准设立中国保险监督管理委员会，专司保险监管职能。

2009 年经修改的《保险法》明文规定了："保险监督管理机构依照本法和国务院规定的职责，遵循依法、公开、公正的原则，对保险业实施监督管理，维护保险市场秩序，保护投保人、被保险人和受益人的合法权益"（第 133 条）。

中国保险监督管理委员会作为国务院授权执行保险监督管理职能的部门，其职责具体包括：（1）制定商业保险的政策法规和行业发展规划，即"依照法律、行政法规制定并发布有关保险业监督管理的规章"（《保险法》第 134 条）；（2）审批和管理保险机构的设立、变更和终止；（3）制定、修改或备案保险条款和保险费率；（4）监督、检查保险公司的保险业务经营活动；（5）建立公平竞争的市场机制，维护保险市场的秩序；（6）查处保险机构的违法违规行为，查处和取缔擅自设立的保险机构及非法经营行为等。

2018 年 3 月 13 日，作为政府机构改革的组成内容之一，国务院的机构改革方案提请第十三届全国人大一次会议进行审议，确定将原有的银监会和保监会的职责予以整合，组建中国银行保险监督管理委员会，集中履行对我国银行业和保险业的监督管理职能，而不再保留原有的银监会和保监会。同年 4 月 8 日，中国银保监会正式挂牌，其主要职责就是监督管理银行业和保险业的经营活动，维持银行业和保险业的正常经营秩序，用以整合国家监管资源，提高对银行和保险等金融行业的监管效率和监管水平，以便适应我国金融市场的发展需要。

二、保险监管方式

各国所采用的保险监管方式因其法律文化和民族传统以及本国保险市场的不同特点而不尽相同。归纳起来，大致有公示监管方式、准则监管方式和实体监管方式三种。其中，前两种监管方式是各国早期采用的，而第三种监管方式则为目前大多数国家所采用。

（一）公示监管方式

公示监管方式，又称公告监管方式，是指国家保险监管机关对保险人的设立和经营活动不施加直接的监督和干预，而只是要求保险人应当按照政府规定的格式和内容，将其经营结果定期呈报给保险监管机关，并通过公告的形式置于社会监督之下。至于保险业的组织形式、保险合同条款和保险资金的运用等，均由保险人自行决定。而且，对于向社会公告的各个保险人的经营结果，保险监管机关不予评价，却是由社会公众自行分析和判断。可见，公示监管是一种宽松的监管方式，英国政府在 20 世纪 60 年代之前对于保险市场的监管就属于典型的公示监管方式。

公示监管强调保险市场监管的公开性和自律性。它以社会公众的认知度作为督促保险人改善经营管理水平、提高保险服务质量的制约条件，有利于保险人在宽松的市场环境内自由发展。但是，该种监管方式的适用需要良好的市场环境，诸如社会经济发展程度较高，社会公众的保险知识水平较高，保险人有较好的自律能力和职业道德水平，保险市场具有平等的竞争秩序。否则，公示监管不利于保险市场的健康发展。

（二）准则监管方式

准则监管方式，又称形式监管方式，是指国家制定有关保险业的设立和经营管理的基本法律规则作为保险业共同遵守的准则，凡符合这些法律规范的保险人便得以从事保险业经营管理，而保险监管机关的监管限于形式上的审查。德国、荷兰早期曾采用过此种监管方式。

准则监管方式较之公示监管方式，具有进步意义。因为，国家政府已就保险业设立和经营管理的重大问题，如保险人的最低资本额、资产负债表的审查、资本金的运用、违法行为的处罚等规定具体的法律准则，具有了较大的可操作性。但是，由于准则监管方式强调保险经营形式上的合法性，而不对保险业经营管理进行实体监管和干预，故容易使保险监管流于形式，难以产生实质性的制约作用。

（三）实体监管方式

实体监管方式，又称许可监管方式，是指国家规定了保险业的监管规则，由保险监管机关运用相关的法律规则，对保险市场从实体到程序实施监督和管理的保险监管方式。

实体监管方式自1885年由瑞士创建至今，已为世界上大多数国家所采用，因为，与前两种监管方式相比较，实体监管方式的监管最严格，监管范围最全面。实体监管是以追求有效的监管效果为目的，对保险业的实质内容进行监管，即保险经营均以保险监管机关的批准为条件。从范围上讲，保险监管机关的监管权涉及保险市场的各个方面，具体概括为三类规范：(1) 保险人的设立，要经保险监管机关审查批准并颁发保险业务许可证；(2) 保险人的经营过程，由保险监管机关对其经营范围、财务管理和资金运用等方面予以监管；(3) 保险人的破产和清算，由保险监管机关审批和干预。不过，在许多保险市场秩序良好的国家，其实体监管方式又趋于宽松。我国的保险监管亦属于实体监管方式。

【知识链接】

"偿二代"：中国保险业改革新起点

众所周知，偿付能力监管是现代保险业监管的核心，它是我国保险业监管制度的重点所在。借鉴国外实施以偿付能力监管为核心的现代保险业监管的成功经验，2003年中国保监会实质启动了偿付能力监管制度体系的建设工作，到2007年年底，基本搭建起具有中国特色的第一代偿付能力监管制度体系。它促进了保险公司树立资本管理理念，提高经营管理水平，在防范风险、促进我国保险业科学发展方面具有重要作用。

随着国际金融保险监管改革的不断深化和我国保险市场快速发展的背景下，中国保监会于2012年3月29日印发《中国第二代偿付能力监管制度体系建设规划》，决定启动中国第二代偿付能力监管制度体系（简称"偿二代"）的建设工作，用以加强偿付能力的监管，更加有效地增强保险行业防范风险的能力。按照上述《规划》的建设计划，用3至5年时间，形成一套既与国际接轨，又与我国保险业发展阶段相适应的偿付能力监管制度，坚持风险导向，增强我国保险业防范化解风险的能力；推动保险公司建立健全全面风险管理制度，提高全行业的风险管理和资本管理水平；提升我国偿付能力监管制度体系的国际影响力，提高我国保险业的国际地位。

第二代偿付能力监管制度体系的整体框架是：构建第一支柱“资本充足要求”（主要是定量监管要求）；第二支柱“风险管理要求”（主要是与偿付能力相关的定性监管要求）和第三支柱“信息披露要求”（主要是与偿付能力相关的透明度监管要求），由此“三支柱”形成偿付能力监管制度体系。

落实该整体框架的建设工作，要经历五个实施步骤：（1）2012年对2003年以来偿付能力监管工作的全面总结。（2）从2012年开始，用2至3年时间，开展基础性的专项研究，包括：1）细化整体框架，研究“三支柱”的具体制度内容。2）研究制定最低资本标准，特别是考虑风险的相关性，制定产险、寿险的各类风险最低资本标准，并进行必要、充分的定量测试。3）配合最低资本标准的研究，制定实际资本标准。4）借鉴IAIS国际保险集团的监管框架，分析我国目前保险集团偿付能力监管存在的问题，研究完善保险集团偿付能力监管标准。5）从资本要求角度，研究逆周期监管要求，减轻顺周期效应。6）研究完善第二支柱和第三支柱的相关制度，包括与偿付能力相关的公司治理、内部控制、信息披露等制度要求，研究建立风险管理与资本计量的关联机制。（3）根据上述专项研究成果，提出整体制度方案，到2014年年底之前，形成第二代偿付能力监管制度体系征求意见稿。（4）用1至2年时间，将上述征求意见稿在行业范围内进行全面测试和征求意见。（5）发布第二代偿付能力监管制度体系，给予一定的过渡期，使监管部门和保险公司做好实施准备工作。

2015年2月，中国保监会发布中国风险导向的偿付能力制度体系，标志着我国保险业偿付能力监管进入了“偿二代”过渡期。经过一年过渡期的试运行，经国务院同意，保监会决定正式实施“偿二代”，自2016年1月1日起施行《保险公司偿付能力监管规则（第1号—第17号）》。该《规则》就“偿二代”的17项监管规则的实施，分别从（1）关于定量资本要求，（2）关于定性监管要求，（3）关于市场约束机制，（4）关于保险集团等角度提出具体要求。从此，中国保险业改革进入新的发展阶段。

问题与思考

1. 如何理解保险业法的意义？
2. 保险业法的适用目标是什么？
3. 保险业法的内容有哪些？
4. 保险监管机关的职权是什么？
5. 什么是实体监管方式？

第十六章

保险组织

本章概要

保险组织制度是保险业法的重要组成部分。因为，保险组织是保险业的投资者和从业者依据有关保险业法的规定所采取的组织形式，成为从事保险经营的法律主体。它作为各国保险市场的必备要素，既可以向社会公众提供专业性的保险保障，又能够实现追求赢利的目的。各个保险组织独立从事保险经营，彼此之间开展公平竞争。相应地，以保险组织为中心，将从事保险经营所需的各个要素连成一体，形成保险市场。因此，学习本章的目的，在于了解保险市场的构成要素和世界主要保险市场的概况，尤其是掌握保险组织的类型、组织特点等法律理论。

第一节　保险市场

一、保险市场的概念和分类

在现代市场经济条件下，保险市场就是保险商品的供需双方在一定范围内从事保险商品交换所形成的各种保险交换关系及其所需各个要素构成的统一体。可见，这一概念随着现代市场经济活动的广泛性和复杂性，已经突破了传统的在固定场所实施保险交易活动的市场概念，而是着眼于各类保险商品交换关系的总和。

在保险实务中，根据不同的标准，保险市场可分成以下几种类型。

1. 按照承保标的不同，保险市场分为寿险市场和非寿险市场

依照此标准，凡是以被保险人的寿命或者身体作为承保对象的保险商品交换关系的整体为寿险市场。而以各种财产及其相关利益作为承保对象的保险商品交换关系的整体则为非寿险市场。有些国家又将非寿险市场进一步划分为水险[①]市场和非水险市场。

---

① 水险是国际保险市场上对海上保险的习惯称呼。主要包括船舶保险和水上运输货物保险。

2. 按照承保方式不同，保险市场分为原保险市场和再保险市场

依照此标准，原保险市场是指社会公众作为投保人与保险人之间建立的保险商品交换关系的整体，又称初级保险市场。而再保险市场则是保险人相互之间从事保险分出或分入业务所建立的保险商品交换关系的整体，又称二级保险市场。

3. 按照保险活动的地域范围不同，保险市场分为国内保险市场和国际保险市场

依照此标准，保险人在其登记注册国领域内从事保险业务的整体即为国内保险市场。国内保险市场又根据保险人的保险经营范围，进一步分为全国性保险市场和地区性保险市场。而保险人跨越一国地域或具有涉外因素的保险业务形成的保险市场就是国际保险市场。

二、保险市场的构成要素

凡发育正常的保险市场，均应具备主体和客体两类要素。这是现代保险市场得以建立和运作的必要条件。

(一) 保险市场的主体

由各类保险商品交换关系组成的保险市场，当然离不开参与保险商品交换的人。基于保险商品特定的使用价值和交换价值，形成了参与保险商品交换的特定社会群体。其中，各个保险人作为保险商品的经营者，构成现代国民经济中一个独立行业。他们根据保险商品的特殊性质，运用特殊的经营规则和经营技术，从事保险经营活动。诸如险种的设计、责任准备金的提取、保险展业的运作等均不同于其他商品交换活动。与此相对应的投保人、被保险人则作为保险商品的需求者，虽然，他们需要保险保障的对象不同（财产或人身），但目的都是以交纳保险费为条件而获取保险人的保险保障，为此，投保人、被保险人也必须遵守保险商品交换中的特有规则，如投保（签约）时应承担如实告知义务、在保险期间应履行遵守国家法规及安全操作规则的义务、通知义务、施救义务等。此外，保险中介人也是保险市场主体的组成部分。诸如保险代理人、保险经纪人等，他们服务于保险人与投保人、被保险人，为保险商品交换的正常进行创造条件，是现代各国保险市场上重要的参与者。从而，围绕着保险商品交换活动，产生了一个独立的市场，具有不同于其他各个市场形态的鲜明特色。这些保险市场主体，按其在保险商品交换过程中所处地位的不同，分为保险人（保险商品的供方）、投保人（保险商品的需方）和保险中介人。

实例枚举

众安在线财产保险公司——在互联网大潮中脱颖而出的市场主体

我国首家互联网保险公司众安在线财产保险股份有限公司于 2013 年 9 月 29 日获得中国保监会批准开业，这对于逐步进入互联网经济时代的中国来讲意义非凡。众所周知，互联网如今已经成为中国国民经济的新兴领域，与每个人、每个家庭、每个单位的工作、学习和生活密切相连。不过，互联网的运用和发展中也出现了一系列的问题，暴露出互联网经济领域所存在的风险和遭遇的发展瓶颈。面对于此，阿里巴巴、腾讯、携程等国内互联网领域的知名企业，与

保险行业的平安保险以“服务于互联网”为宗旨，联手打造的该创新型保险公司应运而生。

众安在线财产保险股份有限公司利用互联网平台合作销售保险产品，更以互联网经济领域为服务对象，通过互联网在中华人民共和国境内（港、澳、台地区除外）开展与交易直接相关的保险业务，向互联网经济参与者提供保险保障和保险服务，为此，该保险公司专门设立了信息技术部和信息安全部，形成不同于一般保险公司的特殊部门。仅以该保险公司于2013年年底已经上线公布的首批5个保险产品——消费者保障服务协议履约保证保险（众乐宝）、网络购物退货运费损失保险、互联网购物退货运费损失保险（买家投保版）、数码产品意外损坏保险和互联网个人消费信用保险等为例，都明显地属于针对电商信誉和商家支付的风险提供的保险服务。

（二）保险市场的客体

保险市场的客体就是保险人和投保人在保险关系中进行交换的商品——保险商品。不过，保险是一种特殊的商品，其本身具有的双重价值形态有别于其他商品。保险的使用价值是向被保险人提供的经济保障，即满足被保险人因遭遇危险事故而遭受损失时，获取保险赔偿或人身保险金而保障其生产或生活稳定的需要。这一使用价值的特殊性在于就具体的保险关系而言，保险的使用价值仅存在于保险人与投保人、被保险人所约定的保险责任起讫期内，若在双方约定的保险事故未发生的情况下，保险的使用价值仅为保险人提供的保险服务，使被保险人在心理上得到满足，即消除了一旦发生危险造成财产的损失或人身伤亡而影响生产或生活的连续性和稳定性的后顾之忧。应当说，保险的使用价值存在于所有保险关系当中，都具有满足被保险人寻求保险保障这一需求的效用。因此，保险商品既是保险人所经营的服务商品，也是投保人寻求保险保障的对象。社会经济的发展，使广大社会公众不断产生新的保险保障需求，就需要有相应的保险商品品种——保险险种。因此，衡量保险市场水平的标志之一就是保险险种的数量。

同时，保险商品的交换价值则是保险人在提供保险保障过程中，耗费在保险劳务中的人类劳动。服务本身有使用价值，同时由于它们的生产费用，它们也有交换价值。保险商品的交换价值同样是人类抽象劳动的凝结，保险人在从事保险经营过程中提供的保险保障服务是需耗费一定的物化劳动和活劳动的，这种抽象劳动只能通过保险商品交换中的交换比价（按保险费率计算的保险费）予以表现。而且，与其他商品一样，保险商品的交换价值，并不是某个保险人的个别劳动时间，而是保险经营过程中所需的社会必要劳动时间，即保险行业经营同一保险险种所消耗的平均劳动量。

应当注意的是，保险商品是指商业保险范围内投入保险商品交换的对象，它不同于政策性保险和社会保险。因为，保险市场所涉及的保险商品，是基于市场经济活动规律，按照等价有偿的原则在保险人与投保人之间进行交换的。政策性保险则是国家政府为落实其在政治、经济、社会等方面的政策，而利用保险形式施行的经济补偿措施。例如，出口信用保险作为政策性保险是各国政府鼓励本国产品出口、拓展海外市场的手段。而社会保险却是国家政府为保障社会成员的基本生活需要所提供的经济保障措施，诸如养老保险、医疗保险、失业保险、生育保险、职业伤害保险等。可见，政策性保险和社会保险均不追求营利，故不适用等价有偿等市场经济原则。

【知识链接】

我国保险市场信息化建设又添主力军
——聚焦中国保险信息技术管理有限责任公司的获准成立

面对大数据、云计算、互联网时代的到来，信息的处理和传递越来越快、越来越便捷，使得以信息消费为基础的服务和经营模式纷纷出现。在这一大环境下，保险业作为信息密集型产业就需要注重其保险信息化的建设。因为，现代保险业对信息化具有与生俱来的依赖性，保险企业所经营的是一种无形商品——保险服务商品，保险企业与客户针对保险服务商品形成的权利义务关系均涉及相关信息。这意味着信息的运用已经渗透到保险活动的各个环节，甚至成为提升保险企业竞争实力的重要因素。总结国际保险市场的经验，美国、英国、德国等保险业较为发达的国家，都不同程度地建立了保险信息共享平台。正是在此意义上，中国保监会要求所有保险公司应当建立现代化的、高效率的信息化体系，用以保障保险公司的稳健和安全运营，这既能够更好地为保险消费者服务，又可以防范经营风险。因此，保险行业的信息化建设已经成为我国保险市场整体发展的重点工作之一。特别是在综合化经营、集团化运行和国际化竞争的背景下，建立集中统一、安全高效的信息化体系，实现信息资源的共享和利用，自然应当被纳入为保险企业的发展战略的目标之一。

先是中国保险行业协会应全行业的共同需要，于2010年建立了覆盖全国22个省（市）的车险信息平台，其余13个省（市）也在当地保险行业协会的牵头下分别建立了车险信息平台，初步形成了车险部分数据的共享和利用。2011年4月22日，中国人保集团又根据集团整体运营的需要，解决信息分散，数据集合严重滞后的问题，在广东省金融高新技术服务区成立了南方信息中心，标志着人保集团进入了数据大集中时代。不过，上述保险信息平台建设的努力，无论是数据资源的利用范围还是集中程度都仍然难以满足保险行业整体的发展需要。

于是，2014年1月15日，经国务院批准，由中国保监会依法实施管理的中国保险信息技术管理有限责任公司（简称“中国保信”）正式成立，目的是加强我国保险行业的基础设施建设，全面提升保险业经营管理的信息化水平。中国保信作为我国保险业首家“大数据”公司是由中国保险保障基金有限责任公司独家出资20亿元设立的，其基本目标是建设一个集中统一、设计科学、功能完善、安全高效的保险信息共享平台，为我国保险业的发展和监管提供信息服务。该公司设立后的首要工作就是接管全行业现有的车险信息平台业务，包括中国保险行业协会的和其余13个省（市）分别设立的车险信息平台，有望于2014年实现全国数据大集中。公司下一步的工作重点就是统一规划，建设保险行业的共享信息平台，具体是在具备条件的情况下，逐步建设多个支持性平台，使得信息共享平台成为全行业保险生产的支持平台，既能够整合保险行业的信息资源，防止因分散建设而造成信息资源的浪费和各个保险公司的分头应对，又可以在保险行业范围内统一数据标准化，实现全行业信息资源的互联互通和系统性收集，便于各家保险公司之间的数据共享。显然，随着中国保信以主力军角色的加入，我国保险领域的信息化建设将呈现新的变革局面，推动中国的保险服务从传统模式走入现代模式，更具有时代特征。

三、世界主要保险市场比较

（一）英国伦敦保险市场

英国伦敦保险市场的历史悠久，其起点是海上保险。15 世纪初至 17 世纪初，英国作为海上贸易和海事活动的中心，为海上保险兴盛创造了条件。相应地，形成了最初的海上保险市场。而劳合社（LUA）的产生和发展则进一步充实了伦敦保险市场。如今，伦敦保险市场经过三百多年的发展，已成为著名的国际保险市场之一。

伦敦保险市场主要是由劳合社市场和保险公司市场两部分组成，其中，劳合社市场是由个人保险人组成的保险交易市场。即由个人保险人作为其成员以其个人名义承保，并以其个人财产承担无限责任。而这些个人保险人均是通过保险经纪人的中介服务，承接保险业务。与此不同，保险公司市场则是由劳合社以外的保险公司所组成，具体包括专业保险公司、综合性保险公司、相互保险公司、自保公司等。

伦敦保险市场的业务量巨大，曾居世界首位。但是，第二次世界大战之后，受其综合国力所限和海外殖民地纷纷独立的影响，伦敦保险市场的直接保险费收入在世界总保险费收入中所占的比率明显下降。然而，英国基于其在金融、海运、保险领域内的优势地位，使得伦敦保险市场仍然是国际保险业和再保险业的中心，保险费收入继续位居各国前列。①

伦敦保险市场素以开拓新险种而闻名于世。它不仅开创了火灾保险、人寿保险，而且，适应社会经济发展的需要，最早开办了一系列意外伤害保险及其他新型保险险种。

伦敦保险市场的另一重要特点，就是保险经纪人在保险业务中具有举足轻重的作用。因为，在该保险市场上，投保人一般不直接与保险人接触，而是通过保险经纪人安排投保，也就是由保险经纪人代投保人申请投保、交纳保险费和办理索赔事宜。而保险人则按成交的保险业务的种类和保险经纪人的工作量向保险经纪人支付佣金。这一特有的商业习惯，培育了伦敦保险市场上健全的保险经纪人制度。

同时，伦敦保险市场又是公认的再保险中心。概括来讲，世界各国的非寿险业务进入国际市场的大部分都转入了伦敦保险市场。这得益于伦敦保险市场具有一套较为成熟的分保机制，因此，伦敦保险市场向各国保险业提供了数额巨大、险种齐全的分保保障。其中，尤以手续简便、费用节省、保障限额高的超额赔款分保②业务为各国保险公司所青睐。因其有利可图，在第二次世界大战后，越来越多的保险公司相继进入伦敦保险市场从事超额赔款分保活动，甚至形成了伦敦超赔市场。

伦敦保险市场是一个开放型的国际保险市场，它容纳了各国众多的保险公司和经纪人公司，彼此间存在激烈的竞争。为了维持伦敦保险市场的正常经营秩序，巩固其在世界保险业中的地位和声誉，不仅要靠先进的承保技术和高质量的保险服务，并且，需要具有健全的监管体系。英国政府的工贸部（DTI）负责保险市场的监督和管理，而实施保险监管的主要法律依据

---

① 据统计，2004 年英国保险业的保险费总收入达 2 948 亿美元，占世界保险市场的 9.09%，居世界第三位。

② 所谓超额赔款分保是专门对巨灾损失提供保障的分保业务。其运作机制就是分入人用分出人历年交付的保险费来抵付偶然发生的巨大灾害的损失赔款，而且，超额赔款分保可以是各类保险业务的集合。

则是 1982 年《保险公司法》以及 1985 年《公司法》。

(二) 美国保险市场

起步较晚[①]的美国保险业后来者居上，在当今世界的保险市场中处于举足轻重的地位。自 20 世纪 60 年代以来，其保险费收入位居世界各国的第一位。[②] 当然，美国保险市场在其早期的发展过程中，因缺乏科学的管理和良好的竞争机制而经历了数次危机。直到第二次世界大战之后，美国保险市场始伴随着美国经济的崛起而迅速发展。

按保险业务的内容不同，美国保险市场可以划分为财产险、责任险、意外险、人寿险和保证险等若干相对独立的险种市场。各个险种市场上的保险人设计和出售着种类繁多的保险险种，向社会公众提供着全面和丰富的保险服务。

美国保险市场上，保险公司的数量在世界各国是首屈一指的，但是，市场份额在众多保险公司之间的分布不均衡。为数不多的大型保险集团垄断了保险市场的经营，操纵着保险市场的走向。同时，众多保险人参与经营的保险市场，其竞争的激烈程度可想而知。竞争的结果，一方面是弱小保险公司的破产屡见不鲜，代之以新开业的保险公司，使得美国保险市场既保持生气，又动荡不定。另一方面是各个保险公司为了在保险市场中立足，迎合社会公众的投保需求而不断地推出新险种，改进原有险种，提高保险服务质量。

此外，美国的保险监管制度极具特色。与其联邦体制相适应，美国采取州监管、全国保险监督官协会监管和联邦政府监管并存，而以州际保险监管为主的模式。

美国的州际保险监管就是各州为政的形式。自 1869 年美国最高法院在“保罗诉弗吉尼亚”一案中裁判保险业务不构成州际贸易起，美国确认了州政府对保险业的监管权。首先，在立法方面，各州政府制定本州的保险监管法律，包括保险法令，保险法规及判例法等，建立保险公司的设立条件、经营范围、偿付能力及保险公司的合并、兼并收购、市场退出等环节的监管规则。其次，在司法方面，各州法院对于保单条款的解释和保险纠纷予以裁决。再次，在行政方面，则由各州保险监督官对于本州保险业行使行政监督权。

美国的全国保险监督官协会是 1871 年由美国的 50 个州、哥伦比亚特区和 4 个地区的首席保险监督官组成的。其主要职能是协调各州保险立法和监管机制以及交流保险监管经验，并致力于为各州保险监督官创造统一有效的监管办法，在美国保险监管体制中起着极为重要的作用。全国保险监督官协会的监管工作，主要是制定和公布示范法规，推荐给各州立法机关和各州保险监督官。虽然，此类示范规范一般被认为是代表保险监管方法的“目前水平”，但是，除非州政府将示范规范以法律法规形式颁布，否则不具有法律效力。同时，全国保险监督官协会还通过制定法定会计准则来指导各州保险监督官审核保险公司编制的季度、年度财务报表。

同时，美国联邦政府亦对保险市场行使相应的监管权力。1945 年，美国最高法院改变了前述 1869 年“保罗诉弗吉尼亚”一案中的看法，认为跨越州与州界线的保险交易构成“州际

---

① 1735 年处于英国殖民统治时期的美国始有英国人经营的保险业。

② 根据瑞士再保险公司 Sigma 的研究报告《2008 年全球保险状况》的统计，2008 年，美国保险市场的保险费收入为 12 410 亿美元，虽然比 2007 年下降 3.4%，但仍然排名世界各国的第一位。

交易”，故根据美国宪法的贸易条款应由美国联邦政府监管，相应地，美国国会于1945年通过了《麦克伦—福克森保险监管法》，在确认各州对保险业务监管权的前提下，规定各州监管范围以外的保险业务受联邦反托拉斯的管辖。此外，联邦政府还对某些保险险种和保险公司的保险经营方式实施监管。

(三) 日本保险市场

保险作为“舶来品”自19世纪60年代传入日本至今已超过150年，日本的保险业经过创立期和复兴期之后，随着日本经济在第二次世界大战后的崛起而快速发展和繁荣，已成为当今世界上仅次于美国的第二大保险市场。①

由于日本保险市场严格实行产、寿险分别经营的原则，同一家保险公司不能同时兼营财产保险②和人身保险，因此，日本保险市场又分为财产保险市场和人身保险市场。其中，财产保险市场，主要经营汽车保险、火灾保险、海上保险、航空保险、地震保险、责任保险、长期综合保险、重大活动综合保险等，尤以汽车保险的普及率最高。此外，因人身意外伤害保险和健康保险的业务归属尚有争议，许多财产保险公司也经营此类保险业务，使得人身意外伤害保险成为财产保险市场一大险种。而人身保险市场则主要经营人寿保险、年金保险、人身意外伤害保险和健康保险。不仅险种众多，并且，不断推出新的险种，形成了储蓄型保险比重日渐增大、综合性生活保障险种颇受欢迎的特点。

日本保险市场上的人寿保险普及率是世界最高的，达到全国人口的90%以上，也是最大的人身保险市场。经营人寿保险业务的保险组织，包括相互保险公司、股份有限公司、邮政简易保险局，而农业协同组织联合会和员工消费合作社也经营寿险业务。日本的人寿保险业务之所以称雄世界，取决于其人身保险市场存在的展业、理赔、经营管理诸多方面的健全体系。而先进科学的管理方法、周到细致的保险服务和广泛多样的宣传，更是各家保险公司在竞争中得以发展的手段。

随着日本经济的发展和社会需求的变化，出现了保险业与其他金融业相互渗透的倾向。不论是财产保险业还是人身保险业，都将新险种的开发重点指向储蓄型保险，诸如储蓄型夫妇综合保险、储蓄型生活综合保险等，是兼有“保险补偿（给付）”和“储蓄”两种职能的保本分红险种。

日本保险市场的监管属于严格监管模式，国家的保险监管机关是大藏省。保险公司的设立、经营范围、险种开办、保险条款、保险费率、资金运用等都需经大藏省批准。1996年4月，为了适应欧美各国保险监管改革的潮流，日本政府颁布新的《保险业法》替代了1940年的旧《保险业法》。新《保险业法》在一定程度上放松了保险监管的限制，以利于促进保险市场的竞争和保护被保险人利益。例如，由保险市场准入的严格限制转为对保险公司的偿付能力的监管，由对保险公司的严格保护转向允许破产，由保险费率的严格监管转向逐步市场化等。

---

① 根据瑞士再保险公司Sigma的研究报告《2008年全球保险状况》的统计，2008年，日本保险市场的保险费收入为4 730亿美元，位居世界第二。

② 在日本保险法上，财产保险被称为损害保险，人身保险被称为生命保险。

但是，进入 20 世纪 90 年代后半期，受多种因素的影响，日本的保险市场经历繁荣发展的“泡沫经济”后，出现了保险公司频频破产倒闭现象，对日本保险业形成了极大的冲击，尤其是在 1997 年“亚洲金融危机”的影响下，日本保险市场的经营状况急剧恶化，至 2008 年，日本保险市场的保险费总收入、寿险保险费收入、非寿险保险费收入的实际增长率均呈负数。其中，寿险的保险费收入已从多年来的魁首地位退居为第二位，仅为 3 670 亿美元。探究其背后的原因，可以为中国保险市场的持续稳定发展提供有益的经验。

【知识链接】

反垄断——中国保险市场发展中需解决的新问题

在中国保险市场深化发展的过程中，一个引人关注的话题引发了需要重视的新问题，2012 年湖南省工商行政管理局查处保险行业首例垄断案件。其查明的主要案情是，湖南部分市、州的保险行业协会组织相关保险公司达成垄断协议，并据此成立新车保险服务中心作为经营新车保险的平台，要求所有的新车购买者到新车中心投保新车保险，并明确和实施了新车调控计划，划分新车保险市场份额。湖南省工商行政管理局认定，上述行为构成垄断行为，违反了我国《反垄断法》的相关规定，限制了保险市场的公平竞争，限制了投保人自由选择投保新车保险的地点和渠道的合法权益。因此，该垄断行为被叫停，相关的垄断协议已经停止执行，并对部分涉案单位处以 170 万元行政罚款。无独有偶，2013 年 3 月中旬，随着撤销铁道部消息的落定，携程网便推出名为“铁保行”的火车票代购业务，但是，其附加的条件是代购一张火车票都需绑定购买 20 元的交通意外保险单。有人指认此一捆绑代购行为违反了《保险法》规定的自愿原则。① 笔者认为，该行为是否还构成我国 2008 年 8 月施行的《反垄断法》所禁止的滥用市场支配地位的行为确实需要依法认定。

上述两个事例给出一个提示，中国保险市场深化发展过程中遭遇垄断与反垄断是急需解决的新问题，应当引起保险监管机关和参与保险市场经营活动的保险公司、保险中介机构的重视，以防止出现我国《反垄断法》所禁止的垄断行为，维持正常的保险市场竞争秩序，保护广大保险消费者的合法利益和社会公共利益。

这并非耸人听闻，而是我国保险市场深化发展中难以回避的问题。因为我国保险市场是中国社会主义市场经济的组成部分，根据各国市场经济发展的经验，垄断和竞争就是存在其中如影随形般的“孪生兄弟”。竞争和垄断是众多商品生产经营者在一定的市场条件下为争取有利的市场地位或者谋求高额的经济利益而形成的经济利益冲突的具体表现。其中，竞争是商品的生产经营者为了取得便利的生产经营条件——占有市场地位或者争夺客户群体而进行的相互排斥活动。而垄断则是商品的生产经营者对有利的生产经营条件的独占活动或者寡头性控制。两者在市场经济条件下相互作用，此消彼长。市场竞争排斥着市场垄断，其结果是市场参与者之间的优胜劣汰。而垄断的结果则是阻碍和破坏了有序的公平竞争，加剧了各个商品生产经营者之间和商品生产经营者与消费者之间的利益冲突和社会矛盾。

就当今的中国保险市场而言，约 150 家保险公司和为数众多的保险中介机构参与保险经营

① 于平．“火车票代购”岂能捆绑保险．新京报，2013-03-13（A03）．

活动，基于各自的经济利益，相互之间开展市场竞争是在所难免的。因此，正当的竞争具有积极作用，它以可能给保险经营者造成失败的压力为前提，最大限度地调动保险市场上众多保险经营者的积极性，促使其不断完善保险经营的管理水平，通过不断开发新的保险产品和经营手段、经营方法等，在优胜劣汰的竞争环境中争取优势地位，实现社会资源在保险市场上的合理配置，从而使保险市场的经营活动充满生机活力、健康有序地发展，并为广大的保险消费者提供高水准的保险服务。

但是，保险市场上的竞争固有的副作用亦不可否认，即竞争使得保险经营和保险资本运行趋于集中而带来一定的规模经济效益，由此便形成市场垄断。由于市场垄断排除或者限制了正当的市场竞争，使得竞争机制的作用难以正常发挥，结果是因垄断价格或者垄断经营行为导致市场经济活动失去活力，限制了保险产品的创新，降低了保险服务质量，损害了保险消费者的利益和社会公共利益，故垄断行为实际是保险市场经营和发展的客观障碍。为此，我国保险市场的稳定发展，需要充分利用和发挥市场竞争的积极作用，而限制和避免市场垄断的负面影响。

因此，正确处理市场竞争与市场垄断问题才能够兴利除弊，一方面充分发挥市场竞争的积极作用，使其成为促进我国保险市场稳定有序发展的推动力；另一方面减少甚至杜绝市场垄断的出现，避免因其消极影响而阻碍保险市场的进步和发展。在此意义上，我国《反垄断法》同样适用于我国保险市场。这就是说，在我国保险市场不断发展的大环境下，参与保险市场活动的各家保险公司和中介机构实施的市场经营行为，已经不再是孤立的、仅仅关系其自身经济利益的个体行为，而是属于现代市场环境下社会再生产链条中的一环节，与整体市场经济秩序息息相关。因此，保护正当的市场竞争活动和垄断行为的禁止应当成为我国保险市场之监督管理制度的组成部分。

第二节　保险业组织类型

保险业组织，是指在保险领域内，依法设立，专门经营保险业务的组织或个人。它们在保险市场中就是保险商品的供应者，即保险人。由于各国经济、文化、民族传统的不同，彼此保险市场的发达水平和复杂程度不尽相同，保险业者用以经营保险业的组织机构形式亦不相同，因此，保险组织在各国保险市场上的类型就不一样。当然，作为保险监管的内容之一，保险组织的类型是由法律加以规定的。

一、政府保险组织

政府保险组织就是由国家政府设立的经营保险业务或者授权经营保险业务的机构，又称公营保险组织。

政府保险组织的存在，主要出于以下几种原因。

第一，为了实现国家的社会政策而由国家或地方政府设立保险机构来经营相应的保险业务。例如，各国为了实现本国的进出口政策，鼓励出口商拓展海外市场，增加出口创汇而向出口商提供的出口信用保险，大多是由政府直接经营或政府授权的保险机构来经营。像英国的出口信用担保局、美国的进出口银行即属于此类保险组织。中国政府于 2001 年 12 月 18 日设立的专营出口信用保险的中国出口信用保险公司也应纳入政府保险组织的范畴。

第二，由于经营成本较高而微利甚至亏损，致使一般的商业保险组织不愿意经营某些保险业务，而社会生产和社会生活又不可缺少其所提供的保障，故国家或地方政府设立保险机构，专门经营此类保险险种。农业保险就是典型实例。鉴于农业保险面对的风险复杂多样，出险率高，赔付率高，且经营技术较为复杂，很多国家采用官营或官助民营的方式进行经营。例如，日本的森林火灾保险即由政府经营。而在中国，虽然农业经济的发展水平因地区差异而不平衡，但对农业保险的保障需求却是共同的，因此，由政府设立政策性保险组织与合作保险组织相结合便是中国农业保险的发展方向。

第三，很多国家，尤其是发展中国家为了本国保险市场的稳定，防止私营保险组织垄断保险市场，或者为了便于保险市场的监管，防止保险资金的外流，需要政府建立保险组织来控制保险市场的发展方向，推行保险国有化的政策。例如，曾经跻身于世界最大 50 家保险公司排名榜的法国综合保险集团和巴黎联合保险公司均是自法国 1946 年的保险公司国有化后逐步实现国有的，国家是唯一的股东，其董事长、总经理均由国家财政部任命。又如，印度综合保险公司是印度政府于 1971 年实行保险国有化时，接管了全国 107 个保险公司后成立的国家保险公司①，对促进印度保险业的发展发挥了重要作用。

政府保险组织具有诸多特点。

1. 政府保险组织一般都拥有国家或地方政府提供的雄厚资金，并且，在经营活动中十分重视其信誉，可以获得社会公众的信任和安全感，因此，政府保险组织以其拥有的经营优势而在保险市场中占有特殊的地位。

2. 政府保险组织的经营活动，大多不以营利为目的或者不以此作为主要目的，而是强调落实国家或地方政府的具体社会政策，注重社会效益。因此，政府保险组织经营的保险业务，一般采用固定保险费制度，而且，保险费率低于一般的商业保险。

3. 政府保险组织的经营活动，往往是依据国家或地方政府的法律政策而分布在全国或特定地区范围内，可以吸收众多的投保人，从而，其经营规模较大，业务活动较稳定。

4. 政府保险组织的经营方式，多以强制保险为主。由于强制保险一般适用于发生概率较高、覆盖面较广的危险事故，因而国家或地方政府为了维持社会的稳定而以法律手段赋予其强制力，多由政府保险组织负责经营。

政府保险组织经营的保险险种，按经营方式可归纳为两种：一是采取垄断经营的方式，即依据有关法律政策的规定，由国家保险组织专项经营，其他保险组织不得涉足。例如，日本的邮政简易人身保险就由日本邮政省垄断经营。美国的存款保险业务则是根据 1933 年的《银行保险法》的规定，由美国政府设立的联邦存款保险公司专营。二是政府保险组织与其他保险组织均可以经营的非垄断性保险业务。

---

① 印度综合保险公司下辖印度国家保险公司、新印度保险公司、东方保险公司和印度联合保险公司 4 个国有保险公司，并对这 4 家保险公司行使管理职能。

【知识链接】

为建设金融支农综合体系，组建中国农业再保险公司

2019 年 2 月 11 日，中国人民银行、中国银保监会、中国证监会、财政部和农业农村部联合发布的《关于金融服务乡村振兴的指导意见》明确指出，要持续提高农业保险的保障水平，落实农业保险大灾风险准备金制度，组建中国农业再保险公司，完善农业再保险体系。

组建中国农业再保险公司，具有重要意义。由于目前我国农业保险的巨灾风险分散机制还不够完备，成立中国农业再保险公司有助于进一步完善我国巨灾风险分散机制。因为，农业风险的一大特点，就是容易发生系统性风险，一场大灾往往影响范围很广，灾害影响巨大。这不仅会给农业生产单位和农业生产者造成大范围的、严重的损害结果，而且会影响到直面农业生产单位和农户的原保险机构的偿付能力和财务方面的稳定性，甚至影响到这些农业保险机构对高风险地区和高风险农业生产活动的承保积极性。因此，中国农业再保险公司的成立就可以借助其充足的再保险基金，通过再保险合同来进一步分散这些原农业保险公司名下的承保风险，强化各自的农业保险偿付能力，稳定实现农业保险的对大灾损害的补偿目的，稳定农业生产秩序。可见，中国农业再保险公司的成立，让我国农业保险的巨灾风险分散机制得以健全，也完善了我国农业保险体系。

当前，我国共有 5 家专业性农业保险公司，分别是安信农业保险股份有限公司、国元农业保险股份有限公司、中原农业保险股份有限公司、安华农业保险股份有限公司和阳光农业相互保险公司。从中国银保监会公布的近三年的数据来看，这 5 家经营农业原保险业务的专业保险公司的原保险保费收入均保持了两位数增长，2016—2018 年的原保险保费收入分别为 417.71 亿元、479.06 亿元、572.65 亿元，分别同比增长 11.42%、14.69%、19.54%。而截止到 2018 年，中国保险业中仅有的 5 家再保险公司分别是成立于 1993 年的中国再保险公司［全称“中国再保险（集团）股份有限公司”］、成立于 2015 年的太平再保险公司、成立于 2003 年的中国人寿再保险有限责任公司、成立于 2016 年的前海再保险股份有限公司、成立于 2017 年的中国人保再保险股份有限公司等，而尚没有专业的农业再保险公司。众所周知，借助再保险人来在保险业内进一步分散风险，是保险市场上的一种通行的业务，特别是对于大灾风险概率更高的农业保险而言，专业的再保险公司所经营的农业再保险业务的存在，向经营农业原保险的保险公司提供再一次分散承保风险的手段尤为重要，它能够使经营农业原保险业务的保险公司不致因一次农业大灾形成过大的农业生产损失而产生过大的农业保险赔付责任压力，影响其正常的保险业务活动。故而，组建中国农业再保险公司恰恰可以填补我国再保险领域的空白，健全我国的农业保险体系，实现金融支农的目标。

正是在此意义上，上述 5 部委发布的《关于金融服务乡村振兴的指导意见》将组建中国农业再保险公司纳入探索建立金融支农综合体系的高度，是将其作为与农业补贴、涉农信贷、农产品期货（权）并存的联动机制而实施的具体举措。

二、保险公司

保险公司是由若干投资人共同出资成立公司，专门经营保险业务的保险组织。在市场经济条件下，公司作为现代企业的典型形式，是具有法人资格，独立从事商品生产和经营的经济实体，如今，它已成为各国保险业普遍采取的保险组织类型。根据我国《保险法》的规定精神，只承认保险公司为保险人的组织形式（第10条第3款）。

概括各国保险市场的情况，根据投资人的投资方式和承担责任的性质以及保险经营机制，保险公司包括股份有限保险公司、相互保险公司和自保保险公司等种类。

（一）股份有限保险公司

股份有限保险公司是世界各国保险业存在最多的组织形式。它在18世纪末被保险业所采用，随着市场经济的发展和保险业的不断完善，股份有限保险公司已成为保险组织的重要类型。以美国为例，其保险市场中，经营人身保险业务的保险机构约有90%为股份有限保险公司，而财产保险及责任保险业务的2/3来自股份有限保险公司的经营活动。1720年成立的英国皇家交易保险公司和伦敦保险公司是目前尚存的最古老的股份有限保险公司。

股份有限保险公司是通过投资者购买股票来募集保险公司的资本，投资者以其认购的保险公司的股份为单位享有股权，并承担债务责任。当然，为了确保股份有限保险公司的偿付能力，维持稳定的保险经营秩序，保险业法对其公司资本规定了高于其他行业的最低限额，因此，公司法和保险业法就成为股份有限保险公司成立和从事保险经营活动的依据。

之所以采用股份有限公司的形式经营保险业，是因为股份有限公司的组织模式、投资方法和经营机制十分适合保险经营的特点。一方面，保险业向社会提供的保险商品是以保险保障为内容，涉及各类危险事故，基于危险的集中和转移的保险运营机制，众多投保人将各自面对的危险集中于保险经营者一身，寻求危险的转移。显然，要充分实现该保险职能，就要求保险经营者以雄厚的经济基础来保证其应有的赔付能力。股份有限公司凭借其发行股票的方式，公开向社会募集公司资本，股票认购者仅以其所持股份对公司债务承担责任，因此，它可以广泛吸收社会资金积聚成符合保险业法规定的巨额的公司资本。因此，股份有限保险公司拥有雄厚的财力，能够确保其赔付能力，充分保障被保险人的利益。另一方面，保险业经营具有复杂的专业技术性，需要有经过专业培训、具有保险业知识和专门经营经验的经营管理人。股份有限公司的经营管理机制与保险经营的特点正相适应。因为，股份有限公司基于所有权与经营权相互分离的经营机制，确立了投资者行使股权，决定公司经营方向等重大事宜，而具体的经营活动由公司所聘用的专业管理人员具体实施的模式。因此，股份有限保险公司得以维持正常的保险经营秩序，提高经营管理水平和市场竞争能力。

与其他各类保险组织相比较，股份有限保险公司具有如下特点。

1. 在现代保险市场上，股份有限保险公司是保险商品的主要经营者，以追求赢利为目的。

2. 股份有限保险公司能够吸引社会公众的投资，具有雄厚的公司资本，可以确保其赔付能力，并以较强的市场竞争能力保证实现其营利性。

3. 股份有限保险公司作为现代企业典型代表，其组织机构健全，经营管理人员的专业技术水平较高，可以提高其保险经营活动的管理水平和业务效率。

4. 股份有限保险公司也存在局限性。基于其追求赢利的目的，其在保险商品供给上就有选择性，排斥微利或亏损的险种，使其保险保障的范围受到限制。即使是其经营的保险险种，也因营利目标的要求而对风险控制过严，赔付条件过于挑剔，导致股份有限保险公司的商业保险费率高于其他保险组织类型。

（二）相互保险公司

相互保险公司是保险领域内特有的公司类型，它是由具有相同保险需要的社会成员作为股东，以交纳保险费方式出资建立保险基金，同时，他们又均作为被保险人，相互之间通过保险公司接受保险保障的保险组织。

与股份有限保险公司相比较，相互保险公司具有诸多特点。

1. 相互保险公司的参与者既是公司的投资者（称为成员或会员，并非股东），又具有投保人和被保险人的双重身份。因此，相互保险公司的成员既是保险保障的供给者，又是保险保障的购买者，当保险关系终止时，会员资格随之消失。基于该特点，公司成员的利益与被保险人的利益融为一体，避免了一般商业保险中存在的保险人与被保险人之间的利益冲突，可以有效防止商业保险中的道德风险。

2. 相互保险公司从事保险活动的目的不是营利，属于非营利的法人组织。其设立目的是在相互合作基础上彼此之间提供保险保障。因此，相互保险公司不接受公司成员以外的保险业务，而仅以公司成员作为被保险人，运用公司成员积聚的保险基金对于因保险事故而遭受损害的公司成员予以赔付。可见，相互保险公司名为公司，实际上是合作性保险组织。相互保险公司的非营利性，可以减少保险费中包含的预期利润，从而降低保险费，压缩经营成本。

3. 相互保险公司的组织机构包括成员大会或成员代表大会、董事会和监事会。其中，成员大会或成员代表大会是公司的最高权力机构，兼具投保人和被保险人身份的公司成员或成员代表通过行使表决权决定公司事务。

4. 相互保险公司的经营资本（基金），主要来自各个公司成员所交纳的保险费之和（除了公司成员参加公司之时认购公司基金作为创立费用以外），各个公司成员以其交纳的保险费为限承担责任。相互保险公司若运用上述基金在经营中产生盈余，则或者拨作公积金及法定准备金，或者以“保单红利”的名义分配给公司成员（保单持有人）。反之，若公司经营有亏损时，则或者由公司成员（保单持有人）以分摊保险费的方式弥补，或者是采取减额赔偿（削减部分保险金）等方法加以解决。显然，因公司成员既是被保险人而接受保险保障，又作为保单持有人参与公司经营盈余的分配，所以有利于增强他们对公司经营状况的关心和责任心。

5. 相互保险公司的经营方式比较灵活，通常有：第一，摊收保费制。在签发保险单时，按支付费用和赔偿小额损失所需，只收取小额保费，若所收保费不足以支付费用与赔偿损失时，由公司成员（保单持有人）按其保险金额的比例摊缴，公司成员（保单持有人）的摊缴责任，可以是有限的，也可以是无限的。这是一种古老的经营方式。第二，预收保费制。公司按支付一切损失和费用所需以及一定的盈余水平，在签发保险单时，向公司成员（保单持有人）收取保险费。若有超过上述收费的损失，仍由公司成员（保单持有人）补交相应的保险费。这是相互保险公司现行的主要经营方式。第三，永久保险制。此种经营方式的特点是一次缴纳保险费，保险长期有效。因此，相互保险公司为此签发的保险单无终止期，当然，公司成员（保单持有人）在参加公司（签发保险单）时，应缴纳巨额保险费，并以由该保险费产生的投资收益支付经营费用和赔偿损失。若有盈余则公司成员（保单持有人）可以分取红利。适用永久保险制的保险合同可由双方当事人随时终止，公司成员（保单持有人）可在保险合同终止时收回签约时缴纳的保险费。永久保险制在相互保险公司中的适用受到严格限制。

显然，相互保险公司基于上述独特的组织机制和经营机制，对于保险业的发展具有独到的作用。根据各国的实践，相互保险公司较多地适用于保险期限较长，投保人、被保险人变动不大的人身保险，或者是微利甚至亏损的保险险种，如农业保险。中国保险市场的多样化和中国各地经济发展的不平衡性，决定了应当为相互保险公司留有一席之地。

（三）自保保险公司

自保保险公司，又称专业自保保险公司，是指非保险业的企业或跨国公司以自行保险为目的，作为母公司全额出资设立的专为其母公司提供保险服务的保险机构。因此，自保保险公司是附属于母公司的保险组织。它是企业为避免不合理税收而决定自留风险的技术性产物，也是企业利用内部资金进行风险融资的高级形式。

非保险企业之所以设立自保保险公司往往是出于自身利益的考虑：(1) 处置自留危险获取全面充分的保险保障。企业在生产经营中会面临各种各样的危险。其中，有些危险是为一般商业保险公司不予承保的危险，则构成自留危险。同时，即使是一般保险公司承保的危险，也因保险合同约定的免赔额和保险限额以上的超额危险，而需由企业自行承担某些风险。自保保险公司可以为此提供保障。(2) 节省保险费支出、降低经营成本。随着社会经济的发展，企业面临的风险日益复杂化、多样化、保险保障的需求亦不断扩大。如果全部向商业保险公司投保，势必要支出大笔保险费，增加经营成本。而企业自己投资设立自保保险公司，不仅所需费用低于对外投保所需交纳的保险费，减少其中附加费用的支出，降低企业经营成本，还能够使企业在危险事故发生后及时得到补偿，迅速恢复生产，并可以避免在保险中的道德风险。

自保保险公司的历史可以追溯到 19 世纪中后期的英美，尤其是以 1893 年第一家真正意义上的自保保险公司——纽约信用保险公司为标志，至今已有百余年历史。不过，自保保险公司的真正兴起则始于 20 世纪 60 年代，截止到 2007 年年底，全球的自保保险公司已超过 5 100 家，《财富》列出的 500 强企业中有 70%的企业设立了自保保险公司。

与一般的商业保险公司相比较，自保保险公司虽然也是运用保险原理和经营手段从事保险活动，但是，它主要承保母公司的自留风险的保险业务，并通过再保险将一部分风险转移给其他保险公司。在我国，原新疆兵团保险公司就具有类似自保保险公司的性质，但自 20 世纪 90 年代开始，有能力的自保保险公司已将其经营范围扩大到母公司系统之外，向母公司以外的企业提供保险服务，甚至呈现出与传统保险公司相互竞争、相互促进的趋势，故将其列为保险组织的一种。

应当说，自保保险公司以其特殊功能，已在保险市场上占据一席之地，它的出现和发展，加剧了保险市场的竞争程度。仅以自保保险公司最发达的美国为例。其国内最大的 500 家公司中，拥有自保保险公司的占 90%，其经营的保险业务约占美国工商企业财产保险市场 30%的份额。

我国的保险业起步较晚，《保险法》仅确认了一般的商业保险公司，企业的自保途径主要是自保基金，如现有的铁路保价、邮政保价和交通运输行业的车辆安全统筹基金。因此，需要考虑借鉴国际上的经验，鼓励发展包括自保保险公司在内的多种类型的保险组织。

【知识链接】

自保公司在中国的存在和发展

自保公司是指非保险业的大型企业投资设立的附属保险机构，是一种专门为其母公司提供保险服务的组织形式，又称“专业自保公司”“自营保险公司”等。按其投资关系，自保公司一般情况下归属于其母公司，母公司的保险需求和保险决策直接影响和左右着自保公司的自保业务运营。而就其服务宗旨而言，自保公司的设立目的，是服务于母公司的保险需要，为母公司及其下属公司提供保险服务，包括直接承保母公司及其下属公司的保险保障，或者间接地向其母公司及其下属公司的风险处置提供再保险服务。

可见，自保和购买一般的商业保险是企业公司进行风险处置的两种不同财务处理方法，与一般商业保险相比较，自保不仅可以降低保险成本，并借助所在地国家或者地区针对自保活动的税收优惠政策来节省税收支出；更能够通过自保公司的承保而获取大于商业保险公司承保范围的保险保障，并由于采取风险自留形式而促使其提升减灾防损的意识。相对于商业保险而言的自保机制出现于19世纪中期，例如，美国的船舶所有人为对抗劳合社的海上保险的限制而于1840年成立的体现自保意识的大西洋相互保险社。至于设立专业自保公司则始于20世纪20年代末到30年代初，直到20世纪60年代才得到普及发展，而借80年代中期肇始于美国商业保险市场的责任保险危机挫伤购买商业保险积极性的时机，自保公司达到空前发展，众多跨国公司都选择在保险税负较轻的国家或者地区设立自保公司。到2007年，全球的自保公司超过5 100家，在自保公司最发达的美国，500家最大公司的90%都拥有自保公司，英国的200家最大公司中80%拥有自保公司。

中国大地上出现自保公司，是我国社会主义市场经济深化发展的客观需要，也是中国保险市场走向成熟的标志之一。2000年，中国海洋石油总公司（简称“中海油”）采取与国际接轨的保险集中管理的模式，率先由其下属的2家海外全资子公司共同出资在香港注册成立一家自保公司——中海石油保险有限公司，专业负责承保中海油及其子公司、分公司日常经营活动中涉及的各项风险，其十余年的运行经验证明自保公司作为我国大型企业进行风险管理措施的必要性和可行性。而据2012年9月的媒体报道称，中石油已然获得中国保监会批准，筹建我国内地第一家专业自保公司，并于2013年年底开始正式经营，这表明自保公司在我国经济领域中即将出现因国内大型企业设立而增多的情况。

需要指出的是，虽然中国保监会已经在《中国保险业发展“十二五”规划》中提出“试点设立自保公司，丰富市场主体组织形式”，但是目前国内尚无有关自保公司的法律法规、有关自保公司的税收政策不明确、对于自保公司的监管职责不清晰等因素，势必影响到自保公司在我国的发展，加之，自保公司虽能产生一定的积极作用，但也存在相应的风险，尤其是受限于国内企业的规模和财力，故我国未来自保公司的扩容还需时日。

三、合作保险组织

合作保险就是由社会上需要保险保障的个人或者单位共同出资，共同经营相应的保险业务，用以满足其成员的保险保障需要的保险经营方式，合作保险组织属于非营利的保险组织。

参加合作保险的成员所组成的保险组织即为合作保险组织。合作保险组织与保险公司相比较，最大的特点是其作为一种保险组织是否具有法人资格取决于各国的法律规定。其中，多数国家的立法认定其不具有法人资格。合作保险组织的具体形式包括相互保险社、保险合作社[①]和交互保险社。

（一）相互保险社

相互保险社是指针对一定的危险而具有同一保险保障需求的个人或单位组织以交纳会费的方式所组成的合作团体。其成员既是被保险人，也是保险人，他们相互之间提供保险保障。当某个成员因发生危险事故而遭受损失时，则由全体成员共同分担。相互保险社的经营特殊性在于其没有股本，只有保险费形成的保险基金。其成员交纳的会费就是保险费，而保险费的计算并无数理基础，而是由各个成员按照赋课方式预付。如果实际赔偿和费用超过预交的保险费，由各个成员按应摊数额补交。应当说，相互保险社是保险组织的原始形式，作为独立法人的相互保险公司就是由其演变而来的。在当今的欧美各国，相互保险社仍然相当普遍。它们的经营范围较为广泛，涉及海上、火灾、农业、人寿等险种。目前，英国的人寿及遗族公平保险社（简称“老公平”）称得上是迄今最古老的相互保险社[②]，欧洲的船东互保协会是相互保险社的典型范例，而涉及日本99%以上农户的各个县级农业共济社亦属于相互保险社。

（二）保险合作社

保险合作社是按照地域或者按照行业，由社员以投资入股的方式自愿组成的共同经营的合作保险组织。

保险合作社与相互保险社相比较，具有如下特点：首先，保险合作社一般具有法人资格，其社员限于自然人。其次，保险合作社的资金来自社员投入的股金（该股金不具有保险费的性质），全部股金形成保险合作社的保险基金。各个社员无须分摊保险费。再次，保险合作社是较为稳定的合作保险组织。社员与保险合作社之间基于投资入股形成的股权关系（社员权关系）必然存在。但是，社员与保险合作社之间并不是保险关系，除非社员与保险合作社之间另行签订保险合同，并依约定另行交纳保险费。而该保险合同关系终止后并不影响社员的身份。最后，保险合作社的组织机构包括社员代表大会、理事会和管理委员会。其中，社员代表大会是决策机构，理事会是常设执行机构，管理委员会则是保险合作社的业务管理机构。

（三）交互保险社

交互保险社是指具有保险保障需求的若干个人或单位组织作为社员相互约定交换保险的保险组织。例如，甲、乙、丙作为交互保险社的社员，约定各自以30万元交换保险。从而，甲、乙、丙各自即以30万元为限度，将其面对的风险分散给其他社员，同时，又均以30万元为限

---

① 对于相互保险与合作保险的关系，学者的观点不一。有人认为相互保险与合作保险是两种不同的保险经营方式；有人认为合作保险是相互保险的一种；有人认为相互保险是合作保险的组成部分；也有人认为相互保险就是合作保险，仅是用语不同而已。

② 人寿及遗族公平保险社成立于1756年，1762年开始营业至今，其开创的许多保险规则已成为人寿保险业的标准经营规则。其区别于人寿保险公司的最大特点是没有保险代理人。

度，对其他社员承担保险责任。

交互保险社作为合作保险组织的具体类型，产生于1881年的美国，是美国非法人型保险组织的主要形式。尤其在火灾保险和汽车保险中适用较多。例如美国的联合服务汽车保险协会即为交互保险社。交互保险社与相互保险组织有相似之处——在社员范围内相互交换保险，但又自有特点。

1. 交互保险社不具有法人资格。其社员可以是个人、公司或合伙组织，各个社员均以其独立名义在约定金额限度内承担保险责任，而不是分摊保险责任。为此，交互保险社为每个社员建立独立账户，分别计算应交费用或分红。

2. 交互保险社并无股本金和责任准备金，其保险基金是通过赋课制，由各个社员交纳保险费形成的。交互保险社的盈余，有的是将其全部作为不可分割的社有财产，社员不能分取，退社时亦不退还。专门承保汽车险的交互保险社多如此。也有的是保留一部分盈余金，以维持法定最低资本，其余的由社员分取。经营火灾险的交互保险社即如此。

3. 交互保险社的经营方式，一般是委托具有法人资格的代理人代为经营。即每个社员在向交互保险社投保时予以书面授权，由该代理人负责处理有关保险的一切事务。经营费用和代理报酬，由交互保险社承担。交互保险社选举代表组成指导委员会，监督代理人的业务活动。

实例枚举

中国保监会批准筹建首批相互保险社

自2015年6月，国务院提出“发展相互保险等新业务”以来，中国保监会把引入和发展相互保险作为推动行业供给侧结构性改革的重要内容。这意味着相互保险作为我国保险市场主体的补充而进入，与股份制保险公司相互促进、公平竞争，共同推进保险行业的发展，满足社会公众日益提升的多元化保险需求，扭转了我国保险市场上保险组织形式单一的现状，并与国际保险市场接轨。

概览如今的国际保险领域，相互保险已然是主流的保险组织形态之一。根据国际相互合作保险组织联盟的统计，截至2014年，相互保险组织的市场份额占全球保险市场总份额的27.1%，覆盖人口达9.2亿人。

在中国保险市场迅猛的现阶段，作为保险产品需求方的社会公众的保险需求势必不断扩大和深化，呈现出多元和多层次的状态，而提供保险产品的保险组织不仅要设计类型众多、内容多样化的保险产品体系，也要有丰富多样的保险组织类型。于是，发展相互保险组织正逢其时而应运产生，成为中国保险业发展趋势之一。互联网新技术在我国的迅速发展，也以其开放、协作、共享与分享的理念和运行覆盖范围广泛等特点，为相互保险在广大范围内积聚有同质风险保障需求的人群，实现其所提供的相互保险服务创造了便捷的条件。因为，相互保险的突出特点就在于，它是由具有相同风险保障需求的众多投保人在平等自愿基础上所组建的，以互相帮助、共摊风险为目标，实行民主管理的相互之间为自身提供风险保障的保险组织。

2016年6月22日，中国保监会批准了首批筹建的相互保险社，包括信美相互保险社、众惠财产相互保险社和汇友建工财产相互保险社作为试点。资料显示，信美相互保险社的初始运营资金达到10亿元人民币，由蚂蚁金服、天弘基金、汤臣倍健等9家主要发起会员负责筹集初始运营资金，针对特定群体的养老健康需求，开展养老和健康等长期保障型保险产品，提供普惠保险服务，实现金融的共享性和公益性。众惠财产相互保险社则是由前海金控、永泰能源、键桥通讯、昆吾九鼎等公司以及自然人所发起设立，初始运营资金为2亿元人民币，主要针对特定产业链的中小微企业和个体工商户的融资需求，开展信用保证保险等业务。至于汇友建工财产相互保险社，则以建工领域的风险保障需求为对象，创新开展了建筑工程合同履约保证保险业务，实现建筑工程合同履约的全过程风险管理。

需要强调的是，此类相互保险机构应当是不以获取利润为目标的。它与一般的商业保险公司是不同的，因此，不能把相互保险理解为追求赢利的投资行为，也不能假借保险的名义来营销互助计划，将两者相混淆，让消费者误以为互助计划就是保险产品或者是所谓“互联网+保险”的新型产品，避免让不良机构或者个人打着“互助计划”的幌子在微信、微博等互联网平台恶意骗取公众的钱款，扰乱正常的金融市场秩序。

四、个人保险商组织

个人保险商就是以个人名义承保，并以其个人财产向被保险人承担保险责任的保险经营方式。

纵观保险市场的历史，最初的保险业务，尤其是海上保险是由个人保险商经营的，并在相当长的时间内盛行于欧美各国。但是，随着社会经济的发展和保险市场的完善，个人保险商因受个人财力、经营能力和承保风险种类的限制而趋于被淘汰。目前，个人保险商仅在英国盛行，伦敦的劳合社是世界上最大的个人保险商组织。在美国，虽有仿效英国劳合社的个人保险商组织，称为美国劳合社，但是，由于美国各州的法律对其多加限制，甚至持禁止态度，故作用甚微。如今，仅在得克萨斯、纽约和新墨西哥三个州尚有存在，而不同于英国劳合社的是，美国劳合社中的个人保险商以其缴存的保证金额为限承担有限责任。

英国劳合社，全称为“劳合社保险人协会”（Lloyd's Underwriters Association）。其前身为劳埃德保险社，起源于由爱德华·劳埃德（Edward Lloyd）于17世纪末在伦敦泰晤士河畔经营的一家咖啡馆。当时，爱德华·劳埃德在伦敦泰晤士河边的塔街开办一家咖啡馆，因其临近海关署、海军部和海务局，有关海事消息比较灵通，吸引了许多船主、商人、保险人、经纪人等与海上贸易有关的人士。劳埃德抓住这一契机，于1696年9月自办发行了一份小报《劳埃德新闻》，登载顾客们感兴趣的海运消息。劳埃德咖啡馆因此成为传播航运消息和买卖海上保险的重要场所。1734年，劳埃德咖啡馆的新主人再度操笔，出版了集海商、航运、保险为一体的刊物《劳埃德动态》，至今已成为誉满全球的权威性商务报刊。1771年，因劳埃德咖啡馆场地狭小，179名保险人和经纪人商定每人出资一百英镑，另辟新址，成立专营海上保险的劳合社委员会。1774年，该委员会迁入皇家交易所，闻名遐迩的劳合社正式宣告成立。

19世纪初，因英国政府撤销了已达一百多年的特许权，故伦敦保险市场由伦敦保险公司和皇家保险公司垄断经营海上保险变为众多保险公司并存。劳合社适应形势的发展，逐步完善其内部结构和经营方式，形成了独特的组织形式。不仅在伦敦保险市场上重执海上保险的牛耳，还将业务范围扩大到各种非水险业务。1871年，英国议会通过《劳合社法》赋予劳合社以法人资格。其在海上保险中使用的《船舶、货物保险单》亦被列为英国《1906年海上保险法》的附件，成为标准的海上保险单。时至今日，劳合社历经两百多年的风风雨雨，已发展成为信誉卓著、规模巨大的个人保险商组织。

严格讲，劳合社并非保险公司，也不是合作保险组织。它不直接承保保险业务，而是由众多个人保险商集合而成的保险经营场所，实质上是一个类似于交易所的保险市场。它向作为其成员的个人保险商提供了从事保险交易的场所和相关服务，其业务范围涉及水险、非水险、航空险和汽车险等。因此，在劳合社中，每个个人保险商均彼此独立，自负盈亏，各自单独承保，并以个人的全部财产对自己承保的部分承担无限的保险责任。但是，对其他个人保险商的承保份额却不负保险责任。

劳合社的组织结构包括五个部分：劳合社会员、会员组合、会员代理人、保险经纪人和管理委员会。其中，会员就是经劳合社获准接纳，能够在劳合社范围内，以其个人名义和自有财产向被保险人承担保险责任的个人保险商。会员组合即为辛迪加（Syndicate），它是劳合社会员为接受保险业务的方便，根据承保业务的种类而由若干会员自愿组成的小组。各个会员组合的人数不等，均是以会员组合的名义在劳合社市场上接受保险业务，各自编制独立的账单。会员代理人即承保代理人，他们运用会员提供的资金，在相应的会员组合中代理承保业务。保险经纪人则是在劳合社登记注册的，代表客户的利益与个人保险商洽谈投保事宜的中介人。管理委员会，是劳合社的管理机构。它由全体会员选举产生的16名委员组成，其职权包括审核新会员的入会资格，规定会员组合的承保业务量、审查会员组合的账目，为建立社团基金而向会员征收捐款、监督会员的业务经营情况等。

劳合社的经营方法较为独特，即客户与承保的个人保险人一般不直接接触，而是由保险经纪人作为中介人完成保险业务。即保险经纪人根据客户的投保要求，填写承保单，经劳合社的签单部审阅后，交给所选定的适合客户投保要求的会员组合。经洽谈后，先由该会员组合首席会员承保一定的责任份额，保险经纪人再找该会员组合的其他会员承保余下的责任份额，直至保险金额被全部承保。然后，保险经纪人向劳合社签单部换取其代表所有承保人签发的劳合社保险单，保险合同即行成立。可见，劳合社在经营中充分尊重会员的业务自主权，除了采取各种措施保证会员的偿付能力以外，不具体干涉会员的业务。各个会员自主决定承保的险种、份额比例和承保条件。

劳合社之所以信誉卓著，原因在于其严格的管理制度。劳合社对于会员的资格条件把握得十分严格。诸如，应当具备劳合社要求的个人诚信和个人财产；愿意以个人财产承担无限责任；须有两名或两名以上现任会员的提名推荐；提供一定的财产给劳合社作为保证金，由劳合社以信托形式予以管理；接受劳合社的业务监督和偿付能力的审计检查等。同时，劳合社对其保险经纪人的资格管理也极为严格。

进入20世纪90年代后，劳合社在新的经济形势和保险市场日益激烈的竞争中经历了一定挫折。其会员由3万余名下降到不足2.5万名（其中，英国籍会员占90%，外籍会员占10%），分成近400个会员组合。同时，在劳合社登记的经纪公司大约260家，还有分布在世界各地的500余名保险代理人。面对着机遇和挑战，劳合社正通过扩大业务范围，开辟新业务，实行多元化经营，并从国内市场向国外市场转移过剩承保能力以及减少中间人层次，降低经营成本等手段，维护其在世界保险市场中的重要地位。

五、中国保险市场上的保险组织

中国保险市场历经三十多年的发展，已经由最初的“三足鼎立”变成众多保险公司林立，正逐步进入稳定发展的阶段，这合于我国现行《保险法》只确认保险公司为我国保险市场上的保险组织类型，即“保险人是指与投保人订立保险合同，并按照合同约定承担赔偿或者给付保险金责任的保险公司”（第10条第3款）的规定精神。但是，伴随着中国社会主义市场经济的快速发展和经济改革的不断深入，我国保险市场不可能一成不变，而是发生着如下的发展变化。

一是保险市场上的保险组织类型已经呈现多样性。根据统计，截至2013年12月，活跃其间的115家中资保险法人机构中，已有10家集团公司、41家财产保险公司、43家人寿保险公司、1家农业相互保险公司、1家农村保险互助社、1家互联网保险公司、2家再保险公司和16家保险资产管理公司。此外，众安在线财产保险股份有限公司又于2013年9月29日获准开业，成为我国保险市场上第一张网络保险牌照；而2014年1月15日，经国务院批准成立的中国保险信息技术管理公司更成为保险市场信息化的标志。

二是保险市场更加广泛地向国外保险资金开放。截至2012年年底，我国保险市场潜在的发展空间和发展活力对于国外资金具有巨大的吸引力，具体表现是，已有涉及9个国家或者地区的50家保险公司在华投资设立子公司或分公司（21家为财险公司，29家为寿险公司），有涉及21个国家或者地区的127家保险机构在华投资设立147处代表机构。这一现象充分反映出中国保险市场的生命活力，有利于促进公平竞争秩序的发展。

三是保险机构向专业化发展。应当说，专业化发展是保险市场深度发展的体现，中国保险市场的现状证明它正逐步呈现专业化的色彩。就这些保险组织的演进过程而言，从最初的综合保险组织转变为分别经营的财产保险公司和人寿保险公司后，又逐渐出现了专营农业保险、汽车保险、责任保险、养老保险、健康保险以及财产再保险、人寿再保险的专业化保险公司，更有专门从事保险资产管理、保险保障基金管理和保险信息技术管理的专业化公司。这完全符合了保险市场深度发展对于专业分工和专业经营的要求，有利于提高保险经营的效果和保险资金的利用率，实现保险经营风险的有效控制。

实例枚举

2014年1月15日，由中国保监会依法实施管理的中国保险信息技术管理有限责任公司（简称“中国保信”）正式成立，目的是加强我国保险行业的基础设施建设，全面提升保险业经营管理的信息化水平。中国保信作为我国保险业首家“大数据”公司，是由中国保险保障基金有限责任公司独家出资20亿元设立的，其基本目标是建设一个集中统一、设计科学、功能完善、安全高效的保险信息共享平台，为我国保险业的发展和监管提供信息服务。该公司设立后的首要工作就是接管全行业现有的车险信息平台业务，包括中国保险行业协会的和其余13个省（市）分别设立的车险信息平台，有望于2014年实现全国数据大集中。公司下一步的工作重点就是统一规划，建设保险行业的共享信息平台，并逐步建设多个支持性平台，使得信息共享平台成为全行业保险生产的支持平台，既能够整合保险行业的信息资源，防止因分散建设而造成信息资源的浪费和各个保险公司的分头应对，又可以在保险行业范围内统一数据标准化，实现全行业信息资源的互联互通和系统性收集，便于各家保险公司之间的数据共享。显然，随着中国保信以主力军角色的加入，我国保险领域的信息化建设将呈现新的变革局面，推动中国的保险服务从传统模式走入现代模式，更具有时代特征。

【知识链接】

保险公司与“风险资本管理方法”①

“风险资本管理方法”是美国保险监管体系所采用的新的监管手段。1992年年底，美国全国保险监督官协会提出了一个新概念，即“风险基准资本”，是指以保险公司实际承担的各种风险因素计算其所应具有的资本额度和盈余水平，构成风险资本管理方法。与传统的保险公司的资本和盈余的监管方式相比较，“风险资本管理方法”的突出特点在于将保险公司的资本监管从静态标准转变为动态标准。因为，按照传统的监管方式，无论各个保险公司的规模大小和所承担风险的性质如何，要求保险公司的资本规模不得低于统一的最低资本限额标准。而“风险资本管理方法”，则针对保险公司各自的经营规模和面临的风险情况，分别计算各个保险公司的资本数额。

作为“风险资本管理方法”的内容，美国全国保险监督官协会按照不同的风险系数（财产保险的五个风险系数和人寿保险的四个风险系数），分别制定了财产保险公司和人寿保险公司两类风险资本模型。相应地，在适用风险资本监管时，美国保险监督官根据保险公司的风险资本与其实际资本之间的比例的不同的水平，实施不同的监管措施，具体包含四个层次：一是财产保险公司的上述比例为100%～200%，寿险公司为75%～100%时，保险公司自我管理，保险监督官监督审核；二是财产保险公司的上述比例为100%～150%，寿险公司为50%～75%时，保险监督官主动干预，保险公司予以配合；三是财产保险公司的上述比例为70%～100%，寿险公司为35%～50%时，保险监督官有权接管保险公司；四是财产保险公司的上述比例为70%以下，寿险公司为35%以下时，保险监督官强制接管，保险公司进入重组或清算程序。

问题与思考

1. 阐述保险市场的构成要素。
2. 世界主要保险市场各有什么特点？
3. 保险组织的类型有哪些？
4. 阐述各种保险公司的特点。
5. 劳合社对于我国保险业组织的发展有什么借鉴意义？

---

① 陈欣．保险法．北京：北京大学出版社，2000：277.

第十七章

保险中介制度

本章概要

保险中介制度是国际保险市场上普遍适用的制度，甚至在很多国家的保险市场上是不可缺少的组成部分，形成了相对独立的保险中介市场，从而，保险中介法律制度便成为保险业法的重要内容之一。概括各国的保险实务，保险中介主要涉及保险代理人、保险经纪人和保险公估人等类型，而且，各国有关各种保险中介人的法律规则不尽相同。因此，学习本章的目的，在于了解保险中介制度的概念及在保险业范围内的地位和作用，掌握各类保险中介人的概念和法律特征、地位和分类，尤其是各类保险中介人的执业资格和执业规则，理解保险中介制度的法律价值，比较各国有关保险中介制度的法律特点。

第一节　保险中介制度概述

一、保险中介制度的概念和地位

（一）保险中介制度的概念

保险中介制度，是指介于保险人与投保人、被保险人或者受益人之间，为保险人从事保险经营活动或者投保人、被保险人参与保险活动，提供以保险业务咨询、展业、代订保险合同、风险管理和评估、损失的鉴定和理算等为内容的专门性保险中介服务业务的制度。其中，专门从事保险中介业务的单位和个人，就是保险中介组织，又称保险中介人，而有关保险中介人的从业资格、业务活动的法律规则等，就构成了保险中介制度。

保险中介是随着现代保险市场的发展需要而产生的，并逐渐成为一个独立行业。它是保险市场日渐成熟的标志。如今，凡是保险市场发达的国家。保险中介制度就是其必要组成部分。其中的保险中介组织，主要是保险代理人、保险经纪人和保险公估人。各类保险中介组织代表着保险活动中不同当事人的利益，独立从事各自的保险中介活动，在保险市场中承担不同的保险角色，成为沟通保险人和投保人、被保险人的纽带，对于促成保险关系的建立，实现保险的保障职能具有重要影响。

（二）保险中介组织的地位

应当强调保险中介组织在保险市场中所处地位的独立性，即各类保险中介组织在参与保险活动过程中均处于独立的法律地位，在各自相应的保险中介领域，根据委托人的委托依法独立地进行保险中介服务活动，独立享有权利和承担义务。因为，保险中介是保险市场专业化分工的产物，保险中介人作为保险市场中具有专业优势的经营实体，能够独立地为保险人和被保险人提供保险中介服务，其价值并非可有可无。理由是，借助此类保险中介服务，保险人可以减轻保险展业和理赔的工作负担；同时，投保人和被保险人的权益也能够得到更为全面的维护，获得最佳的保险保障效果。因此，确立保险中介人的独立地位，不仅可以扩大保险市场的深度和广度，实现保险资源的优化配置，培育和完善保险市场；也能够提高保险中介人开展保险中介服务的业务水平和责任心。

二、保险中介制度在国际保险市场的发展概况

保险中介人作为当今保险市场发展的标志，以其向保险市场的各方当事人提供的专业性保险中介服务，有效地促进了保险交易活动，增大了保险市场的发展深度和广度，因此，保险中介人已成为各国保险市场的重要组成部分。在各国的保险实务中，凡是保险业发达的国家和地区，都有完善的保险中介人制度。当然，各类保险中介人在各自领域内为保险市场中不同的经营主体和消费群体提供不同层次的保险中介服务。其中，保险代理人在多数国家的保险市场中的适用范围最为广泛，而保险经纪人和保险公估人则因其具有的独特业务内容而提供着较高层次的中介服务方式和服务内容。当然，由于各国的政治制度、经济条件、文化传统和保险市场的不同，保险中介人制度亦不相同。但是，各国均毫无例外地建立起了完善的保险中介人监管体系，以确保保险中介人在保险市场上发挥良好效用。

其中，具有代表意义的是日本保险市场采取了以保险代理人为主体的保险中介人模式。日本法律对保险代理人等级的划分、保险代理人的资格认定、保险代理人的培训等的规定，是保险代理人制度正常运转的有力保障，而保险经纪人在日本是于 1999 年实施新《保险法》后才被正式引进，其作用有限，但法律要求其在从事保险经纪业务过程中应当承担向投保人建议最合适的保险商品等义务。

美国保险市场上最为活跃，并处于保险中介核心地位的是保险代理人。在保险实务中，其保险代理人主要有两种类型，即可以同时为多家保险公司代理的独立代理制和只能为一家保险公司或者保险集团代理的专用代理制。美国法律规定了保险代理人严格的从业资格和较高的业务水平与职业道德。而保险经纪人在美国既不发达也不纯粹。一些州的立法不承认人寿保险经纪人；一些州允许保险经纪人兼营保险代理业务，使得保险经纪人与保险代理人的职责多有重叠。美国的保险公估人则包括独立理赔人、理赔事务所、公共理赔人等。其中，独立理赔人和理赔事务所主要接受保险公司的委托，公共理赔人往往代表被保险人，故保险人和被保险人都能得到保险公估人的专业服务。

英国的保险经纪人在世界范围内都有重大的影响，是进行保险营销的主要途径。基于伦巴第商人在从事保险经营中借助保险经纪人的习惯和劳合社在保险市场的特殊地位，保险经纪人在英国的保险市场上一直很活跃。英国 1977 年《保险经纪人注册法》和 1986 年《金融服务法》对保险经纪人的资格审查和行为规范均有严格规定，加上完善的自律管理措施，决定了保险经纪人在英国的保险市场上，尤其是水险和大型综合险的非寿险领域，发挥着重要作用。与此不同，英国的保险代理人主要活跃于寿险市场上。

三、保险中介人制度在我国的适用及发展趋势

我国保险中介人制度是与保险一并于 19 世纪由西方国家传入，民族保险业很早就开始利用保险代理人进行展业。在一些大城市，外商控制的保险经纪人在 20 世纪 30 年代曾经颇具规模，保险公估人也一度得到发展。新中国成立以后，保险经纪人和保险公估人在中国保险市场上逐渐消失，保险代理在中国保险业的适用则长期限于兼业保险代理机构。直至 20 世纪 90 年代我国保险市场形成以后，完整的保险中介人体系才随之出现。其中，起步最早、规模最大的当数保险代理人，并逐步发展成包括保险代理公司和个人保险代理人在内的专业保险代理模式与兼业保险代理模式并存的保险代理人队伍，对于保险展业发挥了重要作用。此后，保险经纪人（保险经纪公司）也在我国保险市场得以确立和发展，为保险市场提供着保险中介服务。保险公估人亦在我国保险市场逐渐出现，最终形成了法律认可的保险公估机构。可见，保险中介人制度已在我国保险市场中逐步完善。此后，各类中介机构呈现出蓬勃发展的局面，截止到 2019 年 12 月，全国的专业保险中介机构共计 2 682 家，其中，有 5 家保险中介集团，专业保险代理公司为 1 794 家，保险经纪公司为 498 家，保险公估公司为 390 家以及超过 3 万家的兼业保险代理机构和约 900 万名的保险营销员（个人保险代理人）。

但是，保险中介人制度在我国的发展结构尚不平衡。具体表现在：(1) 各类保险中介人发展不平衡。大量的保险代理人分布在我国保险市场上，而保险经纪人和保险公估人的比重过小。(2) 地区发展不平衡。我国现有的保险中介人，尤其是保险经纪公司和保险公估组织主要集中在少数大城市。它们的经营区域受到限制，经营规模也很小，在保险市场上发挥作用的空间有限，而在内陆地区、边远地区，特别是广大农村，保险中介服务比较薄弱。(3) 保险代理制度的发展也不平衡。表现在个人代理业务和兼业代理业务在保险代理业务总量中的比重过大，而代表着专业化趋势、独立承担法律责任的保险代理公司不仅数量很少，业务量也不大。

在发展初期，我国保险中介人的发展仍然滞后于保险业发展要求，并缺少专门法律规范调整保险中介市场，难以形成利于保险中介制度正常发展的法律环境。因此，擅自成立保险代理机构或者企事业单位违法办理或变相办理保险中介业务等违法行为屡禁不止。于是，中国人民银行作为当时的保险监督管理机构于 1991 年发布《关于对保险业务和机构进一步进行清理整顿和加强管理的通知》，首次对保险代理机构的管理提出要求，又于 1992 年 11 月 2 日颁布了《保险代理机构管理暂行办法》。此后，作为贯彻执行 1995 年 10 月《保险法》有关保险代理人和保险经纪人规则的步骤，中国人民银行分别于 1997 年 11 月和 1998 年 2 月颁布实施了《保险代理人管理规定（试行）》和《保险经纪人管理规定（试行）》，使得我国保险中介人制度建

设进入新的发展时期。

进入 21 世纪以后，针对保险中介业务的迅速发展，并逐渐出现了与保险业相互独立的中国保险中介市场的现状，中国保险监督管理委员会用于规范调整保险中介活动的规范性文件也在不断地完善和专业化。首先，中国保险监督管理委员会分别于 2004 年 12 月 1 日和 15 日、2001 年 11 月 16 日发布了《保险代理机构管理规定》、《保险经纪机构管理规定》和《保险公估机构管理规定》。此后，中国保险监督管理委员会出于规范保险营销员群体从事保险营销活动的需要，专门于 2006 年 3 月 13 日发布了《保险营销员管理规定》，并于 2013 年 1 月 6 日加以修改，更名为《保险销售从业人员监管办法》予以公布。相应的，中国保险监督管理委员会于 2009 年 9 月 25 日发布了《保险专业代理机构监管规定》，用于调整保险代理公司的保险代理业务活动，并于 2013 年 4 月 27 日修订后重新发布施行。同时，中国保险监督管理委员会于 2009 年 9 月 25 日公布了新的《保险经纪机构监管规定》和《保险公估机构监管规定》，取代原有的管理规定，该两个监管规定又经修订而分别于 2013 年 4 月 27 日、9 月 29 日重新发布施行。由此，形成了对保险中介市场较为科学完整的监管体系。

实例枚举

2013 年 8 月 19 日，随着上海泛鑫保险代理有限公司实际控制人陈怡落网而告一段落的上海泛鑫高管携巨款“跑路”案件震动了我国保险业界，并再一次暴露出保险行业存在的诸多弊端。

先让我们回放此案件的大体过程：8 月 12 日，上海市公安局接到报案，上海泛鑫保险代理有限公司实际控制人陈怡涉嫌经济犯罪且已携带巨款潜逃境外。上海市公安局立即立案调查，展开境外缉捕，并发布国际刑警红色通报。经全力工作，查明陈怡已逃往斐济。我国公安部通过国际执法合作渠道与斐济执法部门密切合作，并派出工作组赴斐济开展缉捕工作。8 月 15 日，上海保监局发布公告称：“在检查中发现上海泛鑫保险代理有限公司擅自销售自制的固定收益理财协议，上海市公安机关已立案侦查”。“上海市保监局将积极配合公安机关核查相关情况，责成相关保险机构妥善处置，切实保护保险消费者合法权益”。根据媒体报道，上海泛鑫保险代理有限公司不仅代理出售保险产品，也以 8%到 12%的高额利息为诱饵向客户推销理财产品。8 月 19 日，公安部通报，在我驻斐济使馆的大力支持下，中国警方与斐济执法部门通力合作，在斐济成功抓获涉嫌经济犯罪的上海泛鑫保险代理有限公司实际控制人陈怡，并于 8 月 19 日晚将陈押解回国。

不过，该案仍然在继续发酵，8 月 21 日，中国保监会发文称，将对人身保险公司和保险代理公司、保险经纪公司等保险中介机构进行风险排查，排查范围包括人身保险公司通过保险中介机构销售的保险期限超过 1 年的个人人身保险业务，重点是保费收入短时间内增长迅速、销售过程中向客户承诺高收益、把保险产品混淆为理财产品、客户回访成功率低、客户信息不完整等问题，而排查保险中介机构的重点，则在于是否存在非法销售保险以外的金融理财产品、非法吸收资金、非法集资、侵占或者挪用保费和保险金等违法违规行为。保监部门还召集约见了与上海泛鑫有合作关系的 6 家保险公司，了解相关情况。同时，上海银监局亦就在沪的中资银行是否存在推介或销售上海泛鑫公司产品的行为进行排查，认定有 4 家银行的 10 名客户经理存在不同程度的向客户私自推介上海泛鑫理财产品的行为，对其将按照销售人员的管理规定予以处理。9月2日，上海保监局发布说明，称其在积极配合公安机关开展泛鑫代理案件调查，依法追索、处置涉案资产的同时，派出调查组对上海泛鑫公司开展调查，并责成本案所涉及的保险公司主动联系、接待相关客户，登记核实案件涉及的客户信息，进一步加强监管，防范化解风险，切实保护保险消费者的合法权益。

第二节　保险代理人

一、保险代理人的概念和法律特征

（一）保险代理人的概念

保险代理人是保险中介人的一种，具体是指根据保险人的委托，向保险人收取佣金，在保险人的授权范围内，以保险人的名义代为办理与投保人签订保险合同等保险业务的人。我国《保险法》将其归纳为“根据保险人的委托，向保险人收取佣金，并在保险人授权的范围内代为办理保险业务的机构或者个人”（第117条）。这表明，保险代理人的主要职责是代理保险人承接保险业务，代为保险人签发保险单（或批单）。保险代理人的保险代理活动所产生的法律后果，是由保险人承担的，保险人因此向其支付代理报酬（佣金）。

可见，保险人的代理人实质上是代理保险人进行保险经营活动，是民事代理制度在保险领域的具体适用。尤其是在投保人投保的过程中，保险代理人处于与投保人相对应的地位。根据各国的保险传统，保险领域的代理制度特指保险人的代理人，称其为保险代理人，其代理职责包括代为保险人承接保险业务，代理签发保险单或批单，代收保险费，直至代为保险检验和理赔等。如今，保险代理人制度已为世界上绝大部分保险人所采用，其代理范围涉及保险业务的各个环节，成为保险人拓展保险业务的重要手段之一。因此，保险人和投保人均有权委托代理人参与保险合同的协商和签订活动，但按照国际保险市场的惯例，保险代理人是特指保险人的代理人。

因此，保险代理制度与保险经营紧密相关。由于保险业务的广泛性和险种的多样性，需要保险人在广泛的范围内进行保险展业，通过更多的途径吸引社会公众的投保。保险代理无疑是一种行之有效的方法。借助保险代理人的保险代理活动，扩大了保险人的经营范围，增加了保险业务来源。同时，面对日趋激烈的竞争，保险代理又成为一种竞争手段。各个保险人利用保险代理人的活动来发展自己的保险业务，以提高其竞争实力，甚至是在各国保险业出现了减少保险公司内部员工、扩大保险代理人队伍来降低经营成本、提高竞争实力的趋势，使得已有百年以上历史的保险代理制度获得充分发展。相应地，各国都十分注意对于保险代理人的管理和监督，运用专门的法律规范保险代理人的行为。

目前，保险代理人在我国保险市场上同样具有举足轻重的作用，成为保险公司招揽和经营保险业务的一个重要途径。多年来，我国的保险公司为发展保险业务、增加保险费收入，依据“多渠道、广代理”的方针，在广大的城乡地区扩展保险代理的适用范围，形成了由保险代理公司、兼职保险代理人和个人保险代理人构成的保险代理体系。同时，我国还在一百多个国家和地区，委托了三百多个负责货物、船舶检验和理赔的代理人。其适用效果是非常可喜的。但是，也应当看到，保险代理制在我国的适用亟须建立完善的保险代理法律制度加以调整。

（二）保险代理人的法律特征

保险代理人实施的保险代理活动是民事代理制度在保险领域中适用的具体情况。因此，保险代理在具备民事代理一般法律属性的同时，又有诸多法律特点。

1. 保险代理人实施的保险代理行为是由民法和保险法调整的民事法律行为，属于民商法领域代理制度的组成部分。因此，保险代理既要符合民事立法有关民事代理的规定，又必须遵守保险立法的特殊规则。诸如，在从业资格方面，保险代理人不仅要符合民事代理制度的基本要求，更应当具有《保险法》规定的资格条件，即保险代理机构“应当具备国务院保险监督管理机构规定的条件，取得保险监督管理机构颁发的经营保险代理业务许可证”（第 119 条）。

2. 保险代理人的身份属于典型的商事主体类型。因为，保险代理人从事的保险代理活动是一种职业性的经营活动，在实施该类法律活动过程中，保险代理人须依法取得为保险人专门进行保险展业等保险业务的特定主体身份，其工作职责就是为作为被代理人的保险人在其授权范围内完成相应的保险业务活动，并以获取保险佣金为从事保险代理业务的目的。所以，保险代理人是保险中介领域中的具体类型，专指作为保险人的代理人。

3. 保险代理人的保险代理权来源于保险人的委托授权。保险代理正是产生于保险人的委托授权，因而属于委托代理的具体类型。保险人与保险代理人在诚信基础上产生的此类代理，应通过签订保险代理合同，明确约定权利义务和授权范围。但保险代理制度又有不同于一般民事代理的显著特点，保险人在保险代理合同中对保险代理人之代理权的限制，未告知投保人（第三人）的，不得对抗善意的投保人。如果保险代理人超越代理权限从事保险代理活动的，出于稳定社会关系、维持保险经营秩序的需要，对于投保人适用表见代理处理，用以保护“善意”投保人的利益；而就保险人来讲，其得知后既未追认，又没有拒绝的，视为授予代理权，保险人不得以其未明示授权为由否认保险代理的效力。这已成为各国保险市场普遍认可的商事规则。

4. 保险代理行为的后果由保险人承受，即“保险代理人根据保险人的授权代为办理保险业务的行为所产生的后果，由保险人承担责任”（《保险法》第 127 条第 1 款）。由于保险代理人代表保险人从事保险代理活动，则基于保险代理而产生的权利、义务及责任，应当归属于保险人。即使保险代理人因其过错在保险代理中弃权或越权进行代理活动，或者未将其知道的情况告知保险人的，也应当适用“知情转嫁”规则，即保险代理人知道的情况，不论其是否告知保险人，均视为已经告知保险人。对此，保险人应当承担代理后果，不得以其不知情为由拒绝承担保险责任。当然，保险代理人与投保人恶意串通，损害保险人利益的除外。

5. 保险代理是代表保险人利益的保险中介行为。保险代理人之所以能够以被代理人——保险人的名义从事保险中介活动，原因在于保险人的授权，保险代理人应当代表保险人的利益。因此，保险代理人在实施保险代理行为时，必须尽到善良管理人的注意义务，以求最大限度地维护和实现保险人的合法利益。这既是保险代理人在保险代理关系中承担的义务，也是保险代理人的职业道德要求，其表现是应对保险人诚实守信，将保险代理活动的各种情况如实告知保险人；同时要立足于保险人的利益，如实地向投保人、被保险人进行保险展业。

【知识链接】

上海泛鑫事件带给我国保险中介市场的启示

应当说，2013年发生的上海泛鑫保险代理有限公司的高管卷款“跑路”案件，带给我国保险市场，尤其是保险中介行业如下的启示：首先，由于保险监管的疏漏和保险代理公司自身唯利是图动机的驱动，恶意地超范围经营是出现此类案件的直接原因。从实务角度看，保险业与银行业均属于大金融领域，却是两个相互独立的金融行业。而保险代理作为保险市场的一个特定概念，专指接受保险公司的委托而代为销售保险产品的中介行为。这意味着保险代理公司的经营范围只限于此，不得从事其他经营活动。在本案中，上海泛鑫保险代理有限公司销售理财产品行为的违法性无可置疑，但是，该违法经营行为的存在并非一日，而且，其官网上就公开宣传热销的理财产品，甚至波及6家保险公司和4家商业银行，而保险监管机关和银监机关均未能及时实施监管，予以制止，监管机制的漏洞是显而易见的。因此，建议在加强监管、强化监管职责的同时，以立法形式加大对违法违规从事保险代理活动的行为追究责任的力度，甚至施以撤销代理人主体资格和禁止以后执业资格的处罚，后果严重的，还要追究相应的刑事责任。

其次，保险代理过高的佣金因佣金提取方式的疏漏而带来过高的风险。按照保险代理业务的惯例，保险公司对于1年期以上的人身保险单是依据年度向保险代理人支付每单的代理佣金的，但实务中有些保险公司提出“手续费前置”概念，将续期佣金一并计算为首期佣金，使其高达120%～160%。在此情况下，保单续期率的高低就直接关系到保险代理所涉及的各方的利益风险。如果保单续期率过低，就会失去资金来源，使得客户和保险公司遭受风险。因此，建议根据人身保险的存续期间，按年度提取保险代理佣金，特别是严格限制首年佣金的提取比例，用以引导和鼓励人身保险续期率的提高。

最后，保险中介管理的漏洞，给了保险代理公司在保险代理活动中套取保费、甚至骗保的可乘之机。虽然中国保监会于2009年已出台了“见费出单”的政策，但由于保险公司与保险代理公司之间的密切联系，很多的保险代理公司在与保险公司签订保险代理协议时，要求延长计算周期，而对于保险中介的依赖性又使得保险公司允许保险代理公司“压保费”现象不在少数。这不能不说是导致保险代理公司利用延长保费计算周期的“时间差”，将其占用的保费挪作他用的一个重要原因。因此，建议从立法层面明文规定“见费出单”的规则，要求保险公司和保险代理公司从业务管理、财务制度等环节承担执行的责任，并将违反此规则的行为列为追究法律责任的情况。并且，保险监管机关必须将此作为对保险公司和保险代理公司进行监管的内容之一，以维持保险市场的健康发展。

二、保险代理人的法律地位和分类

（一）保险代理人的法律地位

正确把握保险代理人的法律地位，关系到充分发挥保险代理制度的功能，促进保险市场的发展。全面而言，确认保险代理人的法律地位涉及如下各法律要点。

第一，保险代理人是处于独立法律地位的法律主体。

从民商法角度讲，保险代理是民事代理制度的组成部分。虽然，保险代理仅适用于保险业，但是，保险代理的基本原理并没有脱离民商法的代理制度，是一般商务代理在保险业的应用和发展。因此，保险代理人作为独立商事主体，基于独立的经营地位和经济利益，独立从事保险代理经营活动。可见，不论是个人保险代理人，还是保险代理公司，均是与被代理的保险人彼此独立。这是正确理解保险代理人法律地位的出发点，也是正确处理保险代理关系的基础。

按照保险代理人上述法律地位的特点，分析我国保险实务中存在的保险营销员的地位可知，其并非保险人的员工，而是独立的保险代理人。理由在于，保险营销员之所以能够以保险人的名义从事展业活动、推销寿险保单，是因为其与保险人签订保险代理合同而与保险人之间形成的保险代理关系，不同于保险人与其员工之间因劳动合同所建立的法律关系。

第二，保险代理人是从事保险代理业务的独立经营主体。

保险代理人，尤其是个人保险代理人和专业保险代理人是以保险代理作为其专营性业务，因此，保险代理人反复持续地从事保险代理活动，属于商事主体的具体类型。相应地，保险代理人必须依法取得从业资格，持有《经营保险代理业务许可证》，始得开展保险代理活动。且作为经营性业务，保险代理人是以营利为目的，故而向被代理的保险人收取报酬。

第三，保险代理人代表着保险人的利益。

保险代理人在从事保险代理活动过程中代表着保险人的利益，因为，保险人可以明示、默示或者习惯性认可等方式，授权保险代理人为其开展业务、营销保单，而保险代理人则是为了实现保险人的营利目的开展保险代理业务的。按照国际保险市场惯例，只要保险人的保险单是由保险代理人出售给被保险人并收取保险费，即行生效。不论保险代理人是否取得保险人同意，或者是否告知保险人，均应按照保险单的条款规定办事，由保险公司承担保险责任。显然，保险代理人作为保险人的代表，其法律地位等同于保险人。

第四，保险代理人不得同时为保险人和投保人的双方代理人。

按照民法代理制度规则，双方代理被列入代理权的滥用而属于禁止性行为。该项规则在保险代理中的适用尤为重要。因为，若允许保险代理人在代理保险人进行保险展业时，又同时代理投保人，或者在进行保险代理业务中转变为投保人的代理人，完全有可能损害保险人或者投保人的合法利益。所以，诸如保险代理人在与投保人协商保险合同时，代为投保人签字的，应当视为无效。

第五，保险代理人独立承担法律责任。

保险代理人在保险代理活动中所处的独立法律地位，决定了与其独立享有的权利相适应，需要独立承担法律责任。当然，在保险代理实践中，保险代理人的法律责任主要表现为向被代理的保险人承担法律责任。

（二）保险代理人的分类

保险法根据保险代理的实务，对保险代理人进行了分类。当然，各国法律对保险代理人的分类存在差异。

1. 专业保险机构、兼业保险人和个人保险代理人

我国《保险法》按照保险代理经营方式，规定“保险代理机构包括专门从事保险代理业务的保险专业代理机构和兼营保险代理业务的保险兼业保险代理机构”（第 117 条第 2 款）。此

外，个人保险代理人也是我国保险市场上存在的独立的保险代理人类型，此类保险代理人在我国的保险实务中又被称为保险营销员。

第一，专业保险代理机构，又称专业保险代理人，是指专门从事保险代理业务，具有独立主体资格的保险代理组织。根据我国《保险专业代理机构监管规定》的要求，专业保险代理机构的组织形式包括依法设立的合伙企业、有限责任公司和股份有限公司。这些专业保险代理机构必须具备法律规定的条件，依法经保险监督管理机构审核批准，取得《经营保险代理业务许可证》后才能从事保险代理业务。其业务范围大于个人保险代理人，不仅可以代理推销保险产品和代收保险费，还可以协助保险公司进行损失的勘查和理赔等。尤其是“以公司形式设立的保险专业代理机构”，“其注册资本最低限额适用《中华人民共和国公司法》的规定”，并且，“必须为实缴货币资本”（《保险法》第 120 条）。

笔者认为，专业保险代理人的特点是其能够以独立承担民事责任的法人实体身份进入保险市场，参与保险代理业务活动，具有不同于个人保险代理人的从业优势。因为，对于保险公司来说，与拥有一定经济实力和市场信誉的专业保险代理机构签订保险代理协议，由专业保险代理机构按照保险代理协议的约定组织其从业人员开展保险代理活动，可以免除保险公司就个人保险代理人的招聘、培训、管理等日常事务和成本支出。而对于投保人、被保险人来说，以专业保险代理机构的名义和信誉进行展业，可以避免因个人保险代理人的短期行为和不规范展业而存在的负面影响。为此，《保险法》要求专业保险代理机构的高级管理人员“应当品行良好，熟悉保险法律、行政法规，具有履行职责所需的经营管理能力，并在任职前取得保险监督管理机构核准的任职资格”（第 121 条）。同时，专业保险代理机构“应当有自己的经营场所，设立专门账簿记载保险代理业务”的收支情况（第 123 条）。

目前，专业保险代理机构在我国的保险代理市场上还有待壮大发展。从社会价值的角度讲，保险代理公司应当成为我国保险代理市场的主导力量。

第二，兼业保险代理人是指受保险人委托，在从事自身本职业务的同时，为保险人代办保险业务的单位。兼业保险代理人必须具备法定条件，并经保险监督管理机关批准，获取《经营保险代理业务许可证（兼业）》后方可从事保险代理业务。不过，兼业保险代理人只能代理与本行业直接相关，且能为投保人提供便利的保险业务，实践中多是特定行业范围内的单位，诸如从事对外贸易、远洋运输、陆上运输、航空运输、旅行业的运输公司、航空公司、铁路部门、教育部门、银行等，因其经营业务与某些保险险种关系密切，保险公司委托其在日常经营中一并代为承保。此外，工矿企业、事业单位、社会团体的工会组织，或者街道办事处、居民委员会、村民委员会等基层组织也可以接受保险公司的委托而成为兼业保险代理人。它们因本职工作的需要，与本单位职工或街道、村镇的居民接触较多，故经保险公司委托，代为宣传保险的意义和作用，接受投保人的投保，收取保险费。截至 2012 年第二季度，我国的兼业保险代理人达 20.8 万余家。但应当注意，党政机关及其相关职能部门不得兼业从事保险代理业务。

第三，个人保险代理人是指根据保险人的委托，向保险人收取代理手续费，并在保险人授权范围内以保险人的名义代为办理保险业务的个人。个人保险代理人的从业特点是展业方式灵活，经营成本低廉，从业范围广泛。根据我国《保险法》第 122 条的规定，个人保险代理人“应当具备国务院保险监督管理机构规定的资格条件，取得保险监督管理机构颁发的资格证书”，并符合《保险销售从业人员监管办法》的要求，具体途径为：在符合法定资格条件的前提下，参加中国保监会组织的保险代理人资格考试，经资格考试合格后，取得《保险代理人资格证书》和《执业证书》的始得执业。在我国，个人保险代理人的业务范围限于代理推销保险产品和代理收取保险费，但不得签发保险单。而且，个人保险代理人只能从事专职的保险代理业务，我国法律禁止任何个人兼职从事个人保险代理业务。

应当说，我国目前的保险市场上，个人保险代理人仍然是进行保险展业的重要力量，尤其为我国各家寿险公司广泛采用。

实例枚举

蔡某原系其保险公司保险代理人，1997 年加入某保险公司，1999 年与某保险公司签订《保险代理合同》。2004 年 12 月，蔡某选择离开保险公司。2006 年 10 月，蔡某以与某保险公司系劳动合同关系为由，向某市劳动仲裁委员会提出仲裁申请。2007 年 1 月，蔡某以与某保险公司系劳动合同关系为由提起诉讼。

法院认为，蔡某在 1997 年进入保险公司后，未与保险公司签订相关的劳动合同，而是分别在 1999 年、2003 年与保险公司签订了保险代理合同，该合同上载明了合同签订的依据是《中华人民共和国民法通则》《中华人民共和国保险法》《保险代理人管理规定（试行）》，该合同明确了代理权限、范围、期限、险种、双方的权利义务等内容。虽然该合同中规定蔡某应遵守《某保险公司寿险业务人员管理办法》及某保险公司制定的各项内部规章制度，包括奖惩办法、实务操作、业务流程、考勤纪律、业务培训、考核体系、财务管理等，同时接受和服从某保险公司的管理和监督，但某保险公司对蔡某实行上述培训和管理是符合《中华人民共和国保险法》（2002 年）第 136 条“保险公司应当加强对保险代理人的培训和管理，提高保险代理人的职业道德和业务素质……”的规定，根据以上事实认定双方之间不形成劳动合同关系，应是保险代理合同关系。

本案有助于大家对我国保险代理制度的理解，尤其是个人保险代理人与保险公司之间的法律关系的认定。

2. 普通保险代理人和专属保险代理人

借鉴了国际上有关专属代理人与普通代理人的划分，我国《保险法》对于保险代理人的保险代理经营范围作出不同的规定，相应地存在着普通保险代理人和专属保险代理人的分类。

第一，普通保险代理人是指《保险法》对其保险代理范围没有限制性规定的保险代理人。在我国保险实践中，经营人寿保险以外的其他保险代理业务的保险代理人，《保险法》对其保险代理范围没有加以限制，因此，属于国际保险市场上的普通保险代理人，又称为独立保险代理人。

第二，专属保险代理人是指《保险法》对其保险代理范围予以限制的保险代理人。例如，我国《保险法》明确规定“个人保险代理人在代为办理人寿保险业务时，不得同时接受两个以上保险人的委托”（第 125 条），显然，其保险代理业务范围限于一个保险人，属于国际上的专属代理人，又称为独家保险代理人。

3. 展业代理人、检验代理人、理赔代理人

在国际保险市场上，按照其从事的保险代理业务范围，保险代理人可分为展业代理人、检验代理人、理赔代理人。

其中，展业代理人是指根据保险人的委托，代为从事保险展业，出卖保险单活动的保险代理人。检验代理人是指根据保险人的委托，代为进行事故现场的查勘，检验保险标的受损情况，调查事故原因等工作的保险代理人。而理赔代理人则是指根据保险人的委托，代为从事保险理赔工作的保险代理人。当然，在我国目前的国内保险市场上，保险代理人的业务范围，主要集中在代为进行保险展业。不过，随着我国保险市场的发展，保险代理人的代理业务范围必然日益扩大。

4. 总代理人、分代理人、特约代理人

在国际保险市场上，还以保险人的授权范围，将保险代理人分为总代理人、分代理人和特约代理人。

其中，总代理人是指保险人授权其在一定地域范围内，全面负责保险代理业务的保险代理人。分代理人是指总代理人在自己的授权范围内，转授权其在相应范围内从事保险代理业务的保险代理人。而特约代理人则是指保险人授权其在特定的保险工作环节上或者特定区域内从事保险代理活动的保险代理人。

【知识链接】

新规则适用于银保业务——解读进一步规范银保业务的《通知》

银保业务是对商业银行依法获准从事的代为保险公司销售保险产品业务的简称，属于我国兼业保险代理的组成部分。出于稳定我国金融市场正常秩序，促进货币业务和保险业务的有序发展的需要，中国银监会和保监会均重视对于银保业务的监督管理。2014 年 1 月 16 日，中国保监会和中国银监会共同发布了《关于进一步规范商业银行代理保险业务销售行为的通知》（以下简称《通知》），可以说，该《通知》作为适用于银保业务领域的新规则于 2014 年 4 月 1 日开始实施，标志着我国的银保业务进入新的发展阶段。原因在于，该新规则的出台显然适应着党的十八届三中全会《决定》中提出的完善我国金融市场体系的任务要求，针对银保业务在我国金融市场全面深化改革过程中的发展需求，以全新的内容所构成的新规则作为各家开展银保业务的商业银行和相关保险公司从事银保业务过程中应当遵守的行为标准。

1. 新规则的突出特点：具有明显的实操性，便于银保业务参与者寻找判断标准

该《通知》在我国《保险法》有关保险合同部分和保险代理人部分的一般性法律规则基础上，就开展银保业务过程中所涉及的保险合同的订立、商业银行和保险公司各自所承担的义务等问题均作出进一步的具体规定，提供给参与银保业务的商业银行、保险公司，甚至是投保人等，要求各方在银保业务过程中以这些具体规则作为判断和衡量的标准，便于各方基于自身在银保业务活动中的角色地位来选择法律依据，适用相应的法律标准来决定在银保活动应当做什么和如何去做，最终落实为符合《通知》要求标准范围内的实际的银保行为，实现法律确认有效的保险合同的生成。正是在此意义上说，《通知》的诸多新规则具有突出的实操性，可供银保业务参与者直接据以执行，便于遵循、参照和执行。例如，针对保险公司依据《保险法》第 17 条所规定的运用其提供的格式条款而签订保险合同时所需履行的提示义务的标准多有争议的情况，《通知》不仅规定保险公司在银保业务中所提供的保险单册的封套及内页“装订后应为 A4 纸大小”，且“应与银行单证材料有明显区别”，更示范性明文例举出各类保险种类中所应采取的风险提示语，供保险公司在设计保险单册时根据实际需要来参考选择。而对于从事银保业务

的商业银行，《通知》规定其“应当具备与管控保险产品销售风险相适应的技术支持系统和后台保障能力，建立完整的销售信息管理系统”，并逐项列举了六个方面所应实现的技术功能。此外，针对投保环节上经常涉及的代填写投保单问题，《通知》则明确列出商业银行的销售人员可以代填写的情况以及代填写的操作标准，为处理银保业务中的代填写事宜提供了判断依据。

2. 新规则的首要适用价值：引导着银保业务的发展方向

也就是说，该《通知》的适用能够引导银保业务朝着我国保险市场发展所需要的方向发展，发挥其应有的正能量。

总结各发达国家的保险市场的经验，各类保险产品应当大体平衡才能够维持保险市场的平稳和谐的发展秩序。中国保险市场三十余年的发展经验给出了同样的结论，原因是保险市场上的各类保险产品的设计和推出都是为了满足相应社会群体的保险保障需求。各家保险公司的保险经营必须是在其获准的业务范围内为社会公众提供种类众多的保险类型和多样化的保险服务，才能够构建丰富多彩的、富有生机活力，并且平衡稳定发展的保险市场，银保业务作为我国保险市场的组成部分自然也应当以销售保险产品的多样性来便利社会公众通过商业银行而购买各类保险产品，获取各自保险保障的需求，形成平衡发展的效果，最大限度地发挥其作为保险公司进行保险展业，扩大保险产品销售规模的具体途径的作用。

鉴于此，《通知》针对现有银保业务实践中普遍存在的商业银行出于经济利益的驱动而片面地乐于代理销售储蓄型、分红型、投资连结型保险产品的情况，明确要求参与银保业务的“保险公司、商业银行应加大力度发展风险保障型和长期储蓄型保险产品”，以求这两大类保险产品在银保业务中并驾齐驱，尤其是其特别规定了各商业银行代理销售非储蓄型、分红型保险的意外伤害保险、健康保险、年金保险、两全保险、财产保险、保证保险、信用保险等的“保险费收入之和不得低于代理保险业务总保费收入的20%”。可以预见，伴随着该新规则的切实施行，势必能够引导银保业务改变重储蓄型、分红型、投资连结型保险产品而轻风险保障型保险的失衡状态，回归上述两类保险类型应当平衡发展的正常局面。

不仅如此，《通知》着眼于各家保险公司、商业银行在从事银保业务过程中开展公平竞争，以求得有序发展的需要，对于商业银行开展银保业务的规模作出了限制性规定：要求“商业银行的每个网点在同一会计年度内不得与超过3家保险公司（以单独法人机构为计算单位）开展保险业务合作”。显然，该规定的作用在于，既可以防止商业银行盲目地追求银保业务的规模而形成恶性竞争，也能够让商业银行在银保业务规模确定的前提下，努力完善代理保险销售过程中的服务内容，提高服务质量。因此，商业银行据此规则从事银保业务的结果，就是在《通知》的引导下，开展公平竞争，促进银保业务的有序发展。

3. 新规则对银保业务的发展具有重要的促进作用

该《通知》的实施能够在很大程度上发挥其对银保业务的促进作用，即推动银保业务向着有利于商业银行与保险公司联手发展银保业务，特别是有利于保护保险消费者合法权益的方向发展。

从商业银行、保险公司的角度说，它们作为银保业务的参与者，既有趋同的利益取向，彼此之间又存在一定的利益冲突，因此，如何平衡双方的利益冲突，实现彼此的利益双赢也成为《通知》所应解决的重要问题。对此，《通知》从明确规定商业银行与保险公司各自在银保业务中的权利和义务为切入点，平衡双方的利益冲突。具体表现在，《通知》不仅要求保险公司“应合理设计保险单册样式”提供给商业银行代理销售保险产品时使用，并且“应当向商业银行充分说明保险产品特点、属性和风险”，甚至赋予了保险公司承担复核义务，即保险公司在“核保时应对投保产品的适合性、投保信息、签名等情况进行复核，发现产品不适合、信息不真实、客户无继续投保意愿等问题的不得承保”。与此相对应，规定商业银行的义务，包括商业银行应加强对所属销售人员的管理；商业银行及其销售人员不得篡改客户投保信息，不得以银行网点电话、销售及相关人员电话冒充客户联系电话，不得截留客户投保信息，应将完整真实的客户信息提供给保险公司。诸如此类的新规则为处理商业银行与保险公司在银保业务中的关系提供了直接的法律依据，有利于双方共同联手开展银保业务。

而从投保人的角度说，对其提供法律保护是《通知》实施的最终目标，正如《通知》开宗明义所写的“保护保险消费者合法权益”的精神就渗透在了整个《通知》的字里行间。如《通知》规定商业银行“应当对投保人进行需求分析与风险承受能力测评，根据评估结果推荐保险产品，把合适的产品销售给有需求和承受能力的客户”。还要求商业银行代理销售保险期间超过 1 年的保险产品，“应在合同中约定 15 个自然日的犹豫期，并在合同中载明投保人在犹豫期内的权利”，借助商业银行、保险公司依据《通知》的规定履行各自在银保业务中承担的义务，确保商业银行代理销售的保险合同的有效成立，切实实现投保人追求的签约目的，满足其获取保险保障的效果。从而，我们可以明显地感觉到新规则的适用能够充分保护保险消费者在参与银保业务过程中的利益。

三、保险代理人的从业资格和执业规则

鉴于保险代理人队伍的发展和保险代理活动对于保险市场正常秩序的影响，各国大多建立了相应的保险代理监管制度。其主要内容体现在监管保险代理人的从业资格和规范保险代理经营活动两个方面。

(一) 保险代理人的从业资格

保险代理人是代理保险人经营保险业务，其代理行为直接关系到投保人（被保险人）和受益人的切身利益，影响着保险功能的发挥。因此，各国保险立法均明确规定了保险代理人必须具有特定的资格条件。

对于保险代理人的从业资格，很多国家实行登记注册和许可证制度，以持有保险代理执照作为保险代理人具有从业资格的标志。根据德国 1993 年修订的《保险机构监管法》的规定，保险代理人必须向保险监管机关申请，取得营业许可证，才能从事保险代理业务。而以实行严格监管制度著称的日本，则在其 1996 年修订的《保险业法》中规定，生命保险代理人和损害保险代理人均应当向内阁总理大臣申请办理注册，获得许可后才能在注册范围内从事保险代理活动。至于位居国际保险市场首位的美国，大多数州的保险立法都要求不论个人、合伙企业还是公司，必须取得保险监督官签发的保险代理执照，才具有从事保险代理业务的资格，不得在没有执照的情况下成为保险代理人。

同时，对于保险代理人的执业资格，各国的保险立法一方面明文规定从事保险代理业务的自然人应当具备的资格条件，诸如，按照德国立法要求，保险代理人不得有犯罪记录，保险经纪人、律师、公证人、注册会计师不得兼任保险代理人。日本立法规定，被处以监禁以上的刑

罚，且执行完毕或者免除执行未满三年者，或者申请日前三年内有严重不正当保险营销行为者，禁止予以保险代理人注册。而美国多数州的保险立法规定，通过欺骗手段试图获取保险代理执照、在其他州或者本州被中止或者吊销保险代理执照、被发现在申请执照的考试中作弊的，拒绝签发执照。另一方面大多将参加业务培训，通过执业考试，获得职业资格证书作为保险代理人的准入门槛。

在我国，保险代理机构的代理从业人员或者个人保险代理人的资格条件一般包括：（1）应当具有民事行为能力。即个人保险代理人依据现行《民法总则》第 17 条和即将生效施行的《民法典》第 18 条的规定应是年满 18 周岁的中华人民共和国公民，即完全民事行为能力人。法人作为保险代理人时，则应当具有法人资格，而且，作为专业保险代理人的法人实体必须是依法设立的保险代理公司，而兼业代理人则应是符合相应法定条件的单位组织。（2）应当品行良好、正直诚实，具有良好的职业道德。（3）在申请资格证书之前的法定时间内未受过刑事处罚或者严重的行政处罚。（4）应接受有关业务培训满足法定时间要求，并参加保监会组织的保险代理人考试合格，依法取得保险监管机构颁发的资格证书以作为其从事保险代理业务活动的身份标志。因此，我国《保险法》规定：保险代理人“应当具备国务院保险监督管理机构规定的资格条件，取得保险监督管理机构颁发的资格证书”（第 122 条），而且，“应当按照国务院保险监督管理机构的规定缴存保证金或者投保职业责任保险”（第 124 条）。

至于各个保险代理人的从业资格，还应当按照 2013 年 1 月《保险销售从业人员监管办法》来执行。按该《办法》的要求，各个保险代理人应当符合保险监管机关规定的条件，取得其颁发的资格证书，并在执业前取得所在保险公司发放的执业证书。

（二）保险代理人的执业规则

保险代理人的代理行为所产生的后果直接由保险人负责，投保人也是通过保险代理人了解保险人并决定是否购买保险产品，所以，保险代理人在保险市场上的代理活动直接影响保险双方当事人的利益。因此，为了规范保险代理人的行为，维护保险市场的正常秩序，保护保险人和被保险人的合法权益，我国《保险法》及《保险专业代理机构监管规定》对保险代理人规定了严格的从业规则。

1. 保险代理人的业务范围。包括：第一，代理销售保险产品；第二，代理收取保险费；第三，代理相关保险业务的损失勘查和理赔；第四，保监会规定的其他业务。

2. 除保监会另有规定外，保险代理机构的经营范围为其住所地所在的省、自治区或直辖市。保险代理分支机构的业务范围、经营区域不得超出其所属保险代理机构的业务范围、经营区域。保险代理机构及其分支机构从事保险代理业务不得超出被代理保险公司的业务范围和经营区域，从事保险代理业务涉及异地共保、异地承保和统括保单，保监会另有规定的，从其规定。而持有执业证书的个人保险代理人的执业地域不得超出资格证书规定的从业地域范围。个人保险代理人代为办理人寿保险业务时，不得同时接受两个以上保险人的委托。个人保险代理人也不得办理企业财产保险业务和团体人身保险业务，不得签发保单；任何个人不得兼职从事个人保险代理业务。

3. 保险代理机构的告知义务。保险代理机构及其分支机构应当制作规范的客户告知书，告知的内容包括：保险代理机构及其分支机构的名称、住址、业务范围、代理权限、联系方式、法律责任，以及被代理保险公司的名称、住所、联系方式、投保提示等事项，并按客户要求说明代理手续费的收取方式和比例。个人保险代理人在从事保险销售过程中，应当出示执业证书，并且，应当在保险公司的授权范围内从事保险销售，不得欺骗投保人、被保险人或者受益人，不得隐瞒与保险合同有关的重要情况，也不得阻碍投保人履行如实告知义务或者诱导其不履行如实告知义务。

4. 保险代理机构的保密义务。保险代理机构及其分支机构对其在经营过程中知悉的被代理保险公司、投保人、被保险人或受益人的业务和财产情况及个人隐私，负有保密义务。个人保险代理人不得泄露在保险销售中知悉的保险人、投保人、被保险人的商业秘密及个人隐私，不得在客户明确拒绝投保后干扰客户。

5. 保险费的单独设账和交付义务。基于独立的法律地位和代为从事保险业务的性质，保险代理机构及其分支机构应当开设独立的代收保险费账户，不得挪用该账户的资金或者坐扣代理手续费。而且，应当在委托合同约定期限内将代收保险费交付给被代理保险公司。个人保险代理人不得挪用、截留、侵占保险费或者保险金，也不得给予或者承诺给予投保人、被保险人或者受益人保险合同约定以外的利益。

6. 保险代理机构及其分支机构、个人保险代理人不得代替投保人签订保险合同，不得接受投保人、被保险人或者受益人的委托代领保险金或者保险赔款。

7. 保险代理机构对外投资、对外担保，不得违反法律和行政法规的规定，不得挪用保险费、保险金和保险赔款进行投资。

实例枚举

某保险公司与某县客运公司签订公路旅客意外伤害保险代办协议。由该客运公司代保险公司向旅客办理承保手续。代为收取2%的保险费计入票价，以车票作为保险凭证。客运公司于每月5日之前将上月收取的保险费交给保险公司。一次，该客运公司的一辆客车发生意外事故，致使乘客中15人死亡，12人受伤。但是，在索赔时，保险公司却以该客运公司连续2个月未向其转交保险费为由而拒绝赔付。那么，保险公司的理由是否成立？答案是否定的。因为，保险合同可以依据保险代办协议追究客运公司的责任，但不能因此拒绝向被保险人履行保险责任。

通过本案有利于大家正确理解保险代理人与保险人之间的法律关系，尤其是保险代理人在其从事的代理活动中的地位和权利义务。

第三节 保险经纪人

一、保险经纪人的概念和法律地位

（一）保险经纪人的概念

保险经纪人，在国际保险市场上是指在投保人和保险人之间联系保险业务，代表投保人与保险人洽商保险合同条款，办理投保事宜，而向保险人收取佣金的保险中介人。我国《保险法》则将保险经纪人定义为“基于投保人的利益，为投保人与保险人订立保险合同提供中介服务，并依法收取佣金的机构”（第118条）。

显然，保险经纪人所从事的保险经纪活动是基于投保人的利益，代为与保险人协商保险合同条款，办理有关的投保事宜的人，但是，保险经纪人与保险人之间没有任何的合同关系，其实施的保险经纪行为也不受保险人的约束和控制。因此，保险经纪人是不同于保险代理人的另一类保险中介人，其代表投保人在保险市场上选择保险人，并与保险人洽谈保险合同内容，代办投保手续。故而，保险经纪人是投保人进行投保的重要途径之一，也成为各国保险市场上的保险人招揽保险业务的具体方式。由于保险经纪人的法律地位特殊，业务内容范围广泛，法律责任重大，因而各国对保险经纪人的要求比较高，通常规定保险经纪人应当具有专门的保险知识，比较熟悉保险市场的整体情况，必须具备一定的条件和资格，并经过政府的保险监管部门批准，方可从事保险经纪业务的营业活动。

纵观各国保险市场实践，保险经纪人已是必要组成部分。保险经纪人自17世纪在英国海上保险市场上出现，至今已有四百多年的历史，在西方发达国家的保险市场上扮演着重要角色。究其原因，在于保险经纪人的业务活动对于保险市场的发展具有独特的作用。仅以保险经纪人发源地英国为例。英国是17和18世纪的海上贸易大国，当时海上贸易的风险很大，而保险业承保的能力较低，这意味着伦敦保险市场上的保险人难以单独承保一次海上航行的全部风险，需要各自分担一部分，因此迫切需要具有保险专业知识和丰富投保经验的专业人员作为中介，按照各个保险人的承保能力在他们之间安排承保风险的分摊，由此保险经纪人应运而生。随着保险市场的不断扩大，保险经纪人的运作空间越来越大。如今英国保险市场上大约60%的普通保险业务是由保险经纪人安排的，其中，有些大型的国际保险经纪公司在全球的分支机构达数百家。由此表明，保险经纪人在各国保险市场，尤其是海上保险中得到了普遍适用。

20世纪初，我国也出现了保险经纪人，主要集中在大城市，且规模不大。新中国成立以后，保险经纪人在我国保险领域中消失。改革开放以来，我国保险市场已经初步具备保险经纪人产生和发展的客观需要。有鉴于此，我国《保险法》正式确认了保险经纪人制度，相应地，中国保监会发布了《保险经纪机构管理规定》（2004年12月15日）以及现行的《保险经纪机构监管规定》（2009年9月25日公布，又经2013年4月27日修订），标志着我国的保险经纪人制度进入了新的发展阶段。在我国的保险实践中，经过中国保监会批准设立的保险经纪公司已经开展保险经纪业务活动，其业务范围已呈现出逐步扩大的势头，成为我国保险中介的组成部分。

（二）保险经纪人的法律特征

1. 保险经纪人是以自己的独立名义实施保险经纪行为。保险经纪人是具有独立法律地位的经营组织，不依附于其他的法人或自然人，因此，保险经纪人具有一定的组织机构，有一定的资金作保证金，并能以自己的名义享有民事权利，承担民事义务。从而，在进行保险经纪活动时，保险经纪人是以自己的名义与保险人发生交往，并且，承担由此产生的法律后果。如果由于保险经纪人的过错给投保人、被保险人造成损害的，保险经纪人应当自行承担法律责任。在此意义上，保险经纪人类似于行纪人。

2. 保险经纪人代表着作为委托人的投保人、被保险人的利益从事保险经纪活动。一般情况下，保险经纪人都是接受投保人的委托，为其安排投保事宜，因此，保险经纪人在选择保险人，并与保险人洽商保险合同条款的过程中，应当维护投保人、被保险人的利益，达到以最佳条件实现投保人、被保险人获得保险保障的目的。而且，保险经纪人作为商事经营主体，可以同时接受多个投保人的委托，也可以根据客户的要求和具体条件，自行选择向哪个保险人投保。在此意义上，保险经纪人类似于保险代理人，尤其接近于独立保险代理人。

3. 保险经纪人实施的保险经纪行为是以向投保人、被保险人签订保险合同提供帮助为内容的民事法律行为。也就是说，保险经纪人基于其所掌握的市场情况和专业技术知识，与保险人商洽保险合同的条款、投保条件以及有关投保的技术细节后，选择条件最佳的保险人和投保方案介绍给委托人，促使投保人与保险人之间订立保险合同。保险经纪人可以参加双方当事人对保险合同的商谈活动，但是，除非与投保人有特别约定，保险经纪人并不代理投保人订立保险合同。因而，保险经纪人不是保险合同的当事人，也不是任何一方的代理人，而是居于保险合同当事人之间起媒介作用的中间人。在此意义上，保险经纪人类似于居间人。

4. 保险经纪人是专门从事保险经纪活动的经营实体，属于商事主体的具体类型。因此，保险经纪人从事保险经纪服务，必然按照等价有偿原则收取佣金。多数情况下，保险经纪人按照委托合同的约定，向作为委托人的投保人收取佣金，不过，由于保险人的保险展业在一定程度上有赖于保险经纪人的保险经纪活动，所以，保险经纪人也可以向保险人收取佣金。

5. 保险经纪人从事保险经纪活动的范围，不限于投保环节，而是涉及参加投保谈判、帮助进行保险索赔、设计保险方案、提供保险咨询、担任风险管理顾问等诸多方面。由此可见，保险经纪人的业务范围较之保险代理人，是更为广泛的。

二、保险经纪人的法律地位和分类

（一）保险经纪人的法律地位

从其业务内容来说，保险经纪人一般情况下是代表投保人的利益进行保险经纪活动。根据委托人的委托，保险经纪人的主要工作内容是代表投保人参与投保活动，与保险人协商保险合同条款，甚至可以分别与多个保险人讨价还价，最后选择最适合投保人需要的保险人，代表着投保人与其订立保险合同。可见，保险经纪人从事保险经纪活动时的法律地位不同于保险代理人。

1. 保险经纪人是处于独立法律地位的保险中介人。保险经纪人是独立从事保险经纪活动的经营实体。因此，一方面，保险经纪人必须是具备法定条件，获得从事保险经纪业务资格的经营实体。另一方面，保险经纪人在从事保险经纪活动时，处于独立的法律地位。它既不是投保人、被保险人的代理人，更不能依附于保险人，而是以其自己的名义，独立进行保险经纪活动，或者是向委托人介绍所选定的保险人和保险方案，或者是根据委托人的特别授权代为投保。

2. 保险经纪人在保险经纪活动中代表着投保人的利益。保险经纪人所从事的保险经纪活动，大多是为投保人所需进行的投保事宜提供相应的帮助。因此，保险经纪人应当代表投保人的利益从事保险经纪活动。为此，保险经纪人是根据投保人的投保要求和寻求保险保障的需要，为其选择保险人，并与保险人洽谈保险合同条款，最终将结果介绍给投保人，甚至在必要时代办投保手续。当然，很多国家的保险立法并不禁止保险经纪人从事保险代理活动。但是，在同一项保险业务中，保险经纪人不得同时兼做保险人的代理人。

3. 保险经纪人是提供专业化保险服务的专业人员。在保险市场上，保险经纪人既是促成投保人与保险人之间建立保险合同的媒介，又是向客户提供保险咨询和保险设计的专家。保险经纪人不仅具备法律要求的保险专业知识，还出于执业需要较为了解保险市场的基本情况。从而，可以为投保人选择合适的保险人，设计最佳投保方案，弥补投保人缺乏保险知识的弱点，实现投保人与保险人之间的公平交易。

4. 保险经纪人就其为客户独立提供的保险经纪服务而收取佣金的途径并非具有唯一性。保险经纪人不同于保险代理人在收取代理佣金上的唯一性，既可以依据其与委托人（投保人）签订的委托合同向委托人收取报酬，也可以由保险人按其与投保人所签订的保险合同涉及的保险费的一定比例支付佣金给保险经纪人。这在西方国家的保险市场上是保险经纪人收取佣金的主要方式。运用这一佣金制度可以使得保险人在市场竞争中通过保险经纪人为自己增加保险业务。相应地，保险经纪人收取佣金的数额也就直接与保险市场的竞争程度紧密联系。但是，由于保险人支付佣金是以保险经纪人代投保人与其签订保险合同为前提，而且，是从投保人支付的保险费中支出的，所以，这一佣金实质上仍是由投保人承担。针对这一情况，有些国家用法律形式限定保险经纪人收取佣金的标准。

（二）保险经纪人的分类

保险经纪人在现代各国保险市场上的适用范围已经从早期的海上保险扩展到各种保险领域，逐渐形成了保险经纪人的各种类型。

1. 按照从事的业务范围不同，保险经纪人分为寿险经纪人、非寿险经纪人和再保险经纪人。

第一，寿险经纪人，是指在人寿保险市场上，代表投保人选择保险人，商洽人寿保险合同条款，甚至代办投保手续，并从保险人处收取佣金的保险经纪人。在各国保险市场上，寿险经纪人主要从事公司员工的团体寿险和高收入阶层的养老保险等保险经纪业务。

第二，非寿险经纪人，是指在非寿险范围内，为投保人安排投保事宜，促成非寿险保险合同签订而向保险人收取保险费的保险经纪人。保险实务中，非寿险经纪业务是保险经纪活动的主要领域，而且，非寿险经纪人从事的保险经纪业务涉及各类财产保险合同以及健康保险合同、意外伤害保险合同。

第三，再保险经纪人，是指促成再保险分出公司（原保险人）与再保险分入公司（再保险人）之间建立再保险合同关系，并且，向再保险分入公司收取佣金的保险经纪人。因再保险业务具有较强的国际性，所以再保险经纪人在国际保险市场上的作用极为重要。实践中，再保险经纪人接受再保险分出公司的委托，为其介绍再保险业务，在争取最佳条件的前提下，选择再保险分入公司。此外，再保险经纪人还可以为再保险分出公司提供保险信息、管理再保险合同等再保险经纪服务。当然，再保险经纪人也可以接受再保险公司的委托，为其承接再保险业务提供再保险服务。

2. 按照保险经纪人的组织形式不同，保险经纪人可以分为个人保险经纪人、合伙保险经纪组织和保险经纪公司。

第一，个人保险经纪人，是指自然人以其个人名义从事保险经纪业务活动。个人保险经纪人在英国、美国、日本等国是保险经纪人的组成部分。但是，这些国家均规定有严格的资格条件，并强制性地要求个人保险经纪人必须依法交纳营业保证金或者投保职业责任保险。

第二，合伙保险经纪组织，是指采取合伙企业形式的保险经纪组织。由于合伙企业的组织规模较小，合伙人共同出资、共同经营、共享收益、共担风险，较为适合作为具有专业技术特点的保险经纪人，因此，英国、美国等国允许保险经纪组织采取合伙形式，但是，要求全部合伙人必须进行保险经纪人注册。

第三，保险经纪公司，是指以有限责任公司形式设立的保险经纪组织。这是各国保险立法均认可的保险经纪人组织形式。我国现行的《保险经纪机构监管规定》确认保险经纪公司是保险经纪人的具体组织形式，包括有限责任公司和股份有限公司两种类型。但是，保险经纪公司必须具备法定条件，才能够取得经营保险经纪业务的资格。

三、保险经纪人的从业资格和执业规则

（一）保险经纪人的从业资格

为了有效发挥保险经纪人的作用，促进保险市场的发展，大多数国家的保险业法都对保险经纪人适用全面的监管制度，有关保险经纪人的从业资格条件便是其主要内容之一。

在以利用保险经纪人从事保险营销而著称的英国，根据 1997 年《保险经纪人法》的规定，保险经纪人资格的取得程序是经作为保险经纪人同业组织的保险经纪人注册理事会办理注册登记。而获得注册登记的条件则主要包括：持有注册理事会认可的，有关机构颁发的品质证书者；作为保险经纪人或者专职保险代理人与两个以上的保险公司合作 5 年以上者；曾受雇为保险经纪人或者专职保险代理人与两个以上的保险公司合作 5 年以上者；持有注册理事会认可的品质证书并作为保险经纪人或者专职保险代理人与两个以上的保险公司合作 3 年以上者；被证明已被劳合社委员会接受为劳合社经纪人者；等等。至于保险经纪公司的注册条件则是公司的大部分主管应当是注册的保险经纪人，有证据证明符合保险展业的规则要求，或者已被劳合社接受为劳合社经纪人。

在日本，至 1996 年新保险业法始确认保险经纪人，其资格条件较为严格，包括必须向内阁总理大臣办理注册，并且，不论是个人保险经纪人，还是法人保险经纪人，都必须依据法定数额交纳保证金或者投保赔偿责任保险。但是，禁治产人或者准禁治产人或者依据外国法律受到同样处置者，保险公司的主要负责人、生命保险营销员或者损害保险营销员，不具备正常从事保险营销业务能力者，申请日前 3 年内有严重不正当保险营销行为者等，均属于拒绝注册之列。

同时，为了确保保险经纪从业人员具有相应的专业知识，各国保险业法均建立了保险经纪人资格考试。

在我国，作为保险监管制度组成部分的《保险经纪机构监管规定》第 6 条首先确立了保险经营人的组织形式，仅限于公司形式，包括：（1）有限责任公司，（2）股份有限公司。同时，该《规定》亦规定了保险经纪人作为市场主体而市场准入所必须具备的法定资格条件：（1）其

股东、发起人信誉良好，最近3年无重大违法记录；（2）注册资本达到我国《公司法》和《保险经纪机构监管规定》规定的最低限额，现行的注册资本之法定标准为人民币5 000万元，并且，必须是实缴货币资本，中国保监会另有规定的除外；（3）其公司章程符合有关规定，其名称中应当包含“保险经纪”字样，且字号不得与现有的保险中介机构相同；（4）其董事长、执行董事和高级管理人员符合《保险经纪机构监管规定》规定的任职资格条件；（5）具备健全的组织机构和管理制度；（6）有与业务规模相适应的固定住所；（7）有与开展业务相适应的业务、财务等计算机软硬件设施等。投资人拟设立的保险经纪公司，具备上述法定的市场准入资格条件的，依法向保险监管机关提出申请，经保险监管机关进行风险提示，就申请设立事宜进行谈话、询问，了解其市场发展战略、业务发展计划、内设制度建设、人员结构的事项，并现场验收合格的，颁发许可证。申请人据此在90日内按照规定，办理工商登记，领取营业执照而设立成功。

同时，根据我国《保险法》和《保险经纪机构监管规定》的规定，保险经纪业务人员，必须通过中国保监会组织的保险经纪从业人员资格考试，取得资格证书。凡具有高中以上文化程度的人员，可参加该项资格考试。而考试成绩合格，又具备完全民事行为能力，并品行良好的人，由中国保监会颁发执业证书。

（二）保险经纪人的执业规则

针对保险经纪人从事保险经纪业务，各国制定了一系列监管规则，包括保险经纪人的业务范围管理、佣金管理和行为管理等方面。

1. 保险经纪人的业务范围管理

在保险实务中，各国保险业法一般是按照保险经纪业务涉及的保险险种来划分各个保险经纪人的业务范围，通常包括财产保险经纪业务、人寿保险经纪业务和再保险经纪业务。当然，各个国家适用于保险经纪人业务的规则不尽相同。例如，在美国，保险经纪人的业务范围分别是财产和责任保险经纪业务与人寿保险经纪业务两大类。而全国性或者跨国性的保险经纪公司则可以兼营上述两类保险经纪业务以及再保险经纪业务。同时，英国、美国等一般允许保险经纪人兼营其他保险中介业务。而德国、日本、韩国等则明确禁止保险经纪人兼营保险代理业务。

我国有关保险经纪人从事保险经纪的业务范围的规定，体现在现行的《保险经纪机构监管规定》之中。经中国保监会批准，保险经纪机构可以经营下列业务。

第一，为投保人拟订投保方案、选择保险公司、办理投保手续。由于社会生产和生活会面临各种各样的风险，社会公众会有各种各样的保险保障需求，而保险业务的专业技术性，又会造成社会公众在选择投保内容和保险人时难以取舍，因此，保险经纪机构可以运用其具有的保险专业知识和投保实务经验，根据投保人的实际需要，为其设计最合理的投保方案，选择最合适的保险人，并代为办理投保手续。

第二，协助被保险人或者受益人进行索赔。为了确保被保险人或受益人在保险事故造成保险标的损害时，及时有效地进行索赔，保险经纪机构可以向其提供中介服务，协助被保险人或受益人办理索赔事宜，依据保险合同的约定及时向保险人行使保险赔偿或者保险金给付请求权，实现被保险人或者受益人的合法权益。

第三，办理再保险经纪业务。在保险市场中，为了确保保险公司的赔付能力，再保险业务被普遍地适用于各个保险公司之间，而保险经纪机构能够根据其掌握的保险市场经营信息，为保险公司相互安排分出或分入业务，建立再保险业务关系。

第四，为委托人提供防灾、防损或者风险评估、风险管理咨询服务。市场经济活动中复杂多样的财产风险，使得防灾、防损成为每一个市场经营者必不可少的工作。保险经纪人利用其具有的专业技术知识，根据委托人的实际情况为委托人进行防灾、防损或风险评估、风险管理提供相关的咨询和建议，以便减少或者预防灾害损失的发生。

2. 保险经纪人的佣金管理

保险经纪人作为独立的商事经营者，其从事保险经纪活动的收入源自提供保险经纪业务中收取的佣金。因此，各国都将保险经纪人的佣金列入监管范围。不过，具体的监管标准各有不同。首先，保险经纪佣金必须向持有保险经纪从业执照的保险经纪人支付。其次，保险经纪佣金的支付一般是由保险人按照所收取的保险费的比例或者根据赔付率支付利润分享佣金。再次，保险经纪人的佣金适用公开原则，即保险经纪人应当设立专门账簿，对收取佣金的情况予以记载，以便委托人查阅。

根据我国《保险经纪机构监管规定》的规定，保险经纪机构应当按照与保险合同当事人的约定收取佣金。保险实务中，如果是代办投保手续的，则可以向委托人收取佣金，也可以向保险人收取佣金，但是，保险经纪机构不得同时向投保人和保险人双方收取佣金；如果是代办索赔的，则应向被保险人收取佣金；如果是其他保险经纪业务的，则应向委托人收取佣金。同时，对于保险经纪佣金也实行公开原则，要求保险经纪机构应按照客户要求，明确说明收取佣金的情况。

3. 保险经纪人的行为管理

为了规范保险经纪人所从事的保险经纪活动，各国保险业法围绕着保险经纪人的从业行为设立了诸多行之有效的法律规则，具有代表性的如下。

第一，账簿专设规则。根据英国 1997 年《保险经纪人法》的规定，保险经纪人必须开设专门的保险经纪账户，用于登载佣金收入、支付客户或者保险人的费用。而且，保险经纪人每年均应当将该专门账户经注册会计师审计后，提交给保险经纪人注册理事会审核，用以确保保险经纪人的信用。

第二，提交保证金或者投保职业责任保险规则。保险经纪人投保职业责任保险，是各国保险业法普遍采取的监管规则，成为其必须承担的法定义务。根据日本 1996 年新《保险业法》的规定，保险经纪人或者提交保证金，或者投保职业责任保险，并经内阁总理大臣认可的，才能从事保险经纪活动。英国要求保险经纪人提交的保证金最高为 75 万英镑，最低为 25 万英镑。

第三，保险经纪行为的限制规则。即保险业法明确规定禁止保险经纪人实施的行为，用以规范保险经纪人的业务活动。按照日本新《保险业法》的规定：禁止以自身为投保人或者被保险人的自身合同，对投保人或者被保险人进行虚假说明，建议投保人或者被保险人向保险公司就重要事项进行虚假说明或者隐瞒重要事实，妨碍投保人或者被保险人向保险公司就重要事项进行说明，向投保人或者被保险人承诺或者提供保险费的折扣、回扣及其他特殊利益等。

我国《保险法》和《保险经纪机构监管规定》借鉴了各国保险业法的经验，亦确立了相似的行为规则，作为规范保险经纪人从业行为的法律标准：

第一，按照核定的经营区域从事业务活动的规则。保险经纪机构可以在中华人民共和国境内从事保险经纪活动，保险经纪机构的分支机构的业务范围和经营区域应当由所属保险经纪机构授权。而且，其从事的经纪业务不得超出承保公司的业务范围和经营区域；但是，涉及共保、异地承保及统括保单，中国保监会另有规定的，从其规定。

第二，履行告知义务和保密义务规则。保险经纪公司在开展经纪业务过程中，应当向客户出示告知书，告知其名称、住所、经营场所、业务范围、法律责任等事项。其主要发起人、股东为保险公司的，保险经纪机构及其分支机构应当在客户告知书中说明相关情况，并按客户要求说明佣金的收取方式和比例。同时，保险经纪公司对其在业务活动过程中知悉的保险公司、投保人、被保险人或受益人的业务和财产情况及个人隐私负有保密义务。

第三，账簿专设规则。保险经纪公司及其分支机构应当建立专门账簿，记载保险经纪业务收支情况。同时，应当开设独立的客户资金专用账户，用于存放投保人、被保险人支付给保险公司的保险费，为投保人、被保险人和受益人代领的保险金或保险赔款。

实例枚举

2003 年 10 月，私营企业主刘某外出洽谈业务时，在宾馆遇见早年的朋友尚某。交谈之中，尚某了解到刘某因业务繁忙，未能投保商业保险，但因商务活动风险太大而有意购买人寿保险。尚某自荐是一名保险经纪人，专门为他人办理投保业务。为了证明其所述不虚，尚某出示了印有保险经纪人头衔的名片，表示可以帮刘某办理投保事宜。刘某随即表示同意。

不久，在尚某的操办下，刘某向保险公司投保了 100 万元的人寿保险合同，一次趸交了全部保险费。数日后，尚某找到刘某，要求刘某按照保险金额 5%的比例向其支付 50 000 元佣金。刘某认为此收费过高而拒绝支付。尚某便将刘某告上法庭，要求刘某给付 50 000 元保险经纪人佣金。法院经过庭审，查明尚某不具备保险经纪人资格条件，未取得保险经纪人执业证书。故法院驳回了尚某的诉讼请求。

通过本案，大家可以直观地了解保险经纪人从事保险经纪业务活动所需具备的法定资格，以及从事保险经纪业务过程中所应当遵守的法律规则。

第四节　保险公估人

一、保险公估人的概念和法律特征

（一）保险公估人的概念

保险公估人是保险业特有的一种中介人，它是指依法设立，接受保险当事人（保险人或投保人、被保险人）委托，专门从事保险标的或者保险事故的评估、勘验、鉴定、估损、理算等业务，并按约定收取报酬的机构。

保险公估人的产生是保险业领域内专业化分工发展的结果，也是保护被保险人权益的客观要求。因为，“公估”一词包含着公正与估价的意义。前者体现保险公估人在从事保险公估活动时地位的独立、公正，不受任何人干预；后者则标志着保险公估人是以专业技术为手段，以客观事实为依据进行保险公估。因此，当各国保险市场发展到一定阶段，随着社会生产力发展和科学技术进步，保险标的种类日益繁多，科技含量不断加大，货币价值成倍增长，从而，在确定损失数额时需要具有专门知识的人员对其进行鉴定和评估。为了解决定损工作专业化与保险公司本身专业技术人员不足的矛盾，缓解保险公司与投保人、被保险人之间的冲突，维持保险市场的正常发展，保险领域内出现了超然于当事人以外的第三方——保险公估人，替代了保险业初期由保险公司自行配备技术人员进行定损的做法。

保险公估人起源于英国，迄今经历了三百多年的发展历程，目前已成为各国保险中介市场的组成部分之一。在19世纪旧中国的保险业中已经存在保险公估人，被称为“公证行”。例如，上海的“中国公证行”便在火险、水险、海上保险范围内具有较大的影响。新中国成立后，保险公估人曾在中国消失。直到1990年，以保险理赔公估技术服务中心在内蒙古自治区的成立为标志，保险公估人成为中国保险市场发展的一个新热点。诸如，上海的东方公估行（1993年3月成立）、深圳的民太安保险公估有限公司（1994年2月成立）、天津的北方公估行（1994年3月成立）、上海大洋公估行（1995年4月成立，原名是上海大洋物产公估有限公司）等保险公估机构相继出现在我国保险中介市场上。而《保险公估机构管理规定》于2002年1月1日的施行，为我国保险公估人的进一步发展提供了完善的法律环境。此后，适应中国保险市场深化发展的需要，中国保险监督管理委员会于2009年9月25日公布了新的《保险公估机构监管规定》来取代原有的管理规定，此规定又经2013年9月29日重新发布施行，形成对保险公估业较为科学的监管体系。

（二）保险公估人的法律特征

保险公估人作为保险中介人的具体类型之一，具有自身的特点，区别于其他保险中介人。

1. 保险公估人具有独立性。保险公估人接受保险合同当事人（或者是保险人，也可以是投保人、被保险人等）的委托，以自己的名义独立地从事保险公估活动，出具保险公估结果，独立承担法律责任。它既不是保险合同的当事人，也不代表任何一方当事人的利益，不得使用保险合同当事人的名义。因此，区别于保险代理人和保险经纪人。

2. 保险公估人的保险公估行为具有承揽性。保险公估人根据保险合同当事人的要求，实施保险公估行为，属于承揽合同关系。因为，保险合同当事人委托保险公估人的目的是获取保险公估人从事保险公估活动的物化劳动成果——公估报告所固定的公估结果，而并非孤立的公估行为。所以，保险公估人应当自行承担风险，以自身的知识、技术和设备，完成保险公估工作，交付工作成果。

3. 保险公估人的保险公估行为具有专业性和科学性。保险公估人是具有从事保险公估活动所需专门知识和技术的专业人员。其运用专业特长对于保险标的进行查勘、定责、检验、估损、鉴定、理算等工作，使得其出具的公估报告具有相应专业性和科学性。因此，“保险活动当事人可以委托保险公估机构等依法设立的独立评估机构或者具有相关专业知识的人员，对保险事故进行评估和鉴定”（《保险法》第129条第1款）。

4. 保险公估人的保险公估行为具有公正性和客观性。保险公估人的独立性决定了其基于自身的信誉，根据客观事实进行保险公估工作，不受保险合同当事人的左右。因此，其出具的公估报告具有公正性和客观性，可以起到平衡保护保险合同当事人合法利益的作用。

二、保险公估人的法律地位和业务范围

(一) 保险公估人的法律地位

保险公估人作为保险中介人，是完全独立于保险合同当事人以外而从事专业性保险公估服务的专业化组织，其从事公估活动的目的在于促进保险赔付趋于公平、合理，以利于平衡保险合同各方当事人之间的利益。因此，保险公估人不代表任何一方保险合同当事人的利益，也不使用任何一方当事人的名义，而是以自己的独立名义，基于自身的信誉，运用自己的专业知识、技术、设备，从事保险公估工作，用以保证其出具的保险公估报告的公正性和客观性。

当然，保险公估人作为独立的经营实体，提供的是有偿服务，依法收取报酬。因此，保险公估人与委托其提供保险公估服务的保险合同当事人之间形成一种承揽合同关系。保险公估人依据承揽合同的约定独立地享有权利，承担义务。显而易见，只有与保险当事人签订承揽合同后，保险公估人才能介入保险理赔过程中。保险公估人应该依据委托合同，以自己的专业知识为保险当事人提供保险标的的鉴定、查勘、估损、理算等方面的服务，最后提交的保险公估报告尽管是受保险当事人的委托作成的，但是，它应该是以公正、客观的态度作出，不能受委托合同中任何一方的意志和利益的左右。这是维护和平衡保险合同双方当事人利益的需要。正因为如此，保险公估人只有秉持公平、公平、公正的理念，不断提高其公估技能和业务水平，树立自身在保险业和保险公估业界的信誉和品牌，才能被保险合同双方当事人所接受。正如我国《保险法》规定的："接受委托对保险事故进行评估和鉴定的机构和人员，应当依法、独立、客观、公正地进行评估和鉴定，任何单位和个人不得干涉"（第 129 条第 2 款）。如今，在各国的保险市场中，保险人或者被保险人均可以委托保险公估人参与保险理赔，提供保险公估服务。

保险公估人的独立性还在于其提供保险公估服务须独立承担法律责任，即保险公估人向委托人提供保险公估服务过程中，因自身的故意和过失给保险当事人造成损失的，应当依法承担民事损害赔偿责任。例如，保险公估人因疏忽大意，未能代表保险当事人的利益主张应有的权利；保险公估人与他人串通，骗取保险金等，对此，保险合同当事人可以向其主张权利，追究其法律责任。因此，我国《保险法》明确规定：保险公估机构和其从业人员"因故意或者过失给保险人或者被保险人造成损失的，依法承担赔偿责任"（第 129 条第 3 款）。

保险公估人在保险市场中的独立地位，决定了其独特的市场功能。首先，保险公估人以其具有的专业知识和技术，为保险合同当事人提供专业技术服务，既可以弥补保险公司专业技术人员的不足，又因其出具的保险公估报告具有公正性和科学性，可以化解保险合同当事人之间的矛盾和纠纷。其次，保险公估人可以通过其专业知识和专家网络的优势，为保险合同当事人提供保险信息和有关风险评估、防灾防损的风险管理咨询服务。

实例枚举

2007 年年底，某木业制造厂业主阮某与某保险公司签订了一份财产保险综合险保险合同。

合同约定：承保标的为木业制造厂的存货及固定资产，总保险金额 19 810 807 元，保险期间为 2007 年 12 月 23 日 0 时起至 2008 年 12 月 22 日 24 时止。每次事故绝对免赔额为人民币 2 000 元或损失金额的 10%，两者以高者为准。2008 年年初，某木业制造厂遭受雪灾造成房屋坍塌，设备、原材料、半成品受损。事故发生后，被保险人某木业制造厂业主阮某向某保险公司报案，某保险公司派员现场查勘，因双方对理赔金额存在较大争议，双方于 2008 年 2 月委托 A 保险公估公司对雪灾事故造成的损失进行定损。

2008 年 8 月，A 公估公司出具公估报告一份，明确某木业制造厂雪灾事故的理算金额为人民币 1 192 953.86 元，其中固定资产的理算金额为人民币 617 527.44 元，存货部分的理算金额为人民币 575 426.42 元。被保险人阮某对该理算金额提出异议，A 公估公司作出解释后，但被保险人仍不认同，后因与某保险公司就赔偿金额未能达成一致意见，被保险人起诉至法院，要求某保险公司赔偿保险损失 4 218 087.62 元。

法院认为，原、被告间的保险合同关系成立且合法有效，保险事故发生后，被告应就原告投保的保险标的所遭受的损失进行理赔。关于理赔金额，双方曾共同委托第三方 A 公估公司进行评估，该公估公司经中国保险监督管理委员会批准，可以经营保险公估业务，具体包括对保险标的出险后的查勘、检验、估损及理算等，由该公估公司出具的公估报告及补充公估报告应对委托双方都具有约束力。原告主张对公估报告的部分内容不予认可，但其未能提供有力的证据来证明其主张，故其主张因缺乏相应的证据支持而不能成立。本案所涉保险事故的理赔金额应按照 A 公估公司的报告为准，原告的诉讼请求部分成立。

本案有助于大家理解保险公估人的法律地位及其所出具的公估报告的效力和作用。

（二）保险公估人的业务范围和分类

保险公估人独特的市场功能，决定了保险公估人的业务范围不同于保险代理人和保险经纪人，主要着眼于受损保险标的的评估、鉴定、查勘、估损、理算等环节。根据国际保险市场的惯例，保险公估服务大多集中于财产保险范围内，保险公估人主要是参与财产保险的承保和理赔方面的公估活动。

财产保险包含着诸多险种，各自承保的保险标的不同，彼此的保险内容也有所区别。相应地，保险公估人的工作内容和专业技术特点就不尽相同，逐渐形成了若干相对独立的公估业务种类。

概括国际保险市场的实践，保险公估的主要业务包括：火险公估业务、工程保险公估业务、海上保险公估业务和汽车保险公估业务等。于是，保险公估人分成火险公估人、工程保险公估人、海上保险公估人和汽车保险公估人等类型。

1. 火险公估业务

由于财产保险涉及工商业的各个行业，因而其保险标的涉及房屋、建筑物、机器设备、仪器仪表、库存产成品、原材料等种类繁多的有形财产，针对这些财产的承保所需的评估或者理赔的定损工作，保险公司难以独立完成，需要委托具有专业技术知识和保险业务经验的保险公估人在独立、公正的立场上，提供相应科学、合理的保险公估服务，为保险承保或者理赔提供正确依据。应当强调，火险公估业务的范围极为广泛，除了海上保险和汽车保险（车身损坏）

以外，其他财产保险活动均可以纳入火险公估的范围。

2. 工程保险公估业务

工程保险合同虽是新兴的财产保险险种，但是，建筑工程项目造价高、事故多发等原因，使得工程保险的业务量迅速发展。与此相适应，工程保险公估业务也逐渐地从火险公估业务中分离出来，成为独立的保险公估业务。原因在于，作为工程保险合同保险标的的建设工程项目不仅造价昂贵，而且，技术专业性强、难度较大、易发生各种事故，加之，工程保险合同的适用往往涉及与在建工程项目有关的业主、承包商、分包商、工程设计方、监理方以及供货商、制造商等诸多主体，各自就工程项目均承担着一定的风险，有必要公正地协调、平衡他们相互之间的利益冲突。故对于工程保险合同的承保和理赔提出了更高的要求，需要委托保险公估人提供专业性的保险公估服务。

3. 海上保险公估业务

海上保险在保险领域中具有相对独立性，包括船舶保险和货物运输保险。因其承保的海运船舶或海上运输货物与国际贸易活动紧密相连，涉及不同国籍的货主、托运人、船东、船舶经营人、船舶承租人等，尤其是海上保险承保的海运船舶或者货物种类繁多，相互的专业性质和技术要求均有区别，因此，在海上保险实务中，保险人或者被保险人经常委托具有海运经验、船舶设计技术、船务工作知识以及了解相应货物特性的保险公估人对于保险的船舶或者货物进行评估、查勘、检验、定损等公估服务，由此形成了独立的保险公估业务。

4. 汽车保险公估业务

汽车保险在各国的保险市场上处于重要地位，其突出特点是保险业务量大，事故比例高、赔付率高。因此，借助保险公估人提供的专业性公估服务，有利于降低保险人的经营成本，缓解保险人与被保险人之间的赔付冲突。不过，在国际保险市场上，汽车保险公估业务一般限于受损汽车的定损、检验和理算，而不涉及汽车第三者责任事项。

由于我国的保险公估业尚处于起步阶段，因而我国保险立法按照保险公估活动所涉及的保险环节，规定了保险公估业务范围。根据现行《保险公估机构监管规定》第 30 条的规定，经中国保监会批准，保险公估人可以经营的保险公估业务如下。

1. 保险标的承保前和承保后的检验、估价以及风险评估。保险人或者投保人、被保险人均可以委托保险公估人对于承保的和承保后保险标的进行查勘、检验、鉴定，经过科学的分析和计算，客观地估计其现有价值，以便确定合理的保险价值和保险金额。同时，通过保险公估人的公估活动，可以在投保前对于保险标的面临的风险程度和损害的可能性以及后果进行科学的判断。其又被称为承保公估业务。

2. 对保险标的出险后的查勘、检验、估损理算及出险保险标的残值处理。保险人或者被保险人可以在保险事故造成保险标的损失后委托保险公估人对于出险后受损的保险标的进行查勘、检验、估损和理算。其目的之一是判定损失责任。保险公估人通过上述公估工作，可以查明保险事故发生的原因。目的之二是确定保险标的受损程度和受损范围，作为理赔依据。目的之三是确定保险标的的损余价值等。又称其为理赔公估业务。

3. 风险管理咨询。经委托人之托，对其生产经营和生活中可能面对的各种风险进行评估，制订风险管理和防范方案，提出风险处置措施。

三、保险公估人的从业资格和执业规则

（一）保险公估人的从业资格

为了确保保险公估的独立性、公正性，充分发挥保险公估人的专业技术性和科学性特点，促进保险市场的稳定发展，各国均对保险公估业实施监管，以便规范保险公估人的保险公估业务。

保险公估人的从业资格，首先就是其采取的组织形式应当符合有关法律规定和保险惯例的规则。在各国保险市场上，鉴于保险公估的行业特性，保险公估组织一般采取合伙或者有限责任公司的形式。我国《保险公估机构监管规定》针对我国保险公估业的现状和发展趋势，确认保险公估组织的形式包括合伙企业、有限责任公司和股份有限公司等。

而设立保险公估机构，应当具备如下条件：（1）其股东、发起人或者合伙人信誉良好，最近 3 年无重大违法记录；（2）注册资本或者合伙出资达到法律、行政法规等规定的最低限额，即不得少于人民币 2 000 万元，且必须为实缴货币资本；（3）公司章程或者合伙协议符合相关法律、行政法规的规定，其名称中应当包含“保险公估”字样，且字号不得与现有的保险公估机构相同；（4）董事长、执行董事和高级管理人员符合有关规定的任职资格条件；（5）具备健全的组织机构和管理制度；（6）有与其业务规模相适应的固定住所；（7）有与其开展业务相适应的业务、财务等计算机软硬件设施等。这些条件是我国法定的保险公估机构的市场准入资格所需要的，投资人拟设立的保险公估机构只要具备上述条件，依法向保险监管机关提出申请，经保险监管机关进行风险提示，就申请设立事宜进行谈话、询问，了解其市场发展战略、业务发展计划、内设制度建设、人员结构的事项，并现场验收合格的，颁发许可证。申请人据此在 90 日内按照规定，办理工商登记，领取营业执照而设立成功。

其次是保险公估组织的从业人员必须具备的从业资格。根据我国《保险公估机构监管规定》的要求，保险公估从业人员应当参加并通过由中国保监会组织的保险公估从业人员资格考试。凡具有大学本科以上学历的人员均可报名参加考试，通过考试的，保险监管机关向其授予“保险公估从业人员资格证书”。但是，因违反有关法律、行政法规而受到处罚，并被禁止进入保险行业的人员，不得向其颁发该资格证书。

（二）保险公估人的执业规则

保险监管机构对保险公估人监管的重点是保险公估人的经营活动。鉴于我国的保险公估业尚处于起步阶段，现行保险公估监管制度属于严格监管体制，并集中规定于《保险公估机构监管规定》之中，涉及保险公估人的执业规则如下。

1. 保险公估人的经营范围

保险公估机构及其分支机构可以在中华人民共和国境内从事批准的保险公估活动，并且，应当将许可证置于住所或者营业场所显著位置。其从业人员应当符合保险监管机关规定的条件，持有保险监管机关规定的资格证书。

2. 保险公估人的建立专门账簿和业务档案义务

保险公估机构及其分支机构在从事保险公估业务中应当建立专门账簿，记载保险公估业务

收支情况。同时，保险公估机构及其分支机构还应当建立完整规范的业务档案，该业务档案记载的内容包括：(1) 保险公估业务涉及的主要情况，包括保险人、投保人、被保险人和受益人的名称或者姓名，保险标的、事故类型、估损金额等；(2) 报酬金额和收取情况；(3) 其他业务信息等。保险公估机构的记录应当完整、真实。

3. 保险公估机构的告知义务和回避义务

保险公估机构及其分支机构在开展业务过程中，应当制作规范的客户告知书，并在开展业务时向客户出示。客户告知书应当至少包括保险公估机构及其分支机构的名称、营业场所、联系方式、业务范围等基本事项。至于保险公估机构及其董事、高级管理人员与与公估业务相关的保险公司、保险中介机构存在关联关系的，均应当在客户告知书中说明。尤其是保险公估机构、保险公估分支机构及其从业人员在从事保险公估活动中与保险公估活动的一方当事人之间有利害关系的，更应当告知其他当事人。

与此相对应，保险公估活动的当事人有权要求与自身或者其他评估当事人有利害关系的保险公估机构或者保险公估从业人员回避。

4. 保险公估机构的勤勉尽职义务

保险公估机构、保险公估分支机构及其从业人员在开展公估业务过程中，应当履行勤勉尽职责任，其出具的保险公估报告不得存在重大遗漏。特别是保险公估报告中涉及赔款金额的，应当指明该赔款金额所依据的相应保险条款。“保险公估机构在办理保险公估业务过程中因过错给保险公司或者被保险人造成损害的，应当依法承担赔偿责任”（第5条）。

【知识链接】

保险精算师——保险业的“精算子”①

在保险领域，根据保险活动的需要，还存在着一种独立的保险精算业务，从事保险精算活动的人员，被称为保险精算师。

所谓保险精算，是指利用精算技能，对于保险经营活动所涉及的数据资料进行分析、处理后予以精确计算，得出量化结果的活动。诸如，保险费率的厘算、责任准备金的提取、风险自留额的确定、偿付能力的测算、现金流量的分析等往往需要保险精算。

保险精算师的从业形式，或者是保险公司聘用为本公司员工的保险精算师，或者是独立从事保险精算经营活动的保险精算师事务所。

保险精算师事务所属于保险中介人的具体类型之一。其从业人员应当是依法获得资格认定的注册精算师。按其从事的保险精算业务范围不同，可以分为寿险精算师和非寿险精算师。保险精算师事务所根据客户委托，向客户提供各种保险精算服务，其服务结果表现为符合规定的精算报告。

在国际范围内，保险精算师的资格认定方式有两种：一是考试认可制度。即不分学历和学科，只要通过法定的考试机构组织的考试科目，便取得保险精算师资格。英国、美国、加拿大、日本等国采取此类资格认定形式。二是学历认可制度。即具备一定的大学精算学历教育经

① 马永伟．保险知识读本．北京：中国金融出版社，2000：322.

历和一定的精算工作经历的，便获得精算师资格。法国、德国、瑞士等国即采用此方式。

中国保险市场的发展同样需要保险精算师，因此，自 1988 年开始，中国引进了保险精算教育，并取得了丰硕的成果。一是培养了一批精算人员，二是完成了中国人寿保险业的经验生命表（1990—1993），三是建立了中国精算师考试制度。1999 年 10 月中国精算师协会举行了首次精算师考试，结束了中国保险业没有精算师的历史。

问题与思考

1. 保险中介制度具有哪些作用？
2. 如何理解保险代理人的法律地位？
3. 保险代理人的资格条件有哪些？
4. 保险代理人的执业规则是什么？
5. 如何理解保险经纪人的法律地位？
6. 保险经纪人的资格条件有哪些？
7. 保险经纪人的执业规则是什么？
8. 如何理解保险公估人的法律地位？
9. 保险公估人的资格条件有哪些？
10. 保险公估人的执业规则是什么？

第十八章

保险业监督管理制度

本章概要

保险业法的重点内容是监督管理规则，而且，涉及保险组织的方方面面，诸如，保险企业的组织监管、偿付能力的监管、经营活动的监管以及保险业的自律管理体制等。因此，学习本章的目的，在于了解各项保险监管规则的内容和法律价值，比较各国有关保险监管规则的特点，考察我国保险监管制度的现行规则及其发展趋势。

第一节　保险业监督管理制度概述

一、保险业监督管理制度的概念和法律特征

所谓保险业监督管理制度，是指在一国范围内，国家保险监督管理机关利用法律监管手段、行业自律手段和企业自控手段对经营保险业务的主体和参与保险活动之主体的主体资格及其实施的保险经营行为进行监督和管理的法律制度体系。

根据实施监督管理措施的主体和手段的不同，各国保险业法对保险业实施的监督管理制度，通常包括三部分。

1. 保险业的国家监督管理。即保险监督管理制度强调国家监督管理机构根据保险业发展的需要，通过法律、行政的手段，对保险市场进行监督管理的活动。

2. 保险业的行业自律管理。即借助保险行业自律组织制定的保险行业规章制度，规范保险公司、保险中介人等保险组织在保险市场中的行为，进行自我监管和管理的活动。

3. 保险企业的内部控制管理。即保险公司通过制定有关稽核和审计制度及其他内控管理措施而进行自我监督管理的活动。

上述三部分内容相辅相成、互相补充，共同构成完整的保险业监督管理法律体系。其中，国家保险监督管理处于保险业监督管理的核心地位，自律管理则是对国家监督管理的重要补

充，而保险企业的内控管理则是保证国家监督管理措施得以有效实现的重要手段，三者的有机结合对建立、完善和发展保险市场具有十分重要的作用。而就我国保险业法来讲，《保险法》有关保险业的监督管理的规定，就是特指对保险业的国家监督管理。

保险业监督管理制度作为保险法领域内相对独立的法律制度，具有若干法律特征。

1. 保险业监督管理制度具有干预性。该干预性是国家权力的直接体现，因为，国家保险业监督管理机构在实施保险监管过程中行使的保险监督管理权是代表政府干预保险市场活动，约束保险组织依法进行保险经营，将保险市场活动纳入合法范围之内，所以，保险监督管理是一种外在的、干预性的国家强制机制。

2. 保险业监督管理制度具有法定性。它是通过保险立法的形式，确定保险业的经营规则和保险组织的资格条件等方面的法律规范。以此作为衡量保险行为的法律标准，由国家保险业监督管理机构负责实施，规范法律市场的各类活动，必要时由保险业监督管理机构对保险业组织违反监督管理规则的行为实施法律制裁。

3. 保险业监督管理制度具有专业性和广泛性。其专业性是指保险监督管理制度是专门适用于保险市场的法律规范体系。因此，它是不能被其他立法所取代的，其适用效力及于整个保险领域。各类保险公司、保险中介组织都必须依法接受其所在国的保险监督管理机构的监督与管理。其广泛性是指一国的保险监督管理制度的内容十分广泛，包括保险公司的资格条件、资金运用、各种保险经营活动以及整个保险领域中各个保险活动环节的监督和管理。因此，保险监督管理是一种事先法律规制与事后处置相结合的法律规范体系。

4. 保险监督管理制度具有严格性。保险市场经营活动的行业特性，决定了其具有高于其他行业的风险性。此类风险不仅涉及保险事故发生的不确定性，而且与保险人的保险赔付风险，投保人、被保险人的道德风险，保险中介风险等息息相关。同时，保险市场对于市场经济发展特有的经济补偿职能，更是关系到各个行业、各个社会组织、千家万户的生产的连续性和生活的稳定性。有鉴于此，各国政府对于保险市场适用的监督管理制度，不论是法律约束的力度还是广度，均高于其他各个行业，形成严格的监督管理制度。

实例枚举

新华人寿保险公司的偿付能力风险处置、保险保障基金持股和股权转让

2006 年 9 月 23 日，中国保监会开始对新华人寿股份有限公司展开“例行现场检查”，启动针对新华人寿保险原任董事长历年来擅用公司资金的调查，发现其擅用新华人寿保险的资金约 130 亿元导致该保险公司面临偿付能力不足的问题。鉴于此，保监会于 2007 年 5 月 24 日作出《关于新华人寿保险股份有限公司股权转让的批复》，首次动用自 2005 年《保险保障基金管理办法》建立的保险保障基金购买新华人寿保险 22.53%的股权。后又多次出手，最终持股比例达到 38.815%。据有关业内人士分析，此一举动有助于新华人寿保险被挪用的巨额资金的安全返还，能够尽快理清新华人寿保险的股权关系，解开复杂的勾连局面，实现与新一届董事会的顺利交接。

2009 年 11 月，新华人寿保险股份有限公司召开董事会会议，审议通过《新华人寿股权转让协议》，决定将中国保险保障基金有限责任公司所持有的新华人寿保险的 38.815%的股份一

次性整体转让给中央汇金投资有限责任公司。此一股权转让事宜一旦获得中国保监会批准，中央汇金投资有限责任公司将以不超过37亿元的价格成为新华人寿保险的最大股东。至于中国保险保障基金有限责任公司将赚取5亿至10亿元的利润，作为我国保险保障基金自公司运作后的“第一单”，为今后处理类似事件提供了成功的经验。此举帮助新华人寿优化了股权结构，完善了公司治理结构，为其A股上市奠定了良好基础，实现了保险保障基金的溢价退出。

借助本案，可以加深对保险业监督管理法律特性的认识。

二、保险业监督管理制度的法律意义

19世纪下半叶的资本主义初期，各国保险业发展迅速，许多国家相继建立了保险业严格的监督管理制度。到了20世纪初，许多发达国家颁布了“保险法”“保险公司法”“海上保险法”等，对保险公司的经营规则、偿付能力加以明确规范。我国政府亦重视加强对保险业的监督管理，《保险法》中有关保险业经营和监督管理的法律规范占有2/3的篇幅。究其原因，就在于保险业的特殊性质和独特功能。

（一）保险合同的特殊性决定了保险监督管理制度的法律意义

1. 保险合同作为一种保障合同，其特点是投保方（被保险人）付出代价（保险费）时，仅取得了保险人进行保险偿付的允诺，此允诺将来是否履行，不仅有赖于约定条件（保险事故）的发生，还取决于保险人的信用水平和偿付能力。从而，通过保险监督管理制度的适用，可以确保保险人的信用和偿付能力。

2. 保险合同作为典型的格式合同和附和合同，其特点是保险合同条款由保险人一方事先制定，势必着眼于自身利益的保护，使得投保人、被保险人处于实质上的弱势地位。而且，投保人（被保险人）面对保险人提供的格式化保险合同，往往处于附和地位。从而，通过保险监督管理制度的适用，能够重新平衡双方当事人之间的利益冲突，构建公平的保险法律关系。

3. 保险合同作为非即时清结合同，其特点是保险合同的履行存在较大的交易时差。即一般情况下，投保人交纳保险费的时间和数额是确定的，而保险人履行保险责任的时间和数额是不确定的，因此，保险人收取保险费与履行保险责任之间的时间间隔长短不一。这意味着被保险人（受益人）在此期间内必须承担各种不可预料的风险，通过保险业监督管理制度的适用，可以降低此类风险，确保保险合同的切实履行。

（二）保险经营的特殊性决定着保险监督管理制度的法律意义

1. 保险经营是在负债条件下实现的。保险人通过承保后收取保险费而建立起来的各种责任准备金，是对投保人的负债，并不是保险人的自有资产。保险人一旦亏损或者倒闭，不仅损害保险人的自身利益，更主要的是损害广大保险客户（被保险人）的利益。因此，保险业需要严格的监督管理。

2. 保险经营是在数理计算基础上实现的。保险业的经营是以大数法则作为其数理基础的，因此，保险人收取的保险费是否过高或者是否足够偿付，取决于保险人有关保险费率计算是否准确及经营活动是否稳健。这就要求保险人承保条件的一致性和保险费的合理性。但是，保险市场的激烈竞争，直接影响着保险业的正常发展。为此，加强对保险业的监督管理，既可以防止大保险公司垄断保险市场，任意提高保险费率，增加投保人的负担，又可以杜绝各种不正当竞争行为，以免削弱保险人的偿付能力，扰乱保险市场秩序，最终损害被保险人的利益。

实例枚举

某保监局经过调查，确认了某人寿保险公司的A支公司的下述违规行为。

2003年6月，A支公司承保B镇的学生平安保险（简称学平险）时，实收保费102 800元，签单保费90 000元，截留保费12 800元；而在分别承保C乡、D乡、E乡三个乡的学生平安险时，实收保费累计218 087元，A支公司签单保费280 500元，保费差额62 413元由其代理人垫付。

2003年12月，A支公司对B镇、C乡的学平险进行虚假退保处理。通过此项操作，A支公司截留保费49 626.67元。

2004年1月，A支公司承保某电厂的人身意外综合险业务，签单保费41 580元。2月，A支公司采取虚假撤单形式套取41 580元，并于2月26日为该发电厂承保了15 871元的人身意外综合险。通过此项操作，A支公司截留保费25 709元。

以上三项截留保费合计88 135.67元，A支公司用于支付代理人手续费24 900元，用于归还代理人垫付的学平险保费62 413元，其余822.67元用于业务公关活动。

针对A支公司上述行为，保监局认为其违反了《保险法》第122条、《保险公司管理规定》第99条的规定，时任A支公司经理的李某和经理助理的刘某负有直接责任。根据《保险法》第155条（2002年）和《保险公司管理规定》第101条的规定，对A支公司及相关责任人作出如下行政处罚：

（1）对A支公司予以警告，并责令改正；

（2）对A支公司经理李某责令予以撤换，并处以3万元罚款；

（3）对A支公司经理助理刘某责令予以撤换，并处以2万元罚款。

大家通过本案，可以体会对保险业实施监管的必要性，同时，把握保险监管制度的适用和保险监管机关的监管程序。

三、保险业监督管理的模式

综上所述，对于保险业实施监督管理的法律价值较为广泛，其一是有利于保护被保险人（或受益人）的利益；其二是有利于保证保险业的稳健经营；其三是有利于维持保险市场的良好秩序，促进保险业的健康发展。因而，构建完善的保险监督管理制度成为各国保险立法的重要组成部分。不过，受立法习惯、文化传统和保险市场特点的影响，各国采取的保险业监督管理模式不尽相同。

自1810年美国宾夕法尼亚州颁布第一部有关保护本州保险公司和投保人利益的法律之后，保险监管制度相继出现于西方各国的保险市场上，相应地，西方各国保险业的发展一般都经历了从强调市场自发调节的自由发展到法律规制的严格管理的过程，到 20 世纪 70 年代，保险监督管理制度日渐成熟，概括各国的保险监管模式可分为两种类型：一种是以保险企业的偿付能力作为监管重点，赋予保险企业较大的自由发展空间，形成比较宽松的保险监管模式。因此类保险监督管理模式以英国为代表，故称为“英国模式”。另一种是重点监管保险企业的市场经营行为，保险企业在保险经营过程中受到较多的法律限制，形成比较严格的保险监督管理模式。因其代表者是日本、德国等，故称为“日德模式”。

(一) 保险监管的“英国模式”

英国保险市场是一个历史悠久而且高度竞争的市场，其特点表现在：一是注重保险企业的经营效率，强化市场竞争意识；二是完善的保险经纪人制度是保险营销的主要途径，投保人往往通过经纪人来选择和购买适合的保险产品，使得英国保险市场上 90%的业务都是通过经纪人的参与完成的；三是建立了全面的保险企业财务报告制度。通过各类内容详尽的财务报告文件，保险监督管理机构可以及时了解保险公司的财务状况和偿付能力，作为进行监管的依据；四是英国保险市场上发达健全的保险行业自律组织，对于维持市场经营秩序具有重要作用。

上述诸多特点决定了英国对保险业实施比较宽松的保险监管制度，保险监管的重点是保险企业的偿付能力，至于保险企业在确定承保范围、险种设计、保险合同条款、厘定保险费率和保险资金的运用等方面的经营活动都由保险企业自行决定，这为保险企业从事保险经营活动和保险业发展创造了宽松环境，而保险市场竞争机制则是调节保险企业经营行为的主要机制，属于公示监管方式。

英国的保险监管机构在宏观上主要确立了两项监管措施：(1) 保险企业的自由经营政策。即保险公司在偿付保证金充足的情况下，自由决定保险费率、投资方向、制定保单等。(2) 保险企业应当建立偿付保证金。根据英国 1982 年《保险公司法》和 1994 年《保险公司条例》的规定，各保险公司必须保持法定的按照欧洲货币单位计算的偿付保证金数额。而且，综合性公司必须把寿险和非寿险业务的偿付保证金分别存储。同时，作为保险监管制度的主要组成部分，工贸部通过保险企业财务报告制度，对保险公司的偿付能力作出评价，并决定需要采取的措施。如果保险公司发生偿付能力不足、未履行法定义务、提供了错误的报告、分保安排不妥、总公司或母公司的营业许可证被撤销等情况，工贸部行使干预权，通过要求保险公司提供有关信息、禁止保险公司承保更多的业务、限制其投资活动等来限制保险公司的业务活动。

在宽松的监管模式下，英国的保险公司相对容易破产，英国政府还采取了两项措施进行补救，一是制定专门的 1975 年《保单持有人保护法》，给予被保险人更多的法律保护；二是加强保险公司设立条件的审核。2007 年以来的世界性金融危机，不仅唤起专家学者重视包括保险业在内的金融行业监督管理的意识，也使得英国、美国等采取宽松监管模式的国家政府加强了对银行、保险等金融行业的监督管理。

(二) 保险监管的“日德模式”

日本和德国保险监管模式的特点在于其突出的严格性，强调通过保险监督管理机构统一控制保险市场上的保险合同条款和保险费率等，确保保险公司偿付能力，维持正常的市场经营秩序，属于实体监管方式。具体而言包括如下监管方面。

1. 统一保险合同条款。在日本、德国保险市场上，保险合同条款趋向于标准化，即保险公司使用的保险合同基本条款和险种应当报经保险监督管理机构的审查批准，并且，各类保险合同条款在保险经营中的适用，要接受保险监督管理机构的监督管理。

2. 控制保险费率。出于维持保险市场稳定的需要，日本、德国的保险监督管理机构均要求保险公司在保险经营中必须按保险监管机构确定的保险费率签订保险合同。例如，根据日本1998年7月颁布的《损害保险费率计算团体法》的规定，财产保险费率是由作为法定机构的费率计算团体计算机动车辆险、财产险、人身意外险的保险费率，报经大藏大臣批准后，作为各损害保险公司在签订保险合同时厘定保险费率的基础，大藏大臣对算定的费率进行实地检查，用以防止对保险费率的折扣竞争。

3. 保险公司资金运用的监管。日本、德国均对于保险公司的资金运用实施严格监督管理。例如，日本1997年《保险业法》规定保险公司资金运用的方式限于有价债券、不动产、银行存款、短期资金交易和抵押贷款，同时，确立了各项资金运用方式的法定比例。比如，股票投资不得超过总资产的30%，不动产投资不得超过20%等。

4. 偿付能力控制。对于保险公司经营活动进行直接的严格监管，追求目标是确保保险公司的偿付能力。因此，在日本、德国的保险监管制度中，有关保险公司偿付能力的控制，主要表现为早期预警机制。只是在保险公司出现急迫的偿付能力危机时，保险监管机构才进行干预。

（三）我国的保险监管模式

鉴于中国保险市场初具规模，市场经营规则亟待完善，行业自律机制尚须健全，我国采取了严格监管制度，强调保险监督管理机构的权力，对保险业实施全方位的监督管理，以达到保护被保险人的合法权益，维护保险市场正常发展的监管目标。当然，在我国的严格监管制度适用过程中，应当注意处理好监管规则的严格性与保险市场调节机制的关系，既要有效地防止不正当竞争行为，维持保险市场的正常秩序，又要保护保险企业开发保险产品，从事公平竞争的积极性。鉴于此，我国《保险法》不仅明确了中国保监会具有依照该法和国务院规定的职责，“对保险业实施监督管理，维护保险市场秩序，保护投保人、被保险人和受益人的合法权益”（第133条）。而且赋予中国保监会相应的监管权力，包括“依照法律、行政法规制定并发布有关保险业监督管理的规章”（第134条）；“应当建立健全保险公司偿付能力监管体系，对保险公司的偿付能力实施监控”（第137条）；同时为实施有效的监督管理，要求中国保监会“应当与中国人民银行、国务院其他金融监督管理机构建立监督管理信息共享机制”，另外还要求中国保监会“依法履行职责，进行监督检查、调查时，有关部门应当予以配合”（第157条）。

总结各国实施的严格的保险业监管制度，其内容涉及组织监管、偿付能力监管和经营活动监管三个方面。

【知识链接】

互联网金融需要保险监管应时而变

面对来势迅猛的互联网金融向保险领域的深度融入而冲击传统保险营销之势，保险业界发出了“将互联网金融纳入监管视线”的呼声。

考虑到互联网特有的高信息化、高效率等优势使其已经深入社会公众的生活领域，保险业的保险服务也应当接受现代信息发展的作用和影响，更新保险经营的理念，借互联网在保险领域的运用而获得新的发展，实现互联网信息技术与保险业之间的深度融合，让互联网保险成为互联网金融创新的组成部分，以利于降低保险交易成本，提高保险服务效率。与此相适应，我国的保险监管应当对此持肯定态度，并为互联网保险的有序发展提供便利条件。

但是，也不应过分地夸大互联网保险在我国保险业发展进程中的作用和影响，原因在于，互联网保险无非是与传统的保险模式相互补充、相互促进的新型金融交易方式，并没有改变金融服务的本质，自然也带有相应的风险因素。这就要求保险监管针对互联网保险运行的需要，及时调整改变监管思路，建立符合互联网保险特色的监管规则制度，以求促进保险资源在保险市场上的优化配置，鼓励保险领域运用新信息技术的产品创新和服务创新，规范互联网交易从业者的交易行为，维护互联网保险市场秩序，满足广大保险消费者参与互联网交易活动过程中的风险保障需要。为此，中国保监会相继推出有关互联网保险业务的规范章程。先是2012年1月发布了《保险代理、经纪公司互联网保险业务监管办法》，分别规定了保险代理公司、保险经纪公司从事互联网保险业务的资格条件、开展互联网业务的方式和其所应承担的信息披露义务、告知义务等，有利于规范保险代理公司、保险经纪公司从事互联网保险业务的经营，预防互联网保险业务中的风险，保护保险消费者的合法权益；又于2013年8月发布了《关于专业网络保险公司开业验收有关问题的通知》，在《保险公司开业验收指引》的基础上，针对专业网络保险公司的开业验收事宜，适应专业网络保险公司的经营特点，规定了其能够开业所需具备的验收条件，以利于保护保险消费者的知情权、选择权和信息安全，维持互联网保险领域的公平竞争秩序。

第二节　保险业的组织监管

在各国的保险业法中，保险业的组织监管居于首要地位。保险业法着眼于维持保险市场正常的经营秩序，建立了市场准入和市场退出制度，分别规定了保险企业的设立规则和终止规则。

一、保险企业的设立制度

（一）保险企业的组织形式

为了稳定保险市场的经营秩序，各国保险业法大多明文规定保险企业所应采取的组织形式。当然，基于不同国家的立法传统和保险市场惯例，各自确认的保险企业的组织形式不尽相同。其中，在英美法系中具有代表性的是美国，其各州的保险业法大多确认股份有限公司和相互保险公司是保险企业的法定形式；而英国立法规定的保险企业形式除包括股份有限公司、相互保险社外，还允许劳合社采用个人保险组织形式。在大陆法系国家中，日本立法确认的保险企业形式包括股份有限公司（株式会社）、相互保险公司（相互会社）和互济保险合作社；德国的保险业法则规定保险企业的形式限于股份有限公司、相互保险公司等。显而易见，股份有限公司和相互保险公司成为各国保险业法普遍确认的保险企业的法定形式。原因是保险企业采取股份有限公司形式，可以发挥其募集的资本金规模巨大的特点，为其应有的保险偿付能力和参与保险市场竞争奠定充分的物质条件。而相互保险公司形式的优势则在于公司成员相互之间提供保险保障体现着现代保险机制的真谛。

我国《保险法》针对中国社会主义市场经济的实际情况，借鉴各国保险市场实践，总结我国保险市场的发展趋势，对保险企业组织形式采取了开放性模式，取消了原有的限制保险组织类型的条款。我国《保险法》第 10 条第 3 款确认保险公司为保险人的组织类型的精神，保险业的投资者可以选择法律允许的股份有限公司、有限责任公司和相互保险组织等形式。笔者认为相互保险组织较为适合我国各地经济发展不平衡的实际情况，尤其是在农业保险领域内具有巨大的优势，故应作为我国保险企业的具体形式之一，并尽快出台具体的法律规定作为确认和规范相互保险组织的设立和经营活动的法律依据。此外，我国保险市场的深化发展，也需要保险组织的类型突破当前唯一的保险公司模式，也需要认可保险合作社等组织类型。

（二）保险企业的设立制度

关于保险企业的设立制度，各国保险立法一般包含着保险企业的设立条件和设立程序两部分。我国《保险法》同样就保险企业的设立条件和设立程序作出了全面的规定，并有《保险公司管理规定》与之相配套适用。

1. 设立保险公司的法定条件

我国《保险法》立足于立法的可操作性，全面地规定了设立保险公司应当具备的条件。

第一，主要股东应当具备的法定资格。为确保保险公司的信誉和偿付能力，《保险法》将设立保险公司的条件扩展到主要股东，要求其具有持续盈利能力，信誉良好，最近 3 年内无重大违法违规记录，净资产不低于人民币 2 亿元（第 68 条第 1 项）。显然，此条件对于增强保险公司的资信能力，稳定保险市场发展，提高社会公众投保信心的意义重大。

第二，有符合《保险法》和《公司法》规定的公司章程。公司章程是规定保险公司基本的组织规范和行为准则的重要文件，是保险公司设立的必要条件。保险公司的所有重大问题都应当在其章程中加以规定，它是保险公司设立和从事经营活动的核心文件，所以《公司法》和《保险法》都对保险公司的章程作出明确的规定。拟设立的保险公司应当依据《公司法》和《保险法》的规定，提交其公司章程。

第三，有符合《保险法》规定的注册资本。保险业法之所以对保险公司设立时所应具备的注册资本金加以强制性规定，是为了使保险公司具有与其保险经营业务相适应的资产规模，从而保证保险公司的偿付能力和保险经营的安全，最终保护投保人和被保险人的合法权益。

保险公司的经营活动具有突出的高风险性，其承担保险责任的内容就是以货币作为给付形式，因此，与各国一样，我国《保险法》要求保险公司应当“有符合本法规定的注册资本”（第 68 条第 3 项），且该法第 69 条对保险公司规定了相对于其他行业较高的注册资本，其最低限额为人民币 2 亿元，同时，保险监督管理部门根据保险公司的业务范围和经营规模，可以调整其注册资本的最低限额。但是，不得低于上述规定限额。保险公司的注册资本必须为实缴货币资本（第 69 条第 3 款）。

第四，有具备任职专业知识和业务工作经验的董事、监事和高级管理人员。保险公司的高级管理人员是指保险公司的法定代表人和其他对保险公司的经营管理活动具有决策权的主要负责人，包括总公司的董事长、总经理、副总经理，分公司（包括总公司营业部）、中心支公司（包括分公司营业部）和支公司的总经理、副总经理、经理、副经理，以及其他具有相同职权的负责人。例如，总公司的精算部门、财务会计部门、资金运用部门的负责人。由于保险经营的专业技术性较强，尤其是新险种的设计开发、保险费率的厘定、保险资金运用等，必须具备相应知识的专门人员才能胜任。因此，与各国一样，我国《保险法》要求保险公司应当“有具备任职专业知识和业务工作经验的董事、监事和高级管理人员”（第 68 条第 4 项）。

为此，我国政府授权中国保险监督管理委员会（简称中国保监会）对于保险从业人员，特别是保险公司的高级管理人员的任职资格条件作出明文规定。[①] 保险公司的高级管理人员应当：其一，具有大学本科以上学历；其二，从事金融保险或者其他经济工作达到法定年限；其三，具有在同等规模（或以上）金融保险机构或其他公司、企业担任法定领导职务达到法定年限以上的任职经历；其四，不存在法定的禁止性任职情形。保险公司的董事、监事的任职资格应比照上述条件选择合格的人选。

第五，有健全的组织机构和管理制度。保险公司的组织机构是依法实现保险公司正常经营的机构总称，健全的组织机构是保险公司正常从事保险经营活动的保证。因此，保险公司的组织机构必须符合我国《保险法》和《公司法》的规定，建立包括股东大会、董事会和监事会在内的组织机构。

而保险公司的管理制度是保险公司根据其公司章程和业务性质，对公司工作程序和人员活动准则的系统化规范，包括决策制度、执行制度、监督制度、业务制度、财务制度、人事工资制度和行政管理制度等多方面的规章制度。健全的管理制度是保险公司顺利开展业务活动、提高工作效率和经济效益的基础，也是成立保险公司的必要条件之一。

第六，有符合要求的营业场所和与业务有关的其他设施。营业场所是保险公司开展业务经营的地方，是其组织机构运行的物质基础。而且，保险公司作为一个面向社会公众的、连续存在的经营实体，必要的营业场所是其为社会公众所认知的物质条件。基于保险业的负债经营特性，为保护被保险人的正当权益，必须要求保险公司有相对固定的经营场所。因此，为保证保险业务的正常开展和公司的有效运转，《保险法》要求保险企业应当“有符合要求的营业场所和与经营业务有关的其他设施”（第 68 条第 6 项），如日常办公设施、交通设施、通信设施和技术设施等。

同时，保险公司必须依法提取保证金。我国《保险法》第 97 条规定：“保险公司应当按照其注册资本总额的百分之二十提取保证金，存入国务院保险监督管理机构指定的银行，除公司清算时用于清偿债务外，不得动用。”

2. 保险公司的设立程序

关于保险企业的设立程序，多数国家适用行政许可制度，即保险企业的设立，必须经保险监管机构依法审查是否具备法定条件后批准设立，颁发保险业经营许可证，并依法办理登记注

---

① 参见中国保监会（2002）2 号令《保险公司高级管理人员任职资格管理规定》第 11 条、第 13 条、第 14 条和第 15 条的规定。

册的，才取得经营保险业务的主体资格。我国《保险法》对于保险公司的设立同样适用行政许可制度，包括保险监管机构审批和工商登记两个阶段。

第一个阶段是中国保险监督管理机关的行业监管审批。根据我国《保险法》第 70 条、第 71 条、第 72 条和第 73 条以及《保险公司管理规定》的规定，具体程序为：设立保险公司的申请人向中国保监会提出申请，提交设立申请书、可行性研究报告、筹建方案、投资人的营业执照或其他背景资料、经会计师事务所审计的上一年度财务会计报告、投资人认可的筹备组负责人和拟出任董事长、经理的人选名单及本人认可证明等。经中国保险监管机关审查合格的，自受理之日起 6 个月内作出批准筹建的书面通知。申请人应当自收到批准筹建通知之日起一年内完成筹建工作。筹建工作完成后，申请人申请开业。中国保险监管机关自受理开业申请之日起 6 个月内，应当作出批准（或不批准）开业的决定，并颁发经营保险业务许可证。需要注意的是，申请人在筹建期间不得从事保险经营活动。

第二个阶段是工商登记机关的工商登记。按照我国《保险法》第 78 条的规定，保险公司自取得经营保险业务许可证之日起 6 个月内，凭经营保险业务许可证向工商行政管理机关——市场监管局办理登记，领取营业执照。该期限届满，无正当理由未办理工商登记的，其经营保险业务许可证失效。

二、保险企业的终止制度

保险市场的优胜劣汰竞争机制决定着保险企业的准入和退出均是保险市场活动的正常现象。不过，保险业务的特殊性决定着保险企业的退出，关系到众多投保人、被保险人的合法权益，因此，各国保险业法对此适用严格的法律规则。概括起来，保险企业的终止主要表现为停业和破产。

保险企业的停业，是指保险企业根据保险监管机构撤销相应保险企业的保险营业许可或者停业命令而停止其保险营业活动导致其退出保险市场的情况。在英国保险市场上，保险管理局可以根据保险企业的申请，批准其停止营业；或者认为保险企业不能够履行保险责任时，保险管理局有权撤销保险业务经营许可，使其停止营业。当然，保险企业停止营业时，应当根据保险管理局的要求，将至少相当于其债务数额的目的财产转交给被批准的信托人保管。日本《保险业法》则规定，保险公司作出的解散决定，必须报经内阁总理大臣审查批准，才能够终止营业。至于法国的保险市场，保险监管机构在三种情况下有权撤销营业许可：一是保险公司较长时期内持续性地未开展保险业务，二是保险公司的资金来源与保险业务无法持平，三是保险公司的股票资本或者管理层发生重大变化。此外，如果事实证明保险公司不能继续开展业务或者不能制订停业计划的，则应在法庭监督下停业清理，称为法庭监督停业。

保险企业的破产则不同于保险企业的停业，它是指保险企业依据《保险法》和《企业破产法》的规定，通过破产程序而退出保险市场的情况。但是，由于保险企业的破产可能危害投保人、被保险人的合法权益，波及社会经济秩序的稳定，各国对保险企业的破产持极为谨慎的态度，并且力求借助政府的“扶持”政策，纠正保险企业的不良资产状况，以避免保险企业的破产。但是，如果保险企业的资产状况恶化到无法恢复的境地时，则应依法破产。例如，日本《保险业法》没有直接规定保险企业的破产问题，而是通过资金援助制度以避免经营失败的保险公司破产。但此举仍然不能使其摆脱破产境地的，便应根据内阁总理大臣的意见进行调查后进入破产程序。而在荷兰保险市场上，根据 1993 年《保险业务监管法》的规定，保险公司在持有保险监管委员会颁发的营业执照时，不得宣告破产。而且，保险企业的破产往往适用保险法的特别规则。例如，为了保持保险合同关系的稳定，而普遍采取保险合同转让制度。

我国《保险法》规定保险公司的终止，主要包括保险公司的解散和破产，而取消了有关保险公司撤销的规定。

1. 保险公司的解散。根据我国《保险法》第 89 条的规定，如果保险公司因分立、合并需要解散，或者经保险公司的股东大会、股东会决议解散，或者出现公司章程规定的解散事由而应当解散的，必须经中国保监会批准才能解散。但是，经营有人寿保险业务的保险公司，除分立、合并或依法被撤销外，不得解散。而且，保险公司解散的，应当依法成立清算组进行清算。

2. 保险公司的破产。根据我国《保险法》第 90 条、第 91 条和第 92 条的规定，保险公司有《企业破产法》规定的破产情形的，经中国保监会同意，保险公司或者其债权人可以依法向人民法院申请重整、和解或破产清算，中国保监会也可依法向法院申请该保险公司重整或破产清算。但是，经营有人寿保险业务的保险公司被依法宣告破产的，其持有的人寿保险合同及责任准备金，必须转让给其他经营有人寿保险业务的保险公司；不能与其他保险公司达成转让协议的，由中国保监会指定经营人寿保险业务的保险公司接受转让。保险公司破产的，其破产清偿顺序适用《保险法》第 91 条的规定。

不论是通过解散或者破产而终止保险业务活动的保险公司，均应当注销其经营保险业务许可证（《保险法》第 93 条）。

实例枚举

中华联合保险经重组而涅槃重生

2006 年，经历了高速扩张的中华联合财产保险股份有限公司出现巨额亏损，其经营方式粗放、管理水平落后、偿付能力不足等问题逐渐暴露，表明其陷入了严重的经营风险。2009 年 3 月，中国保监会正式向中华联合保险派驻“加强公司内控工作组”进行整改，实施风险处置。工作组入驻后，一方面大刀阔斧地清理违规业务，狠抓结构调整，制止垃圾业务的流入；另一方面加强公司内控管理，强调按章办事，开展职责明确的机构建设。至 2010 年 8 月，内控工作组撤出时，中华联合保险首次实现扭亏为盈。经过召开中华联合保险的股东大会，选举产生了新一届董事会和经营班子，自此，中华联合保险进入“二次创业”的新时期。

2012 年 12 月，中国保监会下发《关于中华联合保险控股股份有限公司变更注册资本金的批复》，标志着中华联合保险的股权重组，即中国保险保障基金有限责任公司向中华联合保险注资 60 亿元，并成功引入战略投资者——东方资产管理公司斥资 80 亿元购买中华联合保险的股份。两者成为控股 51.01%和 44.82%的大股东，也解决了困扰中华联合保险多年的偿付问题，并完成了公司股权重组，使其走上正常经营运转的道路。

本案例充分说明对保险企业的组织监管有助于保险企业的组织结构和治理结构符合保险经营的需要。

第三节　保险企业偿付能力的监管

偿付能力是在保险市场领域内衡量保险企业经营状况的特有概念，它是指保险企业对于其所承担保险责任而履行保险赔偿或者保险金给付的经济能力。由于保险企业的保险经营活动具有负债性，因而其所收取的保险费总和与其为履行保险责任所需支付的货币数额之间会出现偏差。保险企业针对这一偏差，能够以其实际资产减去负债以后的余额予以弥补。因此，保险企业是否具有偿付能力就直接关系到投保人、被保险人的切身利益。为了避免因保险企业经营管理不善或者因巨灾损失的出现而影响到其正常履行保险责任，保险企业偿付能力的监管便成为各国保险监管制度的核心内容。

基于同样的监管目标，我国《保险法》及《保险公司管理规定》等相关法规全面规定了保险公司偿付能力的监管规则。

一、保险企业偿付能力的法定标准

根据我国《保险法》第 137 条的规定，中国保监会“应当建立健全保险公司偿付能力监管体系，对保险公司的偿付能力实施监控”。所谓保险公司的偿付能力是指保险公司以其会计年度末实际资产价值减去实际负债的差额，反映为保险企业的资本金与总准备金之和。在保险经营中，只要保险企业的资产大于负债，即使发生超常性的保险赔付，仍然具备予以正常保险偿付的能力，这就意味着保险企业具有偿付能力。

为此，我国保险立法明文规定了保险公司的最低偿付能力，“保险公司应当具有与其业务规模和风险程度相适应的最低偿付能力。保险公司的认可资产减去认可负债的差额不得低于国务院保险监督管理机构规定的数额；低于规定数额的，应当按照国务院保险监督管理机构的要求采取相应措施达到规定的数额”（《保险法》第 101 条），因此，《保险公司管理规定》确认“保险公司的实际偿付能力额度为认可资产减去认可负债的差额”（第 84 条），并明确要求“保险公司应当根据保护被保险人利益，保障偿付能力的原则，稳健经营，确保实际偿付能力任何时点不低于最低偿付能力额度”（第 83 条）。如果保险公司实际具备的偿付能力低于法定最低偿付能力，便成为保险公司处于“危险”状态的早期信号，故保险公司应具有与其保险业务规模相适应的最低偿付能力。

根据《保险法》第 138 条的规定，“对偿付能力不足的保险公司”，中国保监会“应当将其列为重点监管对象，并可以根据具体情况采取”相应的法律措施，包括：（1）责令增加资本金、办理再保险；（2）限制业务范围；（3）限制向股东分红；（4）限制固定资产购置或者经营费用规模；（5）限制资金运用的形式、比例；（6）限制增设分支机构；（7）责令拍卖不良资产、转让保险业务；（8）限制董事、监事、高级管理人员的薪酬水平；（9）限制商业性广告；

（10）责令停止接受新业务等。

【知识链接】

中国保险保障基金制度的建立与完善

保险保障基金是根据我国《保险法》和《保险保障基金管理办法》的规定，由各家保险公司依法缴纳形成的，集中管理，统筹使用，用于救助保单持有人、保单受让公司或者处置保险业风险的非政府性的行业风险救助基金。

显然，从社会价值角度说，保险保障基金是一种有助于保险业的风险控制，又能够为问题保险公司提供解决方案的制度安排。纵观世界范围内的保险业发达国家，除了欧洲大陆一些保险业采用卡特尔定价法的国家以外，其他国家普遍建立了保险保障基金制度，强制保险业的各家保险公司依法缴纳形成保险保障基金，用以构建"保单持有人的最后安全网"，对发生支付困难的保险公司实施紧急援助和在其退出保险市场后补偿保单持有人。

我国的保险保障基金制度自1995年《保险法》首次作出原则性规定至今二十多年的历程，可以归纳为三个阶段：一是各家保险公司单独提取，专户存储的企业留存阶段。二是以2004年中国保监会发布《保险保障基金管理办法》为标志的专户缴入，加强监督的集中管理阶段。各家保险公司将各自提取的保险保障基金缴入保监会开立的保障基金专户，实现集中管理。三是保险保障基金的公司化运作阶段。2008年9月，中国保监会、财政部、中国人民银行颁布新的《保险保障基金管理办法》，并设立了中国保险保障基金有限责任公司（取代作为其前身的、由国务院法制办、财政部等13个单位共同于2006年2月设立的中国保险保障基金理事会），由其负责保障基金的筹集、管理和使用，实现了保险保障基金的公司化运作，意味着我国的保险保障基金制度进入了市场化、专业化的局面。其间，中国保险保障基金有限责任公司不仅专业化地管理保险保障基金的市场运作，实现了保险保障基金的足额收缴、良性运行、优化投资，并开展保险行业的风险监测，更参与了新华人寿保险和中华联合保险的风险处置工作，取得了较好的效果。

二、责任准备金的提取

责任准备金是保险企业按照保险业法的规定，从收取的保险费或者经营利润中提取的准备用于履行保险责任的货币金额。我国《保险法》立足于维持保险公司的偿付能力，保护被保险人合法权益的宗旨，要求"保险公司应当根据保障被保险人利益、保证偿付能力的原则，提取各项责任准备金"（第98条第1款）。按照我国财政部的《保险公司财务制度》的规定，保险公司提取的各项准备金包括：未决赔款准备金、已发生未报告赔款准备金、未到期责任准备金、长期责任准备金、寿险责任准备金和长期健康险责任准备金等。

其中，（1）保险公司应当按照已经提出的保险赔偿或者给付金额的100%提取未决赔款准备金；（2）已经发生保险事故但尚未提出保险赔偿或者给付请求的，应当在当年实际赔款支出额的4%范围内提取已发生未报告赔款准备金；（3）对于损益核算期在1年以内的非寿险保险单，为承担跨年度责任而按当期自留保险费收入的50%提取未到期责任准备金；（4）对于损益期在1年以上的各类非人身险业务，在业务未到结算损益年度时，保险公司在年终按业务到期年份将历年累计的保险费收入与赔款支出的差额提取长期责任准备金；(5) 经营寿险业务和长期健康险业务的保险公司对于保险单生效后应当承担的未到期责任，依据精算结果提取寿险责任准备金和长期健康险责任准备金；(6) 经营财产保险、人身意外伤害保险、短期健康保险、再保险业务的保险公司应当按照当年自留保险费收入的1%提取保险保障基金，达到6%时，停止提取；(7) 在我国保险市场上，保险公司的总准备金应当按照主管财政机关或者公司董事会的批准提取总准备金。

除了经中国保监会批准，保险公司提取的上述各项责任准备金，应在中国境内运用。

三、保险企业的资金运用

保险企业的资金运用，是指保险公司在保险经营过程中，将其积聚的部分保险资金用于投资，从而使保险资金增值的活动。保险投资是保险公司的主要业务之一，但是，由于保险资金来自投保人交纳的保险费，具有负债经营的特点，所以，保险公司运用保险资金进行投资经营的效果与保险公司的偿付能力和竞争力密切相关，进而关系到被保险人的合法利益，因此，各国保险业法均对保险企业的资金运用实施专门的监督管理，而且，将资金运用的安全性列为首要原则，高于流动性和营利性。

我国《保险法》同样强调保险企业资金运用的安全性，即“保险公司的资金运用必须稳健，遵循安全性原则”（第106条第1款）。据此原则，《保险法》虽然进一步扩大了保险公司的资金运用范围，但是仍然作出明确的范围限制，即限于银行存款、买卖债券、股票、证券投资基金、投资不动产以及国务院规定的其他资金运用形式（第106条第2款）。

而根据中国保监会于2010年2月1日发布的《保险资金运用管理暂行办法》(2010年8月31日起施行）第16条的规定，保险公司运用保险资金应当符合如下的比例要求，(1) 投资于银行活期存款、政府债券、中央银行票据、政策性银行债券和货币市场基金等资产的账面余额，合计不低于本公司上季末总资产的5%；(2) 投资于无担保企业（公司）债券和非金融企业债务融资工具的账面余额，合计不高于本公司上季末总资产的20%；(3) 投资于股票和股票型基金的账面余额，合计不高于本公司上季末总资产的20%；(4) 投资于未上市企业股权的账面余额，不高于本公司上季末总资产的5%，投资于未上市企业股权相关金融产品的账面余额，不高于本公司上季末总资产的4%，两项合计不高于本公司上季末总资产的5%；(5) 投资于不动产的账面余额，不高于本公司上季末总资产的10%，投资于不动产相关金融产品的账面余额，不高于本公司上季末总资产的3%，两项合计不高于本公司上季末总资产的10%；(6) 投资于基础设施等债权投资计划的账面余额不高于本公司上季末总资产的10%；(7) 保险集团（控股）公司、保险公司对其他企业实现控股的股权投资，累计投资成本不得超过其净资产。

同时，经中国保监会会同中国证监会批准，保险公司可以设立保险资产管理公司。当然，其从事证券投资活动，应当遵守《证券法》等法律、行政法规的规定（《保险法》第107条）。

如果保险公司没有按照保险立法的规定提取或者结转各项责任准备金，或者未按照保险立法的规定办理再保险，或者严重违反保险立法关于资金运用的规定的，中国保监会有权“责令限期改正，并可以责令调整负责人及有关管理人员”（《保险法》第139条）。

【知识链接】

关于应当进一步扩大保险资金运用范围的一管之见

我国《保险法》出于维持中国保险市场稳定发展，确保保险业偿付能力的目标，一直对保险资金的运用范围予以严格的限制，1995 年的《保险法》基于安全性原则，将保险公司运用保险资金的范围仅限于银行存款，虽然经过 2002 年和 2009 年两次修改的《保险法》第 106 条已经逐步扩大了保险资金的运用范围，但是，与我国社会经济的发展需要和深化发展保险市场的要求，仍然存在很大差距。因此，对我国《保险法》第三次修改的时机，有必要进一步扩大保险资金的运用范围，起码可以考虑允许保险资金进行如下的投资活动。

首先，允许保险资金“依法发放贷款”。参考原中国保监会《关于加强和改进保险资金运用比例监管的通知》等规定，对保险资金运用的种类进行优化分类及完善，包括允许保险资金用于依法发放贷款的形式。之所以建议保险资金的运用形式中增加“依法发放贷款”，并明确规定相关条件，原因在于，保险业新“国十条”要求：“在保证安全性、收益性前提下，创新保险资金运用方式，提高保险资金配置效率。”近年来，我国保险资金运用的形式不断丰富，但与国外相比，保险资金尚不能直接用于发放贷款，建议参照国外经验和国内实践情况，拓展此一保险资金的运用形式。一是参照域外立法，美国、德国、日本及我国台湾地区保险业法律法规中均规定保险资金可以用于发放贷款，如我国台湾地区“保险法”第 146 条就规定，“保险业资金之运用”包括“放款”。二是我国金融市场对于增加贷款渠道的需求已非常强烈，如住房反向抵押贷款、支农支小贷款、基础设施建设项目贷款等，保险资金能够为这些项目提供贷款将大大推动相关事业的发展。三是保险资金已经可以用于投资保险资产管理公司、信托公司等发行的债权投资计划、债权集合资金信托计划等，其实质便是将保险资金用于向企业贷款，但受到资金运用形式的限制，不得不采用设立金融产品的方式，造成交易结构、交易程序非常复杂，也浪费了大量的交易成本。因此，有必要直接放开保险资金用于贷款，提高保险资金运用的效率，盘活保险资产。四是实践中寿险保单质押贷款已经是我国寿险公司普遍开展的业务内容，截至 2015 年年底，寿险全行业保单质押贷款的规模达到 2 298.6 亿元。将发放贷款纳入保险资金运用形式的范围，仅是基于保单质押贷款业务的实践，对《保险法》相关规定的拓展。

同时，保险资金运用遵守稳健、安全性的原则，参照我国台湾地区的有关规定，建议对保险资金用于贷款时的担保要求作出规定，明确须符合以下条件之一：由银行或其他金融机构提供担保；以动产或不动产作为抵押；以有价证券作为质押；以人寿保险单作为质押；符合国务院保险监督管理机构规定的其他担保条件。保险资金用于发放贷款的比例监管、关联交易等问题，建议由中国保监会出台相关监管规定加以规范。

其次，允许保险资金“依法对外担保”。这是出于避免保险资金大量闲置，提高保险资金利用效率，并借助保险资金的进入来提高我国担保业信用水平，促进担保业正常发展需要的考量。但是，基于保险资金运用所需遵循的稳健、安全原则，应当将对外担保纳入保险资产管理公司运用保险资金的范围。同时，保险监管机关对于保险资产管理公司运用保险资金对外提供担保的条件、担保金额、资产范围、资产比例等加以具体规定，使其成为保险资产管理公司管理和运用保险资金的具体内容，以便保险资产管理公司实施对外担保时遵照执行，从而排除保险公司直接作为担保人介入对外担保活动的可能，形成对外担保与保险业务的明确区别，实现对外担保之风险与保险业务经营的隔离。

最后，允许保险资金进行信托投资。在我国的人身保险实务中，当发生保险事故导致被保险人死亡、伤残时，如受益人为未成年人、智力残障人士或年迈老人等，将可能出现受益人无法自行处理保险金的情形，使投保目的得不到充分体现。对此，一些国家以及我国台湾地区建立了保险金信托制度，允许投保人预先与保险公司签订信托合同，由保险公司担任受托人，管理和运用由保险金构成的信托财产，按照信托合同约定的方式，将信托财产分配给受益人，解决受益人难以使用或管理保险金的难题。由于信托具有信托财产独立、受托人管理专业化、避免遗产税等特点，保险金信托实际上使人寿保险产品成为结合保险保障、延期支付、个人理财和税收筹划等功能的综合性金融服务产品，能同时满足投保人关于保护受益人利益、推迟保险金给付时间、保险金保值增值以及税收规划等多重需要，最大限度地保障受益人的利益。目前，国内保险市场对于保险金信托已存在较大需求，一些保险公司也推出了保险金信托业务，但基于现行《保险法》规定，只能由信托公司作为受托人，保险公司不能担任受托人。从资产规模、风险管理水平、专业实力等角度看，国内保险公司普遍优于信托公司，并且，按照《信托法》规定的精神，并非仅有信托公司才能担任受托人，由保险公司担任保险金信托的受托人更有利于保障被保险人和受益人的利益。因此，建议参照其他国家及我国台湾地区的做法，在《保险法》中规定经营人身保险业务的保险公司可以经营保险金信托业务，担任受托人，以更好地促进保险业务发展，满足投保人需求。

以上是作者有关进一步扩大保险资金运用范围的个人看法，希望与同仁展开交流讨论。

四、对保险企业财务状况的监管

保险企业的财务监管主要是对保险公司资产负债的监管，主要包括负债监管、资产监管、资产负债匹配监管和财务报表监管等方面。鉴于保险经营的负债特性，对保险公司的负债进行监管便尤为重要。因为，保险业务不同于一般企业，也区别于其他金融企业，不能通用其他行业的会计准则，故保险企业财务状况的监管基本上是通过制定统一的保险公司财务会计标准和实行特殊的报告制度，由保险监管机构借助其提交的财务报告，分析和监管保险公司的经营状况和偿付能力。所以，我国财政部专门颁布了《保险企业财务制度》和《保险企业会计制度》，作为保险公司财务活动的依据，也是保险监管机构进行监管的准则。

在保险实践中，我国对于保险公司财务状况监管的内容有三。

1. 财务报告制度。根据有关规定，保险公司应当在法定期限内向中国保监会提供有关业务状况、财务状况及资金运用状况的书面报告和资料，包括：(1) 每一会计年度终了后 3 个月内，将上一年度的营业报告、财务会计报告及有关报表报送中国保监会并依法公布；(2) 每月月底前将上一月的营业统计报表报送中国保监会。

2. 财务检查制度。中国保监会依法有权通过现场检查或者非现场检查等方式，对保险公司进行监管，为此，各保险公司应当妥善保管有关业务经营活动的完整账簿、原始凭证及有关资料，其保管期限自保险合同终止之日起计算，不得少于 10 年。

3. 预警监控机制。中国保监会借鉴国外先进的早期预警制度，为实现保险监管建立了电子化信息网络，通过非寿险业务指标、寿险业务指标、资金运用指标和财务状况指标的保险监管指标体系，构建了我国保险市场的早期预警监控机制，达到强化事先监管，引导和规范保险业健康发展的效果。

【知识链接】

保险领域的洗钱行为与中国反洗钱行动

利用反洗钱举措解决金融市场上的洗钱行为已成为国际性课题。随着中国社会经济与国际经济的日益融合，洗钱与反洗钱的斗争也成为我国金融界需要割除的“毒瘤”。洗钱是将毒品犯罪、黑社会性质的组织犯罪、恐怖活动犯罪或者其他犯罪的违法所得及其产生的收益，通过各种手段隐瞒或者掩饰起来，并使之在形式上合法化的行为和过程。根据我国《刑法》第 191 条规定，洗钱构成犯罪，应当承担刑事责任。理由是其破坏了我国的金融管理秩序，而且洗钱往往与其他犯罪行为相互联系，并带有跨国境的国际性。从中国人民银行于 2006 年 8 月发布的《2005 中国反洗钱报告》，我们可以看到如下的统计数字：2005 年，中国人民银行和国家外汇管理局共配合公安机关和其他部门成功破获洗钱及相关案件五十余起，涉案金额折合人民币上百亿元。同时，中国反洗钱监测分析中心通过对大额和可疑资金交易报告及其他来源信息进行分析和甄别，共移交可疑交易线索 533 份，涉及人民币 793.51 亿元，外币折合美金 8.32 亿元。此外，中国公安机关、中国人民银行和外汇管理部门共打掉地下钱庄及非法买卖外汇窝点 47 个，涉案金额折合人民币上百亿元，缴获现金折合人民币 3 100 多万元。这表明作为一种新型的违法犯罪行为，洗钱在我国日益猖獗，手法具有专业化特点，主要活动区域不断变化，为反洗钱工作带来相当大难度。

鉴于此，中国政府十分重视以法律体系为核心的反洗钱制度的建立。其中 2006 年 10 月 31 日《中华人民共和国反洗钱法》的颁布就是重要标志，而中国于 2005 年 10 月批准加入国际上主要的反洗钱公约——《联合国反腐败公约》和成为 2005 年 10 月在莫斯科成立的欧亚反洗钱与反恐融资小组的创始成员国，均充分显示了中国政府参加国际反洗钱和承担相关义务的决心。

随着中国反洗钱规模和涉及领域的不断变化，中国反洗钱行动的监管水平也在日益提高，监管范围扩大到银行、证券、保险、信托等各个金融行业，并且监管部门将逐步按照国际反洗钱标准与实践的需要，进一步完善保险业、证券业等金融行业的相关规定，而中国人民银行于 2006 年 11 月 6 日发布的《金融机构反洗钱规定》便是例证。该《规定》适用于商业银行、证券公司、保险公司等各类金融机构，并赋予各类金融机构反洗钱的义务，要求各类金融机构依据《反洗钱法》建立其内部控制制度，设立反洗钱专门机构或者指定内设机构负责反洗钱工作，建立客户身份识别制度，建立客户身份资料和交易记录保存制度，建立大额交易和可疑交易报告制度，开展反洗钱培训和宣传工作等。

根据中国人民银行发布的《金融机构客户身份识别和客户身份资料及交易记录管理办法》的规定，从 2007 年 8 月 1 日起，保费金额 1 万元以下的业务需要核对身份信息就是我国保险领域内对洗钱行为采取的一项具体举措。这意味着以后对保费金额 1 万元以上或者外币等值 1 000 美元以上，并以现金形式缴费的财产保险合同，或是单个被保险人的保费金额人民币 2 万元以上或外币等值 2 000 美元以上，并以现金形式缴费的人身保险合同，以及保费金额人民币20万元以上或外币等值20 000美元以上，并以转账形式缴费的保险合同，保险公司在订立保险合同时需要登记投保人、被保险人的身份信息，并留存有效身份证件或其他身份证明文件的复印件或影印件。

第四节 保险企业经营活动的监管

保险企业作为保险市场的经营者，其营利目的是通过依法从事的保险经营活动得以实现的。由于保险企业的保险经营活动关系到保险市场的稳定和广大被保险人的合法权益。所以，对保险企业经营活动实施全面监管便成为各国保险业法的重要内容。一般情况下，对于保险企业经营活动的监管，涉及保险企业的业务范围、保险合同条款和保险费率、再保险以及保险企业的整顿和接管等方面。

一、保险企业业务范围的监管

保险企业的业务范围，是指保险企业依法能够从事保险经营活动的地域范围和经营的保险业务种类。基于各类保险业务的不同性质，经营方式和核算原理各有特点，各国保险业法大多对于保险企业的业务范围有所限制，要求保险企业在法定范围内经营相应的保险业务。

概括各国的立法实例，普遍禁止保险企业兼业和兼营。所谓禁止兼业，就是保险企业必须专门经营保险业务，不得经营其他业务，而非保险企业不得经营保险业务。例如，日本1996年《保险业法》规定，保险公司除了从事固有业务以及法定的附带业务以外，不得从事其他业务。在瑞士，1978年《联邦私营保险机构监督法》规定了保险机构不得经营保险以外的业务。但是，20世纪80年代以来，欧美各国出现了银行业与保险业业务交叉经营的趋势。所谓禁止兼营，则是禁止同一保险企业兼营财产保险和人身保险业务，形成了分业经营规则。美国多数州的保险业法都禁止寿险公司承保财产保险业务，财产保险公司则不得经营寿险业务，当然，寿险公司和财产保险公司均可以经营意外伤害保险和健康保险业务。日本原本采取严格的分业经营模式，但是，1996年《保险业法》允许保险公司可以通过设立子公司的形式兼营其他的保险业务。与此不同，英国保险业法对于保险公司的经营范围基本不加限制，允许保险公司兼营财产保险和人身保险业务，不过，二者的财务会计应相互独立核算。

目前，在我国保险市场上，各家保险公司按照其经营的业务性质，分为财产保险公司、人身保险公司和再保险公司等。原因在于我国《保险法》明文确立的分业经营规则，将保险公司的业务范围分为财产保险业务和人身保险业务。具体的监管内容如下。

1. 保险公司业务范围法定规则。即“保险公司应当在国务院保险监督管理机构依法批准的业务范围内从事保险经营活动”（第95条第3款）。

2. 原则上禁止保险公司兼业规则。也就是说，同一“保险人不得兼营人身保险业务和财产保险业务”（第95条第2款）。

3. 经批准的兼业经营。经营财产保险业务的保险公司经中国保监会批准，“可以经营短期健康保险业务和意外伤害保险业务”（第 95 条第 2 款）；经中国保监会批准，保险公司可以经营财产保险或者人身保险业务的再保险的分出业务或分入业务（第 96 条）。

我国保险业实行分业经营的原因在于，财产保险和人身保险是性质完全不同的两类业务。从承保、理赔到保险费计算、财务管理方式都截然不同，无论财产保险业务还是人身保险业务，各自都是专业性很强、互不相通的保险业务。如果允许保险公司同时兼营两种互不相通的保险业务，经营中容易出现诸多弊端：（1）上述两类保险业务活动互相混杂，不利于保险公司在保险经营中实施有效的风险管理；（2）财务管理混乱，如果将人身险准备金与财产险准备金混在一起，既不利于公司内部的资金管理，也不利于保险监督管理部门实施保险监管；（3）人寿险具有储蓄性和长期性特点，而财产保险则属于短期性业务，如果保险公司财务管理混杂，便很容易在短期财产保险经营中占用长期的人身保险基金而损害人寿保险的被保险人的合法利益。所以，为保证被保险人的利益，将财产保险和人身保险分开经营，已经成为国际保险市场上先进的管理经验和通行的做法。

二、保险合同条款和保险费率的监管

保险合同是保险企业从事保险经营活动的基本手段，是确定保险法律关系当事人之间权利义务的法律形式。而且，在各国保险市场的长期实践中，保险合同逐步成为典型的格式条款。同时，保险费率是确定保险商品交换价格的基本依据，构成保险合同的核心内容之一。合理的保险费率有助于将保险商品交换关系建立在公平基础上，促进市场竞争秩序的有序发展。因此，为了稳定保险经济关系，规范保险企业的经营行为，保护被保险人的合法权益，很多国家对保险合同条款和保险费率实施监管。

其中，关于保险合同条款监管，发达国家保险市场的监管力度相对于其他监管内容，较为宽松。一般允许保险企业自行拟订或者保险行业组织协商确定保险合同条款，但是，应当向保险监管机构审批或备案。例如，美国多数州要求保险公司必须将保险合同条款报保险监督官批准，才得以使用。而且，随着保险业的发展，许多国家的保险市场上经过不断的实践出现了统一的标准化保险合同。例如，英国劳合社的船货保险合同标准格式。

关于保险费率监管，各国均就保险经营中适用的保险费率加以监管，以求保险费率合理、公正，不过，具体监管模式各不相同。

1. 有的国家采取直接监管方式。例如，在瑞士，人寿保险、疾病保险和伤残保险的保险费率，由保险同业公会制定，经联邦私营保险局审批后，保险公司予以适用。其他保险险种的保险费率，则由保险公司自由制定。美国各州的保险监督官负有审批保险公司报送的保险费率的职责。

2. 有的国家采取间接监管方式。日本是其典型代表。根据日本的《损害保险费率计算团体法》，损害保险和人身意外伤害保险的保险费率，由保险公司自愿组成的费率计算团体厘定，同一险种的费率可以由多个费率计算团体厘定各自的费率，不同的费率计算团体之间可以进行费率厘定上的竞争，但是，各费率计算团体厘定的费率在适用前均应报大藏省批准。

面对我国保险市场迅速发展和市场竞争不断加剧的局面，为适应保险产品日新月异的需要，选择符合我国实际需要的保险合同条款和保险费率监管模式尤为重要。为此，我国《保险法》经过2009年2月28日的修改后，将保险条款和保险费率的拟订权交给了保险企业，同时，强化了保险监管机构的审批权。为此，《保险法》要求“保险公司应当按照”中国保监会的规定，“公平、合理拟订保险条款和保险费率，不得损害投保人、被保险人和受益人的合法权益”（第114条第1款）。同时，《保险法》第135条不仅明确了中国保监会对保险公司拟订的保险条款和保险费率的审批权，其中，“关系社会公众利益的保险险种、依法实行强制保险的险种和新开发的人寿保险险种等的保险条款和保险费率，应当报国务院保险监督管理机构批准”，而且要求“国务院保险监督管理机构审批时，应当遵循保护社会公众利益和防止不正当竞争的原则”，至于“其他保险险种的保险条款和保险费率，应当报保险监督管理机构备案”。

显然，我国现行的保险合同条款和保险费率监管制度既借鉴了国际保险市场的先进经验，又适合我国国情。不过，笔者认为，鉴于我国保险业自律组织日渐完善的客观情况，应当充分发挥此类自律组织的作用，由其在会员范围内，或者制定保险合同标准格式和厘定保险费率，或者为保险公司制定保险合同条款和保险费率提供资料依据。

如果“保险公司使用的保险条款和保险费率违反法律、行政法规或者国务院保险监督管理机构的有关规定的”，中国保监会有权“责令停止使用，限期修改；情节严重的，可以在一定期限内禁止申报新的保险条款和保险费率”（《保险法》第136条）。

三、自留额与分保业务的监管

在原保险范围内，保险公司的自留额与分出保险是相互对应的。其中，分出保险就是原保险公司将其在原保险合同中承担的保险责任的相应部分以再保险合同的形式分出由其他保险公司（分保接受人）承担的情况。我国《保险法》第28条从再保险角度将其定义为，“保险人将其承担的保险业务，以分保形式部分转移给其他保险人的，为再保险”。而相对于分出保险，自留额则是保险公司本身实际承担的风险部分，也就是作为分出人的保险公司在每次发生事故后准备赔付的最高限额。由于保险公司的资本金加准备金是有限的，而其承保的保险业务的保险金额却是高低不一的。如果因发生保险事故而造成的损失金额过高，尤其是巨灾损失，那么有可能导致其无力承担保险赔偿责任，保险公司为了保险业务经营的稳定，在制订公司营业方针和计划的时候，都必须确立用于计算各类保险业务中所应承担最高保险责任的危险单位和自己所能承担的自留额。

实例枚举

1995年1月26日，中国太平洋保险公司承保了作为国际商业发射的“亚太2号”通信卫星，其保险金额为1.6亿美元，太平洋保险公司按照本身的财政力量和风险因素将自留额确定为3%（计为480万美元，合人民币3 000多万元），其余的97%通过国际分保，分给欧洲和美国的保险公司。按太平洋保险公司的资本金和准备金情况，太平洋保险公司对本颗通信卫星的自留额原本可定得高一些，但是，考虑到此次航天保险系初次承保，所以谨慎地选用了3%的自留额。结果此次通信卫星发射失败，中国太平洋保险公司在50天内向被保险人赔付1.6亿美元（约合14亿元人民币），实际上，中国太平洋保险公司本身所赔付的赔款仅为480万美元，而其余1.552亿美元的保险赔款则是由各家分保接受人（再保险人）摊付的。

上述实例，充分说明再保险业务在保险市场上具有的风险共担、利益共享、相互制衡的作用。尤其是对于分出的保险公司而言，通过分保，可以达到维持保险公司稳定经营、保证偿付能力的目的。

这意味着再保险是保险公司进行风险管理的重要手段。通过再保险，保险人之间得以相互转移风险和分摊保险责任，达到风险与保险责任在保险业内部的分散化和平均化，避免因某一保险公司过多地承担风险责任而影响其正常的保险偿付能力。因此，再保险是各个保险公司为了稳定保险经营活动而不可或缺的业务活动内容。但是，由于受到内外各种因素的制约，保险公司能否有效地借助分保而实现稳定经营的目的，情况较为复杂。为此，各国均将分保监管列入保险监管的范围。

不过，各国的分保监管的范围和内容各有不同。其中，有的国家将监管范围集中于保险分出人，法国是采取此方式的代表者，故称其为“法国模式”；有的国家的分保监管范围则包括保险分出人和分入人双方，因英国是其代表者，故称其为“英国模式”；有的国家将分保监管的着眼点置于保险分出人的偿付能力和分入人的财务状况上，因德国是其代表者，故称其为“德国模式”。

在我国保险市场上，原保险业务的发展速度很快，但我国的再保险业务则发展缓慢，尚未形成完整的再保险体系。目前，只有中国再保险公司专营再保险业务，太平洋保险公司和平安保险公司可以经营国际再保险业务。然而，在保险市场的经营实践中，每家保险公司又必须进行分保。例如，2003 年 10 月 23 日，中国人寿保险股份有限公司与世界第一的慕尼黑再保险公司签订了“康宏”健康保险分保合同。因此，我国《保险法》也建立了分保监管机制，全面规定了保险公司的自留额与分保规则。

一方面，《保险法》要求“经营财产保险业务的保险公司当年自留保险费，不得超过其实有资本金加公积金总和的四倍”（第 102 条）。另一方面，《保险法》规定了有关分保的法律规则，即法定强制分保的义务。保险公司应当“对每一危险单位，即对一次保险事故可能造成的最大损失范围所承担的责任，不得超过其实有资本金加公积金总和的百分之十；超过的部分应当办理再保险”（第 103 条第 1 款）。例如，某保险公司资本金为 20 亿元，总准备金为 40 亿元，每个危险单位的自留额则为 6 亿元［(20＋40)×10％］。如果承保一个化肥厂 20 亿元，那么有 14 亿元超过自留额，就需要办理分出分保。保险公司对危险单位的划分应当符合中国保监会的规定。相应地，保险公司应当按照中国保监会的规定办理再保险，并审慎选择再保险接受人（《保险法》第 105 条）。

四、保险公司的整顿和接管

对保险公司实施整顿和接管，是保险监督管理机构对保险企业的经营活动采取的特殊监管措施。目的是恢复保险企业的正常经营活动，保护被保险人的合法利益，避免因保险企业的经营困难引起保险市场经营秩序的混乱，维持保险市场的正常稳定的发展。在保险实务中，只有保险公司存在严重的违法违规经营，已经或者可能危及其偿付能力的时候，才能够依法对其予以整顿或者接管。但是，各国保险业法对于此类情况所适用的处理方法不尽相同。

相比较而言，美国的很多州通过改变保险公司的营业执照，取消保险公司的某类保险业务的方式来处理上述情况。而根据英国 1982 年《保险公司法》的规定，保险公司违反法定义务时，保险监管机构有权干预其公司事务；保险公司无力偿还债务时，保险监管机构有权批准其停业清理。在日本，作为保险监管机构的内阁总理大臣，可以依照保险公司的保险业务和财产状况，决定有期限地停止其全部或部分业务或吊销其经营保险业务的许可，尤其是在保险公司的财产状况难以继续从事保险业务时，或者认为其明显不适当而有可能危害被保险人时，内阁总理大臣有权命令保险公司整顿，并且为其选任整顿机构。在整顿期间，保险公司应当停止业务活动，其经营权、财产处置权均归于整顿机构。如果经过整顿，仍然不能恢复正常经营，法院则依法宣告其破产。而韩国 1962 年《保险法》则分别规定了保险公司的整顿和接管。其中，整顿适用于保险公司拟废除全部或者部分业务时。而保险监管机构根据保险公司的保险业务或者财产状况，判定其不宜继续进行业务经营，或者业务状况明显不良的，可以命令予以接管。我国《保险法》亦同时规定了保险公司的整顿和接管制度。

【知识链接】

日本保险业不倒神话破灭的警示

回顾日本保险业 1997 年以来的情况，在金融危机冲击之下，用一句话形容，“日本保险业不倒神话”破灭了。其间已经有 8 家寿险公司和 1 家财险公司破产倒闭。第一家破产的日产生命（人寿）保险公司，因大规模投资房地产、股票和美国国债，而当地产价格和股价持续下跌，美元持续贬值，美元资产大幅缩水致使 1997 年春天被日本大藏省发出停止营业的命令，这意味着其被宣布破产，成为日本第二次世界大战以后 50 年来的第一桩保险业破产案，打破了日本寿险业持续多年的稳定局面。

此后，日本保险业出现一系列的破产案。东邦生命保险公司、第百生命保险公司、大正生命保险公司、千代田生命保险公司、协荣生命保险公司、东京生命保险公司、大和生命保险公司等人寿保险公司相继破产。其中，日本保险业排名第 12 位的千代田生命保险公司与排名第 11 位的协荣生命保险公司的破产相距不过 11 天。

不仅如此，1999 年 5 月，作为日本保险业中坚力量的第一海上火灾保险公司破产，成为日本财产保险业的首例破产案。

日本保险业不倒神话的破灭，有深刻的社会根源，也暴露出日本保险公司经营和保险监管制度的种种弊端。因为，此一期间的日本正值泡沫经济崩溃，日本政府倡导“金融大改革”之时。之所以产生日本保险业破产的“多米诺骨牌”效应，根源于日本保险业普遍存在盲目扩张、追求规模、缺乏富有竞争优势的管理体制，缺乏透明的财务制度，资金运用失败以及过分依赖政府保护等薄弱环节。

日本保险业的破产危机，对中国保险市场的正常发展具有重要的警示意义。因为，中国保险业目前的情况与日本保险业有诸多相似之处。他山之石，可以攻玉。借鉴日本保险业破产危机的经验教训可以让中国保险业避免重蹈日本保险业的覆辙。具体归纳为三点：第一，不断开发新的保险产品，维持保险业的可持续发展。第二，在适当放宽保险资金运用渠道的同时，正确把握投资在保险公司业务经营中的地位和作用。第三，改善保险监管体制，培育保险公司的市场竞争能力，建立行之有效的市场退出机制。

（一）保险公司整顿制度

1. 保险公司整顿的概念和性质

保险公司的整顿是指在保险公司存在违反《保险法》规定的行为，并且在保险监管机构规定的期限内未改正的情况下，保险监管机构采取必要的措施对该保险公司进行整治、监督，介入其日常经营管理的行为。

在保险实务中，导致保险监管机构对保险公司进行整顿的原因主要是保险公司资金运用违法而使财务状况恶化。正如我国《保险法》规定的，“保险公司未依照本法规定提取或者结转各项责任准备金，或者未依照本法规定办理再保险，或者严重违反本法关于资金运用的规定的，由保险监督管理机构责令限期改正，并可以责令调整负责人及有关管理人员”（第139条）。若中国保监会依法作出限期改正的决定后，保险公司逾期未改正的，中国保监会可以决定选派保险专业人员和指定该保险公司的有关人员组成整顿组，对公司进行整顿（第140条）。

可见，保险公司整顿的适用条件是：第一，保险公司实施了违反《保险法》规定的某些行为，诸如，未按照《保险法》规定提取或者结转各项准备金；未按照《保险法》规定办理再保险；严重违反《保险法》关于资金运用的规定等。第二，保险公司对于其存在的上述违法行为，未能在中国保监会规定的限期内予以改正。

保险公司整顿的法律特点是整顿组织介入保险公司的保险经营活动。在整顿过程中，保险公司并未丧失作为市场主体的地位和资格，其原有业务继续进行，日常业务活动仍由其自主进行。但是，保险公司的这种自主权受到一定限制，应当在整顿组的监督下实施。相应地，“整顿组有权监督被整顿保险公司的日常业务。被整顿公司的负责人及有关管理人员应当在整顿组的监督下行使职权”（第141条）。在“整顿过程中，被整顿保险公司的原有业务继续进行，但是，国务院保险监督管理机构可以责令被整顿公司停止部分原有业务、停止接受新业务，调整资金运用”（第142条）。因整顿目的是改善公司的经营管理状况，促进其稳定健康发展，所以，“被整顿保险公司已纠正其违反本法规定的行为，恢复正常经营状况的，由整顿组提出报告，经国务院保险监督管理机构批准，结束整顿，并由国务院保险监督管理机构予以公告”（第143条）；若整顿无效果，保险监管机构则可以对该保险公司进行接管和清算。

2. 保险公司整顿的适用

第一，建立整顿组，负责执行对保险公司的整顿决定。该整顿组由两方面人员组成：一是中国保监会选派的保险专业人员；二是中国保监会指定的被整顿保险公司的有关人员。

第二，公布和执行整顿决定。中国保监会作出对保险公司的整顿决定，“整顿决定应当载明被整顿公司的名称、整顿理由、整顿组成员和整顿期限，并予以公告”（第140条第2款）。

第三，整顿效果。被整顿保险公司同时具备下列条件的，结束整顿：一是被整顿保险公司经整顿已纠正其违反《保险法》规定的行为；二是被整顿保险公司已经恢复正常经营状况。中国保监会收到整顿组提出的结束整顿报告后，作出批准或者不批准的决定，经批准同意，整顿即告结束。

（二）保险公司接管制度

1. 保险公司接管的概念和特性

保险公司的接管是指在保险公司实施了违反《保险法》规定的行为，并且造成比较严重后果的情况下，保险监管机构采取必要措施，代为行使该保险公司的经营管理权力，以保护被保险人的利益，恢复保险公司正常经营的行为。接管保险公司的目的，是通过接管组织全面掌握和支配保险公司的财产和经营事务，采取必要措施，保护被保险人的利益，恢复保险公司的正常经营。所以，我国《保险法》第 144 条规定，保险公司有下列情形之一的，中国保监会可以对其实行接管：（1）偿付能力严重不足的；（2）违反保险立法的规定，损害社会公共利益，可能严重危及或者已经严重危及公司偿付能力的。

可见，在我国保险实务中，接管保险公司的适用条件是，保险公司存在严重违反《保险法》规定的行为，这是保险公司被接管的根本原因。接管保险公司是一种较为严厉的监管措施，施用对象只能是有严重违法行为的保险公司，因此，虽然保险公司的违法行为可有多种，但导致被接管的违法行为应当达到一定的严重程度，即偿付能力严重不足，或者损害社会公众利益，可能严重危及或者已经严重危及保险公司的偿付能力。这是保险公司被接管的实质性原因。偿付能力是保险公司履行赔偿或给付责任的能力，是正常运营的保证，也是投保人、被保险人利益得以实现的保证。我国《保险法》立足于保护被保险人利益而将其确立为接管的适用原因。

接管的特点是被接管的保险公司在接管期限内丧失其原有的经营管理权力，从而，保险公司的股东大会、董事会、监事会均停止行使权力，其经营管理权力由接管组统一行使。为此，接管组应当采取措施，力求恢复被接管的保险公司的正常经营能力。但是，被接管的保险公司仍然具有独立的法律主体资格，所以，在接管的期限内，“被接管的保险公司的债权债务关系不因接管而变化”（《保险法》第 144 条第 2 款）。

2. 对保险公司接管的适用

对保险公司适用接管的，应当按照如下各个环节进行相应的工作：

第一，公布接管决定。在具备适用接管的原因时，中国保监会作出对保险公司接管的决定。该决定应当载明下列内容：被接管的保险公司的名称；接管理由；接管组织；接管期限。并且，中国保监会应当将接管的有关情况予以公告。该接管公告对中国保监会、接管组和被接管的保险公司均有约束力，社会公众也可因此更清楚地了解被接管的保险公司的状况，据以调整投保决策。

各国保险立法对于接管决定权的规定不一。有的国家规定由法庭予以决定。例如，美国的很多州的保险业法规定，接管事由出现后，由保险监督官向法庭提出接管诉请，法庭审查决定是否批准接管保险公司，再授权保险监管机构实施；有的国家规定是由政府批准。例如，澳大利亚法律规定，保险监管机构只有在得到政府的批准后才可以对保险公司实施接管。根据我国《保险法》的规定精神及保险监管实践，中国保监会直接依法决定对保险公司进行接管，不需要其他部门批准。

第二，确定接管组。决定对保险公司进行接管的，中国保监会应当选任保险专业人员和该保险公司的有关人员组成接管组。

第三，接管的延期。对保险公司的接管自接管决定执行之日起开始执行。但是，接管期限届满的，中国保监会可以决定“延长接管期限，但接管期限最长不得超过二年”（《保险法》第146条）。

第四，接管的终止。接管期限届满，被接管的保险公司已恢复正常经营能力的，由中国保监会决定终止接管，并予以公告（《保险法》第147条）。自接管终止之日起，被接管的保险公司恢复行使其正常的经营管理权力。如果被接管的保险公司具备《企业破产法》规定的破产原因的，中国保监会可以依法向人民法院申请对该保险公司进行重整或者破产清算（《保险法》第148条）。

实例枚举

1997年12月1日，经当时的保险监督管理机构中国人民银行的批准和授权，中国人民银行陕西省分行发布公告，对永安财产保险股份有限公司实行接管，接管期限为1997年12月1日至1998年5月31日。接管的主要原因是：该公司注册资本不实，注册资本为6.8亿元人民币，实收资本不足1亿元；虚估固定资本充抵资本金；做假账掩盖资本亏空以及账外经营等。经接管，永安财产保险股份有限公司重新募集了资本金，调整了股权结构，重新选举了董事会和监事会，结果是其经营步入正轨，恢复了正常的保险经营能力。在此情况下，保险监督管理机构依法终止了对永安财产保险股份有限公司的接管。

借助本接管实例，大家可以直观地理解保险公司接管的目的，在于恢复保险公司的正常经营秩序，最终，保护广大被保险人的合法权益。因此，保险公司接管的性质，既有别于保险公司的整顿，也不同于保险公司的终止。

第五节　保险业的自律管理体制

一、保险业自律的概念

保险业自律，是指通过保险业行业组织依据保险业法的规定，在保险业内部为解决保险企业之间的利益冲突或者协调保险企业与保险监管机构及其他行业之间的关系而实行自我管理、自我约束、自我监督的制度。又称为保险业自我监管。

从性质上讲，保险业自律是非官方的行业性监控体系，其特点是非强制性，利用行业道德规范的约束力，引导和规范保险行业的从业行为。显然，保险业自律是对保险监管机构基于行政监管职权而实施的行政监管制度的补充，有利于促进保险市场的正常发展，充分实现保险监管的目标。广义上，保险业自律是保险监管制度的必要组织部分。尤其是，国际保险市场在20世纪末期受世界经济一体化的影响而出现了保险监管制度趋向于“宽松化”的情况，使得保险业自律的价值日益提高。

当然，与行政监管制度相比较，保险业自律的特殊作用表现如下。

1. 可以弥补行政监管制度的不足。在保险业的发展历史中，自律制度作为一种从业习惯，已经为各国保险市场普遍接受。它强调自我约束，能够有效地协调各个保险企业之间的关系，平衡相互之间的利益冲突，这是单纯的行政监管难以达到的。只有构建以行政监管为主、以行业自律为补充的保险监管体制，才合于我国保险市场的发展需要。

2. 可以建立保险市场的公平竞争机制。保险市场的生命力在于保险业的竞争和发展，但是，保险经营活动的特点导致保险企业与投保人、被保险人之间，保险企业相互之间的信息不充分和不对称。这在一定程度上破坏了保险业公平竞争的环境，加大了保险企业的经营风险。行业自律可以运用本行业公认的行业道德准则，约束保险企业相互之间沟通市场信息，在协作的基础上开展公平竞争，这有利于保险市场的正常发展，优化市场资源的合理配置，提高市场经营效率。

3. 可以促进保险市场的良性发展。保险业自律区别于行政监管的特点是侧重保险企业相互之间横向的利益协调和自我约束。因为，在市场竞争机制作用下，保险企业只有在一定程度上协调彼此的利益冲突，才能够求得公平竞争，共同发展。特别是目前各国的行政监管日渐由全面监管转向重点监管保险企业偿付能力，例如，德国、瑞士等欧盟成员国均受欧盟非寿险 3 号令的影响而出现该变化，所以，保险业自律有利于发挥市场调节和自律约束相结合的优势，建立保险业的良性经营秩序，促进保险市场的发展。

二、保险业自律组织的性质

保险业自律组织是指保险企业自愿参加的、进行自我约束管理和相互协调的行业性组织。通常为保险行业公会或者同业公会以及各种专业协会，如保险精算师协会、保险代理人协会等。因此，保险业自律组织属于社团组织，它是不依附于任何个人和组织的独立法人组织，具有独立性；其成员来自保险业的各个经营实体，从事与保险业活动相关的专业化活动，具有专业性。

保险业自律一般是通过保险业自律组织活动实现的。保险业自律组织的作用宏观上是配合政府整体管理，遏制不正当的市场竞争，促进保险业市场协调、稳定、健康发展；在微观上可以协调组织成员之间利益，并提供专门的信息通报、知识培训和资格认证等，有利于增强保险业的凝聚力，提高整体素质，实现整体发展。

保险业自律组织受各国保险监管体制和保险业发展水平的影响而存在较大差异。其中，英国的保险业自律组织是世界上最为发达的。其保险业自律组织较多，诸如，保险人协会、寿险组织协会、保险推事局、特许保险学会、保险精算师协会、保险经纪人协会等。与其自由宽松的保险监管制度相适应，英国政府保险监管机构的监管重点是保险人的偿付能力，而对于保险费率和保单条款等市场行为方面的具体问题则由保险业自律组织负责解决，从而，保险业自律组织的作用不可替代。

而在大多数国家，保险业自律组织的作用是有限的，只是政府专门机构监管的补充，如中国的保险行业协会、美国的全国保险监督官协会、法国的保险业联合会等。因为保险业自律组织的作用有别于政府保险监管机构，主要是横向的行业协调、沟通。保险业自律组织的非官方性，决定了其工作目标在于保险人而不是为了保护被保险人的利益，自律管理手段的适用依赖于保险人的自觉接受而不是强制实施。

三、保险业自律组织实施自律管理的特点

保险业自律组织的性质决定了其开展自律活动具有如下特点。

1. 保险业自律组织是其成员自愿参加的。保险业自律组织的非官方性质决定了其属于一种自我管理的组织机制。该类组织形成于保险从业机构的自愿参加，具备成员资格的保险企业必然要求地位平等。不论各成员的实力强弱，在自律组织内部都有权平等地参加组织管理，行使选举权和被选举权，有权享受自律组织提供的各种服务，承担相同的义务。

2. 保险业自律组织的自律管理目标，是促进保险业的健康发展。保险业自律组织具有辅助保险监管机构履行保险监管职能的作用，为此，保险业自律组织应该在国家保险监管机构的领导下，按照保险业发展的规律和国家法律、行政法规及部门规章的要求，协调保险企业的利益关系，规范各自的市场行为，加强组织成员之间的相互监督和自我约束，营造公平、公开和健康的市场竞争环境，为国家保险监管提供必要的帮助。

3. 保险业自律组织的自律管理标准应当符合行业准则。所谓行业准则包括国家管理准则和保险业务准则，前者是法律、法规关于保险业的规定，如费率、条款、经营范围方面的监管规则，以及保险业自律组织的章程规范；后者则指保险业务本身的活动惯例，诸如大数法则、精算理论和利息理论等。保险业自律组织可以按照上述行业准则的要求，建立组织成员在从事保险经营活动中应当遵守的道德规范，并且，制定出保证上述准则得以落实的措施，通过自律组织的管理活动为上述行业准则的执行提供条件。

4. 保险业自律组织的自律管理应当有助于实现经济效益。由众多保险企业组成的自律组织，对于保险业的自律管理，必须着眼于保险企业追求经济效益的经营目的，而保险业自律组织进行的自律管理，可以为保险企业获取最大经济效益提供有益帮助。只有如此，保险业自律组织才能够不断发展，其自律管理的作用才能显现，达到规范市场行为，营造良好的竞争环境，避免恶性竞争，抵制违法违规行为，降低展业成本，使保险经营活动顺利、高效、经济运行的效果。

5. 保险业自律组织的自律管理应当符合公开性的要求。保险业自律组织必须在保险业范围内将其章程予以公开，以便让各个保险企业在平等的基础上自愿选择参加。同时，保险业自律组织还必须将其成员共同制定或者认可的自律规则向全部成员公开，形成约束全体成员的保险从业行为的行为规范。而且，保险业自律组织还应当将其自律规则的适用结果向全体成员公开，以便实现全体成员自我约束和相互监督的目的。

四、保险业自律组织的管理内容

虽然，各国保险业自律组织的地位、成员范围、组织规模、种类、作用等存在差异，彼此的管理内容不尽相同。但是，考察保险业自律组织的管理活动，一般涉及如下内容。

1. 协调内部成员之间的关系，协助国家保险监管机构实施保险监管。例如，英国的劳合社承保人协会，除了执行行业组织的自律职能外，还管理监督劳合社事务和保险业务，检查承

保人的财务稳定情况；甚至当劳合社的某些成员无力偿还债务时，为保障保单持有人的利益，可以动用劳合社基金进行保险赔偿。

2. 制定本行业全体成员共同遵守的行业准则。例如，美国的“全国保险监督官协会”（NAIC）在 1988 年组成一个委员会检查保险人在各州的最低财务标准，为保险人的偿付能力设定基本标准。1990 年，又在此标准上，制定了财务监管标准和信任计划，作为衡量保险业偿付能力的行业准则。而《香港保险业自律守则》则成为香港地区的保险企业和保险中介人共同遵守的行为准则。

3. 代表保险业向国家保险监管机构和其他部门反映意见，提出建议，从而，完善保险监管制度，维护保险从业机构的合法权益。例如，澳大利亚保险委员会在为会员机构提供各种服务的同时，还负责向联邦政府和州政府阐明保险人的观点，维护本行业的利益。

4. 制定标准保险条款和厘定统一的保险费率。例如，1884 年由经营海上保险业务的承保人组成的“伦敦保险人协会”，在水险条款的标准化方面做了大量工作，其制定的保险条款在国际保险市场获得广泛应用。而在严格监管的国家，则侧重于统一保险合同条款的解释规则和统一同业范围内的收费标准。

5. 从事保险业的职业教育、资格考试和监管。保险业特有的专业技术性，要求其从业人员应当具备相应专业知识，因此，保险业自律组织基于其在保险业内的特有地位和影响，自然应担负起业内的职业教育和资格考试工作。例如，1912 年经皇家特许设立的英国特许保险学会，作为英国保险界的职业教育和学术团体，面向世界范围提供职业教育服务，组织英国保险界雇员参加每年举办的 CII 资格考试便是其首要任务，该资格在世界范围内得到承认。

此外，保险业自律组织作为行业性的自律组织，一般还利用其管理范围广泛性的优势，对于保险业界的各种信息、资料进行收集、统计，为组织成员和社会各界提供相应的咨询服务等。

五、保险业自律体系在我国的适用

我国保险业自律组织的发展较晚，并且具有地区发展不均衡性。保险业发达地区的自律组织比较健全，有较为完善的保险业自律体系。例如，分别成立于 1996 年和 1997 年的深圳保险同业公会和北京保险行业协会，可以说是我国保险自律组织的肇始。正如我国《保险法》规定的，“保险行业协会是保险业的自律性组织，是社会团体法人”（第 180 条第 2 款）。而且，按照《保险法》的要求，“保险公司应当加入保险行业协会。保险代理人、保险经纪人、保险公估机构可以加入保险行业协会”（第 180 条第 1 款）。当然，适应我国保险市场与保险中介市场的逐渐分离的客观情况，也需要针对各类保险中介人，设立专业化的自律组织，以实现保险中介市场的自律管理，故而，中国保险中介协会也正处于筹建的过程之中。

2000 年 11 月 16 日成立的中国保险行业协会，是在国家民政部登记注册的社团法人，属于全国性的、自愿结成的、非营利性的保险行业自律组织。它接受中国保监会和民政部的业务指导和监督管理。其职责包括：（1）制定全国保险行业共同遵守的自律公约；（2）督促各会员单位贯彻执行国家的保险法规、政策；（3）根据行业公约，约束和规范保险市场行为，协调各会员之间的业务关系，接受保险当事人的咨询；（4）维护保险公司的合法权益，代表保险业界向国家保险监管机构及其他政府机关反映共同愿望和建议；（5）促进中国保险业同国外保险业之间的联系、交往；(6) 组织保险市场的调查研究，并为会员提供市场调查信息、培训等服务；(7) 接受国家保险监管机构委托办理的事项。

中国保险行业协会只接纳单位会员，一是经中国保监会批准，并在国家工商行政管理机构登记注册的具有法人资格的保险公司，二是经省级社团管理机关注册登记的保险行业组织。协会会员享有和履行如下权利和义务：(1) 审议权、表决权、选举权和被选举权；(2) 参加协会举办的各项活动；(3) 对协会的工作提出意见和建议以及批评和监督；(4) 入会自愿、退会自由的权利；(5) 遵守协会制定的各项共同规则，执行协会通过的各项决议；(6) 维护协会的合法权益；(7) 完成协会委派的各项任务；(8) 接受协会的咨询调查，如实反映情况并及时提供所需资料；(9) 按期缴纳会费等。

实例枚举

中国保险保障基金有限责任公司，实现保险保障基金公司化管理

2008 年 9 月，依据保监会、财政部和中国人民银行联合发布的《保险保障基金管理办法》而成立的中国保险保障基金有限责任公司在京正式挂牌。其董事会的九名董事成员，分别来自保监会、财政部、中国人民银行、税务总局、国务院法制办以及三家保险公司。

根据《保险保障基金管理办法》的规定，中国保险保障基金有限责任公司的经营范围包括：筹集、管理和运作保险保障基金；监测、评估保险业风险；参与保险业风险处置；管理和处分受偿资产；以及国务院批准的其他业务。

中国保险保障基金有限责任公司属于国务院批准设立的国有独资企业，其依法接收保险保障基金的全部资产，并接管原保险保障基金会所持有的新华人寿保险股份有限公司的 38.8% 股权。截至 2012 年年底，其名下的基金余额已达 382 亿元，年收益率超过 5%，并参与处置了新华人寿保险股份有限公司和中华联合财产保险股份有限公司的资产风险等重大事项，体现了我国保险业的保险保障基金实行公司化管理、发挥风险屏障作用的积极价值。

第六节　保险法律责任

一、保险法律责任的概念和特性

(一) 保险法律责任的概念

保险法律责任是指参与保险活动的单位或者个人对其实施的违反保险法律法规的行为，依法应当对国家或者受害人承担的法律后果。保险法律责任是基于《保险法》规定范围内的责任主体的违法行为而产生的，有关主体当然要承担相应的保险法律责任。

(二) 保险法律责任主体

根据我国《保险法》的规定精神，保险法律责任的责任主体包括以下五类。

1. 违反《保险法》规定而应当承担法律责任的投保人、被保险人和受益人。

2. 违反《保险法》规定而应当承担法律责任的保险人（包括保险公司及其工作人员）。

3. 违反《保险法》规定而应当承担法律责任的保险中介人（包括保险代理人、保险经纪人和保险公估人等）。

4. 违反《保险法》规定，涉足从事保险活动或与保险有关的活动而应当承担法律责任的有关单位或者个人。

5. 在保险业监督管理活动中，违反《保险法》规定的国家保险业监督管理机构的工作人员。

因此，《保险法》对上述五类责任主体具有法律约束力。

（三）保险法律责任的特征

保险法律责任具有以下特征：（1）以负有《保险法》规定的义务的主体作为责任主体。（2）存在着违反《保险法》之义务的行为。（3）以造成危害后果作为适用保险法律责任的客观前提。包括：侵犯了公民、法人或其他组织的合法权益；损害了国家利益或社会公共利益。（4）存在违反保险法律的主观过错（包括故意或过失），才承担保险法律责任。

二、保险法律责任的种类

保险法律责任分为刑事法律责任、行政法律责任和民事法律责任。

（一）刑事法律责任

刑事法律责任是指违法主体实施了犯罪行为而应受到的刑事处罚。为了适应我国保险市场发展的需要，维持其正常的经营秩序，1997 年 3 月 14 日修订的《中华人民共和国刑法》第三章“破坏社会主义市场经济秩序罪”中规定了涉及保险的犯罪以及所应当承担的刑事责任。这些保险犯罪行为包括：（1）擅自设立保险机构罪；（2）伪造、变造、转让保险机构经营许可证罪；（3）保险诈骗罪。

（二）行政法律责任

在此，行政法律责任是指行政法律关系的主体违反《保险法》有关规定，损害行政法律保护的个人、组织的合法权益或国家利益及社会公共利益所应承担的法律责任。

该行政法律责任的法律特征包括：（1）行为人必须是具有完全民事行为能力的、与保险活动或者监管有关的当事人、保险代理人、保险经纪人、保险业监督管理机构及其工作人员、其他国家机关、企事业单位、社会团体。（2）行为人的行为违反了《保险法》及其有关法规的规定，无论其主观上是故意还是过失。（3）行为人的违法后果直接破坏了保险市场秩序，侵害了国家利益或者被保险人的合法权益。

违反《保险法》的行政法律责任的处罚方式，主要有行政处罚、行政处分等。其中，中国保监会依法实施的行政处罚包括：警告；罚款；责令改正；责令退还收取的保险费；没收违法所得；限制业务范围或者责令停止接受新业务；责令撤换负有直接责任的高级管理人员和其他直接责任人员；取缔；责令停业整顿；吊销经营保险业务许可证或者代理业务许可证或者经纪业务许可证等。

（三）民事法律责任

在保险领域内，民事法律责任是指行为人的行为违反了《保险法》的规定，给他人造成损害，依据《民法通则》和《保险法》应承担的法律责任。不管是投保人、被保险人、受益人，还是保险人、保险代理人、保险经纪人，或是国家监督管理部门的工作人员等，只要违反了《保险法》的规定，均应承担民事责任。

违反《保险法》的民事法律责任的法律特征是：(1) 行为人实施违反《保险法》规定的行为，包括作为和不作为。(2) 该违法行为致使他人财产或合法利益遭受了损害。(3) 违反《保险法》规定的行为与损害事实之间具有因果关系。(4) 适用过错原则，即行为人实施违反《保险法》行为时主观上存在故意或者过失。

违反《保险法》的民事法律责任，包括违约责任和侵权责任。其责任方式主要是赔偿损失。

在保险实务中，应注意把握好上述三种法律责任的适用关系。一方面，违法行为一般可能具有连续性，根据违反《保险法》的程度和后果的不同，可以形成法律责任的竞合，因此，应当根据实际需要，适用行政、民事和刑事责任。另一方面，三种法律责任依法适用，不可相互替代，以求发挥各自的法律作用，既要全面保护受害人的合法权益，又要严肃处罚违法人的违法犯罪行为，以强化保险业的监督管理，稳定保险市场秩序，促进保险事业健康有序的发展。

【知识链接】

国际保险市场的保险公司信用评级制度①

保险公司的信用评级制度，是近年来各国保险监管机构对保险公司的偿付能力实施的一种预防性监管措施，一些保险业发达的国家都在积极探索科学可靠的信用评级体系。其中，美国的标准普尔公司、穆迪公司以及北美最佳保险公司等三家评级公司所适用的评级方法具有很高的可靠性。当然，该三家评级公司的评级方法亦是各有千秋。

标准普尔公司对保险公司的信用评级包括理赔能力评级和偿付能力评级。前者是根据保险公司提供的信息和资料，就保险公司的经营策略、风险管理、承保过程、投资政策、投资风险和行业风险等进行分析，作出评级。后者则是根据保险公司提交的年度报告，分析计算出的比率指数，作出评级。

穆迪公司的评级方法则是根据保险公司公开发表的信息资料，分析保险公司的竞争环境、管理规则、管理层素质、团队协作状况、保险产品的直销和分销渠道、组织结构、股权资本充足水平、投资风险、盈利水平等，得出评级结论。

北美最佳保险公司作为1899年成立的老牌信用评级公司，其特点是根据保险公司的具体情况，选择适用相应的评级方法。进行评级的主要根据是保险公司公布的信息资料，与保险公

① 史纹青．中国商业保险监督管理问题．北京：经济科学出版社，1999：139.

司的管理层进行接触，重点分析保险公司的风险扩散程度、再保险项目、投资的质量和投资方向、损失准备金、股权充足率、资本市值和流动性等指标，获取评级结果。

为了适应中国保险市场迅速发展的客观要求，建立保险公司信用评级制度便成为完善我国保险监管制度的重要课题。因此，我国应按照国际惯例，并结合我国的保险实践，建立与国际评级标准相衔接的信用评级体系，用以提高保险监管的水平和效率，增强保险公司的自我约束能力，推进我国保险市场的良性发展。

问题与思考

1. 保险业监督管理制度的内容是什么？
2. 如何理解保险业监督管理制度的法律意义？
3. 保险公司的设立一般应当具备哪些条件？
4. 对保险企业的偿付能力实施监管的内容包括哪些？
5. 保险公司的整顿与接管有什么区别？
6. 保险业自律制度具有哪些特点？
7. 保险法律责任的特点有哪些？

参考书目

1. 马永伟．保险知识读本．北京：中国金融出版社，2000.
2. 陈欣．保险法．北京：北京大学出版社，2000.
3. 李玉泉．保险法．北京：法律出版社，1997.
4. 黄华明．中国保险法理论与实务．北京：经济科学出版社，1996.
5. 覃有土．保险法教程．北京：法律出版社，2002.
6. 孙积禄，杨勤活，强力．保险法原理．北京：中国政法大学出版社，1993.
7. 刘文华．中国保险法讲座．北京：改革出版社，1996.
8. 胡援成．财产保险．大连：东北财经大学出版社，1999.
9. 徐卫东，杨勤活，王剑钊．保险法．长春：吉林人民出版社，1994.
10. 庄咏文．保险法教程．北京：法律出版社，1993.
11. 贾林青，姚久荣．人身保险．北京：法律出版社，1996.
12. ［英］约翰·伯茨．现代保险法．陈丽洁，译．郑州：河南人民出版社，1987.
13. 李嘉华．涉外保险法．北京：法律出版社，1991.
14. 马永伟，林中杰，马明哲．保险业务全书．北京：中国社会出版社，1997.
15. 各国保险法规制度译编．北京：中国金融出版社，2000.
16. 中国保险监督管理委员会．保险规章制度汇编．北京：中国政法大学出版社，2003.
17. 唐运祥．保险代理理论与实务．北京：中国社会科学出版社，2000.
18. 马明家．保险代理实务．北京：中国商业出版社，1996.
19. 傅昕．保险合同实务．北京：中国政法大学出版社，1995.
20. 胡文富．保险法通论．北京：中国检察出版社，1998.
21. 张栓林．再保险．大连：东北财经大学出版社，1999.
22. ［日］大正海上火灾保险公司．保险新险种理论与实务．杨永平，译，王祝平，校．北京：中国金融出版社，1989.
23. 孙光德，董克用．社会保障概论．北京：中国人民大学出版社，2000.
24. 杨燕绥．社会保险法．北京：中国人民大学出版社，2000.
25. 仇雨临，孙树菡．医疗保险．北京：中国人民大学出版社，2001.

26. 陈伊维．WTO与保险公估理论与实务．北京：中国发展出版社，2001.
27. 申曙光．保险监管．广州：中山大学出版社，2000.
28. 史纹青．中国商业保险监督管理问题．北京：经济科学出版社，1999.
29. 马卫华．WTO与中国金融监管法律制度研究．北京：中国人民大学出版社，2002.
30. 王友．中国保险中介发展报告．北京：中国财政经济出版社，2005.
31. 魏原杰，吴申元．中国保险百科全书．北京：中国发展出版社，1992.
32. 宋国华．保险大辞典．沈阳：辽宁人民出版社，1989.
33. 江苏省保险学会．保险个案研究．南京：南京大学出版社，1993.
34. 吴申元，郑韫瑜．中国保险史话．北京：经济管理出版社，1993.
35. 尹田．中国保险市场的法律调控．北京：社会科学文献出版社，2000.
36. 吴定富．中国保险业发展蓝皮书（2004—2005）．北京：中国广播电视出版社，2006.
37. 范健．商法．北京：高等教育出版社，北京大学出版社，1999.
38. 魏振瀛．民法．北京：北京大学出版社，高等教育出版社，2000.
39. 王作富．刑法．北京：中国人民大学出版社，1999.
40. 史尚宽．民法总论．台北：正大印书馆，1980.
41. 贾林青．《保险法》判例新解．北京：中国人民大学出版社，2011.
42. 刘建勋．新保险法经典、疑难案例判解．北京：法律出版社，2010.
43. 刘振宇．人身保险法律实务解析．北京：法律出版社，2012.
44. 庹国柱．中国农业保险发展报告2012．北京：中国农业出版社，2012.
45. 余勋盛．保险诉讼典型案例年度报告：第一辑．北京：法律出版社，2009.
46. 余勋盛．保险诉讼典型案例年度报告：第二辑．北京：法律出版社，2010.
47. 余勋盛．保险诉讼典型案例年度报告：第三辑．北京：法律出版社，2011.
48. 王利明．民法．4版．北京：中国人民大学出版社，2008.
49. 王利明，房绍坤，王轶．合同法．4版．北京：中国人民大学出版社，2013.
50. 杰瑞，里士满．美国保险法精解．李之彦，译．北京：北京大学出版社，2009.
51. 史卫进．“保险空白期”成因与治理规则比较研究．北京：法律出版社，2013.

图书在版编目（CIP）数据

保险法/贾林青著. --6版. --北京：中国人民大学出版社，2020.8
新编21世纪法学系列教材/曾宪义，王利明总主编
ISBN 978-7-300-26621-3

Ⅰ.①保… Ⅱ.①贾… Ⅲ.①保险法-中国-高等学校-教材 Ⅳ.①D922.284

中国版本图书馆CIP数据核字（2020）第155606号

"十二五"普通高等教育本科国家级规划教材
新编21世纪法学系列教材
总主编 曾宪义 王利明
保险法（第六版）
贾林青 著
Baoxianfa

出版发行	中国人民大学出版社		
社　　址	北京中关村大街31号	**邮政编码**	100080
电　　话	010－62511242（总编室）		010－62511770（质管部）
	010－82501766（邮购部）		010－62514148（门市部）
	010－62515195（发行公司）		010－62515275（盗版举报）
网　　址	http://www.crup.com.cn		
经　　销	新华书店		
印　　刷	北京捷迅佳彩印刷有限公司	**版　　次**	2006年3月第1版
开　　本	787mm×1092mm　1/16		2020年8月第6版
印　　张	27.25	**印　　次**	2025年1月第9次印刷
字　　数	653 000	**定　　价**	69.00元

《   》※任课教师调查问卷

为了能更好地为您提供优秀的教材及良好的服务，也为了进一步提高我社法学教材出版的质量，希望您能协助我们完成本次小问卷，完成后您可以在我社网站中选择与您教学相关的1本教材作为今后的备选教材，我们会及时为您邮寄送达！如果您不方便邮寄，也可以申请加入我社的**法学教师QQ群：83961183（申请时请注明法学教师）**，然后下载本问卷填写，并发往我们指定的邮箱（cruplaw@163.com）。

邮寄地址：北京市海淀区中关村大街31号中国人民大学出版社806室收

邮　　编：100080

再次感谢您在百忙中抽出时间为我们填写这份调查问卷，您的举手之劳，将使我们获益匪浅！

基本信息及联系方式：※

姓名：__________ 性别：__________ 课程：______________________

任教学校：______________________ 院系（所）：________________

邮寄地址：______________________ 邮编：____________________

电话（办公）：__________ 手机：__________ 电子邮件：__________

调查问卷：※

1. 您认为图书的哪类特性对您使用教材最有影响力？（　　）（可多选，按重要性排序）

   A. 各级规划教材、获奖教材　　B. 知名作者教材

   C. 完善的配套资源　　D. 自编教材

   E. 行政命令

2. 在教材配套资源中，您最需要哪些？（　　）（可多选，按重要性排序）

   A. 电子教案　　B. 教学案例

   C. 教学视频　　D. 配套习题、模拟试卷

3. 您对于本书的评价如何？（　　）

   A. 该书目前仍符合教学要求，表现不错将继续采用。

   B. 该书的配套资源需要改进，才会继续使用。

   C. 该书需要在内容或实例更新再版后才能满足我的教学，才会继续使用。

   D. 该书与同类教材差距很大，不准备继续采用了。

4. 从您的教学出发，谈谈对本书的改进建议：______________________

____

____

选题征集：如果您有好的选题或出版需求，欢迎您联系我们：

联系人：黄　强　联系电话：010-62515955

索取样书：书名：______________________________________

书号：____

备注：※ 为必填项。